登科記考補正

〔清〕徐　松　撰
孟二冬　補正

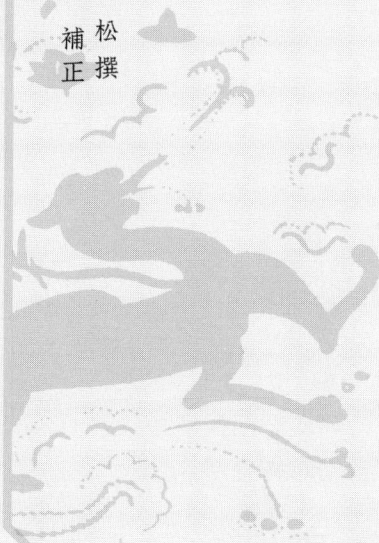

中冊

中華書局

登科記考補正卷十四

唐德宗神武孝文皇帝

貞元十一年乙亥(795)

三月丙申,諸州準例薦隱居邱園、不求聞達蔡廣成等九人。各授試官,令給公乘,到京日量才敘用。《舊書》本紀。 《册府元龜》載於十二年三月,非是。 《因話録》:"德宗搜訪懷才抱器、不求聞達者,有人於昭應縣逢一書生,奔馳入京。問求何事,答云:'將應不求聞達科。'"

進士二十七人:試《立春日曉望三素雲詩》。

崔玄亮,《舊書》本傳:"玄亮字晦叔,山東磁州人。貞元十一年登進士第。"白居易《虢州刺史崔玄亮墓誌銘》:"幼嗜學,長善屬文。以詞賦舉進士甲科"。柳城摹雁塔題名殘拓本有貞元九年正月五日進士崔玄亮,當是未第時所題,故無"前"字。○孟按:原本卷貞元十六年(800)進士科下又著録"崔玄亮",徐氏考云:"白居易《賀湖州崔十八使君詩》云:'貞元科第忝同年。'又云:'爲是蓬萊最後仙。'注云:'貞元初同登科,崔君名最在後,當時崔自詠云:"人間不會雲間事,應笑蓬萊最後仙。"'"朱補云:"《記考》著録崔玄亮凡三處:卷一四貞元十一年進士,據引《舊書》本傳;卷一四貞元十六年進士;卷一五貞元十九年拔萃科。按三處著録皆爲同一人,而唐進士無再登之例,十一年與貞元十六年下著録進士崔玄亮必有一誤。今考貞元十六年下據引白居易詩'貞元科第忝同年……爲是蓬萊最後仙'

及注語，當是指貞元十九年拔萃科登第，崔玄亮與元稹、白居易同年。據元稹《酬哥舒少府寄同年科第》排列貞元十九年宏詞、拔萃之登科八人，除按作文之例將自己謙列最末外，崔玄亮正是最後人；又據《唐詩紀事》卷三九：‘玄亮與元微之、白樂天，皆貞元初同年生也，玄亮名最後。’元、白同年登科惟貞元十九年，故崔玄亮與白居易同年且又名最後者，亦當是貞元十九年事。徐松貞元十六年進士崔玄亮之考訂失誤，可刪，而以貞元十一年崔玄亮登進士第爲是。”今從朱補刪併。

韓泰，柳宗元《送韓豐詩後序》：“宗元常與韓安平遇於上京。”童宗説注云：“韓豐弟泰，字安平，貞元十一年中進士。”又見《館驛使壁記》及《答元饒州論春秋書》。韓愈《舉韓泰自代狀》：“使持節、漳州諸軍事、守漳州刺史韓泰，詞學優長，才器端實，早登科第。”又見《順宗實錄》。

苗蕃，《昌黎集·故太原府參軍苗君墓誌銘》：“君諱蕃，字陳師。少喪父，受業母夫人，舉進士。”五百家注引韓注：“貞元十一年登進士第。”○孟按：宋蜀刻本《新刊經進詳注昌黎先生文》卷二十五《太原府參軍苗君（蕃）墓誌銘》王儔補注：“苗蕃，公妻兄苗夫人從姪也。正元十年進士。按《世系表》：蕃生著；著生愔、憚、恪；愔生廷義。按《登科記》：愔，長慶二年；憚，大和五年；恪，八年；台符，大中八年；廷義，乾符三年，皆相踵第進士。”知王注當有所本。然此言蕃“正元十年進士”者，或登十一年榜也。録此俟考。又，苗蕃子愔撰會昌元年（841）七月二十九日《唐故太原府參軍贈尚書工部員外郎苗府君（蕃）夫人河内縣太君玄堂誌銘并序》（見《彙編》[會昌003]）亦云：“皇考始以德行文學爲鄉里舉，得太常第。”

周君巢，君巢，貞元十一年進士，見洪興祖《韓子年譜》。　昌黎《送李判官正字礎歸湖南序》：“於時太傅府之士，惟愈與河南司録周君巢獨存。”柳宗元《故殿中侍御史柳公墓表》作汝南周公巢。

＊齊暉，原作“齊皞”。徐氏考云：“《昌黎集》有《送齊暉下第序》，五百家注樊氏曰：‘齊映兄弟六人，昭、旼、映、皞、照、煦，無有暉者。按《登科記》，皞貞元十一年登進士第。’按‘暉’與‘皞’字形相近而訛。”　孟按：《彙編》[貞元119]高弘規撰貞元十八年（802）十二月一日《唐故相州臨河縣尉張府君（遊藝）墓誌銘并序》（周紹良藏拓本）云：“府君諱遊藝，清河貝人。……女三人：長適太原王氏，次適高陽齊氏，次適太原王氏。齊氏有

三子，長曰暐，試秘書省校書郎；次曰炅，監察御史，皆以文第於春官，並佐戎府。次曰煦，又膺秀士之選。"按齊氏兄弟名皆取日字旁，知"暉"、"皥"皆爲"暐"之訛。參見《元和姓纂》卷三(河間齊姓)岑校。

獨孤寧(獨孤密)，柳宗元《送獨孤書記序》："文士之秀者，河南獨孤寧。"韓注："貞元十一年登第。"○陳補云："《柳河東集》卷二十二《送邠寧獨孤書記赴辟命序》：'以符召文士之秀者河南獨孤宓。'注：'貞元十一年登第。'中華本《柳宗元集》作獨孤寧，校勘記云：'音辯、訓詁本及《英華》、游居敬、蔣之翹本作"獨孤密"，世綵堂本作"獨孤宓"。'徐《考》作獨孤寧，疑誤。柳序復云：'獨孤生與仲兄寔連舉進士。《新唐書》卷七五《宰相世系表五下》載獨孤愐三子：寔、寂、密，'密，雲州刺史'。《古今姓氏書辨證》卷三五以寂爲寔兄，揆以柳序，是。其名似當以'密'爲近是，祈得石刻以定之。《唐語林》卷一云元和初密除起居郎。"

李季何，見《文苑英華》。 《唐詩紀事》："季何，貞元十一年登進士第。"○孟按：《古今歲時雜詠》卷三録李季何、李應《立春日曉望三素雲》詩，題下注："貞元十一年吕侍郎下。"

陳師穆，見《文苑英華》。

李應。《唐詩紀事》："應登貞元十一年進士第。"○孟按：又見上。

諸科八人。

隱居邱園，不求聞達科：

蔡廣成，《册府元龜》作蔡武，《永樂大典》引作蔡茂。今從《舊書》。

劉明素。褚藏言《竇群傳》："府君諱群，字丹列。弱冠不樂進士之科。郡守給事中京兆韋公夏卿知公，以爲江左文雅無出其右。適貞元十年詔徵天下隱居邱園、不求聞達之士，韋公薦焉，與桂山處士劉明素同表。其時天下慰薦九人，公獨不除授。"

博學宏詞科。歐陽詹《與張尚書書》云："去秋遠應直言極諫詔，不逮試便往西秦。今冬將從博學宏詞科，赴集期。"按試直言極諫在十年十月，則詹應此年宏詞也。

知貢舉：禮部侍郎吕渭。見《唐語林》○孟按：《唐摭言》卷八"主司撓悶"條云："貞元十一年，吕渭第一榜，撓悶不能定去留，因以詩寄前主司曰：‘獨坐貢闈裏，愁多芳草生。仙翁昨日事，應見此時情。’”按此詩見於《全唐詩》卷三〇七吕渭詩，題作“《貞元十一年知貢舉撓悶不能定去留寄詩前主司》”。“前主司”，指顧少連，知貞元九年、十年貢舉，見前。

　　李季何《立春日曉望三素雲詩》曰：“靄靄青春曙，飛仙駕五雲。浮輪初縹緲，承蓋下氤氲。薄影隨風度，殊容向日分。羽毛紛共遠，環珮杳猶聞。静合烟霞色，遥將鸞鶴群。年年瞻此御，應許從元君。”《文苑英華》

　　陳師穆《立春日曉望三素雲詩》曰：“晴曉仲_{原注：疑。}春日，高心望素雲。彩光浮玉輦，紫氣隱元君。縹緲中天去，逍遥上界分。鸞驂攀不及，仙吹遠難聞。禮候於斯睹，明循_{原注：二字疑。}在解紛。人歸懸想處，霞色自氤氲。”《文苑英華》

　　李應《立春日曉望三素雲詩》曰：“玄鳥初來日，雲仙望處分。冰容開上界，玉輦擁朝雲。碧落流輕艷，紅霓間彩文。帶烟時縹緲，向斗更氤氲。髣髴隨風馭，迢遥出曉雲。兹辰三見後，希得從元君。”《文苑英華》

十二年丙子(796)

　　三月十七日，國子司業裴肅奏：“《爾雅》博通詁訓，綱維六經，爲文字之楷範，作詩人之興詠。備詳六親九族之禮，多識鳥獸草木之名，今古習傳，儒林遵範。其《老子》是聖人玄微之言，非經典通明之旨，爲舉人所習之書，伏恐稍乖本義。伏請依前加《爾雅》。”奉敕：“宜准天寶元年四月三日敕處分。”《唐會要》〇孟按：《全唐文》卷五四六録裴肅此文題作《請進士兼習爾雅老子奏》，文曰：“《爾雅》爲六經文字之楷模，《老子》是聖人元微之奥旨，請勒天下明經進士、五經及明一經進士、五經及諸科舉人，依前習《道德經》者，宜準天寶元年敕處分，應合習《爾雅》者並準舊式。”

是年，駙馬王士平與義陽公主反目。蔡南史、獨孤申叔播爲樂曲，號《義陽子》，有《團雪》、《散雪》之歌。德宗聞之怒，欲廢科舉。後但流斥南史乃止。《國史補》

　　進士三十人：試《日五色賦》，以“日麗九重，聖符土德”爲韻。《春臺晴望詩》，見《柳宗元集》注。

　　李程，狀元。　《舊書》本傳：“程字表臣，隴西人。父鷫伯。貞元十二年進士擢第，又登宏詞科。”《摭言》：“李程，貞元中試《日五色賦》，先榜落矣。先是出試，楊員外於陵省宿歸第，遇程於省門，詢之所試。程探靴靷中，得賦藁示之。其破題曰‘德動天鑒，祥開日華’，於陵覽之，謂程曰：‘公今須作狀元。’翌日雜文無名，於陵深不平。乃於故册子末繕寫而斥其名氏，攜之以詣主文。從容紿之曰：‘侍郎今者所試賦，奈何用舊題？’主文辭以非也。於陵曰：‘不止題目向有人賦此，韻脚亦同。’主文大驚，於陵乃出程賦示之，主文嘆賞不已。於陵曰：‘當今場中，若有此賦，侍郎何以待之？’主文曰：‘無則已，有即非狀元不可也。’於陵曰：‘苟如此，侍郎已遺賢矣。此乃李程所作。’亟命取程所納面對，不差一字。主文因而致謝，謀之於陵，於是擢爲狀元，前榜不復收矣。或云出榜重收。程後出鎮大梁，聞浩虛舟應宏詞，復賦此題。頗慮浩愈於己，專馳一介取本，既至啟緘，尚有憂色。及睹浩破題曰‘麗日焜煌，中含瑞光’，程喜曰：‘李程在裏。’”《北夢瑣言》：“李程以《日五色賦》擢第，爲河南尹日試舉人，有浩虛舟卷中行《日五色賦》，程相大驚，慮掩其美。伸覽之，次服其才麗，至末韻‘侵晚水以芒動，俯寒山而秀發’，程相大咍，曰：‘李程賦且在，瑞日何爲到夜秀發！’由是浩賦不能陵邁。”○孟按：樂史《廣卓異記》引《登科記》云：“李程，貞元十二年進士，狀元及第。”

　　孟郊，《唐才子傳》：“孟郊字東野，洛陽人。貞元十二年李程榜進士，時年五十矣。調溧陽尉。”韓愈《貞曜先生墓誌銘》：“先生諱郊，字東野。年幾五十，始以尊夫人之命來集京師，從進士試。既得即去。間四年，又命來選爲溧陽尉。”五百家注引樊注曰：“《登科記》，東野及第在貞元十二年，年五十四。”孟郊有《登科後詩》云：“昔日齷齪不足誇，今朝放蕩思無涯。春風得意馬蹄疾，一日看盡長安花。”又有《同年春燕詩》云：“少年三十士，嘉會良在茲。高歌搖春風，醉舞摧花枝。意蕩晼晚景，喜凝芳菲時。

馬跡攢驎曑，樂聲韻參差。視聽改舊趣，物象含新姿。紅雨花上滴，綠烟柳際垂。淹中講經義，南皮獻清詞。前賢與今人，千載爲一期。明鑒有皎潔，澄玉無磷緇。永與沙泥別，各整雲漢儀。盛氣自中積，英名日四馳。塞鴻絶儔匹，海月難等夷。鬱抑忽已盡，親朋樂無涯。幽蘅發空曲，芳杜綿所思。浮跡自聚散，壯心誰別離。願保金石志，無令有奪移。"又有《擢第後東歸書懷獻座主吕侍御詩》云："昔歲辭親淚，今爲戀主泣。去住情難並，別離景易戢。夭矯大空鱗，曾爲小泉蟄。幽意獨沈時，震雷忽相及。神行既不宰，直致非所執。至運本遺功，輕生各自立。大君思此化，良佐自然集。寶鏡無私光，時文有新習。慈視誠志就，賤子歸情急。擢第謝靈臺，牽衣出皇邑。行襟海日曙，逸抱江風入。蒹葭得波浪，芙蓉紅岸濕。雲寺勢動搖，山鐘韻噓吸。舊遊期再踐，懸水得重挹。松蘿雖可居，青紫終當拾。"柳城摹雁塔題名殘拓本有貞元九年正月五日進士孟郊題，是未第時題，故無"前"字。○宋代吴子良撰《荆溪林下偶談》卷一《孟郊年四十六登第》云："《東野墓誌》云年幾五十始以尊夫人之命來集京師從進士試，既得即去；史云年五十得進士第；樊汝霖云時郊年五十四。三説不同。按唐《登科記》，郊登第在貞元十二年李程榜。又按《墓誌》郊死於元和九年，年六十四。自元和元年逆數而上至貞元十二年，凡十九年矣，郊登第當是年四十六。又退之《薦士》詩：'酸寒溧陽尉，五十幾何耄。'蓋郊登第四年方調溧陽尉也。《誌》謂之幾五十是矣，史與樊説失之。然郊集中有《落第》詩、《再下第》詩，又有《下第東南行》及《下第東歸留別長安知己》等詩，則郊前此嘗累舉京師矣。今《誌》謂之年幾五十始以尊夫人之命來集京師，又何也？"

馮審，《舊書·馮宿傳》："宿從弟審，貞元十二年登進士第。"《新書》："審字退思。"

張仲方，《舊書》本傳："仲方，韶州始興人。祖九臯，父抗。伯祖始興文獻公九齡，開元朝名相。仲方貞元中進士擢第。"又曰："敬宗即位，李程作相，與仲方同年登進士第，召仲方爲諫議大夫。"白居易《張仲方墓誌銘》："公諱仲方，字靖之，貞元中進士擢第，博學宏詞選登科。"

李方古，《昌黎集》有《答渝州李方古使君書》，五百家注引韓注："方古，貞元十二年進士。"

崔郾，郾舉進士，平判入等，見《舊書·崔邠傳》。　　杜牧《崔郾行狀》：“崔郾字廣略，貞元十二年中第，十六年平判入等。”

蕭鍊，柳宗元《送蕭鍊登第後南歸序》：“逾時而名擢太常。”韓注云：“貞元十二年，禮部侍郎呂渭知貢舉，試《日五色賦》、《春臺晴望詩》，鍊中第。”○孟按：《彙編》[元和002]蕭策撰元和元年（806）二月二日《唐故天德軍攝團練判官太原府參軍蕭府君（鍊）墓誌銘并序》云：“士君子之處世，所貴慎其始而敬其終。公之始也，從乎鄉賦而登文詞之甲科，其終也，佐乎已知而歿於邊陲之王事，豈不謂慎始敬終之者歟？公蕭姓，諱鍊，字惟柔……南蘭陵郡人也。”

湛賁，《摭言》：“彭伉、湛賁，俱袁州宜春人，伉妻即湛姨也。伉舉進士擢第，湛猶爲縣吏，妻族爲置賀宴，皆官人名士，伉居席之右，一座盡傾。湛至，命飯於後閣，湛無難色。其妻忿然責之曰：‘男子不能自勵，窘辱如此，復何爲容？’湛感其言，孜孜學業，未數載一舉登第。時伉方跨驢縱遊於郊郭，忽有家僮馳報湛郎及第，伉失聲而墜。故袁人謔曰：‘湛郎及第，彭伉落驢。’”《唐詩紀事》：“至今袁州之西有落驢橋。”《永樂大典》引《宜春志》：“湛賁登進士第。”○孟按：《唐詩紀事》卷三十五“彭伉”條：“賁……一舉擢第。”注：“貞元十二年。”元刊本《新編排韻增廣事類氏族大全》卷七：“湛賁，唐貞元登第，爲高安縣令，徙縣治於元陽觀。”又，天一閣[嘉靖]《袁州府志》卷七《選舉表·科第》：“宜春，唐，貞元十二年：湛賁，進士，有傳。”

崔護，《唐詩紀事》：“護字殷功，貞元十二年登第，終嶺南節度使。”

喬弁，見《文苑英華》。〔趙校：《全詩》卷三六八作“高弁”〕○孟按：《白氏長慶集》卷五十二《喬弁可巴州刺史制》，約作於長慶元年（821）至二年間。《唐刺史考全編》卷二〇一《山南西道·巴州（清化郡）》亦考喬弁爲元和末至長慶中任巴州刺史。疑即其人。

＊崔弘禮，原卷二十七《附考·進士科》録有“崔弘禮”，徐氏考云：“《舊書》本傳：‘字從周，博陵人，北齊懷遠之七代孫。祖育，父孚。弘禮舉進士。’”　孟按：《千唐》[1043]王璠撰大和五年（831）四月二十八日《唐故東都留守東都畿汝州都防禦使銀青光禄大夫檢校尚書左僕射東都尚書省事兼御史大夫上柱國贈司空崔公（弘禮）墓誌銘并序》（參見《彙編》[大和039]）云：“公諱弘禮，字從周，博陵人也。……公始以進士擢第，洎愚登秀

才科，相遠十五載。"按王璠於元和五年(810)登進士第(見本書卷十八)，前推十五年，則崔弘禮登進士第當在貞元十二年(796)。今移正。弘禮卒於大和四年(830)十二月十七日，享年六十五，則其擢第時爲三十一歲。亦見胡補。又，宋蜀刻本《新刊經進詳注昌黎先生文》卷二十四《李元賓墓銘》，王儔補注："崔洪(按當作弘)禮十四年及第，與元賓同年進士也。"按李觀(字元賓)登貞元八年(792)進士第，已見前。此云"與元賓同年進士"者，謂與元賓同年赴舉也。王儔補注嘗引用唐人《登科記》，此"十四年及第"之説或有所據。今姑從王《誌》，附此俟考。

　　* 何堅。韓愈《送何堅序》云："何與韓同姓爲近，堅以進士舉，於吾爲同業。"《全唐詩補編·續拾》卷二十二錄何堅《除授太學國子監司籍之職因賦》有云："瓊林日照宮花燦，金榜風搖姓字高。幸荷召頒入太學，相期聯步覲天朝。"日本藏[康熙]《永州府志》卷十《選舉上·進士年表》載："何堅；道州人；德宗貞元十年李程榜進士。"按李程爲貞元十二年進士科狀元，故"十年"，當爲"十二年"之誤。

　　* 明經科：

　　* 侯績。《彙編》[大和100]劉軻撰大和九年(835)十二月十一日《唐故朝議郎陝州硤石縣令上柱國侯公(績)墓誌銘并叙》(北京圖書館藏拓本。參見《補遺》册四，第140頁)云："公諱績，字夏士，上谷人。……公兄繼以文科入仕，公方以退静爲意，不事趨競，故不取進士，時論高之。貞元十二年，明經出身。"按侯繼登進士第，《記考》卷十三已錄入貞元八年(792)。亦見羅補。

　　諸科四人。

　　博學宏詞科：試《披沙揀金賦》以"求寶之道，同乎選才"爲韻，見《文苑英華》。又有《竹箭有筠詩》，亦當爲是年試題。

　　李程，《廣卓異記》引《登科記》："李程，貞元十二年進士，狀元及第。十三年宏詞頭登科。" 按"十三年"爲"十二年"之訛。

　　柳宗元，宗元《與楊誨之第二書》云："吾年二十四，求博學宏詞。"韓注："貞元十二年，公年二十四。"又《上大理崔大卿應制舉不敏啟》云："宗元向以應博學宏詞之舉，會閣下辱臨考第，司其升降。"

李摯，

李行敏，《摭言》："貞元十二年，李摯以宏詞振名，與李行敏同姓、同年、同登第。又同甲子，登第時俱二十五歲。又同門。摯嘗答行敏詩曰：'因緣三紀異，契分四般同。'"

席夔，見《文苑英華》。

張仲方。見《文苑英華》。　《舊書》本傳："仲方宏詞登科，釋褐集賢院校理。"

　　知貢舉：禮部侍郎吕渭。見《唐語林》。　《摭言》："貞元十一年，吕渭第一榜撓閟，不能定去留。因以詩寄前主司曰：'獨坐貢闈裏，愁多芳草生。仙翁昨日事，應見此時情。'"〇孟按：此處稱引《摭言》之語，當附上年知貢舉禮部侍郎吕渭下。

李程《日五色賦》曰："德動天鑒，祥開日華。守三光而效祉，彰五色而可嘉。驗瑞典之所應，知淳風之不遐。稟以陽精，體乾爻於君位；昭夫土德，表王氣於皇家。懿彼日升，考茲禮斗。因時而出，與聖爲偶。仰瑞景兮燦中天，和德輝兮光萬有。既分羲和之職，自契黄人之守，舒明耀，符君道之克明；麗九華，當帝業之嗣九。時也寰宇廓清，景氣澄霽。浴咸池於天末，拂若木於海裔。非烟捧於圓象，蔚矣錦章；餘霞散於重輪，焕然綺麗。固知疇人有秩，天紀無失。必觀象以察變，不廢時而亂日。合璧方而孰可，抱珥比而奚匹。泛草際而瑞露相鮮，動川上而榮光亂出。信比象而可久，故成文之不一。足使陽烏迷莫黑之容，白駒驚受彩之質。浩浩天樞，洋洋聖謨。德之交感，瑞必相符。五彩彰施於黄道，萬姓瞻仰於康衢。足以光昭千古，照臨下土。殊祥著明，庶物咸睹。名暈矯翼，如威鳳兮鳴朝陽；時藿傾心，狀靈芝兮耀中圃。斯乃天有命，日躋聖，太階平，王道正。同夫少昊諒感之以呈祥，異彼夏王徒指之而比盛。今則引耀神州，揚光日域。設象以啟聖，宣精以昭德。彰燭遠於皇明，乃備彩於方色。故曰

惟天爲大，吾君是則。"《文苑英華》

　　湛賁《日五色賦》曰："聖日呈睨，至德所加。布璀璨之五色，被輝光於四遐。纖塵乍收，爛彼雲間之彩；清漣既動，焕乎川上之華。且夫德惟純一，瑞符祚九。彼合璧而未方，願抱珥而何有。豈若青赤以之彩錯，光芒屏其氛垢。星同色而莫儔，露成文而曷偶。至乃天衢將曙，春雨新霽。廓彼長空，斂其纖翳。焕羲車而逾媚，映彤庭而轉麗。同象德於金天，陋再中於漢帝。於時宸眷屢迴，聖心方契。恒旰食以爲慮，豈浮雲之能蔽。觀其往復黄道，隱見非一。彰有德而天下文明，照無私而海内清謐。馴犀對而阻色，儀鳳臨而委質。光浮石壁，謂媧皇之補天；影入詞林，疑江淹之夢筆。彼連珠之代，王字之日雖得以載其圖牒，實難以爲其儔匹。未若光分五色，德合三無。明天道以下濟，與人事而同符。較兹嘉祉，超於邃古。杲杲而五色成文，郁郁而萬物咸睹。祥光旁燭，偏宜連畛之瓜；瑞彩下臨，更並建社之土。于以光被四表，昭彰元聖。播頌聲於管弦，流喜氣於歌詠。矧其堯舜爲理，羲和奉職。仰以陽精，象於我德。不然何以照曜六合，玄黄五色，出乎震位，焕夫皇極。仰其耀，希煦嫗以資成；傾其心，比葵藿之生植。儻餘光之可惜，庶分陰之有得。"《文苑英華》

　　崔護《日五色賦》曰："陽精之瑞兮，惟瑞之嘉。首三光而委照，備五色以連華。繁彩遥分，叶二數於聖運；祥光下燭，贊元吉於皇家。且夫天之降禎，昭示群有；日之效慶，丕應元后。軼圖牒而稱靈，著策書而不朽。徑惟千里，表年曆而當千；麗彼九華，彰帝業之在九。懿其廓烟霄而朗霽，斂天宇之氛曀。出暘谷之方融，歷離宫而增麗。羲和疑而愕立，疇官駭以横睇。循黄道以遲遲，爍青冥而晰晰。觀其瑞景中焕，浮晶外溢，所以告昌期，符聖日。結金天以標異，掩群祥而首出。仰其衆色，比河上之榮光；徵彼謡言，異江中之萍實。景麗天衢，明均八區。知神光之有宰，信玄化之潛敷。媚韶陽於紫陌，混佳氣於皇都。于是見土

行之善應,識帝載之珍符。君一德兮格於上天,日五色兮臨於下
土。實有感而斯見,固惟仁而是輔。乘虛散彩,狀朝烟之煖空;
緣隙通輝,若晴虹之入户。燦爛同耀,玄黃交映。彙藻繪於金
輪,聚雲霞于寶鏡。當道泰以垂睨,契河清之表聖。諒四彗之莫
儔,豈再中而攸競。則知天意非昧,人情可測。所以異其彩,示
輝光之日新;所以呈其祥,慶文明之允塞。偉夫彼日之瑞,可以
象君之德。謬膺薦於春闈,幸觀光於上國。”按今本《文苑英華》闕
名,據《永樂大典》所載舊本補。

李程《春臺晴望詩》曰:“曲臺送春日,景物麗新晴。靄靄烟
收翠,忻忻木向榮。静看遲日上,閑愛野雲平。風慢遊絲轉,天
開遠水明。登高塵慮息,觀徼道心清。更有遷喬意,翩翩出谷
鶯。”《文苑英華》

　*湛賁《春臺晴望詩》曰:“追賞層臺迴,登臨四望頻。熙熙
山雨霽,處處柳條新。草長秦城夕,花宜漢苑春。晴林翻度鳥,
紫陌閔行人。旅客風塵厭,山家夢寐親。遷鶯思山谷,騫翥待芳
辰。”《文苑英華》。　孟按:此詩原題作“鄭賁”,據陳補考訂賁爲咸通三年
進士第,詳該年考。陳補以爲《文苑英華》卷一八四所收鄭賁《春臺晴望》
詩,疑爲湛賁詩,因姓名音形相近而訛。今從其説徑改。

喬弁《春臺晴望詩》曰:“層臺聊一望,遍賞帝城春。風暖聞
啼鳥,冰開見躍鱗。晴山烟外翠,香藥日邊新。已變青門柳,初
銷紫陌塵。金湯千里國,車騎萬方人,此處雲霄近,憑高願致
身。”《文苑英華》

李程《披沙揀金賦》曰:“物有感者,其沙之同流。韜至精之
未吐,俟明鑒以來求。披隤沚,歷汀洲。期往而有覿,必專而是
謀。若不克見,何遠不討。大無間於洪流,細寧忽於潢潦。必因
目擊,信夫川則效珍;不假鏡臨,所謂地不藏寶。於戲! 未分美

惡，必在妍媸。當有期於慎簡，幸無見於忽遺。經營乎永昌之日，徘徊乎麗水之湄。初若決浮雲，搖星光之的的；又似剖群蚌，貫珠彩之纍纍。充一鎰而有待，貫三品而方期。出輕漣而沈潛自照，別麗景而光炅生姿。泊乎沙之汰之，既堅既好。斷之則同心斯得，用之則從革是寶。必資作礪，自同選衆以求仁；曾是滿籝，未若勸學而知道。伊昔識真者寡，罕遇良工。遺我於一撮之內，混我於衆流之中。純固空知夫自守，精英不得而外融。與砂礩而雜居，則如雲積；處礩按字疑有誤。〔趙校："礩璞"，《英華》卷一一八作"礦璞"。〕璞而自異，詎可雷同。寶既有矣，況於人乎！夫辨之掌握，尚辱在泥塗。則將排碧沙，涉清淺，雖有懷於揀金，庶不遺於片善。今則藻鑒既朗，庸將自媒。興公雅符於通論，士衡猶患於多才。不然者則懷寶而退矣，曷爲體物而來哉！《文苑英華》

柳宗元《披沙揀金賦》曰："沙之爲物兮，际污若浮。金之爲物兮，耻居下流。沈其質兮五材或闕，耀其光兮六府孔外集作"以"。修。然則抱成器之珍，必將有待；當慎擇之日，則又何求。配圭璋而取貴，豈泥滓而爲儔。披而擇之，斯焉見寶。蕩浸淫而顧盼，指炫炅而探討。動而愈出，將去幽以即明；涅而不緇，實既堅而且好。潛雖伏矣，獲則取之。翻渾渾之濁質，見耀耀外集作"熠熠"。之殊姿。久暗未彰，固亦將君是望；先迷後得，孰謂棄余如遺。其隱也，則雜昏昏，淪浩浩，晦英姿兮自保。和光同塵兮，合於至道。其遇也，則散奕奕，動融融，煥美質兮其中。明道若昧兮，契彼玄同。儻俯拾而不棄，諒致美於無窮。欲蓋而彰，故炯爾而見素；不索何獲，遂昭然而發蒙。觀其振拔污塗，積以錙銖，研清暉外集作"碎清光"。而競出，耀真質而將外集作"特"。殊。錐處囊而纖光乇比，劍拭土而異彩相符。用之則行，斯爲美矣；求而必得，不亦悦乎。豈徒媚旭日以晶熒，帶長川之清淺。皎如珠吐，類剖蚌之乇分；粲兮星繁，似流雲之初卷。是以周詩乇比，而《祈招》即詠；外集作"周德思比，而岐昌即詠"。陸文可侔，而《昭明》是選。若然者可以議披沙之所托，明揀金之所裁。良工何遠，善價爰來。拂以增光，寧謝滿籯之學；汰之愈朗，詎慚擲地之才。客有希採掇於求寶之際，庶斯文之在哉。"《文苑英華》、《河東外集》。

席豫《披沙揀金賦》曰："寶之至者，金實難儔。何混質於微細，每隨沙以沈浮。不耀其光，誠觀而莫辨；退藏於密，故披而可求。玄鑒在人，至誠斯保。察晶熒於磧礫，視隱映於潭島。澹以冥搜，靜而窮討。翻混濁，酌澄浩。得之爲利，雖云貨以藩身；揀必於精，終是不貪爲寶。道以之至，行無越思。研精既辨，取捨奚疑。浩浩同流，詎謂從難分矣；專專匪惑，盡可汰而出之。信多雜而不混，何在小而見遺。故得方以選才，比諸振藻。符至人和光之德，明君子知微之道。豈止匪固於窮，思濫於中，懷至寶，竊玄功，披隤沲而不厭，積貨産以未豐。則情惟盜比，而業於商同也。徒觀夫敷彩污塗，涅而不渝，外濁如汩，中明自殊。養正以蒙，潛雖伏矣；從人之欲，道豈遠乎。彼荆山採玉，河上求珠，刖雙足而未偶，冒萬死而争趨。匪曰能智，是爲至愚。曷若隱而自彰，微而可辨，常保質於堅重，匪淪精而展轉。以是爲德，則和而不同；以是求賢，則舉不失選。況今至珍必見，朗鑒恒開。細無不察，大無不該。在沈潛而未耀，求揀鍊而斯來。亦何必披鄱陽之沙方見爲寶，覽士衡之賦然後稱才。"《文苑英華》

張仲方《披沙揀金賦》曰："披流沙之至寶，惟良金而可求。諒稟質以相混，信韜光而莫儔。處其污而含潔，潛其剛以産柔。將陶甄以入用，在晶熒而必收。爾乃發彼衆彩，瑩然秘寶。砂礫之下，自守其堅剛；茫昧之中，我得其精好。遠邇必取，纖微罔遺。泛隤沲以吐色，洗蒙垢以成姿。匪塵泥之足亂，豈玉石以生疑。既乍明以乍滅，在沙之而汰之。同至人受污以不吝，等君子藏光以俟時。且流形厚地，晦質玄造。厥貢取戒於不貪，旁求必歸於有道。然後百寶惟斥，三品惟崇。美價初炫，微明内融。晦

沈潛而不雜,秉熠爚以潛通。將耀質而有異,豈藏山之與同。鑒
裁無疲,期必分於醜好;拂拭相借,固不假於磨礱。俾精鍊以作
範,庶從革以成功。亦何異夫才爲物表,道出常途,標百行以卓
爾,摛繁文而煥乎。每和光而不昧,居衆流而有殊。善惡猶茲必
分,真僞於焉可辨。雖知己而見録,本良工而妙選。將永隔於下
流,且不遺於片善。故明因特達,道靡遭迴。乍披之而可玩,亦
求之而乃來。同無脛而斯感,豈衆口以爲猜。今振藻以作賦,而
愧乎擲地之才。"《文苑英華》

李程《竹箭有筠詩》曰:"常愛凌寒竹,堅貞可喻人。能將先
進禮,義與後凋鄰。冉冉猶全節,青青尚有筠。陶鈞二儀内,柯
葉四時春。待鳳花仍吐,停霜色更新。方持不易操,對此欲觀
身。"《文苑英華》

席夔《竹箭有筠詩》曰:"共愛東南美,青青嘆有筠。貞姿衆
木異,秀色四時均。枝葉當無改,風霜豈憚頻。虛心如待物,勁
節自留春。鮮潤期棲鳳,嬋娟可並人。可憐初籜卷,粉澤更宜
新。"《文苑英華》

張仲方《竹箭有筠詩》曰:"東南生緑竹,獨美有筠箭。枝葉
詎曾凋,風霜孰云變。偏宜林表秀,多向歲寒見。碧色乍葱蘢,
青光常蒨練。皮開鳳彩出,節勁龍文見。愛此守堅貞,含歌屬時
彦"《文苑英華》

十三年丁丑(797)

中書試進士策問:"先師之言,辨君子小人而已。勸學則舉
六蔽,咸事則稱九德,推其性類,又極於是矣。孟軻之數聖者,有
清有和。文子之言人位,上五下五。列夷惠於天縱,頗有所疑。
況牛馬於最靈,豈爲至當。班固之《古今表》,劉邵之《人物志》,
品第乖迕,或鈎撦纖微,誠有可觀,恐非盡善。既强爲己之學,必

有析理之精，敬俟嘉言，以袪未達。"第一道。　問："乃者西裔背盟，勞師備塞。今戎王自斃，邊遽以聞。而議者或曰因其喪而弔之，可以息人。或曰乘共虛而伐之，可以闢地。或曰夷實無厭，兵乃危事，皆所以疲中國也，不若如故。是三者必有可採，思而辨之。"第二道。　《權文公集》。　中書試進士，事無所考。按是年德宗以有司出賦題不悅，宰相喻使減人數，十餘人已得復黜。見李翱《獨孤朗墓誌銘》。或使中書重試以策歟？

　　十二月，顧少連爲尚書左丞，權知貢舉，奏："伏以取士之科，以明經爲首；教人之本，則義理爲先。至於帖書及以對策，皆形文字，並易考尋。試義之時，獨令口問，對答之失，覆視無憑，黜退之中，流議遂起。伏請准建中二年十二月敕，以所問錄於紙上，各令直書其義，不假文言。仍請依經疏對奏。"敕："宜依。"《册府元龜》、《唐會要》。

　　　　進士二十人：《玉芝堂談薈》作"三十人"。試《西掖瑞柳賦》，以"應時呈祥，聖德昭感"爲韻，見《舊書》本傳。《文苑英華》又載《龍池春草詩》，當是此年試題。

　　鄭巨源，狀元，見《玉芝堂談薈》。

　　郭炯，見《文苑英華》。

　　陳詡，《永樂大典》引《閩中記》："陳詡字載物，貞元十三年及第。"歐陽詹《泉州刺史席上宴邑中赴舉秀才於東湖亭序》："貞元癸酉歲，邑有秀士八人，公將首薦於闕下。秋八月，與八人者鄉飲之禮既修，遂有東湖亭之會。是日人有《甘棠》、《頖宮》之什。客有天水姜閱、河東裴參和、潁川陳詡、邑人濟陽蔡沼。"按詡於是年登科，蓋三舉而後及第。《淳熙三山志》："陳詡，終戶部員外郎、知制誥。"

　　宋迪，《永樂大典》引《宜春志》："貞元十三年，宋迪登進士第。"

　　獨孤申叔，柳宗元《獨孤申叔墓碣》："君諱申叔，字子重，年二十二舉進士。"韓注："貞元十三年，申叔中進士。"

　　裴操，柳宗元《呂侍御恭墓誌》："呂渭貞元十三年爲禮部尚書，知貢舉，擢裴延齡子操居上第。會入閣，遺私謁之書於廷，罷爲湖南觀察使。"

按“禮部尚書”當作“禮部侍郎”。

万俟造，見《文苑英華》。〔趙校：“万俟”原作“萬侯”。據《英華》及《元和姓纂》卷十改。〕

*高允中（高元裕）。原作“高元裕”，徐氏考云：“《舊書》本傳：‘字景圭，渤海人。祖魁，父集。元裕登進士第。本名允中，大和初爲侍御史奏改。’按元裕以大中二年爲山南東道節度使，在鎮五年，入任吏部尚書，卒於道。蓋卒於大中七年，年七十六。蕭鄴《高元裕神道碑》云：‘弱冠博學工文，擢進士第。’弱冠在貞元十三年也。” 孟按：其改名在大和初，則其擢第時名當爲允中。今改正。亦見陳補。

*内落下十餘人：

*獨孤朗。《全唐文》卷六三九李翱撰《唐故福建等州都團練觀察處置使兼御史中丞贈右散騎常侍獨孤公（朗）墓誌銘》：“公諱朗，字用晦。……年二十一，與弟郁同來舉進士。其二年，既得之矣，會有司出賦題德宗不悦，宰相喻使减人數，故公與十餘人皆黜。”按朗卒於太和元年（827）九月，享年五十三，則其得第復黜在是年。

明經科：

李□。歐陽詹《送李孝廉及第東歸序》：“貞元癸丑歲，明經登者不上百人，孝廉冠其首。” 按“癸丑”爲“丁丑”之訛。

諸科六人。

知貢舉：禮部侍郎呂渭。《舊書》本傳：“渭授禮部侍郎。中書省有柳樹，建中末枯死，興元元年車駕還京後，其樹再榮，人謂之‘瑞柳’。渭試進士，取《瑞柳》爲賦題，上聞而嘉之。”按《唐會要》載此事作“上聞而惡之”。考李翱《獨孤郁墓誌銘》，當從《會要》。《册府元龜》：“禮部侍郎呂渭知貢舉，結附户部侍郎、判度支裴延齡。其子操舉進士，文詞非工，渭擢之登第，爲正人嗤鄙。渭連知三舉，後因入閣，遺失請托文紀，遂出爲潭州刺史。”《舊書》本紀：“九月，以禮部侍郎呂渭爲潭州刺史、湖南觀察使。”〇孟按：《全唐文》卷四九六權德輿撰《大唐湖南都團練觀察處置等使朝散大夫檢校左散騎常侍持節都督潭州諸軍事兼潭州刺史御史中丞雲騎尉賜紫金魚袋李公遺愛碑銘

并序》：“皇帝在宥天下十九歲……九月制詔：湖南長帥中執法李公巽
爲江西，申命小宗伯呂公渭爲之代。”按“皇帝在宥天下十九歲”即德
宗貞元十三年。

郭炯《西掖瑞柳賦》曰：“乾坤至誠，草木無情。神靈乘化而
致理，枯朽效祥而發生。當聖澤未沾，故兀然枯瘁；及天光迴照，
遂藹爾敷榮。因萬物以咸遂，與百祥而畢呈。故得垂陰鎖闥之
中，固本鳳池之側。始孤標而穎拔，乍苒弱而條直。長充西掖之
佳玩，迴奪東門之秀色。芬數自異，永垂不朽之名；變化無常，用
表好生之德。懿其黃生漸蔚，幹聳惟條。拂瑞景而增麗，裹祥風
而獨搖。可以彰聖主之玄感，可以見昊天之孔昭。舒卷以時，陋
梧桐之半死；榮枯順理，鄙松柏之後凋。且春布發生之慶，秋行
肅殺之令，於天地而不失其常，在金木而各得其性。衆皆畢出盡
達，我則向日而衰；衆皆黃落萎腓，我則感時而盛。不然何以知
至德之動天，運神功而瑞聖者矣。翠色牂牂，異酒泉嘉樣之祥；
輕陰澹澹，同鄅郡枯梓之感。烟銷雨霽，霏素雪於宸居；日晏春
深，雜繁花於睿覽。青翠葳蕤，垂軒拂墀。在日月偏臨之處，當
鵷鷺集苑之時。至矣哉，天降靈貺，聖爲明證。既得地而不雜衆
流，常托根而獨標美稱。是知天聽自人而應者也。”《文苑英華》

陳詡《西掖瑞柳賦》曰：“柳變西掖，瑞彰聖時。感巡遊之未
至，失榮落於先期。雨露所均，常比中園之鬱鬱；宮闈暫閉，若無
春日之遲遲。所以望車塵之行幸，慰都人之怨思。物或有憑神，
固難宰生植。不易地而孤影，忽同秋而異色。豈上天之降鑒，俾
下民之是則。于以激忠臣之心，于以彰大君之德。初斯柳之失
常，人未知其爲祥。秦原之烟景明媚，漢苑之草樹芬芳。獨孤凋
而槁瘁，似永隔於風光。無絮花之似雪，意膏露之疑霜。及夫天
迴舊步，木得其性，千官捧日以輸忠，萬姓從龍而翊聖。彼衆芳
之已歇，我得秋而始盛。豈固異於常材，實願貞乎景命。偉夫瑞

發匪遥，成天意之孔昭；德惟可覽，結人心之幽感。不然抑且無情，曷枯而生？其枯也當烟塵之晦，其生也表氛沴之清。與時不偶，叶聖斯呈。政或可持，疾風始知夫草勁；節無所立，歲寒徒稱乎柏貞。宜其俯鳳池而灑潤，接雞樹以連榮。儒有因物比興，屬詞揣稱，聞瑞柳於春宮，遂揄揚於天應。"《文苑英華》

陳詡《龍池春草詩》曰："青春先鳳苑，細草遍龍池。曲渚交蘋葉，迴塘惹柳枝。因風初冉冉，覆岸欲離離。色帶金堤靜，陰連玉樹移。日光浮靃靡，波影動參差。豈比生幽遠，芳馨衆不知。"《文苑英華》

宋迪《龍池春草詩》曰："鳳闕韶光遍，龍地草色勻。烟波全讓綠，堤柳不爭新。翻葉迎紅日，飄香借白蘋。幽姿偏占暮，芳意欲留春。已勝生金埒，長思藉玉輪。翠華如見幸，正好及茲辰。"《文苑英華》

万俟造《龍池春草詩》曰："暖積龍池綠，晴連御苑春。迎風莖未偃，裛露色猶新。苒苒分階砌，離離雜荇蘋。細叢依遠渚，疏影落輕綸。遲引縈花蝶，偏宜拾翠人。那憐獻賦者，惆悵惜茲辰。"《文苑英華》

十四年戊寅(798)

九月癸酉，詔："鄉貢武舉，並應百隻箭及三十隻箭人等，今年宜權停。"時諫議大夫田敦因蒙召對，〔趙校：《舊紀》作"田登"。下同。〕奏言兵部武舉等每年嘗數百千人，持挾弓矢，出入皇城間，恐非所宜。上聞而矍然，故命停之。其實武舉者，每歲不過數十人。時議惡敦貴欲非短舊事，奏議不實。自是訖於貞元，更不復置。《舊書》本紀、《册府元龜》。

進士二十人：按《吕衡州集》有禮部試《鑒止水賦》，注云："以'澄虛納照，遇象分形'爲韻，任不依次用，限三百五十字已上成。"又有《青出藍詩》,注云:"題中用韻,限四十字成。"《文苑英華》所載同,是爲此年試題。

李隨,狀元。

李翱,《舊書》本傳:"翱字習之,涼武昭王之後。父楚金,貝州司法參軍。翱貞元十四年登進士第。"李翱《感知己賦序》:"貞元九年,翱始就州序之貢。共九月,執文章一通謁右補闕梁君。十一月,梁君遘疾歿。翱漸遊於朋友公卿間。梁君歿,於兹五年。每歲試於禮部,連以文章罷黜。"按序作於十三年未及第時。

張仲素,《唐才子傳》:"張仲素字繪之,貞元十四年李隨榜進士,與李翱、吕温同年。復中博學宏詞。"《唐詩紀事》:"張仲素,建封之子。"按《廣川書跋》載李翱《慈恩題名》云:"李翱第一,張仲素次之。十人解送,而九人入等。"蓋李、張皆於上年爲京兆等第也。

吕温,《唐才子傳》:"吕温字和叔,河中人。初從陸贄治《春秋》,梁肅爲文章。貞元十四年李隨榜及第,中宏詞。"《唐詩紀事》:"温字和叔,一字化光,禮部侍郎渭之子。貞元中,連中兩科。"劉禹錫《吕君集序》:"東平吕和叔,始以文章振三川,三川守以爲貢士之冠。名聲四馳,速如羽檄,長安中諸生咸避其鋒。兩科連中,鋒刃愈出。"吕温有《及第後答潼關主人詩》云:"本欲雲雨化,却隨波浪翻。一沾太常第,十過潼關門。志力且虛棄,功名誰復論。主人故相問,暫笑不敢言。"○孟按:柳宗元《唐故衡州刺史東平吕君(温)誄》:"道不苟用,資仕乃揚。進於禮司,奮藻含章,決科連中。"注引孫曰:"貞元十四年,尚書左丞顧少連知禮部貢舉,温中第。"(中華書局1979年10月版《柳宗元集》)又《舊唐書·吕渭傳》載渭子"温,字化光,貞元末登進士第。"

權長孺,權德輿《送三從弟長孺擢第後歸徐州覲省序》:"吾嘗思天下之理,必求其端於士行博厚,人文昭明,則理道從之。孤卿大夫,皆由士而進,得不謹於初以自重耶?然則鏌干之刃,騕褭之步,百鍊千里,必俟知者,此長孺所由獲進於左君之門也。左君嘗貳六官之半,復以綱轄再臨儀曹,銛鋒絕足,於是乎得。且爾髫年秀發,好學不遷,追於弱冠,餘勇可賈。修詞體物,講貫習復,發功中的,觀者偉之。夫每歲登名者,四方之人皆屬耳目以評其當否,不可誣也。若爾之敬遜務時敏沛然得之,〔趙校:"敏沛

然得之”，字疑有誤。惟《英華》並《權集》皆無異文。〕異時遠至，如在步武
矣。吾與長孺曾王父在永崇、開耀之間，繼以賢能之書來獻於王庭，德名
家法，華萼相輝。暨吾早歲，亦將砥礪充賦，而先友過聽，遽以名聞，蓬茅
之中，未筮而仕。既而中外族姻有以前心見勉者，吾以爲雖冗員解巾，亦
君所命也，豈可更名越禮，以孟晉求售耶？循性所安，遊寓湖海，或辱賓
召，亦嘗從之。頃歲以禮官徵至闕下，因緣朝獎，忝冒清近，既非所宜，居
常缺然。歲時易過，道義難就。視爾之年猶前日耳，每思孔孟不惑、不動
心之言，以爲元龜而未能也。然則舉於鄉者，士君子之本。爾能聿脩，其
慰如何。叔父以廷尉評典城於豐，理有課最，家有教義。駕言歸寧，拜慶
堂下，青純被體，桂枝在手，服名教者相賀，況吾之心耶！宗門單尠，從弟
之仕次者，不十數輩，相愛以誠，惜別爲甚。因爾之文藝，徵吾之出處，故
詞雖繁而不能已也。噫！風水之積厚也，方可以負大舟大翼，爾其勉之。
其餘則良會慎夏，寓書而已。十四年四月，從曾祖兄德興叙。”　按集有
《再從叔故試大理評事兼徐州蘄縣令府君墓誌銘》：“府君諱有方，貞元十
六年五月歿於楚州。有子曰長孺，弱冠舉進士甲科。”顧少連時爲尚書左
丞，故曰“左君”。

　　獨孤郁，《舊書》本傳：“郁，及之子，河南人。貞元十四年登進士第。
文學有父風，尤爲舍人權德輿所稱，以子妻之。”獨孤郁有《上權侍郎書》
云：“貞元十三年八月，上書於舍人三兄閣下：郁不肖，辱承大賢之心深矣。
非又敢以假喻自薦也，意欲以大賢擇衆賢如七十子之徒，是亦方孔子於大
賢也。”蓋登第後始爲德輿之婿。李翱《獨孤朗墓誌銘》：“年二十一，與弟
郁同來舉進士。其二年，既得之矣，會有司出賦題，德宗不悅，宰相喻使減
人數，故公與十餘人皆黜。公即日歸養，使其弟留以卒業。”以大和元年
卒、年五十三計之，二十一歲當貞元十一年，舉進士之二年則十三年也。
留弟卒業，謂郁於十四年及第。韓昌黎《獨孤郁墓誌銘》：“君諱郁，字古
風，河南人，常州刺史及之第二子。年二十四登進士第。時故相太常權公
掌出詔文，望臨一時，登君於門，歸以其子。”

　　王起，《舊書·王播傳》：“播弟起，字舉之。貞元十四年擢進士第，登
制策直言極諫科。”白居易《揚州倉曹參軍王府君墓誌銘》：“子起，應博學
宏詞科選，授集賢殿校書郎。”

王季友，見《文苑英華》。

盧元輔，《舊書·盧杞傳》：“子元輔，字子望。少以清行聞於時，進士擢第。”

李正叔，〇孟按：正叔即李邕之孫。《彙編》[元和072]李正卿撰元和九年(814)七月廿一日《唐故大理評事贈左贊善大夫江夏李府君(魁)墓誌銘并叙》云：“公諱魁，字魁，本趙郡人也。……祖善，皇秘書郎，崇賢、弘文館學士；父邕，皇北海太守、贈秘書監。公即北海第三子。……愛子正叔，以文行升諸科第，以聲問歷於臺省。”

李建，建爲遜之弟，見《舊書·李遜傳》。　元稹《李建墓誌》：“建字杓直，始以進士第二人試校秘書郎。”〇孟按：白居易撰《有唐善人墓碑銘并序》：“唐有善人曰李公，公名建，字杓直，隴西人。……公養有餘力，讀書屬文，業成，與兄遜起應進士，俱中第，爲校書。”

李逢，

張隸初，

蕭節，

時元佐，《續定命録》：“德皇之末，前進士時元佐任協律郎。”

李宗衡，

鄭素，以上九人見呂溫祭文，其年未詳，附此俟考。

＊許康佐，原列卷十五貞元十八年(802)進士科，徐氏考云：“《舊書·儒學傳》：‘許康佐，父審。康佐登進士第，又登宏詞科。’按《新書》言許堯佐擢第，八年康佐繼之。堯佐於十年及第，則康佐當附是年。”　孟按：堯佐於貞元十年(794)登賢良方正科，其進士擢第則徐松失考。今已考知堯佐登進士第在貞元六年(790)，則康佐登進士第當在本年。今移正。

＊呂鑄，《全唐文》卷五九四呂鑄小傳：“鑄，貞元十四年進士。”亦見胡補、陳補。　孟按：《元和姓纂》卷六“諸郡呂氏”：“彬生牧，庫部郎中、澤州刺史。牧生吳、穎、鑄、榮。”

＊王損之，陳補：“《全唐詩》卷四六四：‘王損之，貞元十四年進士第。’《全唐文》卷四八一同。所據似即《文苑英華》卷一八六收王起、呂價、

王損之《濁水求珠》詩，王起爲本年及第，因據以推定。徐《考》定本年試《青出藍詩》，然僅存呂温、王季友二首。以孰爲是，殊難論定。姑以王、呂附本年。"胡補亦據《全唐文》及《全唐詩》小傳録王損之於本年。　　孟按：《全唐詩》卷四八六鮑溶有《送王損之秀才赴舉》詩。

　　*呂價。詳上。原列卷二十七《附考·進士科》，徐氏考云："《寳刻叢編》引《集古録目》：'唐魏博節度田布碑，前鄉貢進士呂價書。'"今移正。

　　明經科：

　　韋温。《舊書》本傳："温字弘育，京兆人。祖肇，吏部侍郎。父綬，德宗朝翰林學士。温七歲時，日念《毛詩》一卷。年十一，應兩經及第。"杜牧《故宣州觀察使御史大夫韋公墓誌》："公年十一，以明經取第。"以會昌五年年五十八推之，及第在是年。

　　諸科九人：

　　*李潘（字藻夫）。《千唐》[1074]李恭仁撰開成五年（840）十二月廿四日《唐故朝議郎使持節光州諸軍事守光州刺史賜緋魚袋李公（潘）墓誌銘兼序》（參見《彙編》[開成050]）云："公名潘，字藻夫，先世趙郡贊皇人。……皇贊皇縣令府君并之第四子。……家於常山，太守鄭公瀆性樂善，喜後進，因目之爲奇童，薦於連帥，特表奏聞，策中，有司别敕同孝廉登第，時纔年八歲。"按李氏卒於開成五年（840），享年五十，則其八歲時在貞元十四年。按楊希義《輯釋》誤繋於貞元十七年（801）。又《千唐》[1181]崔贍撰咸通十一年（870）十二月五日《唐故光州刺史李府君（潘）博陵崔夫人玄堂誌銘》（參見《彙編》[咸通087]）云："李氏府君諱潘，趙郡之派裔。父并，趙州贊皇縣丞。府君升童子第，累辟會府，亞尹南荆，歷均、光二州刺史。"按上二誌所記墓主，當爲一人。誌中異文，當以潘之親兄恭仁所撰爲準。此條亦見羅補。又按此李潘與《記考》卷二十七《附考·進士科》所録李漢之弟潘並非一人，後者見《舊唐書·李漢傳》。

　　知貢舉：尚書左丞顧少連。《册府元龜》、《唐會要》。　　呂温《祭座主故兵部尚書顧公文》："維貞元十年，門生侍御史王播，監察御史劉禹錫、陳諷、柳宗元，左拾遺呂温、李逢吉，右拾遺盧元輔，劍南西川觀察支使李正叔，萬年縣主簿談元茂，集賢殿校書郎王起，秘書省校書郎李建，京兆府文學李逢，渭南縣尉席夔，鄠縣尉張隸初，奉禮郎獨孤郁，協律郎蕭節，奉禮郎時元佐，滎陽主簿李宗衡，前鄉貢進士鄭素。”其文有云：“中侍六載，内朝十年，三司秋賦，五掌春銓。”又曰：“播等爰自諸生，升爲王賓，播嘗再忝於科第，始一命於朝倫。或負知於一紀，或登用於數旬。凡在京兆一十九人，四忝御史，三爲諫臣。”

　　按“貞元十年”爲“元和十年”之訛。〇孟按：據岑仲勉先生考定，“貞元十年”應從《郎考》之説爲“貞元二十年”，考見《唐集質疑·祭座主顧公文》。

　　張仲素《鑒止水賦》曰：“水可取鑒，人能就諸。將審己以徵實，必含形而内虛。其止也静，其清也徐。方湛兮而皎鏡，異汧彼而淪胥。符上善之心，自多弘納；見無私之狀，臨或躊躇。資坎德之深矣，諧至人之淡如。當其曉日增鮮，光風未度，既清泠以爰止，持炯戒以爲諭。等濫觴之猶蓄，何一杯之是措。諒善惡之咸觀，必形影之自遇。豈獨無當五色，空涵衆文。伊吉凶之肇起，如動静之潛分。俯而窺似神交之淡泊，默而察若靈化之絪緼。且義叶養蒙，道深觀竅。洞虛無以責有，在清明而惟肖。必不同也常稱厚貌之疑，鑒之精兮未若重泉之照。辨妍媸而無失，固潔著而爲妙。斯所以田巴覽之而獨悲，陸雲觀之而自笑。若乃芳塘始啟，白水初澄，有美人兮方覘，坐曲岸而情凝。毫髮已分，想沈姿而映藻；清華不動，見浮彩之生靈。是知聲有往而必復者謂其響答，水以止而能鑒者謂之冥合。方取則於川渟，孰混歸於海納。此亦紀人事，垂正經。庶在觀身而責影，豈徒品物而流形。今則萬頃方臨，群容在掌。隨方圓以見意，在清通而賦象。苟明鑒之不遺，願飾躬而是往。”《文苑英華》

　　吕温《鑒止水賦》曰：“水止矣静之其徐，物鑒矣久而益虛。且無情於美惡，又奚議夫親疏。委質員來，所期乎上善同利；忘筌已悟，寧患夫至清無魚。若乃迴塘月抱，高岸環合，泥滓湛然，自沈金沙。炯其不雜，同道德之以虛而受，異川澤之惟污是納。

有斐君子,〔趙校：“斐”原作“匪”，據《英華》卷三二改。〕此焉明徵。氣隨波息，心與源澄。端形赴影，如木從繩。其表微也，挂金鏡而當晝；其索隱也，隔玉壺而見冰。爾其色必洞徹，光無混瀁。不蒸翁鬱之氣，不激潺湲之響。百丈在目，千仞指掌。惡每自乎中見，美實非乎外奬。鑒形之始，方似以身觀身；得意之間，乃同求象忘象。徒觀其下倒星漢，上披烟雲，守其常而性將道合，居其所而物以群分。君鑒之以平心，臨下以簡；臣鑒之而厲節，在邦必聞。妍媸無形兮，惟人所召；物我兼遺兮，水無私照。廉士以之立誠，至人以之觀妙。豈比夫流若激矢，波如建瓴，不捨晝夜，爭輸滄溟，徒乖躁靜之理，莫分真偽之形者哉！國家以賢爲止水，鑒有餘裕。群形鱗集，衆象景附。濫巾竊吹者，十手共指；研精摭實者，千載一遇。夫如是姑自攝其威儀，亦何憂而何懼。”《文苑英華》、《吕衡州集》。

　　王季友《鑒止水賦》曰：“鑒於水者，不在於廣大而在於澄渟。奔流則崇山莫辨，靜息則纖芥必形。故能任人倫之巨細，隨物色之丹青。皆一鑒而洞達，若三光之出冥。因見底之清，成照膽之朗。以無心而應物，皆潔己而呈象。如白日之輝煌，無孤蓬之振蕩。憑虚之狀，信有妍而有媸；閱實之明，因無偏而無黨。若乃仙井舊渫，華池既瀦，中無浴鳥，下絶游魚。疑金鏡之湛寂，若瑠璃之至虛。當其來，見威儀之酷似；及其去，無聯迹於淪胥。向使潺湲不息，噴薄長住，將沃日而騰虹，或因山而爆布，遭駭飈之欻起，值潛虹之交鶩。雖有清明之本質，豈能使形影之相遇。是知專而靜可以居要，明而動亦不能照。斯大道之指歸，豈常情之感召。得懲躁之爲誠，知飾容之惟肖。人觀於水，既定而後詳；水鑒於人，當止而爲妙。照其美也非所愛，照其惡也非所憎。不分明於有位，不掩映於無朋。諒可移性，俾居於正直；豈懷鑒貌，獨貴於清澄。想夫烟雨初霽，泥沙不雜，明看皎練，止若冰合，忽形來而影見，類聲往而響答。在良賢而暫窺，宜陋軀之愧納。今

者貞清特異，穎燿前聞。雖萬形之森列，終一鑒而區分。"《文苑
英華》

　　呂溫《青出藍詩》曰："物有無窮好，藍青又出青。朱研方比
德，白受始成形。袍襲宜從政，衿垂可問經。當時不採擷，佳色
幾飄零。"《文苑英華》、《呂衡州集》。

　　王季友《青出藍詩》曰："芳藍滋匹帛，人力半天經。浸潤加
新氣，光輝勝本青。還同冰出水，不共草爲螢。翻覆衣襟上，偏
知造化靈。"《文苑英華》

十五年己卯（799）

　　進士十七人：《文苑英華》有《行不由徑詩》，當是此年試題。

　　封孟紳，狀元。　《唐詩紀事》："孟紳，貞元十五年高郢下進士第一
人，終於太常卿。"

　　張籍，《唐才子傳》："張籍字文昌，和州烏江人也。貞元十五年封孟
紳榜及第，授秘書郎。"《侯鯖錄》引《唐登科記》："張籍以貞元十五年高郢
下登科。"　按張籍爲昌黎在徐州所薦送，《此日足可惜贈張籍詩》云：'州
家舉進士，選士謬所當。馳詞對我策，章句何煒煌。"張籍《哭退之詩》云
"公領試士司，首薦到上京。一來遂登科，不見苦貢場"是也。籍有《徐州
試反舌無聲詩》。○孟按：張籍《寄蘇州白使君》詩："登第早年同座主，題
書今日是州人。"按張籍、白居易先後登第，而座主皆爲高郢，故云。張洎
《張司業集序》："司業諱籍……貞元十五年丞相渤海公下登科。"又韓愈
《此日足可惜一首贈張籍》詩："聞子高第日，正從相公喪。"五百家注引孫
曰："貞元十五年高郢知貢舉，籍登第。是歲二月晋卒，愈護其喪。"

　　王炎，《舊書·王播傳》："播弟炎，貞元十五年登進士第。"白居易《揚
州倉曹參軍王府君墓誌銘》："子曰播，曰炎，曰起，咸以進士舉及第。炎既
第未仕。"○孟按：《全唐文》卷七一四李宗閔撰《故丞相尚書左僕射贈太尉
太原王公（播）神道碑銘并序》："公諱播，字名揚，太原人。……公之仲弟
曰炎，季弟曰起，與公三人俱用文學奮於江左，西遊長安，七中甲乙，時議

偉之。”

李景儉，《舊書》本傳：“景儉字寬中，漢中王瑀之孫，父褚。景儉貞元十五年登進士第。”吕温《韋夏卿碑》言開府辟士，有隴西李景儉。

邵楚萇，《永樂大典》引《閩中記》：“邵楚萇字待倫，閩縣人。貞元十五年及第。” 按“待倫”，《淳熙三山志》作“待翰”。志又云楚萇終校書郎。

裴頗，白居易《代裴頗作王府君墓誌銘》：“某不佞，頃對策於王廷也，與炎同升諸科焉。” 按王炎是年舉進士，頗蓋與同年。

孟寂，張籍《哭孟寂詩》云：“曲江院裏題名處，十九人中最少年。”注云：“《唐進士登科記》，孟寂乃中書舍人高郢所取十六名。其年進士十七人，博學宏詞二人，故詩云十九人。” 按孟郊有《分水嶺別夜示從弟寂詩》。

俞簡，見《文苑英華》。

＊韋□。《全唐詩》卷三八五張籍《題韋郎中新亭》詩有“成名同日官聯署”句，知此韋郎中當與張籍爲同年，其名俟考。

　　諸科四人。

　　博學宏詞科二人：試題爲《樂理心賦》，以“易直子諒，油然而生”爲韻。《終南精舍月中聞磬詩》（孟按：“磬”，原誤作“磐”，據《英華》改），題中用韻六十字成，見《吕衡州集》。

獨孤申叔，柳宗元《獨孤申叔墓碣》：“年二十二，舉進士。又二年，用博學宏詞爲校書郎。”

吕温。見《文苑英華》、《吕衡州集》。

　　知貢舉：中書舍人高郢。《舊書·權德輿傳》：“貞元十年，遷中書舍人。是時德宗親覽庶政，重難除授，凡命於朝，多補自御札。始德輿知制誥，給事有徐岱，舍人有高郢。居數歲，岱卒，郢知禮部貢舉，獨德輿直清禁。”柳宗元《送辛生下第序》略云：“中書高舍人備位於禮部，攘袂矯枉，痛抑華耀。”韓注云：“高郢貞元中遷中書舍人，進禮部侍郎，知貢舉。時四方士務朋比，更相譽薦，以動有司，徇名忘實。郢患之，乃謝絕請謁，專取行藝。司貢部凡三歲，甄幽獨，抑浮華，流競之俗爲衰。”

　　封孟紳《行不由徑詩》曰:"欲速竟何成,康莊亦砥平。天衢皆利往,吾道本方行。不復由蓬徑,無因訪蔣生。三條遵廣道,九軌尚安貞。紫陌悠悠去,芳塵步步清。澹臺千載後,公道有遺名。"《文苑英華》載此詩誤作"孟封",據《唐詩紀事》改正。

　　張籍《行不由徑詩》曰:"田裏有微徑,賢人不復行。孰知趨捷步,惟恐異端成。從易衆所欲,安邪息所生。〔趙校:"所",《英華》卷一八九作"亦"。〕誰能違大路,共此競前程。子羽有遺跡,孔門傳舊聲。今逢大君子,士節再應明。"《文苑英華》

　　王炎《行不由徑詩》曰:"邪徑趨時捷,端心惡此名。長衢貴高步,大路自規行。且慮縈紆僻,將求坦蕩情。詎同流俗好,方保立身貞。遠跡如違險,脩仁在履平。始知夫子道,從此得堅誠。"《文苑英華》

　　俞簡《行不由徑詩》曰:"古人心有尚,乃是孔門生,爲計安貧樂,當從大道行。詎應流遠迹,方欲料前程。捷徑雖云易,長衢豈不平。後來無往路,〔趙校:"往",《英華》卷一八九作"枉"。〕先達擅前名,一示遵途易,〔趙校:"易",《英華》卷一八九作"意"。〕微衷益自精。"《文苑英華》

　　獨孤申叔《樂理心賦》曰:"心爲靈府,樂有正一作"和"。聲。感通而調暢之理自得,訢合而邪僻之慮不生。翕如冥契,混若化成。孕和平於德宇,保純粹於元精。故先王立極受命,制民作則,脩匏土革木之器,備干戚羽毛之飾。將以悦萬人,康四國,動蕩其心志,推移於道德。薰然而煦日以和,悠爾而躋之壽域。成文不亂,知至樂之有融;從律弗奸,見王道之甚直。聲之所感,性罔不悛。致和易於無象,禁奸邪於未然。希夷自適,鬱結攸宣。苟斯須之不去,何嗜慾之能遷。況乎大樂同和,至音交暢。聽寂莫而何求,親窅冥而無狀。將欲革驕志以純仁,化貪心爲貞諒。在乎思不惑兮心不流,安至樂兮優而柔。順至性之蕩蕩,符大道之油油。純如皦如，足養浩然之氣；融融洩洩，寧抱悄爾之憂。
是知以德音爲音則合於仁義，以淫樂爲樂則比於慢易。《咸》、
《濩》作而理亦隨之，鄭、衛興而時乃殆而。信至化之所繫，實和
樂之攸資。是以重華明兮，《簫韶》若此；獨夫靡兮，顛沛若彼。
忘味興嘆於宣尼，觀風見稱於季子。則知樂之爲用也，不獨逞煩
手，謹俚耳。正心術而導淳源，非聽其鏗鏘而已。”《文苑英華》

　　吕温《樂理心賦》曰：“道無象，天無聲。聖人不有作，曷以觀
化成。由集作“於”。是鼓吹大塊，鏗鏘元精。因乎心而式是理
本，形乎器而强爲樂名。以齊五方之俗，以厚萬物之生。始積中
集有“而”字。發外，率充性與情。集作“足充性而養情”。樂與心冥
則所謂固天之縱，心由樂理亦得夫自明而誠。至若樂在朝廷，君
臣叶義，一發而陽唱陰和，九變而雲行雨施。上以見爲君之難，
下以知爲臣之不易。有國者理心以此，必睹集作“獲”。儀鳳之集
有“嘉”字。瑞。若乃樂在閨閫，父子静專，蓋取諸無荒，而樂有節
而宣。和以嚴濟，愛由敬全。有家者理心以此，必返天性於自
然。且夫樂之作也，一動一息；心之理也，惟清惟直。然後集有
“能”字。在聽而必聰，無入而弗克。集作“不得”。節有序，觀貫珠
而匪珠；聲成文，見五色而集作“於”。無色。其或惟邪是念，惟慝
是廑，集作“蒐”。則雖琴瑟在御，管磬聿脩，立樂之方既失，理心
之術何求。亦焉望變淳集作“澆”。風之浩浩，致和氣之油油。徒
觀其心尚玄通，樂資交暢，明則贊天地之化育，幽則索鬼神之精
狀。會節有極，象之則發而時中；應變無方，擬之則貞而不諒。
大矣哉！至樂希夷，侯其褘而。聽之以思，固不資集作“專”。於
子野；作必在聽，集作“不在聽”。亦無俟於后夔。方今敦和統同，
反本復始。別集作“辨”。六律以分聽，集作“職”。納八風而齊軌。
集作“齊八風而同軌”。洪鐘虛受，我則明其直言；朱絲集作“弦”。遺
音，我則戒夫專美。此吾君之以樂理心，宜乎貴爲天子。”《文苑英
華》、《吕衡州集》。

　　獨孤申叔《終南精舍月中聞磬詩》曰："精廬慚原注：疑。夜景，天宇滅埃氛。幽磬此時擊，餘音幾處聞。隨風樹杪去，支策月中分。斷絕如殘漏，淒清不隔雲。羈人方罷夢，獨雁忽迷群。響盡河漢落，千山空糾紛。"《文苑英華》

　　吕溫《終南精舍月中聞磬詩》曰："月中集作"峰"。禪室掩，幽徑集作"磬"。净昏氛。思入空門妙，聲從覺路聞。泠泠流衆集作"滿虚"。壑，杳杳出重集作"寒"。雲。天籟疑難辨，霜鐘詎可分。偶來依集作"遊"。法界，便欲謝人群。竟夕聽真響，荷花積露文。集作"塵心自解紛"。"《文苑英華》、《吕衡州集》。

十六年庚辰(800)

　　禮部策進士問："《周禮》'庶人不畜者祭無牲，不耕者祭無盛，不蠶者不帛，不績者不縗'，皆所以耻不勉，抑游惰，欲人務衣食之源也。然爲政之道，當因人所利而利之。故修其教不易其俗，齊其政不易其宜。由是農商工賈，咸遂生業。若驅彼齊人，强以周索，牲盛布帛，必由己出，無乃物力有限，地宜不然，而匱神廢禮，誰曰非闕？且使日中爲市，貿遷有無者，更何事焉？"第一道

　　問："《書》曰'眚灾肆赦'，又曰'宥過無大'，而《禮》云'執禁以齊衆，不赦過'。若然，豈爲政以德，不足耻格，峻文必罰，斯爲禮乎？《詩》稱'既明且哲，以保其身'，《易》稱'利用安身，以崇德也'，而《語》云'無求生以害仁，有殺身以成仁'。若然，則明哲者不成仁歟，殺身者非崇德歟？"第二道

　　問："聖哲垂訓，言微旨遠。至於禮樂之同天地，易簡之在乾、坤，考以何文，徵於何象？絕學無憂，原伯魯豈其將落；仁者不富，公子荆曷云苟美？朝陽之桐，聿來鳳羽；泮林之椹，克變鴞音。勝乃俟乎木鷄，巧必資乎瓦注。咸所未悟，庶聞其説。"第三道

問："天地有常道，日月有常度，水火草木有常性，皆不易之理也。乃至鄒衍吹律而寒谷暖，魯陽揮戈而暮景迴，呂梁有出入之遊，周原變堇荼之味。不測此何故也？將以傳信乎，抑亦傳疑乎？"第四道

問："紡績之弊，出於女工。桑麻不甚加，而布帛日已賤，罷織者勞焉。公議者知之，欲乎價平，其術安在？又倉廩之實，生於農畝。人有餘則輕之，不足則重之。故歲一不登，則種食多竭。往年時雨愆候，宸慈軫懷，遣使振廩，分官賤糶。故得餒殍載活，麥禾載登。思我王度，金玉至矣。竊聞壽昌常平，今古稱便，國朝典制，亦有斯倉。開元之二十四年，又於京城大置，賤則加價收糶，貴則終年出糶。所以時無艱食，亦無傷農。今者若官司上聞，追葺舊制，以時斂散，以均貴賤，其於美利，不亦多乎？"第五道。《白氏文集》。

十二月戊寅，敕禮部："別頭舉人，宜委禮部考試，不須置別頭。"《舊書》本紀、《册府元龜》、《唐會要》。　按《選舉志》言高郢掌貢舉奏罷，《齊抗傳》又謂抗爲相奏罷。蓋禮部議必關于中書也。

進士十九人：據白居易詩云："慈恩塔下題名處，十七人中最少年。"則"十九人"當作"十七人"。試《性習相近遠賦》，以"君子之所慎焉"爲韻。《玉水記方流詩》，見《摭言》。

陳權，狀元。

吳丹，白居易《花前嘆》云："幾人得老莫自嫌，樊、李、吳、韋盡成土。"注："吳謂吳饒州丹。"《唐詩紀事》："丹字真存，登第，歷職至鎮州宣慰副使、知匭使、尚書，卒於饒州，葬於常州。樂天爲誌。"按居易有《饒州刺史吳府君神道碑銘》。居易《留別吳七正字詩》云："成名共記甲科上，署吏同登芸閣間。"疑亦謂丹。又《酬吳七見寄詩》："莫忘蜉蝣內，進士有同年。"○孟按：白居易撰《故饒州刺史吳府君神道碑銘并序》："君諱丹，字真存。……以進士第入官。……仲弟湖州長史某以予辱與其兄遊，既爲同門生，又爲同舍郎，周知初終，托爲碑記。"

鄭俞，白居易《吟四雖詩》云："命雖薄，猶勝於鄭長水。"注云："余爲河南尹時，見同年鄭俞始授長水縣令。"○孟按：白居易又有《早春雪後贈洛陽李長官長水鄭明府二同年》詩。"李長官"，名未詳，見下。"鄭明府"，鄭俞。

白居易，《舊書》本傳曰："居易字樂天，太原人。二十七舉進士。貞元末，進士尚馳競，不尚文，就中六籍尤擯落。禮部侍郎高郢始用經藝爲進退，樂天一舉擢上第。明年中拔萃甲科。由是《性習相近遠》、《求玄珠》、《斬白蛇》等賦泊《百節判》，新進士競相傳於京。"又曰："居易與元稹書曰：'十五六始知有進士，苦節讀書。二十已來，晝課賦，夜課書，間又課詩，不遑寢息矣。以至於口舌成瘡，手肘成胝。既壯而膚革不豐盈，未老而齒髮早衰白，瞥然如飛蠅垂珠在眸子中者，動以萬數。蓋以苦學力文之所致，又自悲矣。家貧多故，年二十七方從鄉賦。既第之後，雖專於科試，亦不廢詩。'"白居易《與陳給事書》云："正月日，鄉貢進士白居易遣家僮獻書於給事：今禮部高侍郎爲主司，則至公矣。而居易之文章可進也，可退也，竊不自知之。欲以進退之疑取決於給事。"蓋即此年正月也。又《箴言序》："貞元十有五年，天子命中書舍人、渤海公領禮部貢舉事。越明年春，居易以進士舉，一上登第。"《白香山年譜》："十六年二月十四日，中書舍人高郢下第四人登第。"　按樂天生於大曆七年，是年二十九歲。李璜舊譜據香山詩"此生知負少年春，不展愁眉欲三十"之語，以爲樂天二十九猶未第，誤也。《摭言》："白樂天省試《性習相近遠賦》，攜之謁李凉公逢吉。公時爲校書郎，於時將他適。白遽造之，逢吉行攜行看，初不以爲意。及覽賦頭曰'噫！下自人，上達君，咸德以慎立，而性由習分'，逢吉大奇之，遂寫二十餘本，其日十七本都出。"白居易《及第後歸覲留別諸同年詩》："十年常苦學，一上謬成名。擢第未爲貴，賀親方始榮。時輩六七人，送我出帝城。軒車動行色，絲管舉離聲。得意減離恨，半酣輕遠程。翩翩馬蹄疾，春日歸鄉情。"又《東都冬日會諸同年宴鄭家林亭詩》："盛時陪上第，暇日會群賢。折桂應同樹，鶯遷各異年。賓階紛組珮，伎席儼花鈿。促膝齊榮賤，差肩次後先。助歌林下水，銷雪酒中天。他日升沈者，無忘共此筵。"○孟按：《全唐文》卷六五三元稹《白氏長慶集序》："二十七舉進士。貞元末，進士尚馳競，不尚文，就中六籍尤擯落。禮部侍郎高郢始用經藝爲進退，樂天一舉擢上第。明年拔萃甲科。由是《性習相近遠》、《求元珠》、《斬白蛇劍》等賦洎《百節判》,新進士競相傳於京師矣。"此爲《舊唐書》本傳所本。又白居易《送侯權秀才序》云:"貞元十五年秋,予始舉進士,與侯生俱爲宣城守所貢。明年春,予中春官第。"

李□,白居易《誚鄭二司録與李六郎中寒食日相過同宴見贈詩》注:"二人並是同年。"按鄭二當即鄭俞,李郎中名俟考。○孟按:白居易又有《同王十七庶子李六員外鄭二侍御同年四人遊龍門有感而作》詩。"王十七庶子",王鑑。"李六員外",即此李某。"鄭二侍御",鄭俞。

王鑑,見《文苑英華》。

杜元穎,《舊書》本傳:"元穎,萊公如晦裔孫也。父佐,官卑。元穎貞元末登進士第。"白居易《七年元日對酒詩》注:"余與循州杜相公及第同年。"○孟按:原於卷十五貞元二十一年(805)進士科列有杜元穎,徐氏考云:"杜元穎,《舊書》本傳:'元穎,萊公如晦裔孫。父佐,官卑。元穎貞元末進士登第。'〔趙校:"岑仲勉云,杜元穎已見前貞元十六年,此重出。參後《訂補》。"〕今删併。

陳昌言,見《文苑英華》。

陸□,白居易《寄陸補闕詩》注:"前年同登科。"

＊崔韶。陳補:"《白氏長慶集》卷十六《東南行一百韻寄通州元九侍御澧州李十一舍人果州崔二十二使君開州韋大員外庾三十二補闕杜十四拾遺李二十助教員外竇七校書》'崔杜鞭齊下'句下,通行本皆無注。日本花房英樹先生《白氏文集の批判的研究》引金澤文庫會昌鈔本《白氏文集》有自注云:'予與崔廿二、杜廿四同年進士,與元九韋大同敕制科。'(轉引自《中華文史論叢》1982年第2輯朱金城先生《〈白氏長慶集〉人名箋證續編》)崔廿二即崔韶,詳岑仲勉先生《唐人行第録》。杜廿四爲杜十四之誤,即杜元穎,徐氏已收。元九即元稹,韋大指韋淳(改名處厚),與白居易於元和元年同舉制科,徐氏均收入。"

＊明經科:

＊周著。《彙編》[大和077]侯璉撰大和八年(834)十一月八日《唐故鄂州永興縣尉汝南周君(著)墓誌銘并序》(周紹良藏拓本,開封博物館藏石)云:"君諱著,字老彭。……公早歲窮二經,舉孝廉。貞元十六年,擢

上第。"按羅補繫著於進士科，誤。亦見王補。

　　諸科八人。

　　知貢舉：中書舍人高郢。按白詩年譜又作"中書侍郎"。

　　鄭俞《性習相近遠賦》曰："酌人心之善敗，惟性習之所分。習者物之遷，以動爲主；性者生之質，以靜爲君。運情有同於鎔鑄，通志亦比夫耕耘。或定心以純一，或逐境而糾紛。故定心者若疏源而自得，逐境者猶理絲而又棼。且物之感人無窮，人之徇物無已。近之則歸於正性，遠之則滅於天理。雖真妄之多端，諒御用而由己。至若習於所是，則孟母之訓子。其居也初闤闠之是鄰，遂賈鬻而無恥。及夫又徙於學徒，示以墳史。卒能振文行以標名，鬱古今而播美。豈不以性相近而習之至矣。又若效之而非，則壽陵之從師。其故也等善行之無轍，見大道之甚夷。及夫邯鄲之學，匍匐於兹。既所能之未盡，終故步而莫追。豈不以習相遠而性亦失之。固宜人定其情，物安其所。苟欲遷性，習以交喪。易賢愚之攸處，則捨於己而效於人，學彌得而性彌阻。述而莫息，亦莫之禦。是非乖理而亦徇，未若襲慎而委順。勿牽外以概名，在執中而克慎。欽若奧旨，聞諸古先。習之則善道可進，守之則至理自全。兹義也智所不染，愚亦難遷。儻中庸之可甄，願斯焉而取焉。"《文苑英華》

　　白居易《性習相近遠賦》曰："噫！下自人，上達君，咸德以慎立，而性由習分。習則生常，將俾夫善惡區別；慎之在始，必辨乎是非糾紛。原夫性相近者，豈不以有教無類，其歸於一揆。習相遠者，豈不以殊途異致，乃差於千里。昏明波注，導爲愚智之原；邪正歧分，開成理亂之軌。安得不稽其本，謀其始，觀所由，察所以。考成敗而取捨，審臧否而行止。俾流遁者返迷途於騷人，積習者遵要道於君子。且夫德莫德於老氏，乃曰道是從矣。聖莫聖於宣尼，亦曰非生知之。則知德在脩身，將見素而抱樸；聖由志學，必切問而近思。在乎積藝業於黍絫，慎言行於毫釐。故得其門，志彌篤矣，性彌近矣。由其徑，習愈精而，道愈遠而。其旨可顯，其義可舉。勿謂習之近，徇迹而相背重阻；勿謂性之遠，反真而相去幾許。亦猶一源派別，隨渾澄而或濁或清；一氣脉分，任吹煦而爲寒爲暑。是以君子稽古於時習之初，辯惑於成性之所。然則性者中之和，習者外之徇。中和思於馴致，外徇誡於妄進。非所習而習則性傷，得所習而習則性順。故聖與狂由乎念與罔念，福與禍在乎慎與不慎。慎之義莫匪乎率道爲本，見善則遷。觀炯誡於既往，審進退於未然。故得之則至性大同，若水濟水也；失之則衆心不等，猶面如面焉。誠哉習性之説，吾將以爲教先。"《文苑英華》

　　吳丹《玉水記方流詩》曰："玉泉何處比，四折水文浮。潤下寧踰矩，居方在上流。映空虛碌碌，涵白浄悠悠。影碎疑衝斗，光清耐掩舟。珪璋分辨狀，沙礫共懷柔。願赴朝宗日縈迴入御溝。"《文苑英華》

　　鄭俞《玉水記方流詩》曰："積水棊文動，因知玉産幽。如天涵素色，倖地引方流。潛潤滋雲起，英華射浪浮。魚龍泉不夜，草木岸無秋。璧沼寧堪比，瑶池詎可儔。若非懸可測，誰復寄冥搜。"《文苑英華》

　　白居易《玉水記方流詩》曰："良璞含章久，寒泉徹底幽。尹孚光泛泛，方折浪悠悠。凌亂波紋異，縈迴水性柔。似風搖淺瀨，如月落清流。潛穎應旁達，藏真豈上浮。玉人如不見，淪棄即千秋。"《文苑英華》

　　王鑑《玉水記方流詩》曰："玉潤在中洲，光臨碕岸幽。氤氳冥瑞影，演漾度方流。乍似輕漣合，還疑駭浪收。夤緣知有異，洞徹信無儔。比德稱殊賞，含輝處至柔。沈淪如見念，況乃屬時休。"《文苑英華》

　　杜元穎《玉水記方流詩》曰：“重泉生美玉，積水異長流。如見清堪賞，因知寶可幽。斗迴虹氣見，磬折紫光浮。中矩諧明德，同方叶至柔。月生偏共映，風煖仁將遊。異寶雖無脛，逢時願俯收。”《文苑英華》

　　陳昌言《玉水記方流詩》曰：“明媚如懷玉，奇姿自托幽。白虹深不見，綠水折空流。方珪清沙遍，縱橫氣色浮。類圭才有角，寫月讓成鈎。久處沈潛貴，希當特達收。滔滔在何許，揭厲願從遊。”《文苑英華》

　　白居易對策曰：“利用厚生，教之本也。從宜隨俗，政之要也。《周禮》云：‘不畜無牲，不田無盛，不蠶不帛，不績不縗。’蓋勸厚生之道也。《論語》云：‘因人所利而利之。’蓋明從宜之義也。夫田、畜、蠶、績四者，土之所宜者多，人之所務者衆，故《周禮》舉而爲條目，且使居之者無遊惰，無墮業焉。其餘非四者，雖不具舉，則隨土物生業而勸導之可知矣。非謂使物易業，土易宜也。夫先王酌教本，提政要，莫先乎任土辨物，簡能易從，然後立爲大中，垂之不朽也。若謂其驅天下之人責其所無，強其所不能，則何異夫求萍於中逵，植橘於江北？反地利，違物性孰甚焉！豈直易俗失宜，匱神廢禮而已。且聖人辨九土之宜，別四人之業，使各利其利焉，各適其適焉。猶懼生生之物不均也，故日中爲市，交易而退，所以通貨食，遷有無，而後各得其所矣。由是言之，則《大易》致人之制，《周官》勸人之典，《論語》利人之利，三科具舉，有條而不紊矣。謹對。”第一道

　　“聖王以刑禮爲大憂，理亂繫焉。君子以仁德爲大寶，死生一焉。故邦有用禮而大理者，有用刑而小康者。古人有崇德而遠害者，有蹈仁而守死者。其指歸之義，可得而知焉，在乎聖王乘時，君子行道也。何者？當其王道融，人心質，善者衆而不善者鮮。一人不善，衆人惡之，故赦之可也。所以表好生惡殺，且

臻乎仁壽之域矣。而肆赦宥過之典，由茲作焉。及夫大道隱，至德衰，善者鮮而不善者衆。一人不善，衆人效之，故赦之之不可也。所以明懲惡勸善，且革澆漓之俗矣。而執禁不赦之文，由茲興焉。此聖王所以隨時以立制，順變而致理，非謂德政之不若刑罰也。然則君子之爲君子者，爲能先其道，後其身。守其常則以道善乎身，罹其變則不以身害乎道。故明哲保身，亦道也，巢、許得之。求仁殺身，亦道也，夷、齊得之。雖殊時異致，同歸於一揆矣。何以核諸？觀乎古聖賢之用心也，苟守道而死，死且不朽，是非死也。苟失道而生，生而不仁，是非生也。向使夷、齊生於唐、虞之代，安知不明哲保身歟？巢、許生於殷、周之際，安知不求仁殺身歟？蓋否與泰，各繫於時也；生與死，同歸於道也。由斯而觀，則非謂崇德者不爲成仁，殺身者不爲明哲矣。嗚呼！聖王立教，同出而異名；君子行道，百慮而一致。亦猶水火之相戾，同根於冥數，共濟於人用也。亦猶寒暑之相反，同本於元氣，共濟於歲功也。則用刑措刑之道，保身殺身之義，昭昭可知矣。謹對。"第二道

"古先哲王之立彝訓也，雖言微旨遠，而學者苟能研精鈎深，優柔而求之，則壼奧旨趣將焉廋哉。然則禮樂之同天地，其文可得而考也。豈不以樂作於郊，而天神和焉；禮定於社，而地祇同焉。上下之大同大和，由禮樂之馴致也。易簡之在乾、坤者，其象可得而徵也。豈不以乾以柔克而運，四時不言而善應；坤以陰騭而生，萬物不争而善勝。柔克不言之謂易，陰騭不争之謂簡，簡易之道，不其然乎？老氏絕學無憂；儆其溺於時俗之習也。原伯魯不學將落，戒其廢聖哲之道也。孟子不富之説，慮蘊利而生孽也。公子荆苟美之言，嘉安人而豐財也。鳳鳴朝陽，非梧桐而不棲，擇木而集也。鴉止泮林，食桑椹而好音，感物而變也。事有躁而失静而得者，故木鷄勝焉。有貴而失賤而得者，故瓦注巧焉。雖去聖逾遠，而大義斯存。是故遠旨微言可明徵矣。謹

對。"第三道

"原夫元氣運而至精分，三才立而萬物作。惟天地日月暨水火草木，度數情性各有其常。其隨事應物而遷變者，斯人之所感也。何哉？惟天地萬物父母，惟人萬物之靈。蓋天地無常心，以人心爲心。苟能以最靈之心感善應之天地，至誠之誠感無私之日用，則必如影隨形，響隨聲矣，而況於水火草木乎！故有吹律於寒谷，和氣生焉。揮戈於曜靈，暮晷迴焉。神合乎水，游吕梁而出入不溺。化被於草木，周原而堇荼變味。蓋品彙之生則守其常性也，精誠之至則感而常通也。靜守常性，動隨常通，是道可於物而非常於一道也。夫如是則兩儀之道、七曜之度、萬物之性可察矣，可信矣，夫何疑焉。謹對。"第四道

"人者邦之本也，衣食者人之所由生也。古者聖人在上而下不凍餒者，非家衣而户食之，蓋能爲之開衣食之源，均財用之節也。方今倉廩虚而農夫困，布帛賤而女工勞，以愚所闚，粗知其本。何者？夫天地之數無常，故歲一豐必一儉也。衣食之生有限，故物有盈而有縮也。古之人知其必然也，故敦儉嗇以足衣，務儲蓄以足食。是以禹有九年之水，湯有七年之旱，野無青草，人無菜色者，無他焉，蓋勤儉儲積之所致耳。故曰前事之不忘，後事之元龜也。當今將欲開美利利天下，以後生生蒸人，返貞觀之升平，復開元之富壽，莫善乎實倉廩，均豐凶，則耿壽昌之常平得其要矣。今若升聞，率脩舊制，上自京邑，下及郡縣，謹豆區以出納，督官吏以監臨，歲豐則貴糴以利農，歲歉則賤糶以卹下。若水旱作沴，則資爲九年之蓄，若兵革或動，則餽爲三軍之糧，可以均天時之豐儉，權生物之盈縮。修而行之，實百代不易之道也。虞灾救弊，利物寧邦，莫斯甚焉。然則布帛之賤者，由錐刀之壅也。苟粟麥足用，泉貨流通，則布帛之價輕重平矣。抑居易聞短綆不可以汲深，曲士不可以語道。小子狂簡，不知所以裁之。莫究微言，空慚下問。謹對。"第五道。《白氏文集》。

登科記考補正卷十五

唐德宗神武孝文皇帝

貞元十七年辛巳(801)

進士十八人：《文苑英華·樂德教冑子賦》以“育材訓人之本”爲韻，有鄭方賦，知是此年試題。○孟按：《閏月定四時》詩爲本年試題，詳下考。

班肅，柳宗元《送班孝廉序》：“隴西辛殆庶以班孝廉之行爲請。”又云：“屬者舉鄉里，登春官，獲居其甲焉。”韓注：“貞元十七年，禮部侍郎高郢知貢舉，班肅第一，辛殆庶與班肅同年進士。” 按言肅第一，是肅爲狀元矣。其稱孝廉者，或肅先第明經歟？

辛殆庶，見上。

李彥方，見《文苑英華》。

羅讓，見《文苑英華》。 《舊書·孝友傳》：“羅讓字景宣。祖懷操，父珦。讓少以文學知名，舉進士。”權德輿《羅珦墓誌銘》：“嗣子讓，進士甲科。”

徐至，見《文苑英華》。

鄭方(鄭元)，見《文苑英華》。 《白香山詩集》有《賀鄭方及第後秋歸洛下閑居詩》云：“勤苦成名後，優遊得意閑。玉憐同匠琢，桂恨隔年攀。”自注云：“同高侍郎下隔年及第。”蓋高郢連放三榜，樂天在十六年第二榜，鄭方在十七年第三榜。〔趙校：《四部叢刊》本《白集》作“鄭元”，見後《訂補》。〕〇孟按：岑補云：“《記考》一五：貞元十七年進士，據《英華》著録鄭方，按《白香山詩集》，‘元’一作‘方’，《叢刊》本作‘元’，應補注。”

劉積中，見《文苑英華》。

杜省躬，《酉陽雜爼》：“劉積中，常於西京近縣莊居，與杜省躬同年及第友善。”按杜省躬見《御史臺精舍題名》碑陰。

杜周士，見《文苑英華》，周士又見柳宗元《童區寄傳》。宗元又有《送杜留後詩序》，韓注：“周士，貞元十七年中進士第。”

＊樂伸。《文苑英華》卷一八一《省試二》録羅讓、許稷、杜周士、徐至、樂伸諸人省試詩《閏月定四時》。　按《記考》羅讓、杜周士、徐至皆於是年進士第，因知是年試題爲《閏月定四時》詩。故推知樂伸亦當於是年登第。亦見陳補。

＊明經科：

＊林應。四庫本《福建通志》卷三十三《選舉一·唐科目》：“貞元十七年辛巳：明經林應，莆田人，披孫。”［光緒］《莆田縣志》卷十二《選舉志·唐·明經》：“貞元十七年辛巳：林應，葦子，餘姚令。”亦見陳補。

諸科八人。

＊知貢舉：禮部侍郎高郢。原作“中書舍人高郢”，徐氏考云：“《舊書》本傳：‘改中書舍人，凡九歲拜禮部侍郎。時應進士舉者多務朋遊，馳逐聲名。每歲冬，州府薦送後，唯追奉宴集，罕肄其業。郢性剛正，尤嫉其風。既領職，拒絶請託。雖同列通熟，無敢言者。志在經藝，專考程試，凡掌貢部三歲，進幽獨，抑浮華，朋濫之風翕然一變。　孟按：本年進士科班肅名下徐松引柳宗元《送班孝廉序》韓注：“貞元十七年，禮部侍郎高郢知貢舉，班肅第一，辛殆庶與班肅同年進士。”又鄭方名下引《白香山詩集·賀鄭方及第後秋歸洛下閑居詩》自注：“同高侍郎下隔年及第。”及上文引《舊書》本傳：“改中書舍人，凡九歲拜禮部侍郎。”是知高郢於貞元十六年以中書舍人權知貢舉放榜後，乃正拜禮部侍郎，續知十七年春貢舉放榜也。　又嚴耕望《唐僕尚丞郎表》卷十六《輯考五下·禮侍》“高郢”條云：“貞元十四年

冬，以中書舍人權知十五、十六年兩春貢舉，放榜。蓋十六年，正拜禮侍，續知十七年春貢舉，放榜。其年冬，徙太常卿。……又徐《考》，鄖衡皆中書舍人，當據《語林》八'進士科'條書之。考《全唐文》五〇九《祭徐給事文》，作於貞元十四年歲次戊寅八月十日丁亥，鄖衡爲中書舍人。同卷《祭奚吏部文》，作於貞元十五年歲次己卯十二月二十六日乙未，鄖衡同。又《容齋五筆》七引《登科記》：'白樂天以貞元十六年庚辰中書舍人高鄖下第四人登科。'是知十五年、十六年兩春貢舉均以中舍無疑。然本傳明書由中舍遷禮侍，唐制亦無久知貢舉不正除者。蓋十六年已正除禮侍，十七年春榜不應書衡中舍矣。據前引白集《賀鄖方及第後秋歸洛下》詩，似十七年秋鄖尚在侍郎任；徙太常卿或當在年冬。"今據改。

李彥方《樂德教胄子賦》曰："王者垂訓導於門子，戒驕盈於代禄，屬師嚴以成教誨，敷樂德而宣化育。長能從而可久，幼能正以不黷。悦之以道，寧假乎干戚羽旄；動之斯和，詎資乎匏土革木。是知深於樂者，豈徒然哉。暢生成於壽域，道純粹於靈臺。明明而六德是以，蕩蕩而群心有開。瞻之在前，仁將成於國棟；由乎充選，庶有嗣於鄉材。登於雋造，釋其奸回。聆音乃接武而至，樂善而差肩載來。且於中者表得中而可尊，和者達至和而不紊。緊吾道之克廣，諒乃心之是訓。青衿選其悦學，絳帳資乎待問。于以識琬琰之姿，于以言始終之訓。然則祇者敬也，居敬足以脩身；彝者常也，守常而能化人。萃群生之濟濟，達誘善以循循。肅穆以居而文明有耀，條暢斯及而樂教惟新。然後以孝友俾其師資，春秋則教，夙夜惟寅。弘廣博易良，人胥效矣；美父母兄弟，誰能間之。内必成性，外無越思。匪鏗鏘而感物，咸敬順以親師。異齊國之聞於宣父，叶虞帝之命以后夔。惟德音之是進，豈奸聲之能混。入於國學，習者由是知歸；祭於瞽宗，享者於焉報本。至哉聖人之設教，諒終古而無損。"《文苑英華》

　　羅讓《樂德教冑子賦》曰："至樂之極兮，德教所蓄。德者體中和而定剛柔，教者正性情而靖耳目。既垂法於國冑，亦布政於方族。四術允正，三行祗肅。所以明俊選之標表，所以致才賢之蘊育。比師嚴而道尊，信仁行而禮復。樂正初協，司成理該。被其風而導其志，滌其濫而釋其回。持筋骸以固束，刷性靈而洞開。德義可依，異射宮之取士；程準斯在，同杍人之理材。樂且致之，行之廣運。內無聲以是托，表中庸以垂訓。在敬遜以務時，資端愨而待問。斯乃成性所臻，敎學相因。既廣博而克己，抑直易以藩身。不特考擊兮教備，無假拊搏兮行醇。以道應物，以樂和人。事且符於米廪，義且暢於成均。將俟乎綺紈之子率變，何患乎膏粱之性難馴。苟以我於木鐸，爾宜必誠必信。苟以我於藻鏡，爾寧不智不仁。庶居之也洩洩，諒誨之乎諄諄。在聲音之道兮，以律度是維，諧和是司。在德教之術兮，以友敬爲儀，忠孝爲師。固捨彼而取此，念鑽之而仰之。足使放心精正。體道希夷。罷鏗鏘於師氏，識明命於后夔。寧鼓箧而徒至，必摳衣以慎茲。俾行乎鄉黨，尊尊長長；俾立乎黌塾，庸庸祗祗。夫然則寬愿者日益，簡傲者日損。習語舞而殊源，敦《詩》、《書》而異壺。斯教也教之至，誠天下之本。"《文苑英華》

　　徐至《樂德教冑子賦》曰："至哉樂爲德也，保太和，茂生育。是以先王法之以成教，樂正尊之以示睦。將磨琢於仁義，匪鏗鏘於匏竹。洋洋乎節以惠和，煦煦然致其恭肅。其儀不忒，故容止可觀；其道既弘，乃進退可復。信月將而日就，庶不諂而不瀆。且有教無類，道之原來。廉讓之風斯扇，愷悌之德不回。趨隅以繼其志，待問以成其材。于以見易和之容參於前也，中庸之德夫何遠哉。何必朱干玉戚，一起一僨。將以宮商克懸，角徵潛運。梟趨碧沼，皆藉藉於令名；魚貫青衿，各惜惜於淑問。百行由是內融，三德於焉成順。俾夫遷善者樂以陳，脩已者德以真。樂者樂也，可以樂其孝友；德者得也，可以得其忠臣。昔后夔所以推其典樂,虞舜所以稱其聖人。豈不以人心感樂,樂有其倫者哉!今國家德教綏於九有,禮樂達乎四維。樸素遠符於軒氏,和樂方軼於周詩。多士濟濟,百寮師師。明誠之德可見,中和之樂在茲。自君臣達乎父子,性成也何莫由之。由之伊何?行之非遠。亦由端本去末,化邇自閫。然後外可以維城,中可以補袞。於與樂乎,實教人之大本。"《文苑英華》

鄭方《樂德教胄子賦》曰:"國有學,家有塾,播樂德之文采,率胄子以化育。始先激其清濁,而後攻其節目。鼓篋之士,宣聲音以相和;函杖之時,俾心志而思服。語於效者,執德不回。道以樂者,知陽必來。盈耳之聲詎作,理心之教有開。實俎豆之聞矣,寧鐘鼓而云哉。動於外而暢於中,使和其性;進以德而舉以事,各盡其材。惟其教學,必有謨訓。咸養以致和,強學以待問。觀德畢賢愚之貫,序德同長幼之分。豈不以樂之至也通乎神,教之至也慎乎身。惟彼樂之爲德,是彰教之有倫。不在匏竹設,金石振;乃貴於祇庸備,孝友陳。豈不愈終始而典學,〔趙校:"愈",《英華》卷七六作"念"。〕美教化於成均。遂乃與誦諷,觀屈伸,斯可以移風易俗,不止於溫故知新,保和於心,暢五聲。而授之有道;將遜其業,崇四術,而弘之在人。厥類可知,允懷在茲。諒審樂以知政,由切問而近思。初感至音,聽角聲而惻隱變矣;終懷雅性,聞羽奏而寬大似之。且被之以簫管,加之以訓辭。升學而在於春候,合射而戒於秋時。然則不教以中和不能知樂,不教以博依不能安《詩》。是以學者爲王化之端,樂者繫國風之本。故曰觀大學之道然後知困而滿知損。"《文苑英華》

劉積中《樂德教胄子賦》曰:"惟天惠人,惟王司牧。必資立樂以化被,聚賢而政肅。樂垂六德,允接於生靈;人抱七情,□是乎脩睦。故命樂官宣樂德之旨,教國子俾國人思服。施行而萬邦作乂,動蕩而群生茂育。原其詔司樂,闢靈臺,選國中之胄子,集宇內之懷材。示中和於前,俾行而不怠;尊祇庸於次,將守而不回。實克孝而克友，必無間而無猜。緬賾謨猷，明徵義訓。樂同和而會極，綱有條而不紊。中爲忠□，俾邪者奉忠格之心；和乃適正，制剛者守調適之分。非有象以外感，乃無聲而潛運。祇敬必逾，原注：疑。庸言是尊。率威儀而允淑，致言行之惟醇。睦蒸蒸之孝誠，全乎天性；勗怡怡之友義，原乎天倫。設教之規爰立，列樂之事方陳。是將崇德教，播成均，議道自己，建中於人。夫就學必時，爲樂在茲。春誦夏絃，順陽而樂功猶懋；無虐無傲，率下而樂德增丕。所以舜命伯，伯讓夔，立之以四教，道之以六詩。然後學制敦浹，國經允釐。通至性於倫理，垂善教於師資。慕其人則遰不謂矣，仰其教則學以知之。方今政舉道光，文修武偃。播崇德爲宣風之始，訓國子爲化人之本。忝承教之在躬，庶聲名之不遠。"《文苑英華》

杜周士《樂德教冑子賦》曰："國家自誠而明，講信脩睦。既移風以設教，每登賢而制禄。由是命司樂之職，率彼成均；教舞勺之童，取諸卿族。常德咸事，庸言可復。納諸軌物則物有其容，攝以威儀則儀無不淑。日將月就，不疾而速。于以見中和之教克修，杞梓之材可育。觀鼓篋請益，攝齊員來，嚴師尊道，至矣休哉。捧函丈之筵，無思不服；聽撞鐘之問，有説必該。心不忘於翼翼，〔趙校："忘"原作"望"，據《英華》卷六七改。〕視有主於梅梅。審依仁即童蒙之求我，語成器如杬人之理材。且鼓舞鏗鏘，徒聞於物格；興道諷誦，亦資於釋回。豈如中以理心，和而適分。敬居簡而可久，德有常而不紊。孝實天經，友爲義訓。本其至也，可以賾天地之情；引而伸之，可以暢雍熙之運。則知和章德，在聖與仁。革蒙惑於初志，致輝光於日新。於以代天工，則庶績時序；於以施邦教，則百姓皆新。斯可爲理以樂成俗，師以賢得人。於戲！至教在茲，無從匪彝。合游洋以來學，任道德而爲資。孝友祇庸，則無不順者；自上下下，可咸使由之。夫然，則樂之教也，義微而婉。以八音爲制，以六德爲本。既履孝而資忠，宜任

重而道遠。若然者，安得不慎其終而思其反者也。"《文苑英華》

＊羅讓《閏月定四時》詩曰："月閏隨寒暑，疇人定職司。餘分將考日，積箅自成時。律候行宜表，陰陽運不欺。氣薰灰琯驗，數扐卦辭推。六律文明序，三午理暗移。當知歲功立，唯是奉無私。"《文苑英華》卷一八一

＊徐至《閏月定四時》詩曰："積數歸成閏，羲和職舊司。分銖標斗建，盈縮正人時。節候潛相應，星辰自合期。寸陰寧越度，長曆信無欺。定向銅壺辨，還從玉律推。高明終不謬，委鑑本無私。"《文苑英華》卷一八一

＊杜周士《閏月定四時》詩曰："得閏因貞歲，吾君敬授時。體元承夏道，推曆法堯咨。直取歸餘跋，非如再失欺。葭灰初變律，斗柄正當離。寒暑功前定，春秋氣可推。更憐幽谷羽，鳴躍尚須期。"《文苑英華》卷一八一

＊樂伸《閏月定四時》詩曰："聖代承堯曆，恒將閏正時。六旬餘可借，四序應如期。分至寧忝素，盈虛信不欺。斗杓重指甲，灰琯再推離。羲氏兼和氏，行之又則之。願言符大化，永永作元龜。"《文苑英華》卷一八一。　　孟按：以上四首詩新補，考見前。

十八年壬午（802）

五月，敕："明經、進士，自今以後，每年考試所收人，明經不得過一百人，進士不得過二十人。如無其人，不必要滿此數。"《冊府元龜》、《唐會要》。

策進士問："六經之後，百氏塞路，微言大義，寖以乖絕。使昧者耗日力以滅天理，去夷道而趨曲學，利誘於內，不能自還。漢庭用經術以升貴位，傳古義以決疑獄，誠爲理之本也。今有司或欲舉建中制書，置五經博士，條定員品，列於國庠，諸生討論，歲課能否。然後刪非聖之書，使舊章不亂，則經有師道，學者顒

門。以爲如何？當有其説。至於九流百家論著利病，有可以輔經術而施教化者，皆爲別白書之。"第一道

問："《易》曰'君子夕惕若厲'，《語》曰'君子坦蕩蕩'。《禮》之言絅衣，則曰'惡其文之著也'；《儒行》則曰'多文以爲富'。或全歸以爲孝，或殺身以成仁。或玉色以山立，或毀方以瓦合。皆若相戾，未能盡通。顏回三月不違仁，孟軻四十不動心，何者爲優？柳下惠三黜而不去，子文三已而無慍，何者爲愈？召忽死子糾，管仲相小白。棠君赴楚召，子胥爲吳行人。何者爲是？析疑體要，思有所聞。"第二道

問："周制什一，是稱中正；秦開阡陌，以業農戰。今國家參酌古道，惠綏元元，均節財征，與之休息。豐年則平糴於轂下，恒制則轉漕於關東。尚慮地有遺利，人有遺力，生之者少，靡之者多，粟帛寖輕，而緡錢益重。或去衣食之本，以趣末作，自非翔貴之急，則有其賤之傷。欲使操奇贏者無所牟利，務農桑者沛然自足，以均貨力，以制盈虛，多才洽聞，當究其術。至若管仲通幣之輕重，李悝視歲之上下，有可以行於今日者，因亦陳之。美利嘉言，無辭悉數。"第三道

問："懲忿窒慾，《易》象之明義；使驕且吝，先師之深誡。至若洙泗之門人、故人，漸漬於道德固已深矣，而仲由慍見原壤夷俟，其爲忿與驕不亦甚與？商不假蓋，賜能貨殖，從我之徒而各愆缺如是。皆所未達，試爲辨之。"第四道

問："育材造士，爲國之本。脩辭待問，賢者能之。豈促速於儷偶，牽制於聲病之爲耶？但程試司存，則有拘限。音韻頗叶者，或不聞於軼響；珪璋特達者，亦有累於微瑕。欲使楚無獻玉之泣，齊無吹竽之濫，取捨之際，未知其方。子曰'盍各言爾志'，趙孟亦請七子皆賦，以觀鄭志。古人有述祖德，叙家風之作。衆君子藏器而含章者久，積善而流慶者遠，各言心術，兼叙代德。鄙夫虛佇，以廣未聞。"第五道。　《文苑英華》、《權文公集》。

策明經問：“孔聖屬詞，邱明同恥，裁成義類，比事繫年。居體元之前，已有先傳；在獲麟之後，尚列餘經。豈脫簡之難徵，復絕筆之云誤？子產遺愛也，而賂伯石；叔向遺直也，而戮叔魚。吳季札附子臧而吳衰，宋襄公捨與夷而宋亂。陣爲鵝鸛，戰豈捷於魚麗；詛以犬鷄，信寧優於牛耳。子所習也，爲予言之。”第一道《春秋》。　五經、弘文生同。

問：“三代之弊，或樸或薄；六經之失，或愚或誣。夫以殷、周之理道，《詩》、《書》之述作，施於風俗，豈皆有所未至耶？輟祭納書，誠爲追遠；執戈桃苅，無乃傷恩。何二者之相反耶？兩楹坐奠，嘆有功於宗予；九齡魂交，數能移於與爾。何二者之不一耶？山節藻梲，豚肩狐裘，皆大夫也，又何相遠耶？《檀弓》祖免，子游衰麻，何如直諒而忠告之耶？各以經對。”第二道《禮記》。　五經、弘文生同。

問：“四營成卦，三古遺文，本自河圖，演於羑里。而西鄰禴祭，斯乃自多；箕子利貞，且居身後。豈理有未究，復古失其傳？《乾》之象辭乃次六爻之末，《坎》加習字有異八純之體。《无妄》則象稱物與，《同人》則象引卦名。或備四德而纔至悔亡，或無一德而自居貞吉。訪於承學，思以稽疑。至若康成之陰陽象數，輔嗣之人事名理，異同優劣，亦爲明懲。”第三道《周易》。　五經、弘文生同。

問：“左史記言，古之大訓。何首載《堯典》而乃稱《虞書》？當文思之代，而九官未命，及納麓之時，而四凶方去。豈允恭克讓，待玄德而盡善耶？仲虺作誥，伊尹作訓，豈臣下忠規之稱耶？伯禽《費誓》，穆公《秦誓》，豈帝王軌範之書耶？好風好雨，既從於箕畢，時若恒若，復係於休咎，何所適從耶？伏生傳於耄耋，魯壁得於殘缺，前代講訓，孰爲名家？可以詳言，用窺奧學。”第四道《尚書》。　五經同。

問：“二《南》之化，六義之宗，以類聲歌，以觀風俗。列國斯衆，何限於十四？陳詩固多，豈止於三百？頌編《魯頌》，奚異於《商》、《周》？風有《王風》，何殊於《鄘》、《衛》？頗疑倒置，未達指歸。至若以句命篇，義例非一，瓜瓞取綿綿之狀，草蟲棄喓喓之聲，斯類則多，不能具舉，既傳師學，一爲起予。企聞博依之喻，當縱解頤之辨。"第五道《毛詩》。　五經同。

問："魯史成文，以一字爲褒貶；漢庭尚學，有二傳之異同。雖子夏授經，孫卿肆業，而去聖寖遠，傳疑儻多。閏以定時，何非乎告期？雯乃閔雨，奚憂於去讓？文有無天之説，定有無王之年，例或難通，理亦未盡。衛輒辭以尊祖，於義安乎？許止闕於嘗藥，受誣乃甚。以兹疑滯，皆藉發明。穀梁子之言，固當有據，應上公於古復是何神？諸儒待問，一爲覼縷。"第六道《穀梁》。五經同。

問："孔門達者，列在四科。顏子不幸，伯牛惡疾，命之所賦，誠不可問。至若攻冉求以鳴鼓，比宰我於朽木，言語政事，何補於斯？七年可以即戎，百年可以去殺，固弛張之有異，曷遲速之相懸？爲仁由己，無信不立。拜陽貨則時其亡也，辭孺悲則歌使聞之，聖人之心，固當有爲。鄙則未達，子其辨歟。"第七道《論語》。　弘文生同。　《文苑英華》、《權文公集》。

策道舉問："莊生曰：'吾聞庖丁之言，得養生焉。'蓋以游刃無全，善刀而藏之故也。禦寇則曰：'養生如何？肆之而已。'莊生曰：'嗜欲深者天機淺。'禦寇則以朝穆善理内而性交逸。何二論背馳之甚耶？夫一氣之暫聚，爲物之逆旅，誠不當傷性沽名，以耗純白。儻昧者未通矯抗之説，因遂耳目之勝，其心置力則如之何？既學於斯，仁有精辨。"第一道

問："《駢拇》之言曰：'有虞氏招仁義以撓天下，天下莫不奔命於仁義以易其性。'庸詎知不有性於仁義而不可易者乎？以伯夷死名於首陽之下，庸詎知伯夷非安於死而不可生耶？徵濠上觀魚之樂，則莊生非有虞與伯夷也，又安知有虞與伯夷之不然

耶？徵鳧鶴短長之脛，又安知有虞與伯夷之性非不可斷、不可續者耶？雖欲齊同彼是，先逆後合，惡用謬悠卓詭如是之甚耶？蓬心未達，幸發吾覆。”第二道

問：“至人恬漠，外其形骸使如死灰、如木雞》，斯可矣。至若蹈履水火而不燋沒，雖以誠信，庸至是乎？斯所以有疑於呂梁丈人、商邱開之説也。蓋有以誠信安於死而不遷者，未有以誠信蹈難而必不死者。此何所謂？其質言之。”第三道。　《文苑英華》、《權文公集》。

策弘文、崇文生問：“儒館設科，以優華緒，亦明勸學，然後審官。諸生或以紈綺之年，講誦未暇，在琢玉之或按字疑有誤。怠於製錦而如何。儻稍舉章程，以明課試，因粲粲之質，加孳孳之勤，可以遠圖，固爲盡善。但因循既久，慮物議爲難，盍自言之，將求折衷。”第一道

問：“左掖東朝，載弘學敎，貴游胄子，於是翔集。法禁或弛，藝實難徵。推恩補員，據闕升第，或人疑張禄，或詞假葛龔。誠瑕不掩瑜，豈仕優則學。澄汰則衆心未允，因仍則流弊寖深。有司病諸，幸喻其術。”第二道。　《文苑英華》、《權文公集》。　按《文苑英華》載十九年及二十一年策問，以上各問失載年月，當在是年。

　　　　進士二十三人：《文苑英華》有《風動萬年枝詩》，當是此年試題。

徐晦，狀元。《玉芝堂談薈》作“徐敏”，誤。　《永樂大典》引《莆陽志》：“貞元十八年，徐晦狀元。”《舊書》本傳：“晦進士擢第。”《新書》：“晦字大章。”白居易《吟四雖詩》云：“眼雖病，猶勝於徐郎中。”注：“徐郎中晦因疾喪明。”

尉遲汾，《容齋四筆》引《登科記》：“貞元十八年，權德輿以中書舍人知舉，放進士二十三人，尉遲汾、侯雲長、韋紓、沈杞、李翊登第。”《昌黎集》有《答尉遲生書》，又貞元十七年洛北惠林寺題名有尉遲汾。

侯雲長，《韓文考異》：“雲長中貞元十八年進士第。”

韋紓，見《文苑英華》。　按《摭言》、《唐詩紀事》作“韋紓”，《昌黎集》作“韋群玉”。據《韓子年譜》是二人，紓於是年及第，群玉於二十一年及第。

沈杞，《韓文考異》：“杞中貞元十八年進士第。”

李翊，《韓文考異》：“翊中貞元十八年進士第。”韓愈《與祠部陸員外書》：“執事之與司貢士者相知誠深矣，彼之所望於執事，執事之所以待乎彼者，可謂至而無間疑矣。彼之職在乎得人，執事之志在乎進賢，如得其人而授之，所謂兩得其求，順乎其必從也。執事之知人其亦博矣。夫子之言曰：‘舉爾所知。’然則愈之知者，亦可言已。文章之尤者有侯喜者，侯雲長者。喜之家，在開元中衣冠而朝者兄弟五六人，及喜之父仕不達，棄官而歸。喜率兄弟操耒耟而耕於野，地薄而賦多，不足以養其親，則以其耕之暇讀書而爲之以干於有位者，而取足焉。喜之文章學西京而爲也，舉進士十五六年矣。雲長之文，執事所自知，其爲人淳重方實，可任以事。其文與喜相上下。有劉述古者，其文長於爲詩，文麗而思深，當今舉於禮部者，其詩無與爲比，而又工於應主司之試。其爲人溫良誠信，無邪佞詐妄之心。强志而婉容，和平而有立。其趨事靜以敏，著美名而負屈稱者其日已久矣。有韋群玉者，京兆之從子，其文有可取者，其進而未止者也。其爲人賢而有才，志剛而氣和，樂於薦賢爲善。其在家無子弟之過，居京兆之側，遇事輒爭，不從其令而從其義。求子弟之賢而能業其家者，群玉是也。凡此四子，皆可以當執事首薦而極論者。主司疑焉則以辯，問焉則以告之，未知焉則殷勤而語之，期乎有成而後止可也。有沈杞者，張苰者，尉遲汾者，李紳者，張後餘者，李翊者，或文或行，皆出群之才也。凡此數子，與之足以收人望，得才實。主司疑焉則以解之，問焉則與對之，廣求焉則以告之可也。”《摭言》：“貞元十八年，權德輿主文，陸傪員外通榜帖。韓文公薦十人於傪，其上四人曰侯喜、侯雲長、劉述古、韋紓，其次六人沈杞、張苰、尉遲汾、李紳、張後餘、李翊。而權公凡三榜，共放六人，而苰、紳、後餘不出五年內皆捷矣。”《容齋四筆》卷五“韓文公薦士”條載：“案《摭言》云：貞元十八年權德輿主文，陸傪員外通榜，韓文公薦十人於傪。權公凡三榜共放六人，餘不出五年內皆捷矣”。〇以《登科記》考之，貞元十八年德輿以中書舍人知舉，放進士二十三人，尉遲汾、侯雲長、韋紓、沈杞、李翊登第。十九年以禮部侍郎放二十人，侯喜登第。永貞元年放二十九人，劉述古登第。通三榜共七十二人，而韓所薦者預其七。元和元年崔邠下放李紳，二年又放張後餘、張宏，皆與《摭言》合。

崔琯，《舊書·崔琪傳》：“崔頲有子八人，皆至達官，時人比漢之荀氏，號曰八龍。長曰琯，貞元十八年進士擢第，又制策登科。”《新書》：“琯字從律。”

樊陽源，見《文苑英華》。　《太平廣記》引《續定命錄》：“唐山南節判、殿中侍御史樊陽源，元和中入奏，岐下諸公攜樂，於岐郊漆方亭餞飲。從事中有監察陳庶、獨孤乾禮，皆在幕中六七年，各嘆淹滯。陽源乃曰：‘人之出處，無非命也。某初名源陽。及第年，有人言至西府與取事。某時閑居洛下，約八月間。至其年七月，有表兄任密縣令，使人招某驟到密縣，某不得已遂出。去永通門宿，夜夢見一高冢上，一著麻衣人似欲鄉飲之禮。顧視左右，又有四人。冢上其人乃以手招陽源，陽源不樂去，次一人從陽源前而上，又一人躡從而上，左右四人皆上。陽源意忽亦願去，遂繼陟之。比及，五人見冢上袖一文書，是河南府送舉解，第六人有樊陽源，時無樊源陽矣。及覺，甚異之。不日到密縣，便患痢疾，聯綿一月，困憊甚。稍間，徑歸洛中。謂表兄曰：“西府取解，舊例先須申，某或恐西府不得，兄當與首送矣。”密宰曰：“不可處。但令密縣海送，固不在托。”及到洛中，已九月半，洛中還往乃勸不如東府取解，已與西府所期違矣。陽源心初未決，忽見密縣解申府，陽源作第六人，不名源陽，處士石洪曰：“陽源實勝源陽。”遂話夢於洪，洪曰：“此夢固佳。冢者邱也，豈非登冢爲邱徒哉。於此大振，亦未可知。況縣申名第，一如夢中，未必不爲祥也。”是歲許孟容爲州守。又譴陽源：“密縣第六人，某已處分試官更升三兩路。”比府榜出，陽源依縣申第六人。孟容怒，責試官，陽源具以夢告。明年，權侍郎下及第。’”

馮定，《舊書·馮宿傳》：“弟定，字介夫，與宿俱有文學，而定過之。貞元中皆舉進士，時人比之漢朝二馮君。于頔牧姑蘇也，定寓焉，頔友於布衣間。後頔帥襄陽，定乘驢詣軍門，吏不時白，定不留而去。頔慚，笞軍吏，馳載錢五十萬，及境謝之。定飯逆旅，復書責以貴傲而返其遺。頔深以爲恨。權德輿掌貢士，擢居上第。”　按定與宿、審皆舉進士，傳獨以二馮君繫之貞元者，蓋審及第於永貞也。定與審皆權德輿門生，傳不言聯登，故知定在第一榜矣。

　　＊楊歸厚，陳補：“《劉賓客外集》卷五《寄唐州楊八歸厚》云：‘何況遷喬舊同伴，一雙先入鳳凰池。’自注：‘時徐晦、楊嗣復二舍人與唐州俱同年及第。’徐晦爲本年榜首。同書卷十《祭虢州楊庶子文》：‘子之少孤，率性自然，早有名字，結交世賢。席勢馳聲，龍秋鳴弇。試文再售，毛翮愈鮮。’似舉進士後又曾舉制科。”

　　＊楊嗣復，陳補：“詳上。《舊唐書》卷一七六本傳云：‘年二十，進士擢第。二十一，又登博學宏詞科。’大中二年卒，年六十六，本年恰爲二十歲。徐氏因傳有‘嗣復與牛僧孺、李宗閔皆權德輿貢舉門生’語，繫嗣復爲二十一年進士，實誤。德輿知十八、十九、二十一年貢舉，牛、李皆二十一年及第，傳不云同年而僅云同出權門，知嗣復絕非二十（一）年進士。又《因話錄》卷六云：‘馮尚書審，則又柳公（璟）座主楊相國之同年。’徐氏因於二十一年下又收馮審。按馮審爲貞元十二年及第，徐氏另已著錄。岑補、趙校均指出徐氏重收之誤，但未確定孰誤。今按，貞元十八年有馮定。《舊唐書》卷一六八載定官至工部尚書，而其從弟審則並未任過尚書，《因話錄》殆誤定爲審。嗣復本年及第，據此又獲一佐證。”　孟按：陳補是。徐松原於卷十五貞元二十一年（805）進士科下亦嘗據引《舊書》本傳，然其爲考辨嗣復“年二十一登博學宏詞科”之事，且誤入於進士科。而於嗣復“年二十進士擢第”之事無涉，本年亦失載，今補。

　　＊許稷。原列本卷貞元十七年（801）進士科，徐氏考云：“《閩中名士傳》：‘許稷挾策入關，遇舍人陳詡、四門助教歐陽詹、校書郎邵楚萇、侍御林藻。在京師，閩川舉子釀酒食，會諸先達。詹以稷爲鄉人親故，特與之。藻酣，乃戲曰：“今日之會，子何人斯，輒冒其間。”稷投杯憤悱曰：“男子患不能立志霄漢，其有肩鬛，王侯出處豈必常耶？叨此一飧，稷之過矣。”遂噦酒而去。深入終南山隱，學三年，出就府薦，遂擢第。’按黃滔《司直陳公墓誌銘》：‘貞元中，林藻冠東南之科，第十年而許員外稷繼翔。’是稷及第當在此年。《永樂大典》引《莆陽志》作十八年，誤。”　孟按：《莆陽志》所載不誤，黃滔《墓誌》僅舉其成數耳。考《文苑英華》卷一八七《省試八》錄有許稷《風動萬年枝》詩，即爲貞元十八年省試試題，見下。按《文苑英華》卷

一八一《省試二》亦録許稷《閏月定四時》詩，蓋上年試而未第之作也。亦見胡補、陳補。又《閩書》卷八十一；四庫本《福建通志》卷三十三；〔乾隆〕《晋江縣志》卷八、卷十二；〔乾隆〕《泉州府志》卷三十三俱作貞元十八年徐晦榜進士。故據以移正。

　　明經科：

　　牛堪。《昌黎集》有《送牛堪登第序》云：堪，太學生也；余，博士也。博士，師屬也，於其登第而歸，將榮於其鄉也，能無説乎？" 按昌黎以貞元十七年秋冬間除四門博士，十九年職滿，故附此年。

　　諸科三人。

　　博學宏詞科：試《瑶臺月賦》，以"仙家帝室，皎潔清光"爲韻，見《文苑英華》。

　　王涯。見《文苑英華》。

　　知貢舉：中書舍人權德輿。《舊書》本傳："貞元十七年冬，以本官知禮部貢舉。來年，真拜侍郎。凡三歲掌貢士，至今號爲得人。"韓愈《故相權公墓碑》："貞元十八年，以中書舍人典貢士，拜尚書禮部侍郎。薦士於公者，其言可信，不以其人布衣不用；即不可信，雖大官勢人交言，一不以綴意。奏廣歲所取進士、明經，在得人不以員拘。"又曰："前後考第進士及廷所策試士，踵相躡爲宰相達官，與公相先後。其餘布處臺閣、外府，凡百餘人。"

　　韋紓《風動萬年枝詩》曰："嘉名標萬祀，擢秀出深宮。嫩葉含烟藹，芳柯振惠風。參差搖翠色，綺靡舞晴空。氣稟禎祥異，榮霑雨露同。天年方未極，聖壽比應崇。幸列華林裏，知殊衆木中。"《文苑英華》

　　樊陽源《風動萬年枝詩》曰："珍木羅前殿，乘春任好風。振柯方裊裊，舒葉乍蒙蒙。影動丹墀上，聲傳紫禁中。離披偏向日，凌亂半分空。輕拂祥烟散，低搖翠色同。長令占天眷，四氣借全功。"《文苑英華》

　　許稷《風動萬年枝詩》曰："瓊樹春偏早，光飛處處宜。曉浮三殿日，暗度萬年枝。婀娜搖仙禁，繽翻映玉池。含芳烟乍合，拂砌影初移。爲近韶陽煦，皆先衆卉垂。成陰知可待，不與衆芳隨。"《文苑英華》

王涯《瑶臺月賦》曰："素月霄凝，寒空迴徹。照瓊樹以增麗，焕瑶臺而共潔。遠而望也，浮皎皛之精光；近而察焉，帶巍峩之積雪。美其清熒互映，絢練相鮮。洞玉砌以周設，對金波而正圓。增搆參差，迥出林巒之表；光輝照燭，還同崑閬之前。睹重壁以發地，瞻百常之造天。乍動乍搖，難審詳於衆目；若明若滅，疑陟降於群仙。顧兔淒凉，崇臺窈窱，惵爾意駭，倏然魂悄。駢階級以雲矗，粲瓊瑛之霄皎。徒引耀之可觀，豈懷材之足表。若見仙闕，如遊玉京。月映臺而九天共霽，臺照月而萬里俱明。含冰霰而逾潔，軼氛埃而更清。斯可以滌鄙夫之幽抱，暢達士之高情。皎皎寒光，悠悠清質，凝精以降，委照而出。玩浮光而神竦，炫微輝而皆溢。視乎外，美清瑩乎瑶華；鑒乎中，致齋莊於虚室。由斯可保，亦既有光。始激射以内照，忽飛騰而外揚。璧彩遥分，奪冰壺以的的；桂華中映，同日觀之煌煌。於是天地朗然，纖埃不翳。九成由其直上，八表可以旁睨。將以象清都，朝玉帝。豈徒恣遐想，窮遠睇，徘徊於臺榭之間，悵望於蟾蜍之際而已哉！吟玩既久，規圓已斜。嘆將傾於桂魄，思復搴於瓊華。庶竭精於册府，寧遠慕於仙家。"《文苑英華》

十九年癸未(803)

策進士問："漢廷董仲舒、公孫弘對策，言天人相與之際，而施於教化。韋玄成、匡衡之倫，以明經至宰相封侯，皆本王道，以及人事。今雖以文以經貴禄學者，而詞綺靡於體物，寖失古風；學因緣於記問，寧窮典義。説無師法，經不名家，有司之過，敢不内訟。思欲本司徒之三物，同樂正之四術，不率教者屏之遠方，則名義益脩，風俗益厚。程孝、秀之本業，參周、漢之舊章。慮難改作，式仁嘉話。事關理本，必議上聞，斯乃誠求，諸生毋忽。"第一道

問："齊人之所以務於賦輸，用給公上，大抵饋軍實，奉邊備而已。今北方和親，亟通禮命；南詔納欵，屢獻奇功。而蠢茲西戎，尚有遺類，猶調盛秋之戍，頗勤中夏之師。思欲盡復河湟之地，未銷燧燧之警，師息左次，人無外徭，酌古便今，當有長策。乃者戎人，願脩前好，因請其俘。或曰彼實無厭，絶之以固吾圉；或曰始示大信，許之以靖吾人；或曰歸貴種以懷其心；或曰奪長技以翦其翼。當蘊皎然之見，備陳可舉之方。"第二道

問："祖宗昭穆，王者之盛典；明祀嚴禋，有國之大事。頃歲奉常上奏，以獻祖之位非正，太祖之尊未伸。而公卿諸儒，雜有其議，皆以百代不遷，宜居東向。而獻、懿二主，所歸不同。或曰藏於夾室，或曰置於別廟。或曰祔於德明，興聖酌殷、周之制；或曰遷於園寢，石室採漢、魏之儀。而又有並居昭穆之列，竟虛其位；分饗禘祫之禮，互處於西。衆議云云，莫有所一。至今留中未下，誠聖意所重難也。至當無二，衆君子辨之"第三道

問："人之生也禀五行之秀，其化也順一氣之散。而牛哀爲獸，杜宇爲鳥，趙王爲蒼犬，夏鯀爲黃能，傅巖之相爲星，圯橋之老爲石，變化糾紛，其故何也？夭壽貴殘，賦命萬殊。而驪山之儒，長平之卒，歷陽之魚鱉，南陽之侯王，豈禀數斯同，復適然也？衆君子通性命之理，究古今之學，幽探造化，仁所未聞。"第四道

問："有司之求才，與多士之求進，其心不相遠也。諸生知之乎？計偕者幾乎五百，籍奏者不逾二十，蓋二十五之一也。諸生又知之乎？雕龍之辨，皆謂有餘；靈蛇之珠，無非在握。射或失鵠，瑜寧掩瑕，雖涇渭終分，而蓬麻未直。匿名飛語，詆訕云云，誠無它腸，時有讒口。豈有司之道未至，復諸生之所習難化耶？異時有司，固諸生之所履也，復何如哉？非有防川之心，願聞易

地之説。"第五道。　《文苑英華》、《權文公集》。

策明經問："魯史之文，先師用明於王道；漢武之代，《左氏》不列於學官。誠義理之可觀，終諔艷而多失。鳳凰兆啟，陳氏不得不昌；鸜鵒成謡，季氏不得不叛。既未然於前定，於立教而謂何？同恥釋經，豈其如是！夏五之闕，雖繫月而何嫌；艮八之占，於兼山爲何象？因生因謚，未詳命氏之殊；德命類命，請數制名之義。生既充賦，無辭説經。"第一道《左氏傳》。

問："冠婚成人著代之義，一獻之饗，舅姑先降以奠酬，三加彌尊，母兄皆拜而爲禮。責婦順而則可，於子道而謂何？一與之齊，終身不改，而夷狄有胃服；二姓之合爲重，而孔門多出妻。蹈白刃或易於《中庸》，引重鼎奚列於《儒行》？禐衰疑衰之制，繼别繼禰之差，生既講聞，佇觀詳辨。"第二道《禮記》。　五經、弘文、崇文生同。

問："周制六官，以倡九牧，分事任之廣，計名物之多。下士吏胥，類頗繁於冗食；上農播殖，力或屈於財征。簡則易從，寡能理衆。疑宋母之失實，豈周公之信然。今欲舉司徒之三物，教賓興之六藝，又慮樂舞未通於《韶》、《濩》，徒玩干旄，鄉射有昧於和容，務持弓矢。適廢術學，豈資賢能。至若六變八變，致神祇之格，天産地産，有禮樂之防，忝貳春官，企聞詳説。"第三道《周禮》。

問："作《易》者其有憂患乎？又曰'樂天知命故不憂，鼓天下之動者存乎辭'；又曰'吉人之辭寡。寂然不動，則感而遂通。見幾而作，乃不俟終日'。豈各有所趣？幸備言其方。至若《巽》之於人爲廣顙白眼，《坎》之於馬爲美脊薄蹄，誠曲成以彌綸，何取象之瑣細？佇聞體要，然後忘言。"第四道《周易》。

問："堯之文思也，命羲和、四岳，敬授人時，其道巍巍矣。舜之登庸也，則流放竄殛，考績黜陟，熙帝載而亮天工者二十有二人，其理昭昭矣。至禹則别九州，導九河，分五服，建五長，辛壬癸甲，荒度土功，其勤云云矣。夫以陶唐、虞、夏，皆聖人也，而勞逸斯殊。豈時不得不然,復道有所不及?何事功玄德煩簡相去之遠耶?願聞其説。"第五道《尚書》。

問:"三綱之道,有君臣焉,有父子焉。《周南》、《召南》以風化於天下,《關雎》、《鵲巢》乃首按疑有脱字。於夫婦。舉后妃曷若先天子,美夫人曷若稱諸侯?豈自邇而及遐,將舉細而明大?又太師所採,孔聖所删,以時則齊襄先於衛頃,以地則魏土褊於晋境。未詳差次,何所後先?一言雖蔽於無邪,六義乃先於譎諫,既歌乃必類,何失之於愚?理或出於鄭箋,言無憚於匡説。"第六道《毛詩》。　五經同。

問:"褒貶之書,宣父約於史氏;清婉之傳,卜商授於門人。經有體元,且無訓説,日稱夜食,頗近迂異。徵禿眇之脩聘,聚綦輒之方言,晋大夫奚俟於偕行,衛公子豈名其天疾?隱居攝以崇讓,鄭討叛以滅親,未曰申邪,寧爲積慮?鄒氏、夾氏,學既不傳,尸子、沈子,復爲何者?鄙夫未達,有佇嘉言。"第七道《穀梁》。

問:"子曰'君子無終食之間違仁',又曰'仁遠乎哉',則子文之忠,文子之清,由也之果,求也之藝,皆曰不知其仁,豈盡非君子耶?胡爲乎登夫子之門而稱齊楚之賢大夫也?其愚如愚,甯武與顏生孰愈?三思三省,季文子與曾子孰優?虞仲隱居以放言,下惠辱身以降志,頗殊取捨,皆曰逸賢。探索精微,當有師説。"第八道《論語》。　弘文、崇文生同。　《文苑英華》、《權文公集》。

策道舉問:"安時處順,泊然懸解,至人之心也,故曰材全而德不形。又曰休影息迹,與夫五漿先饋,屨滿户外者,固不倖矣。然則以紀渻之養鷄,痀僂之承蜩,匠石之運斤,梓慶之削鐻,用志不分,移於教化。則萬物之相刃相靡者,悠然而順,闇然而和,奚在於與無趾無眼之徒,支離形德,然後爲德耶?願聞其説。"第一道《南華經》。

問:"文子玄虚,師其言於老氏;計然富利,得其術者朱公。疑傳記之或差,何本末之相遠?人分五位,智辨居忠信之前;體包五藏,耳目乖肺肝之主。皆何故耶? 當有其説。至於積德積怨,實昧其圖;上義下仁,願聆其旨。大辨若訥,大道甚夷,豈在顛之倒之,使學者泥而不通也?"第二道《通玄經》。 《文苑英華》、《權文公集》。

策弘文、崇文生問:"鄉賦國庠,已有定制,又闢兩館,以延諸生,蓋砥礪貴游,而進之於學也。二三子江夏童年,頗聞岐嶷,舞雩春服,皆已鮮明。雖異賓興,亦稱講業,於經書所好何句,於古哲所慕何人? 兼陳從政之方,用辨保家之美。"《文苑英華》、《權文公集》。

六月,《舊書》本紀作"七月"。敕禮部舉人:"自春以來,久愆時雨。念其旅食京邑,資用屢空,其禮部舉人,今年宜權停。"《册府元龜》、《唐會要》。

韓愈《論今年權停舉選狀》:"右臣伏見今月十日敕,今年諸色舉選宜權停者。道路相傳,皆云以歲之旱,陛下憐憫京師之人,慮其乏食,故權停舉選,以絕其來者,所以省費而足食也。臣伏思之,竊以爲十口之家,益之以一二人,於食未有所費。今京師之人不啻百萬,都計舉者不過五七千人,併其僮僕畜馬,不當京師百分之一。以十口之家計之,誠未爲有所損益。又今年雖旱,去歲大豐,商賈之家,必有儲蓄。舉選者皆齎持資用,以有易無,未見其弊。今若暫停舉選,或恐所害實深。一則遠近驚惶,二則人士失業。臣聞古之求雨之詞曰'人失職歟',然則人之失職,足以致旱。今緣旱而停舉選,是使人失職而召災也。臣又聞君者陽也,臣者陰也,獨陽爲旱,獨陰爲水。今者陛下聖明在上,雖堯舜無以加之。而群臣之賢,不及於古,又不能盡心於國,與陛下同心,助陛下爲理。有君無臣,是以久旱。以臣之愚,以爲宜求純信之士,骨鯁之臣,憂國如家、忘身奉上者,超其爵位,置在左右。如殷高宗之用傅説,周文王之舉太公,齊桓公之拔甯戚,漢武帝之取公孫弘。清閑之餘,時賜召問,必能輔宣王化,銷殄旱灾。臣雖非朝官，月受俸錢，歲受禄粟，苟有所知，不敢不言。謹詣光順門奉狀以聞，伏聽聖旨。”《昌黎集》五百家注引孫曰："宰相杜佑所請也。"權德輿《周渭墓誌銘》："前歲凶旱，詔罷郡國選舉，慮穀下艱食之不給也。君抗疏以爲'無肆眚且久，得非濫刑失職者含冤以鬱和氣邪？臣以爲答于天戒者在此，不在彼'。雖留中不下，而士友多之。"按此則渭亦論停舉選矣。○孟按：韓愈《論今年權停貢舉狀》，五百家注於題下引樊曰："按《登科記》貞元二十年停舉，是公雖有此疏而上不從也。"宋蜀刻本《新刊經進詳注昌黎先生文》卷三十七同上文王儔補注亦云："按《登科記》，明年二十年，卒停舉。"

進士二十人：《文苑英華》載《中和節百辟獻農書賦》，以"嘉節初吉，修是農政"爲韻，當是此年試題。　按《國史補》，貞元五年初置中和節。○孟按：《太常觀閱驃國新樂》詩，當是此年試題。《文苑英華》卷一八四省試詩録胡直鈞《太常觀閱驃國新樂》詩，《全唐詩》卷四二六白居易《驃國樂——欲王化之先邇後遠也》詩，原注："貞元十七年來獻之。"考《新唐書》卷二十二《禮樂志十二》："貞元十七年，驃國王雍羌遣其弟悉利移、城主舒難陀獻其國樂。至成都，韋皋復譜次其聲，又圖其舞容、樂器以獻。"《樂府詩集》卷九十七引同。然《舊唐書》卷十三《德宗紀下》載："（貞元）十八年春正月戊午朔，大雪，罷朝賀。乙丑，驃國王遣使悉利移來朝貢，並獻其國樂十二曲與樂工三十五人。"又同書卷二十八《音樂志一》："（貞元）十八年正月，驃國王獻本國樂。"又同書卷一九八《驃國傳》："貞元中，其王聞南詔異牟尋歸附，心慕之。八年，乃遣其弟悉利移因南詔重譯來朝，又獻其國樂凡十曲與樂工三十五人俱。"按"八年"乃"十八年"之誤，"十曲"乃"十二曲"之誤。《資治通鑑》卷二三六："貞元十八年：春，正月，驃己摩羅思那遣其子悉利移入貢。驃國在南詔西南六千八百里，聞南詔內附而慕之。因南詔入見，仍獻其樂。"綜合以上資料可知，驃國遣使至唐在貞元十七年（801），然其經成都至長安朝獻時，實在次年春正月。據《記考》卷十五貞元十八年考，其年禮部試進士以《風動萬年枝》詩；又據《韓集考異》引《登科記》知胡直鈞登進士第在貞元十九年，則此《太常觀閱驃國新樂》詩，必爲貞元十九年禮部試題無疑。

曹景伯，《舊書·曹確傳》：“確父景伯，貞元十九年進士擢第。”

侯喜，韓愈《贈侯喜詩》：“吾黨侯生字叔起。”《韓文考異》：“侯喜，貞元十九年中進士第，終國子主簿。”《寶刻叢編》引《集古錄目》、《唐復黃陂記》，前鄉貢進士侯喜撰。　按碑以元和三年立，故稱前進士也。　孟按：韓愈《與祠部陸傪員外薦士書》：“有侯喜者……喜之文章學西漢而爲也。舉進士十五六年矣。”五百家注引補注：“正（貞）元十九年喜中進士第。”

李礎，洪興祖《韓子年譜》：“李礎，貞元十九年進士，仁鈞之子也。昌黎有《送李判官正字礎歸湖南序》。”

賈餗，見《文苑英華》。　《舊書》本傳：“字子美，河南人。祖渭，父寧。餗進士擢第。”

胡直鈞，韓愈有《答胡生書》，《考異》引《登科記》：“胡直鈞，貞元十九年進士。”按“鈞”一作“均”。

鄭式方，見《文苑英華》。

＊李蟠。胡補：“韓愈《師説》（馬其昶校注本《韓昌黎文集》卷一）云：‘李氏子蟠，年十七，好古文。’集注云：‘蟠，貞元十九年進士。’”

諸科六人。

博學宏詞科：是年試《漢高祖斬白蛇賦》。《文苑英華》又載吕炅、王起《貢舉人謁先師聞雅樂詩》，蓋亦此年試題。

吕炅，韓愈《河南少尹李素墓誌銘》：“吕氏子炅棄其妻，着道士衣冠謝母曰：‘當學仙王屋山。’去數月復出，間詣公。公立之府門外，使吏卒脱道士冠，給冠帶，送付其母。”昌黎又有詩云：“非癡非狂誰氏子。”注云謂炅。白居易《和元九與吕二同宿話舊詩》：“見君新贈吕君詩，憶得同年行樂時。”即謂炅也。

王起。元稹《酬哥舒少府寄同年科第》云：“前年科第偏年少，未解知羞最愛狂。九陌争馳好鞍馬，八人同看緑衣裳。”注云：“同年科第，宏詞吕二炅、王十一起，拔萃白二十二居易，平判李十一復禮、吕四頻、哥舒大恒、崔十八玄亮逮不肖八人，皆奉榮養。”

拔萃科：是年試《毁方瓦合判》見《文苑英華》。○孟按：此“拔萃科”亦吏部試，參見本書徐松所擬《凡例》第十四條。

白居易，汪氏《香山年譜》："貞元十八年，鄭珣瑜領選部，公試判拔萃科入等。《養竹記》云：'貞元十九年春，居易以拔萃選及第。'"選制以十一月爲期，至三月畢，故十九年亦作十八年。居易祖名鍠，與宏同音，故白公不應宏詞試。《摭言》謂公試宏詞，賦考落者，誤。

李復禮，

＊吕穎（吕頻），原作"吕頻"，徐氏注云："《文苑英華》作'吕穎'，誤。"〔趙校："岑仲勉以爲徐説不確，參後《訂補》並岑著《唐人行第録》頁二四六、三三四。"〕 按岑補云："同卷貞元十九年拔萃科吕頻，係據《元氏長慶集》一六，徐云：'《文苑英華》作"吕穎"，誤。'但《元和姓纂》及《白氏長慶集》五均作'穎'，余以爲此《元集》之訛耳。"

＊哥舒峘（恒、垣），原作"哥舒恒"，徐氏考云："一作'垣'。白居易有《酬哥舒大見贈詩》。" 孟按：白居易《酬哥舒大見贈》（原注："去年與哥舒等八人同登科第，今叙會散之意。"）詩云："去歲歡遊何處去，曲江西岸杏園東。花下忘歸因美景，尊前勸酒是春風。各從微宦風塵裏，共度流年別離中。今日相逢愁又喜，八人分散兩人同。"參見前引元稹《酬哥舒少府寄同年科第》詩。《元和姓纂》卷五哥舒氏："（道元）生翰，天寶右僕射、平章事、西平王、東討先鋒兵馬副元帥，生曜、晃、暐。暐，尚書、東郡汝州節度使。（案《唐書》，曜官尚書、汝州節度使。此作"暐"誤。暐官慶州刺史、御史大夫。）峘，大理主簿。峘生。皓，試。（案《唐書》，皓試太常卿兼御史中丞，蓋皓初試爲此官，"試"非名也。）"岑校云："余按《通志》作（曜）生峘，大理主簿。……蓋依《通志》前文，皓亦翰子，第二'峘'字複衍，'生'字應乙於'峘'上，其下文又奪皓、暐歷官也。《元氏長慶集》一六《酬哥舒少府詩》自注，稱哥舒大恒，《登科記考》一五，'恒'一作'垣'，余案此人當即《姓纂》之峘，惟'恒'、'垣'、'峘'未詳孰是。" 孟按：《新唐書·哥舒翰傳》載：翰子曜，曜"子七人，俱以儒聞。峘，茂才高第，有節概。嶧、嵫、屺皆明經擢第。"曜子之名皆從"山"旁，故當以《姓纂》、《唐書》及《通志》所載"峘"爲是，今據改。

元稹，《侯鯖録》載《元微之年譜》，貞元十八年微之年二十四，中書判拔萃第四等，授校書郎。《唐才子傳》："元稹擢明經，書判入等。"○孟按：《全唐文》卷六五○元稹《同州刺史謝上表》自言"年二十四，登吏部乙科，授校書郎"。又同上卷六七九白居易撰《唐故武昌軍節度處置等使正議大夫檢校户部尚書鄂州刺史兼御史大夫賜紫金魚袋贈尚書右僕射河南元公（積）墓誌銘并序》："公諱積，字微之，河南人。……二十四試判入四等，署秘書省校書。"

崔玄亮。皆見上。○孟按：白居易《得湖州崔十八使君書喜與杭越鄰郡因成長句代賀兼寄微之》詩云："三郡何因此結緣，貞元科第忝同年。……吴興卑小君應屈，爲是蓬萊最後仙。"注云："貞元初同登科，崔君名最在後，當時崔自詠云：'人間不會雲間事，應笑蓬萊最後仙。'"殆指本年登拔萃科也。

知貢舉：禮部侍郎權德輿。《舊書·李實傳》："前歲權德輿爲禮部侍郎，實托私薦士，不能如意，後遂大録二十人，迫德輿曰：'可依此第之。不爾必出外官，悔無及也。'德輿雖不從，然頗懼其誣奏。"《容齋四筆》引《登科記》："貞元十九年，權德輿以禮部侍郎放二十人。"按權德輿《李公遺愛碑》云："十九歲九月，制詔湖南長帥中執法李公巽爲江西，申命小宗伯吕公渭爲之代。"蓋吕公既去，權公代爲小宗伯，事在九月，故權文公於十九年十月十二日《祭户部崔侍郎文》結銜稱"禮部侍郎權德輿"也。柳冕《與權侍郎書》云："昔仲弓問爲政，子曰先有司，有司之政在於舉士。是以三代尚德，尊其教化，故其人賢。西漢尚儒，明其理亂，故其人智。後漢尚章句，師其傳習，故其人守名節。魏晋尚姓，美其氏族，故其人矜伐。隋氏尚吏道，貴其官位，故其人寡廉恥。唐承隋法，不改其理，此天所以待聖主正之。何者？進士以詩賦取人，不先理道。明經以墨義考試，不本儒意。選人以書判殿最，不尊人物。故吏道之理天下，天下奔競而無廉恥者，以教之者末也。閣下豈不謂然乎？自頃有司試明經，奏請每經問義十道。五道全寫疏，五道全寫注。其有明聖人之道，盡六經之義，而不能誦疏與注，一切棄之。恐清識之士無由而進，腐儒之生比肩登第，不亦失乎！閣下因從容啟明主，稍革其弊，奏爲二等。其有明六經之義，合先王之道者，以爲第一等；其有精於誦注者與精於誦疏者，以爲次等；不登此二科者，以爲下等：不亦善乎？且明六經之義，合先王之道，君子之儒，教之本也。明六經之注與六經之疏，小人之儒，教之末也。今者先章句之儒，後君子之儒，以求清識之士，不亦難乎？是以天下至大，任人之衆，而人物殄瘁，廉恥不興者，亦在取士之道未盡其術也。誠能革其弊，尊其本，舉君子之儒，先于理行者，俾之入仕，即清識君子也，俾之立朝，即王公大人也。一年得一二十人，十年得一二百人，三十年得五六百人，即海內人物不亦盛乎？昔唐虞之盛也，十六族而已；周之興也，十亂而已，漢之王也，三傑而已；太宗之聖也，十八學士而已。豈多乎哉！今海內人物，喁然思理，推而廣之，以風天下，即天下之士靡然而至矣。是則由於有司以化天下，天下之士得無廉恥乎？"權德輿答書云："今之取士，在於禮部、吏部。吏部按資格以擬官，奏郎官以考判，失權衡輕重之本，無乃甚乎！至於禮部求才，猶以爲仁由己，然亦沿于時風，豈能自振。嘗讀劉秩祭酒上疏云：'太學設官，職在造士。士不知方，時無賢才，臣之罪也。'每讀至此，心嘗慕之。當時置于國庠，似在散地，而方以乏賢內訟，慨然上奏，此君子之心也，君子之言也。況以蒙劣，辱當儀曹，爲時求人，豈敢容易。然再歲計偕，多有親故。故進士初榜有之，帖落有之，策落有之，及第亦有之。不以私害公，不以名廢實，不敢自愛，不訪於人。兩漢設科，本於射策，故公孫弘、董仲舒之倫痛言理道。近者祖習綺靡，過於雕蟲，俗謂之甲賦、律詩，儷偶對屬。況十數年間至大官右職，教化所繫，其若是乎！是以半年以來，參考對策，不訪名物，不徵隱奧，求通理而已，求辨惑而已。習常而力不足者，則不能回復於此，故或得其人。庶他時有通識懿文，可以持重不遷者，而不盡在於齷齪科第也。明經問義有幸中，所記者，則書不停綴；令釋通其義，則面墻木偶然。遂列上第，末如之何。頃者參伍其間，令書釋意義，則於疏注之內苟刪撮旨要，有數句而通者；昧其理而未盡，有數紙而黜者。雖未盡善，庶稍得之。至於來問明六經之義，合先王之道，而不在於注疏者，雖今吏部學究一經之科每歲一人，猶慮其不能至也。且明經者，仕進之多數也。注疏者，猶可以質驗也。不者儻有司率情，下上其手，既失其末，又不得其本，則蕩然矣，無乃然乎？"　按權文公有"再歲計偕"之語，是再知舉後事，故附於此年。

侯喜《中和節百辟獻農書賦》曰："我后令節，中和孔嘉。凍已全解，桃仍欲華。慶賞之多燕樂，既均於九有；播植之始教化，爰貞於四遐。於是心膂周、召，股肱稷、卨。洎彼庶尹，當兹新節。陽和溥暢，言拜賜於生成；稼穡艱難，乃載陳於睿哲。觀其克合天意，咸造皇居，僉曰國以人爲本，人以食爲儲。政令不差，則夷華知勸；水旱無備，則倉廩其虛。且自古在昔，靡不有初。敬授人時而《堯典》垂記，大無禾麥則魯史頻書。今陛下夔夔慄慄，日慎一日，惟人是憂，惟農是恤。是以域中無事，海內殷實，人獻其誠，神降之吉。臣等叨遇昌運，思裨大猷。惟兹南畝，可致崇邱。虔考令辰，實當四仲之首；原注：疑作"月"。敬舉彝典，庶爲六府孔脩。豈止合彼九疇，冠夫百氏。高懸象魏，必日就而月將；永播蒸黎，自風行而草靡。帝曰'善哉，子之言'，是於變時雍，恭慎是宗。應天地中和之氣，備朝廷中和之容。君告成中和之功，久而作樂；臣獻守中和之術，先告三農。此所謂超羲越軒，臣賢主聖。樹光宅之深本，爲經邦之善政。美哉啟沃之義，於斯爲盛。"《文苑英華》

賈餗《中和節百辟獻農書賦》曰："聖上睹萬國之無事，偉三農之可嘉。因月令之初，爰詢播植；俾年豐之慶，無隔幽遐。於是文武畢陳，威儀斯列。爰修耒耜之務，用廣異同之説。將期國實京坻，人懷禮節。捧書而進，知地利之可分；足食是圖，見天心之載悦。既而啟文字，儼簪裾，焕夔龍之獻納，掩河洛之圖書。得富國以如此，契生人於厥初。稽重穀之言，徒稱董仲；驗深耕之法，何愧朱虛。所以候驚蟄之辰，應夾鐘之律。昭八政之所用，蓄九年之罔失。是薦是襄，將致乎千斯倉；爰始爰謀，必因乎四之日。故當載陽之候，以進爲邦之術。俾農識不耕之凶，歲獲終畝之吉。且中也者，表天地之交泰；和也者，象德化之優柔。致中和之令節，展家穡之允脩。將以肥磽異等，豐歉殊收。人靡在阿之嘆，野傳擊壤之謳。已矣哉，富庶之規既如此，弼諧之道必於是。佐玄化之風行，動黎元而草靡。故得祥生地表，慶發天宗。百穀允修，臣罔漸於后稷；兆人乃粒，帝有邁於神農。伊斯事之明盛，掩前代之輝映。因獻壽之嘉辰，遂啟心於善政。何必考李悝之地力，覽崔寔之《月令》。懿此群公之書，永作九州之慶。”《文苑英華》

　　胡直鈞《中和節百辟獻農書賦》曰：“農爲務本，春則歲華。和者取至和之靡忒，中者象居中之莫邪。吾君將以發教源於仲序，配節令於孔嘉。知稼穡之道，則《無逸》之書何遠；睹播植之論，審后稷之訓不遐。至若四海無事，萬方胥悦。野思疆理之勤，朝有田疇之説。鑄兵器爲農器，更舊節爲新節。天子方坐承明之廬，端穆清之居。百執事孜孜而奉職，群有司濟濟以進書。曰‘陛下德被淳古，時登太初。念耘耔之勤，每思勤勞；仁豐年之應，曾不自虛。臣所以極聞見而獻可，庶將獲大小之所如。伏以羲徇平秩，時在元吉。既錢鎛之徒營，固準直而何失。遲西成於遺秉之歲，戒東作於寅賓之日。庶居勤之輩咸執其常，惰遊之人罔敢不率’。皇上諧衆議，允嘉猷。載耒耜而親耕，天下皆勸；率公卿而終事，庶績咸修。然後創典章，頒遠邇。斯再耕之自此，仁多稔之於彼。稽汜氏之法，未足方之；考《周官》之規，諒當改是。豈不以群下執躬，在上務農，故將降玄功於后土，介景福於天宗。況令節適時，良圖合盛。近可法於三務，遠從規於八政。豈將獨播於兹辰，冀終古而輝映。”《文苑英華》

　　鄭式方《中和節百辟獻農書賦》曰：“聖人清謐六合，車書一家。皇心協於天統，節令徵爲國華。思播植以富人，故農書是進；建中和而照物，俾淳風不遐。是以四夷即叙，九穀用嘉。當其天廟低臨，韶光發洩。二月初吉，式協於農祥；三務成功，不虧乎歲節。授其時用天之道，進其書知人則哲。一人垂拱以憂勤，百辟獻章而誠竭。於是元老進而言曰，陛下道洽無外，化康有截。猶慮九扈未弘，三時尚缺。命陳書而王化可闡，俾知方而農政斯列。既戒既種，粢盛之望有期；弗震弗渝，地利之宜奚設。豈不以寒氣總入；春陽始初，陳乎五種之用，本乎三農之書。王者則千畝是耤，庶人則中田有廬。故年穀之順不差，物力之功克實。首嘉節而東作方起，符中星而西成乃畢。其殖也習無不利，其耕也動罔不吉。然後邦國知設節之宜，象魏識勸農之術。于以見君臣克協，于以見土穀惟脩。足食表豐年之慶，多稌興《大田》之猷。且夫節者育物於生成，農者豐功於遐邇。善宣兮時罔不若，化浩兮物無非是。乃疆乃理，歌積庾於京坻；有翼有憑，致殊方之率俾。非我后聖應太昊，德包神農，則不能盡地力，祈天宗。故得貞萬性，行八政。幸沐化於和平，庶採葑而謠詠。"《文苑英華》

　　＊胡直鈞《太常觀閱驃國新樂詩》曰："異音來驃國，初被奉常人。纔可宮商辨，殊驚節奏新。轉規迴綉面，曲折度文身。舒散隨鸞吹，喧呼雜鳥春。襟裾懷舊識，絲竹變恒陳。何事留中夏，長令表化淳。"《文苑英華》卷一八四。　　孟按：此詩據上考新補。

　　呂炅《貢舉人謁先師聞雅樂詩》曰："禮聖來群彥，觀光在此時。聞歌音乍遠，合樂和還遲。調朗能偕竹，聲微又契絲。輕泠流簨簴，繚繞動緌緌。九變將隨節，三終必盡儀。國風由是正，王化自雍熙。"《文苑英華》

　　王起《貢舉人謁先師聞雅樂詩》曰："藹藹觀光士，來同鵷鷺群。鞠躬遺像在，稽首雅歌聞。度曲飄清漢，餘音遏曉雲。兩楹凄已合，九仞杳難分。斷續同清吹，洪纖入紫氛。長言聽已罷，千載仰斯文。"《文苑英華》

　　白居易《毀方瓦合判》曰："教惟馴致，道在曲成。將遜志以樂群，在毀方而和衆。況化人由學，成性因師。雖和光以同塵，

德終不雜；苟圜鑿而方柄，物豈兼容。道且尚於無隅，義莫先於
不劌。司業以訓導貴別，或慮雷同；學官以容衆由寬，何傷瓦合。
教之未墜，蓋宣尼之言然；文且有徵，則戴氏之典在。將觀學者，
所宜躆之。”《文苑英華》

　　呂穎《毀方瓦合判》曰：“國崇太學，禮尚師儒。教失其源，人
將安放。學官懵夫古訓，好是多方，徒探儒行之辭，俾從瓦合；罔
思絜矩之道，不改松心。雖百行殊途，在來者之所擇；而四教闡
載，何先師之不遵！苟訓導以生常，懼毀方之易性。樂正禁之非
禮，抑有明徵；胄子順以嚮方，幸無迷復。”《文苑英華》

　　哥舒峘《毀方瓦合判》曰：“敬業服勤，冀聞立身之本；傳經作
誠，寧違從衆之規。惟彼國庠，典夫胄子。以爲公侯之胤，自伐淹
中；謂其禮樂之家，難爲人下。故毀方瓦合，承聖人之情；使慕賢
容衆，臻儒者之旨。正唯弟子可學，何慮成均見非。”《文苑英華》

　　元稹《毀方瓦合判》曰：“教以就賢，雖無黷下，俾其容衆，則
在毀方。太學以將務發蒙，宜先屈己。君子不器，順懷虛受之
心；至人無方，何必自賢於物。爰因善誘，式念思恭。將誠同塵
之誠，遂申合土之譽。況卑以自牧，仲尼嘗述於爲儒；禮貴用和，
子張亦非於拒我。義存無傲，道在可嘉。長善之本不乖，成均之
言何懵。”《文苑英華》

　　崔玄亮《毀方瓦合判》曰：“學於是專，教所以立。信尊賢可
上，在易性難從。眷彼儒流，職司學校，誠宜警不及之誠，懼將落
之辭。苟毀方以爲心，雖容衆而奚用。且非善誘，在傳授而則
乖；曾是詭隨，於博裕而何有。不可以訓，無易由言。請從司業
之規，〔趙校：“司”原作“四”，據《英華》卷五一二改。〕無取學官之見。”
《文苑英華》

二十年甲申（804）

　　停貢舉。《太平廣記》引《續定命錄》：“唐監察御史李顧言，貞元末應

進士舉，甚有名稱。歲暮自京西客遊迴，詣南省訪知己郎官。適至日已晚，省吏告郎官盡出。顧言悢懑而東，見省東南北街中有一人挈小囊，以烏紗蒙首北去，徐吟詩曰：'放榜只應三月暮，登科又較一年遲。'又稍朗吟，若令顧言聞。顧言策馬，逼之於省北，有驚塵起，遂失其人所在。明年，京師自冬雨雪甚，畿內不稔，停舉。貞元二十一年春，德宗皇帝晏駕，果三月下旬放進士榜。"皇甫湜《悲汝南子桑文》云："汝南周子桑，治《書》通《春秋》，非仁義不動止。年二十三，貞元十九年如京師，將舉五經。秋及陝，見無舉詔，東還。"又《答劉敦質書》："湜求聞來京師三年矣。一年以未成顛蹶，二年以不試狼狽，及今三年，而不遇有司。"按所謂不試者，即停舉事。　權德輿《過張監閣老宅對酒奉酬見贈詩》云："里仁無外事，徐步一開顏。荊玉難收盡，齊竽喜暫閑。秋風傾菊酒，霽景上蓬山。不用投車轄，甘從倒載還。"原注："其年停貢舉。"

唐順宗至德弘道大聖大安孝皇帝

貞元二十一年乙酉(805)

正月癸巳，德宗崩。丙子，太子即皇帝位。《通鑑》

策進士問："古之善爲政者，在得人而已，在求理而已。周以功德詔爵禄，秦以農戰居職員，漢武帝詔察茂異可以爲將相者。夫功與德，非常才所及也。農與戰，非筮仕所宜也。安危注意之重，非設科可俟也。是三者同有利病，幸錯綜言之。又三適之宜，九品之法，或計戶以貢士，或限年以入官，事有可行，法有可採。制度當否，悉期指明。"第一道

問："夏殷周之政，忠敬文之道，承弊以救，始終循環。而上自五帝，不言三統，豈備有其政，或史失其傳？嬴、劉而下，教化所尚，歷代相變，其事如何？豈風俗漸靡，不登於古？復救之之道有所未至耶？國家化光三代，首冠百王，固以忠厚勝茲文弊。前代損益，仁聞討論，遽數之中，所希體要也。"第二道

　　問：“古者士足以理官業，工足以備器用，商足以通貨賄，而農者居多。所以務三時之功，有九年之蓄，用阜其業，實藏於人。乃者惰游相因，頗復去本。今皇帝勵精至化，在宥萬方，德音聖澤，際天接地。凡弘於理道者無不至也，裕於濟人者無不被也。而又詢吏禄公田之制，稽財征榷笇之宜，使群有司質政損益，庶官匹士皆得上言。衆君子躬先師之儒，生盛聖之代，佇兹嘉話，當薦所聞。”第三道

　　問：“昔伊尹酒保，傅説胥靡，竟昌殷道，以阜王業。春秋時，觀丁父、彭仲爽，申、都之俘也，〔趙校：“爽”原誤“奚”，“都”原誤“却”，據《權集》卷四十改。與《左傳》哀公十七年合。〕克州、蓼，朝陳、蔡，楚邦賴之。漢庭韓安國徒中拜二千石，張釋之以貲爲郎，並稱名臣，焯叙前史。然則俘從作役，或財用自發，前代取之，而得人如是。魏、晋已降，流品漸分，筮仕之初，率先文學。或薦賢推擇，皆秀發州閭，而致理之風，頗未及古。豈樸散寖久，或求之大精？其故何也？常有所懵。今四門大闢，百度惟貞，執事者固欲上副聰明，悉搜才實。幸酌古道，指陳所宜。”第四道

　　問：“言，身之文也，又曰灼於中必文於外。司馬相如、揚雄，籍甚漢廷，其文盛矣。或奏琴心而滌器，或贊符命以投閣，其於溺情敗度，又奚俟於文章耶！至若孔融、禰衡，誇傲於代，禍不旋踵，何可勝言。兩漢亦有質樸敦厚之科，廉清孝順之舉，皆本於行而遺其文。復何如哉？爲辨其説。”第五道。　《文苑英華》、《權文公集》。

　　策明經問：“《春秋》者，以仲尼明周公之志而修經，邱明受仲尼之經而爲傳，元凱悦邱明之傳而爲注。然則夫子感獲麟之無應，因絶筆以寄詞，作爲褒貶，使有勸懼。是則聖人無位者之爲政也，其於筆削義例，豈皆周法耶？左氏有無經之傳，杜氏又錯傳分經，誠多艶富，慮失根本。既學於是，頗嘗思乎？”第一道《左氏傳》。

問："《大學》有明德之道,《中庸》有盡性之術,闕里弘教,微言在兹。聖而無位,不敢作禮樂;時當有開,所以先氣志。然則得甫、申之佐,猶曰降神;處定、哀之時,亦嘗問政。致知自當乎格物,夢奠奚嘆於宗予? 必若待文王之無憂,遭虞帝之大德,然後凝道,孰爲致君? 爾其深惟,以判其惑。"第二道《禮記》。

問："潔凈精微,研幾通變。伏羲重其象,文王演其辭。設位盡通於三極,脩德豈惟於九卦。何思何慮,既宜以同歸;先甲先庚,乃詳於出令。儉德避難,頗殊蹇蹇之風;趨時貴近,方異謙謙之吉。窮理盡性之奧,入神致用之精,乾元用九之則,大衍虛一之數,成性有存存之道,知幾窮至至之闕此所講聞,試陳要略。"第三道《周易》。

問："《洪範》之美大同也,曰子孫其逢吉;數五福也,曰考終命。皆其極致也。至若允恭克讓而生丹朱,方命圮族乃産神禹,何吉凶之相戾?《金縢》請命,方秉珪以植璧,元龜習吉,乃啟鑰而見書,豈賦命之可移也? 絶地天通,未詳厥理;血流漂杵,何乃溢言! 待問而來,幸陳師説。"第四道《尚書》。

問："風化天下,形於詠歌,辨理代之音,厚人倫之道。邶、鄘褊小,尚列於篇;楚、宋奥區,豈無其什? 變《風》、《雅》者,起於何代? 動天地者,本自何詩?《南陔》、《白華》,亡其辭而不獲;《谷風》、《黄鳥》,同其目而不刊。舉毛、鄭之異同,辨《齊》、《魯》之傳授。墙面而立,既非其徒;解頤之言,斯有所望。"第五道《毛詩》。

問："《穀梁》名經,興於魯學;劉向博習,稱於漢朝。或貶絶過深,或象類無據。非立異姓,乃以滅莒成文;同乎他人,豈謂齊侯之子。異類頗甚,後學難從。諱親、諱賢,當舉其例;耳理、目理,幸數其言。何詞所謂近於情,何義所謂失於短? 凡厥師授,爲予明之。"第六道《穀梁傳》。

問："夫子以天縱之聖,畏匡厄陳。行合神明,故久於某禱;將行理道,奚矢于天厭? 對社栗之問,宰我強通;嘆山梁之時,仲由未達。季氏旅岱，冉求莫救。皆見稱於達者，或纔比於具臣。嘗肆善言，顧多滯義。末卷載游、夏之事，終篇紀舜、禹之詞，頗疑不倫，可以敷暢。"第七道《論語》。

二月甲子，御丹鳳門大赦天下。制："諸色人中有才識兼茂、明於體用者，經術精深、可爲師法者，達於吏理、可使從政者，宜委常參官各舉所知。其在外者，長吏宜精加訪擇，具名聞奏，仍優禮發遣。朕當詢事考言，審其才實。如無人論薦者，即任自詣闕廷。"《順宗實録》、《册府元龜》、《唐大詔令集》。

八月庚子，制令太子即皇帝位，朕稱太上皇。辛丑，太上皇誥改元永貞。乙巳，憲宗即位。《通鑑》

﹡策茂才異等科舉人問："大禹求賢而夏德長茂，文王多士而周道緝熙。然則爲政在人，人存政舉。朕德薄化淺，嗣膺寶業，夙興寅畏，若涉大川。求思至謨，庶答天誡。子大夫志行脩潔，學術通贍，儲思於天下之際，研精於大道之極，儼然就辟，良用嘉焉。廼者夷夏多虞，烽鞞屢警，因之以荒饉，生人蕩析，比屋榛蕪。今八表甫清，萬兵未戢。朕恭承丕緒，實濟橫流，期致和平，惟新制度。且成湯受夏，周武定殷，劉矯嬴弊，魏乘漢俗，以亂爲理，以安易危，必有至政，存乎令典。同符今日，可舉而行。精辯所長，著之於策。《禹謨》之六府、三事，周法之八政、五紀，有守有爲，是彝是訓。經綸遠古，用彰得失，國志詳載，天官必書。成務濟時，莫斯爲急。並宜明敕功利，別白條流，較前王之損益，揆今代之用捨，沿革之要，茂對所宜。今欲廢關市之征，輕什一之法，歸踰年之戍，罷無事之官，則國用靡資，軍食尚歉，人多胥怨，邊有侵軼。匠無良畫，明示謀謨。其法令或不便於時，吏人將未適其任，賢士見沈於負俗，遺綱有補於化源，可以均沃塉於原田，便工商於市肆，改制徵物，釐創建正，復務官曹，澄清流品。使朝有濟理之士，邊有死難之臣，而致俗廉隅，還風樸略。必書效實，指陳利害。授簡之外，儻有令圖，各罄所聞，備申讜議，虛懷固久，勿隱予違。”《文苑英華》。　　孟按：此策問原載元和十一年（816），徐氏考云：“按策言去歲以彗星徵，考《新書·天文志》，元和十年三月，有長星於太微尾至軒轅，蓋以十一年策制舉。唐受命至是年爲一百九十九年故策曰近二百年。”按徐松此言彗星之徵及“近二百年”云云，係據杜元穎對策所言，雖有其據，然未足徵信。策問所言“朕德薄化淺，嗣膺寶業”、“朕恭承丕緒，實濟橫流，期致和平，惟新制度”、“改制徵物，鼇創建正”云云，又元穎對策所言“今陛下嗣聖御極，孝理君臨”云云，實有關本年八月改元永貞、憲宗即位之事。又明年即元和元年（806）策才識兼茂，明於體用科問亦有“我國家光宅四海，年將二百”云云，其事亦合。又今考知杜元穎登制科在本年，故移正。詳下杜元穎考。

　　進士二十九人：《權文公集·上巳日貢院考雜文不遂赴九華觀祓禊之會以二絶句申贈詩》云：“三月韶光處處新，九華仙洞七香輪。老夫流滯何由往，珉玉相和正繞身。”注云：“時以《沽美玉》爲題。”　按是年德宗晏駕，三月下旬放進士榜，見上年《續定命録》。此年試題爲《沽美玉》。

　　沈傳師，《舊書》本傳：“傳師擢進士。”《永樂大典》引《蘇州府志》：“傳師於貞元二十一年登第。”《唐詩紀事》：“傳師字子言，既濟之子，材行有餘。”杜牧《故尚書吏部侍郎沈傳師行狀》：“貞元末舉進士。時許公孟容爲給事中，權文公爲禮部侍郎，時稱‘權許’，進士中否，二公未嘗不相聞於其間者。其年禮部畢事，文公詣許曰：‘亦有遺恨。’曰：‘爲誰？’曰：‘沈某一人耳。’許曰：‘誰家子？某不之知。’文公因具言先少保名字。許曰：‘若如此，我故人子。’後數日，徑詣公，且責不相見。公謝曰：‘聞於丈人，或援致中第，是累丈人公舉矣。某孤進，故不敢自達。’許曰：‘如公者，可使我急賢詣公，不可使公因舊造我。’明年中第。文公門生七十人，時人比公爲顏子。聯中制策科。”○孟按：《嘉泰吳興志》卷十六《賢貴事實》：“沈傳師，《吳興統記》云德清縣人，貞元十九年進士及第，二十年登制科。儒學文藝爲一時之冠。”或有誤，録此俟考。

　　竇庠，《金華子》：“李趙公紳再鎮廣陵，竇庠猶幕江淮。庠永貞二年相公權德輿門生，洎武宗朝踰四十載，趙國雖威嚴，亦以庠宿老敬之。”按永貞無二年，當是“元年”之訛。

劉述古，《韓文考異》：“述古中貞元二十一年進士第。”《容齋四筆》引《登科記》同。

韋珩，貞元二十一年，珩中進士第，見《柳宗元集》，注：“珩字群玉。韋夏卿弟正卿之子曰珩、曰瓘。”昌黎《與陸員外書》曰：“群玉，京兆之從子。”京兆，指夏卿也。柳子厚有寄珩詩云：“回眸炫晃別群玉，獨赴異域穿蓬蒿。”《考異》以群玉不見於《登科記》，謂有司以京兆從子之故，遠嫌畏譏，矯而黜之。蓋不知群玉即珩，强爲之説耳。

李宗閔，《舊書》本傳：“宗閔字損之，宗室鄭王元懿之後。祖自仙，楚州別駕。父翺，宗正卿。翺兄夷簡，元和中宰相。宗閔貞元二十一年進士擢第。”又云：“宗閔與牛僧孺同年登進士第。”

牛僧孺，《舊書》本傳：“僧孺進士擢第。”李玨《牛僧孺神道碑》：“僧孺，隴西狄道人，舉進士，軒然有聲。時韋崖州作相，網羅賢隽，知公名，願與交。公袖文往謁，一見如舊，由是公卿籍甚，名動京師。得上第，聯以賢良方正舉，又冠甲科。”《北夢瑣言》：“牛僧孺字思黯，或言牛仙客之後，居宛葉之間。少單貧力學，有倜儻之志。唐永貞中擢進士第。”

羅立言，《舊書》本傳：“立言貞元末登進士第。”《新書》：“立言，宣州人。”

陳鴻，陳鴻《大統紀序》云：“貞元丁酉歲，登太常第，始閑居修《大統紀》三十卷。七年書始就，絶筆于元和六年辛卯。”按貞元無丁酉，以七年至辛卯推之，即此年乙酉之訛。是鴻於此年登第。　白居易於元和元年十二月作《長恨歌》，其序稱“前進士陳鴻”。○孟按：《補遺》册七，第82頁，陳鴻元和四年（809）十一月撰《唐故朝議郎行大理司直臨濮縣開國男吳君（士平）墓誌銘并序》署：“前鄉貢進士陳鴻撰。”

蕭籍，蕭籍《祭權少監文》：“門生蕭籍敬祭於前相國、故山南西道節度使、檢校吏部尚書、兼興元尹、御史大夫、贈尚書左僕射之靈。昔在貞元，實同文衡，第甲者七十有二人，惟籍鰍生，名不聞於將命者。公以至公，俾居選中，數仞之墙，得門而入。”　按德輿連三年知舉，籍及第未知何年，附此俟考。

＊張公儒。岑補云：“《千唐》咸通四年《揚州海陵（原目訛奪爲凌）

縣丞張觀墓誌》：'親伯公儒，皇秘書少監……貞元廿一年，擢上第於進士
科。'今《記考》一五未著録，可據補。"亦見羅補。

　　明經科：權德輿《送三從弟況赴義興尉序》："吾三年第經明者
三百餘士，而知類通達者往往有焉。"《昌黎集・故相權公墓碑》云：
"奏廣蔵所取進士、明經，在得人，不以員拘。"五百家注引補注："德輿
知舉，取明經初不限員。"

　　殷侑，昌黎《送殷侑員外使回鶻序》，五百家注引韓曰："侑，陳郡人，
貞元末及五經第。"○孟按：原卷二十七《附考・明經科》又著録"殷侑"，徐
氏考云："《舊書》本傳：'侑，陳郡人。貞元末以五經登第。'馮宿《殷侑家廟
碑》：'升禮闈，有聲於奉常。'"〔趙校："殷侑已見卷十五貞元二十一年，詳
《施補》。"〕今刪併。

　　滕遂，《永樂大典》引《蘇州府志》："滕遂，明經及第，又書判登科。"

　　渾偘。路巖《義昌軍節度使渾公神道碑》："公諱偘，字復貴。大父諱
城，父諱鎬。公九歲由弘文生擢孝廉第。"以咸通六年卒、年六十九推之，
九歲在是年。

　　諸科十人。

　　*茂才異等科：參上本科策問考，又詳下。

　　*杜元穎。原列卷十八元和十一年（816）"茂才異等科"，徐氏注
云：見"《文苑英華》"。又考云"按《舊書》本傳不言應制舉，第言：'元和中
爲左拾遺、右補闕，召入翰林，充學士。吳元濟平，以書詔之勤，賜緋魚袋，
轉司勳員外郎，知制誥。'蓋以制舉登科，授拾遺、補闕也。按丁居晦《重脩
承旨學士壁記》云：'杜元穎，元和十二年□月十三日自太常博士充翰林學
士，二十日改右補闕。□月十八日賜緋。'蔡州平在次年十月，元穎時已入
翰林，故知登科在此年。"陳補云："杜元穎當刪去。所録對策，當爲貞元末
試，已詳前考。元穎元和間仕歷，可參岑仲勉先生《翰林學士壁記注補》、
朱金城先生《〈白氏長慶集〉人名箋證續編》。"原載元和十一年"策茂才異
等科舉人問"及元穎對策，一併移至本年。

　　*博學宏詞科：

　　*楊嗣復，原列本年進士科下，徐氏考云："《舊書》本傳：'嗣復字繼

之，僕射於陵子也。七八歲時已能秉筆爲文章，二十進士擢第。'又云：'嗣復與牛僧孺、李宗閔皆權德輿貢舉門生，情義相得。'按嗣復卒於大中二年，年六十六，則二十擢第當在貞元十八年。惟本傳又云年二十一登博學宏詞科，考二十一歲爲貞元十九年，其年宏詞二人，見元微之詩注，無嗣復之名，疑本傳所載年誤。今據傳言與牛、李同門之語，載入此年。" 孟按：疑徐氏此處所考爲嗣復"年二十一登博學宏詞科"之事，而爲誤入進士科。今姑從徐氏之繫年而移正其科目。嗣復於貞元十八年（802）登進士第，見前考。

　　*馮審，原列本年進士科下，徐氏考云："審與楊嗣復同年，見大中九年注。"〔趙校："按馮審已據《舊書·馮宿傳》繫於上卷貞元十二年（804），此重出。參後《訂補》。"〕 孟按：岑補云："卷一四貞元十二進士馮審，係《舊書》著録，然卷一五又據《玉泉子》以審爲貞元二十一年進士，兩者必有一誤，否則後者或是制科，進士不再舉也。"今從嗣復之移而姑繫於此，以俟詳考。

　　*杜元穎。原列卷十六元和元年（806）博學宏詞科，徐氏考云："《因話録》：'趙宗儒以舊相爲吏部侍郎，考前進士杜元穎，宏詞登科。'考《憲宗紀》及《宗儒傳》，宗儒於貞元二十年遷吏部侍郎，元和元年十一月自吏部侍郎爲東都留守。貞元二十年停貢舉，元穎蓋以貞元二十一年登第，元和元年擢宏詞也。"按陳補云："杜元穎宏詞登第在貞元二十年至元和元年趙宗儒任吏部侍郎時，見《因話録》卷二。詳前貞元十六年崔韶條下引白居易詩自注，可確知元穎非元和元年宏詞及第，當移貞元二十一年。"孟按：《新唐書·杜如晦傳》亦載："如晦五世孫元穎，貞元末及進士第，又擢宏詞。"今移正。

　　*應科目及第：未詳科目，見下。

　　*穆寂。《劉賓客嘉話録》載穆寂於貞元末"應科目及第"。按穆寂於貞元九年（793）登進士第，已見本書卷十三。其於貞元末"應科目及第"，則科目未詳，録此俟考。

　　知貢舉：禮部侍郎權德輿。楊嗣復《權文公集序》："貞元中，奉詔考定賢良，草澤之士升名者十七人。及爲禮部侍郎，擢進士第七十有二，鸞鳳杞梓，舉集其門，登輔相之位者前後十人，其他任鎮岳、文昌、掖垣之選，不可悉數。” 按《順宗實録》，是年六月戊子，以禮部侍郎權德輿爲户部侍郎。而本集《祭張工部文》云“貞元二十一年七月四日禮部侍郎權德輿”，疑集所載月日誤。

羅立言《沽美玉詩》曰：“誰憐被褐士，懷玉正求沽。成器終期達，逢時豈見誣。寶同珠照乘，價重劍論都。浮彩朝虹滿，懸光夜月孤。幾年淪瓦礫，今日出泥塗。采斲資良匠，無令瑕掩瑜。”《文苑英華》

　＊杜元穎對策曰：“臣元穎案：《周易》君道下濟，臣志上通，謂之泰，其繇曰‘小往大來’。臣歷觀書契以還，君德定位，未有遺斯道而能達聰明目，光極鴻業者也。伏惟陛下，誕膺明命，克敷文德，親降大問，詢於微臣。愚智識庸鄙，經術短淺，不足以充明詔之言。而隱罪大矣，敢不俯罄愚衷，仰謝萬一。
　＊“制策曰‘朕躬承丕緒，實濟横流，期致和平，惟新制度。且成湯受夏，周武定殷，劉矯嬴弊，魏乘漢俗，必有至政，存乎令典’者。臣聞湯革夏政野以質，武革殷政鬼以文，秦暴以亡，漢寬以矯，此皆古王之令典也。比東漢既衰，皇綱幅裂，曹操挾天子以令諸侯，用漢法以取威權，中原粗平，遂偷神器，其政刑典禮，蹎駮前世，固非蕭曹畫一、文景更令之比也。雖曰革命，固無足採。陛下承匕鬯以取大器，赫雷電以掃群凶，功高一戎，業定再造。欲維新制度，以救生靈，幽明動植，罔不稱慶，實天下幸甚。然臣之私心，有願獻替，不憚斧鉞，以干龍鱗，伏惟陛下少留意焉。臣聞自古王者易姓受氏，告成於天，則維新制度，以改人視聽。所以示亡王之驕僻也，所以揚造邦之耿光也。其餘少康復夏，武丁興殷，武王興周，光武紹漢，則皆舉用舊典，以昭其先朝之休德淳茂也，以辯其凶逆之滔天干紀也，以志其昭前之光而纂

脩其德也。我高祖勤恤人隱，始除暴亂而建王業。我太宗叶贊
經綸，增輝先聖，皇天眷祐，祚以名臣。於是酌之人心，參之典
禮，立我王度，爲萬代業。陛下誠宜恭以守之，勤以行之，克配彼
天，立我人極。矧乎周、秦、漢、魏造邦之事，非臣之所宜言也。
臣又伏見去歲徵臣等詔書，聖旨殷勤，憂天譴見。今制書首章則
曰'求思至諫，庶答天誡，'次曰'期至和平，維新制度'，下曰'改
制徵物，釐創建正'。臣伏念聖上，豈不以彗有布新之道，明欲承
順天意，旌於國章乎？臣愚以爲自古灾眚多矣，大者天地震裂，
次者日月薄蝕，小者星辰變謫，皆或應或否，繫於其君之德也。
夫嚴風不能凋翠葉，凝寒不能冰醇酎。何者？不當凋者風則何
有，不當冰者寒亦胡爲！〔趙校："胡"原作"故"，據《英華》卷四九一
改。〕然則灾眚者天道之常，無德者當之，不爲有道者害，亦已明
矣。陛下若欲寅畏上天，大爲恭禦，則德爲之實而禳爲之華，居
其實不居其華，此社稷之景福也。

　　*"制策曰'《禹謨》之六府、三事，周法之八政、五紀，有守有
爲，是彝是訓。經綸遠古，用彰得失，國志詳載，天官必書。成務
濟時，莫斯爲急。宜明敕功利，別白條流'者。臣聞夏禹之弼成
五服也，肇謨六府、三事；周武之誕敷明命也，實陳八政、五紀。
語其功利，其六府者人仰以生，三事者德據以成。八政爲經國之
用，五紀爲歲天之道。別其條流，則曲直木也，從革金也，水以潤
下育物，火以炎上同天，土順則五稼阜滋，穀登則蒸人乃粒，直己
以正德，理財以利用，務本以厚生。此九功所以惟叙也。八政，
食所以生人也，貨所以聚人也，祀所以仁鬼神也，司空實平水土，
司寇實詰奸慝，司空實敷五教，賓以叶多方，師以具七德。此先
王保乂萬有也。周星者歲之紀，合朔者月之紀，信旬者日之紀，
星辰以察乾象，曆數以授人時。此先王所以合德二儀也。得其
道者王，失其道者亡，古今雖殊，其致一也。陛下執古之道，馭今
之有，降此彝訓，以及於臣，但稟師說，難副睿問。

＊"制策曰'較前王之損益，揆今代之用捨，沿革之要，茂對所宜'者。臣聞貫古今、蔽天壤而不可易者，道與德也。時損益而皆便於理者，名與物也。所以無體之禮，無聲之樂，倚道之主，莫不襲行。其餘正朔服色，聲名文物，則三代以降，逮乎陳、隋，各從其所尚爾。伏惟陛下視其善者用之，其不善者捨之，此沿革之要也。

＊"制策曰'廢關市之征，輕什一之賦'者。臣以征關市、稅什一者，古今通典，苟不踰軌，無害於人，誠宜取之，以資國用。陛下明欲廢之輕之，以息黔首，甚大惠也。然臣以爲百姓之患者不在於此，在於法令不一，賦斂迭興，名目滋彰，杼軸皆盡爾。今王畿之內外地州縣〔趙校：依下文文義，"外"字疑衍。〕亦不當賦稅者何？有鎮守、團練等使，數州又置節度、支度使，皆多聚強兵，增置部伍，車禾斗米，皆出於人，計其誅求，十倍王府。至於睚眦之際，不戢自焚，殺長吏，夷城郭者，又亦多矣。卒然邊陲有難，羽檄交馳，必不得一人尺鐵，以資天討。伏望陛下下曠然之詔，使內地州縣悉依平時，舊帥故老盡罷，以息疲人，則天下賦稅十減七八矣。

＊"制策曰'歸踰年之戍，罷無事之官'者。臣聞王卒以舊，楚子所以敗也；將驕卒惰，項梁所以亡也。今緣邊將士，功已高，位已重，進不求賞，退不畏刑。伏望申命將帥，言於軍中，有思歸者，內以新卒代之，願充軍者，復以師律整之。夫如是則軍政必行，軍政必行則邊無侵軼矣。臣又聞賞功以貴，任能以職，古之道也。伏見比歲詔旨，諸員外、兼、試等官，才者能者改授正員，其餘並依本資數進。陛下已得八柄馭功之道矣，微臣又何間焉。

＊"制策曰'法有或不便於時，吏有或不適其任，賢士見沈於負俗，遺綱有補於化源'者。此皆經國大體，則當與朝之衆君子議焉。臣位卑識寡，何足裨補。然臣以爲令合於經而人悅之者，可存也。令爲救弊而作，行已久而猶未安之者，可省也。若乃申

黜幽陟明之典，則吏人砥節矣。遵棄瑕録能之義，則俊乂救職矣。若王綱者，布於方册，顧在陛下行與不行，何謂之遺矣！

*“制策曰‘均沃塉於原田，便工商於市肆’者。臣聞度土功，因地利，所以惠衆人也。禁末作，絶奇貨，所以惠工商也。其要在於申明田令，與不擾市人耳。

*“制策曰‘改制徵物，釐創建正’者。伏以國家受命向二百年，憲章典禮，併吞千古。今陛下嗣聖御極，孝理君臨，華夏既平，臨按字疑有誤。欲改制。此皆先聖舊典，臣竊惜之。臣又聞夏以木德王而正以人統，殷以金德王而正以地統，周以火德王而正以天統，孔子曰‘夏正爲得天’，此不易之道也。

*“制策曰‘復務官曹，澄清流品’者。臣聞設官分職，以藏王事，猶列宿定位，同拱北辰也。伏見艱虞以來，增制使額類，官有二事，人無底從，銷錢銷食，十場十擾。今陛下欲使復務於官，人志所底，此爲政之本也。臣聞政以賄成則廉者貪，匪原注：疑。直其道則貪者廉，此仕進之情也。今聖慮及此，孰不潔其源而浚其流乎？

*“制策曰‘朝有濟理之士，邊有死難之臣’者。臣聞舜舉皋陶，湯舉伊尹，則仁者至矣。今賢才夾輔，俊乂揚庭，猶滄海之富珠璣，崑山之積瓊玉，但恐未察耳。伏望聽政之暇，引備顧問，則十六相不專美於堯代矣。臣又聞子驕者不志孝，臣驕者不志忠。伏望陛下訓將帥以禮，示司徒以義，則伏節犯難者孰變其功乎？

*“制策曰‘致俗廉隅，還風樸略’者。臣以爲非難也，其化始於朝廷，公卿大夫孰不尚退讓，崇節儉，而率土之士疇不從風而靡乎？

*“制策曰‘授簡之外，儻有令圖’者。臣以爲當今所務者，在於興禮樂，務耕稼，禁游食，抑奢侈。其餘則詔書所以問臣纖悉。謹對。”《文苑英華》。　孟按：此對策原載卷十八元和十一年（816），今據上考移正。

登科記考補正卷十六

唐憲宗昭文章武大聖至神孝皇帝

元和元年丙戌（806）

正月丁卯，赦天下，改元。《通鑑》

甲申，上皇崩於興慶宮。《通鑑》

三月辛未，御史中丞武元衡奏：“兵部、吏部、禮部貢院官員，近起十月至來年二月，稱在選舉限内，不奉朝參。令式無文，禮敬斯闕。一年之内，半歲不朝。準貞元十二年中丞王顏奉敕釐革，載在明文，尋又因循，輒自更改，若以兵部、禮部選舉限内事繁，即中書門下、御史臺、度支、京兆府公事至重，朝請如常。而況旬節已賜歸休，常參又許分日，一月之内纔奉十日朝參，其間甚暑甚寒，又蒙矜放。臣求故實，以爲王顏任中丞日嘗論其事，舉對甚詳，當時敕文處分甚備。請準貞元十二年四月二十七日敕旨，自今以後，永爲常式。他年妄改前條，請委臺司彈奏。庶使班行式序，典法無虧。”從之。《舊書》本紀

四月，國子祭酒馮伉奏：“應解補學生等，國家崇儒，本於勸學，既居庠序，宜在交修。其有藝業不勤，遊處非類，樗蒲六博，酗酒喧争，凌慢有司，不修法度，有一於此，並請解退。又有文章帖義不及格限，頻經五年不堪申送者，亦請解退。其禮部所補學

生，到日亦請準格帖試，然後給厨。後每月一度試，經年等第不進者停厨，庶以止奸，示其激勸。又准格，九年不及第者即出監。訪聞比來，多改名却入。起今以後，如有此類，請送法司，准式科處。”敕旨從之。《册府元龜》

丙午，按白居易《策林序》云：“與微之俱應制舉，閉户累月，揣摩當代之事。”又《代書百韻詩》注云：“自冬至夏，頻改試期。”蓋以順宗崩，故遲至四月也。命宰臣已下監試應制舉人於尚書省。以制舉人皆先朝所徵，故不親試。制曰：“朕以寡薄，獲奉睿圖，嚴恭寅畏，不敢暇逸。永惟萬邦之廣，庶務之殷，而燭理未明，體道未至。思欲復三代之盛烈，覿十聖之耿光，是用詳求正言，思繼先志。子大夫等藏器斯久，貴然而來，白駒就維，洪鐘待扣，膚兹獻納，朕甚嘉之。言觀國光，宜有廷試。本將詢事，豈忘臨軒，園邑有期，營奉是切。永言誠感，未暇躬親。爰命公相洎於卿士，親諭朕意，延訪嘉謀。至於興化之源，才識攸重，練達吏理，詳明儒術，當是三道，副朕旁求。意或開予，靡有所隱。條列所問，畢志盡規。當酌古而參今，使文約而意備。朕將親覽，擇善而行。並宜坐食，食訖就試。”《册府元龜》、《唐大詔令集》。

二十八日，策才識兼茂，明於體用科問：“皇帝若曰：朕觀古之王者，受命君人，兢兢業業，承天順地，靡不思賢能以濟其理，求讜直以聞其過。故禹拜昌言而嘉猷罔伏，漢徵極諫而文學稍進，匡時濟俗，罔不率繇。厥後相循，有名無實，而又設以科條，增求茂異，捨斥己之至言，進無用之虛文，指切著明，罕稱於代。兹朕所以嘆息鬱悼，思索其真。是用發懇惻之誠，咨體用之要，庶乎言之可行，行之不倦。上獲其益，下輸其情，君臣之間，驩然相與。子大夫得不勉思朕言而茂明之。我國家光宅四海，年將二百。十聖弘化，萬邦懷仁，三王之禮靡不講，六代之樂罔不舉。浸澤於下，升中於天，周、漢已還，莫斯為盛。自禍階漏壤，兵宿中原，生人困竭，耗其大半。農戰非古，衣食罕儲，念兹疲甿，未遂富庶。督耕殖之業而人無戀本之心，峻榷酤之科而下有重斂之困。舉何方而可以復其盛，用何道而可以濟其艱？既往之失，何者宜懲？將來之虞，何者當戒？昔主父懲患於晁錯，而請推恩；夷吾致霸於齊桓，而行寓令。精求古人之意，啟迪來哲之懷，眷茲洽聞，固所詳究。又執契之道，垂衣不言。委之於下，則人用其私；專之於上，則下無其效。元帝優游於儒學，盛業竟衰；光武責課於公卿，峻政非美。二途取捨，未獲所從，余心浩然，益所疑惑。今子大夫熟究其旨，著之於篇。興自朕躬，無悼後害。"《册府元龜》、《文苑英華》、《唐大詔令集》。

辛酉，詔曰："搆大厦者，必總於群材；成大川者，必資於百谷。故思理之主，求賢罔遺，所以昭宣令圖，廣大前緒，觀文緝化，其在茲乎？朕以寡昧，獲奉丕業，虛己問政，實始於茲，考言求益，敢不祗若。故命左右輔弼泊有位之臣，會於中臺，必究其論。緘密以獻，省自朕躬，果獲賢能，副予饑渴。才識兼茂、明於體用科人第三次等元積、韋惇，第四等獨孤郁、白居易、曹景伯、韋慶復，第四次等崔韶、羅讓、崔護、元修、薛存慶、韋珩，第五上等蕭俛、李蟠、沈傳師、柴宿，達於吏理、可使從政科第五上等陳岵等：咸以待問之美，觀光而來，詢以三道之要，復於九變之選，得失之間，粲然可觀。宜膺德茂之典，式叶言揚之舉。其第三次等人，委中書門下優與處分；第四等、第四次等、第五上等，中書門下即與處分。"《册府元龜》、《唐大詔令集》。

　　進士二十三人。《文苑英華》載《山出雲詩》，是此年試題。《摭言》："是年郭求府元落。"

　　武翊黃，狀元。　《唐語林》："武翊黃，府送爲解頭，及第爲狀頭，宏詞爲敕頭，時爲'武三頭'。後惑於媵嬖薛荔，苦其冢婦盧氏。雖新昌李相紳以同年蔽之，而衆論不容，終至流竄。"章孝標《錢塘贈武翊黃詩》："天人科第占三頭。"　按《宰相世系表》，翊黃字坤輿，元衡之子。○孟按：《南部新書》卷六："武翊皇以三頭冠絕一代，後惑婢薛荔，苦其冢婦盧氏。雖李紳以同年爲護，而衆論不容，終至流竄。解頭、狀頭、宏詞敕頭，是謂三頭。”

　　＊**柳公權**，原列卷十七元和三年（808）進士科狀元。徐氏考云：“《舊書‧柳公綽傳》：‘公權字誠懸，元和初進士擢第。’《唐語林》：‘柳公權擢第，首冠諸生。當年宏詞登科，十餘年便掌綸誥。’按首冠諸生，謂狀元也。元二年狀元已見，則公權當是此年狀元。”　孟按：《新唐書‧柳公綽傳》亦載公權“元和初擢進士第”。按徐松此書體例，凡史載某某初年及第者，皆繫之於元年。然徐氏因《唐語林》稱公權“首冠諸生”，又因元二年狀元已見，故繫之三年。然《唐語林》所記未必確切。另詳本年“韋表微”考。

　　皇甫湜，五百家注引孫注：“皇甫湜字持正，睦州新安人。元和元年擢進士第，爲陸渾尉。”

　　陸暢，《永樂大典》引《蘇州府志》：“陸暢，元和元年登第。”韓愈《送陸暢歸江南詩》云：“舉舉江南子，名以能詩聞。一來取高第，官佐東宮軍。”《考異》引洪注：“暢字達夫。”○孟按：同上詩，五百家注引韓曰：“暢元和元年登進士第。”又《全唐文》卷七六○張次宗《薦觀察判官陸暢請章服狀》：“右件官植性謹和，莅事周敏，詞賦中第，篇什成名。”

　　張復，韓愈《張徹墓誌銘》：“君弟復，亦進士。”五百家注引孫注：“元和元年，復中進士。”《幽閑鼓吹》：“元積在鄂州，張復爲從事。〔趙校：按《幽閑鼓吹》作“周復”。〕積常賦詩，命院中屬和，復乃簪笏見積曰：‘某偶以大人往還高門，謬獲一第，其實詩賦皆不能也。’積嘉之，曰：‘質實如是，賢於能詩者矣。’”

　　李紳，《舊書》本傳：“紳本山東著姓。父晤，歷金壇、烏程、晉陵三縣令，因家無錫。紳六歲而孤，母盧氏教以經義。紳能爲歌詩，鄉賦之年，諷誦多在人口。元和初登進士第。”《唐才子傳》：“李紳字公垂，亳州人。元和元年武翊黃榜進士，與皇甫湜同年。”沈亞之《李紳傳》：“李紳者，本趙人，徙家吳中。元和元年，節度使宗臣錡在吳，紳以進士及第還，過謁錡。”《容齋四筆》引《登科記》：“元和元年，崔邠下放李紳。”李濬《慧山寺家山記》：“金陵之屬郡毗陵南無錫縣，有佛寺曰慧山寺，濬家山也。貞元、元和中，先丞相太尉文肅公心寧色養，家寓是縣，因肄業於慧山。始年十五六，丙戌歲擢第歸寧。”李紳《龍宮寺詩序》：“元和三年，余以前進士爲故薛莘常侍招至越中。"

李顧言，元和元年及第，見《太平廣記》引《定命録》。○孟按：當作《續定命録》見《太平廣記》卷一五四。

韋惇（韋淳·韋處厚），《舊書·韋處厚傳》："處厚字德載，京兆人。父萬，監察御史。處厚本名淳，避憲宗諱改名處厚。元和初登進士第。"又云："處厚與李紳皆以孤進，同年進士。"劉禹錫《韋處厚集序》："公本名淳，舉進士，登賢良。既仕更名處厚，字德載。"　按惇當作淳，今相承誤書。

崔公信，公信，元和元年登進士第，見《唐詩紀事》。　《雲溪友議》有崔巡官者，昔居鄭圃，與李丞相同年之舊。　按丞相即李紳，崔巡官不知即公信否，俟考。

王正雅，《舊書》本傳："正雅字光謙，元和初舉進士，登甲科。禮部侍郎崔邠甚知之。"

張勝之，見《文苑英華》。

韓伙，《舊書·韓思復傳》："子朝宗。朝宗孫伙，字相之。"《新書》："元和初舉進士。"

李虞仲，《舊書》本傳："字見之，趙郡人。祖震，父端。虞仲元和初登進士第。"

高鈚，《舊書》本傳："字魁之。祖鄭賓，父去疾。鈚元和初進士及第。"

＊韋表微，原列卷二十七《附考·進士科》，徐氏考云："韋表微，舉進士登第，見《舊書·儒學傳》。"　孟按：《廣卓異記》卷十三："同年五人同爲翰林學士：庾敬休、柳公權、李紳、韋表微、高鈚。右按《唐書》，元和元年禮部侍郎崔邠下一榜放進士十三（按當作二十三）人，其後庾敬休等五人中爲翰林學士。"宋劉應李輯《新編事文類聚翰墨全書》後丙集卷一《氏族門》："韋表微，字子明，長慶中與同年五人皆爲翰林學士。"

＊庾敬休。原列卷二十七《附考·進士科》，徐氏考云："《舊書·忠義傳》：'庾敬休字順之，其先南陽新野人。祖光烈，父何。敬休舉進士，以宏詞登科，授秘書省校書郎。'"　孟按：詳上"韋表微"考。又此條亦見吳考。

明經科。《雲麓漫鈔》於元和元年載五經科、學究科，誤以爲制科，應入此年明經下。

諸科三十六人。《雲麓漫鈔》於是年載《開元禮》科、學究科、律令科、明習律令科，應入諸科下，亦誤以爲制科也。

博學宏詞科：

＊柳公權。詳上。

才識兼茂，明於體用科：○孟按：凡十八人，詳下。

元稹，見《册府元龜》、《唐會要》。　《舊書》本傳："二十八應制舉才識兼茂、明於體用科，登第者十八人，稹爲第一。元和元年四月也。"《侯鯖録》載《元微之年譜》，元和元年微之年二十八歲，中才識兼茂、明於體用科第，拜左拾遺。○孟按：《全唐文》卷六五○元稹《同州刺史謝上表》自言"年二十八，蒙制舉首選，授左拾遺"。《全唐文》卷六八○白居易元和二年（807）撰《唐河南元府君（寬）夫人滎陽鄭氏墓誌銘并序》："河南元府君諱寬，夫人滎陽太君鄭氏……有四子……次曰積，同州韓城尉；次曰稹，河南縣尉。……夫人爲母時，府君既歿，即積與稹方髫齒，家貧，無師以授業。夫人親執詩書，誨而不倦。四五年間，二子皆以通經入仕。稹既第，判入等，授秘書省校書郎。屬今天子始踐阼，策三科以拔天下賢俊，中第者凡十八人，稹冠其首焉，由校書郎拜左拾遺。"又同上卷六七九白居易撰《唐故武昌軍節度處置等使正議大夫檢校户部尚書鄂州刺史兼御史大夫賜紫金魚袋贈尚書右僕射河南元公（稹）墓誌銘并序》："公諱稹，字微之河南人。……二十八應制策入三等，拜左拾遺。"

韋惇（韋淳、韋處厚），見《册府元龜》、《唐會要》。　劉禹錫《韋處厚集序》："憲宗朝，河南元公積、京兆韋公惇以才識兼茂徵。"

獨孤郁，見《册府元龜》、《唐會要》。　《舊書》本傳："元和初，應制舉才識兼茂、明於體用科，策入第四等，拜左拾遺。"　韓愈《獨孤郁墓誌銘》："元和元年對詔策，拜右拾遺。"五百家注引孫曰："郁應才識兼茂、明於體用科，中第三。"

白居易，見《册府元龜》、《唐會要》。　《舊書》本傳："元和元年四月，憲宗策試制舉人，應才識兼茂、明於體用科，策入第四等，授盩厔縣尉。"白居易《策林序》：“微之首登科，予次焉。”○孟按：《全唐文》卷六五三元稹《白氏長慶集序》：“會憲宗皇帝册詔天下士，樂天對詔稱旨，又登甲科。”

曹景伯，見《册府元龜》、《唐會要》。　《舊書·曹確傳》：“景伯登制科。”

韋慶復，見《册府元龜》、《唐會要》。

崔琯，《册府元龜》作“詔”，《唐會要》作“縮”，皆誤。《舊書·崔珙傳》：“琯制策登科，釋褐諸侯府。”○孟按：然《新唐書·崔珙傳》：“琯字從律，珙兄。舉進士、賢良方正，皆高第。”所載科目與《册府元龜》、《唐會要》異。

羅讓，見《册府元龜》、《唐會要》。　《舊書·孝友傳》：“羅讓應詔，對策高等，爲咸陽尉。”按權德輿《羅珦墓誌》言讓登直言極諫科，誤。

崔護，見《册府元龜》、《唐會要》。

薛存慶，見《册府元龜》、《唐會要》。

韋玎，見《册府元龜》、《唐會要》。

李蟠（李瑀），《册府元龜》一作“瑀”，《唐會要》作“瑀”。

元修，見《册府元龜》、《唐會要》。

沈傳師，見《册府元龜》、《唐會要》。《舊書》本傳：“登制科乙第。”《永樂大典》引《蘇州府志》作貞元十年，誤。○孟按：元洪景修編《新編古今姓氏遥華韻》辛集卷五：“沈傳師，元和白居易、元稹（孟按：原誤作“禛”）同登制科。”

蕭俛，見《册府元龜》、《唐會要》。　《舊書》本傳：“元和初，復登賢良方正制科，拜右拾遺。”

柴宿。見《册府元龜》、《唐會要》。

達於吏理，可使從政科：

陳岵，疑即貞元九年登第之陳祜。○孟按：見《唐會要》卷七十六、《太平御覽》卷六二九。

蕭睦。《册府元龜》。《舊書·韋貫之傳》：“元和元年，與中書舍人張弘靖考制策，第其名者十八人，其後多以文稱。”白居易撰《元稹母鄭夫人墓誌銘》：“今天子始踐阼，策三科以拔天下賢俊，中第者凡十八人，稹冠其首焉。” 按十八之數正符，而經術精深、可爲師法科不見及第人，其言三科未詳。○孟按：《唐會要》卷七十六、《太平御覽》卷六二九於是年本科目下僅著録陳岵，《册府元龜》卷六四五於是年本科目下著録蕭睦而無陳岵。疑《册府》抄誤。《舊唐書逸文》卷八謂《册府》“陳岵作蕭睦，疑亦涉上文蕭俛及下條（孟按：指元和三年本科目）蕭睦而誤”。當存疑俟考。

* 上書拜官：

* 李正卿。《千唐》[1092]李褒撰會昌四年(844)十二月十九日《唐故綿州刺史江夏李公（正卿）墓誌銘并序》（參見《彙編》[會昌 040]）云：“公諱正卿，字肱生。……始以文行舉進士，未第，爲涇原節度使段祐强置□府，試左武衛兵曹掾，轉大理評事兼監察御史，賜章紱。酬知用直，贊畫有聞。元和初，天雨嘉穀，公因獻賦，既美且諷，制授松滋令。”亦見楊希義《輯釋》。 孟按：此雖不屬常科，然亦當同杜甫例，参見本書卷九天寶十載(750)“上書拜官”下杜甫考。又按正卿，邕孫，正叔弟。《彙編》[元和072]李正卿撰元和九年(814)七月廿一日《唐故大理評事贈左贊善大夫江夏李府君（翹）墓誌銘并叙》署曰：“嗣子承奉郎前守江陵府松滋縣令賜緋魚袋正卿撰。”

* 知貢舉：中書舍人崔邠。原作“禮部侍郎崔邠”，徐氏考云：“《舊書》本傳：‘邠爲禮部侍郎，弟鄯、郾、鄲等六人皆登進士第。邠、郾、鄲三人知貢舉。’《永樂大典》載《蘇州府志》作中書舍人崔邠。按是年《豐陵優勞德音》有禮部侍郎崔邠，見《唐大詔令集》，當以本傳爲是。” 孟按：嚴耕望《唐僕尚丞郎表》卷十六《輯考五下・禮侍》“崔邠”條云：“崔邠，以中書舍人知元和元年春貢舉，放榜。其始事蓋上年冬。〔考證〕元年七月以前，正拜禮侍。〔考證〕時階太中大夫。（《全唐文》四八七權德輿《兵部侍郎舉人自代狀》。）又知二年春貢舉，放榜。”又考云：“由中書舍人遷禮侍，見《舊》傳及權德輿《宿天長寺唱和詩序》。知元和元年二年兩春貢舉，見《語林》八‘累爲主司’條及《容齋四筆》五‘韓文公薦士’條引《登科記》。徐《考》十六，元和元年，知貢舉崔邠，書銜‘禮部侍郎。’自注：‘《永樂大典》載《蘇州府志》作中書舍人崔邠。按是年《豐陵優勞德音》有禮部侍郎崔邠。當以本傳爲是。’耕望按：《會要一・帝號・順宗》，‘元和元年七月葬豐陵，謚曰至

德大聖大安孝皇帝,謚册文,禮部侍郎崔邠撰。'與《優勞德音》同。又《全唐文》卷四八七權德輿《兵部侍郎舉人自代狀》,舉禮部侍郎崔邠。時在元年夏秋(參兵侍卷)。亦與《德音》同。然皆元年夏秋以後事。意者,元年春知舉時實官中舍權知貢舉事,事畢正拜禮侍耳。徐《考》元年書銜禮侍,誤。"今據改。又元刊本《新編排韻增廣事類氏族大全》乙集"三世同居"條:"崔倕,緦麻親三世同居,唐宣宗聞之嘆曰:'崔家一門孝友,可爲士族師法。'六子:邠、鄲、郾、郇、鄯、鄆。"同上"親導母輿"條:"崔邠字處仁,元和中爲吏侍。……三世同居光德里,兄弟六人同奉朝請官,皆二品。宣宗題其家曰'德星堂',里曰'德星'。郾五子:瑶、瑰、瑾、珮、璆。《唐登科記》云:'自元和初至大中年間,邠、郾、鄆、瑶先後爲禮侍,六次放榜,爲崔氏六榜。刻於泰寧寺,時謂之榜院。'"

陸暢《山出雲詩》曰:"靈山蓄雲彩,紛郁出清晨。望樹繁花白,看峰小雪新。映松張蓋影,依澗布魚鱗。高似從龍處,低如觸石頻。濃光藏半岫,淺色類飄塵。玉葉開天際,遥憐占早春。"《文苑英華》

張復《山出雲詩》曰:"山静雲初吐,霏微觸石新。無心離碧岫,有葉占青春。散類如虹氣,輕同不讓塵。陵空還似翼,映澗欲成鱗。異起臨汾鼎,疑隨出峽神。爲霖終濟旱,非獨降賢人。"《文苑英華》

李紳《山出雲詩》曰:"杳靄祥雲起,飄颻翠嶺新。瑩峰開石秀,吐葉間松春。林静翻空少,山明度嶺頻。迴崖時掩鶴,幽澗或隨人。姑射朝凝雪,陽臺晚伴神。悠悠九霄上,應坐玉京賓。"《文苑英華》

張勝之《山出雲詩》曰:"片雲初出岫,孤迥色難親。蓋小辭山近,根輕觸石新。飄颻經緑野,明麗照晴春。拂樹疑舒葉,臨流似結鱗。從龍方有感,捧日豈無因。看取爲霖去,恩霑雨露均。"《文苑英華》

　　元稹對策曰：“臣方病近古之策不行，而陛下言及之，是天下人人之福也，微臣其敢忍意而不言乎！且臣聞之，古者以言賦納，豈虛美哉，蓋用之也。是以益贊禹而班師，説復王而作命，斯皆用言之大略也。洎漢文帝羞不若堯舜，始以策求士，乃天下郡國有賢良之貢入焉，塞詔者晁錯而已。至武帝時，董仲舒出，然而卒不能選用條對，施之天下。夫用其策不棄其人，以其利於時也。得其人而棄其策，又何爲乎？若此則徒設試言之科，而不得用言之實矣。降及魏、晉，朝成而暮敗之不暇，又惡足言其策哉。我唐列聖君臨，策天下之士者多矣，異時莫不光揚其名聲，寵綏其爵禄。然而曾不聞天下之人曰‘某日天子降某問，得某士，行某策，濟某功’，抑不知直言之詔屢下，直言之士不出耶？亦不知直言之士屢出，而直言之策不用耶？今陛下肇臨海内，務切黎元，求斥己之至言，責著明之確論，斯命説代言之盛意也，微臣何足以奉之。然臣所以上愚對，皆以指病陳術而爲典要，不以舉凡體論而飾文詞。事苟便人，雖繁必獻；言苟詣理，雖鄙必書。固不足以副陛下懇惻之誠，庶可以盡微臣之獻替耳。伏願陛下，以臣此策委之有司，苟或有觀，施之天下，使天下之人曰‘惜哉！漢文雖以策求士，迨我明天子然後能以策濟人’，則臣始終之願畢矣。如或言不適用，策不便時，則臣有瞽聖欺天之罪，將置於典刑，陛下固不得而宥之矣，亦臣之所甘心焉。

　　“臣伏讀聖策，乃見陛下念禮樂之寖微，恤黎人之重困，責復盛濟艱之術，酌推恩寓令之宜。斯皆當今之急病也，微臣敢不别白而書之。昔我高祖武皇帝撥去亂政，我太宗文皇帝韜囊干戈，被之以仁風，潤之以膏露，戢天下之役而天下之人安，省天下之刑而天下之人壽，〔趙校：“刑”原作“志”，據《英華》卷四八七改。〕通天下之志而天下之氣和，總天下之衆而天下之衆理。理故敬讓之節著，和故歡愛之化行，是以革三王之所因，兼六代之所舉，稱至德者舉文皇以代堯舜。是異事哉？誠有物以將之也。明皇帝即位，實號中興，方其任姚、宋而召賢能也，雖禹、湯、文、武之俗不能過焉。四十年間刑罰不試，人用滋植，四海大和。於是舉升中告禪之儀，則封泰山而秩嵩華；舉東巡西狩之典，則宅咸鎬而朝洛陽。禮既畢行，物亦隨耗。天寶之後，征戍聿興，氣盛而微，理固然也。曩時之乳哺而有之者，一朝爲兵殤之。兵興以來，至今爲梗。兵興則户減，户減則地荒，地荒則賦重，賦重則人貧，人貧則逋役逃征之罪多，而権筭權宜之法用矣。

　　"今陛下躬親本務，首問群儒，念禮樂之不興，嘆升平之未復，斯誠天下之人將絶復完之日也，微臣何幸而對揚之。微臣以爲將欲興禮樂，必先富黎人；將欲富黎人，必先息兵革。息兵革之術，臣請兩言之。夫古人所謂銷兵革者，非謂幅裂其旗章，銷鑠其鋒刃而已也。蓋誠信著於上，則忠孝行於下；敬讓立於内，則夷狄和於外。夷狄和則邊鄙之兵息，敬讓立則争奪之患銷，争奪之患銷則和順之心作，和順之心作則禮樂之道興矣。此先王修政戢兵，興禮樂，富黎人之大略也。陛下必欲責臣以詳究之術，臣又請指事以明之。夫食力之不充，雖神農設教，天下不能無餒殍之人矣。是以古之不農而食之者，四而已矣。吏有斷獄之明則食之，軍有臨敵之勇則食之，工有便人之巧則食之，商有通物之智則食之。是四者，率皆明者、勇者、巧者、智者之事也，百天下之人無一二焉。苟不能於此者，不農則不得食，不織則不得衣。人之情，衣食迫於中則作業興於外，是以游食者恒寡，而務本者恒多。豈强之哉？彼易圖而此難及也。今之事則不然。吏理無考課之明，卒伍廢簡稽之實，百貨極淫巧之工，列肆盡兼并之賈。加以依浮圖者無去華絶俗之貞，而有抗役逃刑之寵，假戎服者無超乘挽强之勇，而有橫擊詬吏之驕，是以十天下之人九爲游食，惷樸愚純不能自遷者而後依於農。此又非他，彼逸而易安，此勞而難處也。以惰游之户轉增，而耕桑之賦愈重，曩時之十室共輸而猶不給者，今且數家一夫矣。雖有慈惠之長，仁隱之吏,尚不能存;若慘斷擊搏之,則將轉移於溝瀆矣。今之課吏者,以賦斂無逋負爲上第。以臣觀之,足陛下之賦者,誠所以害陛下之人耳。若此則農桑之用既如彼,惰游之衆又如此。耕桑之賦重則戀本之心薄,惰游之户衆則富庶之道乖,此必然之理也。今陛下誠能明考課之法,減冗食之徒,絕雕蟲不急之功,罷商賈兼併之業,潔浮圖之行,峻簡稽之書,薄農桑之征,興耕戰之術,則惰游之户盡歸,而戀本之心固矣。戀本之心固,則富庶之道興矣,而貞觀、開元之盛復矣。若此則既往之失由前,將來之虞由後,在陛下悠久戒之慎之而已。至於主父偃乘七國併吞之後,謀分裂而矯推恩,管夷吾當諸侯争奪之時,先詐力而行寓令,皆一時之權術也,豈可謂明白四達,與日月齊明於聖朝哉。臣雖賤庸,尚不敢陳王道於帝皇之日,況權術乎!此臣之所甚羞也,故不及詳究言之。

"臣伏讀聖策,又見陛下以爲執契則群下用情,躬親則庶官無黨。以漢元尚儒學而衰盛業,謂光武課吏職而昧通方。以臣思之,皆不然也。夫委之於下而用其情,蓋考績之課廢而清濁之流濫也。尚儒術而衰盛業,蓋章句之學興而經緯之道喪也。課吏職而昧通方,蓋苛察之法行而會計之期速也。臣請條列而言之。夫神農之斲耒耜,教耕耨,所以墾良田而植嘉穀也。然而不能遏稂莠之滋焉。其所以遏之者,芟夷錢鎛之而已。唐堯之闢朝廷,宅百揆,亦所以殖禹舜而種皋陶也。又不能遏共工、驩兜之逆焉。其以遏之者,放棄殛誅之而已。神農不以稂莠滋而廢耒耜之用,故能存用器之方;唐堯不以四罪進而奪舜禹之任,故能終任賢之道。若此則陛下之所任顧何如耳,豈可謂任之必不可哉。至於考績之課廢,章句之學興,經緯之道衰,會計之期速,皆當今之極弊也,幸陛下問及。漢元、光武之事,臣遽數而終之。今國家之所謂興儒術者,豈不以有通經文字之科乎?其所謂通經者,又不出於覆射數字;明義者,材至於辨析章條。〔趙校:《元

集》"材"或作"纔"。〕是以中第者歲盈百數，而通經之士蔑然。以是
爲通經，通經固若是乎哉？至於工文自試者，則不過於雕詞鏤句
之才，搜摘絕離之學。苟或出於此者，則公卿可坐致，郎署可俯
求。崇樹風聲，不由殿最。連科者進速，累捷者位高，拱嘿因循
者爲清流，行法苟官者爲俗吏。以是爲儒術，儒術又若是乎哉？
其所謂課吏職者，豈不以朝廷有遷次進拔之用乎？臣竊觀今之
備朝選而不由文字者，百無一二焉。夫施衆網而加一禽，尚不能
得，況張一目以羅萬品，而望其飛者、走者、大者、小者盡出乎其
間，其可得乎哉？以此察群吏，群吏又可察乎？苟或不可察，又
可任之而絕其私乎哉！此所以陛下將執契而嘆用情，念垂衣而
懼不理，蓋臣所謂課察之道不明也。

　　"陛下誠能使禮部以兩科求士，凡自唐禮、《六典》、律令及國
家制度之書者，用至於九經、歷代史，能專其一者，悉得謂之學
士。以環貫大義而與道合符者爲上第，口習文理者次之。其詩
賦判論以文自試者，皆得謂之文士。以經緯今古、理中是非者爲
上第，藻繢雅麗者次之。凡自布衣達於末隸，在朝省者悉得以兩
科求士，禮部第其高下，歸之吏部而寵秩之。若此則儒術之道
興，而經緯之文盛矣。吏部罷書判萬言之選，設三式以任人。一
曰校能之式。每歲以朝右崇重者一人，與禮部郎校天下群吏之
理最，在第一至第三者，校定日據其功狀而登進之。牧宰字人之
官藉之爲理者，則上賞行焉。若此則遷次之道明，而遲速之分定
矣。二曰任賢之式。每歲內自僕射，至於群有司之正長，外至於
廉問、節制者，各舉稱朝選者一人。外自牧守，內至於百執事之
立於朝者，各舉吏郡縣者一人。因其所舉而授任之，辨其考績而
賞罰之，不舉賢爲不察，舉不賢爲不精，不精與不察之罪同。若
此保任之法行，而賢不肖之位殊矣。三曰叙常之式。其有業不
通於學，才不屬於文，政不登於最，行不知於人，則限以停年課資
之格而役任之。若此則敷用之典恒，而尺寸之才無所棄矣。兩

科立則群材遂，三式行則庶官當。陛下乃執左契以御之，總樞極以正之，委庶官如心目之運支體，是支體運而無效於心目乎？察群材如明鏡之形美惡，豈美惡形而逃隱於明鑒乎？然後陛下闢四門，使可言之路通；明四目，以天下之目視；達四聰，以天下之耳聽。不私其言，以爲好惡。端拱巖廊，高居宸極，以冕旒自蔽而秋毫必察，以黈纊塞耳而芥蔕必聞。〔趙校：“芥蔕”，《英華》卷四八七作“聲響”，注：“《文粹》作舉動，集作養動。”〕則彼漢元章句之儒，光武督責之術，又惡足繁爲陛下言之哉。

“且臣聞之，聖人在上，人不夭札。若臣者生未及壯，戴陛下爲君，仁壽懂康，未始有極，何忽自苦，墮肝膽而言天下之事乎？誠以爲國家兵興以來，天下之人懵怛悲愁五十年矣。自陛下陟位之後，戴白之老莫不泣血而話開元之政。臣恐此輩不及見陛下功成理定之化，而先飲恨於窮泉。此臣之所以汲汲於心者，陛下能不憐察其意乎！謹對。”《文苑英華》

韋惇對策曰：“臣聞古之以道莅天下，皆酌之人言，用凝庶績。伏惟陛下，統承丕緒，光膺駿命，志氣中蘊，清明下臨。恤黎庶而惠慈方洽，梟叛庚而威武已熾。猶能慮危於未兆，思理於已安，聿追孝思，纘述前烈，愍官吏之無用，求斥己之至言。微臣才用不足以操事，體識不足以經遠，祗奉聖問，伏用兢惶，謹昧死上愚對。

“制策曰：‘朕觀古之王者，受命君人，兢兢業業，承天順地，靡不思賢能以濟其理，求讜直以聞其過。故禹拜昌言而嘉猷罔伏，漢徵極諫而文學稍進，匡時濟俗，罔不率繇。厥後相循，有名無實，而又設以科條，增求茂異，捨斥己之至言，推無用之虛文，指切著明，罕稱於代。茲朕所以嘆息鬱悼，思索其真。是用發懇惻之誠，諮體用之要，庶乎言之可行，行之不倦，上獲其益，下輸其情，君臣之間，驩然相與。子大夫得不勉思朕言而茂明之。’臣聞復濟慎懼，雖危必樂；理安佚肆，雖理必憂。帝堯之爲道也大矣，《書》稱其本曰允恭克讓；文王之爲德也宏矣，《詩》美其功曰小心翼翼。圖天下之安者，必稱之於勞；慮天下之大者，必慎之於微。任賢誠固，思慮誠深，百姓雖未富庶，四夷雖未賓服，天下明知其治也。任賢不固，思慮不深，百姓雖富庶，四夷雖賓服，天下明知其亂也。今陛下覽前代已往之失，求當今未然之理，使虛文不設於下，至言必聞乎上。端視凝聽，所委惟賢，則上獲其益矣。惠爵施禄，所理惟直，則下輸其情矣。顧言而動，思利乎安，則何慮乎言之不行？顧行而動，思利乎安，則何慮乎行之有倦？誠能兢兢於一日二日，業業於無小無大，苟能此道，雖微必昌，雖柔必强，鳳凰麒麟不足來，甘露醴泉不足致，三光四時不足序。天之高明也，斯不愛其道；地之博厚也，斯不愛其寶。彼之大者猶若是，況其細者而難乎？

　　“制策曰‘我國家光宅四海，年將二百。十聖弘化，萬方懷仁，三王之禮靡不講，六代之樂罔不舉。浸澤於下，升中於天，周、漢以還，莫斯爲盛。自禍階漏壞，兵宿中原，生人困竭，耗其大半。農戰非古，衣食罕儲，念兹疲甿，遂乖富庶。〔趙校：“遂乖”，前問目作“未遂”。〕督耕植之業而人無戀本之心，峻榷酤之科而下有重斂之困。舉何方而可以復其盛，用何道而可以濟其艱’者。伏以陛下，藴充明德，繼荷大業，居十聖之全區宇，守百代之成禮樂，揚高祖之耿光，播太宗之休烈。思黷武而弭戢，念疲甿之富庶，理自順此生，危自反此作。兵者國之威也，兵不威則暴不禁，君得其術而已，舉其要而已。凡善用兵者用兵之精，次用兵者用兵之形。用精者國逸而功倍，用形者人勞而威立。令行禁止，俗富刑清，仁足以懷，義足以服，端居廟堂之上，威加四海之外，而叛者嘗欲繫其頸而制其命，伏其心而笞其背，此兵之精也。金鼓擊刺，追奔逐北，攻城掠地，斬馘獻俘，憂思巖廊之上，謀制千里之外，而叛者有以畏其威而懲其罰，化其心而戢其暴，此兵之形也。陶然而化，其效不形，兵貴藏有於無，兵之形不可張也。騷然而動，其政難久，人不可終擾，兵之精所宜密勝也。今陛下既梟叛寇，復征違命，屈己之至已浹於兆庶，恤人之誠已敷於四海。乘衆之怒，用兵之形，則近無轉輸騷擾之勤，遠無經費供求之役。誠能固守，必大畏其力，小懷其德矣。豈兵宿中原之爲虞，生人耗竭之爲慮。臣又聞理國之本，富之爲先，富人之方，勸農爲大。三代以耕耤率天下，漢朝以孝悌配力田，皆勸之之道。夫農寒耕熱耘，沾體塗足，晝夜之筋力勤焉，父兄之手足悴焉。而官輸籍督，坐非己有。夷時郡邑長吏，偷容朝夕，養聲釣禄，非恤人隱。此所以耕植之業不勤，戀本之心不固。有遁於軍旅而邀功賞者，有冒於老釋而瀆清濁者，有逸於負販而制貧人者，有隱於椎剥而干教令者。農耕之難也如彼，日百其勸，常有不務者矣。游惰之逸也如此，日百其禁，常有不息者矣。由上之爲政，知人苦之者勸之必深，知人樂之者禁之必至。昔賈琮以最於十二州，頒之以璽書；黃霸以甲於二千石，寵之以侯印。惟陛下注意於守宰字人之官，以田墾闢爲最，〔趙校：“墾”原誤“懇”，據《英華》卷四八七改。〕地荒榛、人離散爲殿，即耕植可勸，困竭可蘇。兵未弭則人不蕃，人不蕃則農不勸，農不勸則國用虛，此榷酤所以興也。然鹽麴之稅，山澤之利，法用得其要，不在峻其科。理不得其吏，不猶〔原注：疑。〕明其法。明其法，得其要，則上無峻刻之舉，下無重斂之困矣。

　　“陛下制策曰：‘既往之失，何者宜懲？將來之虞，何者當戒？’臣聞王者之興，皆鑒乎前代聖君賢佐之所以興，昏主庸君之所以喪。景行其興也，用得以常理；戒慎其喪也，用得以常存。詩人美殷鑒於有夏，〔趙校：“美殷”下當有“而”字，觀下文可知。〕賈山諫漢而借諭亡秦，備於圖籍，著於編册，非臣繁詞所可曲盡。自陛下統極，舉滯淹，已逋責，恤刑獄，振乏絶，德澤所臨，戴之不暇，微臣未見其失也。明將來之戒，其在法令刑賞乎？四海之

廣，億兆之衆，非家令戶告之能也，發號出令而已矣。伏惟陛下，
聿求善政，大振洪猷，人之獻替，政之損益，燦乎其書，灼乎其人。
始則鼓舞蹈詠不足以充其善，終則渴日望歲不足以喻其勞。教
之本莫大乎復言，政之先莫大乎重令。誠能復言重令，上之克當
乎天心，下之允協乎人情，天人交相爲感，而災害不生，禍亂不
作。非此則日有德音而人不悦，日有威罰而人不畏。苟不悦矣，
無與同勸，苟不畏矣，無與同沮，此非法令之可裁也。成一時之
功者，寵乎其功者也；思百代之利者，榮乎其名者也。其榮名不
足以勸者，則刑罰存焉；其效不得而寵者，則褒貶存焉。是小人
之所趨，君子之所務。今陛下刑賞已足勸懲，褒貶又存文史，君
子竭忠，小人輸力，舉如鴻毛，拾如地芥，何理而不成，何求而不
效？陛下之不爲，非不能也。伏以致誅逆黨，罪止渠魁，原情究
惡，不及其母，此帝王之刑也。戎臣饋軍，致命折寇，渥恩必厚，
爵位必加，此王霸之賞也。然善有彰，雖賤賞也；惡有釁，雖貴罰
也。賞一人不足以聳天下之善者，其賞不足行；刑一人不足以禁
天下之暴者，其刑不足用。今宜賞不遺微細，惟功之所加；罰不
爲暴亂，惟罪之所出。此天下之人所以皆知賞之可重，而罰之
可戒。

　　"制策曰：'昔主父懲患于晁錯，而用推恩；〔趙校："用"，前問目
作"請"。〕夷吾致霸於齊桓，而行寓令。精求古人之意，啟迪來者
之懷，眷茲洽聞，固所詳究。'臣聞漢興鑒亡秦孤立之弊，蹤《周
官》衆建之法，苴茅列土，非復異姓。其後吳、楚強大，本根不拔，
晁錯之策未終，七國之兵已發。主父念前事之敗露，期本朝之强
大，分封子弟，使得推恩。諸侯之國，星解於上，漢庭之威，風行
於下，此所以爲謀也。齊桓當周季陵夷之運，思大彰翊霸之功，
志圖兼弱，力存攻昧，思逞其欲，是務強兵。習之野，大國防其
謀；習之朝，小國謹其備。其志不可以速得，其功不可以立俟。
用爲隱政，而行寓令，此其所以霸也。

　　"制策曰'執契之道，垂衣不言。委之於下，則人用其私；專之於上，則下無其效。漢元優游於儒學，盛業竟衰；光武責課於公卿，峻政非美。二途取捨，未獲所從，吾心浩然，蓋所疑惑。子大夫熟究其旨，屬之於篇。興自朕躬，無悼後害'者。臣聞契者，君之所司也，綜其會歸，則庶務隨而振之。職者，臣之所司也，踐其軌迹，則百役通其流矣。委之於下者，委之職業也，非委其權。專之於上者，專其操持也，非專其事。賞罰好惡之出，生殺恩威之柄，此非權與操持乎？委之於下，則上道不行矣。提衡舉尺，守器執量，此非事與職業乎？〔趙校："職"原作"執"，據《英華》卷四八七改。〕專之於上，〔趙校："專"原作"事"，據《英華》卷四八七改。〕則下功不成矣。不委其操持，安所用其私乎？不專其職業，孰慮無效乎？君收其大柄，臣職其所守。然大柄不得亢於上，臣得佐而成之；所守不可屬於下，君得舉而明之。《乾》之經曰'首出庶物'，《坤》之文曰'地道無成，而代有終'。乾，陽物也；坤，陰物也。陰陽合而泰形焉，陰陽離而否形焉。君臣之道，蓋象乎此。漢元優游於儒學，而權歸王氏，失其所專也。光武責吏事於三公，而勞神簿書，集其所委也。一則曠而蕩，一則察而陿，既非中道，不可以範。臣所謂陰陽乾坤之説，各存其道，而交有所感，然成其悠久，配乎持載，如此而已。才者綜物以研務，識者辨惑而不泥，體者撫往以經遠，用者臨事而造至。神而明之，可以輔陶鈞，可以贊化育。微臣固陋，從師之説，循名而實不充，承問而學不稱；進退殞越，懼煩刑書。謹對。"《文苑英華》

　　獨孤郁對策曰："臣聞天發生以雷雨，聖人發生以號令，天道帝道並行於上，〔趙校："帝"原作"地"，據《英華》卷四八八改。〕群僚庶物咸遂於下。伏惟陛下，與天爲仁，與雷作解。臣則蠢動之一物也，氣下乃出，安知其由。比於金石草木物之無心者也，扣之或大鳴小鳴，終始相生，清濁雜作，變而成文者。以聖人擊考之，不得藏其聲也。若臣者樸直蠢愚，陛下考之而無聲，是不如金石草木之無心矣，敢不極聞以對。伏以陛下發德音，訪巖藪，招賢士，求直言，詢可行之謀，垂不倦之聽，欲使上獲其益，下輸其情，君臣之間，驩然相與。此禹所以稱大，漢所以稱盛者，用此道也，臣何足以仰承之。

　　"臣以爲有國不患無賢，患不能用賢；不患無直言，患不能容直言。今夫朝廷之大，百官之衆，非無賢也。然陛下黈纊凝旒，或未之察，群臣各默默來朝而退，雖有賢哲，孰能辨之？觀《易》卦《乾》上《坤》下否，《坤》上《乾》下泰。《乾》爲君，《坤》爲臣。君意下降，臣誠上達，則是天地交，泰之時也。君意不下降，臣誠不上達，則是天地不交，否之時也。若太宗文皇帝，每一視朝，未嘗不從容問群臣政之得失。下有一毫之善，上無不獎；上有一毫之失，下無不諫。或有引入禁內，或周旋禁中，疾則幸其第，沒則臨其喪，君臣之道，可謂至矣。是以無遺才，無闕政，巍巍蕩蕩，與天無窮者，上下交泰也。秦帝胡亥，信用左右。左右欲專秦柄，乃教胡亥曰：'陛下富有春秋，初即位，奈何與公卿廷決事？事即有誤，示群臣短也。'於是胡亥常居禁中，群臣希見者，不聞其過。天下所以亂者，上下不交也。伏惟陛下，上法其天，下法其地，中法太宗。每坐朝宣旨，使群臣各有所陳，陛下賜之溫顏，盡其啟沃。言語侍從之臣，得以奉其職左右，有所書以貽來代。諫諍之官，與聞其政而獻替之。使此輩無有所補，黜之可也。使其稍識大體，陛下與之論道講政，豈不可裨於萬一也，孰敢不輸其情乎？苟居位者不與之言，獻直言者不與之用，又何必搜羅巖穴，遠訪不用之人乎，勤求不信之言乎？賢者又何來也，來者又何言也？此體用之要，求賢濟理之術盡於是矣，惟陛下行之。

　　"若生人之困於衣食而無戀本之心，但兵宿中原，如此實曰方面大臣之罪也。夫方面大臣，宜直播天子之休風，保撫其人如赤子。而乃傾其脂血，剝其生財，聚奇技，摠淫巧，以蕩上心。天子誠以爲物力有餘，而不知其情也。執事者又未嘗聞以生人艱苦爲言而得罪者，豈其盡直而不用乎？夫王者居於九天之上，非臣下痛激肝血，指明而言，亦何由而達也？若臣者，草木孤賤，宜周旋其所以能而言之也。今天下困於商稅，不均可謂甚矣。百姓之忘本，十而九矣。昔嘗有人有良田千畝，柔桑千本，居室百堵，牛羊千蹄，奴婢千指，其稅不下七萬錢矣。然而不下三四年，桑田爲墟，居室崩壞，牛羊奴婢十不餘一，而公家之稅曾不稍蠲，督責鞭笞，死亡而後已。於是州伯邑長，方以人安賦集，攘臂於其間，趨辦朝廷，用升考績，取彼逋責，均其所存，展轉奔逃，又升戶口。是以賦益重而人益貧，不均之甚一也。是故欲人之財賦均一，而無日蹙之患，宜視通邑之盈虛，使鄉戶坐乎田，迭相隱核其上下，不使貪官臟吏紛動其間，則有無輕重可得而均也。夫古有四人，今轉加七。計口而十分之，其所以盡悴出賦而衣食其九者，農夫、蠶婦而已。絳衣淺帶，以代農者，人十之一。縵胡之纓，短後之服，仰衣食縣官者，人十之二。髡頭壞衣，不耕不蠶，坐而供養者，人十之二。審曲面勢，以飭五材，鬻工而衣食者，人十之二。乘時射利，貿遷有無，取倍稱之息而衣食者，人十之二。游手倚市，以庇妻孥，以給衣食者，人十之一。其餘爲農桑之數焉。農夫糠核不足，而十人者畜馬厭粱粟。蠶婦衣不蔽形，而十人者咸襲羅紈。是以性近儒則入仕，近武則從軍，善計則貿遷，避事則髡削，技巧則爲工師，拙奸則爲駔儈。非戇愚專一無他腸者，孰肯勤體效力爲稼穡之苦乎？且以田廢而衣食罕者，戶口所在減而背本之利多，不均之甚二也。陛下誠能寬農人之征而優樂之，杜衆邪之門而困辱之，則農桑益而衣食有餘也。自兵革以來，人多流散，版籍廢絕，戶口蕩析，加以憂懼，越於異鄉，未以僥倖，利其苟且。寬之則偷之於朝夕，勤之則挺而陷於邪。又訛言焉，屋室聚爲瓦礫，田野俱爲榛蕪。賦稅不均，居者日困，又爲此也。伏願陛下，敕百姓所在編爲土著，不即歸之舊鄉，繕黃籍，生則書之，死則去之，度男女之所生，户口之多少，可得而知也。無田者給與公田假種食，因其井泉制爲民居，爲藝桑麻，種蒲蔬，育狗彘，三年不輸官。自初即於三年，人猶有之他者，所至得以重罪罪之。然後人安其生，樂其業，而無奔亡之患矣。安土則敦本，敦本則人庶矣。税均則斂輕，斂輕則人富矣。以此阜俗，不盛何爲？以此濟人，何難之有？

“若夫鹽榷者，經國之所資，財用之大寶也。然而當今之務，莫若修其業，除其弊，亦可以無重斂之困也。夫鹽榷之重弊，失於商徒操利權，州縣不奉法，賈太重而利太煩，布帛精粗不中數矣。夫以商徒操利權，則其利有時而廢，州郡不敢誰何，是勸農人以逐末也。州郡不奉法，則各私其人而盜煮者行矣。賈太重，則貧者不堪矣。吏太煩，則糜費之者衆矣。布帛精粗不中數，則女工徒損，風俗偷薄而上困矣。即如此宜罷鹽鐵之官以省費，停郡府之政令以一其門，禁人爲商以反其耕，損其厚賈以利其人矣。速其售而布帛必精，以齊其俗，以厚其利，如此亦可大裨於國，大賴於人矣。酒酤之人，罷之可也。夫既往之失不能久於其道，將來之虞中道盡也。自古帝王未有不勤儉於其初，天下歸焉；滿假於其終，天下離焉。陛下以勤儉爲恒，滿假爲戒，勤而不已，損之又損，慎終如初，守而勿失。天地所以能長且久者，以其運行不息也。陛下其可息乎，可懈乎？

“晁錯所以急繩七國者，欲尊天子，恐削弱遲而禍大矣。主父所以推恩子弟者，因其欲而分裂諸侯之易矣。今天下一家，盡爲郡縣，無諸侯强大之患，無宗室葭莩之親，而以推恩爲言，臣恐未可以令天下也。齊桓之時，列國相傾，管夷吾欲輔霸業，恐諸侯先謀而爲之備，是以脩其寓令，而兵食足焉。使戰者必耕，耕者必戰，無事則散之壠畝，有事則授之兵甲，此古人之意可行之驗也。

“夫舜之所以爲聖人，以其選賢任能也。五教契也，五穀棄也,五刑皋陶也,八音夔也,虞伯益也,水土禹也,喉舌龍也,共工垂也。舜無事焉,是以執左契,垂衣裳,而天下理。豈以必躬必親,侵於百職,然後以爲聖乎?必也信而顯之,作而行之。任之而績用不立,則有竄三苗於三危,流共工於幽州,放驩兜於崇山,殛鯀於羽山。刑罰有可必加矣,孰敢用其私乎?儒家者流,示人以中而爲之節,訪其所至而導其不至,使夫君臣父子各得其正,此其所長也。然而迂者爲之,則執古以非今,凝滯而不變。夫責課者,所以俯仰百官也,然光武用之而非美者,責人之效重也。伏惟陛下,取漢光武之求實,勿務速成,用漢元帝之崇儒,知其凝滯,任人而示之所爲,端拱而不失其勇,原注:疑。取捨之間,於此乎判矣。

“陛下不能用臣言,不當問也。謂臣不能言其事,不當來也。既來矣,陛下問狀,宜直其辭。既問矣,微臣盡忠,宜採其策。盡忠者不易持也,直者誰欲爲也?忠未見盡,直必有悷。悷構而直不悔,不信而忠不追者,蓋有之矣,由未見其爲人也。非天之與其剛健,地之與其直方,內不疑其身,外不疑於人,憂君而不顧其己,濟物而不求其利者,孰肯悃悃欵欵,出於骨髓,發於肝膈,如此其切於天下乎!夫天下者,天下之天下也。天下安,微臣得保其生;不安,微臣不保其死。是以懷其效以天下爲憂,不懷其身以天下爲念。知所以責難於君者,所以懷其身;〔趙校:《英華》卷四八八作“宜盡忠言”。〕所懷其身者,〔趙校:《英華》卷四八八作“知所以盡忠於己者”。〕宜及天下如此。況陛下宗廟之重,其可忽乎?屬之於篇,勉之於上,是在陛下酌之而已矣。謹對。”《文苑英華》

白居易對策曰:“臣聞漢文帝時,賈誼上疏云‘可爲痛哭者一,可爲流涕者二,可爲長太息者三’。是時漢興四十歲,萬方大理,四海大和,而賈誼非不見之。所以過言者,以爲辭不切,志不激,則不能迴君聽,感君心,而發憤於至理也。是以雖盛時也,賈誼過言而無愧；雖過言也，文帝容之而不非。故臣不失忠，君不失聖，書之史策，以爲美談。然臣觀自茲以來，天下之理未曾有髣髴於文帝時者，激切之言又未有髣髴於賈誼疏者。豈非君之明聖不侔於文帝，臣之忠不追於賈誼乎？不然何喪亂之時愈多，〔趙校："何"原作"則"，據《英華》卷四八八改。〕而公直之言愈少也！今陛下思禹之昌言而拜之，念漢之極諫而徵之，病虛文之無用者，獎至言之斥己者，詢臣以可行之策，示臣以不倦之意，懇惻鬱悼，發於至誠，真聖王思至理、求過言之明旨也。斯則陛下之道已弘於前代，微臣之才誠劣於古人，輒欲過言，以裨陛下明德萬分之一也。裨之者，非敢謂言之必可行也，體用之必可明也，且欲使後代知陛下踐阼之後，有樸直敢言之臣出焉，無俾文帝、賈誼專美於漢代。然後退而俯伏以待罪戾焉，臣誠所甘心也。謹以過言，昧死上對。

"伏惟陛下賜臣之策，有思興禮樂之道，念救疲甿之方，別懲往戒來之宜，審推恩寓令之要。至矣哉！陛下之念及於此。此實萬葉之福也，豈惟一代之人受其賜而已哉。臣聞疲病之作，有因緣矣；救療之方，有次第矣。臣請爲陛下究因緣，陳次第而言之。臣聞太宗以神武之姿撥天下之亂，玄宗以聖文之德致天下之肥。當二宗之時，利無不興，弊無不革，遠無不服，近無不和。貞觀之功既成，而大樂作焉，雖六代之盡美無不舉也；開元之理既定〔趙校："理"原作"禮"，據《英華》卷四八八改。〕而盛禮興焉，雖三王之明備無不講也。禮行故上下輯睦，樂達故內外和平。所以兵偃而萬邦懷仁，刑清而兆民自化，動植之類咸煦嫗而自遂焉。雖成、康、文、景之理，無以出於此矣。洎天寶以降，政教浸微，寇既薦興，兵亦繼起。兵以遏寇，寇生於兵，兵寇相仍，迨五十載。賦征由是而重，人力由是而罷。下無安心，雖日督農桑之課而生業不固；上無定費，雖日峻筦榷之法而歲計不充。日剝月朘，以至於耗竭其半矣。此臣所謂疲病之因緣者也，豈不然乎？由是觀之，蓋人疲由乎稅重，稅重由乎軍興，軍興由乎寇生，寇生由乎政缺。然則未脩政教而望寇戎之銷，未銷寇戎而望兵革之息，雖太宗不能也。未息兵革而求征徭之省，未省征徭而望黎庶之安，雖玄宗不能也。何則？事有所必然，雖常人足以致；勢有所不可，雖聖哲不能爲。伏惟陛下，將欲安黎元，先念省征徭；將欲省征徭，先念息兵革；將欲息兵革，先念銷寇戎；將欲銷寇戎，先念脩政教。何者？若政教脩則下無詐僞暴悖之心，而寇戎所由銷矣。寇戎銷則境無興發攻守之役，而兵革所由息矣。兵革息則國無饋餫飛挽之費，而征徭所由省矣。征徭省則人無流亡轉徙之憂，而黎庶所由安矣。臣竊觀今天下之寇雖已盡銷，伏願陛下不以易銷而自怠。今天下之兵雖未盡散，伏願陛下不以難散而自疑。無自怠之心則政教日肅，無自疑之意則誠信日明。政教肅則暴亂革心，誠信明則獷鷙歸命。革心則天下將萌之寇不遏而自銷，歸命則天下已聚之兵不散而自息。然後重斂可以減，疲甿可以安，富庶可以滋，困竭可日補。日安則和悅之氣積，日富則廉讓之風行。因其廉讓而示之以禮，則禮易行矣。乘其和悅而鼓之以樂，則樂易達矣。舉斯方而可以復其盛，用斯道而可以濟其難。懲既往之失，莫先於誠不明而政不脩。戒將來之虞，莫大於寇不銷而兵不革，此臣所謂救療之次第者也，豈不然乎！

　　“若齊行寓令之法以霸諸侯，漢用推恩之謀以懲七國，施之今日，臣恐非宜。何者？且今萬方一統，四海一家，無鄰國可傾，非夷吾用權之時也。雖欲寓令，今將何所寓耶？今除國建郡，置守罷侯，無爵土可疏，非主父矯弊之日也。雖欲推恩，恩將何所推耶？但陛下期貞觀之功，弘開元之理，必能光二宗而福萬葉矣，何區區齊、漢之法而足爲陛下所慕哉！精究之端倪，實在於此矣。

　　“又蒙陛下賜臣之問，有執契垂衣之道，委下專上之宜，敦儒學而業衰，責課實而政失者。此皆政化之所急，今古之所疑，而陛下幸念之，臣有以知天下之理興矣。夫執契之道，垂衣不言者，蓋已成之化，非謀始之謂也。委之於下者，言王者之理厖其司、分其務而已，非謂政無小大悉委之於下也。專之於上者，言王者之道秉其樞、執其要而已，非謂事無巨細悉專於上也。漢元優游於儒學，而盛業竟衰者，非儒學之過也，學之不得其道也。光武責課於公卿，而峻政非美者，非考課之累也，責之不得其要也。臣請爲陛下別白而明之。夫垂衣不言者，豈不謂無爲之道乎？臣聞無爲而理者，其舜也歟！舜之理道，臣粗知之矣。始則懋於脩己，勞於求賢，明察其刑，明慎其賞。外序百揆，内勤萬幾，昃食宵衣，念其不息之道。夫如是，豈非大有爲者乎？終則安於恭己，逸於得賢，明刑至於無刑，明賞至於無賞，百職不戒而舉，萬事不勞而成。端拱凝旒，立於無過之地。夫如是，豈非真無爲乎？故臣以謂無爲者，非無所爲也，必先爲而後致無爲也。老子曰‘無爲而無所不爲’，蓋謂是矣。夫委下而用私，專上而無效者，此由非所宜委而委之也，非所宜專而專之也。臣請以君臣之道明之。臣聞上下異位，君臣殊道。蓋大者簡者，君道也；小者繁者，臣道也。臣道者，百職小而衆，萬事細而繁，誠非人君一聽所能遍察，一明所能周鑒也。故人君之道，但擇其人而任之，舉其要而執之焉已矣。昔九臣各掌其事，而唐堯秉其功，以帝天下。十亂各效其能，而周武總其理，以王天下。三傑各宣其力，而漢高兼其用，以取天下。三君者，不能爲一焉，但執要任人而已。亦猶心之於四肢九竅百體也，不能爲一焉，然而寢食起居、言語視聽皆以心爲主也。故臣以爲君得君之道，雖專之於上而下自有以展其效矣；臣得臣之道，雖委之於下而人亦無以用其私矣。由此而言，光武督責而政未甚美者非他，昧君臣之道於大小繁簡之際也。元帝優游而業以浸衰者非他，昧無爲之道於始終勞逸之間也。二途俱失，較然可知。陛下但舉中而行，則無所惑也。

"臣伏以聖策首章曰'思賢能以濟其理，求讜直以聞其過'。又曰'上獲其益，下輸其誠'。其末章則又曰'興自朕躬，無悼後害'。此誠陛下思酌下言，樂聞上失，勤勤懇懇，慮臣輩有所隱情者也。臣敢不再竭狂直，以副天心之萬一焉。臣聞古先聖王之理也，制欲於未萌，除害於未兆，故靜無敗事，動有成功。自非聖王，則異於是。莫不欲逞其始，悔追於終；政失於前，功補於後。利害之效，可略而言。且如軍暴而後戢之，兵亂而後過之，善則善矣，不若防其微，杜其漸，使不至於暴亂也。官邪而後責之，吏奸而後誅之，懲則懲矣，不若審其才，得其人，使不至於奸邪也。人餒而後食之，凍而後衣之，惠則惠矣，不若輕其徭，薄其稅，使不至於凍餒也。舉一知十，不其然乎？今陛下初嗣祖宗，新臨蒸庶，承多虞之運，當鼎盛之年，此誠制欲於未萌，除害於未兆之時也。伏願陛下，敬惜其時，重慎於事。既往者且追救於弊後，將來者宜早防於事先。夫然則保邦恒在於未危，恭己常居於無逸，三五之道，夫豈遠哉。

"臣生也幸，得爲唐人，當陛下臨宇之時，睹陛下升平之始，則是臣朝聞而夕死足矣。而況充才識之貢，承體用之問者乎？今所以極千慮，昧萬死，當盛時獻過言者，此誠微臣喜朝聞、甘夕死之志也。不然何輕肆狂瞽，不避斧鑕，若此之容易焉。伏惟少垂意而覽之，則臣生死幸甚。謹對。"《文苑英華》

羅讓對策曰："臣聞千業萬化，聖帝哲王，聲烈遐載者無他，中心無爲，以守至正而已矣，以謀大化而已矣。伏惟皇帝陛下，垂拱六極，始初清明，丕揚累休，渙發於詔。啟天宇而遡古，薰至和以極今，咸懷浸沈，罔不濡澤。誠至正也，誠大化也。猶復乃遠乃近，乃左乃右，旁求下問，舉薦奔走。履衆美而不顯，儲神明其如遺，銓邦政之肥瘠，鏡人事之善敗，優游紬繹，以循始終，外其牽制，常其忌諱，恢恢乎鞣輠百王之獨致也。臣愚，智慧淺薄，不明大體時用之宜；術業暗昧，不充才識兼茂之稱。徒冒萬一，觸罪以聞。

“臣伏讀聖策，首陳禹拜、漢徵之旨，求索真之要。臣聞上古之君，薰能同和，不敢自是，必求讜諫，以諭缺敗。用心之過則薄獎其人，言之失中則寬容無虞，使人上得其情，下得流通也。後代帝王，雖有作者，道或外是，已實內非。言之或臧，寥寥無聞；言之或違，隄防斯至。雖科條增設，適足張其亂目矣。叩擊切害，適足寵其直聲矣。聞之失得，君之效歟！今陛下躬神聖之資，痛源流之塞，較量至當，加迪今來，黜退奸邪，咨謀體要，誠猜雄者之所共遠，亦狹隘者之所共難。凡曰胸臆，是皆聳實詳近語直之幸也。

“伏見聖策，咨問兵戰商農之道，臣請指事而言之。臣聞兵者以謀全，以氣勝。以謀全，制度爲神耳。得其數則威令格物，少能成功；失其數則黷武無別，多益爲弊。寢用不制，刑於寓內。今國家自兵興以來僅數十年，生物以之暴殄，人情以之螫違，殆握兵者建置失其道歟？何者？天下之甲兵，其數則不廣，屯置散地且或至半，而兵柄之臣率好生事，不思戢伏。貴算威名，則有崇廣卒徒之員，聚擁虓闞之群，厚斂殘下，婾取一切，要君養敵，張皇自衛，望容功守之至。復有懷弱軟以內顧，務儲蓄以托私，倚行伍之數，訖資廩之具，外實內虛，守以藉之。固者及殷而成之，熊〔原注：疑。〕而戰之，其中未必有也。朝廷又影響誅罰，索其效死，其可得乎？此兵之所以煩而益病也，而人之所以困而不解也。大抵不賢者得掌其兵百，則思兵千；尋掌其兵千，又思兵萬；尋掌其兵萬，又思兵數萬。以因其力，以贍其欲，長一日之廢代，謀萬里之策勳，徒仰費於縣官，高〔原注：疑。〕病於悠久。誠何謂矣！陛下盍亦慮之乎？伏望躬親視其將帥之爲，苟非任，盡易之，不令其凝留而後圖也。嚴備其要地之屯，苟不切，盡罷之，不令其廣置而出入也。其所閱揀，非實用，其所樹置，兵精不在多。使名弓者必用沓發之巧，名劍者必有擊刺之妙，名騎者必有超乘之捷，名步者必有卒奮之奇。自外徂中，歸乎一體，自然無冗軍，無惰人，以守則固，以戰則勝。軍無太半之耗，人懷反業之志，此減兵之術也。富庶之教，於是乎生，亦何必遠取於古法也？

　　“然而思戀本之心，蠲重賦之困，又在於賦稅之道矣。臣請得而具之。臣聞古者因地而料人，今則稅人而捨地。古者任土而作貢，今則溢貢而棄土。古者均田而抑富，今則與富而奪貧。是以人口蔫耗而不息，田畝污萊而甚曠者，非人懷苟且之志，樂懶惰之方，迫不可忍，勢有由耳。王者在上，量入以出。禄食賜與，歲養經費，必厚下以爲用，助而不稅，廛而不征，亦非無其事也。用菽粟藁秸有常稅，人不愛也；絲枲布帛有常賦，人不艱也。雖雜以凶荒，接以喪死，間以興廢，子弟父兄猶復勉勵率從，不更其業。何者？制度專也。以臣觀之，則今之賦稅，仍舊貫籍，斂不加重，而畎畝流離，窮困無告。殆執事有殊陛下之意乎！必有急令暴賦，發取無厭，徭山役海，詭求無狀，奇貢珍獻，希冀無怠，托公寄私，崇聚無極，於是一水一土，一草一木，圭要〔按：字疑有誤〕。殫利，俯權仰算，苞之官焉，專守之刀兵焉。商不得回眄，農不得舉手，既奪其利，〔趙校：“既”原作“即”，據《英華》卷四八九改。〕又却其人。此而不困，孰以爲困。榷酤之道如是乎？人顧其上猶仇讎，安能思戀骨肉乎？人視其居猶鳥獸，安肯繫著桑井乎？人慳其取猶寇盜，安望輕重元本乎？所以遁走苟免，死亡不顧，財日窮而事日削，地益蕪而人益煩，猶前事也，伏惟陛下審念之。其有不經不度之人，不常不政之調，必禁其所萌，必罰其所自，則奸官濫守慎不敢生事，生生之理阜繁矣。陛下又以禮節其情，以樂樂其志，又何患乎不復其盛，不濟其難？

　　“臣伏見聖策顧問既往將來之事，臣請以江淮凶旱之事明之。臣聞凡有灾傷水旱之處，有歷代所説多聞詭隨之詞媚時主，必曰帝堯乎有懷山襄陵之運也，成湯乎有流金鑠石之運也。是

皆曲骫，非愚則誣。臣嘗私怪之，何不曰大舜乎無雷風霜雹之運
也，神禹乎無飛流彗孛之運也？不直其詞，因循若是。天運之時
集變易，水旱歲時，未爲灾也。理或失中，感動陰陽，頃刻爲灾
也。故精舒謹乎，則七年不足罹其咎；簡誣輕忽，則一日二日亦
未成其灾。修政著誠，端心復德，既往之事，陛下宜以此爲懲矣。
然臣之所慮江淮又急者，禦灾之術，將來之戒，復憂於斯，願悉數
於陛下矣。今國家内王畿，外諸夏，水陸綿地，四面而遠，而輸明
該之大貴，〔趙校：《英華》卷四八九注“一作費”。〕根本實在於江淮矣。
何者？隴右、黔中、山南已還，境瘠嗇薄，貨殖所入，力不多也。
嶺南、閩蠻之中，風俗越異，珍好繼至，無大贍也。河南、河北、河
東已絛，按：字疑有誤。甲兵長積，農厚自任，又不及也。在最急
者，江淮之表裏天下耳，陛下得不念之乎！屬頃者連郡五十，蒙
被灾旱，長老聞見，未之曾有。涯脈川澤坌爲埃塵，草木發爲烟
火，斗粟之價重於兼金，餓殍之家十有七八。聞乞僕於男女者，
何暇保其家室乎？聞立死於道路者，何暇思其糠粃乎？嗷嗷蒸
徒，展轉無所，灰燼狼顧，至今未寧。且今日狼顧，明日狼顧，力
大勢詘，禍欲何圖？此臣之爲陛下惜也。長吏者又間或非良善，
厚其毒忍，療原注：疑。痫而簡問，威剥而自虞。則陛下雖有賑
發，不輕得及；雖有蠲放，不輕得獲；雖有詔諭，不輕得聞。此臣
所爲陛下疑也。然欲安存緝理，斯終何由？以臣計之，視長吏之
悖理者，選其重臣代之，不待其爲蛇爲虺也。察郡縣之受灾者，
擇其實以勞之，不使其冤而無告也。如此則朝令夕悦，江淮保
全，則四繇賦税轉輸，肩摩轂擊，關中坐固而根本不搖，猶無凶旱
矣。臣故曰將來之由在此而已矣。

　　“臣伏見聖策，次問推恩寓令之計。夫漢晁錯陳諸侯削地之
制，謀之至者。主父偃獻子弟推恩之令，計之術者。削地之制
行，則轉弛爲急，七國之難結。推恩之令下，則強幹弱枝，一王之
理定。猶見之熟與不熟，法之漸與不漸。在於漸也，則寒暑得其

相成;以暴,則天地不能速化。求之昔意,庶取於今。又齊桓之
霸國,管仲之寓令,晝戰足以目相識,夜戰足以耳相聞,將取威於
鄰敵,俾逞志於天下。五霸之事,仲尼之門五尺童子猶羞言之,
若此者則小國權臣之細術耳,臣固不能爲陛下述。

　　"伏讀聖策,次問專委儒術者。臣聞聖王在上,賢臣在下,道
德兼濟,材智樂備。專于上則聰明倍資,安有無其效耶? 委於下
則公器相率,安有用其私耶? 然今以陛下之資材清光,群臣其敢
及。若集事者在陛下必躬必親之,謂乎躬之無偏,親之有制,則
垂衣執契亦不爽矣。孝元則制自左右,非用儒之失也。光武則
弊及群下,非用課之得也。儒近於得,而所用者宜一變其弊。若
臣所見,今之大者,政或貴此,可得而言。國朝自武德已來,典章
甚明,職員甚列布,〔趙校:《英華》卷四八九無"布"字。〕官吏甚該備,
而道不弘,政要或未臻者,其官非人歟,理非道歟? 略其大歟,録
其小歟? 臣所謂小者,則天官卿采之調閱致驗選書,至於一簿一
尉一掾之末,銓次升降,勞而後罷。是詳於核小也。及其揣量親
人撫字之官,又未喻也。臣所謂大者,天子之庭,日相日受,軼越
倫輩。乃有名邦聞邑,群居之柄,不階課最是非,未聞踪跡賢不
肖,欵言喧嘩,隨其所來,轉化容易,似不留聽。是鹵莽於天下
也。詳核及小,鹵莽及大,輕重反殊,使盜名死官之徒,波走飈
馳,惟恐居後。狂扇誘掖,寵賂爲事,以相終始,夫復何望! 夫持
尺寸之禄,懷輕握微,齟齬施爲,尚猶不堪,況明權不制,資藉殺
生之柄,兼兵馬之衆,連數十城之地,庸雜橫恣,偷居其上,何以
堪之? 設曰不堪,耳目陰附,事亦無由得而聞,悔之何益耶! 陛
下得不慎其所授乎? 臣以爲今之郡縣長帥之官,最關生人性命。
用在百里之父母,莫如縣宰;君乎千里之父母,莫如刺史;列城之
父母,莫如郡統。使一得之必小康,二得之必中庸,三得之必大
康矣。陛下雖不在原注:疑。毆天下之人洽於理平,終亦無由,誠
不在多,惟慎此三官而已矣。

“臣又聞《書》曰‘爵罔及惡德’。《春秋傳》曰，官之失德，在所納邪，惟君無邪，則不納邪矣。夫偏聽獨任，牽於左右，所自邪也。小臣大禄，制度失中，所自邪也。錦文珠玉，淫佚充斥，所自邪也。教令察視，壅遏不宣，所自邪也。掊克聚斂，億度於上，所自邪也。依阿求同，徑而不道，所自邪也。煩察繳縛，弊歸於下，所自邪也。坐躋仁壽，陛下又何疑乎不得浩然其心？此微臣之志也，伏維審察之，伏惟審念之。臣伏見聖策，終有究旨、屬篇之説者。臣固無以道師之説，僅能勿墜耳。俯仰睿問，偃薄無所，震其心胸如不克〔趙校：明本《英華》卷四八九作“震其心熟知不免”。〕寧不自勝〔趙校：《英華》注云：一作“寧不勝”。〕攀懇之至。謹對。”《文苑英華》

登科記考補正卷十七

唐憲宗昭文章武大聖至神孝皇帝

元和二年丁亥（807）

正月辛卯，有事南郊。還御丹鳳樓，大赦天下。制曰："天下諸色人中，有賢良方正，能直言極諫；博通墳典，達於教化；軍謀弘遠，堪任將帥；詳明政術，可以理人：委内外官各舉所知，當親策試。"《册府元龜》、《唐大詔令集》。

八月，國子監奏："准敕，今月二十四日諸州府鄉貢明經、進士見訪，宜令就國學官講論，質定疑義，仍令百僚觀禮者。伏恐學官職位稍卑，未足飾揚盛事，伏請選擇常參官有儒學者三兩人，與學官有儒學者，庶聖朝盛典輝映古今。"於是命兵部郎中蔣武、考功員外郎劉伯芻、著作李著、太常博士朱穎、郯王府諮議章庭規同赴國子監講論。《册府元龜》

十二月壬申，禮部貢舉院奏："五經舉人請罷試口義，依前試墨義十條。五經通五，明經通六，便放入第。"從之。敕："自今以後，州府所送進士，如迹涉疎狂，兼虧禮教，或曾爲官司科罰，或曾任州府小吏，一事不合入清流者，雖薄有詞藝，並不得申送入。如舉送以後事發，長吏停見任，及已停替者殿二年。本試官及司功官，見任及已停替，並量事輕重貶降。仍委御史臺常加察訪。"

《舊書》本紀、《册府元龜》、《唐會要》。

是月，國子監奏："兩京諸館學生，總六百五十員。請每館定額如後：西監，學生五百五十員；國子館，八十員；太學館，七十員；四門館，三百員；廣文館，六十員；律館，二十員；書館，十員；算館，十員"《册府元龜》

又奏："伏見天寶以前，國館學生其數至多，並有員額。至永泰後，西監置五百五十員，東監近置一百員，未定每館員額。今謹具定額如後：東都國子監，學生一百員；國子館，十員；太學，十五員；四門，五十員；律館，十員；廣文館，十員；書館，三員；算館，二員。伏請下禮部，準額補置。"敕旨"依奏"。《册府元龜》、《摭言》。

進士二十八人：《文苑英華》載《舞中成八卦賦》，以"中和所製，盛德斯陳"爲韻。又有《貢院樓北新栽小松詩》，爲此年試題。

王源中，狀元。　　王源中字正蒙，擢進士、宏詞，見《舊書·文苑·盧景亮傳》。〇孟按：《太平御覽》卷二二三："王源中字正蒙，早以文學知名，升進士第、宏詞科，累遷至左補闕。"亦見《新唐書·盧景亮傳》。

竇鞏，褚藏言《竇鞏傳》："府君諱鞏，字友封，元和二年舉進士。與今東都留守孫公簡，故吏部侍郎、興元節度使王公源中，中書舍人崔公咸，制誥李公正封同年上第。"《唐才子傳》："竇鞏，元和二年王源中榜進士。"

孫簡，見上。　　《舊書·文苑傳》："孫逖子宿，宿子公器，公器子簡、範，並舉進士。"《新書》："簡字樞中，元和初登進士第。"〇孟按：《補遺》册四，第212頁，令狐綯撰大中十一年（857）十一月廿六日《唐故銀青光録大夫檢校司空□□□□□司□□上柱國樂安縣開國侯食邑一千户賜□□孫公（簡）墓誌銘并序》云："公諱簡，字樞中……舉進士，元和二年，故太常崔公邠掌春闈，升居上第。後赴調集，判入高等，授秘書省正字。所試出人，人皆傳諷。"按孫簡卒於大中十一年七月，享年八十二。則其登進士第時二十二歲。又，《彙編》[殘志015]孫徽撰《唐故朝議郎前守蓬州刺史樂安孫府君（讜）墓誌銘并序》（周紹良藏拓本）云：孫讜，字廷臣，"烈考府君諱簡，擢進士第，判入殊等，授秘書省正字。時南場所試，爲搢紳推最，歌諷在口，縣此時人號爲制判家。"

崔咸，《舊書.文苑傳》："崔咸字重易，博陵人。祖安石，父鋭。咸元和二年進士擢第，又登博學宏詞科。"○孟按：《册府元龜》卷七二九："崔咸少有林壑之志，往往潛遊南山，經時不返。既冠，連中文科，尤長於篇詠。"

張存則，見《文苑英華》。

李正封，見《文苑英華》。

白行簡，《唐詩紀事》："白行簡字知退，敏而有詞。元和二年登第，爲度支郎中。"行簡小字阿憐，見樂天《同宿湖亭詩》注。○孟按：《舊唐書·白居易傳》："行簡字知退，貞元末，登進士第。"

錢衆仲，見《文苑英華》。

楊敬之，《新書·楊憑傳》："敬之元和初擢進士第，平判入等。"柳宗元《與楊京兆憑書》童宗説注："楊凌子敬之，字茂孝，常爲《華山賦》，韓愈稱之。中元和二年進士。"

費冠卿，《唐詩紀事》："冠卿字子軍，池州人。久居京師。登元和二年第。母卒，既葬而歸，嘆曰：'干禄養親耳。得禄而親喪，何以禄爲！'遂隱池州九華山。長慶中，殿院李行修舉其孝節，拜右拾遺。制曰：'前進士費冠卿，常預計偕，以文中第。禄不及於榮養，恨每積於永懷，遂乃屏身邱園，絶跡仕進，守其志性十有五年。峻節無雙，清飆自遠。夫旌孝行，舉逸人，所以厚風俗而敦名教也。宜承高獎，以儆薄夫。擢參近侍之榮，載仁移忠之效。'冠卿竟不應命。"《太平廣記》引《神仙感遇傳》："費冠卿進士及第。"○孟按：《太平寰宇記》卷一〇五《江南西道·池州·人物》："唐費冠卿，池州人。及第歸，恨禄不及養，三徵拾遺不起。"《册府元龜》卷四六八《臺省部·薦舉》："李行修爲殿中侍御史，貞元中費冠卿及第，歸而父母卒，嘗恨不及榮養，遂絶迹不仕。元和三年行修薦之，授右拾遺。"按此處"貞元中"爲"元和中"之誤；"元和"爲"長慶"之誤。又同上卷八八四《總録部·薦舉》："李行修爲殿中丞，長慶三年六月授進士費冠卿右拾遺。冠卿及第歸而父母歿，嘗恨不及榮養，遂絶迹仕進，行修薦之除官。"

張後餘，《韓文考異》："後餘中元和二年進士第。"洪興祖《韓子年譜》云："《唐科第録》諸本皆作後餘，《摭言》作俊餘，誤。"柳宗元《哭張後餘詞》云："後餘常山張氏，少余七年，頗弟畜之。既得進士，明年疽發髀卒。"

王參元，元和二年，參元中進士第，見柳宗元《賀進士王參元失火書》注。

*　張弘（張苰），原作"張苰"，徐氏考云："《容齋四筆》引《登科記》：'元和二年，崔邠放張後餘、張苰。'"　孟按：《四部叢刊》續編據上海涵芬樓影印宋刊本、配北平圖書館藏宋刊本、常熟瞿氏鐵琴銅劍樓藏明弘治活字本《容齋四筆》卷五《韓文公薦士》條，引韓愈《與祠部陸員外書》中有"張苰"，原注："《科記》又作'弘'。"繼又云："以《登科記》考之……元和元年，崔邠下放李紳，二年又放張後餘、張弘，皆與《摭言》合。"宋代方崧卿《韓集舉正》卷六韓愈《與祠部陸員外書》"張苰"下注云："蜀本作'弘'。《文苑》與《登科記》只作'弘'。"朱熹《韓集考異》卷五同上注云："'苰'或作'弘'，與《登科記》同。"又顧炎武《日知錄》卷十七引韓愈《與祠部陸員外書》"張苰"下原注："《登科記》作'弘'。"繼又引《登科記》云："元和元年，崔邠下放李紳；三年又放張後餘、張弘，皆與《摭言》合。"《續通典》卷二十《選舉·雜議論上》引《登科記》同。按"三年"爲"二年"之訛，元和三年知舉爲中書舍人衛次公，非崔邠。當從諸本引《登科記》作"張弘"。

權璩，《永樂大典》引《嘉定鎮江志》："璩字大圭，德輿之子。元和二年登進士第。"○孟按：《新唐書·權德輿傳》："子璩，字大圭，元和初，擢進士。"又，《全唐詩》卷三二九權德輿《酬南園新亭宴會璩新第慰慶之作時任賓客》詩云："男兒纔弱冠，射策幸成名。"

齊煦，五百家韓注樊氏曰："《登科記》，煦元和二年登進士第。"

韋楚材，韓愈《孔戡墓誌銘》"以韋夫人之弟前進士楚材之狀"五百家注引樊曰："楚材元和二年登第。"

吳武陵。柳宗元《濮陽吳君文集序》："會其子侸更名武陵，升進士。"韓注："元和二年，武陵登第。"《雲溪友議》："安邑李相公吉甫，初自省郎爲信州刺史。時吳武陵郎中，貴溪人也，將欲赴舉，以哀情告於州牧，而遺以五布三帛。吳嫌輕鮮，以書讓之，其詞唐突，不存桑梓之分。李微誚焉。贊皇母氏諫曰：'小兒方求成人，何得與舉子相忤？'遂與米二百斛。趙郡果爲宰輔，竟釋其憾焉。元和二年，崔侍郎邠重知貢舉，酷搜江湖之士，初春將放二十七人及第，潛持名來呈相府。纔見首座李公，公問吳武陵及第否。主司恐是舊知，遽言吳武陵及第也，其榜尚在懷袖。忽報中使宣口敕，且揖禮部從容，遂注武陵姓字，呈上李公。公謂曰：'武陵至是粗人，何以當其科第？'禮部曰：'吳武陵德行雖則未聞，文筆乃堪採錄。名已上榜，不可却矣。'相府不能因私詘士，唯唯而從，吳君不附國庠，名第在於榜末。是日既集省門試，謂同年曰：'不期崔侍郎今年倒挂榜也。'觀者訝焉。"

明經科：《雲麓漫鈔》於元和二年載三禮科，其誤與元年同。

＊劉茂貞。《千唐》[1041]盧椒撰大和四年（830）十月廿日《唐故泗州司倉參軍諸道鹽鐵轉運等使巡覆官劉府君（茂貞）墓誌》（參見《彙編》[大和031]）："公諱茂貞，字子松，彭城人也。……年廿一，明經登第。"按劉氏卒於大和四年六月十一日，享年四十四，則其二十一歲時在元和二年。亦見羅補。

諸科十一人。

知貢舉：禮部侍郎崔邠。見《唐語林》。　《廣卓異記》引《登科記》云："元和二年，崔邠爲禮部侍郎，連放二榜。"〇孟按：《全唐文》卷四八七權德輿《兵部侍郎舉人自代狀》："舉自代官：大中大夫守尚書禮部侍郎上輕車都尉清河縣開國男崔邠。……敏識全才，焯見理本，久司綸翰，乃擢禮闈。凡所典領，克揚聲績。"

張存則《舞中成八卦賦》曰："樂之容，舞爲則。導於情，崇於德。製其衣而五方咸備，頒其序而八卦不忒。然後體利貞而疾徐有度，法行健而循環不窮。數盈而剛柔匪雜，綴短而明德將融。初配六以迴旋，狀馬行於此；及變三而成列，知龍化其中。信《乾》《坤》之簡易，應金石之變通。於是步日而前，因風而舉。乘飄颶而婆娑雜沓，映照燭而長短合序。既順之而不却，亦明之而有所。則《離》《巽》之不差，豈進退之無旅。則有應水之理，象木之規，迭若奔溜，散如繁絲。五色相宣，謂神龜初負；八音咸奏，知靈鳳來儀。《震》也《坎》也，何斯違斯。既以悅隨，企其遵令。象山而乍結乍凝，依澤而若游若泳。狀巍巍之德，仰之彌高；節蕩蕩之音，於斯爲盛。是知《艮》《兌》之爲美，故必隨而不競。是故聖人窮樂之變，制舞惟新。效知來而藏往，故有要而有倫。非干戚之前設，若鈞天之所陳。至若卿雲共臨，瑞日同霽，乍離乍合，若翔若滯。隨方辨色，非前代之舊章；應節成文，實我唐之新製。是知舞以適道無頗，樂以審政同和。觀象取則，異乎側弁俄俄。則舞也，實百代之不訛。”《文苑英華》

白行簡《舞中成八卦賦》曰：“卦惟體德，舞以象功。分其節於《乾》《坤》之位，列其畫於綴兆之中。相彼六爻，爰配數於六律；俾茲八體，俾叶義於八風。原夫乍合乍離，進旅退旅。參於羸而九變無撓，辨於位而五方有序。作既自於天心，用必在夫君所。剛柔斯別，皆取象於負圖；俯仰可觀，各分行於曳緒。爾其舞既，備位亦陳。贊陽和之啟蟄，助雷雨之解屯。卦始畫於庖犧，當皇唐貞元之歲；《易》咸列於宣父，在聖祖中和之辰。度曲未終，變態無極。《震》《艮》以節其動止，《離》《坎》以分其南北。聞之者正性命而深和，睹之者守精微而不賊。繼虞《韶》之盡美，哂夏樂之慚德。徵其本，察其儀，成於《巽》而德風備矣，變爲《兌》而聖澤在斯。近取諸身，且表乎是則是效；大合乎樂，孰謂乎不識不知。矧夫作者既取諸身，演者必因於聖。諒曠代而莫睹，實於斯而爲盛。其始也，取於卦而施諸人；其終也，觀其妙而通乎政。是以契茲穆穆，異彼偟偟。象在於中，將致天地交泰；德形於外，以明保合太和。且夫周八佾而非美，漢《五行》而徒製。雖冠華秉翟於干戚之間，起索隱鈎深於天人之際。曷若容止合於象象，幽賾殊乎卜筮。客有欣千載之一時，歌聖功而獻藝。”《文苑英華》

錢衆仲《舞中成八卦賦》曰：“舞者樂之容，卦者象之則。故因舞以成卦，乃觀象以知德。八音是節，位必配乎八風；五方具陳，衣必表乎五色。是以德從之理也，功加有截，化洽無爲。作樂以習舞，同文而共規。俾萬姓睹而悅服，百代勤而行斯。懿其舞者員來，樂人攸叙，匏土革木兮夙設，六律五聲兮具舉。初就列以修容，忽揚袂而進旅。體殊舜樂，九成徒辨其疾徐；跡類羲文，八卦自分其處所。行綴罔失，俯仰攸同，《乾》《坤》定而有倫有要，《震》《兌》分而自西自東。稟雷澤以浹洽，象天地之昭融。紛綸乎抑揚之際，輝煥乎節奏之中。進退相依，變易交映。《艮》《巽》布而若離若合，《離》《坎》峙而不譁不競。體山風之次序，叶水火之情性。周旋乎玄武之間，繁會乎羽籥之盛。既而諧管磬，感神人。卦成列而不已，節有序而復頻。赴度應聲，倏鳳轉而龍騫；攢青拖紫，粲霞駮而錦新。翹遥兮比大章而未匹，縹緲兮異鈞天之下陳。我后惟明，舊章爰製。以嗣以續，不陵不替。和樂且濡，每立象以化人；德音不忘，故體《乾》而稱帝。是知卦之設也，八方正，四序和。彼象功以明德，安可與茲舞而同科。"《文苑英華》

李正封《貢院樓北新栽小松詩》曰："青蒼初得地，華省植來新。尚帶山中色，猶含洞裏春。近樓依北户，隱砌淨遊塵。鶴壽應成蓋，龍形未有鱗。爲梁資大廈，封爵耻嬴秦。幸此觀光日，清風屢得親。"《文苑英華》

白行簡《貢院樓北新栽小松詩》曰："華省春霜曙，樓陰植小松。移根依厚地，委質別危峰。北户知猶遠，東堂幸見容。心堅終待鶴，枝嫩未成龍。夜影看仍薄，朝嵐色漸濃。山苗不可蔭，孤直俟秦封。"《文苑英華》

錢衆仲《貢院樓北新栽小松詩》曰："愛此凌霜操，移來獨占春。貞心初得地，勁節始依人。映月烟猶薄，當軒色轉新。枝低無宿羽，葉淨不留塵。每與芝蘭近，常慚雨露均。幸因逢顧盼，生植及茲辰。"《文苑英華》

吳武陵《貢院樓北新栽小松詩》曰："拂檻愛貞容，移根自遠峰。曾經芳草没，終不任苔封。葉少初陵雪，鱗生欲化龍。乘春濯雨露，得地近垣墉。逐吹香微動，含烟色漸濃。時迴日月照，爲謝小山松。"《文苑英華》

三年戊子（808）

三月乙巳，《文苑英華》作二月二十三日，《册府元龜》亦作二月，《唐會要》載入二年四月。御宣政殿試制科《册府元龜》作"四科"。舉人。《舊書》本紀。　韓愈《王適墓誌銘》："上初即位，以四科募天下士。"李翱《盧坦傳》："上策賢良方正之士，有懷書策入者，將深罪之。坦奏言：'四方不明知所犯，必以爲策詞抵忤，宜輕其質。'上從之。"

策賢良方正，能直言極諫科舉人問："皇帝若曰：蓋聞昔之令王，體上聖之姿，御大寧之時，猶懼理之未至也，求賢以致用，猶懼動之不中也，咨諫以聞過。矧惟寡昧，膺受多福，思負荷之重，警風波之虞，求賢咨諫，豈敢忽怠。至若窮神知化以盛其德，經武緯文以大其業，考古會極，通教化之源，明目達聰，周視聽之表，斯夙夜之所志也。子大夫將何廷建而致之乎？〔趙校：後皇甫湜對策作"將何以匡建"，是。〕自中代以還，求理者繼作，皆意甚砥礪，而效難彰明。莫不欲還樸厚而澆風常扇，莫不欲遵儉約而侈物常貴，莫不欲遠小人而巧諛常進，莫不欲近莊士而忠直常疏，莫不欲勉人於義而廉愧常不脩，莫不欲禁人無爲非而抵冒常不息。其所謬盭，豈無根源？爰自近歲，仍敷大澤，霜露所墜，霑濡必同。滌瑕穢以導人心，省徭役以豐物力，蠲田租以厚農室，葺國學以振儒風，督廢職以補維綱，備衆官以叙賢俊。庶繼先志，臻乎治平。而改行者未聞，輸勞者未艾。農者無以免艱食，學者無以通微言。立事之績未紀於庶工，乏才之嘆未輟於終食。蠹於法者無不去而法未脩明，切於政者無不行而政未光大。豈丕變其俗，道廣而難濟乎？豈不得其門，事繁而愈失乎？佇聞嘉言，無或隱諱。周之德受田有經制，漢之法名田有恒數。今疆畛相接，半爲豪家，流傭無依，率是編户。本於交易，焉得貪富以補貧；〔趙校："焉得貪"，《皇甫持正文集》作"焉奪"。〕將欲因循，是曰損多而益寡。〔趙校："是曰"下，《英華》卷四八九注："《文粹》作豈至二字，集作豈。〟酌於中道，其術如何？取人惟其行，不必文采；命官惟其才，不必資考。然則行非造次而備察，才非錯綜而遍知。不必文采爲輕重而士可進退，不必資考爲程準而吏有條貫。適變矯枉，渴於良規。何方可以序六氣，來百祥？何施可以壽群生，仁衆性？徵於前訓而有據，設於當代而易從。勿猥勿並，以稱朕意。"《文苑英華》、《唐大詔令集》。

　　敕："制舉人試訖，有逼夜納策，計不得歸者，並于光宅寺止宿。應巡檢勾當官吏並隨從人等，待舉人納策畢，並赴保壽寺止宿。仍各仰金吾衛使差人監引，送至宿所。如勾當勿令喧雜。"《唐會要》

　　四月乙丑，以起居舍人、翰林學士王涯爲都官員外，吏部員外郎韋貫之爲果州刺史。先是策賢良，詔楊於陵、鄭敬、李益與貫之同爲考官。《舊書·韋貫之傳》："貫之與戶部侍郎楊於陵、左司郎中鄭敬、都官郎中李益同爲考官。"是年牛僧孺、皇甫湜、李宗閔條對甚直，無所畏避，考官考三策皆在第。《舊書》本紀："皇甫湜、牛僧孺、李宗閔並登賢良方正科第三等。"權幸或惡其訐己，而不中第者乃注解其策，同爲唱誹。又言涯居翰林，其甥皇甫湜中選，考核之際不先上言，故同坐焉。居數日，貫之再黜巴州司馬，涯虢州司馬，楊於陵遂出爲廣州節度使。裴垍時爲翰林學士，居中覆視，無所同異，乃爲貴倖泣訴，請罪於上。上不得已，罷垍翰林學士，除戶部侍郎。《唐會要》。　《舊書·裴垍傳》："元和三年，詔舉賢良。時有皇甫湜對策，其言激切，牛僧孺、李宗閔亦苦訐時政，考官楊於陵、韋貫之升三子之策皆上策。垍居中覆視，無所同異。及爲貴幸泣訴，請罪於上，憲宗不得已，出於陵、貫之官，罷垍翰林學士。"又《楊於陵傳》："元和初，以考策升直言極諫牛僧孺等，爲執政所怒。"李翱《楊於陵墓誌銘》："會考制舉人，獎直言策爲第一。中貴人大怒，宰相有欲因而出之者，由是爲嶺南節度使。是時得考策者凡四人。公既得嶺南，員外郎韋貫之再貶巴州刺史，而李益、鄭敬皆抵於患。"

白居易《論制科人狀》："臣伏見内外官近日除改，人心甚警，遠近之情，不無憂懼。喧喧道路，異口同音，皆云制舉人牛僧孺等三人以直言時事，恩獎登科，被落第人怨謗加誣，惑亂中外，謂爲誑妄，斥而逐之，故並出爲關外官。楊於陵以考策敢收直言者，故出爲廣府節度；韋貫之同所坐，故出爲果州刺史；裴堚以覆策又不退直言者，故免内職，除户部侍郎；王涯同所坐，出爲虢州司馬；盧坦以數舉事爲人所惡，因其彈奏小誤，得以爲名，故黜爲左庶子；王播同之，亦停知雜。臣伏以裴堚、王涯、盧坦、韋貫之等，皆公忠正直，内外咸知，所宜授以要權，致之近地。故比來衆情私相謂曰'此數人者，皆人之望也。若數人進，則必君子之道長；若數人退，則必小人之道行'。欲卜時事之否臧，在數人之進退也。則數人者，自陛下嗣位以來，並蒙獎用，或任之耳目，或委以腹心，天下人情，日望致理。今忽一旦悉疎棄之，或降於散班，或斥於遠郡，設令有過，猶可優容，況且無瑕，豈宜黜退？所以前月以來，上自朝廷，下至衢路，衆心洶洶，驚懼不安。直道者疚心，直言者杜口。不審陛下得知之否？凡此除改，傳者紛然，皆云裴堚等不能委曲順時，或以正直忤物，爲人之所媒孽，本非聖意罪之。不審陛下得聞之否？臣未知此説虛實，但獻所聞。所聞皆虛，陛下得不明辯之乎？所聞皆實，陛下得不深慮之乎？虛之與實，皆恐陛下要知。臣若不言，誰當言者？臣今言出身戮，亦所甘心。何者？臣之命至輕，朝廷之事至大故也。

"臣又聞君聖則臣忠，上明則下直。故堯之聖也，天下已太平矣，尚求誹謗以廣聰明；漢文之明也，海内已理矣，賈誼猶比之倒懸，可爲痛哭。二君皆容納之，所以得稱聖明也。今陛下明下詔令，徵求直言，及以爲罪，此臣所以未喻也。陛下視今日之理何如堯與漢文之時乎？若以爲及之，則誹謗痛哭尚合容而納之，況徵之直言，索之極諫乎？若以爲未及，則僧孺等之言固宜然也。陛下縱未能推而行之，又何忍罪而斥之乎？此臣所以爲陛下流涕而痛惜也。德宗皇帝初即位年，亦徵天下直言極諫之士，親自臨試，問以天旱。穆質對以兩漢故事，三公當免；卜式著議，弘羊可烹。此皆指言當時在權位而有恩寵者，德宗深嘉之，自第四等拔爲第三等，自畿尉擢爲左補闕，書之國史，以示子孫。今僧孺等對策之中，切直指陳之言亦未過於穆質，而遽斥之，臣恐非嗣祖宗承耿光之道也。書諸史策，後嗣何觀焉！陛下得不再三省之乎？臣昨在院，與裴垍、王涯等覆策之時，日奉宣令臣等精意考覆。臣上不敢負恩，下不忍負心，惟秉至公，以爲取捨。雖有仇怨不敢棄之，雖有親故不敢避之，惟求直言以副聖意。故皇甫湜雖是王涯外甥，以其言直合取，涯亦不敢以私嫌自避。當時有狀，具以陳奏。不意群口嗷嗷，構成禍端，聖心以此察之，則或可悟矣。

　　"儻陛下察臣肝膽，知臣精誠，以臣此言可以聽採，則乞俯迴聖覽，特示寬恩，僧孺等準往例與官，裴垍等依舊職獎。用使內外人意，歡然再安。若以臣此言理非允當，以臣覆策事涉乖宜，則臣等見在四人亦宜各加黜責。豈可六人同事，惟罪兩人？雖聖造優容，且過朝夕，在臣懼惕，豈可苟安。敢不自陳，以待罪戾！臣今職爲學士，官是拾遺，日草詔書，月請諫紙。臣若默默，惜身不言，豈惟上孤聖恩，實亦下負人道。所以密緘手疏，潛吐血誠，苟合天心，雖死無恨。無任憂懼激切之至。"《白氏文集》

　　五月壬辰，兵部奏："鄉貢武舉，准貞元十四年九月詔宜權停。今請准舊例却置。"從之。《舊書》本紀、《册府元龜》。

　　　　進士十九人：

　　周況，《昌黎集·祭周氏姪女文》五百家注引孫曰："元和三年，周況登第。公以好好妻之，生一男一女。" 按好好爲昌黎兄俞之長女，適四門博士周況。適張徹者，俞之次女。○孟按：《全唐詩》卷三八〇孟郊有《憑周況先輩於朝賢乞茶》詩，即此人。

　　鄭蕭，《舊書》本傳："蕭，滎陽人。祖烈，父閱。蕭苦心力學，元和三年擢進士第，又以書判拔萃。"《新書》："肅字乂敬。"

陸亙。亙元和三年進士，書判高等，見《册府元龜》。　按本傳不言舉進士。

諸科二十四人。

＊拔萃科：

＊王袞。《彙編》[大和 054]李珏撰大和六年（832）十月廿六日《唐故朝散大夫守尚書吏部郎中兼侍御史知雜事上柱國臨沂縣開國男食邑三百户瑯琊王府君（袞）墓誌銘并序》（開封博物館藏石藏拓）云："公諱袞，字景山，本名高，工部公之長子。幼有操行。元和初，以拔萃登科，授秘書省正字。"按王袞卒於大和六年（832）六月，享年五十二。又《全唐文補遺》册四，第 117 頁，王袞撰太和元年（827）二月二十八日《唐故太中大夫殿中少監致仕騎都尉瑯琊王公（汶）故夫人樂安郡太君蔣氏玄堂誌》云："孤子袞撰曰：……袞能言，則躬受詩書，不肖不才，鍾慈訓二（原作"一"，據《隋唐五代墓誌滙編・洛陽卷》第 13 册，第 84 頁影印《王公妻蔣氏墓誌》校改）十八歲，方登名拔萃，刊正秘書。"王補據《輯繩》録於元和二年（807）。

賢良方正，能直言極諫科：

牛僧孺，見《册府元龜》、《唐會要》。　《舊書》本傳："僧孺登賢良方正科。"杜牧《牛僧孺墓誌銘》："元和四年，應賢良直諫制，數强不臣不奉法，憂天子熾於武功。詔下第一。"　按"四年"當作"三年"。　《乾𦠆子》："韋乾度爲殿中御史，分司東都，牛僧孺以制科敕首除伊闕尉，臺參，乾度不知僧孺授官之本，問何色出身。僧對曰：'進士。''安得入幾？'僧儒對曰：'某制策連捷，忝爲敕頭。'"〇孟按：《全唐文》卷六六二白居易草《牛僧孺可户部侍郎制》："牛僧孺自舉賢良，歷踐臺閣。"同上卷六〇五劉禹錫《唐故中書侍郎平章事韋公集序》："憲宗朝……隴西牛公僧孺、李公宗閔以能直言極諫徵，咸用對策，甲於天下。"又《新唐書》本傳："元和初，以賢良方正對策，與李宗閔、皇甫湜俱第一，條指失政，其言鯁訏，不避宰相。宰相怒，故楊於陵、鄭敬、韋貫之、李益等坐考非其宜，皆謫去。"

皇甫湜，見《册府元龜》、《唐會要》。　韋處厚《上宰相薦皇甫湜書》："竊見前進士皇甫湜年三十二，學窮古訓，詞秀人文。"五百家韓注引樊注曰："按《唐登科記》，湜中賢良蓋元和二年。"　　按"二"當作"三"。○孟按：宋蜀刻本《新刊經進詳注昌黎先生文》卷四《用韻和皇甫湜陸渾山火》詩題下文讜注："今以《登科記》及牛僧孺、李宗閔傳參考之，則知湜於元和三年同與牛、李舉賢良對策，忤宰相，牛調伊闕尉，李洛陽尉，則持正爲陸渾尉亦其時也。"

李宗閔，見《册府元龜》、《唐會要》。　　《舊書》本傳："宗閔元和四年登制舉賢良方正科。初宗閔與牛僧孺同年登進士第，又與僧孺同年登制科。"按"四年"當作"三年"。

李正封，見《册府元龜》、《唐會要》。

吉宏宗，見《册府元龜》、《唐會要》。

徐晦，見《册府元龜》、《唐會要》。　　《舊書》本傳："晦進士擢第，登直言極諫，皆自楊憑所薦。"

賈餗，見《册府元龜》、《唐會要》。　　《舊書》本傳："餗登制策甲科，文史兼美。"《新書》云授渭南尉、集賢校理。

王起，見《册府元龜》、《唐會要》。　　《廣卓異記》："元和三年，賢良方正、能直言極諫科十一人登科。其後牛僧孺、李宗閔、王起、賈餗四人相次拜相。"

郭球，見《册府元龜》、《唐會要》。　　按球疑即元年府元落之郭求。

姚袞，見《册府元龜》、《唐會要》。

庾威。見《册府元龜》、《唐會要》。

博通墳典，達於教化科：

馮苞，見《册府元龜》、《唐會要》。

陸亘。見《册府元龜》、《唐會要》。　　《舊書》本傳："亘字景山，吴郡人。祖元朗，父持詮。亘以書判授集賢殿正字、華原縣尉。應制舉，授萬年縣丞。"《永樂大典》引《蘇州府志》："陸亘制科中第，又書判高等。"　　按《蘇州府志》於貞元二年及此年兩載陸亘登科，亘於是年及第，則貞元誤也。今削之。○孟按：《新唐書》本傳亦載："陸亘字景山，蘇州吴人。元和三年，策制科中第。"又徐氏原於卷十二貞元元年（785）著録陸亘，考云："《舊書》本傳：'亘字景山，吴郡人。應制舉，授萬年縣丞。'《永樂大典》引

《蘇州府志》:‘博通墳典、達於教化科,陸亘及第。’”則與本年重複且抵牾,今删却。亦見胡補。

軍謀弘達,《新書・樊澤傳》作“弘遠”。材任將帥科:“材任”五百家韓注作“堪任”。

樊宗師。見《册府元龜》、《唐會要》。　《新書・樊澤傳》:“子宗師,字紹述,始爲國子主簿。元和三年,擢軍謀弘遠科。授著作郎。”韓愈《樊紹述墓誌銘》:“自祖及紹述三世,皆以軍謀堪將帥策上第。”

詳明政術,可以理人科:《册府元龜》、《唐會要》皆作“達於吏治,可使從政科”,蓋以元年科目致誤也。今從《雲麓漫鈔》正。

蕭睦。見《册府元龜》、《唐會要》。　李虞仲《授蕭睦祠部員外制》云:“以爾克茂才實,嘗擢科名。”

知貢舉:中書舍人衛次公。《舊書》本傳:“權知中書舍人,尋知禮部貢舉。斥浮華,進貞實,不爲時力所摇。真拜中書舍人。”權德輿有《崔衛唱和詩序》云:“清河崔處仁、河東衛從周同爲左右補闕。從周以本官入爲翰林學士,處仁累以尚書郎知制誥。既而處仁西垣即真,從周復以外郎掌誥。洎處仁遷小宗伯,而從周即真,俄掌貢舉,實爲之代。元和三年秋,處仁爲吏部侍郎,從周爲兵部侍郎。”又云:“德輿與二君子相繼典貢士。”丁居晦《重修承旨學士壁記》云:“衛次公貞元八年四月二十四日自左補闕充學士。二十一年二月二十二日加司勳員外郎,賜緋魚袋。三月十七日知制誥。元和三年正月拜權知中書舍人。”

皇甫湜對策曰:“臣伏見陛下,徵天下之士,親策於庭,求賢思理亦云至矣。然臣未知將以爲虚策乎,將以求其實效乎?以爲虚策,則後之搢紳者觀書於太史氏,曰天子之憂人如此,〔趙校:“人”據《英華》卷四八九補。〕急賢如此,徵賢良方正、直言極諫之士,親禮而問之,斯亦足以爲名矣。若以得人爲務,社稷之計爲心,則不宜待之如是也。夫王者其尊如天,其威如神,以謏問先之,以禮貌接之,造膝而言,虚心以受,猶恐懼殞越,而不得自盡其所懷。況乎坐之階庭，試以文字，拳曲俯僂，承問而上對乎？且天下之事，難一二以疏舉。臣所當言，又有非臣下所宜聞知，清問所不該，又鬱而不得發。強附之於篇，考視者必以爲餘煩，又擯而不得進。陛下何惜一賜臣容足之地於冕旒之前，使得熟數之乎？可採則行之，無用則罷之，何損於名也？然臣不敢有望於是，謹旁緣聖問，粗竭愚瞽。儻陛下憐察其志而寬其誅，賜之當日之間而卒其説，則覆照之下，形氣之生，孰不幸甚。

　　“制策曰：‘蓋聞昔之令王，體上聖之姿，御大寧之時，猶懼理之未至也，求賢以致用，猶懼動之不中也，咨諫以聞過。矧惟寡昧，膺受多福，思負荷之重，警風波之虞，求賢咨諫豈敢怠忽。至若窮神知化以盛其德，經武緯義以大其業，考古會極，通教化之原，明目達聰，周視聽之表，斯夙夜之所志也。子大夫將何以匡建而致之乎？’此陛下之憂勤如此。臣聞堯舜以有天下爲己之累，而不以位爲樂也。臣又聞百事之成也必在敬之，其失之也必在慢之。今陛下念前王之戒而不敢怠忽，思爲國之經而不忘夙夜求賢咨諫，延及微士，臣有以見堯舜之心矣。夫法天地之道以施政，順陰陽之和以育物，事無不序，動無不時，此窮神知化之盛德也。武以止殺禁暴則兵宜戢，文以經邦濟時則化必行，此經武緯文之大業也。崇禮而明義，好士而尊儒，斥魏晉已降衰末之法，稽周漢已前盛明之理，斯考古會極之方也。任賢而勿貳，招諫而必行，屏近習之邪妄，進周行之骨鯁，斯明目達聰之道也。抑臣又聞先王所以不視而明，不聽而聰，披頸負之明，斷非僻之緒，其道易知也。蓋左右僕御，惟正之供，必有知法者，必有知禮者，出使足以盡情僞，居常足以助聽覽。左右之臣既如是矣，而又日與公卿大夫講論政事，史書其舉，官箴其闕，以至於百工庶人，莫不諫而謗焉。濟濟之士爲之股肱，赳赳武夫爲之爪牙，此所以永有天下也。今宰相之進見亦有數，侍從之臣皆失其職，百執事奉朝請而退，〔趙校：“執”原作“工”，“奉”原作“來”，據《英華》卷四八九及所引《皇甫持正文集》改。〕而律且有議及乘輿之誅。未知爲陛下出諫喉舌者爲誰乎，爲陛下爪牙者爲誰乎？日夕侍起居，從燕遊，與之論臣下之是非、賞罰之臧否者，復何人也？股肱不得而接，爪牙不足以衛，其何獻替之有美？夫褻狎虧殘之微，褊險之徒，皂隸之職，豈可使之掌王命，握兵柄，内膺腹心之寄，外當耳目之任乎？此貞夫義士所以寒心銷志，泣慎而不能已者。誠能復周之舊典，去漢之末禍，還諫官、史官、侍臣之職，使之左右前後，日延宰輔與論義理。有位於朝者，咸引而進之，温其色以安其意，久其對以盡其詞，可採者必行，有犯者無罪。王之爪士，宜擇公卿大臣總統而分理之，則政不足平，刑不足措，人不足和，財不足豐，蠻夷戎狄不足臣，休徵嘉瑞不足致矣。又何慮乎視聽之表有所不周乎？

　　“制策曰‘自中代已還，求理者繼作，皆意甚砥礪，而效難彰明。莫不欲還樸厚而澆風常扇，莫不欲遵儉約而侈物常貴，莫不欲遠小人而巧諛常進，莫不欲近莊士而忠直常相疎，莫不欲勉人於義而廉愧常不脩，莫不欲禁人之爲非而抵冒常不息。其所謬盭，豈無根源’者。臣聞一日克己復禮，天下歸仁焉，王者之謂也。故人不從上之令而從其所行。夫上古之君，躬率以政，軌度其信，〔趙校：原作“躬率己正軌度其流”，據《皇甫持正文集》卷三改。〕恕己及物，自誠而明。此所以其化如神，天下如截也。中代已還，則異乎此。至誠不著而欲任法以防人，忠信不行而欲縱身以檢物，雖砥礪其意而事實不符，此所以有其意而無其效也。夫欲人之樸厚，而不先之以少私寡欲，無爲至誠，所以澆風常扇也。欲人之儉約，而不率之以卑宮菲食，沈珠貴穀，所以侈物常貴也。欲遠小人而好悦耳之言，所以巧諛常進也。欲近莊士而惡拂心之慮，所以忠直常疎也。欲勉人於義而貪濁在位，所以廉愧常不脩也。欲禁人爲非而法則不一，所以抵冒常不息也。則謬盭之本，其在兹乎？陛下誠能一皆反之，其效可立彰明矣。

　　“制策曰‘爰自近歲，仍敷大澤，霜露所墜，霑濡必同。滌瑕穢以道人心，省徭役以豐物力，蠲田租以厚農室，葺國學以振儒風，督廢職以補維綱，備衆官以序賢俊。庶繼先志，臻乎治平。而改行者未聞，輸勞者未艾。農者無以免艱食，學者無以通微言。立事之績未紀於庶工，乏才之嘆未輟於終食。蠹於法者無不去而法未脩明，切於政者無不行而政未光大。豈丕變其俗，道廣而難濟乎？豈不得其門，事繁而每失乎？仔聞嘉言，無或隱諱’者。臣以陛下滌瑕穢而改行者未聞，政之不自其本故也。夫欲人之改行，率德慎明，賞罰不濫，滌瑕穢也。故賞當善，罰當惡，天下曉然逃惡而趨善。賞當功，罰當罪，天下聳然遠罪而趨功，則人自爲理而上無爲矣。此堯舜之所以莅天下也。夫賞罰皆報也，賞之失稱，罰之不當，咎孰甚焉？伏見兵興已來，開權宜之道，行苟且之政。臺省之官，王公之爵，溢於國郡，遍於輿臺。將帥之臣，借緋紫而使令，定官位而奏請，名器均於土芥，操柄擅於爪牙。此其所以賞人而人不勸也。州縣之斷獄，月以千數，連年累紀，未聞有一疑獄而上於朝者，未聞有屈人而訴於王者。豈天下長吏盡如皋陶哉？律令格式具而不遵，鄉縣州府各自爲制，所怒則惠殺，按：句疑有誤。〔趙校：“惠”，《英華》卷四八九作“專”。〕居常則臆斷。人過且不知所避，而能自達，不其難乎？況乎賦役之不恒，衣食之不足，尚不懼死，焉能避罪？此其所以罰人而人不沮也。賞之不勸，罰之不沮，欲人改行，其或難焉。雖滌其瑕穢，惠奸貸法而已，又何爲也！伏惟陛下慎用賞，賞必當功，則天下之善勸矣，慎用刑，刑必當罪，則天下之非沮矣。夫擇人而任之，則僭濫不作；富庶而教之，則廉恥自生。如是則無所改其行，無所滌其瑕矣，又何足憂之哉。陛下省徭役而輸勞者未艾，小惠未遍而有司長吏或壅而未盡承故也。若陛下加惠而俯察之，則物力何懼乎不豐，勞者何憂乎未艾乎？陛下蠲田租以厚農室，而人猶艱食者，生者猶少而費者猶多故也。商乘堅而厭肥，工執輕而

仰給，兵橫行而厚禄，僧道無爲而取資。勞苦頓瘁，終歲乏絕，濱
於死而爲農者，亦愚且少矣。況乎兩税不均，失變通救弊之法；
百端橫賦，隨長吏自爲之政乎？若均工商老釋之勞逸，〔趙校：《英
華》卷四八九作“若困工商老釋之邪末”。〕輕田野布帛之征税，禁橫暴
之賦，減鎮防之兵，則耕者如雲，積者如山矣。臣請再爲陛下精
言之。夫賤瑰奇之貨，斥雕琢之淫，則工商之道自息矣。黜異端
之學，使法不亂而教不煩，則老釋之流常屛矣。且天下所以在蒽
蒽然者，豈非以兵乎？使税之原人之居而可行蠲徭役者，豈非以
商乎？今昆夷未平，邊備未可去；中夏或虞，鎮防未可罷。若此
生就其功，則莫若減而練之可也。今之將帥，勝任而知兵者亦寡
矣。怙衆以固權位，行貨以結恩澤，因循鹵莽，保持富貴而已。
豈暇教訓以時，服習其任乎？今若特加申飭，使之教閲，簡拳勇
秀出之才，斥屠沽負販之黨，則十分之士可省其五矣。夫多而無
用，曷若少而必精乎？又比者州府，虛張名籍，妄求供億，盡没其
給，以豐其私。今若核其名實，糾以文法，則五分之兵又可省其
二矣。夫衆之虛，曷若寡之寔乎？一則以强兵，一則以寬賦。若
江淮州郡，遠寇戎，屬清平，自非具使令備儀注者，一切可罷。以
其經費代征繇，薄逋懸，然後慎擇長吏，曲加綏撫，無四三年則家
給而人和。〔趙校：“年”原作“中”，據《英華》卷四八九改。〕則橫暴不
作，賦斂自均，至理而升平矣，尚何虞於人猶艱食乎？陛下葺國
學以振儒風，而微言尚鬱者，蓋其所以干禄而得仕者以章句記
讀，而不由義理故也。若變其法，則可以誅其弊矣。陛下督廢職
以補維綱，而立事之績未紀於庶工者，庶工之罪也。今職備而不
舉，法具而不行。諫諍之官溢員，不聞直聲；彈察之臣塞路，未嘗
直指。公卿大夫則側合苟求，持禄養交，爲親戚計遷除，領簿籍
而已。興利之臣專以聚斂計數爲務，共理之吏專以附上剥下爲
功，習以爲常，漸以成俗。標異而圭角者悔吝旋及，和光而溷泥
者富貴立須。雖陛下焦勞聰明如此之切，至理何益矣！伏請下

明詔，爲畫一之法，使居是官、理是人、職是法者，必有明績然後許遷擢，考功之殿最，無敢阿比而干刑司，則能者日進，不能者日退，而庶工立事之績將襃揚記述之不暇矣。陛下備衆官以序賢俊，而乏才之嘆未輟於終食者，由在上者遷之太亟，居下者刻之太深故也。古之取人也，拔十得五，猶以爲多也。曲輪直桷，各適其用。今則不然。舉於禮部，則曰幽昧者凡陋而不可採；選於吏部，則曰聲名者虛浮而不可用。工文者則懼華而不實，敦質者則懼樸而寡能，冠蓋之族則以爲因依，微賤之人則以爲幽險。上求之愈切，下搜之彌深。夫士何負於有司，而乃蹇頓之、抑刻之如是哉！才能如積，鬱抑居下。一朝闕輔相之職，卿士大夫之官，求之不得，則曰岳不降神，時之乏人，於是循環其所已用者遞遷。居上者不知格限，無聞聲績，或一時三拜，或再歲九遷，是以位高者當能也。是仕進之門常闔，而天下之官，天子之權，當途者五六人迭居持之而已。以陛下之明聖，夫豈不欲國之得人乎？以宰相之公忠，夫豈不欲人之足用乎？蓋從來已久，因循如是耳。伏惟陛下，申敕朝廷州府，令每歲各舉所知於禮部、吏部，於計偕、常選之中，訪察推擇。得其人則待以不次之位，遇以非常之恩，不得其人則必行殿最以懲渝濫，則周之以寧，舜之可封，坐而致矣。乏才之嘆，何有於聖朝乎？陛下爲盡於法者無不去〔趙校：“爲”，《英華》卷四八九作“謂”。〕而法未脩明，切於政者無不行而政未光大者，由有司長吏不得其人也。捨人務政，雖勤何益？臣伏見敕書節文，周備纖悉。然空文虛聲，溢於視聽，而實功厚惠，未有分寸及於蒼生。生德不宣，王澤不流，雖陛下寤寐思理，宰相憂勤奉職，不可爲也。夫將直其枝，必正其根。朝廷乃根也，州郡乃枝也。今朝廷之號令，有朝令而夕改者矣；主司之法式，有昔破而今行者矣。〔趙校：“者”字據《英華》卷四八九補。〕伏惟陛下，正綱以張萬目，澄源以清萬派，則四方大幸矣。由是言之，非道廣而難濟，事繁而愈失也，實承詔將事者之罪耳。

“制策曰‘周之受田有經制，漢之名田有恒數。今疆畛相接，半爲豪家，流傭無依，率是編户。本爲交易，焉得貪富以補貧；〔趙校：“焉得貪”，《皇甫持正文集》作“焉奪”。〕將欲因循，是曰損多而益寡。〔趙校：“是曰”，《皇甫持正文集》作“豈”。〕酌於中道，其術如何’者。臣聞古之道不可變也，古之法不必行也。夏之桀，殷之紂，周之幽、厲，井田法非亡也，而天下大亂。我太宗、玄宗，井田法非脩也，而天下大理。夫貞觀、開元之際，不受田而均，不名田而贍者，朝廷正，法令行，一人之實得以聞，一吏之犯得以誅，由此致也。是政之舉，化之成，則田自均，人自贍，而天下陶然化矣，豈待曲防而事制乎？其與貞觀、開元非異時也，法苟未行，政苟失職，徒易其制，更其業，擾人斂怨而已矣。

“制策曰‘取人惟其行，不必文采；命官惟其才，不必資考。然則行非造次而備察，才非錯綜而遍知。不必文采爲重輕而士可進退，不必資考爲程準而吏有條貫。適變矯枉，渴於良規’者。今之取士，以文學記讀爲法，其素履實行則無門而知。使由文學而進者，往往犯奸賊爲梟獍，此誠甚弊也。乾元以還，版籍斯壞，而所在游寄，莫知所從。伏請敕天下人士，未歸者一皆復貫，願留者則令著籍。置鄉校縣學州庠，以教訓其子弟，長育其才智。自鄉升之縣，自縣升之州，自州升之禮部。公卿子弟盡育於京輦者，則使之必由太學，然後登有司。如是則其幼弱，其壯老，發言舉足，云爲趣進，皆可得而知矣。然後參以才藝，試其器用。誠取人之急務，伏惟陛下裁之。密資考之限，其章句之庸才，資廳之常調者，宜仍舊貫。賢能之士，則皆行臣嚮者之謀，從有司長吏之舉，其賞必行，其法信焉可已也。

“制策曰‘何方可以序六氣，來百祥？何施可以壽群生，仁衆姓？徵於前訓而可據，設於當代而易從。勿猥勿並，以稱朕意’者。臣聞古者山林藪澤，皆有時禁動作之爲害，無差《月令》，則六氣以序，百祥以來，而懷生之類莫不躋仁壽之域矣。今捨此而不務，殺胎毀卵，傷仁撓和，而使諸夷之法，以正月、五月、九月斷天下之屠，欲蕃物産而祈福祐，斯亦誣矣。伏惟陛下，動遵《月令》，垂訓可據之文也；事稽時禁，當代易從之道也。施之而不已，執之而有恒，則帝皇之美遠慚於今日矣。謹對。"《文苑英華》、《文粹》。

四年己丑(809)

四月丙申，撫州山人張洪騎牛冠履，獻書於光順門。書不足採，遣之。《舊書》本紀

　　　　進士二十人：《文苑英華》有《薦冰詩》，當是此年試題。

韋瓘，狀元。　《桂林風土記》："韋舍人瓘，年十九入關應進士舉，二十一進士狀頭。敕下，除左拾遺。"按此與韋珩之弟同名，別是一人。

鮑溶，《唐才子傳》："鮑溶字德源，元和四年韋瓘榜第進士。"《唐詩紀事》："溶登元和進士第，與韓愈、李正封、孟郊友善。"

郭承嘏，《舊書》本傳："承嘏字復卿，生而秀異。比及成童，能通五經。元和四年，禮部侍郎張弘靖知其才，擢升進士第。"

楊汝士，《舊書·楊虞卿傳》："虞卿兄汝士，字慕巢，元和四年進士擢第，又登博學宏詞科。"

盧商，《舊書》本傳："商字爲臣，范陽人。祖昂，父廣。商元和四年擢進士第，又書判拔萃登科。"

趙蕃，見《文苑英華》。　《摭言》："趙蕃爲等第，十三年方及第。"

盧鈞，《舊書》本傳："鈞字子和，范陽人。祖炅，父繼。鈞元和四年進士擢第，又書判拔萃。"《摭言》："盧相國鈞初及第，頗窘於率費。俄有一僕願爲月傭，服飾鮮楚，謹幹不與常等。睹鈞褊乏，往往有所資。時俯及關宴，鈞未辦醵率，撓形於色。僕輒請罪，鈞具以實告。對曰：'極細事耳，郎君可以處分最先後勾當何事。'鈞初疑其妄，既而將覘之，給謂之曰：'爾若有伎，吾當主宴。第一要一大第，爲備宴之所，次則徐圖。'其僕惟而去。頃刻乃迴，白鈞曰：'已税得宅矣，請幾郎檢校。'翌日鈞强往看之，既而朱門甲第擬於宮禁，鈞不覺欣然。復謂曰：'宴處即大如法，此尤不易張陳。'

對曰：'但請選日，啟聞侍郎，張陳某請專掌。'鈞始慮其非□，反覆詰問，但微笑不對。或意其非常人，亦不固於猜疑。既宴除之日，鈞止於是，俄睹幕帘茵毯華煥無比，此外松竹花卉皆稱是。鈞之釀率畢至。由是公卿間靡不誇詫。詰朝其僕請假，給還諸色假借什物，因一去不返。逮旬日，鈞異其事，馳往舊遊訪之，則向之花竹一無所有，但見頹垣壞棟而已。議者以鈞之仁感通神明，故爲曲贊一春之盛，而成此終身之美。"

李行修，韓愈《王仲舒墓誌銘》："次女婿李行修，尚書刑部員外郎。"五百家注引孫注："元和四年行修登第。"

范傳質，見《文苑英華》。

陳至，見《文苑英華》。

張徹，韓愈《答張徹詩》云："從賦始分手，朝京忽同畛。"《考異》引孫注："謂徹赴舉試也。"又《故幽州節度判官贈給事中清河張君墓誌銘》云："張君名徹，以進士累官至范陽府監察御史。"《考異》云："徹元和四年進士。"百家韓注引孫注："張秘書徹，元和四年登進士第，娶韓氏禮部郎中雲卿之孫、開封尉俞之女，於公爲叔父孫女。"

＊**王陟**。孟按：《唐宋科場異聞錄》卷一引《續定命錄》："太原王陟，貞元初應進士舉，時京師有善筮者，號垣下生。陟從筮焉。卦成，久不言，又大嗟異，謂陟曰：'據此，郎君後二十三年及第，是歲狀頭後兩年而生，郎君待此人同年及第。某故訝之。'後及第，謁主司，各通姓名。韋瓘直立，陟忽憶垣下生言，問之，韋答曰：'某年一十九歲。'陟遽謂曰：'先輩貞元四年生，所隱衹二年，何不誠若是？'乃取垣下生所記示衆，衆大驚，瓘由此以實告。"按韋瓘爲本年狀元，見上。

諸科七人。

＊**知貢舉**：中書舍人張弘靖。原作"户部侍郎張弘靖"，徐氏考云："《舊書·郭承嘏傳》言爲禮部侍郎，本傳言爲户部侍郎。按《憲宗紀》：'元和三年九月，以户部侍郎裴垍爲中書侍郎。''四年十二月壬申朔，以户部侍郎張弘靖爲陝州長史。'蓋弘靖代裴垍爲户部侍郎，即權知貢舉，本傳是也。"　孟按：嚴耕望《唐僕尚丞郎表》卷十六《輯考五下·禮侍》"張弘靖"條云："張弘靖，以中書舍人權知元和四

年春禮部貢舉，放榜。其始事蓋上年冬。四年，遷工侍。"又考云：
"《語林》八'進士科'條，張弘靖以中書舍人權知貢舉，在衛次公後，于
允躬前。按：次公知三年春貢舉，允躬知六年春貢舉，而五年春知貢
舉者爲刑侍崔樞，則弘靖知貢舉，非四年春莫屬。《舊》一六五《郭承
嘏傳》：'元和四年，禮部侍郎弘靖知其才，擢升進士第。'此即張弘靖，
脫其姓耳。又《舊》傳：'遷……中書舍人，知東都選事，拜工部侍郎，
轉户部侍郎，陝州觀察。'《新》傳省中舍、工侍。《舊紀》，元和四年'十
二月壬申朔，以户部侍郎張弘靖爲陝府長史，陝虢觀察（略）使。'據
《舊書·韋貫之傳》，元和元年已見在中舍任。則自元年至四年春知
貢舉時皆官中舍，放榜後遷工侍，同年又遷户侍，十二月出爲陝虢觀
察使。"今從嚴説改正弘靖知舉時官衛。

　　鮑溶《薦冰詩》曰："西陸宜先啟，春寒寢廟清。曆官分氣候，
天子薦精誠。已辨瑶池色，如和玉珮鳴。禮餘神轉肅，曙後月殘
明。雅合冰容潔，非同雪體輕。空憐一掬水，珍重此時情。"《文
苑英華》

　　趙蕃《薦冰詩》曰："仲月開凌室，齋心感聖情。寒姿分玉坐，
皎質發丹楹。積素因風壯，虛空向日明。遥涵窗户冷，近映冕旒
清。在掌光逾澈，當軒質自輕。良辰方可致，由此表精誠。"《文
苑英華》

　　盧鈞《薦冰詩》曰："薦冰朝日後，闢廟曉光清。不改晶熒質，
能彰雨露情。且無霜比耀，豈與水均明。在捧揺寒色，當呈表素
誠。凝姿陳俎豆，浮彩映璁珩。皎皎盤盂側，稜稜嚴氣生。"《文
苑英華》

　　范傳質《薦冰詩》曰："乘春方啟閉，羞獻有常程。潔朗寒光
徹，輝華素彩明。色凝霜雪靜，影照冕旒清。肅肅將崇禮，兢兢
示捧盈。方圓陳玉座，小大表精誠。朝覲當西陸，桃弧每共行。"
《文苑英華》

　　陳至《薦冰詩》曰："凌寒開固沍，寢廟致精誠。色靜澄三酒，

光寒肅兩楹。形鹽非近進，玉豆爲潛英。禮自春分展，堅從北陸成。藉茅心共結，出鑑水漸按：字疑有誤。明。幸得來觀薦，靈臺一小生。"《文苑英華》

登科記考補正卷十八

唐憲宗昭文章武大聖至神孝皇帝

元和五年庚寅（810）

三月，獻策人張權輿、游君愛各賜衣，任所適。《册府元龜》

　　進士三十二人：是年試《洪鐘待撞賦》，見韓文五百家注。《唐會要》：“元和四年，上嘉魏徵諫諍，詔訪其故居，則質賣已更數姓，析爲九家矣。上出内庫錢二百萬贖之，以還其家。”《通鑑》載其事於四年閏三月。《唐詩紀事》：“白居易爲翰林學士，奏云：‘今日奉宣，令撰李師道請收贖魏徵宅，還其子孫，〔趙校：據《白集》卷五十八《論魏徵舊宅狀》，“李師道”下應有“詔所”二字。〕甚合朕心，允依來奏者。臣伏以魏徵太宗宰相，盡忠輔佐，以致太平，在其子孫，合加優卹。事關激勸，合出朝廷，師道何人，輒掠此美！伏願明敕有司，特以官錢收贖，使還後嗣，以勸忠臣。則事出皇恩，美歸聖德。’憲宗深然之。其後有司以爲詩題試進士。”

　　李顧行，狀元。　見《玉芝堂談薈》。○孟按：《全唐詩》小傳作“元和六年進士”，未詳所據。

　　李仍叔，

　　陳彦博，《永樂大典》引《閩中記》：“陳彦博字朝英，閩縣人，元和五年及第。初夢至一公庭，帷帳熒煌，中几榻上有尺牘，焕然若金字。主者曰：‘此明年進士名，將奏之上帝。’彦博前觀，有三十二人，其名在焉。及榜出,果符前兆。"《前定録》:"陳彥博與謝楚同爲大學廣文館生,彥博將取解,忽夢至都堂,見陳設甚盛,若行大禮然。庭中幃幄,飾以錦綉,中設一榻,陳列几案,上有尺牘,望之照耀如金字。彥博私問主事曰:'此何禮也?'答曰:'明年進士人名,將送上界官司閱視之所。'彥博驚喜,因求一見。其人引至案傍,有一紫衣執象簡,彥博見之,斂袵而退。紫衣曰:'公有名矣。可以視之。'遂前,見有三十二人,彥博名在焉。從上二人皆姓李,而無謝楚名。既瘄獨喜,不以告人。及與楚同過策試,有自中書見名者,密以告楚,而不言彥博。彥博聞之,不食而泣。楚乃諭之曰:'君之能豈後於我。設使一年未利,何若是乎?'彥博方言其夢,且曰:'若果無驗,吾恐終無成矣。'大學諸生曰:'誠如所説,事未可知。'明旦視榜,即果如夢中焉。彥博以元和五年崔樞侍郎及第,上二人李顧行、李仍叔。謝楚明年于尹躬下擢第。"《淳熙三山志》:"陳彥博,終貴溪令。"

王璠,《舊書》本傳:"璠字魯玉。父礎,進士,文辭知名。璠元和五年擢進士第,登宏詞科。"《前定録》:"王璠以元和五年登科。嘗夢爲河南尹,平旦視事,有二客來謁,一衣紫而東坐,一衣緋而西坐。緋者謂紫者曰:'崙邦如何處置?'曰:'已決二十,遞出界。'訖覺,乃書於告牒之後別紙上。後二十年,果除河南尹。既上,洛陽令與分司郎官皆故人,從容宴語。郎官謂令曰:'崙邦如何處置?'令曰:'已決二十,遞出界。'璠聞之,遽起還内,良久不出。二客甚訝,曰:"吾等向者對答率易,王尹得非怒耶?'頃之,璠持告牒所記出示二客。徐徵其事,乃是郎官家奴竊財而逃,擒獲送縣,縣爲斷之如此。"○孟按:上引文字,據《太平廣記》卷一五四"王璠"條引作《續定命録》

崔蠡,《舊書・崔寧傳》:"寧季弟密,密子繪。繪子蠡,字越卿,元和五年擢第。"

崔元儒,《舊書・崔元略傳》:"元略弟元儒,元和五年登進士第。"

楊虞卿,《舊書》本傳:"虞卿字師皋,虢州弘農人。祖燕客,父寧。虞卿元和五年進士擢第,又應博學宏詞科。"劉軻《牛羊日曆》:"楊虞卿,祭酒寧之子,弟漢公,兄弟元和中並登進士第。"白居易《與楊虞卿書》:"足下未應舉時,嘗充賢良直言之賦,其所對問,志磊磊而詞諤諤,雖不得第,僕始愛之。"又曰:"由甲乙科入官,而吏聲聞於邑。"《摭言》:"楊虞卿及第後舉宏詞，爲校書郎，來淮南就李郇婚姻。遇前進士陳商，啟護窮窘，虞卿未相識，聞之倒囊以濟。"

　　唐扶，《舊書·文苑傳》："唐次子扶，字雲翔，元和五年進士登第。"

　　孔敏行，《舊書·隱逸傳》："孔述睿子敏行，字至之，舉進士，元和五年禮部侍郎崔樞下擢第。呂元膺廉問岳鄂，辟爲賓佐。"

　　錢識，《永樂大典》引《宜春志》："識登元和五年進士第。"

　　孟珌，洪興祖《韓子年譜》云："孟珌元和五年進士，見雁塔題名。"韓愈有《送孟珌秀才序》，五百家注引孫氏曰："元和五年刑部侍郎崔樞知舉，試《洪鐘待撞賦》，孟珌中第。"

　　裴大章。見《文苑英華》。

　　諸科十二人。

　　知貢舉：禮部侍郎崔樞。見上。　　《唐詩紀事》："裴垍舉宏詞，崔樞考之落第。及垍爲宰相，擢樞爲禮部，笑謂樞曰：'聊以報德也。'"《唐語林》、韓文注皆作"刑部侍郎"。○孟按：嚴耕望《唐僕尚丞郎表》卷十六《輯考五下·禮侍》"崔樞"條云："崔樞，以刑侍權知元和五年春禮部貢舉，放榜。其事始蓋上年冬。"所據亦爲《唐語林》及韓集孫注，皆見上，然又云："蓋以刑侍知貢舉，亦得稱禮侍耳。"

　　陳彥博《恩賜魏文貞公諸孫舊第以導直臣詩》曰："阿衡隨逝水，地館主他人。天意能酬德，雲孫喜庇身。生前由直道，殁後振芳塵。雨露新恩日，芝蘭舊里春。勳庸留十代，光彩映諸鄰。共賀升平日，從兹得諫臣。"《文苑英華》、《唐詩紀事》。

　　裴大章《恩賜魏文貞公諸孫舊第以導直臣詩》曰："邢茅雖舊錫，第邸是初榮。迹往傷遺事，恩深感直聲。雲孫方慶襲，池館忽春生。古甃開泉井，新禽繞畫楹。自然垂帶礪，況復激忠貞。必使千年後，長書竹帛名。"《文苑英華》

　　六年辛卯(811)

　　進士二十人：《摭言》："元和六年，楊正舉府元落。"○陳補：

"《文苑英華》卷一八八《省試詩》收王質、張公乂及闕名《金谷園花發懷古》詩，當是本年進士科試題。" 孟按：陳補是。《全唐詩》卷四八九收有侯冽《金谷園花發懷古》詩，侯冽爲本年進士，見下。

王質，《舊書》本傳："質字華卿，太原祁人，少負志操。以家世官卑，思立名於世，以大其門。寓居壽春，躬耕以養母，專以講學爲事，門人授業者大集其門。年甫强仕，不求聞達，親友規之曰：'以華卿之才，取名位如俯拾地芥耳，安自苦於闤茸者乎？揚名顯親，非耕稼可致也。'質乃白於母，請赴鄉舉。元和六年登進士甲科。"劉禹錫《贈左散騎常侍王公神道碑》："常侍諱質，字華卿。自少無進取意，與游者激之，因決策而西上，在貢士籍。天和内充，不以時尚屑意，角逐攻取，初無此心，不争而速售。既登第，東諸侯文辟之。"

盧簡辭，《舊書》本傳："簡辭字子策，范陽人，後徙家於蒲。祖翰，父綸。文宗好文，尤重綸詩，嘗問侍臣曰：'盧綸集幾卷，有子弟否？'李德裕對曰：'綸有四男，皆登進士第。今員外郎簡能、侍御史簡辭是也。'簡辭元和六年登第。"

高銖，《舊書·高釴傳》："釴弟銖，元和六年登進士第。"《新書》："銖字權中。" 按"權中"，當從《唐詩紀事》作"權仲"。

郭周藩，《唐詩紀事》："周藩，河東人，登元和六年第。"

侯冽，《唐詩紀事》："冽登元和六年進士第。"

謝楚，見上年陳彦博注。

＊張公乂，見上。

＊楊茂卿，岑補云："《千唐》大中五年《文林郎國子助教楊宇墓誌》云：'皇考諱茂卿，字士蕤，元和六年進士。'今《記考》一八未著録，可據補。" 孟按：《彙編》[大中 137]孫紉撰大中十二年(858)二月廿一日《唐故河南府河南縣令賜緋魚袋弘農楊公(牢)墓誌銘并序》(千唐誌齋藏石)："公諱□(牢)，□(字)松年，弘農人。……考茂卿，皇進士及第，監察裹行，名震於時。"

＊李蟾。按岑補云："《千唐》大和七年《朝散大夫守尚書比部郎(原目奪'郎'字)中上柱國緋□袋李蟾墓誌》云：'父千鈞，皇任右贊善大夫，公

即贊善之第二子……元和元年，登太常第。’今《記考》一六未著録，可據補。” 孟按：李蟾墓誌見《千唐》[1052]及《彙編》[大和058]，撰者崔植。謂其“元和元年”登第，實誤。原文爲：“公諱蟾，字冠山，景皇帝八代孫。……年未弱冠，以明經游太學，忽不樂，乃修文舉進士……元和六年，登太常第。”亦見羅補。張補亦指明岑補誤以“六年”爲“元年”。

　　＊明經科：

　　＊韋塤。《彙編》[會昌008]陸浧撰會昌元年（841）十月廿四日《唐故朝議郎使持節明州諸軍事守明州刺史上柱國賜緋魚袋韋府君（塤）墓誌銘并序》（周紹良藏拓本，開封博物館藏石）云：“府君諱塤，字導和，京兆人也。……年十九以明經擢第。……以會昌元年五月五日卒於明州郡署，享年四十九。”可推知其十九歲時在元和六年。亦見羅補。

　　諸科十三人。《雲麓漫鈔》是年有神童科，當即童子科也。應入諸科下。

　　拔萃科：

　　馮芫。元和六年，馮芫判入等，見《册府元龜》。 《太平廣記》引《續定命録》：“馮芫判入等，授興平縣尉。”

　　　　知貢舉：中書舍人于尹躬。《唐語林》作“中書舍人”。 按白居易有《貶中書舍人于尹躬洋州刺史制》，《語林》是也。○孟按：《南部新書》卷二：“父子知舉三家：高鍇，子湘、湜；于邵，子允躬；崔邠，子瑤。惟崔氏相去只二十年。”

　　＊王質《金谷園花發懷古詩》曰：“寂寥金谷澗，花發舊時園。人事空懷古，烟霞此獨存。管絃非上客，歌舞少王孫。繁蘂風鶯散，輕紅鳥乍翻。山川終不改，桃李自無言。今日紅塵路，凄凉詎可論。”《文苑英華》卷一八八

　　＊張公义《金谷園花發懷古詩》曰：“今日春風至，花開石氏園。未全紅艷折，半與素光翻。點綴疏林遍，微明古徑繁。窺臨鶯欲語，寂寞李無言。谷變迷鋪錦，臺餘認樹萱。川流人事共一作近，千載竟誰論。”《文苑英華》卷一八八

＊闕名《金谷園花發懷古詩》曰："春風生梓澤，遲景映花林。欲問當時事，因傷此日心。繁華人已歿，桃李意何深。澗咽歌聲在，雲歸蓋影沉。地形同萬古，笑價失千金。遺跡應無限，芳菲不可尋。"《文苑英華》卷一八八

＊侯冽《金谷園花發懷古詩》曰："金谷千年後，春花發滿園。紅芳徒笑日，穠艷尚迎軒。雨濕輕光軟，風搖碎影翻。猶疑施錦帳，堪嘆罷朱紈。愁態鶯吟澀，啼容露綴繁。殷勤問前事，桃李竟無言。"《全唐詩》卷四八九。　　孟按：以上四首詩據前考新補。

七年壬辰（812）

十一月戊寅，吏部尚書鄭餘慶請復置吏部考官三員。吏部郎中楊於陵執奏以爲不便，乃詔考官韋顗等三人只考及第科目人，其餘吏部侍郎自定。《舊書》本紀

十二月，權知禮部侍郎韋貫之奏，試明經請停墨義，依舊格問口義。從之。《册府元龜》、《唐會要》。

進士二十九人：《摭言》："元和七年，劉隲、田岊等第罷舉。"

李固言，狀元。《舊書》本傳："固言，趙郡人。祖并，父現。固言元和七年登進士甲科。"《新書》："固言字仲樞。"《記纂淵海》引《三峰集》："李固言未第前，行古柳下，聞有彈指聲。固言問之，應曰：'吾柳神九烈君，已用柳汁染子衣矣。果得藍袍，當以棗糕祠我。'固言許之，未幾狀元及第。"《摭言》："李固言等第末爲狀元。"又云："李固言生於鳳翔莊墅，雅性長厚，未習參謁。始應進士舉，舍於親表柳氏京第。諸柳昆仲率多戲謔，以固言不諳人事，俾習趨謁之儀。俟其磐折，密於頭巾上帖文字云'此處有屋僦賃'。固言不覺，及出，朝士見而笑之。許孟容爲右常侍，於時朝中鄙此官，號曰'貂脚'，頗不能爲後進延譽。固言始以所業求知謀於諸柳，諸柳與導行卷去處，先令投謁許常侍。固言果詣之，孟容謝曰：'某官緒極閑冷，不足發君子聲采。雖然，已藏之於心。'又睹頭巾上文字，知其樸質。無何，來年許公知禮闈，乃以固言爲狀頭。"《太平廣記》引《蒲錄紀傳》："李固言初未第時過洛，有胡盧先生者知神靈間事，曾詣而問命。先生曰：'紗

籠中人，勿復相問。’及在長安，寓歸德里，人言聖壽寺中有僧善術數，乃往詣之。僧又謂曰：‘子紗籠中人。’是歲元和七年，許孟容以兵部侍郎知舉。固言訪中表間人在場屋之近事者，問以求知游謁之所。斯人且以固言文章甚有聲稱，必取甲科，因紿之曰：‘吾子須首謁主文，仍要求見。’固言不知其誤之，則以所業竟謁孟容。孟容見其著述甚麗，乃密令從者延之，謂曰：‘舉人不合相見，必有嫉才者。’使詰之，固言遂以實對。孟容許第固言於榜首，而落其教者姓名，乃遣秘焉。既第，再謁聖壽寺，問紗籠中之事。僧曰：‘吾常於陰府往來，有爲相者，皆以形貌用碧紗籠於廡下，故所以知。’固言竟出入將相，皆驗焉。”《太平廣記》引《感定錄》：“元和初，進士李固言就舉，忽夢去看榜，見李顧言第二人上第。及放榜，顧言第二人，固言其年又落。至七年，許孟容下狀頭登第。”《酉陽雜俎》：“李固言，元和六年下第游蜀，遇一姥，言：‘郎君明年芙蓉鏡下及第，後二紀拜相，當鎮蜀土。’明年果狀頭及第。詩賦有‘人鏡芙蓉’之目。”《太平廣記》引《續定命錄》：“元和六年，京兆韋詞爲宛陵廉使房武從事。秋七月微雨，詞於公署因晝寢，忽夢一人投刺，視之瞭然，見題其字曰李故言。俄於恍惚聞空中有人言‘明年及第狀頭’。是時元和初，有李顧言及第，意訝其事，爲名中少有此故字，焉得復有李故言哉。秋八月，果有取解，具名投刺，一如夢中，但‘故’爲‘固’耳。詞閟夢中之事不洩，乃曰：‘足下明年必擢第，仍居衆君之首。’是冬，兵部侍郎許孟容知舉，果擢爲榜首。”

李漢，《舊書》本傳：“漢字南紀，宗室淮陽王道明之後。元和七年登進士第。”

陳夷行，《舊書》本傳：“夷行字周道，潁川人。祖忠，父邑。夷行元和七年登進士第。”

李珏，《舊書》本傳：“父仲朝。珏進士擢第，又登書判拔萃科。”《東觀奏記》：“李珏字待價，趙郡贊皇人。早孤，居淮南，養母以孝聞。舉明經，華州刺史李絳見而謂之曰：‘日角珠庭，非常人也，當擢進士科。明經碌碌，非子發迹之地。’一舉不第，應進士舉，許孟容爲禮部，擢上第。”

歸融，《新書·歸崇敬傳》：“融字章之。”《永樂大典》引《蘇州府志》：“融登元和七年第。”○孟按：《新唐書·歸崇敬傳》作“元和中，及進士第”。《舊唐書·歸崇敬傳》作“融，進士擢第”。

賈蕡，《永樂大典》引《宜春志》：“蕡登元和七年進士第。”

姚嗣卿。《唐語林》作“姚嗣”。　《太平廣記》引《盧氏雜説》：“許孟容與宋濟爲布素之交。及許知舉，宋不第，放榜後許頗慚累，請人申意，兼遣門生就看。宋不得已，乃謁焉。許但分訴首過，因命酒，酒酣，乃曰：‘雖然，某今年爲國家取卿相。’時有姚嗣卿，及第後數日而卒，因起慰許曰：‘邦國不幸，姚令公薨。’許大慚。”　按《盧氏雜説》又云：“唐德宗微行，一日夏中至西明寺。時宋濟在僧院過夏，上忽入院，濟方在窗下特鼻葛巾鈔書。〔趙校：汪紹楹校本《廣記》卷一八〇據明鈔本改“特”爲“犢”，是。〕上曰：‘茶請一碗。’濟曰：‘鼎水中煎此有茶味，請自潑之。’上又問曰：‘作何事業？’兼問姓行，濟云：‘姓宋，第五，應進士舉。’又曰：‘所業何？’曰：‘作詩。’又曰：‘聞今上好作詩，如何？’宋濟云：‘聖意不測。’語未竟，忽從輦遞到，曰：‘官家，官家。’濟惶懼待罪，上曰：‘宋五大坦率。’後禮部放榜，上命内臣看有濟名，時迴奏無名，上曰：‘宋五又坦率也。’”當亦其時事，惟誤憲宗爲德宗。

諸科十四人。

知貢舉：兵部侍郎許孟容。《舊書》本傳：“改兵部侍郎。俄以本官權知禮部貢舉，頗抑浮華，選擇才藝。”《因話録》：“進士陳存能爲古歌詩而命蹇，主司每欲與第，臨時皆有故不果。許尚書孟容舊相知，知舉日，萬方欲爲申屈。將試前夕，宿宗人家，家人爲具入試食物，兼備晨食，請存偃息以候時。五更後怪不起，就寢呼之不應，前昄之，已中風，不能言也。”

八年癸巳 (813)

四月，吏部奏：“應《開元禮》及學究一經登科人等，舊例據等第高下，量人才授官。近日緣校書、正字等名望稍優，但霑科第，皆求注擬。堅待員闕，或至踰年。若無科條，恐長僥倖。起今已後，等第稍高，文學兼優者，伏請量注校、正。其餘署《開元禮》人，太常寺官有闕相當；注通經人，國子監官闕相當者：並請先授，以備講討。如不情願，即通注他官。庶名實有名，紀律可守。

其今年以前待闕人，亦請依此條限，使爲常制。"敕旨"依奏"。
《唐會要》

　　進士三十人：《文苑英華》有《履春冰詩》，是此年試題。是年唐炎以府元落，張俣、韋元佐以等第罷舉，見《摭言》。○鄭薰撰咸通二年（861）十一月廿日《唐故銀青光禄大夫檢校户部尚書使持節鄆州諸軍事守鄆州刺史充天平軍節度鄆曹濮等州觀察處置等使御史大夫上柱國弘農開國公食邑二千户弘農楊公（漢公）墓誌銘并序》云："公諱漢公，字用乂，弘農華陰人也。……廿九登進士第，時故相國韋公貫之主貢士，以鯁直公正稱，謂人曰：楊生之清規懿行，又有《夢魯賦》之瑰麗，宜其首選。屈居三人之下，非至公也。"《夢魯賦》當是其年禮部所試賦題。

　　尹極，狀元，閬州人，樞弟。見《玉芝堂談薈》。

　　舒元輿，《舊書》本傳："元輿，江州人。元和八年登進士第。"元輿《上論貢士書》曰："草茅臣某昧死奏書皇帝陛下。聖德脩三代之教，盡善矣，唯貢士一門，闕然不脩，臣竊以爲有司過矣。臣爲童子時學讀書，見《禮經》有鄉舉里選，必得其人，而貢於上，上然後以弓旌束帛招之。臣年十五，既通經，無何心中有文竅開，則又學之。遍觀群籍，見古人有片善可稱，必聞於天子有司，天子有司亦脩禮待之不苟。臣既學文，於古聖人言皆信之，謂肖質待問上國，必見上國禮。無幾，前年臣年二十三，學文成立，爲州縣察臣，臣得備下土貢士之數。到闕下月餘，待命有司，始見貢院懸板樣，立束縛檢約之目，磨勘狀書，劇責與吏胥等倫。臣幸狀書備，不被駮放，得引到尚書試。試之日，見八百人盡手攜脂燭水炭，洎朝晡餐器，或荷於肩，或提於席，爲吏胥縱慢聲大呼其名氏。試者突入，棘闈重重，乃分坐廡下，寒餘雪飛，單席在地。嗚呼！唐虞闢門，三代貢士，未有此慢易者也。臣見今之天下貢士既如此，有司待之又如此，乃益大不信古聖人言。及睹今之甲賦律詩，皆是偷折經誥，侮聖人之言者，乃知非聖人之徒也。臣伏見國朝開進士一門，苟有登升者，皆資之爲宰相、公侯、卿大夫，則此門固不輕矣。凡將爲公侯、卿相者，非賢人君子不可。有司坐舉子於寒廡冷地，是比僕隸已下，非所以徵賢之意也。施棘闈以截遮，是疑之以賊奸徒黨，非所以示忠直之節也。試甲賦律詩，是待之以雕蟲微藝，非所以觀人文化成之道也。有司之不知其爲弊若比，臣恐賢人君子遠去，不肖污辱爲陛下用。且指近陳之，今四方貢珠玉金銀，有司則以篋筐皮幣承之。貢賢才俊乂，有司以單席冷地承之。是彰陛下輕賢才而重金玉也，賢才恥之。臣又見每歲禮部格下天下，未有不言察訪行實無頗邪，然後上貢。苟不如格，抵罪舉主。臣初見之，竊獨心賀，謂三代之風必作於今日矣。及格既下而法不下，是以歲有無藝朋黨，譁然扇突不可絕，此又惡用格爲？徒亂人耳。又於格中程之人數，每歲多者固不出三十，少或不滿二十，此又非天子納士之心也。何以言之？今日月出没，皆爲陛下内地，自漸海流沙朔南，周環綿億萬千里，其間異氣所鍾，生英豪俊彦固不少矣。若陛下明詔必以禮舉之，忽一歲之内有百數元、凱、楊、馬之才德來之，則有司必曰吾格取二十，而黜八十。是爲求賢邪，遺賢邪？若有司以僕隸待之，忽一歲之内負才德來者無十數董，則有司必曰吾拔二十，是繆收其半，徒足滿人數。是爲取才邪？取合格邪？其不可先定人數，亦昭昭矣。向之數事，臣久爲陛下疾。有司不供職，使聖朝取士首科委就地矣。臣寒微若此，出言不足以定貢士之得失，然百慮之中，或幾一得之。臣竊欲陛下詔有司，按三代故事，明脩格文，使天下入貢者皆茂行實，不拘人數。其不茂行實，法與之隨。此爲澄源，源既澄則來者皆向方矣。俾有司加嚴禮待之，舉六藝試之。試之時，免自擔荷，廊廡之下特設茵榻，陳爐火脂燭，設朝晡飯饌，則前日之病庶幾其有瘳矣。人人知天子重賢獎士之道勝氣坌漫如此，士之立身無不由正以成之者。爲士身正，則公卿正，公卿正，未有天下不治者，天下治而陛下求不垂拱以高揖羲軒，不可得也。苟不如此，則士之求名無不由邪以成者。爲士名邪，未有公卿不邪者，公卿邪，未有天下而治者，天下不治而陛下欲不役聖慮而憂黔首，不可得也。臣雖至愚，以此觀之，知貢士之道所繫尤重，是以願輸寫血誠，以正此門。陛下無以臣迹在貢士中，疑臣自爲。臣雖不敏，竊窺太常一第不爲難得。何以明之？若使臣爲今日貢士之體事，便辟巧佞，馳騖關鍵，固非臣之所不能也，恥不爲也。故互以頑才干有司，得之固無忝，不得則納履而去，蹤跡巢由，以樂陛下熙熙之化，何往而無泉石之快哉！伏惟陛下，留神獨聽，天下之幸也，於臣何幸。死罪死罪。"

　　張蕭遠，見《文苑英華》。　《唐詩紀事》："張蕭遠，元和進士登第，與舒元輿聲價俱美。"〇孟按：原卷二十七《附考·進士科》著録"張蕭遠"，徐

氏考云：“《全唐詩話》：‘張蕭遠，元和進士登第，與舒元輿聲價俱美。’”趙
校：“此與卷十八元和八年進士張蕭遠應是同人，當刪此存彼，詳《施補》。”
按施補稱引上述材料，謂：“張蕭遠”與“張蕭遠”“是即一人。‘蕭’字爲
‘蕭’字之誤。張籍有《送蕭遠弟》及《張蕭遠雪夜同宿》（並見《張司業詩
集》[《四部叢刊》本]卷六）亦均作‘蕭’。張蕭遠既見元和八年下，附考所
錄張蕭遠應刪。”今從之。

王含，《昌黎集》有《送王含秀才序》，五百家注引樊注曰：“含元和八
年進士。”

楊漢公。《舊書·楊虞卿傳》：“弟漢公，元和八年擢進士第，又書判
拔萃。”《新書》：“漢公字用义。”《摭言》：“元和九年，韋貫之榜殷堯藩雜文
落矣，楊漢公乃貫之前榜門生，盛言堯藩之屈。”○孟按：《補遺》册六，第
178 頁，鄭薰撰咸通二年(861)十一月廿日《唐故銀青光禄大夫檢校户部尚
書使持節鄆州諸軍事守鄆州刺史充天平軍節度鄆曹濮等州觀察處置等使
御史大夫上柱國弘農開國公食邑二千户弘農楊公（漢公）墓誌銘并序》云：
“公諱漢公，字用义，弘農華陰人也。……廿九登進士第，時故相國韋公貫
之主貢士，以鯁直公正稱，謂人曰：楊生之清規懿行，又有《夢魯賦》之瓌
麗，宜其首選。屈居三人之下，非至公也。”

諸科十二人。

知貢舉：中書舍人韋貫之。《唐語林》。　　按鄭餘慶《祭杜佑
文》云“元和八年四月九日，權知禮部侍郎韋貫之”，是其爲中書舍
人也。

舒元輿《履春冰詩》曰：“投跡清冰上，凝光動早春。兢兢愁
陷履，步步怯移身。鳥照微生水，狐聽或過人。細遷形外影，輕
躡鏡中輪。咫尺憂偏遠，危疑懼已頻。願堅容足分，莫使獨驚
神。”《文苑英華》

張蕭遠《履春冰詩》曰：“一步一愁新，輕輕恐陷人。薄光全
透日，殘色半銷春。蟬想行時翼，魚驚踏處鱗。底虛難動足，岸
闊怯迴身。豈暇躊躇久，寧容顧盼頻。願將矜慎意，從此越通

津。"《文苑英華》

九年甲午(814)

十一月,禮部貢院奏:"貢舉人見訖,謁先師,準格學官爲開講,質定疑義。常參及致仕官觀禮。舊例至時舉奏。"詔:"宜謁先師,餘著停。"後雖每年舉奏,並不復行。《唐會要》

進士二十七人:

張又新,《唐才子傳》:"張又新字孔昭,深州人也。初應宏詞第一,又爲京兆解頭。元和九年,禮部侍郎韋貫之下狀元及第,時號爲'張三頭'。"《舊書‧張薦傳》:"薦子又新、希復,皆登進士第。"張又新《煎茶水記》云:"元和九年春,予初成名,與同年生期於薦福寺,余與李德垂先至。"○孟按:《唐才子傳》所稱又新"初應宏詞第一,又爲京兆解頭"實誤。又新於元和十二年(817)登博學宏詞科,見後。

李德垂,見上。　《舊書‧李紳傳》:"李逢吉問計於門人張又新、李續之。"疑續之即德垂。　按《太平廣記》引《水經》載《煎茶水記》,"李德垂"作"李德裕",誤。

殷堯藩,《唐才子傳》:"殷堯藩,秀州人。元和九年韋貫之放榜,堯藩落第,楊尚書大爲稱屈料理,因擢進士。"《唐詩紀事》:"堯藩登第,許渾贈詩云:'幾載聞名翰墨林,爲從知己信浮沈。青山有雪諳松性,碧落無雲稱鶴心。帶月獨歸蕭寺遠,玩花頻醉庾樓深。尋思一見如瓊樹,空把新詩舊日吟。'"○孟按:《新唐書‧藝文志四》著錄:"《殷堯藩詩》一卷。"注:"元和進士第。"

高鍇,《舊書‧高鈇傳》:"弟鍇,元和九年登進士第,升宏詞科。"《新書》:"鍇字弱金。"按《摭言》,是年高鈇以府元落。

陳商。《昌黎集》有《答陳商書》,五百家注引集注云:"商元和九年進士。"《新書.藝文志》:"商字述聖。"

諸科十一人。

上書拜官一人:

李渤。《册府元龜》:"李渤爲左拾遺,罷官閑居東雒,撰《禦戎新錄》

二十卷以獻。元和九年四月壬午，詔曰：'前左拾遺、内供奉李渤，隱居求志，殫見洽聞，嘗致弓旌之招，尚懷林壑之戀。而聞肄其素業，成此新書，詞章典雅，謀議深遠，獻於闕下，良所嘉焉。故洽今恩，用清舊議，可授秘省著作郎。'"

知貢舉：禮部侍郎韋貫之。《舊書》本傳："拜中書舍人，改禮部侍郎。凡二年，所選士大抵抑浮華，先行實，由是趨競者稍息。"

按白居易有《中書舍人韋貫之授禮部侍郎制》云："典郊祀之禮，獻賢能之書，今小宗伯實兼二事，非直清明正者不足以處之。中書舍人韋貫之，沈實堅俊，〔趙校："堅俊"，《白集》卷五五作"賢俊"。〕文以禮樂，行成於内，移用於官，公直之聲，滿於臺閣。頃以詞藻，選登禁掖，秉筆書命，時稱得人。久積勤勞，宜有遷轉。可使典禮，以和神人；可使考文，以第俊秀。儀曹之選，僉議所歸，往脩乃官，無替厥問。可禮部侍郎。"蓋於八年真拜也。

十年乙未（815）

六月癸卯，盜刺武元衡、裴度。《舊書》本紀。 《國史補》："王義即裴度之隸人也。度爲御史中丞，武元衡遇害之日，度爲人所刺，義捍刃而死，度由是獲免。乃自爲文以祭，厚給其妻子。是歲進士撰《王義傳》者十二三焉。"

進士三十人：《文苑英華》有《春色滿皇州詩》，當是此年試題。○陳補："本年缺進士賦題。按《文苑英華》卷六七收封敖（明刻誤封殷）、張嗣初、滕邁（明刻誤滕遇）《鄉老獻賢能書賦》，皆'以行藝昭洽，可升王庭爲韻'。三人皆本年進士，因知是賦爲本年試。"

沈亞之，《唐才子傳》："沈亞之字下賢，吳興人，元和十年侍郎崔群下進士。涇原李彙辟爲掌書記。"沈亞之《與京兆試官書》："時亦有人勉亞之於進士科，言得禄位大可以養上飽下。去年始來京師，與群士皆求進，而賦以八詠，雕琢綺言與聲病，亞之習未熟，而又以文不合於禮部，先黜去。今年復來，聞執事主選京兆，長安中賢士皆賀亞之曰：'某執事斯謂明矣，其取捨必以目辨而察。'"又《上壽州李大夫書》："亞之前應貢在京師，而長幼骨肉萍居於吳，無咫尺地之居以自托。其食給旦營其晝，晝營其暮。如是凡三黜禮部。"又《與李給事薦士書》："新及第進士沈亞之再拜稽首給事閣下。昔者五年,亞之以進士入貢至京師,與其等清河張宗顏比居,至春,宗顏去還家。"

滕邁,《唐詩紀事》："邁登元和進士第。"○孟按:《全唐詩》卷五〇二章孝標有《和滕邁先輩傷馬》詩,即其人。

裴夷直,《唐才子傳》："裴夷直字禮卿,吳人。元和十年禮部侍郎崔群下進士。"○孟按:《新唐書·張孝忠傳》附《裴夷直傳》:"夷直字禮卿,亦婞亮,第進士。"

封敖,《舊書》本傳:"敖字碩夫,其先渤海蓚人。祖希奭,父諒,官卑。敖元和十年登進士第。"

張嗣初,見《文苑英華》。○孟按:《全唐文》卷五四六張嗣初小傳謂嗣初"貞元八年進士",未詳何據。

任畹,沈亞之《送同年任畹歸蜀序》:"十年,新及第進士將去都,生揖語亞之曰:'吾家世居蜀,嘗以進士得第,吾少能嗣其業。幸子之文得稱甚光,願爲我序還家之榮。'亞之辭謝不敏,曰:'願無讓。'曰:始生與兄之來舉進士,得紬。及綴字爲便口之句,歷贊其文於公卿之門,由是一歲而名。八年成都貢士,生名在貢首。九年生與其兄試貢京兆,京兆籍貢名生名爲亞首,生之兄亦在列下。十年禮部第士,生名在甲乙。如是而後歸,亞之以爲相如還蜀之榮,而生未後也。"姚合有《送任畹及第歸蜀中覲親詩》云:"子當啼欲死,君聽固無愁。闕下聲名出,鄉中意氣游。東川橫劍閣,南斗近刀州。神聖題前字,千人看不休。"

龐嚴,《舊書》本傳:"嚴,壽春人。父景昭。嚴元和中登進士第。"《新書》:"嚴字子肅。"《因話錄》:"京兆龐尹及第後,從事壽春。有江淮舉人姓嚴,是《登科記》誤本倒書龐嚴姓名,遂賃舟丐食就謁。時郡中止有一判官,亦更不問其氏,便詣門投刺,稱從姪。龐之族人甚少,覽刺極喜,延納殷勤,便留欵曲,兼命對舉匕筯。久之語及族人,都非龐氏之事,龐方訝之,因問:'止竟郎君何姓?'曰:'某姓嚴。'龐撫掌大笑,曰:'君誤矣,余自姓龐,預君何事。'揖之令去。其人尚拜謝叔父,從容而退。"

胡□,

韓復，

張正謨，沈亞之《祭胡同年文》曰："同年韓復、張正謨、龐嚴、沈亞之祭於故安定胡公之靈。"元稹《獻滎陽公詩》注："張秀才正謨，滎陽公首薦登第也。"

紇干㮚，《唐語林》："開成三年，書判考官刑部員外郎紇干公，崔相群門生也。"按沈詢《授紇干㮚嶺南節度使制》："惟爾元和中，以文學德行升爲甲科。"

劉巖夫，《昌黎集》有《答劉正夫書》，五百家注引樊注曰："正夫，或作巖夫。"書云："某於足下忝先進，予嘗從遊於賢尊給事。"給事，劉伯芻也，公詩有《和虢州劉給事使君新題二十一詠》，即其人。伯芻三子：寬夫，端夫，巖夫。巖夫字子耕，元和十年登進士及第。

李干，《昌黎集·李干墓誌》："太學博士頓邱李干，余兄孫婿也。初干以進士爲鄂岳從事。"五百家注引樊氏曰："元和十年，干中進士第，年四十。"

吕讓，讓，吕渭之子，元和十年中第。見柳宗元《送表弟吕讓序》注。〇孟按：《彙編》[大中107]吕焕撰大中十年(856)四月十三日《唐故中散大夫秘書監致仕上柱國賜紫金魚袋贈左散騎常侍東平吕府君(讓)墓誌銘并序》云："先府君諱讓，字遜叔……皇考諱渭，禮部侍郎湖南觀察使。……初從鄉賦，韓吏部、皇甫郎中、張司業方閑宴，見公《賈珠賦》云：'洞庭方員七百里，其瀾浸日月，土出金人之'之句，環目驚視，不浹辰傳乎萬人。二十三，進士上第，解褐秘書省校書郎。"按讓卒於大中九年(855)十月廿四日，享年六十三。則其二十三歲時在本年。

*盧宗回。原卷二十七《附考·進士科》著録盧宗回，徐氏考云："盧宗回，元和進士第，見《唐詩紀事》。"　孟按：日本藏[萬曆]《粵大記》卷四《科舉·唐進士科》："元和十年：盧宗回，南海縣人，集賢校理。"日本藏[康熙]《南海縣志》卷十二、四庫本《廣東通志》卷四十四、清人黄子高編《粵詩搜逸》卷一皆録宗回爲元和十年進士。今移正。按胡補亦據《廣東通志》及《全唐詩》小傳録宗回於本年。

諸科十四人。周墀元和十年撰《國學官事書》云："元和七年，詔郭彪之爲國學助教，由是得諸生每歲累及薦擢於有司。”

　　＊經明行脩科：

　　＊尚弘簡。《補遺》册四，第 259 頁，施誼撰咸通八年（867）二月三日《大唐故道州長史汲郡尚府君（弘簡）墓誌銘并序》：“公諱弘簡，字長卿，衛州汲郡人也。……髫年學敦，弱冠經明。……以咸通三年四月十二日寢疾，終於道州官舍，春秋六十有七。”可推之其弱冠歲在本年。亦見王補。

　　　　知貢舉：禮部侍郎崔群。《獨異志》：“崔群，元和自中書舍人知貢舉。夫人李氏因暇嘗勸樹莊田，以爲子孫之業。笑曰：‘予有三十所美莊良田，遍在天下，夫人何憂！’夫人曰：‘不然者。君非陸贄相門生乎？’曰：‘然。’夫人曰：‘往年君掌文柄，使人約其子簡禮，不令就試。如君以爲良田，即陸氏一莊荒矣。’群慚而退，累日不食。”按丁居晦《重脩承旨學士壁記》云：“崔群，元和二年十一月六日自左補闕充學士。三年四月二十八日，加庫部員外郎。五月五日，加庫部郎中、知制誥。十二月，賜緋。七年四月二十九日，遷中書舍人。九年六月二十六日，出院，拜禮部侍郎。”是以禮部侍郎知舉。白居易有《渭邨退居寄禮部崔侍郎詩》，《獨異志》誤。○孟按：《舊唐書》本傳：“元和初，召爲翰林學士，歷中書舍人。……遷禮部侍郎，選拔才行，咸爲公當。轉户部侍郎。”《南部新書》卷六：“崔群是貞元八年陸贄門生。群元和十年典貢，放三十人而黜陸簡禮。時群夫人李氏謂之曰：‘君子弟成長，合置莊園乎？’對曰：‘今年已置三十所矣。’夫人曰：‘陸氏門生知禮部，陸氏子無一得仕者，是陸氏一莊荒矣。’群無以對。”所記與《獨異志》異。

　　＊封敖《鄉老獻賢能書賦》曰：“至哉求士之方，稽彼側陋，書乎善良，備採擇於鄉老，爰升薦於天皇。乃曰行之，實藝之長。可謂舉不踰等，信乎幽而有芳。用之則行，豈遲方之繫滯；時不可失，逢昭代之明揚。於是申衆寡，稱旗章，播唐風而靡闕，同周制而有常。操簡兢兢，願獻巖廊之器；率徒濟濟，咸從禮義之鄉。佐理之源，匡時之盛，可以榮鄉黨，可以輔國政。豈徒稱藝能、褒

德行而已，亦以示尊寵、尚賢能。再拜之儀，設五物之禮興，俾地官而是載，命天府而爰登。膺選以行，豈黃冠而是阻；策名之後，見青雲而可升。所謂納菁莪，拔淹滯，或端莊而果行，或踴躍而負藝。聞善必舉，誠哉不過其亂；惟賢是求，豈曰後難爲繼。是以臻彼道德，致乎雲霄。多士如流，可閱一編之上；群才是選，寧辭萬里之遙。矧物類之咸若，在皇明之孔昭。考鄉閭之中，既已爲善；顧周行之內，無愧嘉招。原夫進以守法，明乎化洽，庶所以觀士，無取乎徹甲。方今搜賢鄉黨，致理國經，具名氏於尺牘，先貢獻於彤庭。隨籍而來，先容必假於垂白；進善以致，克己自期乎拾青。士有其心徒堅，其誠未果，道寧忘於光大，藝必慚乎微瑣。沈潛下國，隨鄉書而計偕；希望榮名，在王庭之試可。"《文苑英華》卷六十七

　　＊張嗣初《鄉老獻賢能書賦》曰："皇上尊教本，旌藝能，徵鄉舉里選之人則哲，俾含光抱素之用必稱。故講信脩睦之徒，坦然弘大；謙光素履之士，赫爾昭升。時乃正月初吉，鄉老旁庚，奉簡牘之詞詣闕，傾葵藿之心獻歲。且曰君不可以獨理，必敷求以兼濟；臣不可以失時，故脩己而獻藝。惟古訓之是式，叶周官之舊制，自家刑國，率是道而克明；選賢與能，誠致遠之不泥。遯覽虞舜，稽古唐堯，明揚側陋，惠訪庶僚。由是金鏡朗，玉燭調，禮崇檢約，樂奏咸韶。致王道之易易，啟賢路之昭昭；豈不以道不遠人，弘之在我。察言行之枝葉，執禮義爲疆鎖。惟仁是與，諒俾善以交脩；在邦必聞，非據德而孰可。斯實義光前古，道冠百王，德政者介爾以昭進，學植者闇然而日彰。賤不遺遺，邦教以順乎九有；下無沈抑，聖謨猶洎於萬方。矧乎職有司存，令申先甲，既自上而下下，誠德優而化洽。是以敦育德，理疑作禮窮經，激浮惰以食力，耨甫田於拾青。片善罔遺，君子何辭於在野；菁言式衆，多士必見其盈庭。吾君於是納遠謀，守至正，欽若前典，申錫時命。曰酌爾之素德，竭爾之文行，俾敷奏沃余一人，而聲教一

作政加乎萬姓。是亦尊賢以崇德,致君而齊聖。丕休哉揭捍—作激捍。之道,成君人之大柄。"《文苑英華》卷六十七

＊滕邁《鄉老獻賢能書賦》曰:"審其賢,必鄉之耆德;納其獻,惟國之哲王。爰進牘以舉善,希命官之必良;脩身既浹於閭里,累行宜應乎搜揚。垂鶴頭之書,來自衡門之下;俯鮎背而獻,發乎丹闕之旁。書曰能蘊於藝文,賢彰其德行。文可以贊謀猷,光教命;德可以鎮邦慝,備匡諍。今則潛獲其人,可施於政,咸能藏器以自持,秉心而無兢。處乎野,興在軸之歌;遇其時,仰干旄之詠。矧臣察之而甚熟,交之而益敬。逼桑榆暮景,敢罔於天聰;當杞梓良材,將裨於國慶。若夫博通之藝可稱,虧污之德難升,臣不敢書其德而妄舉賢能。若乃閨門之風雖浹,鄉黨之言未洽,臣不敢請於王而遠離荷鋪。凡所稱無黨,所覆有經,錄其功能策勳於盟府,採其藝能揀藻於天庭。豈以臣之職,所言莫可。昔明王問政於耆耋,聖后取人於農瑣,帝乃啟書而相,視賢不佻,聽讜言而其容穆穆,納嘉猷而厥德昭昭。由是道冠百王,風馳四裔,使居鄉者契—作潔。其已,在家者脩其義。以黃髮薦士之書爲式,欲庶官推賢之路無蔽。彼周詢鄉老,漢延群儒,未足量功而並利叶韻力計切。"《文苑英華》卷六十七。　孟按:以上三篇賦據前考新補。

＊沈亞之《春色滿皇州詩》曰:"何處春歸—作"輝"。好,偏宜在雍州。花明夾城道,柳暗曲江頭。風軟遊絲重,光融瑞氣浮。鬭鷄憐短草,乳鷰傍高樓。綉轂盈香陌,新泉溢御溝。行—作"迴"。看日欲暮,迴騎似川流。"《文苑英華》卷一八一

＊滕邁《春色滿皇州詩》曰:"藹藹復悠悠,春歸十二樓。最明雲裏闕,先滿日邊州。色媚青門外,光搖紫陌頭。上林榮舊樹,太液鏡新流。《類詩》作"泛新流"。暖帶祥烟起,清—作"晴"。添瑞景浮。陽和如啟蟄,從此事芳遊。"《文苑英華》卷一八一

　　＊裴夷直《春色滿皇州詩》曰：“寒銷山水地，春遍帝王州。
北闕晴光動，南山喜氣浮。夭紅妝暖樹，急緑走陰溝。思婦開香
閣，王孫上玉樓。氛氲直城北，駘蕩曲江頭。今日靈臺下，翻然
却是愁。”《文苑英華》卷一八一

　　＊封敖《春色滿皇州詩》曰：“帝里春光正，葱蘢喜氣浮。錦
鋪仙禁側，鏡寫曲江頭。紅蕚開蕭閣，黄絲拂御樓。千門歌吹
動，九陌綺羅遊。日近風先滿，仁深澤共流。應非顦悴質，辛苦
在神州。”《文苑英華》卷一八一

　　＊張嗣初《春色滿皇州詩》曰：“何處年華好，皇州淑氣勻。
韶陽潛應律，草木暗迎春。柳變金堤畔，蘭抽曲水濱。輕黄垂輦
道，微緑應天津。麗景浮丹闕，晴光擁紫宸。不知幽遠地，今日
幾枝新。”《文苑英華》卷一八一。　　孟按：以上五詩原闕，今據《英華》補。

十一年丙申 (816)

　　進士三十三人：《摭言》：“元和十一年歲在丙申，李逢吉下三
十三人皆取寒素。時有語曰：‘元和天子丙申年，三十三人同得仙。
袍似爛銀文似錦，相將白日上青天。’”　按此詩爲周匡物《及第詩》。

　　鄭澥，狀元，見《永樂大典》引《清漳志》。　　《唐才子傳》作“鄭解”，
《玉芝堂談薈》作“鄭獬”，當從《御史臺精舍題名碑》作“鄭澥”。《唐詩紀
事》作“高澥”，誤。

　　姚合，《唐才子傳》：“姚合，陝州人，宰相崇之曾孫也。元和十一年，
李逢吉知貢舉，有夙好，因拔泥塗，鄭澥榜及第。”　按宋鄧名世《古今姓氏
書辨證》云：“陝郡姚氏：懿，巂州都督、文獻公，生元景、元之、元素；元素生
鄬陵令算；算生闦；闦子秘書監合，〔趙校：原脱“監”字，”據鄧書卷十補。〕
世所稱姚武功者。”則合爲元素曾孫。《才子傳》以爲崇曾孫，誤。《舊書》
以爲崇玄孫，尤誤。　　按《舊書·姚崇傳》以合爲崇玄孫。　　姚合有《寄陝
府内兄郭圓端公詩》云：“蹇鈍無大計，酷嗜進士名。爲文性不高，三年住
西京。相府執文柄，念其心專精。薄藝不退辱，特列爲門生。事出自非
意，喜常少於驚。春榜四散飛，數日遍八紘。眼始見花發，耳得聞鳥鳴。

免同去年春，兀兀聾與盲。家寄河朔間，道路出陝城。睽違逾十年，一會愨素誠。同遊山水窮，狂飲飛大觥。起坐不相離，有若親弟兄。中外無親疏，所算在其情。久客貴優饒，一醉舊疾平。家遠歸思切，風雨甚亦行。到茲戀仁賢，淹滯一月程。新詩忽見示，氣逸言縱橫。纏綿意千里，騷雅文發明。永晝吟不休，咽喉乾無聲。羈貧重金玉，今日金玉輕。"又有《及第後夜中書事詩》云："夜睡常驚起，春光屬野夫。新銜添一字，舊友遜前途。喜過還疑夢，狂來不似儒。愛花持燭看，憶酒犯街沽。天上名應定，人間盛更無。報恩丞相閣，何啻殺微軀。"又有《杏園宴上謝座主詩》云："得陪桃李植芳叢，別感生成太昊功。今日無言春雨後，似含冷涕謝東風。"又有《成名後留別從兄詩》云："一辭山舍廢躬耕，無事悠悠住帝城。爲客衣裳多不穩，和人詩句固難精。幾年秋賦惟知病，昨日春闈偶有名。却出關東悲復喜，歸尋弟妹別仁兄。"○孟按：姚合《贈任士曹》詩云："憲皇十一祀，共得春闈書。"此爲姚合是年登科之確證。

　　*任疇，爲姚合同年，見上姚合《贈任士曹》詩。陶敏《全唐詩人名考證》[5651D]考云："任士曹，任疇。詩云：'憲皇十一祀，共得春闈書。'知任乃元和十一年姚合同年進士。《全唐文》卷七三五沈亞之《送同年任畹歸蜀序》：'（元和）九年，生與其兄試京兆。京兆籍貢名，生名爲亞首，生之兄亦在列下。十年，禮部試貢，生名在甲乙。'疇、畹聯旁，疇當畹兄。《蜀中名勝記》卷二四保寧府引《南部縣志》：'新井縣有二龍里，唐任畹、任疇之所居也。'既稱二龍，疇當亦登進士第，蓋唐人呼進士及第爲'登龍門'也。畹元和十年進士，疇及第或在十一年。"

　　廖有方，柳宗元有《答廖有方論文書》。又有《送詩人廖有方序》，韓注："元和十一年，有方中進士第，改名游卿。"《雲溪友議》："廖有方，元和乙未歲下第游蜀。至寶鷄西界，適公館，忽聞呻吟之聲，潛聽而微憫也。乃於暗室之內見一貧病兒郎，問其疾苦行止，強而對曰：'辛勤數舉，未偶知音。'眄睞叩頭，久而復語，唯以殘骸相托，餘不能言。擬求救療，是人俄忽而逝。遂賤鬻所乘鞍馬於村豪，備棺瘞之。恨不知其姓字，苟爲金門同人，臨歧愴斷，復爲銘曰：'嗟君歿世委空囊，幾度勞心翰墨場。半面爲君申一慟，不知何處是家鄉。'後廖君自西蜀迴，取東川路，至靈龕驛，驛將迎歸私第。及見其妻，素衣再拜嗚咽，情不可任。徘徊設辭，有同親懿。淹留半月，僕馬皆飫啜熊虎之珍，極賓主之分。有方不測何緣，悚惕尤甚。
臨別，其妻又悲啼，贈賻繒錦一馱，其價值數百千。驛將曰：'郎君今春所
葬胡綰秀才，即某妻室之季兄也。'始知亡者姓字，復叙平生之弔，所遺之
物終不納焉。少婦及夫堅意拜上，有方辭曰：'僕爲男子，粗察古今，偶然
葬一同流，不敢當茲厚惠。'遂促轡而前。驛將奔騎而送，復逾一驛，尚未
分離。廖君不顧其物，驛將執袂，各恨東西，物乃棄於林野。鄉老以義事
申州，州以表奏。中朝文武宰寮願識有方，共爲導引。明年，李侍郎逢吉
知舉，放有方及第，改名游卿，聲動華夷，皇唐之義士也。其主驛戴克勤，
堂帖本道節度，甄升至於顯職。克勤名義與廖君同遠矣。"《唐詩紀事》：
"有方，交州人。"

周匡物，《永樂大典》引《清漳志》："元和十一年，周匡物進士及第。"
《太平廣記》引《閩川名士傳》："周匡物字幾本，漳州人，唐元和十一年王播
榜下進士及第，時以歌詩著名。初周以家貧，徒步應舉，落魄風塵，懷刺不
遇。路經錢塘江，乏儑船之資，久不得濟。乃於公館題詩云：'萬里茫茫天
塹遥，秦皇底事不安橋。錢塘江口無錢過，又阻西陵兩信潮。'郡牧出見
之，乃罪津吏。至今天下津渡，尚傳此詩諷誦。舟子不敢取舉選人錢者，
自此始也。"　按是年李逢吉入相，王播代放榜，故曰王播榜。《唐詩紀
事》："周匡物《及第後謝座主詩》云：'一從東越入西秦，十度聞鶯不見春。
試向昆山投瓦礫，便容靈沼洗埃塵。悲歡暗負風雲力，感激潛生木植身。
中夜自將形影語，古來吞炭是何人。'又有《及第謠》云："水國寒消春日長，
燕鶯催促花枝忙。風吹金榜落凡世，三十三人名字香。遥望龍墀新得意，
九天敕下多狂醉。驊騮一百三十蹄，踏破蓬萊五雲地。物經千載出塵埃，
從此便爲天下瑞。"

令狐定，《舊書·令狐楚傳》："弟定，字履常，元和十一年進士及
第。"○孟按：《全唐文》卷七四八杜牧草《令狐定贈禮部尚書制》："令狐定
始自結髮至於壽考，直道而行，靡有悔德。初以友愛藹閨門之風，中以文
學應鄉里之選，終以德業爲名實之臣。"

皇甫曙，《唐詩紀事》："曙，元和十一年中書舍人李逢吉下登第。是
歲高澥第一人，劉端夫、李方、周匡物、廖有方輩皆預選。"○孟按：《補遺》
册四，第 232 頁，劉玄章撰咸通六年(865)《唐故朝議郎使持節撫州諸軍事

守撫州刺史柱國皇甫公（煒）墓誌銘并序》云：“公姓皇甫氏，安定朝那人也。……蜀州生汝州刺史，贈尚書右丞諱曙，人藝兼茂，甲乙連登，歷聘名藩，薦居郎位。亞尹洛邑，再相宮坊，調護儲闡，五典劇郡。以詩酒遣興，以雲水娛情，味道探玄，獨遠聲利。至今言達識通理者，以爲稱首。公即右丞第三子也，諱煒，字重光。”又，所引《唐詩紀事》“李方”，原書作“李行方”。

劉端夫，按端夫當即嚴夫之兄也。

＊李行方，原誤作“李方”，見上。亦見陳補。

楊之罘，韓愈有《招楊之罘詩》，五百家注引補注云：“之罘行第八，元和十一年進士。”

＊周師厚，

＊陳傳。孟按：宋代祝穆撰《古今事文類聚前集》卷二十七《仕進部》“止壓一人”條：“周師厚在鄭獬榜及第，只壓得陳傳，自賦云：‘有眼不堪看鄭獬，回頭猶喜得陳傳。’”是年狀元爲“鄭澥”（據《御史臺精舍題名碑》），然《玉芝堂談薈》亦作“鄭獬”。故知周、陳二人當於是年登第。

諸科十四人。

知貢舉：中書舍人李逢吉。《舊書》本傳：“元和九年，改中書舍人。十一年二月，權知禮部貢舉。”按《舊書》本紀：“十一年二月，以中書舍人、權知禮部貢舉、賜緋魚袋李逢吉爲門下侍郎、同平章事，賜紫金魚袋。”本傳以入相爲知舉年月，誤。　《摭言》：“元和十一年，中書舍人、權知貢舉李逢吉下及第三十三人，試策後拜相，令禮部尚書王播署榜。其日午後放榜。”《因話錄》：“李太師逢吉知貢舉，榜成未放而入相。禮部王尚書播代放榜。及第人就中書見座主，時謂‘好脚跡門生’，前世未有。”按姚合有《和座主相公西亭秋日即事詩》，又有《和座主相公雨中作》，座主即李逢吉也。〇孟按：《全唐文》卷五十八憲宗《授李逢吉門下侍郎平章事制》：“朝議郎守中書舍人權知禮部貢舉輕車都尉賜緋魚袋李逢吉……自彌綸粉闈，駁正瑣闥，且司言於右掖，嘗納訓於東儲。誠明一貫，聞望旁洽。俾司貢士，彌著嘉聞。”

十二年丁酉（817）

進士三十五人：是年孟夷等第罷舉，見《摭言》。

蕭傑，《舊書·蕭俛傳》："俛弟傑，字豪士，元和十二年登進士第。"

崔龜從，《舊書》本傳："龜從字玄告，清河人。祖璥，父誠。龜從元和十二年擢進士第，又登書判拔萃科。"《續前定錄》："崔龜從未達時，嘗至宣州。夢到一府門，屋宇深大。有綠衣吏抱案，龜從揖而問之曰：'某未達應舉，請爲一檢可乎？'吏因爲檢曰：'灼然及第，科名極高。'言訖遂覺。明年果中第，又聯得科目。"

＊鄭涯。《彙編》[大中115]李庾撰大中十年（856）夏六月《唐故萬年縣尉直弘文館李君（書）墓誌銘》（周紹良藏拓本）云：李書字貞曜，祖程，父廓。"（書）年廿九登上第。其明年冬，以博學弘詞科爲敕頭。又明年春，授秘書省校書郎。今中山鄭公涯爲山南西道節度，時以君座主孫熟聞其行，願置於賓筵，奏章請試本官充職。"知鄭涯之座主爲李程，則涯當在本年擢第。亦見羅補。

諸科十四人。

博學宏詞科：

張又新。《廣卓異記》引《登科記》："又新元和九年進士，狀元及第。十二年宏詞頭登科。"

竇黄按字有誤，疑作"龔黄"。科。見《雲麓漫鈔》。

知貢舉：中書舍人李程。《舊書·李程傳》："元和十一年，拜中書舍人，權知京兆尹事。十二年，權知禮部貢舉。十三年四月，拜禮部侍郎。"

十三年戊戌（818）

十月，權知禮部侍郎庾承宣奏："臣有親屬應明經、進士舉者，請準舊例送考功試。"從之。自貞元十六年高郢掌貢舉，請權停考功別試，識者是之。自今始復。《册府元龜》、《唐會要》。

進士三十二人：《摭言》："陳標贈元和十三年登進士詩曰：

'春官南院院墙東，地色初分月色紅。文字一千重馬擁，喜歡三十二人同。眼看魚變辭凡水，心逐鶯飛出瑞風。莫怪雲泥從此別，總曾惆悵去年中。"《文苑英華》有《玉聲如樂詩》當是此年試題。○孟按：《修禮耕情田賦》亦爲本年試題，見下潘存實考。

獨孤樟，狀元。見《永樂大典》引《清漳志》。《玉芝堂談薈》作"獨孤梓"，誤。

李廓，《舊書‧李程傳》："子廓，進士登第"。《唐才子傳》："李廓，宰相程之子也。少有志勳業，攬轡慨然，而未肯屑就，遂困場屋中。作《下第詩》曰：'榜前潛制泪，衆裏獨嫌身。氣味如中酒，情懷似別人。暖風張樂席，晴日看花塵。盡是添愁處，深居乞過春。'時流皆稱賞，且憐之，因共推挽，元和十三年獨孤樟榜進士。"僧無可有《冬夜姚侍御宅送李廓少府詩》。○孟按：馬戴有《贈鄠縣尉李輩二首》詩，據姚合《寄鄠縣尉李廓少府》詩知"李先輩"即李廓。

李石，《舊書》本傳："石字中玉，隴西人。祖堅，父朋。石元和十三年進士擢第。"《因話錄》："李相公石是庾尚書承宣門生。不數年，李任魏博軍，因奏事，特賜紫，而庾尚衣緋。人謂李侍御將紫底緋上座主。"《摭言》："庾承宣主文，後六七年方衣金紫。時門生李石先於內庭恩賜矣。承宣拜命之初，石以所服紫袍金魚拜獻座主。"○孟按：《冊府元龜》卷七二九："李石，元和十三年進士擢第。"

柳仲郢，《舊書‧柳公綽傳》："子仲郢，字諭蒙，元和十三年進士擢第。"

王洙，《東陽夜怪錄》："前進士王洙，字學源，其先琅琊人。元和十三年春擢第。嘗居鄒魯間名山習業，洙自云前四年時，因隨籍入貢，暮次滎陽逆旅，值彭城客秀才成自虛者，以家事不得就舉，言旋故里。偶洙因話辛勤往復之意，自虛字致本，語及人間目睹之異。是歲自虛十有一月八日東還。"乃元和八年也。

樂坤，《雲溪友議》："樂坤員外素名冲，出入文場多蹇。元和十二年，忿起歸耕之思，乃辭知己東邁。夜禱華岳廟，虔心啟祝，願知升黜之分。止此一宵，如可求名者，則重適關城，如不可，則無由再窺仙掌矣。中夜忽夢一青綬人檢簿書報云：'來年有樂坤及第，名已到冥簿，不見樂冲也。'冲遂改名坤,果如其説。春闈後,經岳祈謝,又祝官職於主簿。夢中稱官歷四資,郡守而已。乃終於鄆州,神其靈哉。”

劉軻,《唐詩紀事》:“軻字希仁,元和末登進士第。軻爲僧時,葬遺骸,夢一書生來謝,持三鷄子勸食之。嚼一而吞二,後精儒術。”《摭言》云:“軻慕孟軻爲文,故以名焉。少爲僧,止於豫章高安之南果園。復求黄老之術,隱於廬山。既而進士登第,文章與韓、柳齊名。” 軻《上座主書》曰:“軻本沛上耕人,代業儒,爲農人家。天寶末,流離於邊,徙貫南鄙。邊之人嗜習玩味異乎沛,然亦未嘗輟耕捨學與邊俗齒。且曰言忠信,行必果,雖夷貊行矣,故處邊猶如沛然。貞元中,軻僅能執經從師。元和初,方結廬於廬山之陽,日有芟夷畚築之役,雖震風凌雨亦不廢力大耨,或農圃餘隙,積書窗下,日與古人磨礱前心。歲月悠久,寖成書癖。”〇孟按:《南部新書》卷六:“劉軻爲僧時,因葬遺骸,乃夢一書生來謝,持三鷄子勸食之,軻嚼一而吞二者,後乃精儒學,策名任史官。”此當爲《紀事》所本。又《新唐書·藝文志二》著録:“劉軻《帝王曆數歌》一卷。”注:“字希仁,元和末進士第,洺州刺史。”

潘存實,《永樂大典》引《清漳志》:“潘存實,元和十三年進士及第。”〇孟按:《萬姓統譜》卷二十五:“潘存實,字鎮之,漳浦人。登元和進士,試《修禮耕情田(賦)》、《玉聲如磬詩》,官歷户部郎中、左庶子。”陳補亦據此録入。又,《閩書》卷一一九《英舊志·漳州府·漳浦縣·唐進士》:“元和十三年戊戌:潘存實。”《傳》云:“潘存實……元和十三年庚承宣侍郎下試《禮耕情田賦》及《玉聲如樂詩》,入格登第。”

陳彤,《昌黎集》有《送陳彤秀才序》,五百家注引韓氏曰:“公貞元十九年冬,自御史出爲山陽令,過潭州,見陳彤於楊湖南門下。永貞元年,徙掾江陵,送彤舉進士。彤後以元和十三年登第。”

*薛廷老(薛庭老)。原列卷二十七《附考·進士科》,徐氏考云:“《新書·薛存誠傳》:‘廷老字商叟,及進士第。’”趙校:“《新表》作‘庭老’。按表其兄弟有庭範、庭章、庭望,以作‘庭’爲是。”岑補云:“《卓異記》:‘惟(薛)廷老翰林時座主庾公拜兗海節度,廷老爲門生,得爲麻制,時代榮之。’據《重修壁記》,廷老以大和四年入,五年九月出,又據《舊記》一七下,座主庾公即庾承宣也。今《登科記考》一八元和十三四年承宣兩知舉,不

列廷老,惟於卷二十七附記之,是徐氏未考及《卓異記》也。"今附本年。

　　＊明經科：

　　＊吳全素。陳補："《玄怪録》卷三云：'吳全素,蘇州人,舉孝廉,五上不第。元和十二年,寓居長安永興里。'十二月十三日夜夢被引入冥司。後如場應試,'俄而成名,哭別長安而去。'及第當在本年。"

　　諸科十三人。

　　知貢舉：中書舍人庾承宣。見《唐語林》。

　　劉軻《玉聲如樂詩》曰："玉叩能旋止,人言與樂並。繁音忽已闋,雅韻訕然清。珮想停仙步,泉疑咽夜聲。曲終無異聽,響極有餘情。特達知艱擬,玲瓏豈易名。昆山如可得。一片仁爲榮。"《文苑英華》

　　潘存實《玉聲如樂詩》曰："表質自堅貞,因人一叩鳴。静將金並響,妙與樂同聲。杳杳疑風送,泠泠似曲成。韻含湘瑟切,音帶舜絃清。不獨藏虹氣,猶能暢物情。后夔如爲聽,從此振玎玎玎。"《文苑英華》

十四年己亥(819)

　　七月己丑,御宣政殿册尊號。禮畢,大赦天下。制曰："用賢納諫,常所虚心；計科求人,抑亦古典。天下諸色人中,有賢良方正、能直言極諫,博通墳典、達於教化,軍謀弘遠、堪任將帥,詳明政術、可以理人者,委中書門下、尚書、御史臺及諸司四品以下清望官,五品以上清望官,諸道觀察使、刺史,各舉所知。仍限來年正月内到上都,朕當親自策試。"《唐大詔令集》

　　進士三十一人：是年韋璟等第罷舉,見《摭言》。　《文苑英華·王師如時雨賦》以"慰悦人心,如雨枯旱"爲韻,又有《騏驥長鳴詩》,皆此年試題。

　　韋諶,狀元。見《玉芝堂談薈》。

　　章孝標，《唐才子傳》：“章孝標字道正，錢塘人。李紳鎮淮東，時春雪，孝標參座席，有詩名。紳命札請賦，惟然索筆一揮：‘六出花飛處處飄，黏窓拂砌上寒條。朱門到晚難盈尺，盡是三軍喜氣消。’李大稱賞，薦於主文。元和十四年，禮部侍郎庚承宣下進士及第，授校書郎”。　《雲溪友議》：“章孝標，元和十三年下第，時輩多爲詩以刺主司，獨章爲《歸燕》留獻侍郎。庚承宣得詩，展轉吟諷，誠恨遺才，仍候秋期，必當薦引。庚果重典禮闈，章孝標來年擢第。群議以爲二十八字而致大科，則名路可遵，遞相礱礪也。詩曰：‘舊壘危巢泥已落，今年故向社前歸。連雲大厦無棲處，更望誰家門户飛。’”《摭言》：“章孝標《及第後寄淮南李相》曰：‘及第全勝十改官，金湯鍍了出長安。馬頭漸入揚州郭，爲報時人洗眼看。’紳亟以一絶箴之曰：‘假金方用真金鍍，若是真金不鍍金。十載長安得一第，何須空腹用高心。’孝標又有《初及第歸酬孟元翊見贈詩》云：‘六年衣破帝城塵，一日天池水脱鱗。未有片言驚後輩，不無慚色見同人。每登公宴思來日，漸聽鄉音認本身。何幸致詩相慰賀，東歸花發杏桃春。’”○孟按：《唐才子傳校箋》册五“章孝標”條陳尚君補箋云：“日本藤原公任《和漢朗詠集》卷下收孝標詩《及第日報破東平》：‘三十仙人誰得聽，含元殿角管絃聲。’《舊唐書·憲宗紀》載，元和十四年二月‘壬戌，田弘正奏，今月九日，淄青都知兵馬使劉悟斬李師道並男二人首請降，師道所管十二州平’。壬戌爲十四日，即孝標及第之日。”

　　陳去疾，《永樂大典》引《閩中記》：“陳去疾字文醫，侯官人。元和十四年及第。”

　　馬植，《舊書》本傳：“植，扶風人。父曛。植元和十四年進士，又登制策科。”《新書》：“植字存之。”

　　李讓夷，《舊書》本傳：“讓夷字達心，隴西人。祖悦，父應規。讓夷元和十四年擢進士第。”○孟按：原卷二十七《附考·進士科》又著録“李讓夷”，徐氏考云：“《永樂大典》引《元一統志》：‘李讓夷字達心，隴西人。第進士，辟李絳府判官。’”〔趙校：“李讓夷已見卷十八元和十四年，詳《施補》。”〕今删併。

　　張庚，《太平廣記》引《續玄怪録》：“張庚舉進士，元和十三年居長安升道里南街。十一月八日夜，僕夫他宿，獨庚在月下。忽聞異香滿院，方驚之，俄聞履聲漸近。庾屣履聽之。數青衣年十八九，艷美無敵，推門而入，曰：'步月逐勝，不必樂游原，只此院小臺藤架可矣。'遂少女七八人，容色皆艷，服飾華麗，宛若豪富家人。庾走避堂中，垂簾望之。諸女徐行，直詣藤下，須臾陳設床榻，雕盤玉樽，杯杓皆奇物。八人環坐，青衣執樂者十人，執拍板立者二人，左右侍立者十人。絲管方動，坐上一人曰：'不告主人，遂欲張樂，得無慢乎？既是衣冠，邀來同歡可也。'因命一青衣轉語曰：'姊妹步月，偶入貴院，酒食絲竹，輒以自樂。秀才能暫出爲主否？夜深計已脫冠，紗巾而來，可稱疏野。'庾聞青衣受命，畏其來也，乃閉門拒之。青衣叩門，庾不應，推不可開，遽走復命。一女曰：'吾輩同歡，人不敢預，既入其門，不召亦合來謁。閉門塞戶，羞見吾徒，呼既不來，何須更召。'於是一人執樽，一人糾司，酒既巡行，絲竹合奏，殽饌芳珍，音曲清亮。庾度此坊南街，盡是墟墓，絕無人住。謂從坊中出，則坊門已閉，若非妖狐，乃是鬼物。今吾尚未惑，可以逐之。少頃見迷，何能自悟！於是潛取搘床石，徐開門突出，望塵而擊，正中臺盤，紛然而散。庾逐之，奪得一盞，以衣繫之。及明視之，乃一白角盞，奇不可名，院中香氣數日不歇。盞鑷於櫃中，親朋來者，莫不傳視，竟不能辨其所自。後十餘日，傳觀數次，忽墮地，遂不復見。庾明年進士上第。"

韋中立，中立於元和十四年中第，見柳宗元《答中立論師道書》注。

＊楊牢，原列卷二十二大中二年（848）進士科。徐氏考云："楊牢，《新書·李甘傳》：'始河南人楊牢字松年，有至行，甘方未顯，以書薦於尹曰："執事之部孝童楊牢，父茂卿從田氏府，趙軍反，殺田氏，茂卿死。牢之兄蜀，三往索父喪，慮死不果至。牢自洛陽走常山二千里，號伏叛壘，委髮羸骨，有可憐狀。仇意感解，以尸還之。單繰冬月，往來太行間，凍膚皸瘃，衙哀雨血。行路稠人爲牢泣，歸責其子，以牢勉之。牢爲兒踐操如此，未聞執事門啇而書顯之，豈樹風扶教意耶！"牢後擢進士第。'《唐詩紀事》：'牢登大中二年進士第。'又云：'牢，弘農人，少孤。年六歲，母俾入雜學，誤入人家，乃父友也。方彈棊戲，以局爲題，俾牢賦之。應聲曰："魁形下方天須亞，二十四寸窗中月。"年十八中第。'"陳補云："楊牢當刪去。據《千唐誌齋藏誌》收《楊牢誌》及其妻《鄭瓊誌》，牢擢第應在會昌元年前若干年，較大的可能性是大和二年，但尚不能確定。詳見拙文《石刻所見唐

代詩人資料零考》（收入《唐代文學論叢》第十輯）。” 孟按：《彙編》[大中137]孫紉撰大中十二年（858）二月廿一日《唐故河南府河南縣令賜緋魚袋弘農楊公（牢）墓誌銘并序》（千唐誌齋藏石）：“公諱□（牢），□（字）松年，弘農人。……始自鄉薦，便歸人望，數年而得之甲科也。”按誌文載牢卒於大中十二年正月十二日，享年五十七。誌文又載牢歷官云：“及從時解褐，初授崇文館校書，次任廣文館助教，次授大理評事，充兗海觀察推官，又奏監察裏行。……”楊牢撰會昌元年（841）十月《滎陽鄭夫人（瓊）墓誌銘》（見《彙編》[會昌005]，河南千唐誌齋藏石）已署：“夫兗海沂密等州觀察推官文林郎試大理評事楊牢撰。”知《唐詩紀事》載其登大中二年進士第顯誤。《紀事》又載牢“年十八中第”，據上引《楊牢誌》所載其卒年與享年，可推知其十八歲在本年。今移正。

　　＊程昔範。原列本卷元和十三年（818）進士科，徐氏考云：“《唐語林》：‘廣平程子齊昔範未舉進士日，著《程子中謨》三卷，韓文公稱嘆之。及赴舉，言於主司曰：“程昔範不合在諸生之下。”當時不第，人以爲屈。庾尚書承宣知貢舉，程始登第。《韓文考異》引《灌畦暇語》：‘子齊初應舉，韓公賞之，爲作《丹穴五色羽詩》。’”陳補云：“《浯田程氏宗譜》卷二錄六十八世：‘諱昔範祖，字子齊，兄弟幼孤自立，力學能文。憲宗元和十四年舍人庾承宣下擢進士第（原注：《王師如時雨賦》、《騏驥長鳴詩》，狀頭韋諶，與章孝標同升）。’後錄其初舉及擢第後事跡，與《因話錄》卷三、《唐語林》卷三大致相同。所錄座主、所試賦詩及韋、章二人事，皆與徐《考》相合。徐氏因《唐語林》云昔範爲庾承宣知舉時登第而係於十三年承宣第一年知舉時，未允，當移正。”

　　諸科十二人。

　　知貢舉：中書舍人庾承宣。見《唐語林》。

　　章孝標《王師如時雨賦》曰：“念黎庶兮，罹於毒痛。我興師以剪屠，如旱歲之稼穡，得膏雨之霑濡。豈不以垂渥澤，潤涸枯，草木之心寧慮暵其乾矣，天人之意將同衛討邢乎？至乃銳戈矛，齊卒伍，誠告虔於上帝，祈發生於下土。龍旗電掣，疑驅蔚矣之雲;鼀鼓雷奔,似送需然之雨。匪六師之是侵,實百姓以爲心。所謂謀臣如雨,猛將如林。馳之驅之,似得時而將降;六伐七伐,謂決渠而就深。既蹲躍而成列,象沈陰之欲泄。青萍刜而破塊將分,白羽麾而散絲不絶。奚潤草之芳茂,信洗兵之是閟。異苞茅之貢矣,爾職不恭;同陰雨以膏之,我心則悅。不疾不徐,箕張翼舒。向兵革而自弭,喻霧霪之有餘。多鼓均聲,知上善之不若;密雲不雨,想西郊之未如。且宣王六月兮,非旱之備;高宗三年兮,適足爲費。惟鬼方之是懼,何人倫之足慰,豈比指緑林於一戎,養蒼生於百卉。知我者信號令如春,不知我者疑甘澤隨輪。一鼓而風雲作氣,再麾而寰宇清塵。以此出征爲活國,不能無戰乃愛人。故得戎羯來王,淮夷納欵。嗟螻蟻之猶聚,將刑戮而尚緩。今挾泰山,壓危卵,不得已而用師,如救歲之大旱。"《文苑英華》

　陳去疾《王師如時雨賦》曰:"惟唐十二葉,盛德如春,雖幽無不被,而獷有未臣。帝曰:'苟非我武,焉能庇人。'於是考龜策,諧諮詢,投干戈於苗扈之地,拯黎庶於塗炭之辰。是師也以勝殘爲心,以除暴爲主,得周宣之薄伐,非漢皇之黷武。爾乃誓六師,命吉甫,鼓而出兮俯而取。始天聲乍發,闐若雷霆,終聖澤旁流,需如甘雨。既殲元惡,不問其餘。誠與之更始,而待之如初。簞食壺漿,將爭先以邀路;緇黄耆艾,知弛負以寧居。是以足蹈手舞,怨釋憤攄,洗心靈而沃若,類草木之賁如。始其聞金鼓之聲,疑殺戮之謂;及其蒙霑濡之賜,衆乃欷歔以相慰。曰豈圖污俗,猶軫聖心。殷雲雷以作解,與枯槁而爲陰。濟濟蒸徒,一以貫乎睿旨;顒顒噍類,咸得滌其煩襟。渥恩既溥,幽夏爰泄。〔趙校:"夏"下,《英華》卷六五注"疑作憂"。〕愛離畢之時見,睹燎原之焰滅。始憑鼓怒,信天步之不回;終乃發生,諒人情之大悅。既而新厥政,革其謨。遂開儒風與文教,載蘗越棘與燕弧。正皇綱於寒暑,變下國之榮枯。夫如是莫不沐仁澤以愉愉,詠恩波之侃侃。

方且觀濠梁之魚樂，豈復比農夫於歲旱。"《文苑英華》

　　章孝標《騏驥長鳴詩》曰："有馬骨堪驚，無人眼自明。〔趙校："自"，《英華》卷一八五作"暫"。〕力疲吳坂峻，嘶苦朔風生。逐逐懷良御，蕭蕭顧樂鳴。瑤池期弄影，天路欲飛聲。皎月誰知種，浮雲莫問程。鹽車終願脱，千里爲君行。"《文苑英華》

　　陳去疾《騏驥長鳴詩》曰："騏驥忻知己，嘶鳴忽異常。積悲攄怨抑，一舉徹穹蒼。迹類三年鳥，心馳五達莊。何言從蹇躓，今日逐騰驤。牛阜休維繫，天衢恣陸梁。向非逢伯樂，誰足見其長。"《文苑英華》

十五年庚子(820)

　　正月庚子，憲宗崩。《舊書》本紀

　　閏月丙午，穆宗即位於太極殿東序。《通鑑》

　　二月壬寅，敕："先帝所徵賢良方正、能直言極諫等科，朕不欲親試。宜令中書門下、尚書省四品已上官，於三月二十三日就尚書省同試。"《舊書》本紀、《册府元龜》、《唐會要》。

　　三月戊午，按戊午是十六日。吏部尚書趙宗儒等奏："應制科人等，伏奉今月十一日《舊書·趙宗儒傳》作"十五日"。敕，'比者先朝徵集應制人等，已及時限。恐皆來自遠方，難於久住，酌宜審事，遂委有司定日就試。如聞所集之人多已分散，須知審的，然後裁定。宜令所司，商量聞奏'者。伏以制科所設，本在親臨，南省試人，亦非舊典。今覃恩既畢，庶政維新，況山陵日近，庶務繁迫。待問之士，就試非多，臣等商量，且宜停罷。"從之。《舊書》本紀、《册府元龜》、《唐會要》。　《舊書·趙宗儒傳》："元和十四年，拜吏部尚書。穆宗即位，以初釋服，令尚書省官試先朝所徵集應制舉人。宗儒奏云云。"

　　十一月癸卯，遣諫議大夫鄭覃詣鎮州宣慰。制："如有隱於山谷，退在邱園，行義素高，名節可尚，或才兼文武，卓然可獎者，具名薦聞。”《通鑑》、《册府元龜》。

進士二十九人：試《早春殘雪詩》，見《唐詩紀事》。又《老學庵筆記》云：“國初《韻略》載進士所習有《何論》一首，施肩吾及第，敕亦列其所習《何論》一首。《何論》，蓋如三傑佐漢孰優，四科取士何先之類。”則此年所試有《何論》矣。〇孟按：《大羹賦》（以“宗本誠敬，遺味由禮”爲韻）當爲本年試題，詳下施肩吾考。

盧儲，狀元。《唐詩紀事》：“李翺江淮典郡，儲以進士投卷，翺禮待之。置文卷几案間，因出視事。長女及笄，閑步鈴閣，前見文卷，尋繹數回，謂小青衣曰：‘此人必爲狀頭。’迨公退，聞之，深異其語。乃令賓佐至郵舍，具語於儲，選以爲聓。儲謙辭久之，終不却其意。越月遂許。來年果狀頭及第，纔過關試，徑赴嘉禮。催妝詩曰：‘昔年將去玉京遊，第一仙人許狀頭。今日幸爲秦晋會，早教鸞鳳下妝樓。’後盧止官舍，迎内子，有庭花開，乃題曰‘芍藥斬新栽，當庭數朵開。東風與拘束，留待細君來。’人生前定，固非偶然耳。”〇孟按：此節文字當本《南部新書》，見《詩話總龜前集》卷二十三《寓情門》引，惟文字略異。

鄭亞，《舊書·鄭畋傳》：“父亞，字子佐，元和十五年擢進士第。”崔嘏（草）《授鄭亞桂府觀察使制》：“早升甲乙之科，雅有詞華之譽。”

盧戡，《樊南文集》有《爲滎陽公謝除盧副使等官狀》云：“盧戡與君同年登第。”是戡與鄭亞同年也。又有《爲桂州盧副使戡謝聘錢啟》云：“丙科擢第，未全染於桂香；盛府從知，却自驚於銅臭。”〇元稹《和樂天示楊瓊》詩云：“盧戡及第嚴澗在，其餘死者十八九。”見《才調集》卷五。

吕述，《樊南文集》有《祭吕商州文》云：“既步京國，亦薦鄉里。與田蘇游，有太叔美。鄴都才運，洛陽年齒。何晏神仙，張良女子。禮闈之擅譽也如彼，册府之傳名兮若此。”又云：“月中乃共誇科桂，池裏亦相矜幕蓮。”馮氏注云：“此代鄭亞作，吕蓋與鄭同年。”《新書·藝文志》，吕述《黠戛斯朝貢圖傳》一卷，注云：“字脩業，會昌秘書少監、商州刺史。”必即其人，今從之。〇孟按：原卷二十七《附考·進士科》著録有“吕□”，徐氏考云：“李商隱《祭吕商州文》：‘既步京國，亦薦鄉里。與田蘇遊，有太叔美。

鄴都才運，洛陽年齒。何晏神仙，張良女子。禮闈之擅譽也如彼，册府之傳名分若此。'"實即本年之吕述，今删後者。亦見胡補。

　　＊裴虔餘（裴乾餘），原作"裴乾餘"，徐氏注云："見《文苑英華》"。趙校："《全詩》卷五九七作'裴虔餘'。"陳補："今檢《北里志》、《唐摭言》卷十三、《唐詩紀事》卷六十皆引作虔餘。《文苑英華》作乾餘，因音同而訛；《增修詩話總龜》卷四引作'慶餘'，則因形近而誤。當改正。"

　　施肩吾，《唐才子傳》："施肩吾字希聖，睦州人。元和十五年盧儲榜進士。《第後謝禮部陳侍郎》云：'九重城裏無親識，八百人中獨姓施。'不待除授，即東歸。"施肩吾《與徐凝書》云："僕雖幸忝成名，自知命薄，遂棲心玄門，養性林壑。"又有《及第後過楊子江詩》云："憶昔將貢年，抱愁此江邊。魚龍互閃爍，黑浪高於天。今日步春草，復來經此道。江神也世情，爲我風色好。"又有《上禮部侍郎陳情詩》云："九重城裏無親識，八百人中獨姓施。弱羽飛時攢箭險，蹇驢行處薄冰危。晴天欲照盆難反，貧女如花鏡不知。却向從來受恩地，再求青律變寒枝。"又有《及第後夜訪月仙子》云："自喜尋幽夜，新當及第年。還將天上桂，來訪月中仙。"按是年爲李建知舉，《才子傳》以爲陳侍郎，誤。《摭言》又以肩吾爲元和十年及第，亦誤。○孟按：《唐詩紀事》卷四十一謂施肩吾"元和十年登第"，亦誤。《郡齋讀書志》卷四著録施肩吾《西山集》，注云："元和十五年進士。"《直齋書録解題》卷十九同。《輿地紀勝》卷八《兩浙西路·嚴州·人物》："施肩吾，唐元和十五年進士及第。登科自施肩吾始。"又元洪景修編《新編古今姓氏遙華韻》甲集卷六："施肩吾字希聖，延陵。唐元和進士，習《禮記》。主文李建，《大羮元酒賦》、《早春殘雪詩》，盧儲第一，施在十三。"按《大羮元酒賦》，《文苑英華》卷五十七作《大羮賦》，《全唐文》卷七三九作《太羮賦》。

　　唐持，《舊書·文苑傳》："唐持字德守，元和十五年擢進士第。"　按持，次之子，扶之弟。

　　姚康，《唐詩紀事》："康元和十五年進士第。"《書録解題》："康字汝諧，南仲孫。"　按即撰《唐登科記》者。

　　崔嘏，《新書·李德裕傳》："崔嘏字乾錫，舉進士。"《唐語林》："元和十五年，太常少卿李建知舉，放進士二十九人。時崔嘏舍人與施肩吾同榜,肩吾寒進,蝦瞽一目。曲江宴賦詩,肩吾云:'去古成叚,著蟲爲蝦。二十九人及第,五十七眼看花。'"○孟按:《南部新書》卷一云:"施肩吾與崔(原誤作趙)蝦同年不睦,蝦舊失一目,以假珠代其睛,故嘲之曰:'二十九人同及第,五十七隻眼看花。'元和十五年也。"

陳越石,《宣室志》:"穎川陳越石,初名黃石,郊居於王屋山下,有妾張氏者。元和中,越石與張氏俱夜食,忽聞燭影後有呼吸之聲,甚異。已而出一手至越石前,其手青黑色,指短,爪甲纖長,有黃毛連臂,似乞食之狀。越石深知其怪,惡而且懼。久之,聞燭影下有語:'我病,故奉謁,願以少肉致掌中,幸無見阻。'越石即以少肉投於地,其手即取之而去。又曰:'此肉味甚美。'食訖,又出手越石前。越石怒罵曰:'妖鬼何爲輒來? 宜疾去,不然且擊之,得毋悔耶。'其手即引去,若有所懼。俄頃又出其手至張氏前,謂張氏曰:'女郎能以少肉見惠乎?'越石謂張氏曰:'慎無與。'張氏竟不與。久之,忽於燭影旁出一面,乃一夜叉也,赤髮蓬然,兩目如電,四牙若鋒刃之狀,甚可懼。以手擊張氏,遽仆於地,冥然不能動。越石有膽勇,即起而逐之,夜叉遂走,不敢回視。明日窮其跡,於垣上有過蹤,越石曰:'此物今夕將再來矣。'於是至夜,持杖立東北垣下以伺之。僅食頃,夜叉果來,既踰墻,足未及地,越石即以杖連擊數十。及夜叉去,以燭視其垣下,血甚多,有皮尺餘,亦在地,蓋擊而墮者。自是張氏病愈。至夕,聞數里外有呼者曰:'陳黃石,何爲不歸我皮也?'連呼不止。僅月餘,每夕常聞呼聲。越石度不可禁,且惡見呼,於是遷居以避之,因改名'越石'。元和十五年登第進士。至會昌二年,卒於藍田令。"

盧弘正(盧弘止),〔趙校:《舊書》作"弘正",《新書》作"弘止",岑仲勉《唐方鎮年表正補》云作"弘止"是。〕《舊書·盧簡辭傳》:"弘正字子強,元和末登進士第。"

李中敏。《舊書》本傳:"隴西人,父嬰。中敏元和末登進士第。"○孟按:《新唐書》本傳稱:"李中敏字藏之,系出隴西。元和中,擢進士第。"

＊明經科:

＊林慇。四庫本《福建通志》卷三十三《選舉一·唐科目》:"元和十五年庚子:明經林慇,莆田人,披孫。"亦見陳補。又,〔光緒〕《莆田縣志》卷十二《選舉志·唐·明經》:"元和十五年庚子:林慇,披孫。"

諸科十三人。

處士科。見《雲麓漫鈔》。

知貢舉：太常少卿李建。《摭言》："元和十五年閏正月十五日，太常少卿知貢舉李建下二十九人。至二月二十九日，拜禮部侍郎。"《册府元龜》："穆宗元和十五年正月即位。是年禮部侍郎李建知貢舉，建取捨非其人，又惑於請托，故其年不爲得士。竟以人情不洽，遽改爲刑部侍郎。"《唐語林》："李建爲吏部郎中，嘗曰：'方今秀英，皆在進士。使吾得志，當令登第之歲，集於吏部，使尉緊縣。既罷復集，使尉望縣。既罷又集，使尉畿縣，而升於朝。大凡中人三十成名，四十乃至清列，遲速爲宜。既登第，遂食禄，既食禄，必登朝，誰不欲也？無淹滯以守常限，無紛競以求再捷。下曹得其脩舉，上位得其更歷。就而言之，其利甚溥。'議者是之。" 按元稹《李建墓誌銘》云："公出刺澧州，入以亞大常。於禮部中核貢士，用己鑒取文章，選用多薦説者，遂爲禮部侍郎，遷刑部。"又白居易《李建墓碑銘》云："在禮部時，由文取士，不聽譽，不信毁。"與《册府元龜》所載迥殊。蓋不聽毁譽，故不免於遭謗也。

*施肩吾《大羹賦》曰："至敬尚潔，在禮惟恭。饗異四時，大饗以先王爲袷；羹重五味，大羹以無味爲宗。薦既殊於絺綌，禮乃變乎秋冬；則知此祭不數，此羹不混。法明水以成功，惡鹹醛而是摶一作損。義由反古，類棄秸之無文；道尚全真，諭恬淡而爲本。故宜輕八簋，黜三牲，其味惟德，其色惟清。若謂我在物，則物不在於塩菜；若謂我在水，則水不在於污行。小周人之尚臭，哂殷家之貴聲；雖無形而可挾，務展禮而由誠。觀乎一鼎無包，百王是慶，法君長以爲尊，事鬼神而聽命。既陳既酌，彌重乎精誠；不絮不調，莫先乎聖敬。聿脩前典，不可度思，因七獻以成禮，納一作約。三歲而爲期。饗宴既終於勿勿，禮容方盛乎遲遲。且在有名而可重，孰云無味而見遺？是以不饗甘苦，不由饗饎，湆雖假於一烹，用不因乎多味。澄渟在潔，惡薑桂以爲滋；肸蠁降靈，歆明德以爲氣。是以禮因羹而克舉，羹因禮而允脩，乍同西伯之禴，寧比東鄰之牛？一以表專，一而不二；一以表通，微而闡幽。豈徒不和而爲貴，亦以明反本之所由。懿夫其名類湅，其正在禮，下以叙人倫，上以親祖禰。苟傾覆之無虞，諒威儀之由體者也。"《文苑英華》卷五十七

裴虔餘《早春殘雪詩》曰："霽日彫瓊彩，幽庭減夜寒。梅飄餘片積，日墮晚光殘。零落偏依桂，霏微不掩蘭。陰林披霧縠，小沼破冰盤。曲檻霜凝砌，疏篁玉碎竿。已聞三徑好，猶可訪袁安。"《文苑英華》

施肩吾《早春殘雪詩》曰："春景照林巒，玲瓏雪影殘。井泉添碧甃，藥圃洗朱欄。雲路迷初醒，書堂映漸難。花分梅嶺色，塵減玉階寒。遠稱棲松鶴，高宜點露盤。仁逢春律後，陰谷始堪看。"《文苑英華》

姚康《早春殘雪詩》曰："微暖春潛至，輕明雪尚殘。銀鋪光漸濕，珪破色仍寒。無柳花常在，非秋露正團。素光浮轉薄，皓質駐應難。幸得依陰處，偏宜帶月看。玉塵銷欲盡，窮巷起袁安。"《唐詩紀事》

登科記考補正卷十九

唐穆宗睿聖文惠孝皇帝

長慶元年辛丑(821)

正月辛丑,南郊禮畢,御丹鳳樓大赦,改元。制:"三代致理,皆重學官;兩漢用人,蓋先經術。天下諸色人中,有能精通一經、堪爲師法者,國子祭酒訪擇,具以名聞,將加試用。天下諸色人中,有賢良方正、能直言極諫,博通墳典、達於教化,軍謀弘遠、堪任將帥,政術詳明、可以理人者,委有司各舉所知。限今年十月到上都。"《册府元龜》、《唐大詔令集》。

三月,制以劉總獻遼陽八州之地,其管内有賢才隱於山谷,退在邱園,並具薦聞。《册府元龜》

敕:"今年禮部侍郎錢徽下進士及第鄭朗等一十四人,宜令中書舍人王起、主客郎中知制誥白居易等重試聞奏。"《舊書》本紀、《册府元龜》。

丁未,《舊書》本紀作四月丁丑。　按《摭言》,錢徽於二月十七日放榜,三月二十三日重試,落第十。若遲至四月,恐非事實。今依《册府元龜》作三月丁未。惟是年三月丁酉朔,丁未爲十一日,與《摭言》所載月日亦互異。詔曰:"國家設文學之科,本求才實,苟容僥倖,則異至公。訪聞近日浮薄之徒,扇爲朋黨,謂之關節,干撓主司。每歲

策名，無不先定，永言敗俗，深用興懷。鄭朗等昨令重試，意在精核藝能，不於異書之中固求深僻題目，貴令所試成就，以觀學藝淺深。孤竹管是祭天之樂，出於《周禮》正經，閱其呈試之文，都不知其本事。辭律鄙淺，蕪累亦多。比令宣示錢徽，庶其深自懷愧。誠宜盡棄，以警將來，但以四海無虞，人心方泰，用宏寬假，一作“寧撫”。式示殊恩。特掩爾瑕，庶明予志。孔溫業、趙存約、竇洵直所試粗通，可與及第，裴譔特賜及第。鄭朗等十人並落下。本紀作“盧公亮等十一人可落下”。錢徽從別敕處分。自今以後，禮部舉人，宜準開元二十五年敕，及第訖，所試雜文並策送中書門下詳覆。”貶禮部侍郎錢徽爲江州刺史。《舊書》本紀、《錢徽傳》、《册府元龜》、《唐會要》。　《舊書·錢徽傳》：“長慶元年爲禮部侍郎。時宰相段文昌出鎮蜀川，文昌好學，尤喜圖書古畫。故刑部侍郎楊憑兄弟以文學知名，家多書畫，鍾、王、張、鄭之蹟，在《書斷》、《畫品》者兼而有之。憑子渾之求進，盡以家藏書畫獻文昌，求致進士第。文昌將發，面托錢徽，繼以私書保薦；翰林學士李紳亦托舉子周漢賓於徽。及榜出，渾之、漢賓皆不中選。李宗閔與元稹素相厚善，初稹以直道譴逐久之，及得還朝，大改前志，由徑以徽進達。宗閔亦急於進취，二人遂有嫌隙。楊汝士與徽有舊，是歲宗閔子婿蘇巢及汝士季弟殷士俱及第，故文昌、李紳大怒。文昌赴鎮，辭日内殿面奏，言徽所放進士鄭朗等十四人，皆子弟藝薄，不當在選中。穆宗以其事訪於學士元稹、李紳二人，對與文昌同。遂命中書舍人王起、主客郎中知制誥白居易於子亭重試。内出題目《孤竹管賦》、《鳥散餘花落詩》，而十人不中選。尋貶徽爲江州刺史。”《舊書·白居易傳》：“長慶元年三月，受詔與中書舍人王起覆試禮部侍郎錢徽下及第人鄭朗等一十四人。”《舊書·鄭覃傳》：“覃弟朗，字有融，長慶元年登進士甲科。”《摭言》：“鄭朗相公初舉，遇一僧善氣色，謂公曰：‘郎君貴極人臣，然無進士及第之分。若及第，即一生厄塞。’既而狀元及第，賀客盈門，而此僧不至。及重試退黜，唁者甚衆，而此僧獨賀曰：‘富貴在裹。’既而竟如其所卜。”《舊書·柳公綽傳》：“錢徽掌貢之年，鄭朗覆落。公綽將赴襄陽，首辟之。朗竟爲名相。”《舊書·李宗閔傳》：“長慶元年，宗閔子婿蘇巢於錢徽下進

士及第。其年巢覆落，宗閔涉請托，貶劍州刺史。"《舊書·楊虞卿傳》："楊汝士，長慶元年爲右補闕，坐弟殷士貢舉覆落，貶開江令。"又曰："魯士字宗尹，本名殷士，長慶元年進士擢第。其年詔翰林覆試，殷士與鄭朗等覆落。因改名魯士，復登制科。"

白居易《論重考試進士事宜狀》："臣等伏料，自欲重試進士以來，論奏者甚衆。伏計煩黷聖聽之外，必以爲或親或故，同爲黨庇。臣今非不知，但以避嫌事小，隱情責深，所以冒犯天威，不敢不奏，伏希聖鑒，試詳臣言。伏以陛下，慮今年及第進士之中子弟得者僥倖，平人落者受屈，故令重試。重試乃至公至平，凡是平人，孰不慶幸！况臣等才識淺劣，謬蒙選充考官，自受命以來，夙夜惶懼，實憂愚昧，不副天心。敢不盡力竭誠，苦考得失。其間瑕病，纖毫不容，猶期再三，知臣懇盡。然臣等別有愚見，上裨聖聰，反復思量，輒敢密奏。伏準禮部試進士例，許用書策，兼得通宵。得通宵則思慮必周，用書策則文字不錯。昨重試之日，書策不容一字，給燭只許兩條，迫促驚忙，幸皆成就。若比禮部所試，事校不同。雖詩賦之間，皆有瑕病，在與奪之際，或可矜量。倘陛下垂仁察之心，降特達之命，明示瑕病，以表無私，特全身名，以存大體，如此則進士等知非而愧耻，其父兄等感激而戴恩。至於有司，敢不懲革。臣等皆蒙寵擢，又忝職司，實願裨補聖明，敢不罄竭肝膽。謹具奏聞，伏待聖裁。謹奏。"《白氏文集》

七月壬子，群臣上尊號。上受册於宣政殿，禮畢，大赦天下。制曰："天下諸色人中，有賢良方正、能直言極諫、博通墳典、達於教化、軍謀弘遠、堪任將帥，政術詳明、可以理人者，委有司各舉所知。限今年十月到上都。"《唐大詔令集》。　　按此制元稹所行。

十月，詔："文武常參官及諸州府，準制舉薦賢良方正人等，以十一月二十五日御宣政殿策試。宜令所司準式。"《册府元龜》

十一月戊午，御宣政殿試制科舉人。制曰："古人有言，嘗引一代之人，以理一代之務。雖雋賢茂彥，不乏於時，然亦在敷納

以言,精核其實。若决川瀆以導其氣,叩金石以求其音,使抱忠
義者必盡其誠,知古今者必宣其慮。朕纂承鴻業,以撫兆人,嘗
欲憲三代之禮,修列祖之法。猶念和氣之未洽,休祥之未臻,百
姓之未安,五兵之未戢。故詳延修潔之士,庶得聞乎未聞,將以
達天地之心,究俗化之變,研安危之慮,探理亂之源。子大夫覃
思於六經,馳騖於百氏,得不講求至論,以沃朕心。方直者舉朕
之闕;政術者體時之要;慕玄遠者卑其論;贍文詞者抑其華;言經
者折衷於聖人,以明教化;論將者先之以仁誼,無效縱橫。於戲!
子大夫當朕之時,必思自達。且古之翼戴其君者,當委輅納説,
荷擔吐奇,由壺關以上言,自南昌而諷刺。況文陛之下,負扆親
臨,若藏器不耀,結囊而去,顧朕深志,復何望焉。當體予衷,無
懼後害。宜坐食,食訖就試。"《册府元龜》、《唐大詔令集》。　　按此制
爲李德裕所行。

　　策賢良方正,能直言極諫科舉人問曰:"蓋聞舜、禹之有天下
也,起於側微,積德累勤,多歷年所,經盛世之慮,豈有過哉。然
猶好問察言,勤求賢士。蓋以承天之任重,憂人之志深也。況朕
長於深宮,涉道日淺,奉列聖之鴻緒,撫萬寓之黎人,夙夜嚴恭,
不敢有懈。實懼燭理未究,省躬未明,所以詳求讜言,以輔不逮。
子大夫是宜發所蘊蓄,沃予虛懷,當極意盡詞,勿有隱諱。昔王
政之興,必臻於康泰;霸道所立,由致於富强。我國家提封溢於
三代,酌憲兼乎百王,無堯湯之灾,積祖宗之理。而人未蕃庶,俗
尚彫訛,家無蓋藏,公闕儲偫。一作"蓄"。卒乘之數,〔趙校:"乘"原
作"陳",據《英華》卷四九○改。〕貨幣一作"帛"。之資。統而較之,莫
繼前代。豈率土生殖變於古歟?將阜時政令失於今歟?固已揣
摩,必窮利病,明徵末失之漸,具陳興復之謨。且文武行孝以成
身,士農迭居以豐業,故家給足以戀本,才周可以應時。近古各
循一端,不相資用,致令從事異心,難以成課,〔趙校:"難以成課",
後龐嚴對策作"難成考課"。〕去秩無守,輕爲惰游。指明共貫之由,

斯合二途之利。永言致理，〔趙校：“致”，《英華》卷四九〇作“化”，下文龐嚴對策同。〕期酌厥中，施爲或差，得失斯遠。將修睦勸義，則在下難知；將任數馭情，則人心益僞。思聞旨要，得合誠明，旌別比周之情，敷詳忠厚之道。知人則哲，從古攸愼，九徵恐泥，五事難精。或望可服人，而智非周物；或言皆詣理，而行或乖方。宜陳取捨之端，以彰真僞之辨。至於朝廷之闕，四方之弊，詳延而至，可得直書。退有後言，朕所不取。子大夫其勉之。”《册府元龜》、《文苑英華》、《沈亞之集》。　《舊書‧白居易傳》：“長慶元年十一月，穆宗親試制舉人，又與賈餗、陳岵爲考策官。”又《賈餗傳》：“長慶初，策召賢良，選當時名士考策，餗與白居易俱爲考策官，選文人以爲公。”《册府元龜》注云：“是年中書舍人白居易、膳部郎中陳岵、考功員外賈餗同考制策。”

　　十二月辛未，制曰：“朕自郊上玄，御端門發大號，與天下更始。思得賢雋，標明四科。命群公卿士暨守土之臣，詳延下位。周於草澤。成列待問，副予虛求，昧爽臨軒，俾究其論。正辭良術，精義弘謀，繹之旬時，深見忠益。言刈其楚，列而第之。賢良方正、能直言極諫第三等人龐嚴，第三次等人呂術，後作“張述”。第四等人韋曙、姚中立、李躔，第四次等人崔嘏、崔龜從、任畹，第五上等人韋正貫、崔知白、陳元錫；博通墳典、達於教化第四等人李思元；詳明政術、可以理人第四次等人崔郢；軍謀弘遠、堪任將帥第三等人吳思，第五等人李商卿：咸以懿學茂識，揚於明廷。況當短晷之辰，頗盡論思之美。粲然高論，深沃朕心。永言藏器之規，豈忘縶駒之義，寵之命秩，允答嘉猷。其第三等人、第三次等人，委中書門下優與處分；其第四等人、第四次等人、第五上等人，中書門下即與處分。”《册府元龜》、《唐大詔令集》。

　　甲申，以登制科人前試弘文館校書郎龐嚴爲左拾遺，前試秘書省校書郎張述爲右拾遺，前試太常寺協律郎吳思爲右拾遺、供奉，京兆府富平縣尉韋曙爲左拾遺、內供奉，前鄉貢進士姚中立、李躔、崔嘏並可秘書省校書郎，同州參軍崔龜從爲京兆府鄠縣尉，太子正字任畹爲京兆府興平尉，草澤韋正貫爲太子校書郎，前鄉貢進士崔知白爲秘書省正字，前鄉貢進士崔郢爲太子校書郎，前鄉貢進士李商卿爲崇文館校書郎。制曰："昔仲尼之門，以四科品第諸生，所得十哲。今吾徵四海九州之士，而登名者十有五人。搜羅簡拔，非不勤至，以今況古，可謂才難。是用詔爵以嘉獎其忠，超擢以光明其道。俾巖石之下，人思自奮，晁董之盛，遠以爲鄰。延登諫垣，式仁忠益，鱸書結綏，皆曰顯途。循其秩次，亦示科等。服我新命，勖哉遠猷。可依前件。"《册府元龜》、《唐大詔令集》。

進士三十三人，駁下十人，重試十四人：按當作"進士二十五人，駁下十一人，重試及第十四人"。史文驕駁，未可依據。 是年辛諒、崔愬、薛渾以等第罷舉，見《摭言》。〇孟按：《孤竹管賦》、《鳥散餘花落詩》爲本年重試試題，見上。

李躔（李回），《舊書・李回傳》："回字昭度，宗室郇王禕之後，父如仙。回本名躔，以避武宗廟諱。長慶初進士擢第。"《雲溪友議》："李相公回舊名躔，累舉未捷。嘗之洛橋，有二術士，一能筮，一能龜。乃先訪筮者曰：'某欲改名赴舉，如何？'筮者曰：'改名甚善，不改終不成事。'又訪龜者鄒生，生曰：'君子此行，慎勿易名，將遠布矣。然成遂之後二十年間，名終當改。今則已應天象，異時方測余言。'將行，又戒之曰：'郎君必策榮名，後當重任。接誘後來，勿以白衣爲隙，他年必爲深釁矣。'長慶元年，李及第。至武宗登極，與上同名，始改爲回。從辛丑至庚申二十年，乃嘆曰：'筮短龜長，鄒生之言信矣。'李公既爲丞郎，魏暮爲給事，因省會謂李公曰：'昔求府解，侍郎爲試官，送一百二人，獨小生不蒙一解。今日還忝金章，厠諸公之列耶！'合座皆驚。李公曰：'君今脱却紫衫，稱魏秀才，僕爲試官，依前不送。何得以舊事相讓！'李乃尋秉獨坐之權，三臺肅畏而升相府。後三五年，魏公亦自同州入相。及李相公有九江之除，續有臨川之出，跋涉江湖，喟然嘆曰：'洛橋先生之誡，吾自取尤，然亦命之故定也。'"〇孟按：《全唐文》卷七十九宣宗《貶李回太子賓客分司東都制》："早以藝學，科名累登。"

李款,字言源,長慶初第進士,見《新書》。

盧鍇,《因話録》:"盧老彭號知人,族子鍇初擧進士,就安邑所居謁之。謂鍇曰:'爾求名大是美事,但此後十餘年方得,勿以遲晚爲恨,登朝亦得大美官。'鍇至長慶元年始擢第,大中十年終庶子。"

盧簡求,《舊書·盧簡辭傳》:"簡求字子臧,長慶元年登進士第。"○孟按:《全唐文》卷七二六崔嘏草《授姚勗右諫議大夫制》:"以勗端方雅厚正以操心;以簡求和易周旋,敏於臨事,而皆富文奧學,早升俊造之科。……簡求可吏部郎中。"考《舊唐書·盧簡辭傳》:"簡求……入爲吏部員外,轉本司郎中,求爲蘇州刺史。"

崔璵,《舊書·崔琪傳》:"弟璵,字朗士,長慶初進士擢第。"

裴譔,《舊書·裴度傳》:"子譔,長慶元年登進士第。" 按《雲溪友議》言元積在中書,以論裴譔及第出同州,今斐、元兩本傳皆不載此事。

皇甫弘,《太平廣記》引《逸史》:"皇甫弘應進士擧,華州取解,酒忤於刺史錢徽,被逐出。至陝州求解訖,將越城關,聞錢自華知擧,自知必不中第,遂東歸。行數程,因寢夢其亡妻乳母曰:'皇甫郎方應擧,今欲何去?'具言主司有隙,乳母曰:'皇甫郎須求石婆神。'乃相與去店北,草間行數里,入一小屋中,見破石人,生拜之。乳母曰:'小娘子婿皇甫郎欲應擧,婆與看得否?'石人點頭曰:'得。'乳母曰:'石婆言得,即心得矣。他日莫忘報賽。'生即拜謝,乳母却送至店門,遂驚覺。曰:'我夢如此分明,安至無驗?'乃却入城應擧。錢侍郎意欲挫之,放雜文過,侍郎私心曰:'人皆知我怒弘,今若庭辱之即不可,但不與及第即得。'又令帖經。及榜成將寫,錢心恐懼,欲改一人,換一人,皆未決。反覆籌度,近至五更不睡。謂子弟曰:'汝試取次把一帙擧人文章來。'既開,乃皇甫文卷。錢公曰:'此定於天也。'遂不改移。及第東歸,至陝州,問店人曰:'側近有石婆神否?'皆笑曰:'郎君安得知? 本頑石一片,牧牛小兒戲爲敲琢,似人形狀,謂之石婆耳。只在店二三里。'生乃具酒脯,與店人共往,皆夢中經歷處。拜奠石婦而歸。"

孔温業,見《文苑英華》。《舊書·孔戣父傳》:"孔戣子温業,登進士第。"《新書》:"温業字遜志。"《闕里文獻考》以温業爲是年第二人,未知所據。

趙存約，見《文苑英華》。

竇洞直，見《文苑英華》。

＊陶喬，陳補：“光緒《金華縣志》卷六《進士》：‘長慶元年，陶喬，有傳。’”　孟按：四庫本《浙江通志》卷二四〇《陵墓·泰順縣》：“唐進士陶喬墓。《泰順縣志》：在西隅陶家埠。喬字遷於，婺州人，長慶辛丑進士。”當有其據。

＊金雲卿，《玉海》卷一一六“咸平賓貢”條：“《登科記》：長慶元年辛丑賓貢一人金雲卿。”此爲《記考》所失載。考《册府元龜》卷九八〇《外臣部·通好》：“敬宗初即位，鷄林人前右監門衛率府兵曹參軍金雲卿進狀，請充入本國宣慰副使，從之。”又《舊唐書》卷一九九《新羅國傳》載：“會昌元年七月，敕：‘歸國新羅官、前入新羅宣慰副使、前充兗州都督府司馬、賜緋魚袋金雲卿，可淄州長史。”《唐會要》卷九十五《新羅》所記同。其年代與《登科記》所記金雲卿長慶元年賓貢進士相吻合。按《三國史記》卷四十六《薛聰傳》附載：“朴仁範、元傑、巨仁、金雲卿、金垂訓輩，雖僅有文字傳者，而史失行事，不得立傳。”據上文可補其闕。

＊姚勗。《新唐書·姚崇傳》：“曾孫合、勗。……勗字斯勤，長慶初擢進士第。”此亦見黃補。又，《全唐文》卷七二六崔嘏草《授姚勗右諫議大夫制》：“以勗端方雅厚，正以操心；以簡求和易周旋，敏於臨事，而皆富文奧學，早升俊造之科。”

＊進士科覆落十人：

＊鄭朗，

＊盧公亮，

＊蘇巢，

＊楊殷士。以上四人並見上。

諸科三十八人。〇《玉海》卷一一六“太平興國百篇舉”條：“唐《登科記》：長慶元年有日試百篇二人。”

賢良方正，能直言極諫科：

龐嚴，見《册府元龜》、《唐會要》、《唐大詔令集》。　《舊書》本傳：“長

慶元年,應制舉賢良方正、能直言極諫科,策入三等,冠制科之首。是月拜
左拾遺。"劉禹錫有《哭龐京兆詩》云:"俊骨英才氣褎然,策名飛步冠群
賢。"注云:"少年有俊氣,常擢制科之首。"

　　＊吕述(吕術),原作"吕術",徐氏注云:"一作'述',又作'張述'。
見《册府元龜》、《唐會要》、《唐大詔令集》。"陳補:"吕述,徐氏誤作吕術,詳
岑仲勉《唐史餘瀋》卷三《吕述與張述》考證。"

　　韋曙,見《册府元龜》、《唐會要》、《唐大詔令集》。

　　姚中立,見《册府元龜》、《唐會要》、《唐大詔令集》。

　　李躔,見《册府元龜》、《唐會要》、《唐大詔令集》。　　《舊書·李回
傳》:"登賢良方正制科。"

　　崔碬,見《册府元龜》、《唐會要》、《唐大詔令集》。　　《新書·李德裕
傳》:"碬以制策歷邢州刺史。"

　　崔龜從,見《册府元龜》、《唐會要》、《唐大詔令集》。　　《舊書》本傳:
"登賢良方正制科。"○孟按岑補云:"《記考》一九,長慶元年賢良方正、能
直言極諫科,據《册府元龜》、《唐會要》、《唐大詔令集》及《舊書》一七六本
傳,著録崔龜從,是也。復考《全詩》七函八册、《白居易集》卷三十五《病中
辱崔宣城長句見寄,兼有觥綺之贈,因以四韻總而酬之》詩,其第三句'三
道舊誇收片玉',原注云:'昔予考制策,崔君登科也。'(《叢刊》本已删注)
此詩作於開成五年,據《唐方鎮年表》五,是時龜從官宣歙觀察,白詩之崔
宣城,龜從也,此節故事,可補附龜從名下。"

　　任畹,見《册府元龜》、《唐會要》、《唐大詔令集》。

　　韋正貫,見《册府元龜》、《唐會要》、《唐大詔令集》。　　《新書·韋皋
傳》:"皋弟平。平子正貫,字公理,少孤,謂能大其門,名曰臧孫。推蔭爲
單父尉,不得意,棄官去。改今名,舉賢良方正異等。"張祜有《送韋正貫赴
制舉詩》云:"可愛漢文年,鴻恩蕩海壖。木鷄方備德,金馬正求賢。大戰
希游刃,長途在著鞭。竚看晁董策,便向史中傳。"

　　崔知白,見《册府元龜》、《唐會要》、《唐大詔令集》。

　　陳玄錫,見《册府元龜》、《唐會要》、《唐大詔令集》。○孟按:原卷二
十七《附考·制科》又著録"陳玄錫",徐氏考云:"《舊書·陳夷行傳》:'弟

玄錫，制策登科。’”實爲一人，今删併。

沈亞之。沈亞之對策，見《文苑英華》及本集，蓋於是年登科。

博通墳典，達於教化科：

李思玄（李思元、李思立）。一作“李思立”。　見《册府元龜》、《唐會要》、《唐大詔令集》。○孟按：《唐大詔令集》卷一〇六作“李思元”，“長慶二年十二月”。

詳明政術，可以理人科：

崔郢。見《册府元龜》、《唐會要》、《唐大詔令集》。

軍謀弘遠，一作“達”。堪一作“材”任將帥科：

吳思，見《册府元龜》、《唐會要》、《唐大詔令集》。

李商卿。見《册府元龜》、《唐會要》、《唐大詔令集》。

知貢舉：禮部侍郎錢徽。見上。○孟按：《新唐書·李宗閔傳》：“長慶初，錢徽典貢舉，宗閔托所親於徽，而李德裕、李紳、元稹在翰林，有寵於帝，共白徽納干丐，取士不以實，宗閔坐貶劍州刺史。由是嫌忌顯結，樹黨相磨軋，凡四十年，搢紳之禍不能解。”

孔温業《鳥散餘花落詩》曰：“美景春堪賞，芳園白日斜。共看飛好鳥，復見落餘花。來往驚翻電，經過想散霞。雨餘飄處處，風送滿家家。求友聲初去，離枝色可嗟。從兹時節换，誰爲惜年華。”《文苑英華》

趙存約《鳥散餘花落詩》曰：“春曉遊禽集，幽庭幾樹花。坐來驚艷色，飛去墮晴霞。翅拂繁枝落，風添舞影斜。彩雲飄玉砌，絳雪下仙家。分散音初静，凋零蘂帶葩。空階瞻玩久，應共惜年華。”《文苑英華》

竇洞直《鳥散餘花落詩》曰：“晚樹春歸後，花飛鳥下初。參差分羽翼，零落滿空虚。風外清香轉，林邊艷影疏。輕盈疑雪舞，髣髴似霞舒。萬片情難極，遷喬思有餘。微臣一何幸，吟賞對宸居。”《文苑英華》

　　龐嚴對策曰:"臣言:臣少從師學,講論載籍爲皇、爲帝、爲王、爲霸之所行,理亂興衰之所由起。迨壯歲而以身處窮賤,又得農桑工賈之利病,人情風俗之厚薄,思願一發於明天子之前。鬱抑於中,無因自致。乃月正日,陛下有事於南郊,迴御丹鳳樓,赦天下,臣與萬姓咸觀,列在大逵之南。祥風北來,時聆德音,乃聞有直言極諫之召,私自快喜,得進所志於今日也。今蒙陛下親策於赤墀之下,懼所以燭理未究,省躬未明,乃使臣極意正詞,勿有隱諱。微臣其敢不直、不極而有闕陋哉。臣生三十年,〔趙校:"臣",據《英華》卷四九〇補。〕實沐唐化,恨無以自效於日月之下。乃逢昌運,獲進狂言,願增天高,以益地厚。懇迫激切,不知所裁,謹昧死上愚對。

　　"制策曰:'昔王政之興,必臻於康泰;霸道所立,由致於富強。國家提封溢於三代,酌憲兼乎百王,無堯湯之災,積祖宗之理。而人未蕃庶,俗尚彫訛,家無蓋藏,公闕儲蓄。卒乘之數,貨幣之資,統而校之,莫繼前代。豈率土生殖變於古歟?將皁時政令失於今歟?固已揣摩,必窮利病,明徵末失之漸,具陳興盛之謨。'臣聞以道化者皇,以德教者帝,以禮樂刑政理者王。夫以處天下之尊,舉四海之力,爲皇、爲帝、爲王、爲霸,致之一也,猶反掌之易。而況人之誠僞,時之厚薄,必由上而下者乎?帝王之道,高不降於天,厚不取於地,遠不致於四夷,師友輔弼而已矣。師友輔弼,豈有他求哉,賢哲忠信而已矣。是以古之聖帝明王,念天地之無全功也,不自尊其德。仰日月之有薄蝕也,不自是其明。必求賢哲,置諸左右,然後德尊而益至。臣曰獻其謨,君曰行之;臣曰聞其過,君曰改之。其始也,一善出於臣;其終也,百善歸於君。以爲皇者師,帝者友。卒未聞師聖於皇,而友明於帝。後之王者,其或不然。臣有所獻,或慮乎美歸於下,是以言有所不聽。臣有所替,或慮乎惡彰於己,是以過有所不去。然則曰諫我之曲,彼必正乎?曾不知疾之在身,必飲醫工之藥,而醫工未必免病也，飲其藥者或有效焉。必待其筋力異於人，顏色殊於眾，而後飲其藥，則疾之根本得不爲深乎！今陛下邁帝皇之聖，輔弼有師友之賢，所謂聖賢相逢，而上古之理可得而致。猶慮乎人未蕃庶，俗尚彫訛，則憂理不及於三王，〔趙校：《英華》卷四九○作“則理不優於三王”。〕德不超於五帝。其致之哉，誠有道焉。臣願陛下詳視典謨，舜禹所以待夔契者何如哉，殷之成湯、周之文武所以臣伊呂、周召者何如哉，貞觀所以任房杜者何如哉，開元所以用姚宋者何如哉？其所以致堯舜、成湯、文武之名，貞觀、開元之理何如也？今陛下自即位以來，舜禹之心已刑於四海矣。陛下尊敬師傅，拔用忠賢，謫棄奸貪，發散滯積，皆舜禹之心也。臣願陛下尊敬之不廢其道，拔用之不廢其言，謫棄之今勿復之，散發之今勿斂之。《夏書》曰：‘靡不有初，鮮克有終。’陛下能終之，又何憂蓋藏不贍於下人，儲蓄有闕於公府。鑄鋒銷鏑，卒乘之數可減於後時；薄賦節用，貨幣之資可益於前代。末失之漸，莫甚於賢不任而政不修；興盛之謨，莫先於復開元而履貞觀。則三代之康泰可翹足而致，彼五霸富強之術安足爲陛下道哉。

“制策曰‘且文武行孝以成身，士農迭居以豐業，故家給足以戀本，才周可以應時。近古各循一端，不相資用，致令從事異心，難成考課，去秩無守，輕爲惰游。指明共貫之方，斯合二途之利’者。臣以爲文武之道雖不同，士農之業雖各異，而要歸於修其職業而濟於時也。今之所謂文者何哉？文采而已。所謂武者何哉？騎射而已。欲求兼學，其可得乎？經緯古今，文之業也；用之於武，武之德也。禁暴戢兵，武之業也；用之於文，文之輔也。不修其本而事其末，欲求其備，其可得乎？今苟各視其才以授其任，亦可以濟天下之務矣。是以仲尼有四科以廣其道，漢高有三傑以成其功，所以不求備於人，故能創業於前代，垂教於無窮者也。士農迭居以豐業，今所以輕爲惰游者，國家自幽薊兵興，人無土著，士者、農者，遷徙不常。慕政化則來，苦苛暴則去。禄有厚薄，在桑土不均，則知去秩者無守，不爲游惰者，何所歸乎？陛下端心克己於上，任賢使能於下，則文武各得其任，士農各安其業矣。寧慮家有不給，才有不周之患乎？

"制策曰：'永言化理，期酌厥中，施爲或差，得失斯遠。將修睦勸義，則在下難知；將任數馭情，則人心益僞。思聞旨要，得合誠明。旌別比周之義，敷祥忠厚之道。'陛下以修睦勸義爲念，而以難知益僞爲慮，豈耳目之臣未盡得賢乎？何憂嘆之深也！自中代以降，淳樸既漓，賢不肖混淆，莫能兩辨。臣以爲天下之事統而計之，善而不可以爲不善者十一二焉，〔趙校："不善"，《英華》卷四九〇作"惡"。〕惡不可與爲善者十一二焉。其間六七之多，率中人也。法令修明則賢人多也，懲勸不精則貪冒衆也。必在上有所施行，而在下者有所承流者乎？〔趙校：《英華》卷四九〇無"者"字。〕且陛下左右惟賢，所進惟賢，則四目明，四聰達，不難知矣。陛下左右非賢，所進非賢，則僞行堅，僞言辨，心益僞矣。今陛下必擇忠賢居之左右，以爲耳目，以爲腹心矣，任忠賢，所進者復何疑乎？誠若是，則管夷吾，鮑叔牙友，進之不爲比；祈奚，祈午父，進之不爲私。是在陛下有所任之而已。

"制策曰'知人則哲，從古攸慎，九徵恐泥，五事難精。或望可服人，而才非周物；或言皆詣理，而行則乖方。宜陳取捨之端，用明真僞之辨'者。陛下清問及此，非念切求賢取士之道乎？夫求賢取士，所以備官也；設官，所以分理衆務也。夫得一尺之木，將斲以用之，必使匠者；有一塊之土，將埏而器之，必使陶者。今陛下選人以仁，天下皆歸於仁矣；選人以義，天下皆歸於義矣。夫理天下者，必以仁與義矣。今朝廷用人不以仁，而憫默低柔；進人不以義，而因循持疑。言有不符於行，才有不足於用矣。陛下雖欲精五事，五事何術而精？雖欲法九徵，九徵焉得而法？若是求衆務之理者，是以材與陶，以土與匠，而求器用之得也，不亦難乎！今朝廷開取士之門，不爲不廣，其中選擇精詳，望爲俊彥者,通於進士。中外之重擢清秩,選於是者十八九,誠有才有器,亦盡萃其中。然而所採者浮華之名,所習者雕蟲之技,是以主教化者不道皇王之術,官牧守者不知疾病之源。豈其有任事之才而無任事之智乎?蓋藝非而職異也。臣聞古者有豢龍之官,夫龍神妙不測,變化無窮,而能節其嗜欲,察其動息,擾而制之,無所不得者,蓋代襲其官,述修其業也。楚人之操舟,冀人之乘馬,豈盡性哉,必習而善矣。今縱未能大更其事,苟明殿最考績之科,驅天下之人於修效飭行之地,假如某任某官,著某行,立某事,舉某善,雪某冤,必擢而遷之;又能著某行,立某事,舉某善,雪某冤,又擢而遷之;蔑然無聞,不待罪而黜之:則下無蔽善黨惡之情矣。下無蔽善黨惡之情,則賢者不進於朝廷復何往也?安有言行相乖,才望不稱者乎?

"制策曰'至於朝廷之闕,四方之弊,詳延而至,可得直書。退有後言,朕所不取'者。臣陳帝王之道於前矣,陛下又垂問以朝廷之闕,四方之弊,豈不欲躋人於善道,補政之闕遺哉。臣又陳取士任賢之道矣,陛下誠能任賢於上,待人於下,朝廷豈有闕而不修,四方焉有弊而不去。何必備繁細之事,以干聰明者矣!夫有天下者,莫不欲使人富,使人壽,使人遷善,使人無惡,統四夷於荒外,正百事於朝廷。夫欲人之富,莫若厚耕植;欲人之壽,莫若和陰陽;欲人遷善,莫若明勸賞;欲人無犯,莫若慎刑罰;服四夷,莫若修文德;正百事,莫若任忠賢。忠賢不任,雖日親衆務,百事其得而正?文德不修,雖日致干戈,四夷其得而服?刑罰不慎,雖日殺千人,奸盜其得而止?勸賞未明,雖日爵千人,禮義其得而修?冤濫未盡雪,陰陽莫得而和。浮屠未盡去,耕殖莫得而厚。此六者,政之大端也,伏惟陛下念之。抑臣又聞,非知之艱,行之惟艱。陛下懼化之未光,懼德之未合,懼一物之失所,懼衆政之有乖,訪遺闕於下臣,張條目於清問。〔趙校:"條"原作"修",據《英華》卷四九〇改。〕凡前強對者,莫不備陳所得,則陛下知之不難矣，在行之何如耳。臣又以天下之事，小大萬端，陛下深居九重，廣有四海，安得勞心神於思慮之外，極神明於視聽之表。臣願陛下爲一事必師於古，行一道必法於天。明日月之光，正星辰之位，降雨露之澤，振雷霆之威，内有夔龍掌萬機之務，外選方召視百事之成。利於上者，必慮於害人，懌於志者，必求諸非道，天下之望慰，微臣之志塞矣。謹對。"《文苑英華》

沈亞之對策曰："臣伏念目之包明，其在昏夕之時則與盲者等，及屬日蒙光，乃能寤玄黄，披萬類。傑智之才，其處濁俗之中，則爲愚者混，非遭聖偶時，安能調陰陽，育萬物？其理一也。盲者雖蒙光莫能視，愚者雖蒙聖莫能智，其理一也。故舜、禹翔其光於上，益、稷之徒周其視於下，其由懸白日而省離婁也。三代以降，君之光微，臣之智狹，見其手而迷其足，睹其前而昧其後，其由舉燭螢而臨庶目也。今陛下神光動天，鑒彼幽塞，猶懼理有未至，故親省群言。而臣瞽愚，非能踰於智傑，副陛下之清問。而勉臣以相與貢，臣以賢良應詔，微臣所冒非任，當伏竄棄之尤，不足以塞罪，乃輒伏進所言。伏讀睿問，周視聖旨，見陛下思天灾之病也，臣愚以爲皆由尚書六曹之本壞而致乎然也。今請統而條指之。睿問有念人俗之彫訛，及於卒乘之數，貨幣之資，臣請以今户部、兵部之壞舉之。〔趙校："兵部"，據《英華》卷四九二補。〕睿問有思才周於文武，本固在於士農，臣請以禮部、工部之壞舉之。睿問有欲以辨行之真僞，臣請以吏部之濫舉之。睿問有朝廷之闕，臣請以刑部之失舉之。睿問有四方之弊，臣請以山東、隴右之急奏之。伏願陛下詳臣之言，察臣之志，無以臣微而輕其奏也。

"臣聞周設六官，以統百辟，立國八百年，由綱之不絶於所制也。太宗龍興，革魏晋之殘政，修法度，立中事，〔趙校："事"，《英華》卷四九二作"庸"。〕設尚書六曹以叙班文武，以條系天下。號令既布，而萬方從矣。愛其人若愛己之德，保其黎庶若保幼子，恐有墜也。明四目以先其視，指其未見者也。達四聰以先其聽，喻其未聞者也。尊賢之言而爲視聽，視聽先張則黎庶不陷於灾害而康泰矣。後代雖有盜臣奸黨，而終不患其亡，由綱之不絕於所制也。夫尚書六曹之設，猶人之有六腑也。耳目口鼻之樞，繫於元首。手足之用，關於肘膝。其血氣根脉，皆統於六腑。符而命之，然後能動用。失其用者，非邪則眩。夫人莫不尊其首，故足司其所履，指司其所執。百體之司，各勤其用，則首安其尊而不勞。首之處身，猶君之居上也。百辟以位，則君安其尊而不勞明矣。今尚書六曹，外雖備其官而中實謬。今人俗涸訛者，其由戶部之綱不理也。昔戶部其在開元，最爲治平。當時西有甘、涼六府之饒，東有兩河之賦，仰給之卒不過四五帥，其餘利殖所入，盡與齊人，四十年間，富庶滂洋之若是。及一日上恃升平之功，相肆威驕之狠，直言得死，諛色獲進，轉掌之間，清蹕巡於巴蜀矣。今西凉爲虜，兩河爲兵，盡開元天下之兵不過當今數郡之卒，勝衣之農而百徭出矣。鞭役重繁，不勝於籍，榷之不顧其害，刑之不問其深，危苦衆多，欲無涸訛不可得也。

　　“兵部之選武士亦謬矣。夫試射百中爲重，馳射次之，馳戈亦次之。此武夫賤者之宜業也，而真者百無一焉。其餘盡買豪奸之革役者以俟冒入，奮戈戲馬者亦得中名，則估肆富人之子弟，彼安能致武之所用？顧欲占籍自恃，以逭徭於鄉閭耳。而欲卒乘貨幣之充强，臣未見也。今兩河之間，至於幽薊，連屬西邊、北邊，而仰給之卒多於其土之齊人十九，在兵部者所操，曾不能制一校尉，而況紐其綱乎？古者兵農之一體也，三時務農，一時習兵，故春耕而夏植，秋藏而冬講武。誠願使兵部之綱紀根於古道之要，兵部之令加於將帥之臣，則本久益大矣，何卒貨不充於古哉！

　　“今禮部之得進士，最爲清選，而以綺言聲律之賦詩而擇之。

及乎爲仕也，則責之不通天下之大經，無王公之重器。今取之至微而望甚大，其猶擊陋缶而望曲齊於《韶濩》也。今仕進之風益壞矣，必以陰詐爲樸，陽明爲狂，顧以武爲污矣，而況兼學乎？陛下何不令禮部之臣督其所業，雜考其所能，則人可化矣。夫惟博大之士爲能兼學耳，夫持綱舉維，非博大之士不能也。夫求博大之士，非竭誠不能也。故殷宗之竭誠於神，神感於夢而得傅説；周文之竭誠於氣，氣感於兆而得太公。陛下如能用殷、周之誠而求之，何患周才之不至矣！

　　"今工部之綱不舉，其由百工之不條理焉。且務於捷濫，則能速壞；惑於邪巧，則多改作。速壞相仍，改作無已，欲使財費之不窮，工力之不竭，臣未見也。大堯之功，與天比覆，居於土階之上，蔭於茅茨之下，土簋而具。禹親勤理水，而卑宮室。是二君者，非不能極巧侈之端，故處陋而無厭，蓋欲使天下之人自然而儉易從也。而《周官》百工之職，載於六職之書詳矣。其後昏君亂主，未有不極游觀之樂，窮巧侈之娛，恣羅紈之靡。雖有生植之衆，不足充虞人之裁；雖盡隴畝之農，不足塞百工之役；雖竭蠶婦之勞，不足給綺綵之廣。秦、隋之末君，不如此不足以隳宗社。今仕家不著籍於鄉閭亦已久矣，則農夫惟恐他業之不容於趨也，安肯顧隴畝而戀其本哉。伏願陛下仰堯、舜、禹之聖敬，畏秦、隋之敗奢，念漢文之節儉。凡在百工之用，關於將作內作，技同者必使統於工部，以觀制作之度，使勞費之怨不起於下人，則堯聖禹明，周規漢儉，唯陛下擇耳，何止士農之固業哉。

　　"今吏部之補吏，歲調官千餘。其試以偶文儷語之書程，以二百字爲準，考其能否，以定取捨。直使其人真能，然尚何以補，況十九皆偽人乎！以此而求其實，不可得也。且昆吾之利，莫耶之才，雖巧用不能雕咫尺之木。鷙鳥之羅，雖善掩者不能拘蚊蚋。如使恢宏博大之士裁心鏤舌，以爲此辭，而其道安可見乎？陛下何不命群官立於朝者，歲各貢其所知，各以其所長試之，各以其器任之，不勝其任者罪罔上，闕其貢者罪蔽賢，而洽聞者爵逾次。禮部、吏部以時舉籍，刑部督其不察。如此則人人爭好賢，人人務克已，何患乎真偽不可辨哉。

"今朝廷之闕衆多，其最急者刑部。刑部之綱不舉，其由賞罰之不信，敕命迭降而其旨相違，故有行之於今日而廢之於明日，罪之於此而赦之於彼。是慢易欺詐之藪耳，欲無枉撓不可得也。誠願斥其煩苛，去其相逾，則人人易守難犯，然後命儒賢究掌之。不明於此者，不得爲刑部之官，無令猾賊之徒，輕身重貨，竊法以自弄，如此則清矣。賞信刑果，則遠罪修己之風序。今非止於闕，蓋將病且痼矣。夫病者，其在皮膚則易也。六腑已繆，氣非所經，而其體痼，不亦危乎！

"臣請以醫方之言諭國之病，伏惟陛下察焉。臣聞良醫之理痼也，陳以奇方，伐以猛餌，外以鍼火，導其血絡。藥病相攻，戰於其中，及痼解病瘳，六腑亦憊。於是竭良藥以材，調德膳以味，從而補之，然後六腑平，百體正，内強而外和矣。夫代之愚醫則不然。必使病勝而形羸，不危其身者稀矣。三公、六曹，國之六腑也。果刑信賞，國之筋絡也。九州百郡，國之四支。四夷八蠻，國之外膚也。〔趙校："四夷"，據《英華》卷四九二補。〕驕荒淫異，國之痼病也。嘉謀長算，國之奇方也。強將勁兵，國之鍼火也。禮樂法度，國之德膳良藥也。夫百骸居於外，六腑列於内，相假而成生，相致而動息，本爲一身也。及一腑失理，容而不攻；其久日大，攻而不除；其久爲痼，除而不補；其久復發，爲廢難矣。臣以爲天寶貽痼，始於一支，而容之浸及百體，幾危其形。玄宗、肅宗，除而不終，痼及興元。德宗之時，又無良臣可進内強之術，而攻不克。先皇攻於除，而不攻於補。今乃復發於幽薊，居國之左；又有西戎之屬，居於右。掌之膚，涉腕逾肘，今已及肩。何以知其自掌而及肩也？以安西至於涇、隴，一萬二千里，其間嚴闕〔疑作"關"。〕重阻，皆爲戎有，由此知其及肩也。則王畿界戎無五百里，此肩之去喉能遠乎？奈何容而不除也！此皆發於中朝之闕，而流其病也。

　　“若四方之弊，莫若山東、隴右之急。闕若武備之不至，又請詳舉之。夫聖人之母萬物，必體天地之功。故以陽爲文教，極其光明也；以陰爲武備，盡其肅厲也。夫陽盈則韜而陰藩之，陰盈則復而陽濟之，故能相理而不亂。五月陽盈，使一陰居其間，明正陰之有位，而盜陰不生也。故聖人因之以武備。至於十一月陰盈，包將來之陽，可大可久也。故外作雪霜以屬之，恐僭陽之道也；内密燠而養之，使其爲文爲光也。故聖人因之求賢以爲輔。雹凍霜雪，禁其焚蕪，陰用也。故聖人因之以正刑。雷風爲前驅，蕩其所不通。温光從而暘之，陽德也。故聖人因之以文宥。是以聖人之德，文雖先而武備不去。前年淮夷擒，齊魯滅，常山死，幽薊歸，臣未見制法有方法也。而議者且以爲兵可戢也，遂用贏將守常山，滯儒臨薊北，不旋踵而賊氣復作矣。伏願陛下慎動誡盈，無傷陰之大候。且行化在便人，舉兵在立勢。夫百斛之車，百蹄之牛，不能搖其轂。如措之峻岅之上，擾之力者不盡數牛。及轟然而遷，則牛足之運不給輪奔矣。此立勢之樞也。今幽薊之兵，其由病者之再病也。人虚而强履，獨有立勢而誅之。立勢之急，在於聚威於深棣，實力於滄定，然後以趙魏臨常山，環兵而攻之，則冀馬之縱疑作“蹤”。不望合於燕蹄矣。以太原之師入薊邱，則易水之東，左臂不能傍運矣。此拘燕固冀之方也。如其擒縱之法出於一時者，則在名將而用耳。如其威不聚於急，力不實於危，雖有名將，不能爲也。

　　“陛下見西制戎，北制虜，壁壘之勢，盤連交錯。兵甲之多，賞勞之厚，以爲戎虜之畏此而不敢犯塞。今以刑賞之不信也，而戎臣以自入士卒虚名占籍者十五，不啻日夜飛金璧，走銀繒。市言惟恐田園陂池之不廣也，簪珥羽鈿之不侈也，洞房綺闥之不邃也。不如此不足以積怨勞卒，及寇來則必固壁閉兵，無敢出擊者，如闞日戎戈東刃，〔趙校：《英華》卷四九二作“如一日戎戈東刃”。〕陛下將安倚乎？今北路猾夏，猶已事嫁矣，而西戎之虚盟，安足信之？不可無虞也。夫人性有勇怯，地性有險易。勇怯可以習制，制之以刑則亡怯，樂之以利則亡怯，惜之以勢則亡怯。假如涉險，利强弩以持重者據之；平陸，利騎戈以捷手健蹄者兼之。此得勢而亡怯也。今士卒之獲戎者，得其馬羊牛雜畜及衣裝寶絡，皆與之，無令有所奮奪，此顧利而亡怯也。蒙兵失律者皆誅，此畏刑而亡怯也。如此而用，勇倍百矣。臣嘗仕於邊，又嘗與戎降人言，自瀚海已東神烏、燉煌、張掖、酒泉，東至於金城、會寧，東南至於上邽、清水，凡五十郡、六鎮、十五軍，皆唐人子孫，生爲戎奴婢，田牧種作，或聚居城落之間，或散處野澤之中。及霜露既降，以爲歲時，必東望嗁呼。其感故國之恩如此，陛下能不念之！臣意西戎今冬當踰河拒北虜，明年必大入靈武，寇西城，先擊鹽、宥。誠能因此時，詔寧、隴、邠、涇及南梁皆會兵計事，獨得以老弱留謹城，其他少壯及騎士皆持裝佩鹽糗，令邠寧、涇原軍皆出平涼道彈筝，邠寧軍北固崆峒，守蕭關，涇原軍西遮木硤關，鳳翔軍逾隴，出上邽，因臨洮取鳳林關，南梁軍道鳳逾黃花，因狄道會隴西，得其利則擊，因其牛羊，足以供具。各以輕騎入賀蘭，撫諭其遺人，飛聲流勢，延闕二字西，〔趙校：《英華》卷四九二作“延而益西”。〕則故地盡可得也。如此則王畿之內，安有警烽之。闕二字。〔趙校：《英華》卷四九二作“安有警烽之虞哉”。〕臣固曰四方之弊，莫若山東、隴右。

　　“今策臣之目曰直言極諫，則言無不直，直不懼於罪也。若諫無不極者，今百不盡臣之一二焉。何者？答問之所及，或未利於國，臣雖欲漏之而不解，則懼執事之臣不寤也。睿問之所不及者，當臣之所蓄，或有利於國，臣雖欲奏之，臣懼罪言於非宜也。而況晦寒之晨，奔光馳曜之下，筆之條奏，拘以文陳乎？臣所以憤懣之誠，百不及一二焉。豈無異日而顧問哉。伏惟陛下察焉。

謹對。"《文苑英華》

二年壬寅(822)

閏十月，國子祭酒韋乾度奏："當監四館學生，每年有及第闕員，其四方有請補學生人，並不曾先於監司陳狀，便自投名禮部，計會補署。監司因循日久，官吏都不檢舉，但準禮部關牒收管，有乖大學引進之路。臣忝守官，請起今已後，應四館有闕，其每年請補學生者，須先經監司陳狀，稱請替某人闕。監司則先考試，通畢然後具姓名申禮部，仍稱堪充學生。如無監司解申，請不在收管之限。舊例，每給付廚房，動多喧競。請起今以後，當監進士、明經等待補署畢，關牒到監司，則重考試。其進士等若重試及格，當日便給廚房。其明經等考試及格後，待經監司牒送，則給廚房，庶息喧爭。當監四館學生，有及第出監者，便將本住房轉與親故，其合得房學生則無房可給。請起今以後，學生有及第出監者，仰館子先通狀納房。待有新補學生公試畢後，使給令居住。當監承前，並無專知館博士。請起今以後，每館衆定一人知館事。如生徒無故喧競者，仰館子與業長通狀領過，知館博士則準監司條流處分。其中事有過誤，衆可容恕，監司自議科決。如有悖慢師長，強暴鬥打，請牒府縣鋼身，遞送鄉貫。"敕旨"宜依"。《冊府元龜》、《唐會要》。

進士二十九人：《唐詩紀事》："周墀以《木雞賦》及第。"是《木雞賦》爲此年試題。《木雞賦》以"致此無敵，故能先鳴"爲韻，見《文苑英華》。《文苑英華》又載《琢玉詩》，當亦是此年試題。　是年，平曾以府元落，韋漸、李餘以等第罷舉，見《摭言》。《唐詩紀事》："長慶二年，平曾同買閬仙輩貶，謂之舉場十惡。"

＊李訓，狀元。原列本卷長慶三年(823)進士科，爲附載，徐氏考云："李訓。《舊書》本傳：'訓，肅宗時宰相揆之族孫。始名仲言。進士擢第。'按《舊書·王播傳》，李訓即王起貢舉門生，故附此年。"　孟按：《玉芝堂談

薈》卷四"兄弟十龍"條云："唐李修子李亮、李訓、李叔、李秀皆狀元及第。"
按王起凡四掌貢舉，唯長慶二年(822)無狀元，今移正。

　　白敏中，《舊書·白居易傳》："敏中字用晦，居易從父弟。祖鏻，父季
康。敏中長慶初登進士第。"白居易《故溧水縣令白季康墓誌銘》："公後夫
人高陽敬氏生子曰敏中，進士出身。"又曰："夫人訓子爲賢母，故敏中遵其
教，飭其身，升名甲科。"陳振孫《香山年譜》："長慶元年，公從弟敏中及第。
《香山集》有《喜敏中及第詩》云：'自知群從爲儒少，豈料詞場中第頻。桂
折一枝先許我，楊穿三葉盡驚人。轉於文墨須留意，貴向煙霄早致身。莫
學爾兄年五十，蹉跎始得掌絲綸。'"〇孟按：《補遺》冊七，第134頁，皇甫煒
撰大中十二年(858)七月廿五日《皇甫氏(煒)夫人(白氏)墓銘并序》："夫
人姓白氏，其先代太原人也。……父敏中，即今相國節制荆門司徒公也。
司徒岳降神姿，天生偉器。幼而聰悟，鄉黨稱奇。長慶二年登進士甲科。"
《唐代墓誌彙編續集》[咸通005]據《隋唐五代墓誌滙編·陝西卷》第二冊
第100頁高璩撰咸通二年(861)十月三十日《唐故開府儀同三司守太傅致
仕上柱國開國公食邑二千户贈太尉白公(敏中)墓誌銘并序》："公諱敏中，
字用晦。……時穆宗皇帝以尚書第業取浮譽，俾後生裁出風態，拱折□
吐，如一手出。即揚鞭勞問，以疏數(孟按：原誌文作"疎嚴")致規模，聲容
定流品。臨togage隱機，號曰頑朽，尚不揖，唾去。中外厭怒，坐有司不當職責
出，而被籍貫者索索墜地。文場一洗，唯精確不疏者得負氣岳立，如霜殺
百卉而桂檜相望，故公高揖殊等。"

　　賀拔惎，《摭言》："王相起長慶中再主文柄，志欲白敏中爲狀元，病其
人與賀拔惎爲交友。惎有文而落拓，因密令親知申意，俾敏中與惎絶。前
人復約敏中爲具以待之，敏中欣然曰：'皆如所教。'既然惎果造門，左右紿
以敏中他出，惎遲留不言而去。俄頃敏中躍出，連呼左右召惎，于是悉以
實告。乃曰：'一第何門不可致，奈何輕負至交。'相與歡醉，負陽而寢。前
人睹之，大怒而去。懇告於起，且云：'不可必矣。'起曰：'我比只得白敏
中，今當更取賀拔惎矣。'"

　　周墀，《舊書》本傳："墀字德升，汝南人。祖頲，父霈。墀長慶二年擢
進士第。"〇孟按：原卷二十七《附考·進士科》列有"周□"，徐氏考云："杜
牧《故東川節度檢校右僕射兼御史大夫贈司徒周公墓誌》：'公少孤，舉進

士第。’”趙校：“岑仲勉云，此即卷一九長慶二年下之周墀。見《訂補》。”按岑補云：“余按此即周墀也。同書一九，長慶二年下已據《舊書》著録，此應删却。”今從岑説删並。又按《詩話總龜》前集卷十四引《廣卓異記》：“長慶二年，王起自中書舍人知貢舉，放進士周墀及第。會昌三年，起自僕射再放榜，時周墀任華州，因寄詩賀，叙同在翰林曰：‘文場三化魯諸生，二十餘年振重名。曾忝木鷄誇羽翼，又陪金馬入蓬瀛。雖欣月桂居先折，更羨春蘭最後榮。欲到龍門看風水，關防不許暫離營。’答曰：‘貢院離來二十霜，誰知更忝主文場。楊葉縱能穿舊約，桂枝何必愛新香。九重每憶同仙禁，六藝初吟得夜光。莫道相知不相見，蓮峰之下有龔黄。’人以爲絶唱。”檢《全唐詩》卷五六三録上引周墀詩題作《賀王僕射放榜》，其中“曾忝木鷄誇羽翼，又陪金馬入蓬瀛”二句下原注云：“墀初年以《木鷄賦》及第，常陪僕射守職内庭。”又，元洪景修編《新編古今姓氏遥華韻》巳集卷三：“周墀字德升，長慶年王起知貢舉，墀以《木鷄賦》登科，文宗授學士、華州刺史。”

陳標，《唐詩紀事》：“陳標，終侍御史，長慶二年進士。”

苗愔，《韓文考異》引《登科記》：“愔長慶二年進士第。愔，蕃之孫也。”○孟按：愔爲蕃之子。參見《彙編》[會昌003]、[咸通100]。

丁居晦，見《文苑英華》。

浩虛舟，見《文苑英華》。　《通志·氏族略》：“唐隰州刺史浩聿狀云：‘本郜氏，因避難改爲浩氏。’聿生虛舟。”

裴休，《舊書》本傳：“休字公美，河内濟源人。祖宣，父肅。休長慶中從鄉賦登科。”盧肇《宣州新興寺碑》：“裴公休擢進士甲科，登直言制首。”按長慶惟三年，傳言長慶中，故載於此。

＊吳降。《咸淳臨安志》卷六十四《人物五·列傳·唐》：“吳降，字下己，長慶二年登進士科。今新城縣碧沼禪寺有郎中吳降詩。又嘗爲衡州刺史。”羅隱《東安鎮新築羅城記》：“天下之無事也，吾鄉則有河間凌准宗一、濮陽吳降下己、汝南袁不約還朴，以文學進。”[光緒]《浙江通志》卷一二三《選舉一·唐·進士》：“穆宗長慶：吳降，新城人，衡州刺史。”按胡補據《乾隆杭州府志》録吳降於本年。

＊明經科：

＊黃季長。《補遺》册三，第 219 頁，王魯復撰大中元年（847）三月十三日《唐故吉州司法參軍黃府君（季長）墓誌銘并序》云："吉州司法參軍黃弘遠，諱季長。……元和中舉明經，由太學，熏風沛然。穆宗二年擢第，光煥庭闈。" 按王補録作"黃弘遠"。

諸科十人。

山人科。見《雲麓漫鈔》。

日試百篇科：見《雲麓漫鈔》。

田夷吾，

曹璠。白居易有《日試詩百首田夷吾曹璠等授魏州兗州縣尉制》云："乃者魏、兗二帥以田夷吾、曹璠善屬文，貢置闕下。有司奏報，明試以詩，五言百篇，終日而畢。藻思甚敏，文理多通，賢侯薦延，宜有升獎。因其所貢郡縣，各命以官。而倚馬爰來，衣錦歸去，以文得禄，亦足爲榮。可依前件。" 按二人當即此年登第。又按《新書·藝文志》載郁渾常應百篇舉，壽州刺史李紳試之。李紳刺壽州在寶曆中，蓋其時亦置此科也。

知貢舉：禮部侍郎王起。《舊書》本紀："長慶元年十月辛未，以中書舍人、知貢舉王起爲禮部侍郎。"《王播傳》："播弟起，穆宗即位，拜中書舍人。長慶元年，遷禮部侍郎。其年，錢徽掌貢士，爲朝臣請托，人以爲濫。詔起與同職白居易覆試，〔趙校：原無"覆試"二字，據《舊書》卷一六四本傳補。〕覆落者多。徽貶官，起遂代徽爲禮部侍郎。"

浩虛舟《木鷄賦》曰："惟昔有人，心至術精，得鷄之情。情可馴而無小無大，術既盡而不飛不鳴。對勍敵以自持，堅如挺植；登廣場而莫顧，混若削成。初其教以自然，誘之不懼。希漸染而能化，將枯槁而是喻。質殊樸斲，用明不競之由；狀匪雕鎪，蓋取無情之故。然則飲啄必異，嬉游每殊。竚棲心而自若，期顧敵而如無。日就月將，功盡而稍同顛桸；不震不悚，性成而漸若朽株。已而芥羽詎設，雕籠莫閟。卓然之至全變，兀若之姿已致。首圓脛直，輪桷之狀俱呈；嘴利距銛，枳枸之芒並利。是以縱逸情絕，端良氣全。臆離披而踵附，眸眩曜而節穿。驚被文而錦翼蔚矣，迷揉木而花冠爛然。虛驕者懷不才之虞，安能自恃；賈勇者有攻堅之懼，莫敢爭先。故能進異激昂，處同虛寂。郢工誤起乎心匠，郇氏徒驚乎目擊。澹然無撓，子綦之質方儔；確爾不回，周勃之強未敵。之喻斯在，其由可徵。馴致已忘乎力制，積習潛通乎性能。是則語南國者未足與議，闞東郊者無德而稱。士有特力自持，端然不倚。塊其形而與木無二，灰其心而顧鷄若是。彼靜勝之深誠，冀一鳴而在此。"《文苑英華》

丁居晦《琢玉詩》曰："卞玉何時獻，初疑尚在荆。琢來聞制器，價銜勝連城。虹氣衝天白，雲浮入信貞。珮爲廉節德，杯作侈奢名。露璞方期辨，雕文幸既成。他山豈無石，寧及此時呈。"《文苑英華》

浩虛舟《琢玉詩》曰："已沐識堅貞，應憐器未成。輝山方可重，散璞乍堪驚。砧滅隳心正，瑕銷奪眼明。琢磨虹氣在，拂拭水容生。賞玩冰光冷，提攜月魄輕。仁當親捧握，瑚璉幸齊名。"《文苑英華》

三年癸卯（823）

正月，禮部侍郎王起奏曰："伏以禮部放榜，已是成名，中書重覆，尚未及第。若重覆之中，萬一不定，則放榜之後，遠近誤傳。其於事理，實爲非便。臣伏請今年進士堪及第者，本司考試訖，其詩賦先送中書門下詳覆，候敕却下本司，然後準舊例大字放榜。"從之。《舊書》本紀、《册府元龜》、《唐會要》。

二月，諫議大夫殷侑奏："謹案《春秋》二百四十二年行事，王道之正，人倫之紀備矣。故先師仲尼稱志在《春秋》。歷代立學，莫不崇尚其教。伏以《左傳》卷軸文字，比《禮記》多較一倍，《公羊》、《穀梁》比《尚書》、《周易》多較五倍。是以國朝舊制，明經若大經、中經能習一傳，即放冬集。然明經爲傳學者猶十不一二。今明經一例冬集，人之常情，趨少就易，三傳無復學者，伏恐周公之微旨，仲尼之新意，史官之舊章，將墜於地。伏請置三傳科，以勸學者。《左傳》問大義五十條，《公羊》、《穀梁》各問大義三十條，策三道。義通七以上，策通二以上，與及第。其白身應者，請同五經例處分。其先有出身及前資官應者，請準學究一經例處分。"又奏："歷代史書，皆記當時善惡，繫以褒貶，垂裕勸戒。其司馬遷《史記》，班固、范曄兩《漢書》，旨意詳明，懲惡勸善，亞於六經，堪爲代教。伏惟國朝故事，國子學有文史直者，弘文館弘文生，並試以《史記》、兩《漢書》、《三國志》，又有一史科。近日以來，史學都廢，至於有身處班列，朝廷舊章昧而莫知者，況乎前代之載，焉能知之？伏請置前件史科，每史問大義一百條，策三道。義通七，策通二以上爲及第。能通一史者，白身請同五經、三傳例處分。其有出身及前資官應者，請同學究一經例處分。其有出身及前資官，稍優與處分。其三史皆通者，請錄奏聞，特加獎擢。仍請頒下兩都國子監，任生徒習讀。"敕旨"宜依"，仍付所司。《舊書》本紀、《册府元龜》、《唐會要》。　　《舊書·職官志》以三史、三傳科置於二年，誤。

　　　進士二十八人：其年試《麗龜賦》，見《書録解題》。是年郭崖等第罷舉，見《摭言》。

　　鄭冠，狀元。

　　袁不約，《唐才子傳》："袁不約字還樸，長慶三年鄭冠榜進士。"羅隱《東安鎮新築羅城記》："汝南袁不約還樸，以文學進。"○孟按：《咸淳臨安志》卷六十四《人物五·列傳·唐》："袁不約，字還樸，新城人。登長慶三年進士，又試評判入等，仕至職方員外郎。有《袁不約集》一卷。"

　　顧師邕，《永樂大典》引《蘇州府志》："長慶三年，顧師邕登第。"《新書》本傳："顧師邕字睦之，少連子。性恬約喜書，寡遊合，第進士。"

　　李敬方，《唐才子傳》："敬方字中虔，長慶三年鄭冠榜進士。"

韓湘，《唐才子傳》：“湘字清夫，愈之姪孫也。長慶三年，禮部侍郎王起下進士。”《昌黎集·宿曾江口示姪孫湘詩》，《考異》引孫注：“湘字北渚，老成之子，公兄弇之孫。”昌黎又有《示爽詩》，《考異》謂爽亦湘之字。○孟按：宋蜀刻本《新刊經進詳注昌黎先生文》卷六《示爽》詩題下王儔補注：“宣城在江之南，公別業所在。詩云則是爽及第後佐官于宣城也。然公之諸子姪無有名爽者，以《登科記》考之：韓湘，長慶三年王起下及第。爽豈湘小字邪？”又同上詩，五百家注於題下引韓曰：“求之譜系，公諸子姪皆無名爽者，有姪孫湘者字北渚，老成長子，登長慶三年進士第，終大理丞。爽豈湘小字耶。”又韓愈《祭兄子十二郎老成文》，同上注引孫曰：“‘汝之子始十歲’謂湘也，‘吾之子始五歲’謂昶也，其後湘登長慶三年第，昶登四年第。”明代楊慎《升庵集》卷五十“古人取字”條：“唐《登科記》：韓湘字北渚。此又似今人之號，小異矣。”又見《丹鉛餘錄·總錄》卷十。

李餘，《唐詩紀事》：“餘登長慶三年進士第，蜀人也。張籍送餘歸蜀詩云：‘十年人詠好詩章，今日成名出舉場。歸去惟將新誥牒，後來爭取舊衣裳。山橋曉上蕉花暗，水店晴看芋葉光。鄉里親情相見日，一時攜酒上高堂。’賈島送餘及第歸蜀詩云：‘知音伸久屈，覲省去光輝。津濟逢清夜，途程盡翠微。雲當綿竹送，鳥離錦江飛。肯寄書來否？原居出甚稀。’”姚合有《送李餘及第歸蜀詩》云：“蜀山高岩嶤，蜀客無平才。日飲錦江水，文章盈其懷。十年作貢賓，九年多遭迴。春來登高科，升天得梯階。手持冬集書，還家獻庭闈。人生此爲榮，得如君者稀。李白《蜀道難》，羞爲無成歸。子今稱意行，所歷安覺危。與子久相從，今朝忽乖離。風飄海中船，會合難自期。長安米價高，伊我常渴飢。臨歧歌送子，無聲但陳詞。義交外不親，利交內相違。勉子慎其道，急若食與衣。苦熱道路赤，行人念前馳。一杯不可輕，遠別方自茲。”又朱慶餘有《送餘及第歸蜀詩》云：“從得高科名轉盛，亦言歸去滿城知。發時誰不開筵送，到處人爭與馬騎。劍路紅蕉明棧閣，巴村綠樹蔭神祠。鄉中後輩遊門館，半是來求近日詩。”按即上年等第罷舉者。○孟按：原卷二十一大和七年（833）進士科又著錄“李餘”，徐氏考云：“《玉芝堂談薈》：‘大和八年狀元李餘，成都人。’按八年狀元爲陳寬，則李餘當在此年。”趙校：“李餘已見卷十九長慶三年。”施補云：“按《唐詩紀事》卷四十六李餘條云：‘餘登長慶三年進士第，蜀人也。’張籍、賈島、姚合、朱慶餘並有《送李餘及第歸蜀》詩，賈島詩有‘雲賞綿竹送，鳥離錦江飛。’之句（《賈浪仙長江集》[《四部叢刊》本]卷四），姚合有‘蜀山高岩嶤，蜀客無平才。日飲錦江水，文章盈其懷。’之句（《全唐詩》第八函第三冊姚合詩卷一），此兩李餘籍貫相同，疑即一人，而《玉芝堂談薈》有誤。（《玉芝堂談薈》本言李餘爲大和八年狀元，徐氏據《唐才子傳》卷七雍陶條雍陶於‘大和八年陳寬榜進士及第’之語，以爲大和八年狀元既爲陳寬，李餘當爲大和七年之狀元，亦屬揣測，別無佐證。）大和七年下之李餘可删去。”今删併至本年。

　　＊徐凝，胡補：“《乾隆杭州府志》卷一○七《選舉志》引《職官分紀》云：‘長慶三年癸卯鄭冠榜：……徐凝，汾水人。由杭州解，金部郎中。’又唐范攄《雲溪友議》卷中《錢塘論》及王定保《唐摭言》卷二《爭解元》條，徐凝在杭州取解，爲白居易所器重，事在長慶二年。是其在長慶三年及第無疑。”

　　＊李景述。孟按：原列卷二十二會昌四年（844）進士科，徐氏注云：“是年，景述以同州解頭及第。見元微之詩注。”胡補云：“按《元稹集》（中華書局1982年版）卷二一《和王侍郎酬廣宣上人觀放榜後相賀》詩‘珍重劉縠因首薦’下注云：‘進士李景述以同州（按原作判，形誤）解頭及第。’詩中‘王侍郎’即王起，長慶二年（822）、三年（823）以禮部侍郎知貢舉，會昌三年（843）以吏部尚書知貢舉，會昌四年（844）以左僕射知貢舉。俱詳《登科記考》。詩稱‘王侍郎’，則決非王起會昌中知舉時。又李景述應進士在同州取解，爲元任同州刺史時。據《舊唐書》卷十六《穆宗紀》：‘長慶二年六月甲子，工部侍郎、平章事元稹爲同州刺史。’《新唐書》卷六二《宰相表》中同。《會稽掇英總集》卷十八《唐太守題名記》：‘元稹，長慶三年八月自同州防禦使授。’《嘉泰會稽志》卷二《太守》部言自同州刺史授，年月相同。則元稹六月授同州刺史，解送李景述當在六月後，故應舉又當在次年（按即長慶三年，公元823年）春後。此時知貢舉正是禮部侍郎王起。”今移正。

　　＊進士覆落：

　　＊孟寧（孟守）。《南部新書》：“孟寧，長慶三年王起放及第。至中書，爲時相所退。其年，太和公主和戎。至會昌三年，起自左揆再知貢，寧以龍鍾就試而成名。是歲，石雄入塞，公主自西蕃還京。”《唐詩紀事》卷五

十五“孟守”(王仲鏞《校箋》本據《摭言》卷三改作“孟宁”)傳所記略同，又載其詩云：“科文又主守初時，光顯門生濟會期。美擅東堂登甲乙，榮同内署待恩私。群鶯共喜新遷木，雙鳳皆當即入池。別有倍深知感事，曾經兩度得芳枝。”以其後再度登科，故有“兩度得芳枝”語。《全唐詩》卷五五二錄此詩題作《和主司王起》(一作和主司酬周侍郎)。參見本書卷二十二會昌三年(843)考。

諸科十九人。

道舉科。見《雲麓漫鈔》。

日試萬言科。見《雲麓漫鈔》。

知貢舉：禮部侍郎王起。《舊書·王播傳》：“起掌貢二年，得士尤精。先是貢舉猥濫，勢門子弟交相酬酢，寒門俊造十棄六七。及元稹、李紳在翰林，深怒其事，故有覆試之科。及起考貢士，奏當司所選進士，據所考雜文先送中書，令宰臣閱視可否，然後下當司放榜，從之。議者以爲起雖避是非，失貢職也。故出爲河南尹。”張籍有《喜王起侍郎放榜詩》云：“東風節氣近清明，車馬爭來滿禁城。二十八人初上牒，百千萬里盡傳名。誰家不借花園看，在處多將酒器行。共賀春司能鑒識，今年定合有公卿。”

四年甲辰(824)

正月壬申，穆宗崩。《舊書》本紀

丙子，敬宗即位於太極東序。《通鑑》

三月壬子，上御丹鳳樓大赦天下。制曰：“天下諸色人中，有賢良方正、能直言極諫，經術優深、可爲人師，詳閑吏理、達於教化，軍謀弘遠、堪任邊將者，委常參官並諸道節度、觀察使，諸州刺史，各舉所知。限來年正月到上都。”《册府元龜》

進士三十三人：○陳補：“本年試《金用礪賦》、《震爲蒼筤竹詩》，見《韓子年譜》引《諱行錄》。”

李群，狀元。《摭言》：“合肥李郎中群，始與楊衡、符載等同隱廬山。先是封州李相遷閣長，會有名郎出牧九江郡者，執辭之際，屢以文柄迎合於公。公曰：‘誠如所言，廬山處士四人儻能計偕，當以到京先後爲齒。’既公果主文，於是擁旌旗，造柴關，激之而笑。時三賢皆膠固，唯合肥公年十八，躩然曰：‘及其成功一也。’遂束書就貢。比及京師，已鎖貢院，乃挝貢院門請引見。公問其所止，答云：‘到京後時，未遑就館。’合肥神質瓌秀，主司爲之動容。因曰：‘不爲作狀頭，便可延於吾廬矣。’”

韓琮，《唐才子傳》：“琮字成封，長慶四年李群榜進士及第。”《唐詩紀事》作琮字代封。○孟按：《全唐文》卷七七二李商隱《爲濮陽公陳許奏韓琮等四人充判官狀·韓琮》：“右件官早中殊科，榮推雅度。”

韋楚老，《唐才子傳》：“韋楚老，長慶四年中書舍人李宗閔下進士。”《金華子》：“韋楚老少有詩名，相國李公宗閔之門生也。自左拾遺辭官東歸，寄居金陵。”

李甘，《舊書》本傳：“甘字和鼎，長慶末進士擢第。”《摭言》引《登科記》：“李甘，長慶四年及第。”《因話錄》：“長慶以來，李封州甘爲文至精。甘出於李相國武都公門下，時以爲得人。”

韓昶，昌黎《符城南讀書詩·考異》引樊注：“《登科記》，公之子昶登進士第在長慶四年。”韓昶自爲墓誌銘云：“昌黎韓昶字有之，生徐之符離，小名曰符。六七歲出言成文，張籍奇之。年十一二，樊宗師大奇之。稍長，愛進士及第，見進士所爲之文與樊不同，遂改體就之。年二十五及第。”○孟按：韓愈《祭兄子十二郎老成文》，五百家注引孫曰：“‘汝之子始十歲’謂湘也，‘吾之子始五歲’謂昶也，其後湘登長慶三年第，昶登四年第。”

唐沖，

薛庠，○孟按：《新唐書·宰相世系表三下》：浙西觀察使薛莘之子“庠，字蒙志”。《白孔六帖》卷四十三《舉選》“世謂之玉筍”條作“薛彥”，當爲形近而訛。

袁都，《唐語林》：“李相宗閔知貢舉，門生多清雅俊茂，唐沖、薛庠、袁都，時謂之‘玉筍’。”○孟按：此條亦見《新唐書·李宗閔傳》。

＊韋昌明（韋思明）。天一閣藏［嘉靖］《惠州府志》卷四《選舉表·唐·進士》：“年號無考：韋思明。”又同上卷十三《人物傳·唐》：“韋思明，

龍川人。舉進士，歷顯官，名著朝野，酷好李涉詩。《惠陽志》》"日本藏
[萬曆]《粵大記》卷二十三："韋昌明，循州龍川人，家素饒富。昌明勵志讀
書，工於詩律詞賦，長慶中進士及第。"按胡補亦據乾隆《廣東通志》卷三十
一錄其名。又，[同治]《廣東通志》卷六十六《選舉表四·進士·唐》："長
慶四年：韋昌明，循州龍川人，秘書監丞。"[光緒]《惠州府志》卷二十一《選
舉表上·龍川縣進士·唐》："韋昌明，循州龍川人，秘書監丞，有傳。或作
'思明'"又同上卷三十五《人物·文苑·唐》："韋昌明，循州龍川人。家素
饒裕，勵志讀書，工詞賦，長慶中進士及第。"又同上考云："按《龍川志》曰：
昌明，唐進士。見《記纂淵海》、舊《通志》俱作'昌明'。舊《郡志》云：好李
涉詩，乃昌明之族，昌明非家於循者，則又作'思明'。潘《志》仍之，遂謂
《越井記》阪唐書室石刻訛作'昌明'。《記》中書名凡兩見，歷傳至今，恐未
必誤。石刻乃唐循州刺史楊在堯所題，同是唐人，尤爲可信。復證以《唐
詩紀事》一則，是。循人別有韋思明，老而不仕。潘《志》'昌明'俱改作'思
明'，恐考核未精，茲仍舊志。"按《全唐文》卷八一六錄有韋昌明《越井記》
文一篇，文末言："昌明祖以陝中人來此，已幾三十五代矣。實與越井相終
始，故記之如此。乾符五年十月之吉，邑人翰林學士韋昌明記。"

　　諸科十五人。

　　知貢舉：中書舍人李宗閔。《舊書》本傳："宗閔入爲中書舍
人。三年冬，權知禮部侍郎。四年，貢舉事畢，權知兵部侍郎。"　按
本紀："十月，以權知禮部侍郎李宗閔權知兵部侍郎。"　按李宗閔撰
《李良臣碑》，其結銜稱"朝請大夫、守禮部侍郎"，即紀傳所謂權知也。

登科記考補正卷二十

唐敬宗睿武昭愍孝皇帝

寶曆元年乙巳(825)

正月辛亥,上祀南郊還,御丹鳳樓大赦天下,改元。制曰："澄清教化,莫尚乎太學;明治心術,必本乎六經。天下諸色人中,有能精通一經、堪爲師法者,委國子祭酒訪擇,具以名聞。天下州縣各委刺史、縣令招延儒學,明加訓誘,名登科第,即免征徭。"《舊書》本紀、《冊府元龜》、《唐大詔令集》。

三月辛酉,詔常參及諸州府,准去年三月三日制舉,諸色目見到總三百一十九人,按《舊書》本紀作二百九十一人。今月二十八日御宣政殿臨試。宜付所司準式。《冊府元龜》

辛未,帝御宣政殿試制舉人,詔曰："朕聞心術順道,天下可一言而興;聰明壅途,堂上有千里之遠。故唐虞而降,則考試觀俗;漢魏之際,則詔策求賢。朕纘紹丕圖,撫臨方夏,實懼誠有所偏信,鑒有所未周。乃前歲詔六官、九卿、方岳、尹正有位之士,逮於庶僚,高懸四科,博薦群彦。將訪衆政之闕,酌至論之中。子大夫庭列儼然,可應其品,是用宵興前殿,永日渴求,條列坦明,咸本經意。固子大夫之所講磨矣,當竭誠慮,無有蘊藏。宜坐食,食訖就試。"《冊府元龜》、《唐大詔令集》。以中書舍人鄭涵、吏

部郎中崔瑄、兵部郎中李虞仲並充考制策官。《舊書》本紀

策賢良方正，能直言極諫科舉人問：“皇帝若曰：朕恭守憲祖中興之運，穆宗紹寧之業，寅畏兢翼，亦免荒墜。諸侯忠上而奉職，卿士循法而恪官，四夷内向，兆人休息，至於屬統垂文，程示後代。終有致人之意，未有理人之術。古人云‘希顔之徒，亦顔之流也’，又曰‘舜何人也，予何人也’。予竊不讓。欲追蹤乎三代，俯視乎二漢，陶今俗於至道，躋兆人於泰和。子大夫皆蘊器應薦，憤憤悱悱，思所以奮者於日久矣。當極其慮，開予鬱滯。夫禮樂刑政，理之具也。禮樂非謂威儀升降，鏗鏘拊擊也；將務乎阜天時，節地利，和神人，齊風俗也。刑政非謂科條章令，繁文申約也；將務乎愧心格恥，設防銷微也。必有其論，何方致之？四人混處，遷於異物，歷代已降，皆所共患。士本於儒，而有詭道之行；農尚篤固，而多捐本之心；工繕用物，而作雕磨之器；商通有無，而齋難得之貨。思矯其弊，必有其術。漢高之基稱蕭、曹，孝宣之興稱丙、魏，朕觀其書，燦焉盡在。我國家之盛，其紀年則曰貞觀、開元，其輔相則曰房、杜、姚、宋，朕觀其書，則拔群絶類者不能相遠。然兩朝之盛，四子之能，不可誣也。將與元化合德謨謀而無際歟，爲史官詞志不能久於其事歟？口食至多而墾闢者惰，供億至衆而財官是空，官無闕員而家食者告困，德澤仍臻而鰥一作“寡”。弱者未贍。必有其旨，何以辨之？無泛無略，無游説，無隱情，以副虛求，朕將親覽。”《文苑英華》、《唐大詔令集》。

四月丁亥，制曰：“朕深居法宮，高處宸極，嘗慮天下多務，壅於上聞，朝廷大猷，闕於中興。至於伏陛叩顙，造膝犯顔，皆驟遷顯榮，寵以優錫。猶思物不得茂遂，道有所鬱埋，是用虛衷訪賢，側席前殿，緘密以獻，閲自朕躬。切弼予違，無所回忌，第於上下，揚於正朝。吾之不弘，亦可謂信於海内矣。賢良方正、能直言極諫科舉人第三等唐伸、韋端符、舒元褒，第四等蕭敞、楊魯士、楊儉、來擇、趙杭、一作“祝”。裴惲，一作“暉”。第四次等韋縣、

李昌實、一作"賓"。嚴楚封、田鄪、崔璜，第五上等李溢、一作"涯"。蕭夷中、馮球、元晦；詳閑吏理、達於教化科第五上等韋正貫；軍謀弘遠、材任邊將科第三等裴儔，第四次等侯雲章：咸以讜言正詞，兵符教本，應問如響，不窮如泉，著之於篇，爛然盡在，宜膺中鵠之選，用叶麋爵之經。其第三等人，委中書門下優與處分。第四等、第四次等、第五上等，中書門下即與處分。"後不數日，帝謂宰相曰："韋端符、楊魯士皆涉物議，宜與外官。"乃授端符同州白水縣尉，魯士興元府城固縣尉。宰臣等請其罪名，不得。《舊書》本紀、《冊府元龜》、《唐大詔令集》)。

　　　　進士三十三人：是年李景方、盧鎰等第罷舉，見《摭言》。

　　柳璟，狀元。見《玉芝堂談薈》。　《舊書·柳登傳》："子璟，寶曆初登進士第。"《新書》："璟字德輝。"《因話錄》："小柳舍人璟，自祖父郎中芳以來，奕世以文學居清列。舍人在名場淹屈，及擢第，首冠諸生。當年宏詞登高科，十餘年便掌綸誥。"《卓異記》載座主見門生知舉，有楊嗣復、柳璟。又云："嗣復與璟，又是禮部侍郎璟首及第。"

　　歐陽袞，《永樂大典》引《閩中記》："歐陽袞字希甫，閩縣人。寶曆元年及第。"　按《淳熙三山志》，歐陽袞終侍御史。○孟按：袞有《及第後返閉戶窮(下缺)》詩殘句，見《全唐詩補編·續拾》卷二十四。

　　易之武，《永樂大典》引《宜春志》："易之武，寶曆元年登進士第。"

　　楊洵美，《唐詩紀事》："洵美登寶曆元年進士第，終監察御史。"

　　李從晦，《新書·宗室傳》："從晦，寶曆初及進士第。"　按從晦與柳璟同年，見大中九年注。

　　裴素，《寶真齋法書贊》裴素《明日帖》："裴素制誥書寶曆元年楊嗣復相公下及第，更不知聞，是何薄情也？明日爲吾人請假一日。具空鱠衹候，望捨却他事，早見訪也。更無人，惟有崔十學士。此走狀不宣。素再拜二十一官郎中使君閣下。二日。"　按帖語，當是素與其同年書，存之俟考。

　　杜勝，《舊書·杜黃裳傳》："弟勝，登進士第。"《新書》："勝字斌卿，寶曆初擢進士第。楊嗣復數薦材堪諫官。"

*熊望。原列本書卷二十七《附考·進士科》，徐氏考云："《舊書》本傳：'登進士第。'《新書》：'望字原師。'" 孟按：《舊唐書》本傳載文宗詔有"前鄉貢進士熊望"云云。又《萬姓統譜》卷一："熊望，寶曆登科。"寶曆凡二年，今附本年。

諸科三十二人。

賢良方正，能直言極諫科：

唐伸，見《册府元龜》、《唐會要》。

韋端符，見《册府元龜》、《唐會要》。

舒元褒，見《册府元龜》、《唐會要》。 《新書·舒元輿傳》："弟元褒，擢賢良方正。"《文苑英華》注云："元褒第三人。"

蕭敞，見《册府元龜》、《唐會要》。

楊魯士，見《册府元龜》、《唐會要》。 魯士本名殷士，以進士黜落，改名登制科。

楊儉，見《册府元龜》、《唐會要》。

來擇，見《册府元龜》、《唐會要》。 《新書·藝文志》，擇字无擇。

趙枳，見《册府元龜》、《唐會要》。

裴惲，見《册府元龜》、《唐會要》。

韋繇，見《册府元龜》、《唐會要》。

李昌實，見《册府元龜》、《唐會要》。

嚴楚封，見《册府元龜》、《唐會要》。

田邕，見《册府元龜》、《唐會要》。

崔璜，見《册府元龜》、《唐會要》。

李涯（李漄），見《册府元龜》、《唐會要》。 涯，李漢弟，見《舊書·李漢傳》，又見韓愈《李邘墓誌》。○孟按：《册府元龜》卷六四五、《唐會要》卷七十六均作"李涯"，《太平御覽》卷六二九作"李厓"。

蕭夷中，見《册府元龜》、《唐會要》。

馮球，見《册府元龜》、《唐會要》。

元晦，見《册府元龜》、《唐會要》。

＊路貫。《全唐詩》卷五四七"路貫小傳"："路貫，與元晦同登第。"按元晦登第惟見本年是科，因附此俟考。此條朱補入録"存疑"；陳冠明補於本年。

詳閑吏理，達於教化科：

韋正貫。見《册府元龜》、《唐會要》。蕭鄴《韋正貫神道碑》："正貫，長慶初對賢良極諫策，登乙科，授太子校書。敬宗朝，又以華原縣尉再登詳閑吏理科，遷萬年主簿。考京兆進士，能第上下，頗得一時之俊。"崔嘏《授韋正貫京兆尹制》："再升文字之途，一舉雲霄之路。"

軍謀弘遠，材任邊將科：

裴儔，見《册府元龜》、《唐會要》。　　肅之子，休之兄，見《舊書·裴休傳》。

侯雲章。見《册府元龜》、《唐會要》。

博學宏詞科：

柳璟。見上。

知貢舉：禮部侍郎楊嗣復。《舊書》本傳："牛僧孺作相，欲薦拔大用。又以於陵爲東都留守，未歷相位，乃令嗣復權知禮部。寶曆元年二月，選貢士六十八人，後多達官。"　按是年及明年進士，適符六十八人之數。而傳言元年二月，或專謂元年進士及諸科，然只六十五人，疑有誤字。

《新書》本傳："嗣復領貢舉，時於陵自洛入朝，乃率門生出迎，置酒第中。於陵坐堂上，嗣復與諸生坐兩序。始於陵在考功，擢浙東觀察使李師稷及第，時亦在焉。人謂楊氏上下門生，世以爲美。"○孟按：《新唐書》本傳："嗣復與牛僧孺、李宗閔雅相善，二人輔政，引之，然不欲越父當國，故權知禮部侍郎。凡二期，得士六十八人，多顯官。"

舒元褒對策曰："臣久訝今之天道運行，地力負載，生生滋息，皆與堯、舜、禹、湯之時不異。及言其理亂安危，則邈然數千里而遠。臣因静索其源，蓋由時君之所致也。在禹以夏王，桀以夏亡。在湯以殷王，紂以殷亡。是古今有異耶？直人事而已矣。臣嘗病之，願抱血誠而寫置於天子之前。天路甚高，無由聞達，是以卒歲於悒，如抱沈痼。天意似知臣有移時之術。而能懇懇不已，幸使臣不爲霜露所薄，而無犬馬之疾，得遭遇陛下嗣位之日，〔趙校："得"原作"謂"，據《英華》卷四九〇改。〕首以直言極諫徵夫賢良方正之士，而虛心以問之，此乃五帝、三王之所難行，而一朝陛下盡能行之，所謂天地交泰之時也，臣不敢懼避，願就湯鑊之誅，願盡吐成敗利害之根，願解天下元元倒懸之急也。亦不枝蔓藻飾以爲言，上緣聖問，下切人情，度陛下必能行之者而後言之。伏惟陛下察其忠而諒其直，實天下幸甚。謹昧死上言。

　　"制策曰'古人云"希顏之徒，亦顏之流"，又曰"舜何人也，予何人也"。予竊不讓，欲追蹤乎三代，俯視乎二漢，陶今俗於至道，躋兆人於泰和。子大夫皆蘊器應薦，憤憤悱悱，思所以奮者於日久矣。當極其慮，開予鬱滯'者。陛下首問及此，有以見聖人思理之深也。臣聞楊雄有希顏之言，顏淵有慕聖之語，皆謂生雖異代，但行其道，即其人也。今陛下蘊上聖之姿，執大寶以御乎人，夫寒暄發於咳唾，生死繫於喜怒，其力與天地爭大，其財與泉源不窮。臣竊謂以此之力，提五岳而塞乎四海也。今賜策曰'予竊不讓，欲追蹤乎三代，俯視乎二漢'，此乃陛下謙光之至也，微臣敢不拜舞稱賀，條列而言乎！臣聞三代之理，以義化天下，其猶天地之無不覆載，日月之無不照臨。雖負至聖之姿，常若不足，在求賢以輔，張諫以規，憂天下之憂，樂天下之樂，未嘗枉一物而私其功也。三代之後，亦求其所理之門，何者足以立功而親人。此道苟失，在未嘗有思天下之苦。既不知其苦，必輕用其人。所謂輕用者，非謂其日殺不辜，蓋以天下之力已困，而上之用無節。上之用無節，則有轉死溝壑之患，生於無節，足以爲生人之刀鋸也。又有甚於此者，則爵祿遍於輿臺，威福生於左右，刑罰不中，法令不行，天下昏亂，猶不知覺，自以爲萬代之安。以此求理，何異緣木而求魚哉！今陛下欲追蹤乎三代，則莫若用三代之理。何者？伏望陛下以其德理天下，則思求賢以廣其覆載；

以貞明並日月，則思納諫以助其照臨。察逆耳之言，則知其爲端
士而進用之；聞悦心之語，則辨其爲邪諂而斥遠之。御一膳，思
天下之饑；披一裘，思天下之凍；覽國史，思祖宗創業之艱難；睹
貢賦，思黎甿耕織之勤苦；居宮殿，思採伐之勤勞；視嬪嬙，思離
曠之怨恨；聲色游晏，悟伐性之言；馳騁畋獵，念垂堂之戒；戢六
軍，無令恃寵；抑近習，無縱威權。無使有求恩之名，無使有得幸
之號，無使内干外政，無使中奪外權，無垂飾喜之賞，無行遷怒之
罰，無求悦目之華，無好蕩心之巧。此乃三代明王理天下之術
也，陛下誠能慕之，則宜法而行之。行之不已，自然遠超於三代
矣，況俯視二漢乎！此則陶今俗於至道，躋兆人於泰和，又豈勞
聖慮哉！

　　"制策曰'夫禮樂刑政，理之具也。禮樂非謂威儀升降，鏗鏘
拊擊也；將務乎阜天時，節地利，和神人，齊風俗也。刑政非謂科
條章令，繁文申約也；將務乎愧心格恥，設防銷微也。必有其論，
何方致之'者。臣聞禮樂刑政，理天下之本也。三代之理，未始
不先於禮。禮明則君臣父子、長幼尊卑識其分，而人倫之序正
矣。人倫之序正，則和順孝慈之慶感於上，所以阜天時也。貴賤
之位別於内，則奢侈耗蠹之弊息於外，此所以節地利也。自然上
下交泰，而天下之心悦。天下之心悦，因可以達於樂，樂達則神
人自然和矣。神人和則天下之心樂，天下之心樂，則風俗自然齊
矣。仲尼曰：'安上理人，莫善於禮。移風易俗，莫善於樂。'其此
之謂乎？固非謂乎威儀升降，鏗鏘拊擊也。伏惟陛下舉三代禮
樂而行之，而不以形聲之爲貴，則可以阜天時而節地利，和神人
而齊風俗。刑政者，國家之大典。臣聞貞觀之理，刑政甚明。夫
刑者，期於無刑；政者，期於無政。蓋以一人而齊天下，能用之者
則理，不能用之者則亂。刑設而不犯，畫一之謂也。政立而不
易，必行之理也。然後能去奸宄，懲暴亂，而養育黎人也。然其
患在於任情好惡，遠近雷同，雖堯舜不可爲理也。況今人人自爲

強禦，欲其愧心格耻，設防銷微，無由得也。何以言之？今軍伍之人，陛下之人也；府縣之人，亦陛下之人也。既皆陛下之人，則刑政所宜共守。今有惰游無賴之人，不修本業，輸貨榷酤，苟求微利，一入北軍，張影附勢，憑托附籍，恣行凶頑。執憲與尹京者，持陛下刑政以繩其罪，主者則云彼越局而挫我也，遂誇其威權以固護之。持刑政者無由而禁，徒有城狐社鼠之嘆耳。此陛下刑政不行於轂下，況其遠者乎？其外則守土之臣，或多自開戶牖，征徭榷稅，不本制條，刑罪重輕，率於胸臆。此陛下刑政不行於内地，況其遠者乎？伏惟陛下明於用刑，則可以期於無刑矣，豈止於愧心耻格乎？率力爲政，則可以期於無政矣，豈止於設防銷微乎？〔趙校：“銷”原作“鎖”，據《英華》卷四九〇改。〕伏惟陛下徵貞觀刑政而行之，則天下之人有耻且格矣。

“制策曰‘四人混處，遷於異物，歷代已降，皆所共患。士本於儒，而有詭道之行；農尚篤固，而多捐本之心；工繕用物，而作雕磨之器；商通有無，而齎難得之貨。思矯其弊，必有其術’者。臣聞明君在上，制四人之業，不使爲異物所遷。今士之爲儒，非不強學，而有詭道之行者，其弊自陛下親巧諛而疏鯁直也。農人之業，非不篤固，而多捐本之心者，其弊自陛下嗜珍味而惡菲食也。工人之藝，非不專，而作雕磨之器者，其弊自陛下厭樸素而尚淫巧也。商人之利，〔趙校：“商”原誤“尚”，據上文問目改。〕非不多，而齎難得之貨者，其弊自陛下貴珠玉而賤布帛也。伏惟陛下斥巧諛，則士無詭道之行矣。絶珍味，則農無棄本之心矣。碎淫巧，則工無雕磨之器矣。賤珠玉，則商無難得之貨矣。矯弊之術，其在此乎！夫矯弊在先原其本，然後責其末。何者？制士人之禄使稍優，寬農夫之稅使加薄，酬工人之庸使當直，來商人之貨使其通，如此自然各修其業矣。復敢有爲異物所遷者，則陛下之刑政存焉。

“制策曰‘漢高之基稱蕭、曹，孝宣之興稱丙、魏，朕觀其書，燦焉盡在。我國家之盛，其紀年則曰貞觀、開元，其輔相則曰房、杜、姚、宋，朕觀其書，則拔群絕類者不能相遠。然兩朝之盛，四子之能，不可證也。將與元化合德謨謀而無際歟'者。臣聞元首以輔弼興理，自古王者期建非常之業，則必有非常之人以佐之。漢之高祖資蕭、曹，孝宣憑丙、魏，一則以創業，一則以中興，其道可得而知也。漢高起於布衣以有天下，大敵未滅，日月持久，蕭、曹匡輔，謀計居多，所以覺其功業盛也。孝宣起於人間，霍光歿後，方親政事。然霍光雖乘時之功，不通經術，非王者之佐，弊政尤多。丙、魏乘弊之餘，以竭股肱之任，卒致中興，所以覺其輔佐之勞也。我太宗、玄宗，明聖之資，海內從化。而房、杜、姚、宋，當至理之代，皆盡啟沃之力，咸有匡輔之道。主聖臣賢，君臣道合，是以貞觀、開元與漢之功臣有異，而兩朝功德事業，光乎史冊。陛下以拔群絕類之不相遠者，則臣嚮所謂主聖臣賢，道合交泰，正史氏無德而稱焉。

　　"制策曰：'口食至多而墾闢者惰，供億至衆而財官是空，官無闕員而家食者告困，德澤仍臻而寡弱者未贍。必有其旨，何以辨之？毋泛毋略，毋游説，毋隱情，以副虛求，朕將親覽。'陛下終問及此，有以見聖心憂勞之至也。微臣敢有所隱，而不盡言乎！陛下以口食至多而墾闢者惰，供億至衆而財官是空，非上失勤儉之化，而下棄其本不務乎？夫欲墾闢多而財賦足者，莫若勸人之務本。務本在百姓樂其業，而墾土以穀，樹桑以絲。此皆取之於厚地，厚地之出如泉源焉，豈有窮竭耶？今捨此不務，而欲墾闢之不惰，不可得也。今陛下宮室池臺之盛，則人務採伐而輒趨斧斤之利，此耕夫十去其二也。〔趙校："二"，《英華》卷四九〇作"一"。〕後宮羅紈鉛紅者數千人，日費數千金，此耕夫十去其一也。尚食之饌，窮海陸之珍以充圓方，一飯之資，亦中人百家之產，此耕夫十去其一也。廄馬與鷹犬之多，皆使廝養之，其芻粟粱肉之供，一物之命，有甚於人，此耕夫十去其一也。車輿服玩，皆錯以兼金,鍍以美玉,或文犀瑇瑁,大貝明珠,齒革羽毛,窮奇極異。採之者或航溟海,梯崇山,力盡不回,繼之以死,此耕夫十去其二也。〔趙校:"二",《英華》卷四九〇作"一"。〕有假於浮屠,削髮惑衆,而建立寺宇,刻雕像形,度天下之多不下數十萬,此耕夫十去其二也。〔趙校:"二"《英華》卷四九〇作"一"。〕奸吏理人,苟以應辦爲先,急徵其稅,厚剥其賦,以媚於左右,此耕夫十去其一也。上好珍奇,則商通無用之貨;上好伎巧,則工作無用之器。器與貨皆出於人力,乃委於無用之地,此耕夫十去其一也。此數者乃困生人之力而竭國用之甚者,陛下誠能慕采椽茅茨之化,繩浮屠惑衆之教,抑奸吏賦斂之心,閉工商無用之事,則百姓皆歸本而墾闢矣,何慮乎口食至多哉! 陛下誠能節嬪嬙之侍,斥犬馬之繁,減海陸之溢,省車輿服玩之珍,則賦自然足,何慮乎供億之衆哉! 故語有曰:'百姓足,君孰與不足。'使伊、傅復生,爲陛下計者,不能易此也。

"陛下以官無闕員而家食者告困,豈非擇才授任之不明歟,遷轉課績之不核歟? 今自三事及群有司,皆有其官,官有其禄,考成在於歲滿則轉。不知陛下何以選而致之哉! 臣聞《詩》曰:'濟濟多士,文王以寧。'言内外各用其人爲理,而天下安寧也。今多士盈朝,而使陛下憂勞若此,雖無闕員,將何用哉? 甚失'文王以寧'之謂也。陛下何不各於其局而考其課績,有其效者則升之,無其效者則退之。如此則尸素充員者鮮,何憂乎家食而告困哉!

"陛下以德澤屢降,而鰥弱者未贍,豈非方鎮之臣爲壅遏其恩者耶? 竊見今主守之臣與聚斂之臣,巧計萬端,割剥生人膏血,兩稅之外,徵率雜科,以爲非時之進,富貴_{原注:疑。}陛下恩澤。於是有月進、時進、朝賀之進、羨餘之進。當進之時,表章上言,皆云'臣自方圓,不擾陛下百姓',舉此一節,則明其欺詐甚矣。今長吏節度、觀察、刺史之家,其奢者家僮數百人,其儉者不下百人。以其禄俸自給，尚且不足，必重斂於人以繼之，則明知其所進非禄俸也。既非禄俸，而云不擾百姓，將何得哉！所以兩税之外，常有誅求，鹽鐵榷酤，重迭籠税，托爲進奏，般次相運，水陸轉輸，半入私家。今天下之人，流離棄業，日益困矣，而陛下無由知之。雖仍降德澤，德澤不流，則鰥弱從何而贍？陛下聞之得不爲少軫聖慮，少動聖心！臣竊料陛下將不忍聞也。陛下倘察臣之言，特回聖意，一爲思之，敕有司簿天下舊定之租賦，禁奸臣非法之誅求，減鹽鐵榷酤之繁税，絶天下無端之進奉，如此則德澤自降，而天下之人自獲蘇息，富而庶矣，豈慮乎鰥弱之不贍哉！

　　“然清問所及，皆當今之切者，微臣尚言，亦已盡矣。陛下察而行之，在陛下留心庶政，而法其兢兢業業者而已。何者？陛下春秋鼎盛，上荷十二聖之重構，自即位以來，嘗日旰不視朝，大臣憂懼，百辟惴慄，進諫者詞旨懇切。陛下既嘉其忠，亦允其請，然宰相卿士未有轉時之對，則萬幾之重，其闕幾時。加之千門之深，羽衛之隔，則堂上之遠，豈止於千里哉。雖陛下雄傑聰明，極思慮而憂天下，何由而得。雖曰徵賢良爲直諫，又何益於理？故傳曰：‘其身正，不令而行。其身不正，雖令不從。’推是而言，則天下理亂不由陛下而致，其由誰乎？臣所謂留心庶政，而法其兢兢業業者，蓋爲此也。況今大獎未去，其可忽之耶？所謂大獎者，在法吏之侮文，權臣之弄柄，朋黨連結，貨賄公行。以中外重位，出入迭居，名器輕於糞土，公侯遍於頑嚚，恣行威福，苟傷暴殘。諫官不敢論，御史不敢糾。雖陛下有天下之名，而此輩乃害天下之實，此弊不去，生人未安。陛下必欲去其弊者，拔其根本，斥諛佞，進忠賢，早朝而晏退，引宰相公卿，詢訪天下之利病，至於群有司，皆使鯁直列侍，而親決萬幾之務。此乃聖帝明王理天下之術也。伏維陛下留神獨聽，無惑於左右，則四海九州幸甚。微臣敢愛一身之死，而不直乎！謹對。”《文苑英華》

二年丙午（826）

十二月八日，《敬宗紀》作“辛丑”。敬宗遇害。《舊書》本紀

乙巳，文宗即位。《通鑑》

　　進士三十五人：是年崔仲府元落，韋教等第罷舉，見《摭言》。○孟按：《錦綉萬花谷後集》卷十九《科舉》“科第放此風漢”條引《玉泉子》：“劉蕡，楊嗣復門生也。寶曆二年，楊嗣復下三十五人裴休（按當作‘俅’）等，時蕡第十五，試《齊魯會於夾谷賦》、《晦日與同志昆明池泛舟》詩（按原誤作‘時’）及第。策直言，中官嫉怒，仇士良謂嗣復曰：‘奈何以國家科第放此風漢及第？’嗣復懼曰：‘昔與蕡及第時，猶未風耳。’”按今本《玉泉子》無“寶曆二年”以下數句。考《文苑英華》卷一八九省試詩有朱（按原文誤作“木”）慶餘及失名之同題《晦日同志昆明池泛舟》詩；又《古今歲時雜詠》卷九錄朱慶餘《省試晦日同志昆明池泛舟》詩，與《英華》所錄詩同。朱慶餘本年登進士科，知《錦綉萬花谷》所錄有據。據上所考，則《齊魯會於夾谷賦》、《晦日同志昆明池泛舟》詩當爲本年進士科試題。《日下舊聞考》卷一三五《京畿·昌平州二》亦引《玉泉子》云：“原劉蕡楊嗣復門生也。唐《登科記》，寶曆三年楊嗣復下三十五人裴休等，時蕡第十九，賦《齊魯會於夾谷賦》、《晦日與同志昆明池泛舟》詩及第。策直言，中官嫉怒，仇士良謂嗣復曰：‘奈何以國家科第放此風漢耶？’嗣復懼曰：‘昔與蕡及第時猶未風耳。’”

　　裴俅，狀元。　《舊書·裴休傳》：“休弟俅，字冠識，〔趙校：《新書》卷七一上《宰相世系表》作“冠儀”。〕登進士第。”李商隱《爲滎陽公桂州舉人自代狀》：“裴俅身先較藝之場，首出觀光之籍。”《唐才子傳》作“球”，《摭言》又作“求”。

　　張知實，見《唐闕史》。　杜牧《隴西李府君墓誌銘》有張知實。

　　朱慶餘，《唐才子傳》：“朱慶餘字可久，以字行，閩中人。寶曆二年，裴球榜進士及第，授秘書省校書。”《書錄解題》：“朱可久字慶餘，以字行。受知於張籍，寶曆二年進士。”《唐詩紀事》：“慶餘遇水部郎中張籍知音，索

慶餘新書篇什，留二十六章，置之懷袖，而推贊之。時人以籍重名，皆繕録諷詠，遂登科。慶餘作《閨意》一篇以獻曰：‘洞房昨夜停紅燭，待曉堂前拜舅姑。妝罷低聲問夫婿，畫眉深淺入時無？’籍酬之曰：‘越女新妝出鏡心，自知明艷更沈吟。齊紈未是人間貴，一曲菱歌敵萬金。’由是朱之詩名流於海内矣。”張籍有《送朱慶餘及第歸越詩》：“東南歸路遠，幾日到鄉中。有寺山皆遍，無家水不通。湖聲蓮葉雨，野氣稻花風。州縣知名久，爭邀與客同。”姚合亦有《送朱慶餘及第後歸越詩》：“勸君緩上車，鄉里有吾廬。未得同歸去，空令相見疏。山晴樓鶴起，天曉落潮初。此慶將誰比？獻親冬集書。”○孟按：上引《唐詩紀事》當本《雲溪友議》。又《新唐書・藝文志》：“《朱慶餘詩》一卷，名可久，以字行。寶曆進士第。”

夏侯孜，《舊書》本傳：“孜字好學，本譙人。父審封。孜寶曆二年登進士第。”《玉泉子》：“夏侯孜在舉場，有王生者有時名，遇孜下第，偕遊京西，鳳翔節度使館之。從事有宴召焉，酒酣，從事以骰子祝曰：‘二秀才明年當得第，當擲堂印。’王生自負，怒曰：‘吾誠淺薄，與夏侯孜同年乎？’不悅而去。孜後及第，累官至宰相，王生竟無所聞。”○孟按：《全唐文》卷八十四懿宗《貶夏侯孜太子少保分司東都詔》：“早以文詞，遂登科第。”又見《舊唐書・夏侯孜傳》。

劉贊，《舊書・文苑傳》：“劉贊字去華，昌平人。父勉。贊寶曆二年進士擢第。”《玉泉子》：“劉贊，楊嗣復之門生也。”

李方玄，杜牧《故處州刺史李君墓誌銘》：“君諱方玄，字景業，刑部尚書、贈司空貞公長子。少有文學，年二十四，一貢進士舉，以上第升名解褐。”以會昌五年卒、年四十三推之，知上第在是年。○孟按：原卷二十七《附考・進士科》又著録“李方玄”，徐氏考云：“《新書・李遜傳》：‘遜子方玄，字景業，第進士。’”與本年登進士科之李方玄實爲一人，今刪併。亦見張補。

鄭復禮，

郭言揚，《唐闕史》：“滎陽鄭氏，其先相故河中少尹諱復禮，應進士舉，十不中所司選，困危且甚。千佛寺有僧弘道者，人言晝則平居，夕則視事於陰府，十祈叩者，八九拒之。復禮不勝其蹇躓憤惋，則擇日齋沐候焉。頗容接之，且曰：‘某未嘗妄洩於人，今知茂才抱積薪之嘆且久之，不能隱忍耳。勉旃進取，終成美名。然其事類異，不可名也。'鄭拜請其期，弘道曰：'惟君無期，須四事相就，然後遂志。四缺其一，則復負冤。如是者骨肉相繼三榜，三榜之前，猶梯天之難，三榜之後，則反掌之易也。'鄭愕眙不諭，復再拜請語四事之目。弘遲疑良久，則曰：'慎勿言於人。君之成名，其事有四，亦可以爲異矣。其一須是國家改元之第二年，其二須是禮部侍郎再知貢舉，其三須是第三人姓張，其四同年須有郭八郎。四者闕一，則功虧一簣矣。如是者賢弟姪三榜，率須依此。'鄭雖大疑其言，然鬱鬱不樂，以爲無復望也。敬謝而退。長慶二年，人有導其姓名於主文者，鄭以其非再知貢舉，意甚疑之，果不中第。直至改元寶曆之二年，新昌楊相國再司文柄，乃私喜其事，未敢洩言，來春遂登第。第二人姓張名知實，同年郭八郎名言揚。鄭奇嘆且久，因紀於小書之杪。次至故尚書右丞諱憲應舉，大和二年，頗有籍籍之譽。以主文非再知舉，試曰果有期周之恤。爾後應大和九年，九舉年年敗於垂成。直至改元開成之二年，高鍇再司文柄，明年果登上第。第二人姓張名棠，同年郭八郎名植，又附書於小書之杪。次至故駙馬都尉諱顗應舉，時譽轉洽。至改元會昌二年，禮部柳侍郎璟再司文柄，都尉以狀頭及第。第二人姓張名潛，同年郭八郎名京。爾後滎陽之弟姪就試，如破竹之勢，迎刃自解矣。"

盧求，《舊書·盧攜傳》："父求，寶曆初登進士第。"《宰相世系表》，求之父損。《唐詩紀事》："盧求登寶曆二年進士第，李翱之婿也。翱典合淝，有道人號先知。始翱妹婿楊嗣復知舉，求落第。至是嗣復再知舉，道人以小卷遺嗣復曰：'放榜之日開之。'洎放榜開卷，乃曰：'裴頭，黃尾，三求，六李。'時第一人求求，榜末黃駕。次則李俅、盧求。又李方玄、從毅、道裕、景初、李助、李俅，共六人。道人又謂翱曰：'公之子不如外孫。'後求子攜、鄭亞子畋、杜審權子讓能爲相，皆翱外孫也。"

崔球，《舊書·崔珙傳》："珙弟球，字叔休，寶曆二年登進士第。"按此，則是年有四求矣。

劉符，政會之後，方平之子，寶曆二年擢第。至户部侍郎，贈司徒。見《邵氏聞見錄》。按符字端期，蔡州刺史、秘書郎藻之子，見《宰相世系表》及《古今姓氏書辨證》。邵氏以爲方平子，誤。符八子皆登進士第，即崇龜、崇彝昆弟也。

＊鄭當，岑補云："拓本《唐故桂州員外司戶滎陽鄭府君（當）墓誌銘并叙》云：'寶曆二年，於今相國楊公下進士升第。'誌立於開成五年，嗣復方相，故曰今相國，《記考》二〇未著録，可據補。"

李從毅，

李道裕，〇孟按：宋蜀刻本《新刊經進詳注昌黎先生文》卷二十五《河南少尹李公（素）墓誌銘》："公之子男四人：長曰道敏，舉進士，次曰道樞、道本、道易。"文讞注："唐《諱行録》云：'道裕，素子，寶曆二年進士。'當是四子中有改名道裕者。"知《唐詩紀事》所録有據。

李景初，

李助，

李倈，

黃駕（黃價）。一作"價"，見上。

＊明經科：

＊程脩己。原列於卷二十七《附考·明經科》，徐氏考云："《程脩己墓誌》：'公諱脩己，字景立，曾祖仁福，祖鳳，父儀。公通《左氏春秋》，舉孝廉，來京師。'朱景元《唐朝名畫録》：'程脩己，冀州人。應明經擢第。'"孟按：《唐朝名畫録·妙品中·程修己》："寶曆中，脩己應明經擢第。""寶曆中"當在寶曆二年。又《松窗雜録》："大和、開成中，有程脩己者，以善畫得進謁。脩己始以孝廉召入籍，故上不甚以畫者流視之。"今移正。又《南部新書》卷一："天寶中程脩己以書進見，嘗舉孝廉，故明皇待之彌厚。"誤。按脩己主要活動於文宗朝，温憲撰咸通四年（863）四月十七日《唐故集賢直院官滎王府長史程公（脩己）墓誌銘并叙》（見《彙編》[咸通 027]）記其事跡頗詳。

諸科十二人。

長念九經科。見《雲麓漫鈔》。

知貢舉：禮部侍郎楊嗣復。《唐詩紀事》："寶曆中，楊於陵僕射入覲，其子嗣復率兩榜門生迎於潼關，宴新昌里第。僕射與所執坐正寢，嗣復領諸生翼兩序，元、白俱在，賦詩。席上楊汝士詩後成，元、白覽之失色，詩曰：'隔坐應須賜御屏，盡將仙翰入高冥。文章舊價留鶯掖，桃李新陰在鯉庭。再歲生徒陳賀宴，一時良吏盡傳馨。當時疏廣雖云盛，詎有茲筵醉綠醽。'其日大醉歸，謂其子弟曰：'吾今日壓倒元、白。'"

＊朱慶餘《晦日同志昆明池泛舟詩》曰："故人同泛處，遠色望中明。静見砂痕露，微思月魄生。周迴餘雪在，浩渺暮雲平。戲鳥隨蘭棹，空波蕩石鯨。劫灰難問理，島樹偶知名。自省曾遊《雜詠》作"追"。賞，無如此日情。"《文苑英華》卷一八九

＊闕名《晦日同志昆明池泛舟詩》曰："靈沼疑河漢，蕭條見斗牛。烟生知岸近，水净覺天秋。落月低前樹，清輝蒲去舟。興因孤嶼起，心爲白蘋留。曉吹兼漁唱，閑雲伴客愁。龍津如可上，長嘯且乘流。"《文苑英華》卷一八九

唐文宗元聖昭獻孝皇帝

大和元年丁未（827）

二月《册府元龜》作正月，誤。乙巳，大赦，改元。制曰："天下諸色人中，有賢良方正、能直言極諫者，及經學優深、可爲師法，詳閑吏理、達於教化，軍謀弘遠、堪任將帥者，常參官及方牧郡守各舉所知。無人舉者，亦聽自舉，並限來年正月到上都。"《舊書》本紀、《册府元龜》、《唐大詔令集》。

敕："自今已後，天下勳臣、節將子弟，有能修詞尚學，應進士、明經及通史學者，委有司務加獎引。"《唐會要》

七月辛巳，敕："今年宜權於東都置舉，其明經、進士任便在東都赴集。其上都國子監舉人，合在上都試及節目未盡者，委條流聞奏。"《舊書》本紀、《册府元龜》、《唐會要》。

八月，禮部貢院奏東都置舉條件。其上都國子監、宗正寺、

鴻臚寺舉人，並請待東都考試畢，却迴就上都考試。從之。《冊府元龜》

十月，中書門下奏："應禮部諸色貢舉人及吏部諸色科目選人等，凡未有出身、未有官，如有文學，只合於禮部應舉。有出身、有官，方合於吏部赴科目選。近年以來，格文差誤，多有白身及用散試官並稱鄉貢者，並赴科目選。及注擬之時，即妄論資次，曾無格例，有司不知所守。其宏詞、拔萃、《開元禮》、學究一經，則有定制，然亦請不任用在散試官限。其三禮、三傳、一史、三史，明習律令等，如白身並令國子監及州府同明經、進士薦送。如考試及第，明習律令同明經；一史、三禮，三傳同進士；三史當年關送吏部，便授第二任官。如有出身及有正員官，本是吏部常選人，則任於吏部不限選數，應科目選。仍須檢勘出身及授官無踰濫否，緣取學藝，其餘文狀錯繆，則不在駁放限。如考試登科，並依資注與好官。惟三史則超一資授官。如制舉人暨諸色人中，皆得選試，則無出身、無官人並可，亦請不用散試官。伏以散試偶於諸道甄錄處得便第二、第三任官，既用虛銜及授官，則勝進士及諸色及第登科人授官，實恐僥倖。"敕旨"依奏"。《冊府元龜》、《唐會要》。

是月，京兆府鄉貢明經孫延嗣等三百人進狀，舉大曆六年、七年例，請同國子監生上都考試。許之。《冊府元龜》。　《因話錄》："太和初，京師有輕薄徒，取貢士姓名以義理編飾爲詞，號爲'舉人露布'。九年冬，就戮者多出自文儒。"

進士三十三人：○孟按：日本藏［康熙］《永州府志》卷十《選舉志上·進士年表》太和元年録有李郃，注云："狀元。廷試《觀民風賦》、《求友詩》。"

李郃，狀元。○孟按：《方輿覽勝》卷二十四《湖南路·道州·人物》："李郃，太和元年擢進士第一，崔鄲爲座主。或謂即與劉蕡同應賢良方正者。"又《明一統志》卷六十五《永州府·人物·唐》："李郃，延唐人。太和初擢進士第一,同榜者三十四人,而蕭倣、崔慎由、崔鉉後並爲相。或謂郃與劉蕡同應賢良方正科者。今縣有李狀元祠。"

蕭倣,《舊書·蕭俛傳》:"俛從父弟倣,大和元年登進士第。"《新書》:"倣字思道。"

崔慎由,《舊書》本傳:"字敬止,清河武城人。高祖融,曾祖翹,祖異,父從。慎由大和初擢進士第。" 按《唐語林》云:"崔慎由以元和元年登第,至開成已入翰林。""元和"即"大和"之誤。○孟按:《補遺》册五,第43頁,崔慎由自撰《唐太子太保分司東都贈太尉清河崔府君(慎由)墓誌》云:"慎由字敬止,代爲清河武城人。……慎由始以習《左氏春秋》、《尚書》、《論語》、《孝經》、《爾雅》,隨明經試,獲第於有司。後舉進士,對直言極諫制,皆在其選。"

陳會,《北夢瑣言》:"蜀之士子莫不酖酒,慕相如滌器之風也。陳會郎中家以當壚爲業,爲不掃街,官吏毆之。其母甚賢,勉以修進,不許歸鄉,以成名爲期。每歲餱糧、紙筆、衣服、僕馬,皆自成都齎至。郎中業八韻,惟《螳螂賦》大行,大和元年及第。李相固言覽報狀,處分厢界收下酒旆,闔其户,家人猶拒之,遂巡賀登第。乃聖善獎訓之力也。後爲白中令子婿,西川副使,連典彭、漢兩郡而終。"

許玫,《唐詩紀事》:"許玫,大和元年登第。其兄弟瑊、瓘皆高科。"

崔鉉,《唐詩紀事》:"魏公鉉,元略之子也。爲兒時,隨父訪韓晉公滉,滉指架鷹令詠焉。吟曰:'天邊心膽架頭身,欲擬飛騰未有因,萬里碧霄終一去,不知誰是解縧人。'滉曰:'此兒可謂前程萬里也。'寶曆三年登第,久居廊廟,三擁節旄,宣宗嘗謂侍臣曰:'崔鉉真貴人,裴休真措大。'初李石鎮江陵,辟爲戎倅,一旦告去。既入京華,俄升翰苑。造朝凡三歲,石未離荆渚。崔既秉鈞衡,石馳箋賀之曰:'某早拜光塵,叨承眷與,深蒙異分,屢接清言。幸曾顧於厚恩,俯見循於末契。去載分庵南楚,拜節西秦,思賢方詠於《嘉魚》,棲止實慚於《威鳳》。賓筵初啟,曾陪罇俎之歡;將幕未移,已在陶鎔之下。光生鄰鄀,喜溢轅門,豈惟九土獲安,斯亦一方多慶。'乃掌記李騭之詞也。"○孟按:兩《唐書·崔元略傳》皆載鉉"登進士第"。

陸賓虞,《前定録》:"吳郡陸賓虞舉進士,在京師,常有一僧曰惟瑛者,善聲色,兼知術數。賓虞與之往來,每言小事,無不驗。至寶曆二年春,賓虞欲罷舉歸吳,告惟瑛以行計。瑛止留一宿,明旦謂賓虞曰:'君來歲成名,不必歸矣。但取京兆薦送,必在高等。'賓虞曰:'某曾三就京兆,未始得事。今歲之事,尤覺甚難。'瑛曰:'不然。君之成名,必以京兆薦送,他處不可也。至七月六日,若食水族,則殊等與及第必矣。'賓虞乃書於晉昌里之牖間,日省之。數月後,因於靖恭北門候一郎官,適遇朝客遂迴,憩於從孫聞禮之舍。既入,聞禮喜迎曰:'向有人惠雙鯉魚,方欲候翁而烹之。'賓虞素嗜魚,便令作羹,至者輒盡。後日因視牖間所書字,則七月六日也。遽命駕詣惟瑛,且紿之曰:'將游蒲關,故來訪別。'瑛笑曰:'水族已食矣,游蒲關何爲?'賓虞深信之,因取薦京兆府,果得殊等。明年入省試畢,又訪惟瑛,瑛曰:'君已登第,名籍不甚高,當在十五名之外。狀元姓李,名合曳脚。'時有廣文生朱俅者,時議當及第,監司所送名未登科。賓虞因問其非姓朱乎,瑛曰:'三十三人,無姓朱者。'時正月二十四日,賓虞言於從弟符,符與石賀書壁間。後月餘,狀頭李郜,賓虞名在十六。即三十三人也。"《北夢瑣言》:"吳郡陸龜蒙,父賓虞,進士甲科。"　按賓虞,張仲方之婿,見白居易《張公墓誌銘》。

韋愨,字端士,大和初登第,見《舊書·韋保衡傳》。

房千里,字鵠舉,大和初進士第,見《新書·藝文志》。　《雲溪友議》載房千里《初上第遊嶺徼詩序》。　按《宰相世系表》,千里,說之孫,夷則之子。

　　* 宇文臨,胡補云:"《舊唐書》卷一六〇《宇文籍傳》:'(子)臨,大中初登進士第。'按此記載《登科記考》未錄。宇文臨曾登進士第,蓋毋庸置疑。惟《舊唐書》所載年代有疑。考《翰苑群書》(知不足齋叢書本)上丁居晦《重修承旨學士壁記》云:'宇文臨,大中元年(八四七)閏三月七日自禮部員外郎充,其年四月守本官出院。''大中元年十二月八日自禮部郎中充,其月二十八日加知制誥,二年正月二日思政殿召對賜緋,其年六月七日特恩遷中書舍人,並依前充,三年九月十四日責授復州刺史。'則大中初絕無登進士第事。考杜牧《樊川文集》卷四有《寄珉笛與宇文舍人》詩,'宇文舍人'即爲宇文臨。爲舍人比杜牧尚早四年。杜牧大和二年(828)登進士第,以此推之,宇文臨登進士第似亦爲大和初。疑《舊唐書》'大中初'爲

‘大和初’之誤。”今附本年。

　　＊程尤，陳補：“《浯田程氏宗譜》卷二：‘拱終於河南尉。生子尤，太和元年崔郾侍郎下擢進士第。龍紀中累遷左散騎常侍，方卜大用，而國步多艱，遂不果登庸，卒於雒京。’晚年事跡恐出附會。”

　　＊張□□（茂弘弟，安節兄）。《彙編》［大中118］“弟鄉貢進士安節撰”大中十年（856）十月十五日《唐故淄州高宛縣令張公（茂弘）墓誌銘》（北京圖書館藏拓本）云：“公諱茂弘，字　　（按此處原空一格），燉煌人也。……洎大和初，令仲以雄才博識，播譽當時，中鵠高科。”按據誌文所叙，此張氏爲茂弘之弟、安節之兄。張補及王補皆以是年擢第者爲“張茂弘”，誤。

　　＊明經科：

　　＊盧宗冉，《千唐》［1048］崔讜撰大和六年（832）正月廿六日《唐故試太常寺太祝范陽盧府君妻清河崔夫人墓誌銘并序》（參見《彙編》［大和046］）云：“夫人稱未亡，子與女子子之存者猶三人……宗冉始成童，由明經上第，今甫冠歲。”按其“成童”以十五歲計，其擢第約在大和元年。王補作“盧宗舟”，錄入附考“制科”。

　　＊孫嗣初。《彙編》［咸通053］孫奭撰咸通七年（866）七月三十日《□□□□□□□□□州崑山縣令樂安孫公府君（嗣初）墓誌銘并序》（周紹良藏拓本）云：“君諱嗣初，字必復。……年十八，登明經第，釋褐授蘇州參軍。”按孫氏卒於咸通七年四月廿八日，享年五十七，則其十八歲時在大和元年。亦見羅補。

　　諸科十五人。○《玉海》卷一一六“太平興國百篇舉”條：“唐《登科記》：長慶元年有日試百篇二人。太和元年有日試百篇、童子，又有日試萬言者。”（按“童子”科爲諸科；“日試百篇”、“日試萬言”爲制科。《記考》有先例）

　　知貢舉：禮部侍郎崔郾。《舊書》本紀：“寶曆二年十月壬戌，以中書舍人崔郾爲禮部侍郎。”《册府元龜》：“大和元年五月甲申，召待制官禮部侍郎崔郾、工部侍郎獨孤朗日對一刻。”蓋是年七月始有東都置舉之詔，故五月猶得召對也。

二年戊申（828）

三月辛巳，《唐大詔令集》作三月二十九日。按三月丁巳朔，辛巳爲二十五日。《龐嚴傳》作二月，誤。上御宣政殿親試制策舉人。詔曰："士志於道，蓋道以致君爲先；代實生才，蓋才以濟理爲務。不索何以獲其實，不言何以知其志？故帝堯重詢衆之訓，殷宗首沃心之術，其傳曰'嘉言罔攸伏'，又曰'俊人用彰'。漢魏以還，詔策時作，暨於我唐，遵爲故事。繇是善政惟乂，魁能間出。朕祇荷大寶，勤恤兆人，明不燭於幽昧，惠未流於鰥寡，御朽競慮，求思永圖。是以命有司會群材，列稽疑，延問闕政。子大夫達學通識，儼然來思，操觚濡翰，條誨宿滯，慰我虛佇，必宏嘉猷。故臨軒命書策以審訪，繼燭俟奏，其悉乃辭。各宜坐食，食畢就試。"左散騎常侍馮宿、太常少卿賈餗、庫部郎中龐嚴宜並充考制策官。是日，宰臣等以監待制舉人，及夜，並宿於中書省。《舊書》本紀、《册府元龜》、《文苑英華》。

策賢良方正，直言極諫科舉人問："朕聞古先哲王之理也，玄默無爲，端拱司契。陶甿心以居簡，凝日用於不宰，厚下以立本，推誠而建中。繇是天人通，陰陽和，俗躋仁壽，物無疵癘。噫！盛德之所臻，夐乎莫可及已。三代令王，質文迭究，百僞滋熾，風流寖微。自漢而降，足徵蓋寡。朕顧惟昧道，祇荷丕構，奉若謨訓，不敢怠荒。任賢惕屬，宵衣旰食，詎追三五之遐軌，庶紹祖宗之鴻緒。而心有所未達，行有所未孚，由中及外，闕改斯廣。是以人不率化，氣或堙厄，灾旱竟歲，播植愆時。國廩罕蓄，乏九年之儲。吏道多端，微三載之績。京師，諸夏之本也，將以觀理，而豪猾時踰檢。大學，明教化之源也，期於變風，而生徒多墮業。列郡在乎頒條，而干禁或未絕。百工在乎按度，而淫巧或未衰。俗怪風靡，積訛成蠹。其擇官濟理也，聽人以言，則枝葉難辨；御下以法，則恥格不形。其阜財發號也，生之寡而食之衆，煩於令而鮮於理。思所以究此繆盭，致之治平，茲心浩然，若涉泉水。故前詔有司，博延群彥，仁啟宿懵，冀臻洽平。子大夫識達古今，明於康濟，造庭待問，副聯虛懷。必當箴主之闕，辨政之疵，明綱條之致紊，稽富庶之所急。何施斯革於前弊，何澤斯惠乎下土，何脩而理古可近，何道而和氣可充，推之本源，著於條對。至於夷吾輕重之權，孰輔於理；嚴尤底定之策，孰叶於時；元凱之考課何先；叔子之克平何務：推此龜鑑，擇乎中庸。期在洽聞，朕將親覽。”《舊書·劉蕡傳》、《文苑英華》、《大唐詔令集》。

　　閏三月甲午，按《舊紀》，閏三月丙戌朔，甲午爲九日。詔曰：“王者謹天戒，酌人言，叶時凝命，資賢贊理，斯爲令典也。朕以菲德，祗膺大統，歲屬凶旱，人思底寧，庶察弊以勤理，因舉能而詢衆。科別條問，臨軒致試，載搜尤魁，果副虛仁。賢良方正、能直言極諫科舉人第三等裴休、裴素，第三次等李郃，第四等南卓、李甘、杜牧、馬植、鄭亞、崔璵，第四次等崔讜、王式、羅紹京、崔渠、崔慎繇、苗愔、韋昶、崔博，第五上等崔涣、韓賓；詳閑吏理、達於教化科舉人第四次等宋昆；軍謀弘遠、堪任將帥科舉人第四次等鄭冠、宋一作“李”。栻等：皆直躬遵道，博古知微，敷其遠猷，志在弘益。實能攻朕闕，紹政經，究天人交際之理，極皇王通變之義。指切精洽，粲然可觀。既效才於明試，宜庶能於受祿。其第三等、等三次等人，委中書門下優與處分。第四等、第四次等、第五上等人，中書門下即與處分。”時有劉蕡應直言極諫科，條對激切，凡數千言，雖不中第，其文本行於時。《册府元龜》、《唐大詔令集》。　　《舊書·劉蕡傳》〔趙校：原脱“舊書”二字。按此引《舊書》本傳，依文例補。〕：“時對策者百餘人，所對止循常務。惟蕡切論黃門太橫，將危宗社。是歲，左散騎常侍馮宿、太常少卿賈餗、庫部郎中龐嚴爲考策官，三人者時之文士也，睹蕡條對，嘆服嗟悒，以爲漢之晁、董無以過之。言論激切，士林感動。時登科者二十二人，而中官當途，考官不敢留蕡在籍中。物論喧然不平之，守道正人傳讀其文，至有相對垂泣者。諫官、御史扼腕憤發，而執政之臣從而弭之，以避黃門之怨。惟登科人李郃謂人曰：'劉蕡不第，我輩登科，實厚顏矣。'請以所授官讓蕡。事雖不行，人士多之。"《玉泉子》："劉蕡，楊嗣復之門生也，既直言忤中官，尤所嫉怒。中尉仇士良謂嗣復曰：'奈何以國家科第放此風漢邪？'嗣復懼，答曰：'嗣復昔與蕡及第時，猶未風耳。'"

　　李郃上疏曰："陛下御正殿，求直言，使人得自奮。臣才智懦劣，不能質今古是非，使陛下聞未聞之言，行未行之事，忽忽內思，愧羞神明。今劉蕡所對，敢空臆盡言。至皇上之成敗，陛下所防閑，時政之安危，不私所料，又引《春秋》爲據。漢魏以來，無與蕡比。有司以言涉訐忤，不敢聞。自詔書下，萬口籍籍，嘆其誠鯁，至於垂泣。謂蕡指切左右，畏近臣銜怒，變興非常，朝野惴息。誠恐忠良道窮，綱紀遂絕，季漢之亂，復興於今。以陛下仁聖，近臣故無害忠良之謀；以宗廟威嚴，近臣故無速敗亡之禍。指事取驗，何懼直言！且陛下以直言召天下士，蕡以直言副陛下所問，雖訐必容，雖過當獎，壽於史策，千古光明。使萬有一蕡不幸死，天下必曰陛下陰殺，讜直結讎。海內忠義之士，皆憚誅夷，人心一搖，無以自解。況臣所對，不及蕡遠甚，內懷愧恥，自謂賢良，奈人言何？乞回臣所授，以旌蕡直。臣逃苟且之慚，朝有公正之路，陛下免天下之疑，顧不美哉！"《容齋續筆》："蕡既不得仕於朝，而李郃亦不顯，蓋無敢用之也。"《摭言》："大和二年，裴休等二十三人登制科。時劉蕡對策萬餘字，深究治亂之本，又多引《春秋》大義，雖公孫弘、董仲舒不能肩也。自休以下，靡不斂衽。然以指斥貴倖，不顧忌諱，有司知而不取。時登科人李郃詣闕進疏，請以己之所得易蕡之所失。疏奏留中。蕡期月之間，屈聲播於天下。"

　　十二月，禮部貢院奏："五經明經舉人試義，請准元和十四年十一月四日敕，以墨義代口義。"許之。《册府元龜》

　　進士三十七人：試《緱山月夜聞王子晋吹笙詩》，見《因話錄》。是年韋鋋府元落，元道、韋衍等第罷舉，見《摭言》。又云："大和二年，崔鄲侍郎東都放榜，西都過堂。杜牧有詩曰：'東都放榜未花開，三十三人走馬迴。秦地少年多釀酒,却將春色入關來。'"按此則是年爲三十三人,《登科記》作七,誤也。

韋籌,狀元。

厲玄,《唐詩紀事》:"玄大和二年進士,終於侍御史。"○孟按:《全唐詩》卷五五六馬戴有《宿裴氏豀居懷厲玄先輩》詩。又,《古今詩話》引《林下詩談》:"厲玄度江,見一夫人尸,收葬之。夜夢在一處,如深山中。明月初上,清風吹衣,遥聞有吹笙聲,音韻縹緲,忽有美女在林下自詠云:'紫府參差曲,清宵次第聞。'及就試,得《緱山月夜聞王子晋吹笙》題,用夢中語作第三、第四句,竟以是得賞進士,人以爲葬夫人之報。"

鍾輅,見《文苑英華》。

杜牧,《唐才子傳》:"杜牧字牧之,京兆人也。大和二年韋籌榜進士,與厲玄同年。後又舉賢良方正科。"《舊書·杜佑傳》:"牧進士擢第,又制舉登乙科。"《摭言》:"崔郾侍郎既拜命於東都試舉人,三署公卿皆祖於長樂傳舍,冠蓋之盛,罕有加也。時吳武陵任太學博士,策蹇而至。郾聞其來,微訝之,乃離席與言。武陵曰:'侍郎以峻德偉望爲明天子選才俊,武陵敢不薄施塵露。向者偶見太學生十數輩,揚眉抵掌,讀一卷文書,就而觀之,乃進士杜牧《阿房宮賦》。若其人真王佐才也。侍郎官重,必恐未暇披覽。'於是搢笏朗宣一遍,郾大奇之。武陵曰:'請侍郎與狀頭。'郾曰:'已有人。'武陵曰:'不然則第三人。'郾曰:'亦有人。'武陵曰:'不得已,即第五人。'郾未遑對,武陵曰:'不爾,却請此賦。'郾應聲曰:'敬依所教。'既即席,白諸公曰:'適吳太學以第五人見惠。'或曰:'爲誰?'曰:'杜牧。'衆中有以牧不拘細行聞之者,郾曰:'已許吳君,牧雖屠沽,不能易也。'"杜牧《投知己書》云:"大和二年,小生應進士舉。當其時,先進之士以小生行可與進,業可與脩,喧而譽之,爭爲知己者,不啻二十人。"又《隴西李府君墓誌銘》:"牧大和元年舉進士及第,鄉貢上都,有司試於東都。"

崔黯,《舊書·崔寧傳》:"黯字直卿,大和二年進士擢第。" 按黯爲繪第二子。柳宗元《報崔黯秀才書》,韓注以黯爲寧之子,誤。

＊鄭薰(鄭溥),原作"鄭溥",徐氏考云:"《因話錄》:'鄭溥應舉時,曾夢看及第榜,榜上但見大書"鳳"字。大中元年,求解鳳翔,偶看本府鄉貢士,紙之首便是"鳳"字。至東都試《緱山月夜聞王子晋吹笙詩》,坐側諸

詩悉有"鳳"字。明年果登第焉。'按'大中'爲'大和'之訛。"　　孟按：岑仲勉先生考證，本年之鄭溥，當改爲鄭薰，見《唐史餘瀋·鄭薰大和二年進士》。又原卷二十七《附考·進士科》著録有鄭薰，徐氏考云："《舊書》本傳：'字子溥，擢進士第。'"今亦刪併至本年。亦見黃補。

　　*孫景商。《彙編》[大中 120]蔣伸撰大中十年（856）十月廿七日《唐故天平軍節度鄆曹濮等州觀察處置等使朝請大夫檢校禮部尚書使持節鄆州諸軍事兼鄆州刺史御史大夫上柱國賜紫金魚袋贈兵部尚書孫府君（景商）墓誌銘并序》（周紹良藏拓本）云："公諱景商，字安詩，樂安人也。……大和二年，清河崔公郾下擢進士甲科。"亦見羅補。

　　明經科。《雲麓漫鈔》於是年載學究《周易》科，應入明經下。

　　諸科三十六人。

　　賢良方正，能直言極諫科：

　　裴休，見《册府元龜》、《唐會要》。　《舊書·龐嚴傳》："大和二年二月，上試制舉人，命嚴與左散騎常侍馮宿、太常少卿賈餗爲試官，以裴休爲甲等，制科之首。"又《裴休傳》："應賢良方正，升甲科。"○孟按：《全唐文》卷八十三懿宗《授裴休荊南節度使制》："自奮藻儒林，射策藝圃，迥處顏冉之列，迭升晁董之科。"又同上卷七六三沈珣草《授裴休汴州節度使制》："自彤庭對策，諫列升班。"又同上卷七六七沈詢草《授裴休中書門下平章事依前判鹽鐵制》："裴休……早升甲乙，首冠賢良。"

　　裴素，見《册府元龜》、《唐會要》。　按杜牧有《陝州醉贈裴四同年詩》，未知爲休爲素，俟考。○孟按：陶敏《全唐詩人名考證》[6003E]："（杜牧）《陝州醉贈裴四同年》。裴四，裴素。《唐會要》卷七六：'大和二年閏三月，賢良方正能直言極諫科：李郃、裴休、裴素、南卓、李甘、杜牧……及第。'"

　　李郃，見《册府元龜》、《唐會要》

　　南卓，見《册府元龜》、《唐會要》。

　　李甘，見《册府元龜》、《唐會要》。　《舊書》本傳："甘制策登科。"○孟按：《新唐書·李中敏傳》附《李甘傳》："李甘字和鼎。長慶末第進士，舉賢良方正異等。"元洪景修編《新編古今姓氏遙華韻》庚集卷三："李甘字和羹,文宗太和年杜牧同年賢良。"

　　杜牧,見《册府元龜》、《唐會要》。　　杜牧有《重登科詩》云:"星漢離宮月出輪,漢街含笑綺羅春。花前每被青蛾問,何事重來只一人?"

　　馬植,見《册府元龜》、《唐會要》。　　《舊書》本傳:"登制策科,釋褐壽州團練副使。"

　　鄭亞,見《册府元龜》、《唐會要》。　　《舊書》本傳:"亞擢進士第,又應賢良方正、直言極諫制科。吏部調選,又以書判拔萃。數歲之内,連中三科。"

　　崔璵,見《册府元龜》、《唐會要》。　　《舊書·崔琪傳》:"璵制策登科。"

　　崔讜,見《册府元龜》、《唐會要》。

　　王式,見《册府元龜》、《唐會要》。　　《新書·王播傳》:"式以門蔭爲太子正字,擢賢良方正科。"○孟按:《全唐文》卷八十三懿宗《授温璋王式節度使制》言王式"文動星芒,學通澳旨,早以殊藝射策明廷,孫宏之條奏甚精,晁錯之鋪陳無悶。既升高第,亟踐清途。"

　　羅紹京(羅劭京),見《册府元龜》、《唐會要》。　　按"紹"當作"劭"。《舊書·孝友傳》:"羅讓子劭京,字子峻,進士擢第,又登科。"

　　崔渠,見《册府元龜》、《唐會要》。

　　崔慎由,見《册府元龜》、《唐會要》。　　《舊書》本傳:"登賢良方正制科,釋褐諸侯府。"○孟按:《補遺》册五,第43頁,崔慎由自撰《唐太子太保分司東都贈太尉清河崔府君(慎由)墓誌》云:"慎由字敬止,代爲清河武城人。……慎由始以習《左氏春秋》、《尚書》、《論語》、《孝經》、《爾雅》,隨明經試,獲第於有司。後舉進士,對直言極諫制,皆在其選。"

　　苗愔,見《册府元龜》、《唐會要》。

　　韋昶,見《册府元龜》、《唐會要》。

　　崔博,見《册府元龜》、《唐會要》。　　李翶《武孺衡墓誌銘》:"次女嫁前進士崔搏。"疑即其人,"搏"爲"博"之訛。

　　崔涣,見《册府元龜》。一作"瓊",《唐會要》,作"焕"。

　　韓賓。見《册府元龜》、《唐會要》。　　《唐大詔令集》作"王賓",誤。

劉禹錫有《聞韓賓擢第歸覲，以詩美之，兼賀韓十五曹長詩》云："零陵香草滿郊坰，丹穴雛飛入翠屏。孝若歸來成畫讚，孟陽別後有山銘。蘭陔舊地花纔結，桂樹新枝色更青。爲報儒林丈人道，如今從此鬢星星。"　按詩注云："時韓牧永州。"蓋韓十五即賓父也。

詳閑吏理，達於教化科：

宋昆。《册府元龜》、《唐會要》。

軍謀弘遠，堪任將帥科：

鄭冠，《册府元龜》、《唐會要》。

李栻。一作"式"。《册府元龜》、《唐會要》。　按《舊書·劉蕡傳》："時登科者二十二人，考官不敢留蕡在籍中。"蓋並三科數之也。

處士科。見《雲麓漫鈔》。

知貢舉：禮部侍郎崔郾。《舊書》本傳："轉禮部侍郎，東都試舉人，凡兩歲掌貢士。平心閱試，賞拔藝能，所擢者無非名士。"劉禹錫《崔陲神道碑》："惟太常及尚書，曁令相國，皆自中書舍人爲禮部侍郎。凡五貢賢能書，得士百四十有八人。"　按太常謂邠，尚書謂郾，相國爲鄲。今數五知貢舉，凡進士一百四十六人，蓋《登科記》有誤字。○孟按：《全唐文》卷七五六杜牧撰《浙江兩道都團練觀察處置等使上柱國清河郡開國公食邑二千戶贈吏部尚書崔公（郾）行狀》："公諱郾，字廣略。……歷歲，願出守本官，辭懇，而禮部缺侍郎，上曰：'公可也。'遂以命之。二年，選士七十餘人，大抵後浮華先才實。轉兵部侍郎。"

厲玄《緱山月夜聞王子晉吹笙詩》曰："緱山明月夜，岑寂隔塵氛。紫府參差曲，清宵次第聞。韻流多入洞，聲度半和雲。拂竹鸞驚侶，經松鶴舞群。蟾光聽處合，仙路望中分。坐惜千嵒曙，遺音過汝墳。"《文苑英華》

鍾輅《緱山月夜聞王子晉吹笙詩》曰："月滿緱山夜，風傳子晉笙。初聞盈谷遠，漸聽入雲清。杳異人間曲，遙分鶴上情。孤鸞驚欲舞，萬籟寂無聲。此夕留烟駕，何時返玉京。惟愁音響絕，曉色出都城。"《文苑英華》

三年己酉(829)

三月，御史臺據吏部分察姚中立《高鍇傳》作"監察御史姚中立"。稱："准策考試別頭進士、明經等官考功員外郎高鍇，考試禮部關送到進士鄭齊之、李景素"李"一作"季"。《高鍇傳》作"李景"。兩人，明經王淑等十八人，並及第。放榜之後，群議沸騰，職當分察，不敢緘默。及得高鍇狀，伏以進士、明經並先無格限，其所送進士二人，文藝並堪與及第。明經比年所送不過三五人，今年禮部開送十一人，及考試帖義，十一人並堪與及第。"敕："鄭齊之、李景素，據所試比校嘗例得者，不甚過差，宜並與及第。明經王淑等五人，覆試帖義通數高，並與及第。餘落之。"《册府元龜》

監察御史姚中立又奏停考功別頭試。《新書·選舉志》

十一月甲午，南郊禮畢，御丹鳳樓大赦天下。制曰："量能受用，允屬於群材；舉善推賢，是先乎公族。經學可以弘教本，高尚可以觀時風。宗子中有才行著明、文學優異者，委宗正寺具名聞薦，比類加獎。諸色人中，有精究經術、洞該今古，求志不期聞達，委所在長吏具以名聞。"《册府元龜》

進士二十五人：

崔瑶，《舊書·崔鄲傳》："子瑶，大和三年登進士第。"

邢群，杜牧《故歙州刺史邢君墓誌銘》："邢涣思諱群，進士及第。"又銘曰："十五知書，二十有文，三十登進士，五十終刺史。"按終於大中三年，年五十歲，及第當在是年。

鄭齊之，見上。　崔嘏《授鄭齊之靈武副使制》："如聞齊之自得科名，留心政術。"

李景素。見上。　《舊書·李蔚傳》："父景素，大和中進士。"

　*明經科：

　*王淑，原列於本年"諸科"下，徐氏注："見上。"　孟按：上引《册府

元龜》作：“明經王淑等五人，覆試帖義通數高，並與及第。餘落之。”則爲明經科。今移正。

　　＊李晝。《彙編》[大中 115]李庾撰大中十年（856）夏六月《唐故萬年縣尉直弘文館李君（晝）墓誌銘》（周紹良藏拓本）云：李晝字貞曜，祖程，父廓。“纔年十二三，通兩經書，就試春官，帖義如格，遂擢第焉。”按李氏卒於大中九年（855），享年三十八，則其十二三歲時在大和三（829）、四（830）年間。今附本年。按陳補附大和四年。又李晝後登會昌六年（846）進士第、大中元年（847）博學弘詞科爲敕頭，詳該年考。

　　諸科二十六人。

　　知貢舉：禮部侍郎鄭澣。《舊書·鄭餘慶傳》：“子澣，大和二年遷禮部侍郎，典貢舉二年，選拔造秀，時號得人。”丁居晦《重修承旨學士壁記》云：“鄭澣，大和元年四月二十三日自中書舍人充翰林侍講學士。二十八日，賜紫。二年六月一日，遷禮部侍郎，出院。”

登科記考補正卷二十一

唐文宗元聖昭獻孝皇帝

大和四年庚戌（830）

正月，德音：“天下諸色人中，有賢良方正、能直言極諫及經術優深、可爲師法，詳明吏治、達於教化等科，委常參官及方牧郡守各舉所知。草澤無人舉者，亦聽自舉。限來年正月至上都。”《唐會要》

十月，中書門下奏：“應《開元禮》、學究一經、二禮、三史、明習律令科人等，準大和元年十月二十三日敕，散試官及白身人並於禮部考試。其有出身及有官人，並吏部科目選者，凡是科目，本合在吏部試。自分兩處考試，每處皆別與，人數轉多，事理非便。臣等商量，坐準前吏部收試，其諸節目並準大和元年十月十三日敕處分。”從之。《册府元龜》

是年，敕進士：進士及第不得過二十五人。見下九年中書門下奏。

進士二十五人：

宋邧，狀元，見《淳熙三山志》。　《玉芝堂談薈》作“宋祁”，誤。

林簡言，《淳熙三山志》：“宋邧榜進士林簡言，字欲訥，福清人，終漳州軍事判官。”○孟按：原卷二十二大中四年（850）進士科又著錄林簡言，徐氏考云："《永樂大典》引《閩中記》：'林簡言字欲訥，福唐人。大中四年及第。'"〔趙校："林簡言已見卷二十一大和四年，詳《文獻》第十五輯施子愉《登科記考補正》。"〕按施補云："《淳熙三山志》與《閩中記》二者必有一誤，未容並錄。"　孟按：日本藏〔萬曆〕《福州府志》卷十六、〔乾隆〕《福州府志》卷六十、四庫本《福建通志》卷三十三俱作"太和四年"。因知《永樂大典》引《閩中記》所謂"大中四年"當爲"大和四年"之訛，今刪併至本年。

楊發，《唐才子傳》："楊發，大和四年禮部侍郎鄭澣下第二人及第。"《舊書·楊收傳》："楊遺直生四子，發、假、收、嚴。發字至之，大和四年登進士第，又以書判拔萃。釋褐校書郎，湖南觀察推官。"

令狐綯，《舊書·令狐楚傳》："子綯，字子直，大和四年登進士第。"

魏扶，《舊書·鄭餘慶傳》："令狐綯、魏扶皆鄭澣貢舉門生。"《唐詩紀事》："扶登大和四年進士第。大中初，知禮闈，入貢院題詩云：'梧桐葉落滿庭陰，鎖閉朱門試院深。曾是當年辛苦地，不將今日負前心。'榜出，無名子削爲五言詩以譏之。"

鄭滂，《因話錄》："進士鄭滂，在名場歲久，流輩多已崇達，常有後時之嘆。一夕忽夢及第，而與韋周方同年。當時韋氏先期舉人，無周方之名者，益悶悶。大和元年秋，移舉洛中。時韋景方，居守尚書族弟也，赴舉過陝。尚書時廉察陝郊，詰景方曰：'我名弘景，汝兄弘方，汝名景方。兄弟各分吾名一字名之，殊無義也。'遂更名周方。滂聞之極喜，曰：'吾及第有望矣。'四年，周方果同年焉。滂登朝至殿中侍御史。"

韋周方。見上。

諸科七人。

拔萃科：孟按：此亦吏部試。

張正矩。《太平廣記》引《續定命錄》："秘書監劉禹錫，其子咸允，久在舉場無成。禹錫憤惋宦途，又愛咸允甚切。比歸闕，以情訴於朝賢。大和四年，故吏部崔群與禹錫深於素分，見禹錫蹭蹬如此，尤欲推轂咸允。其秋，群門生張正甫充京兆府試官，群特爲禹錫召正甫，面以咸允托之，覬首選焉。及榜出，咸允名甚居下，群怒之。戒門人曰：'張正甫來，更不要通。'正甫兄正矩，前河中參軍，應書判拔萃。其時群總科目人考官，糊名考訖，群讀正矩判，心竊推許，又謂是工部尚書正甫之弟，斷意便與奏。及敕下，正矩與科目人謝主司。獨正矩啟叙，前致詞：‘某殺身無地以報相公深恩。一門之內，兄弟二人，俱受科名拔擢，粉骨齎肉，無以上答。’方泣下。語未終，群忽悟是正蕚之兄弟，勃然曰：‘公是張正蕚之兄，爾賢弟大無良，把群販名，豈有如此事，與賊何異！公之登科，命也，非某本意，更謝何爲？’”

　　知貢舉：禮部侍郎鄭澣。見《唐語林》。

五年辛亥（831）

　　正月十七日，詔以兵戈未息，舉人權停。《唐會要》。　　按即舊年正月德音所舉者。

　　十二月，國子祭酒裴通奏：“當司所授丞、簿，及諸館博士、助教、直講等，謹按《六典》云：‘丞，掌判監事。凡六學生每歲月業成上于監者，以其業與司業、祭酒試之。明經帖經，口試策經義。進士帖一中經，試雜文，策時務，徵故事。’注云：‘其試法，皆依考功口試。〔趙校：《唐六典》卷三一“口試”上有“又加以”三字。〕明經帖限通八以上，明法、明算皆通九以上。’‘主簿，掌印句檢。凡學生有不率師教者，則舉而免之。其頻三年下第，九年在學無成者，亦如之。’注云：‘假如違程限，及作樂雜戲者同。惟彈琴、〔趙校：“惟”原誤作“準”，據《六典》改。〕習射不禁。’諸博士、助教，皆分經教授學者，每授一經，必令終講。所講未終，不得改業。諸博士、助教，皆計當年講授多少，以爲考課等級。應補當司諸學生等，按學令云：諸生先讀經文通熟，然後授文講義。每旬放一日休假，前一日博士考試。其試，讀書每千言內試一帖，帖三言。講義者，每二千言內問大義一條。總試三條，通二爲及第。通一及不全通者，酌量決罰。謹具當司官吏及學生令典，條件如前。伏望敕下有司，允臣所奏。”敕旨“宜依”。《册府元龜》、《唐會要》。

　　進士二十五人：

杜陟，狀元。　《玉芝堂談薈》以李遠爲狀元，誤。

李遠，《唐才子傳》：“李遠字求古，大和五年杜陟榜進士及第，蜀人也。”遠有《及第後送家兄遊蜀詩》、《陪新及第赴同年會詩》。　《玉芝堂談薈》：“遠，夔州人。”○孟按：按明代廣陵錢元卿刻本《箋注唐賢三體詩法》卷八：“李遠，字求古，蜀人，太和四年進士，仕至御史中丞。”所記與《唐才子傳》異。

殷羽，《舊書·殷侑傳》：“子羽，大和五年登進士第。”

徐商，李騭《徐襄州碑》：“公名商，字秋卿。始舉進士，文宗五年春考登上第。”《舊書·徐彥若傳》：“父商，字義聲，大中十三年及第，釋褐秘書省校書郎。”　按大中十二年商已爲襄州刺史，本傳誤。

﹡盧□，陳冠明補：“《全唐詩》卷五九七徐商《賀襄陽副使節判同加章綬》：‘同年座上聯賓榻，宗姓亭中有錦裀。’由詩觀之，副使、節判二人，一爲徐商同年，一爲徐商同宗。考《全唐詩》卷五八四段成式有《和徐商賀盧員外賜緋》，題一作《和徐相公賀襄陽徐副使加章服》。‘賜緋’即‘加章服’。據徐商詩，段成式詩兩個題目各取其一，均不全面，應加合併，作《和徐商賀襄陽徐副使盧員外加章服》。徐商大中十年至咸通元年爲檢校戶部尚書、襄州刺史、山南東道節度使，其爲相在咸通六年，一作詩題稱‘徐相公’爲後來追稱，非。如此，詩題中涉及之人姓與身份已明：同宗爲山南東道徐節度副使，同年爲山南東道節度判官盧員外。二人名均未詳。徐商爲大和五年登第，故盧員外亦繫於此年。”按此條可參見陶敏《全唐詩人名考證》[6553A]。

李汶儒，《唐詩紀事》：“汶儒登大和五年進士第，官至翰林學士。”

苗愔。《韓文考異》引《登科記》：“愔，大和五年進士第，蕃之孫也。”○孟按：愔乃蕃之子，見《彙編》[會昌003]、[咸通100]。

諸科六人。

拔萃科：○孟按：此亦吏部試。

韓臮。《太平廣記》引《續定命録》：“昌黎韓臮，故晉公滉之支孫，博通經史。大和五年，自大理丞調選，平判入等。”

知貢舉：中書舍人賈餗。《舊書》本傳：“大和三年，拜中書舍人。四年九月，權知禮部貢舉。五年，榜出後，正拜禮部侍郎。凡典禮闈三歲，所選士七十五人，得其名士，多至公卿者。七年五月，轉兵部侍郎。”

六年壬子(832)

是年，賈餗奏復別頭試。《新書·選舉志》

　　進士二十五人：《文苑英華辨證》引《登科記》：“大和六年試《君子之聽音賦》，以‘審音合志鏗鏘’爲韻。”

李珪，狀元。

許渾，《唐才子傳》：“許渾字仲晦，潤州丹陽人，圉師之後也。大和六年李珪榜進士。”《讀書志》作字用晦。渾有《及第後春情詩》云：“世間得意最春風，散誕經過觸處通。細搖柳臉牽長帶，慢撼桃株舞碎紅。也從吹幌驚殘夢，何處飄香別故叢。猶以西都名下客，今年一月始相逢。”○孟按：《郡齋讀書志》謂許渾：“大和六年進士，爲當塗、太平二縣令。”然《直齋書錄解題》謂“太和五年進士”，誤。

畢諴，《舊書》本傳：“諴字存之，鄆州須昌人。祖凌，父勻。諴少孤貧，然薪讀書，刻苦自勵。既長，博通經史，尤能歌詩。端愨好古，交遊不雜。大和中，進士擢第。又以書判拔萃。”《東觀奏記》：“畢諴，本估官之子，連升甲乙科。”《永樂大典》載《蘇州府志》：“畢諴，大和六年登第。”《摭言》：“畢諴相公及第年，與一二人同行聽響卜。夜艾人稀，久無所聞。俄遇人投骨於地，群犬爭趨。又一人曰：‘後來者必銜得。’”《北夢瑣言》：“唐相畢諴，吳鄉人，詞學品度冠於儕流。擢進士，未遂其志。嘗謁一受知朝士者，希爲改名，以期亨達。此朝士譏其鬻賈之子，請爲諴字，相國忻然，受而謝之。竟以此名登第，致位臺輔。前之朝士，慚悔交集也。”○孟按：《全唐文》卷七十九宣宗《授畢諴昭義節度使制》：“聲馳文囿，學茂儒林。掇芳桂於月中，擅嘉名於日下。”

韋澳，《舊書·韋貫之傳》：“子澳，字子斐，大和六年擢進士第。又以宏詞登科。”《南部新書》：“韋澳舉進士時，日者陳子諒號爲陳特快，云：‘諸事未敢言，惟青州節度使不求自得。’後果除拜。”　按許渾有《酬康州韋侍御同年詩》，而澳未爲御史，俟考。○孟按：《册府元龜》卷七二九：“韋澳，字子斐，太和六年擢進士第。”

杜顗，杜牧《故淮南支使試大理評事兼監察御史杜公墓誌銘》：“君諱顗，字勝之。年二十四，明年當舉進士，始握筆草《闕下獻書》、《與裴丞相度書》〔趙校：“草”原誤“茸”，據《樊川文集》卷九改。〕指言時事。書成，各數千字，不半歲遍傳天下。進士崔岐有文學，峭澀不許可人，詣門贈君詩曰：‘賈馬死來生杜顗，中間寥落一千年。’年二十五，舉進士。二十六，一舉登上第。時賈相國餗爲禮部之二年，朝士以進士於賈公不獲，有傑强毀嘲者，賈公曰：‘我祇以杜某敵數百輩足矣。’大中五年卒，年四十五。”是上第在此年。而牧《上宰相求湖州第一啟》云：“顗二十一，舉進士及第。”蓋傳鈔誤。　按顗，牧之弟。

侯春時，許渾有《與侯春時同年南池夜話詩》。

崔□，許渾有《送同年崔先輩詩》。

＊盧就。岑補云：“《千唐》大和（孟按：原誌文作“大中”）六年畢諴撰《朝請大夫尚書刑部郎中上柱國盧就（原目訛“龍”）墓誌》云：“大和六年，進士及第。”誌又言諴與就爲同年，今《記考》二一是年下著録畢諴，可以互證，且可補就名。”

　　諸科五人。

　　知貢舉：禮部侍郎賈餗。見上。

七年癸丑(833)

八月甲申朔，册皇太子德音：“漢代用人，皆繇儒術，故能風俗深厚，教化興行。近日苟尚浮華，莫脩經藝，先聖之道，埋鬱不傳。況進士之科，尤要釐革。雖鄉舉里選，不可復行，然務實抑華，必有良術。既當甚弊，思亦改張。今寰宇乂寧，干戈已戢，皇太子方從師傅，傳授六經，一二年之後，當令齒胄國庠，以興墜典。宜令國子監于諸道搜訪名儒，置五經博士各一人。其公卿士族子弟，明年已後，不先入國學習業，不在應明經、進士之限。其進士學，宜先試帖經，並略問大義，取經義精通者；次試議論各一首，文理高者，便與及第。其所試詩賦並停。其試，占經官便以國子監學官充，禮部不得別更奏請。"《舊書》本紀、《册府元龜》、《唐大詔令集》。　按開成元年文宗謂宰臣："所見詩賦似勝去年。"是大和九年仍用詩賦也。則停試詩賦惟大和甲寅一年耳。

禮部奏："'進士舉人，先試帖經，並略問大義，取經義精通者；次試議論各一首，文理高者，使與及第。其所試詩賦並停'者。伏請帖大經各十帖，通五通六爲及格；所問大義，便於習大經内，準各明經例問十條，仍對衆試口義。伏惟新制，進士略問大義，緣初釐革。今且以通三通四爲格，明年以後，並依明經例。其所試議論，請各限五百字以上爲式。"敕旨"依奏"。《册府元龜》、《唐會要》。

九日敕："弘文、崇文兩館生，今後並依式試經畢日，仍差都省郎官兩人覆試。須責保任，不得輒許替代。"《唐會要》

是月，國子監起請："準今月九日德音節文，令監司於諸道搜訪名儒，置五經博士一人者。伏以勸學專門，復古之制，博採儒術，以備國庠，作事之初，須有獎進，伏請五經博士秩比國子博士。今《左氏春秋》、《禮記》、《周易》、《尚書》、《毛詩》爲五經；若《論語》、《爾雅》、《孝經》等，編簡既少，〔趙校：原作"多"，與事實不合，據《會要》卷六六、《册府》卷六〇四改。〕不可特立學官，便請依舊附入中經。"敕旨"依奏"。《册府元龜》、《唐會要》。

十二月，敕於國子監講論堂兩廊創立石壁九經，並《孝經》、《論語》、《爾雅》，共一百五十九卷，《字樣》四十卷。《册府元龜》、《唐會要》。　按新、舊《書》皆不載此敕，此即刊石經之始。其時又敕覆定九經字體，見《九經字樣》。　蓋是年覆定，乃於九年上石也。"一百五十九卷"當作"一百六十卷"。　劉禹錫《國學新脩五經壁本記》："初大曆中，名儒張參爲國子司業，始詳定五經，書於論堂東西廂之壁。辨齊魯之音取其宜，考古今之文取其正，繇是諸生之師心曲學，偏聽異説，咸束之而歸於大同。揭揭高懸，積六十歲，崩剥污衊，洓然不鮮。今天子尚文章，尊典籍，於苑囿不加尺椽，而成均以治。國學上言，遽賜千萬。時祭酒皥實尸之，博士公肅實佐之。國庠重嚴，過者必式。遂以羡贏，再新壁書。懲前土塗，不克以壽，乃析堅木，負塘而比之。其制如版牘而高廣，其平如粉澤潔滑。皆施陰關，使衆如一，附離之際，無迹而尋。堂皇靚深，兩廡相照。申命國子能通法書者，分章挨日，遞其業而繕寫焉。筆削既成，讎校既精，白黑彬斑，瞭然飛動。以蒙來求，焕若星辰；以敬來趨，肅如神明；以疑來質，決若蓍蔡。由京師而風天下，覃及九譯，咸知宗師，非止服逢掖者鑽仰而已。於是學官陳師正等，暨生徒凡四百二十有八人，請金石刻，且歌之曰：‘我有學宇，既傾而成之。我有壁經，既昧而明之。孰規矩之，孰發揮之，祭酒維齊，博士維韋。俾我學徒，弦歌以時。切切祁祁，不敖不嬉。庶乎遒人，來采我詩。’時余爲禮部郎，凡黌宗之事，得以關決，故書之以移史官，宜附於藝文云。”　按石經勒於大和九年，故是時國學尚用木版。自大曆十一年至是歲爲五十八年。

　　　進士二十五人：

　　李福，《舊書·李石傳》：“石弟福，字能之，大和七年登進士第。”

　　魏謩，《舊書》本傳：“謩字申之，鉅鹿人。五代祖文貞公徵，曾祖殷，祖明，父馮。謩大和七年登進士第。”《摭言》：“大和初，李相回任京兆府參軍，主試，不送魏相公謩，深銜之。會昌中，回爲刑部侍郎，謩爲御史中丞，嘗與次對官三數人候對於閤門。謩曰：‘某頃歲府解，蒙明公不送，何幸今日同集於此。’回應聲答曰：‘經如今也不送。’謩爲之色變，益懷憤恚。後回謫牧建州，謩大拜，回有啟狀，謩悉不納。既而回怒一衙官，決杖勒停。建州衙官能庇徭役，求隸籍者所費不下數十萬，其人切恨，停廢後，因亡命至京師，接時相訴冤，諸相皆不問。會亭午，憩於槐陰，顏色憔悴。旁人察其私，詰之，其人具述本意。於是誨之曰：‘建陽相公素與中書相公有隙，子盍詣之？’言訖，魏公導騎自中書而下。其人常懷文狀，即如所誨，望塵而拜。導從問，對曰：‘建州百姓訴冤。’公聞之，倒持塵尾，敲檐子門令止。及覽狀，所論事二十餘件，第一件取同婢子女入宅，於是爲魏相極力鍛成大獄。時李相已量移鄧州刺史，行次九江，遇御史鞫，却迴建陽。竟坐貶撫州司馬，終於貶所。”

　　胡澱。《宣室志》：“安定胡澱，家於東郡，以文學知名。大和七年春，登進士第。時賈餗爲禮部侍郎，後二年，文宗皇帝擢餗相國。是歲冬十一月，京師亂，餗與宰臣涯已下俱遁去，有詔捕甚急。時中貴人仇士良護左禁軍，命部將執兵以窮其跡。部將謂士良曰：‘胡澱受賈餗恩，今當匿在澱所。願得驍健士五百，環其居以取之。’士良可其請。於是部將擁兵至澱門，召澱出，厲聲曰：‘賈餗在汝家，汝宜立出，不然與餗同罪。’澱度其勢不可以理辨，抗辭拒之。部將怒，執澱詣士良，戮於轅門之外。”《太平廣記》引《補録記傳》作‘胡澂’，又云澂前嶺南節度使誕之子，誤。”〇按陳補云：“胡澱，見汪校本《太平廣記》卷三四七引《宣室志》、《稗海》本《宣室志》卷四，徐氏誤作胡澱。” 孟按：作“澱”不誤，參見傅璇琮等編《唐五代人物傳記資料綜合索引》第565頁注釋③。

　　　明經科：《雲麓漫鈔》於是年列三傳科、三史科，蓋誤以爲制科也。三傳當入明經下，三史當入諸科下。

　　＊楊思立。《千唐》[1198]楊知退撰乾符三年（876）九月十日《唐故朝議大夫前鳳翔節度副使檢校尚書兵部郎中兼御史中丞上柱國賜紫金魚袋弘農楊府君（思立）墓誌銘并序》（參見《彙編》[乾符011]）云：“君諱思立，字立之，其先華陰人。……弱不好弄，以經明求試於春官氏，十四擢孝廉第。遽罹憫凶，奄遭大禍。服闋，遂學究大易，孜孜曉夕，精核無倦，三進有司，因獲高等，授鄠縣尉。”按楊氏卒於乾符二年（875），享年五十六，其十四歲孝廉擢第時在大和七年。後又以學究登科。亦見羅補，然羅補以學究爲進士，誤。

　　　諸科五人。

　　　知貢舉：禮部侍郎賈餗。見上。

八年甲寅（834）

　　正月，禮部奏：“明經、弘文、崇文館生，太廟、郊神齋郎，掌坐等，共五百五十二人。今六色共請減一百三十八人。”從之。《册府元龜》

　　是月，敕明經及第不得過一百一十人。見下九年中書門下奏。

　　是月，禮部侍郎李漢奏：“準大和七年八月敕，貢舉人不要試

詩賦策，且先帖大經、小經共二十帖，次對正義十道，次試議論各一首訖，考覆，放及第。"《册府元龜》

是月，中書門下奏："進士放榜，舊例禮部侍郎皆將及第人名先呈宰相，然後放榜。伏以委在有司，固宜精慎，宰臣先知取捨，事匪至公。今年已後，請便令放榜，不用先呈人名。其及第人所試雜文及鄉貢三代名諱，並當日送中書門下，便合定例。"敕旨"依奏"。《册府元龜》、《唐會要》。

七月，堂帖："中書門下、御史臺、尚書省、諸道節度觀察使，置令各舉解《周易》一人。"《册府元龜》

八月丙申，詔罷諸色選舉，以歲旱故也。《舊書》本紀、《册府元龜》。

九月，敕吏部、禮部、兵部："今年選舉，並緣秋末蟲旱相因，恐致灾荒，權令停罷。及斂藏之後，物力且任，念彼求名之人，必懷觖望之念，寧違我令，以慰其心，宜依常例却置。應緣所納文狀及銓試等期限，仍準今年格文，遞延一月。"《册府元龜》

十月，禮部奏："進士舉人，自國初以來，試詩賦，帖經，時務策五道。中間或暫改更，旋即仍舊。蓋以成格可守，所取得人故也。去年八月敕節文，先試帖經、口義、論議等。以臣商量，取其折衷。伏請先試帖經，通數依新格處分。時務策五道，其中三道問經義，兩道時務。其餘並請準大和六年以前格處分。"敕旨"依奏"。《册府元龜》

　　進士二十五人：《記纂淵海》引《秦中記》："唐大和八年，放進士多貧士。無名子作詩曰：'乞兒還有大通年，六十三人籠仗全。薛庶準前騎瘦馬，范鄭依舊蓋番氈。'" 按是年進士、諸科只三十六人，言六十三人，誤。是年殷恪、劉筠等第罷舉，見《摭言》。

陳寬，狀元。

雍陶，《唐才子傳》："雍陶字國鈞，成都人。大和八年陳寬榜進士及第。"姚合有《送雍陶及第歸覲詩》云："獻親冬集書，比橘復何如？此去關山遠，相思笑語疏。路尋丹壑斷，人近白雲居。幽石題名處，憑君亦記余。"賈島有《送雍陶及第歸成都寧親詩》云："不惟詩著籍，兼又賦知名。議論於題稱，《春秋》對問精。半應陰騭與，全賴有司平。歸去峰巒衆，別來松桂生。漲江流水品，當道白雲坑。勿以攻文捷，而將學劍輕。製衣新濯錦，開醖舊燒罌。同日升科士，誰同膝下榮。"《雲溪友議》："雍陶上第後，稍薄於親黨。"

裴坦，《新書》本傳："坦字知進，隋營州都督世節裔孫。父乂，福建觀察使。坦進士及第。"《北夢瑣言》："唐相國裴公坦，大和八年李漢侍郎下及第。自以舉業未精，遽此叨忝，未嘗曲謝座主，辭歸鄂縣別墅。三年肄業，不入城，歲時恩地惟啟狀而已。至於同年，鄰於謝絕。掩關勤苦，文格乃變。然始到京，重獻恩門文章，詞采典麗，舉朝稱之。後至大拜，爲時名相也。"

鄭處誨，《舊書·鄭餘慶傳》："餘慶孫處誨，字延美，於昆仲間文章拔秀，早爲士友所推。大和八年，登進士第。"

苗恪，《韓文考異》引《登科記》："恪，大和八年進士第，蕃之孫也。"○孟按：恪乃蕃之子，見《彙編》[會昌003]、[咸通100]。

趙璘，璘作《因話録》云："余座主隴西公爲臺丞，奏今孔尚書溫業、丞相徐公商爲監察。及孔爲中丞，隴西公淹恤在外多年。除宗正少卿歸朝，而孔、徐二公並時爲丞相。每宴集，人以爲盛事，亦可嘆息於宦途也。"按隴西公爲李漢，是璘於大和八年登第。璘於大和六年應京兆府試入等第，亦見《因話録》。○孟按：《彙編》[開成045]李敬彝撰開成五年（840）十一月三十日《大唐王屋山上清大洞三景女道士柳尊師（默然）真宮誌銘》云："開成五年六月廿九日，唐故監察御史裏行天水趙府君夫人王屋山柳尊師遷解於東都聖真觀之道院，其年八月，其孤璘等遣道門弟子趙奉元等，緘奉遺烈，請爲之銘。……尊師姓柳氏，諱默然，字希音，河東虞鄉人也。……有子男三人……長曰璘，以前進士赴調，判入高等，爲秘書省校書郎。"

薛庶，見上。

范鄩，見上。○孟按：《全唐詩》卷五八八李頻有《回山後寄范鄩先輩》詩；又同上《和范秘書襄陽舊遊》詩，《文苑英華》卷二四六作《和范鄩先輩話襄陽舊遊》。

　　＊**楊宇**，岑補云：“《千唐·楊宇誌》（引見前）言宇登李漢下進士，年廿八；卒大中五年，年四十五。依此計之，宇爲大和八年進士。據《記考》二一，是年正李漢知舉，惟楊宇未著録，可據補。”　孟按：“《楊宇誌》”撰者爲宇兄牢，題《唐故文林郎國子助教楊君（宇）墓誌銘》。

　　＊**李胤之**。《補遺》册六，第 160 頁，李胤之撰大中十一年（857）十二月廿七日《唐隴西李氏女十七娘（第娘）墓誌銘并序》云：“汝名第娘，即余之元女。……余大和八年登春官第，其冬生汝，故以第字之。”王補據《輯繩》亦著録。

　　　　諸科十一人。

　　　　知貢舉：禮部侍郎李漢。《舊書》本紀：“大和七年六月壬申，以御史中丞李漢爲禮部侍郎。”

九年乙卯（835）

　　十二月，中書門下奏：“今月九日，閤内面奉進止，令條流進士人數，及減下諸色入仕人等。進士準大和四年格，及第不得過二十五人，今請加至四十人。明經準大和八年正月敕，及第不得過一百一十人，今請再減下十人。伏以國家取士，遠法前代，進士之科，得人爲盛。然於入仕，須更指撝，必使練達，固在經歷。起來年進士及第後，三年任選，委吏部依資盡補州府參軍，緊縣簿、尉。官滿之後，來年許選。三考後，聽諸使府奏用，便入協律郎、四衛佐。未滿三考，不在奏改限。如任江淮官，特與勉其綱使。又聞每年貢士，嘗僅千人，據格所取，其數絶少。强學待用，嘗年不試，孤貞介士，老而無成，甚可惜之。臣等商量，望付所司，精求行藝，起來年添滿四十人及第。仍委禮部於所試諸色貢舉人元格數内，共減一十五人，都守每年放出身黄衣人數，永爲定制，編入常格。庶令才人，速得自效，經於下位，以致上達。”可之。《册府元龜》。　《容齋續筆》引《登科記》：“中書門下奏：進士元額二十五人,請加至四十人。"即此年奏也。

中書門下又奏:"奉進止,令減下諸色入仕人。其弘文館學生見定十六人,今請減下一人。"敕旨"依奏"。《唐會要》

進士二十五人:

鄭璀(鄭確、鄭瓘),狀元。原作"確",徐氏注云:"'確',《玉芝堂談薈》作'瓘'"。　陳補云:"鄭璀,見《淳熙三山志》卷二六、乾隆《福建通志》卷三十三。《唐才子傳》作鄭確,《玉芝堂談薈》作鄭瓘,皆爲鄭璀之訛。"

賈馳,《唐才子傳》:"賈馳,大和九年鄭確榜進士。"

何扶,《摭言》:"何扶,大和九年及第,明年捷三篇,因以一絕寄舊同年曰:'金榜題名墨上新,今年依舊去年春。花間每被紅妝問:何事重來只一人?'"

牛蔚,《舊書·牛僧孺傳》:"僧孺子蔚,字大章,十五應兩經舉。大和九年,復登進士第。"○孟按:《全唐文》卷七二〇李珏撰《故丞相太子少師贈太尉牛公(僧孺)神道碑銘并序》:"公諱僧孺,字思黯,隴西狄道人。……有子五人:曰蔚曰藂,能嗣其業,皆擢進士第。"又同上卷七五五杜牧撰《唐故太子少師奇章郡開國公贈太尉牛公(僧孺)墓誌銘并序》亦載:"牛公……五男六女:長曰蔚,監察御史;次曰藂,浙南府協律郎,皆以文行登進士第,不藉公勢。"

侯固。《淳熙三山志》:"鄭璀榜進士侯固,字子重,閩縣人。累官鄜坊、靈武、易定節度使。"○孟按:原卷二十大和元年(827)進士科又著錄侯固,徐氏考云:"《永樂大典》引《閩中記》:'侯固字子重,閩縣人。大和元年及第。'"按日本藏[萬曆]《福州府志》卷十六《人文志一·選舉·唐》:"太和九年乙卯鄭璀榜:(閩)侯固,字子重,同平章事。"又[乾隆]《福州府志》卷三十六、卷四十九,四庫本《福建通志》卷三十三、卷四十三皆同。知《永樂大典》引《閩中記》所言"元年"當爲"九年"之誤。故元年所錄今刪。

＊明經科:

＊王凝。原列本年諸科下,徐氏考云:"《舊書·王正雅傳》:'王凝字致平,十五兩經擢第,再登進士甲科。'以乾符五年卒、年五十八推之,十五歲在是年。"　孟按:以兩經擢第當爲明經科,今移正。又,原卷二十七《附

考‧明經科》又著録"王凝"，徐氏考引同上《舊書》，今删併。亦見施補。

　　諸科五人。

　　知貢舉：工部侍郎崔鄲。《舊書》本傳："大和八年，爲工部侍郎、集賢殿學士，權知禮部。"是於九年知舉也。

開成元年丙辰（836）

　　正月辛丑朔，大赦天下，改元。制曰："其有藏器待時、隱身巖穴，奇節獨行、可激風俗者，委常參官及所在長吏，各以名聞。文武之道，合而兼濟，勳臣子弟有能脩詞務學，應進士、明經及通諸科者，委有司先加獎引。"《册府元龜》、《唐大詔令集》。

　　二月癸未，宰臣奏事於紫宸殿，帝曰："從來文格非佳，昨試進士題目是朕自出，所見詩賦似勝去年。"宰臣李石曰："陛下改詩賦格調，以正頹俗。高鍇亦能屬精取士，仰副聖旨。"《册府元龜》

　　五月庚申，判國子祭酒宰臣鄭覃奏："太學新置五經博士各一人，請依王府官例，賜以禄粟。"從之。《舊書》本紀

　　十月，中書門下奏："朝廷設文學之科，以求髦俊，臺閣清選，莫不由茲。近緣核實不在於鄉閭，趨名頗雜於非類，致有跋扈之地，情計交通，將澄化源，在舉明憲。臣等商量，今日以後，舉人於禮部納家狀後，望依前五人自相保。其衣冠，則以親姻故舊，久同遊處者；其江湖之士，則以封壤接近，素所諳知者爲保。如有缺孝弟之行，資朋黨之勢，跡由邪徑，言涉多端者，並不在就試之限。如容情故，自相隱蔽，有人糾舉，其同舉人並三年不得赴舉。仍委禮部明爲戒屬，編入舉格。"敕"依奏"。《唐會要》

　　進士四十人：《册府元龜》："其年至二年、三年，並高鍇知貢舉。每年皆恩賜題目，及第並四十人。"○《容齋續筆》卷十一"高鍇取士"條載："高鍇爲禮部侍郎知貢舉，閱三歲，頗得才實。始歲取四十人，才益少，詔減十人，猶不能滿。此《新唐書》所載也。按《登科記》：開成元年，中書門下奏進士元額二十五人，請加四十人，奉敕依奏。

是年及二年、三年錯在禮部，每舉所放各四十人。至四年，始令每年放三十人爲定則。《唐書》所云誤矣。"又見《文獻通考》卷二十九《選舉二‧舉士》。

陳上美，《唐才子傳》："陳上美，開成元年禮部侍郎高鍇放榜，第二人登科。"○孟按：《唐詩紀事》卷五十："上美，登開成進士第。"然郝天挺《唐詩鼓吹注》則云："開成元年高鍇放榜，第一人登科。"未詳孰是。又《唐音戊籤》卷十二："陳上美，開成二年進士第。"《全唐詩》卷五四二小傳同，誤。

鄭史，《永樂大典》引《宜春志》："鄭史字惟直，宜春人，登開成元年進士第。"《唐詩紀事》："鄭史，終國子博士。"○孟按：《雲溪友議》卷四："零陵鄭太守史與京同年。"亦見《太平廣記》卷二七三"蔡京"條引。

蔡京，《唐語林》："邕州蔡大夫京者，故令狐相公楚鎮滑臺之日，因道場見於僧中，令京挈瓶鉢，彭陽公曰：'此子眉目清秀，進退不懾，惜其卑幼，可以勸學乎？'師從之，乃得陪相國子弟。後以進士舉上第，尋又學究登科。零陵鄭太守史與京同年。"○孟按：此引《唐語林》當本《雲溪友議》。又《全唐詩》卷五〇九顧非熊有《冬日寄蔡先輩校書京》詩。《全唐文》卷八十三懿宗《授蔡京嶺南西道節度使制》："早以豐藝，陟於高科，周旋宦途，振舉官業。"

陸瓌，《永樂大典》引《蘇州府志》："開成元年，舍人高鍇知舉，陸瓌登第。"

＊李朋，原作"李□"，徐氏考云："鄭谷詩引云：'谷卯歲受同年丈人故川守李侍郎教諭。'又詩云：'多感京河李丈人，童蒙受教便書紳。'按谷爲鄭史之子，李侍郎蓋與史同年，其名俟考。"　孟按：《鄭谷詩集》卷三有《谷卯歲受同年丈人故川守李侍郎教諭衰晏龍鍾益用感嘆遂以章句自貽》（"卯歲"，本集及《全唐詩》皆作"比歲"，此從《唐音戊籤》）。"故川守李侍郎"，李朋。《唐文拾遺》卷三十三鄭谷《雲臺編序》："谷勤苦於風雅者，自騎竹之年，則有賦詠，雖屬對聲律未暢，而不無旨諷。同年丈人古（故）川守李公朋，同官丈人馬博士戴，嘗撫頂嘆勉，謂他日必垂名。及冠，則編軸盈笥，求試春闈。"李朋與鄭谷父史爲同年，參見陶敏《全唐詩人名考證》[7751C]，今補其名。又按，胡補、黃補皆以此李某爲"李當"，誤。

劉瑑，《舊書》本傳："瑑，彭城人。祖播，父煟。瑑開成初進士擢第。"

《新書》：“琢字子全。”

裴德融。《太平廣記》引《盧氏雜説》：“裴德融諱皋，值高鍇知舉，德融入試。鍇曰：‘伊諱皋，向某下就試，與及第困一生事。’後除屯田員外郎，與同除郎官一人同參右丞盧簡求。到宅，右丞先屈前一人入，從容多時。前人啟云：‘某與新除屯田裴員外同祗候右丞，裴員外在門外多時。’盧遽使驅使官傳語曰：‘員外是何人下及第？偶有事，不得奉見。’裴倉遑失措，騎前人馬出門去。”按高鍇知舉，不知第幾榜，附載於此。

諸科九人。

知貢舉：中書舍人高鍇。《舊書》本傳：“大和七年，遷中書舍人。九年十月，以本官權知禮部貢舉。開成元年，春試畢，進呈及第人名。文宗謂侍臣曰：‘從前文格非佳，昨出進士題目，是朕出之，所試似勝去年。’鄭覃曰：‘陛下改詩賦格調，以正頹俗。然高鍇亦能勵精選士，仰副聖旨。’帝又曰：‘近日諸侯章奏、語太浮華，有乖典實。宜罰掌書記，以誡其流。’李石曰：‘古人因事爲文，今人以文害事。懲弊抑末，實在盛時。’乃以鍇爲禮部侍郎。”

二年丁巳（837）

高鍇司貢籍，詔曰：按此詔在去年秋，以係二年貢舉事，類載於此。“夫宗子維城，本枝百代，封爵所宜，無令廢絕。常年宗正寺解送人，恐有浮薄，以忝科名。在卿精揀藝能，勿妨賢路。所試賦則準常規，詩則依齊梁體格。”乃試《琴瑟合奏賦》、《霓裳羽衣曲詩》，任用韻。《雲溪友議》。　《唐闕史》：“開成初，文宗皇帝耽玩經典，好古博雅。嘗欲黜鄭衛之樂，復正始之音。有太常寺樂官尉遲璋者，善習古樂，爲法曲，簫磬琴瑟，戛擊鏗枊，咸得其妙，遂得《霓裳羽衣曲》以獻。詔中書門下及諸司三品以上具常服班坐，以聽金奏，相顧曰：‘不知天上也，瀛洲也！’因以曲名宣賜貢院，充試進士賦題。”

高鍇先進五人詩，奏曰：“臣鍇昨日奉宣進止，令將進士所試詩賦進來者。伏以陛下聰明文思，天縱聖德，今年詩賦題目，出自宸衷，體格雅麗，意思遐遠。諸生捧讀相賀，自古未有，倍用研精覃思，磨勵緝諧。其今年試詩賦，比於去年，又勝數等。臣日夜考較，敢不推公。進士李肱《霓裳羽衣曲詩》一首，最爲迥出，更無其比。詞韻既好，人才俱美，臣前後吟詠近三五十遍，雖使何遜復生，亦不能過。兼是宗枝，臣與狀頭第一人，以獎其能。次張棠詩一道，亦絕好，亞次李肱，臣與第二人。其次沈黃中《琴瑟合奏賦》，又似《文選》中《雪》、《月賦》體格，臣與第三人。其次王收賦，自立意緒，言語不凡，臣與第四人。其次柳棠詩賦，興思敏速，日中便成，臣與第五人。凡此五卷詩賦，擢其中科，實所不愧。其餘三十五人，或獎舊文，別錄人材，非止一途，四面搜擇，臣並與及第。李肱舊文亦好，人物絕奇，每視其闕他日必爲卿相。宗枝之俊，實爲難得。況屬籍之中，讀書爲文者甚少，伏望聖恩，俯留宸覽。李肱等五人詩賦，若有不堪，敢受欺天之罪。如或可採，伺候聖心。其李肱詩賦，伏望陛下聖慈，特加獎飭，宣示百僚，以勸皇族飭脩之道。臣繆忝主司，不勝慺慺之誠。其詩賦總爲一卷，謹隨狀奉進以聞。"上披文曰："近屬如肱者，其不忝乎！有劉安之識，可令著書；執馬孚之正，可以爲傳。秦嬴統天下，子弟同匹夫，根本之不深固，曹冏曷不非也。"《雲溪友議》、《唐詩紀事》。

　　覆定石經字體官、朝議郎、權知沔王友、翰林待詔、上柱國、賜緋魚袋唐元度撰《新加九經字樣序》云："臣聞秦焚《詩》《書》，塞人視聽；漢興典籍，以廣聰明。伏以龜鳥之文，去聖彌遠，點畫訛變，遂失本源。今陛下運契黃虞，道崇經籍，觀人文以成俗，念鳥跡之乖方，繇是遂微臣之上請，許以國學創立石經，仍令小臣覆定字體。謬當刊校，誓盡所知。大曆中，司業張參掇衆字之謬，著爲定體，號曰《五經文字》，專典學者，實有賴焉。臣今參詳，頗有條貫，傳寫歲久，或失舊規。今刪補冗漏，一以正之。又於《五經文字》本部之中，採其疑誤，舊未載者，撰成《新加九經字樣》一卷，凡七十六部，四百廿一文。其偏旁上下，本部所無者，乃纂爲雜辨部以統之。若體畫全虧者，則引文以證解。於雅言執禮，誠愧大儒，而辨體觀文，式遵小學。其聲韻謹依開元文字，避以反言，但紐四聲，定其音旨。今條目已舉，刊削有成，願竭愚衷，以資後學。當開成丁巳歲，序謹上。"石刻拓本

　　八月十二日，中書門下牒："《新加九經字樣》一卷，右國子監奏：'得覆定石經字體官、翰林待詔，朝議郎、權知沔王友、上柱國、賜緋魚袋唐元度狀：準大和七年十二月五日敕，覆定九經字體者。今所詳覆，多依司業張參《五經文字》爲準。其舊字樣，歲月將久，畫點參差，傳寫相承，漸致乖誤。今並依字書參詳，比就正訖。諸經之中，別有疑闕，舊字樣未載者，古今體異，隸變不同，如總據《説文》，即古體驚俗，若依近代文字，或傳寫乖訛。今與校勘官同商較是非，取其適中，纂録爲《新加九經字樣》壹卷。或經典相承，與字義不同者，具引文以注解。今刊削有成，請附於《五經字樣》之末，用證紕誤者。其《字樣》謹隨狀進上，謹具如前。'中書門下牒國子監牒：'奉敕"宜依"，牒至準敕，故牒。'工部侍郎、平章事陳夷行，中書侍郎、平章事李石，門下侍郎、平章事李固言，右僕射、兼門下侍郎、國子祭酒、平章事覃，檢校司徒、平章事劉使，司徒、兼中書令使。"石刻拓本

　　十月癸卯，宰臣判國子祭酒鄭覃進《石壁九經》一百六十卷。時上好文，鄭覃以經義啟導，稍折文章之士。遂奏置五經博士，依後漢蔡伯喈，刊碑立於太學，創立《石壁九經》。《舊書》本紀。《鄭覃傳》："文宗即位四年，覃奏曰：'經籍訛謬，博士相沿，難爲改正。請召宿儒奧學，校定六籍，準後漢故事，勒石於太學。永代作則，以正其闕。'從之。覃嫉進士浮華，開成初，奏禮部貢院宜罷進士科。初紫宸對上語，及選士，覃曰：'南北朝多用文華，所以不治。士以材堪即用，何必文詞？'帝曰：'進士及第人，已曾爲州縣官者，方鎮奏署即可之，餘即否。'覃曰：'此科率多輕薄，不必盡用。'帝曰：'輕薄敦厚，色色有之，未必獨在進士。此科已置二百年，亦不可遽改。'覃曰：'亦不可過有崇樹。'時太學勒石經，

覃奏起居郎周墀、水部員外郎崔球、監察御史張次宗、禮部員外郎孔溫業等校定九經文字，旋令上石。"石經在今西安府學，凡十二經，又附以《五經文字》、《九經字樣》，共二百二十八石，都計六十五萬二千五十二字。其末題云"開成二年丁巳歲，月次於元，日惟丁亥，書石學生、前四門館明經臣艾居晦，書石學生、前四門館明經臣陳玠，書石學生、前文學館明經臣、〔趙校：原注：原闕四字。〕書石官、將仕郎、守潤州句容縣尉臣段絳，校勘兼看書上石官、將仕郎、守秘書省正字臣柏鬲，校勘兼看書上石官、將仕郎、守四門助教臣陳莊士，覆定字體官、翰林待詔、朝議郎、權知沔王友、上柱國、賜緋魚袋臣唐元度，校勘官、兼專知都勘定經書檢校刊勒上石、朝議郎、守國子毛詩博士、上柱國臣章師道，朝散大夫、守國子司業、騎都尉、賜緋魚袋臣楊敬之，都檢校官、銀青光禄大夫、〔趙校：原注：原闕十字。〕國子祭酒、同中書門下平章事、太清宮使、監修國史、上柱國、滎陽郡開國公、食邑二千户臣覃"。　　考《鄭覃傳》及劉禹錫記，蓋自大曆十年詔定經本，次年張參書五經于論堂之壁。大和七年，祭酒齊暤、司業韋公蕭易之以木。鄭覃之議勒石，實發端於此。石經創議於於大和四年，校刊於大和九年，畢工於開成元年九月，至十月乃上進。

　　＊是年，廢舉人等第。京兆府解送，自開元、天寶之際，率以在上十人謂之等第。必求名實相副，以滋教化之源。小宗伯倚而選之，或至渾化，不然十得其七八。開成二年，大尹崔珙判云："選文求士，自有主司，州府送名，豈合差第！今年不定高下，不鎖試官，既絶猜嫌，暫息浮競。"差功曹盧宗回主試，除文書不堪送外，便以所下文狀爲先後。試雜文後，重差司録侯雲章充試官。竟不列等第。明年，崔珙出鎮徐方，復置等第。《摭言》。
孟按：此一節文字原列於卷五開元二年（714）下。文中"開成二年"誤爲"開元二年"，今據《唐摭言》卷二"廢等第"條改並移正。按《趙守儼文存·從〈登科記考〉談到古籍整理的格式問題》亦論及此段文字之誤。

　　進士四十人：試《琴瑟合奏賦》、《霓裳羽衣曲詩》，任用韻，見上。是年鄭從讜府元落，崔潛等第罷舉，見《摭言》。

　　李肱，狀元。《雲溪友議》："李君文章精練，行義昭詳，策名於睿哲之朝，得路於韋蕭之室。然止於岳、齊二牧，未登大任，其有命焉。”

張棠，見上，一作“堂”。

＊段群，孟按：《全唐詩》卷五五三姚鵠有《和陝州參軍李通微首夏抒懷呈同僚張裳段群二先輩》，詩末云：“獨爲高懷誰和繼，掾曹同處桂同攀。”知段群與“張棠”爲同年。按“棠”、“裳”形近易訛，當即爲本年登科之張棠。今補入。

＊沈中黃（沈黃中），原作“沈黃中”，徐氏注：“見上。”殆本《雲溪友議》、《唐詩紀事》。　孟按：《千唐》[1143]沈佐黃撰大中十二年（858）四月十五日《唐故承奉郎守大理司直沈府君（中黃）墓誌銘》（參見《彙編》[大中140]）云：“諱中黃，字中美，本吳興人。……鄉薦神州，名在殊等，貢於有司，第登甲科。宗伯高公鍇疏青蒲曰：沈某所試《琴瑟合奏賦》有似《文選》《雪賦》、《月賦》。臣與第三人。”亦見羅補。又，《千唐》[1125]沈中黃撰大中八年（854）八月十八日《唐故監察御史河南府登封縣令吳興沈公（師黃）墓誌》（參見《彙編》[大中084]）亦署曰：仲兄中黃。按《全唐詩》卷五六八李群玉有《將離澧浦置酒野嶼奉懷沈正字昆弟三人聯登高第》詩，沈正字，沈師黃。昆弟三人，謂中黃、師黃、佐黃兄弟。考見陶敏《全唐詩人名考證》[6580B]。

王收，或作“牧”，非。收，行古之子，進士登第，見《舊書·王徽傳》。

柳棠，見上。　《雲溪友議》：“東川處士柳全節，習百家之言，衣華陽鶴氅，或呼爲柳尊師，又曰柳百經。有子棠，應進士舉，才思優贍，見者奇之。龐嚴舍人睠眄諸歌姬，方戲於階，問：‘墻頭何人也？’曰：‘柳秀才也。’遽令姬者飾妝，召柳秀才對觀之。龐公曰：‘恐墻上遠，見不得分明，故請細觀矚。’棠深恥之，不辭而去。時斐諫議休因封事出漢州，即棠舊知也，聞棠來且喜。及晉謁，則藍衫木簡而已。裴公扣其故，對曰：‘名場孤寒，虛擲光景。欲求斗粟之養，以成子道焉。’有宴召馮戢、胡據、柳棠三舉士，裴公於棠名下注曰：‘此柳秀才已於鹽鐵承事，不用屈。’私令棠見之，蓋惜其舉子也。柳棠之欲罷舉者，爲龐門有失，乃棄藍袍而歸舊服，非時請見司諫。司諫謂曰：‘子方年少，篇翰如流，不可驥垂長坂，蘭謝深林。況今急士之秋，必能首送。’兼與薦書。開成二年上第後歸東川，歷旬但居狎斜舊遊之處，不謁府主楊尚書。汝士楊公謂諸賓曰：‘每見報前柳棠秀才多

於妓家飲酒，或三更至暮，竟來相訪。社日必相召焉。'及召棠至，已在醉
鄉矣。斟三器酒，内一巨魚杯，棠不即飲。楊公乃誚曰：'文章謾道能吞
鳳，杯酒何曾解喫魚。今日梓州張社會，應須遭這老尚書。'棠答曰：'未向
燕臺逢厚禮，幸因社會接餘歡。一魚喫了終無恨，鶬化成鵬也不難。'初棠
與馮戢爭先，棠所頡頏，及第後，戢與詩曰：'桃花浪裏成龍去，竹葉山頭退
鶬飛。'棠、戢爲友甚善焉。柳每於東川席上狂縱日甚，干忤楊公，詩曰：
'莫言名位未相儔，風月何曾阻獻酬。前輩不須輕後輩，靖安今日在衡
州。'靖安，李宗閔尚書，與楊公中外昆弟，況有朗陵之分。東川益怒，爲書
讓其座主高鍇侍郎曰：'柳棠者，凶悖囂堅，識者惡之。狡過仲容，才非夫
子，且膺門之貴，豈宜有此生乎！'小宗伯曰：'某濫司文柄，以副懸旌，夙夜
兢惶，恐遭訕謗。是以搜求俊彦，冀輔聰明，不敢蔽才，與棠及第。'東川又
書曰：'昔周公撻伯禽，以戒成王也。昌邑殺王式，而怨霍光乎？豈不由師
傅之情爾，興亡之道，孔子先推德行，然後文學焉。吾師垂訓，千古不易。
前書曰不敢蔽才，何必一柳棠矣。若以篇章取之，寧失於何植、王條也。'
高公又復書曰：'唐堯之聖也，不致丹朱之賢。宣尼之明也，不免仲由之
害。如其可化，安有墜典？伊祁九子，盡可等於黃唐；門人三千，悉能繼於
顏、閔？若棠者，自求瑕玷，難以磨滅。其所忤黷尊威，亦予謬舉之過也。'
棠聞二君交讓，不任憂惕，又不敢遠申卑謝，遂之劍州王使君。使君者，善
畫松竹狗兔，以十五侯而四郡守，棠至，聯夕而飲。王君辭曰：'某以衰朽，
恐乖去就。小男忝趨文場，不知許容侍座否？老夫暫歸憩歇焉。'王氏之
子泪醉，輕易之甚，棠呵之曰：'公稱舉人，與棠分有前後。畫師之子，安得
無禮於先輩乎！'王氏乃自去其道服，空戴黃葛巾，謂棠曰：'我大似賢尊，
尊師幸不喧酗耳。'棠轉益怒，叱咤而散。柳生雖登科第，始參越崇軍事，
而夭喪。且渤海高公三榜一百二十人，多平人得路。若柳棠者，誠累恩門
舉主，善乎裴公曰：'人不易知也。'"

　　李商隱，《舊書·文苑傳》："李商隱字義山，懷州河内人。曾祖叔恒，
祖俌，父嗣。商隱幼能爲文。令狐楚鎮河陽，以所業文干之，年纔及弱冠。
楚以其少俊，深禮之，令與諸子遊。楚鎮天平、汴州，從爲巡官，歲給資裝，
令隨計上都。開成二年，方登進士第。"商隱《上崔華州書》："愚生二十五
年矣。五年讀經書，七年弄筆硯，凡爲進士者五年，始爲故賈相國所憎。

明年病不試，又明年復爲今崔宣州所不取。居五年間，未曾衣袖文章，謁
人求知。"〔趙校：原作"未曾衣袖衣章謁人不知"，據《四部叢刊》本《李義山
文集》卷四改。〕按賈相謂賈餗，崔宣州謂崔鄲。自大和七年賈餗知舉，至
開成二年凡五歲，餗時已誅死，故義山顯言之。又《與陶進士書》："僕自大
和七年後，雖尚應舉，除吉凶書及人憑倩作箋啓銘表之外，不復作文。文
尚不復作，況復能學人行卷耶？時獨令狐補闕最相厚，歲歲爲寫出舊文，
納貢院。既得引試，會故人夏口主舉人，時素重令狐賢明，一日見之於朝，
揖曰：'八郎之交，誰最善？'絢直進曰：'李商隱者。'三道而退，亦不爲薦托
之詞。故夏口與及第。然此時實於文章懈退，不復細意經營述作，乃命合
爲夏口門人之一數耳。"又《上令狐相公狀》云："今月二十四日，禮部放榜，
某徼倖成名，不任感慶。某材非秀異，文謝清華，幸忝科名，皆由獎飾。昔
馬融立學，不聞薦彼門人；孔光當權，詎肯言其弟子。豈若四丈，屈於公
道，申以私恩，培樹孤株，騫騰短羽。自卵而翼，皆出於生成；碎首糜軀，莫
知其報效。瞻望旌榮，無任戴恩隕涕之至。"　按義山成名，皆令狐楚所
薦，故上狀如此。　　又有《及第東歸次灞上却寄同年詩》曰："芳桂當年各
一枝，行期未分壓春期。江魚朔雁長相憶，秦樹嵩雲自不知。下苑經過勞
想像，東門送餞又差池。灞陵柳色無離恨，莫枉長條贈所思。"

　　韓瞻，《唐詩紀事》："韓偓父瞻，李義山同年也。"義山有《爲韓同年瞻
上河陽大夫啓》，又《餞韓同年西迎家室戲贈詩》，又《赴職梓潼留別畏之員
外同年詩》、《留贈畏之詩》、《迎寄韓魯州同年詩》、《寄惱韓同年詩》。○孟
按：《南部新書》卷二："韓偓即瞻之子也，兄儀。瞻與李義山同年。"此當爲
《紀事》所本。

　　獨孤雲，李商隱有《妓席暗記送同年獨孤雲之武昌詩》。

　　韋潘，李商隱有《十字水期韋潘侍御同年不至詩》。

　　鄭憲，見寶曆二年注。　　李商隱有《寄在朝鄭曹獨孤李四同年詩》，
鄭或即鄭憲。

　　郭植，見寶曆二年注。

　　李定言，李商隱有《與同年李定言曲水閒話戲作詩》。

　　牛叢，《舊書・牛僧孺傳》："孺子叢，字表齡，開成二年登進士第。"杜

牧《牛僧孺墓誌銘》：“五男，長曰蔚，監察御史；次曰蕘，浙南府協律郎。皆以文行登進士第，不藉公勢。”〇孟按：《全唐文》卷七二〇李珏撰《故丞相太子少師贈太尉牛公（僧孺）神道碑銘并序》：“公諱僧孺，字思黯，隴西狄道人。……有子五人：曰蔚曰蕘，能嗣其業，皆擢進士第。”

　　＊鄭茂休（鄭茂諶），原作“鄭茂諶”，徐氏考云：“《舊書·鄭餘慶傳》：‘餘慶孫茂諶，避國諱改茂休。開成二年登進士第。’”按陳補云：“茂諶”爲避敬宗諱改，其榜名當作“茂休”。

　　曹確，《舊書》本傳：“確字剛中，河南人。父景伯。確開成二年登進士第。”　按李商隱《寄四門同年詩》，曹疑即曹確。

　　楊鴻，《永樂大典》引《宜春志》：“開成二年，楊鴻登進士第。”

　　楊戴，一作“載”。　《摭言》：“楊敬之拜國子司業。次子戴，進士及第。長子三史登科。時號楊家三喜。”《新書·楊凝傳》：“文宗向儒術，以宰相鄭覃兼國子祭酒，俄以敬之代。未幾，兼太常少卿。是日二子戎、戴登科，時號楊家三喜。”《唐闕史》：“祭酒楊尚書敬之任江西觀察使，載江西應科，時成均長年，天性尤切。時已秋暮，忽夢新榜四十進士，歷歷可數。寓目及半，鍾陵在焉；其鄰則姓濮陽，而名不可辨。既寤大喜，訪於詞場，則云有濮陽願者，爲文甚高，且有聲譽。時搜訪草澤方急，色目雅在選中。遂尋其居，則曰閩人，未至京國。楊公誠其子，令聽之，俟其到京，與其往來，以符斯夢。一日楊公祖客灞上，客未至間，休於逆旅舍。有秣馬伺僕如自遠來者，試命詢之，乃貢士。偵所自，曰閩。問其姓，曰濮陽。審其名，曰願。楊公曰：‘吁！斯天啟也。安有既夢於彼，復遇於此哉。’亟命相見。濮陽逡巡不得讓，執所業以進。始閱其人，眉宇清秀；次與之語，詞氣安詳；終閱其文，體理精奧。問其所抵，則曰：‘今將僦居。’楊公曰：‘不然盡驅所行，置於庠序。’命江西寅夕與之同處。楊公朝廷舊德，爲文有凌轢韓、柳意，是後大稱濮陽藝學於公卿間。人情翕然，謂升第必矣。試期有日，因食鬻之寒者，一夕腹鼓而卒。楊公惋痛嗟駭，搜囊甚貧，鄉路且遠，力爲營辦，歸骨閩中。仍謂江西曰：‘我夢無徵，汝之一名亦不可保。’及第甲乙，則江西中選，而同年無氏濮陽者，固不可諭之。夏首，將關送於天官氏。時相有言，前輩重族望，輕官職，今則不然，竹林七賢，曰陳留阮籍、沛國劉伶、河間向秀，得以言高士矣。是歲慈恩寺榜，因以望題。題畢，楊公閑步塔下，仰視之，則曰弘農楊載、濮陽吳當。恍然如夢中所睹。"　按開成元年至三年，皆進士四十人，《唐闕史》言新榜四十進士，事在此三年也。鄭覃自大和九年十月判國子祭酒，至開成四年五月始罷相，敬之以何年拜祭酒，事無可考。據石經末所列諸臣姓名，開成二年十月有國子司業楊敬之。敬之於大和九年七月貶爲連州刺史，其起爲司業，當在開成二年之春。從《摭言》爲是。　又按《新書·楊凝傳》："敬之初客濮上，見閩人濮陽願，閱其文，大推挹，遍語公卿間。會願死，敬之爲斂葬。"《唐闕史》以爲敬之任江西觀察使時事，蓋即連州刺史之誤也。〇孟按：《千唐》[1179]李夷遇撰咸通十一年（870）十一月十二日《唐故鄉貢進士南陽郡張公（曄）墓誌銘》（參見《彙編》[咸通085]）云："今尚書右司郎中楊戴爲淮南太守時，製一叙獎公之文曰：'張氏子用古調詩應進士舉，大中十三年，余爲監察御史，自臺暮歸，門者執一軸曰："張某文也。"閱於燈下，第二篇云《寄征衣》："開箱整霞綺，欲製萬里衣。愁剪鴛鴦被，恐爲相背飛。"余遂矍然掩卷，不知所以爲激嘆之詞，乃自疚曰：余爲詩未嘗有此一句。中第二紀，爲明時御史，張子尚困於塵坌，猶是相校，得無愧於心乎！'"按楊戴此叙自言大中十三年（859）任御史時已"中第二紀"，由此前推二十四年，則爲開成元年（836）。前文徐考云："開成元年至三年，皆進士四十人，《唐闕史》言新榜四十進士，事在此三年也"。則戴於本年擢第無疑。

　　吳當，見上。

　　＊謝觀，岑補云："《千唐》咸通八年謝觀自製《朝請大夫慈州刺史上柱國緋魚袋謝觀墓誌》云：'開成二年，舉進士中第。'今《記考》二一未著録，可據補。"

　　＊鄭愚。原卷二十七《附考·進士科》著録鄭愚，徐氏考云："《北夢瑣言》：'鄭愚尚書，廣州人，擢進士第。'"　孟按：日本藏[嘉靖]《香山縣志》卷六《科貢表》進士科唐代："鄭愚，開成二年。"又同上《人物》："鄭愚，唐時人，家世殷富。……開成二年，進士擢第，釋褐秘書省校書郎。"日本藏[萬曆]《粵大記》卷十七："鄭愚，番禺人。……開成二年進士擢第，釋褐秘書省校書郎。"又四庫本《廣東通志》卷四十四。按陳補據[同治]《廣東通志》卷二六八録其名。今移正。

　　＊明經科：

　　＊盧當。《千唐》[1126]鄭勃撰大中九年（855）二月十一日《唐故國
子助教范陽盧公（當）墓誌銘并序》（參見《彙編》[大中088]）云：“君諱當，
字讓之，范陽人也。……年十六，經明擢第，調補汝州臨汝尉。” 按盧氏
卒於大中八年（854）十月十三日，享年三十三，則其十六歲時在開成二年。
亦見羅補。

　　諸科三人：
　　楊戎。三史登科，見《摭言》。
　　知貢舉：禮部侍郎高鍇。

　　李肱《霓裳羽衣曲詩》曰：“開元太平時，萬國賀豐歲。梨園
獻舊曲，玉座流新製。鳳管遞參差，霞衣競搖曳。宴罷水殿空，
輦餘春草細。蓬壺事已久，仙樂功無替。詎肯聽遺音，聖明知善
繼。”《文苑英華》、《雲溪友議》。

三年戊午（838）

　　二月兩軍使狀稱：“請準大和元年五月十七日以前敕，文官
階至品，便許用蔭與子孫補兩館生出身。”敕旨：“神策大將軍用
蔭補兩館生，宜準左右金吾大將軍例處分。”《唐會要》
　　五月丁巳朔，敕禮部貢院進士舉人，歲限放三十人及第。
《舊書》本紀。　按《册府元龜》，時禮部奏請，故有是敕。
　　十二月，《南部新書》作“癸卯”。敕：“諸道應薦萬言、童子等，
朝廷設科取士，門目至多。有官者合詣吏曹，未仕者即歸禮部，
文詞學藝各盡其長。此外更或延引，則爲冗長。起今以後，不得
更有聞薦，俾由正路，禁絶倖門。”《册府元龜》、《唐會要》。　按原注：
雖有是命，而以童子爲薦者比比有之。
　　進士四十人。《文苑英華辨證》引《登科記》：“開成三年，試《霓
裳羽衣曲賦》，任用韻。”《盧氏雜說》，是年試《太學創置石經詩》。《摭
言》：“開成二年，高侍郎鍇主文，恩賜詩題曰《霓裳羽衣曲》。三年，復

前詩題爲賦題。《太學石經詩》並辭，入貢院日面試。"〔趙校："試"原作"賜"，據《摭言》卷十五改。〕《唐詩紀事》："文宗嘗謂左右曰：'若不甲夜視事，乙夜觀書，則何以爲人君耶？'每試進士，多自出題目。及所司進所試，披覽吟詠，終日忘倦。"是年胡澳、樊京等第罷舉，見《摭言》。

裴思謙，狀元。　《摭言》："高鍇第一榜，裴思謙以仇士良關節取狀頭。鍇庭譴之，思謙回顧，厲聲曰：'明年打脊取狀頭。'第二年鍇知舉，誡門下不得受書題。思謙自攜士良一緘入貢院，既而易紫衣趨至階下，白曰：'軍容有狀，薦裴思謙秀才。'鍇接之，書中與求巍峩，鍇曰：'狀元已有人，此外可副軍容意旨。'思謙曰：'卑吏奉軍容處分，裴秀才非狀元，請侍郎不放。'鍇俛首良久，曰：'然則略要見裴學士。'思謙曰：'卑吏便是也。'鍇不得已，遂從之。思謙及第後，宿平康里，賦詩云：'銀釭斜背解明璫，小語低聲賀玉郎。從此不知蘭麝貴，夜來新惹挂枝香。'"　按此爲高鍇第三榜，《摭言》以爲第二年，誤。

趙璜，《唐詩紀事》："趙璜，開成三年登第。"○孟按：詳下。又《彙編》〔開成045〕李敬彝撰開成五年(840)十一月三十日《大唐王屋山上清大洞三景女道士柳尊師(默然)真宮誌銘》云："尊師姓柳氏，諱默然，字希音，河東虞鄉人也。……年十四，歸於趙氏。……有子男三人……長曰璘，以前進士赴調選，判入高第，爲秘書省校書郎；次曰璜，進士及第。"

＊趙璉，《彙編》〔咸通021〕趙璘撰咸通三年(862)十月十四日《唐故處州刺史趙府君(璜)墓誌》(北京圖書館藏拓本，開封博物館藏石)云："君諱璜，字祥牙，其先自秦滅同姓，降居天水。……開成三年，禮部侍郎高公鍇獎拔孤進，君與再從兄璉同時登進士第，余是時亦以前進士吏部考判高等，士族榮之。"亦見羅補。

李滂，《永樂大典》引《閩中記》："李滂字注善，閩縣人，開成三年及第。"　按《淳熙三山志》，李滂終大理評事。

蕭膚，《永樂大典》引《閩中記》："蕭膚字次元，侯官人，與滂同年。是歲，閩中四人登科，朝士詩云：'幾人天上爭仙桂，一歲江南折四枝。'"　按《淳熙三山志》，蕭膚終大理司直。

歸仁晦，《永樂大典》引《蘇州府志》：'開成三年，歸仁晦登第。'

沈朗，見《文苑英華》。

陳嘏，見《文苑英華》。○孟按：原卷二十七《附考·進士科》又著録"陳嘏"，徐氏注云："見趙嘏詩。"此當指趙嘏《送陳嘏登第作尉歸覲》詩。按張補云："趙嘏爲會昌四年進士，與陳嘏同時，惟及第略晚數年，列陳嘏爲開成三年進士，與《雁塔題名殘卷拓本》稱大中五年前進士陳嘏亦相合，當即一人，《附考》處當删。"今删併。

　＊歐陽秬，原卷二十七《附考·進士科》著録歐陽秬，徐氏考云："歐陽秬，字降之，詹之從子，開成中擢進士第。見《新書·歐陽詹傳》。" 孟按：《閩書》卷八十一《英舊志·泉州府·晋江縣·唐進士》："開成三年：歐陽秬，詹從子。"［乾隆］《泉州府志》卷三十三《選舉一·唐進士》："開成三年戊午裴思謙榜：歐陽秬，詹從子。"同上卷四十一《唐列傳》："歐陽秬，字降之，晋江人，詹從子，工文詞，開成三年進上。……（舊志，參《唐書》、《閩書》）"又見［乾隆］《晋江縣志》卷八；四庫本《福建通志》卷三十三。今移正。

　＊林鷗，《閩書》卷七十七《英舊志·福州府·長樂縣·唐選舉》："開成三年戊午：林鷗。"日本藏［萬曆］《福州府志》卷三十《人文志十五·鄉行》："林鷗，字祥鳳，長樂人。開元（按當作'成'）中第進士，爲倉曹參軍。"［乾隆］《福州府志》卷三十六《選舉一·唐·進士》："開成三年裴思謙榜：林鷗。"

　＊李稠，《閩書》卷八十一《英舊志·泉州府·晋江縣·唐進士》："開成三年：李稠。"又傳云："李稠以明經及第，擢進士，爲御史，耿直有聲。李紳按吳湘盜用程錢糧，娶部民顏悦女，估其資裝爲臟當死，稠與崔元藻覆按，與前獄異，拂李德裕意，貶汀州司户。歷工部尚書，鄜坊、靈武、易定三鎮節度使。"［乾隆］《晋江縣志》卷八《選舉志·歷代科目姓氏·唐進士》："開成三年戊午裴思謙榜：李稠。"同上卷九《人物志一·列傳》："李稠，開成三年進士，爲御史，以直忤時相李德裕，貶汀州司户，後歷官工部尚書，鄜坊、靈武、易定三鎮節度使。"又見［乾隆］《泉州府志》卷三十三、卷四十一；四庫本《福建通志》卷三十三。按據方志所記，疑李稠先以明經及第，後又於開成三年登進士第。按以上三人陳補據乾隆《福建通志》卷三十三録入。又考《舊唐書·禮儀志五》載大中三年（849）時有太常博士李稠，亦見《新唐書·禮樂志三》，與此李稠時代相合，未審是否一人，俟考。以上

三人，胡補據《福建通志》錄於本年。

　　＊馮涯。孟按：陳補開成三年（838）云：“馮涯，《文苑英華》卷一
八〇《省試詩》收其《太學創置石經》詩，爲本年試。明刻本失署名，中華書
局影印本新補目錄作馮涯。《全唐詩》卷五四二：‘馮涯，開成中進士第。’
同書卷四六六又誤收此詩於薛存誠名下。”今據補。

　　諸科七人。

　　博學宏詞科：

　　孫轂。《因話錄》：“開成三年，余忝列第。考官刑部員外郎紇干公，
崔相群門生也。紇干及第時，於崔相新昌宅小廳中集見座主。及爲考官
之前，假居崔相故第，亦於此廳見門生焉。是年科目八人，敕頭孫河南轂，
先於雁門公爲丞。紇干封雁門公。”　按丁居晦《重脩承旨學士壁記》云：
“孫穀，會昌三年自左拾遺充翰林學士。疑“轂”當作“穀”。

　　＊書判拔萃：孟按：此亦屬吏部試。

　　＊趙璘。原列本年博學宏詞科，徐氏考云：“按《因話錄》爲璘所撰，
是於此年登科。惟《唐語林》引作書判考官，則科目八人合宏詞拔萃言之
也。”　孟按：據本年進士科趙璜、趙璉下所引《彙編》[開成045]、[咸通
021]二誌可知，璘於開成三年乃以前進士赴調，吏部考判高等，而非博學
宏詞科。

　　知貢舉：禮部侍郎高鍇。《舊書》本紀：“凡掌貢部三年，每歲
登第者四十人。三年榜出後，敕曰：‘進士每歲四十人，其數過多，則
乖精選，官途填委，要窒其源。宜改每年限放三十人，如不登其數亦
聽。’然鍇選擢雖多，頗得實才，抑豪華，擢孤進，至今稱之。”　按《容
齋續筆》云：“鍇徇凶瑞之意，以裴思謙爲擧首。史謂頗得才實，恐未
盡然。”《摭言》：“高渙者，鍇之子也，久擧不第。或謔之曰：‘一百二
十個蛟蜋，推一個屎塊不上。’蓋高氏三榜，每榜四十人。”《舊書》本
紀：“五月癸未，以吏部侍郎高鍇爲鄂岳觀察使。”“吏部”即“禮部”
之訛。

　　沈朗《霓裳羽衣曲賦》曰：“儒有悅聲教以自勖，睹至樂於實

録。如玄宗之聖代，制《霓裳》之麗曲。豈惟象德以飾喜，將以變風而易俗。原夫鼎湖道洽，薰絃思深。惡繁聲以惑志，思雅樂以理心。調乎琴瑟之間，無非故曲；奏自《雲韶》之下，盡是凡音。乃制神仙之妙響，是知《鄭》《衛》之難侵。與鈞天之潛契，冀瑶池之可尋。時也廷臣並觀，樂器斯設，絃匏由是而居次，簫管因之而在列。假宫商之具舉，成由度之妙絶。變虚徐之歌態，始訝遏雲；振飄颻之舞容，忽驚迴雪。既應絃而合雅，亦投袂而赴節。已而樂自宸慮，備於太常。首瓊殿之法曲，改梨園之樂章。配八佾以稱美，旌九功而無荒。盡文物之全盛，致衆庶之歡康。是知和平有因，雅正無比。既容與而在目，復周旋而盈耳。融融然節奏合度，傞傞然周旋有旨。逸調奏兮既徹，嘉名播兮未已。今皇帝奕葉繼代，明德是資。開元之聖運復啟，《羽衣》之餘響寧遺。觀兩階之舞干，既柔殊俗；睹三清之仙樂，復播明時。下臣就列以貢賦，喜聞《韶》而在兹。"《文苑英華》

陳嘏《霓裳羽衣曲賦》曰："我玄宗心崇至道，化叶無爲。制神仙之妙曲，作歌舞之新規。被以衣裳，盡法上清之物；序其行綴，乃從中禁而施。原夫采金石之清音，象蓬壺之勝概。俾樂工以交泰，儼彩童而相對。漓灑合節，初聞六律之和；摇曳動容，宛似群仙之態。爾其绛節迴互，霞袂飄颻。或眄盼以不動，或輕盈而欲翔。八風韻肅，清音思長。引洞雲於丹墀之下，颯天風於紫殿之旁。懿乎樂洽人和，曲含仙意。雜管絃之繁節，濬君臣之玄思。清凄滿聽，無非沖漠之音；颯沓盈庭，盡是雲霄之事。吾君所以凝清慮，慕玄風，無更舊曲，用纂成功。既心將道合，乃樂與仙同。悦康平於有截，延聖壽於無窮。美矣哉！調則沖虚，音惟雅正。于以臻逍遥之境，于以暢恬和之性。遂使俗以廉平，人無分競。見天地之訢合，致朝廷之清净。小臣抃而歌曰：聖功成兮至樂脩，大道叶兮皇風流，願揣侔於竹帛，贊玄化於鴻休。"《文苑英華》

＊馮涓《太學創置石經詩》曰：“聖唐復古制，德義功無替。奧旨悅詩書，遺文分篆隸。銀鈎互交映，石壁靡塵翳。永與乾坤期，不逐日月逝。儒林道益廣，學者心彌銳。從此理化成，恩光遍遐裔。”《文苑英華》卷一八〇。　　孟按：此詩新補，考見上。

四年己未(839)

十月，敕每年明經及第，宜更與十人。《册府元龜》、《唐會要》。

　　進士三十人：是年温岐等第罷舉，見《摭言》。　按温庭筠本名岐。庭筠《開成五年病中書懷呈友人詩》注：“予去秋試京兆，薦名居其副。”又見《感舊陳情五十韻詩》注。

　　崔□，狀元。　《芝田錄》：“唐崔蠡知制誥日，丁太夫人憂，居東都里第。時尚清苦儉嗇，四方寄遺，茶藥而已，不納金帛。故朝家不異寒素，雖名姬愛子，服無輕細。崔公卜兆有期，居一日，宗門士人有謁請於蠡者，閽吏拒之，告曰：‘公居喪未嘗見他客。’乃曰：‘某崔家宗門子弟，又知尊夫人有卜遠之日，願一見公。’公聞之，延入與語，直云：‘知公居搢紳間清且約，太夫人喪事所須不能無費，某以辱孫姪之行，又且貲用稍給，願以錢三百萬濟公大事。’蠡見其慷慨，深奇之，但嘉納其意，終却而不受。此人調舉久不第，亦頗有屈聲。蠡未幾服闋，拜尚書右丞，知禮部貢舉。此人就試，蠡第之爲狀元。衆頗驚異，謂蠡之主文以公道取士，崔之獻藝由善價成名，一第則可矣，首冠未爲得。以是人有詰於蠡者，答曰：‘崔某固是及第人，但狀頭是某私恩所致耳。’具以前事告之。於是中外始服，名益重焉。”

　　曹汾，《舊書·曹確傳》：“弟汾，亦進士登第。”《永樂大典》引《池州府志》：“汾字子晋，銅陵人，開成四年登進士第。”《古刻叢鈔》：“曹汾，開成四年崔蠡下進士，後爲中書舍人、户部侍郎、忠武軍節度使，實丞相確之弟。”《唐詩紀事》：“汾字道謙，開成四年登第。”

　　田章，《唐詩紀事》：“田章登開成四年進士第。”

　　＊楊知温。原列卷二十二會昌四年(844)進士科，徐氏考云：“《舊書·楊虞卿傳》：‘子知温，登進士第。’《摭言》：‘楊汝士鎮東川，其子知温及第。命妓張宴，人與紅綾一匹，詩曰：“郎君得意又青春，蜀國將軍又不

貧。一曲高歌紅一匹，兩頭娘子謝夫人。"'按《舊書·楊虞卿傳》，楊汝士於開成元年十二月鎮東川，四年九月入爲吏部侍郎。是年蓋知至落下，知溫及第也。"〔趙校："岑仲勉《訂補》云，據所引《摭言》應爲開成間進士。"〕

孟按：岑補云："會昌四年下進士楊知溫，據所引《摭言》，知溫應是開成間——或四年——進士，今誤編於會昌四年之下，應移正，説見拙著《唐史餘瀋》。"

諸科二人。

博學宏詞科：

張不疑。《博異記》："南陽張不疑，開成四年宏詞登科，授秘書。"

知貢舉：中書舍人崔蠡。《舊書·崔蠡傳》："崔蠡，開成初以本官知制誥。明年，正拜舍人。三年，權知禮部貢舉。四年，拜禮部待郎。"李商隱《爲濮陽公陳許舉人自代狀》："崔蠡既還綸閣，復掌禮闈，人驚吞鳳之才，士切登龍之望。"

五年庚申(840)

正月四日辛巳，文宗崩。《舊書》本紀。　《唐語林》："文宗皇帝試進士，多自出題目，及所司試，覽之終日忘倦。"

辛卯，武宗即位。《通鑑》

進士三十人：《唐詩紀事》："開成五年，樂和侍郎下三十一人及第。時在諒闇，率皆雅飲，趙嘏以詩賀曰："天上高高月桂叢，分明三十一枝風。滿懷春色向人動，遮路亂花迎馬紅。鶴馭尚飄雲雨外，蘭亭不在管絃中。居然自是前賢事，何必青樓倚翠空。'"　按此詩，則是年進士當三十一人。是年蘇俊等第罷舉，見《摭言》。

李從實，狀元。○孟按：《全唐詩續補遺》卷八李郢《平望驛感先輩李從實處士周鍇二故人》詩云："蘆葦風多驛堠長，昔年攜手上河梁。青雲才子駕鴻季，白石山人芝木香。華驄欲陪先道路，大川斯濟戢舟航。少微星没桂枝重，正挂孤帆過水鄉。"

喻鳬，《唐才子傳》："喻鳬，毘陵人，開成五年李從實榜進士。"《唐詩紀事》："鳬卒於烏程令。"《永樂大典》引《嚴州府新定志》："喻鳬，其先南方人，開成中登進士第。"僧無可《送喩鳬及第歸陽羨詩》曰："姓字載科名，無過子最榮。宗中初及第，江上覿難兄。月向波濤没，茶連洞壑生。石橋高思在，且爲看東坑。"○孟按：《新唐書·藝文志四》著録："《喩鳬詩》一卷。"注："開成進士第，烏程令。"

李蔚，《舊書·忠義傳》："李景讓，開成四年入爲禮部侍郎。五年選貢士。李蔚後至宰相，楊知退爲尚書。"《舊書·李蔚傳》："字茂休，隴西人。祖上公，父景素。蔚開成末進士擢第，釋褐襄陽從事。"

楊知退，見上。

沈樞，《永樂大典》引《蘇州府志》："開成五年，侍郎李景讓知舉，沈樞、楊假登第。"《元和姓纂》："沈既濟生傳師、弘師，傳師生樞、詢。樞，進士，諫議大夫、商州防禦使。詢，進士，浙東觀察、澤潞節度。"

楊假，《舊書·楊收傳》："假字仁之，進士擢第。"

*薛耽（薛肬、薛眈）。原作"薛肬"，徐氏考云："《卓異記》載座主見門生知舉，有李景讓、薛肬。則肬爲景讓門生，於此年登第。"　孟按：《舊唐書·懿宗紀》、《新唐書·宰相世系表三下》、《唐御史臺精舍題名考》卷三、《太平廣記》卷一八三引《盧氏雜説》"劉允章"條俱作"薛耽"，又《全唐詩》卷五四八薛逢《送薛耽先輩歸謁漢南》（一作趙嘏詩）："雲繞千峰驛路長，謝家聯句待檀郎。手持碧落新攀桂，月在東軒舊選牀。幾日旌幢延駿馬，到時冰玉動華堂。孔門多少風流處，不遣顏回識醉鄉。"今改正。又《千唐》[1120]大中七年（853）正月十八日《唐潁州潁上縣令李府君（公度）墓誌銘并序》（參見《彙編》[大中073]）撰者署："宣武軍節度副使朝議郎檢校尚書兵部郎中兼御史中丞柱國賜緋魚袋薛眈撰。"蓋"耽"、"眈"形近易訛故。

諸科十八人。

知貢舉：禮部侍郎李景讓。《南部新書》："李景讓典貢年，有李復言者納省卷，有《纂異》一部十卷。榜出曰：'事非經濟，動涉虛妄，其所納仰貢院驅使官却還。'復言因此罷舉。"

登科記考補正卷二十二

唐武宗至道昭肅孝皇帝

會昌元年辛酉(841)

正月辛巳,有事南郊,大赦,改元。《新書》本紀。 是年赦文未見。考僖宗《南郊赦文》云:"準會昌中敕,家有進士及第,方免差役,其餘只庇一身。"楊夔《復宮闕後上執政書》亦引之,疑爲此年赦書節文。

進士三十人:

崔峴,狀元。

薛逢,《唐才子傳》:"薛逢,蒲州人。會昌元年崔峴榜第三人進士,調萬年尉"。《舊書·文苑傳》:"薛逢字陶臣,河東人。父倚。逢會昌初進士。逢文詞俊拔,論議激切,自負經畫之略,久之不達。應進士時,與彭城劉瑑尤相善,而瑑詞藝不逮逢,逢每侮之。至大中末,瑑揚歷禁署,逢愈不得意,自是相怨。俄而瑑知政事,或薦逢知制誥,瑑奏曰:'先朝立制,兩省官給事中、舍人除拜,須先歷州縣。逢未嘗治郡,宜先試之。'乃出爲巴州刺史。既而沈詢、楊收、王鐸由學士相繼爲將相,皆同年進士,而逢文藝最優。楊收作相後,逢有詩云:'須知金印朝天客,同是沙隄避路人。威鳳偶時皆瑞聖,潛龍無水謾通神。'收聞,大銜之,又出爲蓬州刺史。收罷相,入爲太常少卿。給事中王鐸作相,逢又有詩云:'昨日鴻毛萬鈞重,今朝山岳一塵輕。'鐸又怨之。" 按逢有《上崔相公啟》云:"某自開成建號,則執藝求知,迹忝及門,名叨中選。或緣情序美,移時而獎導再三;或體物達誠,

一席而稱揚數四。遂使聲華振耀，誼動輩流，桂折高枝，名登上第。"疑崔
爲鄉賦主也。　《摭言》："薛監晚年，厄於宦途。嘗策贏赴朝，值新進士榜
下，綴行而出。時進士團司所由輩數十人，見逢行李蕭條，前導曰：'迴避
新郎君。'逢驟然，即遣一介語之曰：'報道莫貧相，阿婆三五少年時，也曾
東塗西抹來。'"○孟按：兩《唐書》本傳皆言逢"會昌初，擢進士第"。《唐才
子傳》所言"會昌元年"，當據《郡齋讀書志》及《直齋書錄解題》俱云："會昌
元年進士。"《全唐文》卷七六六薛逢《上白相公啟》自云："山妻斂袂而前
曰：'爾以詞賦擢高科，以詩篇達天聰，以政事取章綬，以孤直沉下僚。'"同
上《上翰林韋學士啟》亦自云："某頃因章句獲達門墻，雖大匠翦拂之間，多
慚臃腫；而貧女鉛黃之飾，豈讓娉婷？故得桂枝先攀，楊葉高中。"又同上
《上中書李舍人啟》云："某家望陵遲，眇然孤貌，漂流勤苦垂三十年。分分
自登，粒粒自啄。取第不因於故舊，蒙知皆自於雋賢。"

　　沈詢，《永樂大典》引《蘇州府志》："沈詢，會昌元年登第。"《舊書·沈
傳師傳》："子樞、詢，皆登進士第。"《新書》："詢字誠之。"○孟按：《新唐
書·沈既濟傳》已載詢"會昌初第進士，補渭南尉"。又《萬姓統譜》卷九十
五："傅詢，字誠之，亦能文，清粹端美，如神仙中人。會昌初第進士，歷昭
義節度使。""傅詢"蓋"沈詢"之訛。

　　楊收，《永樂大典》引《蘇州府志》："楊收，會昌元年登第。"《舊書》本
傳："收字藏之，同州馮翊人。父遺直。初，遺直娶元氏，生發、假。繼室長
孫氏，生收、嚴。收長六尺二寸，廣顙深頤，疏眉秀目，寡言笑，方於事上，
博聞强記。初，家寄涔陽，甚貧。收七歲喪父，長孫夫人知書，親自教授。
十三略通諸經義，善於文詠，吳人呼爲神童。兄發戲令詠蛙，即曰：'兔邊
分玉樹，龍底耀銅儀。會當同鼓吹，不復問官私。'又令詠筆，仍賦鑽字，即
曰：'雖非囊中物，何堅不可鑽。一朝操政事，定使冠三端。'每良辰美景，
吳人造門觀神童，請爲詩什。觀者壓敗其藩，收嘲曰：'爾幸無羸角，何用
觸吾藩？若是升堂者，還應自得門。'收以母奉佛，幼不食肉。母亦勖之
曰：'俟爾登士第，可肉食也。'收以仲兄假未登第，久之不從鄉賦。開成
末，假擢第。是冬，收之長安，明年，一舉登第，年纔二十六。"《北夢瑣言》：
"唐相國楊收，江州人。祖爲本州都押衙。父遺直，爲蘭溪縣主簿，生四
子，發、假、收、嚴，皆登進士第。收即大拜，發以下皆至丞郎。發以春爲

義，其房子以祝、以乘爲名。假以夏爲義，其房子以嬰爲名。收以秋爲義，其房子以鉅、鏻、鑢、鑑爲名。嚴以冬爲義，其房子以注、涉、洞爲名。盡有文學，登高第，號曰修行楊家，與靖恭諸楊比於華盛。"○孟按：元刊本《新編排韻增廣事類氏族大全》丁集"金印朝天"條："楊收字藏之，與王鐸、薛逢同年，唐咸通中拜相。"

王鐸，《舊書·王播傳》："播弟炎。炎子鐸，字昭範，會昌初進士第。"○孟按：《全唐文》卷八十六僖宗《授王鐸義成軍節度使兼中書令制》："洎中第從軍，升朝擅價，掌綸業茂，選士功高，進必流芳，勞惟可則。"

李蟾，《南楚新聞》："李蟾司空初名虬，將赴舉，夢名上添一畫，成'虱'字。及寤，曰'虱者，蟾也'，乃改名，果登科。"《唐語林》："李蟾、王鐸，進士同年也。"《玉泉子》、《因話錄》又引李蟾與沈詢同年。○孟按：《太平廣記》卷四九九"李蟾"條引《玉泉子》作："李蟾與王鐸進士同年。"

談銖，《永樂大典》引《蘇州府志》："談銖，會昌元年登第。"《唐詩紀事》："銖，吳人，登會昌進士第。"

＊康僚，原作"康□"，徐氏考云："《孫樵集·唐故倉部郎中康公墓誌銘序》：'公姓康氏，會稽人，自宣城來。長安三舉進士，登上第，是歲會昌元年也。其年冬，得博學宏詞，授秘書省正字。'"陳補云："《孫可之文集》卷八《唐故倉部郎中康公墓誌銘》：'公諱某，字某，會稽人。……自宣城來長安，三舉進士，登上第，是歲會昌元年也。其年得博學宏詞，授秘書省正字。'咸通九年後任倉部郎中，十三年卒。按郎官柱倉中題名有康僚，約咸通間任，當即其人。其名，《郎官石柱題名考》卷十七作'璙'，勞氏引孫集目錄作'鐐'，今從岑仲勉先生《郎官石柱題名新著錄》及《文苑英華》卷四、卷六、《全唐文》卷七五七。徐《考》所錄缺名。"今據補。

謝防，《永樂大典》引《宜春志》："會昌元年，謝防登進士第。"○孟按：李商隱有《謝先輩防記念拙詩甚多異日偶有此寄》詩，當即此謝防。

＊苗紳。原列卷二十七《附考·進士科》，徐氏注："見溫庭筠詩。"此當指溫庭筠《春日將欲東歸寄新及第苗紳先輩》詩。　　孟按：《補遺》册六，第191頁，鄭畋撰咸通十五年（874）十月八日《唐故朝散大夫京兆少尹御史中丞苗府君（紳）墓誌銘并序》云："君諱紳，字紀之，上黨壺關人。……會昌初，登進士第。明年，得宏詞上等，授秘書省校書郎。"又云："畋與君聯

年登第,同出河東公門下。"鄭畋於會昌二年(842)登進士第,見《記考》。
"河東公"當指柳璟,其於會昌元年、二年連知貢舉。故知苗紳當在會昌元
年登進士第,次年登博學宏詞科。又黃補亦證苗紳爲會昌元年進士。

　　* 明經科:

　　* 張勀,《千唐》[1091]史實撰會昌四(844)年九月四日《唐故彭城劉
夫人墓誌銘并序》(參見《彙編》[會昌 035])云:"夫人姓劉氏,其先沛郡彭
城人也。……笄年適南陽張公諱閏,有子一人曰勀……舉學究一經科,會
昌元年擢登上第。"又《千唐》[1153]劉徵撰咸通二年(861)八月七日《唐故
鄭州陽武縣尉張府君(勀)墓誌銘并序》(參見《彙編》[咸通 007])云:"公諱
勀,字子剛,南陽人也。……會昌元年,學究出身,調授洪州建昌縣尉。"亦
見張補。

　　* 蔡京。孟按:原列卷二十一開成元年(836)進士科,徐氏考云:
"《唐語林》:'……以進士舉上第,尋又學究登科。'"按此語當本《雲溪友
議》卷四。又《唐摭言》卷九:"許孟容進士及第,學究登科,時號錦襖子上
着莎衣。蔡京與孟容同。"考劉禹錫有《送前進士蔡京赴學究科》詩,題下
原注:"時舊相楊尚書掌選"。詩云:"耳聞戰鼓帶經鋤,振發名聲自里閭。
已是世間能賦客,更改窗下決編書。朱門達者誰能識,絳帳諸生盡不如。
幸遇天官舊丞相,知君無翼上空虛。"《新唐書·宰相世系表下》:"開成五
年五月,門下侍郎、同平章事楊嗣復罷,守吏部尚書、刑部尚書。"又《資治
通鑑》卷二四六:開成五年"五月己卯,門下侍郎、同平章事楊嗣復罷爲吏
部尚書。"故詩云"幸遇天官舊丞相"。知京赴學究科在開成五年五月以
後,其登科當在次年。按蔡京所應學究科,與許孟容同,實皆爲吏部所試,
然據本書體例,當附明經科。徐松所撰《凡例》第四條亦云:"第進士者,亦
得舉明經,蔡京、許孟容是也。"又參見本書《附考·明經科》許孟容考。

　　諸科十六人。

　　博學宏詞科:

　　* 康僚。原作"康□"。見上考。

　　知貢舉:禮部侍郎柳璟。見《唐語林》。　《永樂大典》引《蘇
州府志》同。丁居晦《重修承旨學士壁記》云:"柳璟,開成二年七月十

九日，自庫部員外郎知制誥，充翰林學士。二年四月十四日，加庫部郎中，知制誥。二月九日，遷中書舍人。五年十月，改禮部侍郎，出院。"

二年壬戌(842)

四月戊寅，受册尊號，大赦。制曰："涉歷吏事，蓋崇理本，自因近制，却啟倖門。大和九年十二月十八日敕，進士初合格，並令授諸州府參軍及緊縣簿、尉，未經兩考，不許奏職。蓋以科第之人。必弘理化，黎元之弊，欲使諳詳。非惟可塞倖門，實亦用懲澆俗。近者諸州長吏，漸不遵承，雖注縣僚，多縻使職。苟從知己，不顧蒸人，流例寖成，侵費不少。況去年選格，更改新條，許本郡奏官，便當府充職。一人從事，兩請料錢，虛占吏曹正員，不親本任公事。其進士宜至合選年，諸道依資奏授州縣官，即不在兼職之限。"《册府元龜》

　　　進士三十人：是年，韓寧等第罷舉，見《摭言》。

鄭顥，狀元。 《舊書·鄭綱傳》："綱子祗德。祗德子顥，登進士第。"《唐語林》："鄭顥，宰相子，狀元及第，有聲名。"○孟按：《補遺》册六，第174頁，盧輈撰大中十二年(858)五月十二日《唐故范陽盧氏(輈)滎陽鄭夫人墓誌銘》云："夫人之兄五人……長兄曰顥，幼而爽晤……長果博文強識，廿六首冠上第，興元帥辟爲支使。"

張潛，第二人及第，見寶曆二年注。

鄭從讜，《舊書·鄭餘慶傳》："餘慶孫從讜，字正求，會昌二年登進士第。"

鄭畋，《舊書》本傳："畋字台文，滎陽人。曾祖鄰，祖穆，父亞。畋年十八，登進士第。釋褐汴宋節度推官。畋因授官自陳曰：'臣十八，進士及第。二十二，書判登科。'又自陳曰：'臣會昌二年進士及第，大中首歲書判登科。'"《鄭餘慶傳》：鄭畋與從讜宗人同年登進士。"

鄭誠，《淳熙三山志》："會昌二年，鄭顥榜進士鄭誠，字申虞，閩縣人。歷刑部郎中，郢、安、鄧三州刺史。"《永樂大典》引《閩中記》作"誠"。　按誠乃鄭谷從叔,當以《三山志》爲正。○孟按:《全唐文》卷八二三黃滔《代鄭郎中上興道鄭相啟》:"昔年羽化,曾陪鷺谷之春;今日雲飛,俄隔鳳池之路。信鶴鷄之果異,諒牛驥之終懸。徒增倚玉之榮,幾積續貂之愧。……竊思頃年九陌秋天,都堂雪夜,常容披霧,每許參瓊。逮夫片玉升科,兼金列榜,雖登龍群彦同戴邱山,而附鳳一心偏投膠漆。既以宗盟屬意,仍從知舊,留情重迭,依投綢繆。"鄭誠曾任刑部郎中,故稱"鄭郎中"。"興道鄭相",當指鄭畋。

郭京,見寶曆二年注。

宋震,《永樂大典》引《瑞陽志》:"宋震,高安懷舊鄉萱村里人。會昌二年柳璟下進士。"又引《袁州府圖志》:"宋震,齊邱之祖,登會昌二年進士第。"○孟按:《全唐詩》卷五八八李頻《秋宿慈恩寺遂上人院》,一作《送宋震先輩赴青州》。又同上卷八三○貫休《上宋使君》詩云:"折桂文如錦,分憂力若春。位高空倚命,詩妙古無人。"

崔樞,《唐語林》:"崔樞應進士,客居汴半歲,與海賈同止。其人得疾,既篤,謂崔曰:'荷君見顧,不以外夷見忽。今疾勢不起,番人重土殯,脱歿,君能始終之否?'崔許之,曰:'某有一珠,價萬緡,得之能蹈火赴水,實至寶也,敢以奉君。'崔受之,曰:'吾一進士,巡州邑以自給,奈何忽蓄異寶!'伺無人,置於柩中,瘞於阡陌。後一年,崔遊丐亳州,聞番人有自南來尋故夫,並勘珠所在,陳於公府。且言珠必崔秀才所有也。乃於亳來追捕,崔曰:'儻窀穸不爲盗所發,珠必無他。'遂剖棺,得其珠。汴帥王彦謨奇其節,欲命爲幕,崔不肯。明年登第,竟主文柄,有清名。" 按"王彦謨"當即"王彦威"之誤,參考《彦威傳》及《方鎮表》。彦威於開成五年代李紳任河南節度使,會昌中入爲兵部侍郎,則樞登第當在會昌元、二年,今載此俟考。 《宰相世系表》,清河大房有秘書監崔樞,疑即其人。○孟按:岑補云:"按徐氏因汴帥彦威、彦謨相近,遂疑此崔樞爲會昌初進士,亦考證家應有之義。但海賈還珠事,《太平廣記》四○二引有數條,情節多大同小異,率説文柄,自爲説部家改頭換面之作,本已不可深信。《語林》既云竟主會昌已後,據徐氏所録,知貢舉者曾無崔樞其人,即此一端,尤見虛僞之跡。《記考》一八,元和五年,禮部侍郎崔樞知貢舉,似即《語林》故事所指(此崔樞見《唐摭言》一一),顧時代又遠在彦威前也。唐初別有崔樞,官司

農卿,乃知溫之祖(見《舊書》一八五上,亦見貞觀八年《竇銘專》),更與此
無涉。抑徐疑秘監崔樞生會昌時代,非謂不可能,顧從《新表》七二下觀
之,此樞之七世從祖彥武實仕隋室,憲宗於高祖爲九代孫,以生殖比率例
之,秘監崔樞謂即禮侍崔樞,似尤近理。秘監從三品,視侍郎猶加兩階也。
總此論測,《唐語林》之進士崔樞,謂應移入存疑一類。"

　　*韋滂。日本藏[康熙]《南海縣志》卷五《選舉志·唐進士》:"會昌:
韋滂,象州刺史。"四庫本《廣東通志》卷三十一《選舉志·進士》:"會昌中,
韋滂,南海人,象州刺史。"[同治]《廣東通志》卷六十六《選舉表四·進
士·唐》:"會昌二年:韋滂,南海人,象州刺史。"按《唐刺史考全編》卷二八
七《象州(象山郡)》:大中二年(848)著録"韋某",考云:"《全詩》七四五陳陶
《南海送韋七使君赴象州任》。據今人陶敏考證,此詩作於大中二年。"又
同上《待考録》著録"章滂",考云:"《嘉慶廣西通志》卷十六《職官表》列象
州刺史有章滂。謂年次無考。"　孟按:"章滂"即"韋滂"之訛,四庫本《廣
西通志》卷五〇《職官·唐》:"象州刺史:韋滂,南海人。"又《雲溪友議》卷
上載:"房千里博士初上第,遊嶺徼詩序云:有進士韋滂者,自南海邀趙氏
而來……"《詩話總龜》卷二十三引《雲溪友議》事略同。《唐詩紀事》卷五
十一亦記其事,又云:"千里,字鵠舉,太和中進士也。"按千里登大和元年
(827)進士第,徐松已據《新唐書·藝文志》著録,見前。考《新唐書·宰相
世系表四上》韋氏郿公房有"滂,汝州録事參軍",爲韋丹從孫。陶敏《全唐
詩人名考證》[5900D]即疑房千里《寄妾趙氏》詩序之"韋滂"即其人。綜前
所考,時代亦相合,蓋爲一人。

　　諸科十三人。《酉陽雜俎》:"柳璟知舉年,有國子監明經失姓
名,晝夢倚徙於監門。有一人負衣囊,衣黃,訪問明經姓氏。明經語
之,其人笑曰:'君來春及第。'明經因訪鄰房鄉曲五六人,或言得者,
明經遂邀入長興里畢羅店常所過處。店外有犬,競驚曰:'差矣。'夢
覺,遽呼鄰房數人語其夢,忽見長興店子入門曰:'郎君與客食畢羅,
計二斤,何不計值而去也?'明經大駭,解衣質之。且隨驗所夢,相其
榻器,皆如夢中,乃謂店主曰:'我與客俱夢中至是,客豈食乎?'店主
驚曰:'初怪客前畢羅悉完,疑其嫌置蒜也。'來春明經與鄰房三人夢
中所訪者悉上第。"○孟按:明經非諸科。此處所引材料,當列明經科

目下。

　　＊博學宏詞科：

　＊苗紳。見上年進士科苗紳考。

　　＊書判拔萃科：按此爲吏部所試，亦據本書徐松所擬《凡例》第十四條補。

　＊李商隱。按商隱於開成二年（837）登進士第（已見前）；開成四年（839）過吏部試，釋褐任秘書省校書郎，調弘農縣尉；會昌二年，又以書判拔萃授秘書省正字。《全唐文》卷七八〇李商隱《請盧尚書撰曾祖姚誌文狀》："曾孫商隱，以會昌二年由進士第判入等，授秘書省正字。"參見張采田《玉谿生年譜會箋》卷二、傅璇琮主編《唐才子傳校箋》卷七《李商隱傳》校箋。

　　知貢舉：禮部侍郎柳璟。《舊書·柳登傳》："璟，武宗朝轉禮部侍郎，再司貢籍，時號得人。"《新書》："會昌二年，再主貢部，坐其子招賄，貶信州司馬。"

三年癸亥（843）

正月，敕："禮部所放進士及第人數，自今後但據才堪即與，不要限人數。每年止於十人五人總得。"《册府元龜》。　《唐會要》作"每年止於二十五人"。

是月，宰臣李德裕等奏："舊例，進士未放榜前，禮部侍郎遍到宰相私第，先呈及第人名，謂之呈榜。比聞多有改換，頗致流言。宰相稍有寄情，有司固無畏忌，取士之濫，莫不繇斯。將務責成，在於不撓，既無取捨，豈必預知？臣等商量，今年便任有司放榜，更不得先呈臣等，仍向後便爲定例。如有固違，御史糾舉奏者。"其時有敕重試進士，因棲靈塔災，且止。《册府元龜》

十二月二十二日，中書覆奏："奉宣旨：不欲令及第進士呼有司爲座主，趨附其門，兼題名局席等，條疏進來者。伏以國家設文學之科，求貞正之士，所宜行敦風俗，義本君親，然後升於朝

廷，必爲國器。豈可懷賞拔之私惠，忘教化之根源，自謂門生，遂
成膠固？所以時風寖薄，臣節何施，樹黨背公，靡不由此。臣等
商量，今日已後，進士及第，任一度參見有司，向後不得聚集參
謁，及於有司宅置宴。其曲江大會朝官，及題名局席，並望勒停。
緣初獲美名，實皆少雋，既遇春節，難阻良遊，三五人自爲宴樂，
並無所禁。惟不得聚集同年進士，廣爲宴會。仍委御史臺察訪
聞奏。謹具如前。”奉敕“宜依”。《唐詩紀事》。　　《摭言》：“進士題
名，自神龍之後，過關宴後率皆期集於慈恩塔下。會昌三年，贊皇公爲上
相有此奏，於是向之題名各盡削去。蓋贊皇公不由科第，故設法以排之，
洎公失意，悉復舊態。”《玉泉子》：“李德裕以己非由科第，恒嫉進士舉者。
及居相位，貴要束手。德裕嘗爲藩府從事日，同院李評事以詞科進，適與
德裕官同。時有舉子投文軸，誤與德裕。舉子既誤，復請之，曰：‘某文軸
當與及第李評事，非與公也。’由是德裕志在排斥。”

　　　　進士二十二人：是年試《風不鳴條詩》，見《文苑英華》。　　李
　蕡、韓肱等第罷舉，見《摭言》。

　　盧肇，狀元。　　《永樂大典》引《瑞陽志》：“盧肇字子發，望蔡上鄉人，
會昌三年進士第一。”《摭言》：“盧吉州肇，開成中就江西解試，爲試官末
送。肇有啟謝曰：‘臣鼇屓贔，首冠蓬山。’試官謂之曰：‘昨某限以人數擠
排，雖獲申展，深慚名第奉浼，爲得翻有首冠蓬山之謂？’肇曰：‘必知明公
垂問。大凡頑石處上，巨鼇戴之，豈非首冠耶？’一座聞之大笑。”又曰：“盧
肇初舉，先達或問所來，肇曰：‘某袁民也。’或曰：‘袁州出舉人耶？’肇曰：
‘袁州出舉人，亦猶沅江出龜甲，九肋者蓋稀矣。’”又曰：“盧肇，袁州宜春
人，與同郡黃頗齊名。頗富於産，肇幼貧乏。與頗赴舉，同日遵路，郡牧於
離亭錢頗而已。時樂作酒酣，肇策蹇郵亭側而過，出郭十餘里，駐程俟頗
爲侶。明年，肇狀元及第而歸，刺史以下接之，大慚恚。會延肇看兢渡，於
席上賦詩曰：‘向道是龍君不信，果然銜得錦標歸。’”《北夢瑣言》：“唐相國
李太尉德裕，抑退浮薄，獎拔孤寒。於時朝貴朋黨，掌武破之，由是結怨。
而絕於附會，門無賓客，惟進士盧肇，宜春人，有奇才，每謁見許脫衫從容。
舊例，禮部放榜，先稟朝廷，恐有親屬言薦。會昌三年，王相國起知舉，先

白掌武，乃曰：‘某不薦人，然奉賀今年榜中得一狀元也。’起未喻其旨，復遣親吏於相門偵問，吏曰：‘相公於舉子中，獨有盧肇久接從容。’起曰：‘果在此也。’其年，盧肇爲狀頭及第。時論曰：盧雖受知於掌武，無妨主司之公道也。”肇《上王僕射書》云：“伏以文物之勢，巢乎將頹，聖上一旦愓然思高祖、太宗經天緯地之勤基，美於千萬世，其術只在乎人文之中。人文之中，則不踰擇士之賢否也。故度天下之德，莫重於僕射；計天下之學，莫深於僕射；觀天下文章，莫富於僕射。兼是三美，然後詢於廟堂之上，使咨於僕射，俯而莅之，其實不啻若移太山之重以鎮之也。夫如是，則預於貢士者何敢造次而進哉。某本孤淺，生江湖間。自知書已來，竊有微尚，窺奧索幽，久而不疲，垂二十年，以窮苦自勵。伏念當太平之辰，不預兵役，農桑之務，得盡其志，則將欲發其身，大其家，盡心於明時，以竟其歲也。乃志望士林之中，及來輦下，再試皆黜。觀望於時而揆於事，至於得之者未必盡賢，失之者未必盡愚。意謂隨天下貢士，且進且退，可以無咎。今乃不意遇聖君賢相，以僕射爲日月，照臨多士，莫不屏氣攝息，人之自咎，若抱罪戾。其在王門公族，少讀文學，尚爲憂惕。啟僕射之德，振於文機，其必得天下苦心之人而進之，然後優游盛明，爲皋爲伊，以茂生植者也。不然豈至於是，逾二十載復匡之乎？是知天啟德於僕射，在此時也。某於此時，若不得循墻以窺，則是終身無竊望之分也。敢布愚拙，伏惟特以文之光明而俯燭之，幸甚幸甚。並獻拙賦一首，塵冒尊嚴，無任悸慄之至。”盧肇《進海潮賦狀》：“臣於會昌三年應進士舉，故山西節度使、同中書門下平章事王起擢臣爲進士狀頭。”盧肇有《別宜春赴舉詩》曰：“秋天草木正蕭疏，西望秦關到舊居。筵上芳樽今日酒，篋中黃卷古人書。辭鄉且伴銜蘆雁，入海終爲戴角魚。長短九霄飛直上，不教毛羽落空虛。”又有《成名後作詩》曰：“桂在蟾宮不可攀，功成業熟也何難。今朝折得東歸去，共與鄉閭年少看。”

　　丁稜，《摭言》：“稜字子威。”《玉泉子》：“李德裕抑退浮薄，門無賓客。惟進士盧肇，宜春人，有奇才。德裕嘗左宦宜陽，肇投以文卷，由此見知。後隨計京師，每謁見，待以優禮。舊例，禮部放榜，先呈宰相。會昌三年，王起知舉，問德裕所欲，答曰：‘安用問所欲爲，如盧肇、丁稜、姚鵠，豈不可與及第耶？’起於是依其次而放。”又曰：“盧肇、丁稜之及第也，先是放榜訖,則須謁宰相。其導啓詞語,一出榜元者,俯仰疾徐,尤宜精審。時肇首冠,有故不至,次乃稜也。稜口吃,又形體小陋,迨引見,即俛而致詞。意本言稜等登科,而稜頳然發汗,鞠躬移時,乃曰'稜等登,稜等登',竟不能發其後語而罷。左右皆笑。翌日,有人笑之曰:'聞君善箏,可得聞?'稜曰:'無之。'友人曰:'昨日聞稜等登,稜等登,非箏聲也耶?'"

黃頗,《唐語林》:"盧肇、黃頗同遊李衛公門下。王起再知貢舉,訪二人之能,或曰盧有文學,黃能詩。起遂以盧爲狀頭,黃第三人。"《永樂大典》引《宜春志》:"黃頗字無頗,宜春人,與盧肇相上下。每見肇所爲文輒不取。會昌三年,擢進士科。頗自升等第後十三年,始中選。"○孟按:《唐摭言》卷二"爲等第後久方及第"條録有黃頗,云"黃頗以洪奧文章,蹉跎者一十三載"。又,宋蜀刻本《新刊經進詳注昌黎先生文》卷六《別趙子》詩王儔補注云:黃頗"會昌三年登第"。

姚鵠,《唐才子傳》:"鵠字居雲,會昌三年,禮部尚書王起下進士。"○孟按:《新唐書·藝文志四》著録:"《姚鵠詩》一卷。"注:"字居雲,會昌進士第。"

＊徐薰,孟按:《全唐詩》卷五五三姚鵠有《和徐先輩秋日遊涇州南亭呈二三同年》。考《文苑英華》卷三一六録此詩題作《和徐薰先輩秋日遊涇州南亭呈二三同年》。詩中有"多少歡情泛鷁舟,桂枝同折塞同遊"句,知徐薰與姚鵠爲同年。

高退之,《摭言》:"退之字遵聖。"《和周墀詩注》云:"退之自顧微劣,始不敢有叨竊之望,策試之後遂歸螯屋山居。不期一旦進士團遣人齎榜,扣關相報,方知忝幸矣。"

孟球,《摭言》:"球字廷玉。"

劉耕,《摭言》:"耕字遵益。"

裴翶,《摭言》:"翶字雲章。"

樊驥,《摭言》:"驥字彥龍。"○孟按:《千唐》[1184]王鈺撰咸通十二年(871)十一月十二日《唐故南陽樊府君(駟)墓誌》(參見《彙編》[咸通097])云:"府君諱駟,字自牧,其先河南人也。……昆伯五人:驥,進士登第,終倉部郎中。"

崔軒，《摭言》：“軒字鳴岡。”〔趙校：《唐詩紀事》卷五五作“鳴嵐”。〕

蒯希逸，《摭言》：“希逸字大隱。”○孟按：《全唐詩》卷五二二杜牧有《池州春送前進士蒯希逸》詩。

林滋，《淳熙三山志》：“會昌三年進士林滋，字後象，閩縣人。歷金部郎中，後王鐸辟爲判官。”《永樂大典》引《閩中記》作字厚象。　按《永樂大典》又引《池州府志》：“林滋字德潤，登會昌三年進士第。”當別是一人，亦非此年進士，俟考。

李宣古（李仙古），《唐才子傳》：“李宣古字垂後，澧陽人。會昌三年盧肇榜進士，又試中宏詞。”《雲溪友議》：“李宣古，會昌三年王起侍郎下上第。”〔趙校：《摭言》卷三作“李仙古”。〕

張道符，《摭言》：“道符字夢錫。”

邱上卿，《摭言》：“上卿字陪之。”

石貫，《摭言》：“貫字總之。”○孟按：《全唐詩》卷五五三姚鵠《送石貫歸湖州》詩云：“同志幸同年，高堂君獨還。齊榮恩未報，共隱事應閑。訪寺臨湖岸，開樓見海山。洛中推二陸，莫久戀鄉關。”殆登第後送別之作。按同上卷五四三又作喻鳧詩，題爲《送石貫歸吳興》，誤。

李潛，《摭言》：“潛字德隱。”○孟按：《千唐》[1092]李褎撰會昌四年（844）十二月十九日《唐故綿州刺史江夏李公（正卿）墓誌銘并序》（參見《彙編》[會昌040]）云：“公先娶河南元夫人，生男子潛，有詞藝聲華，登進士上第。……其年十二月十七日，嗣子潛奉理命啟先夫人之窆合祔於河南縣金谷原禮也。”又《唐文續拾》卷五李潛撰《尊勝經幢後記》自稱“會昌癸亥歲，始升名太常第”。

孟寧（孟守），《摭言》：“寧字處中。”《南部新書》：“孟寧，長慶三年王起放及第。至中書，爲時相所退。其年，太和公主和戎。至會昌三年，起自左揆再知貢，寧以龍鍾就試而成名。是歲，石雄入塞，公主自西蕃還京。”〔趙校：《唐詩紀事》卷五五、《全詩》卷五五二作“孟守”。〕

唐思言，《摭言》：“思言字子文。”

尤牢（左牢、弋牢），《摭言》，作“左牢”，牢字德膠。〔趙校：《唐詩紀事》卷五五、《全文》卷七六二並作“左牢”。《全詩》卷五五二作“弋牢”，注

云“一作左牢”。〕

　　王甚夷，《摭言》：“甚夷字無黨。”

　　金厚載。《摭言》：“厚載字化光。”

　　　諸科十四人。

　　　知貢舉：吏部尚書王起。《舊書·王播傳》：“王起，會昌元年徵拜吏部尚書，判太常卿事。三年，權知禮部貢舉。明年，正拜左僕射，復知貢舉。起前後四典貢部，所選皆當代詞藝之士，有名於時，人賞其精鑒徇公也。其年秋，出爲興元尹。”《摭言》：“周墀任華州刺史，武宗會昌三年，王起僕射再主文柄。墀以詩寄賀，并序曰：‘僕射十一叔，以文學德行當代推高。在長慶之間，春闈主貢，采摭孤進，至今稱之。近者朝廷以文柄重難，將抑浮華，詳明典實，繇是復爲前務，三領貢籍。迄今二十二年於茲，亦搢紳儒林罕有如此之盛況。新榜既至，衆口稱公。墀忝沐深恩，喜陪諸彦，因成七言四韻詩一首，輒敢寄獻，用導下情，兼呈新及第進士。’詩曰：‘文場三化魯儒生，二十餘年振重名。曾忝《木鷄》誇羽翼，又陪金馬入蓬瀛。雖欣月桂居先折，更羨春蘭最後榮。欲到龍門看風水，關防不許暫離營。’起答詩曰：‘貢院離來二十霜，誰知更忝主文場。楊葉縱能穿舊的，桂枝何必愛新香。九重每憶同仙禁，六義初吟得夜光。莫道相知不相見，蓮峰之下欲徵黃。’時王起門生一榜二十二人和周墀詩，盧肇詩曰：‘嵩高降德爲時生，洪筆三題造化名。鳳詔仁歸專北極，驪珠搜得盡東瀛。褒衣已換金章貴，禁掖曾隨玉樹榮。明日定知同相印，青衿新列柳間營。’丁稜詩曰：‘公心獨立副天心，三轄春闈冠古今。蘭署門生皆入室，蓮峰太守別知音。同升翰苑時名重，遍歷朝端主意深。新有受恩江海客，坐聽朝夕繼爲霖。’黃頗詩曰：‘二十二年文教主，三千上士滿皇州。獨陪宣父蓬瀛奏，方接顏生魯衛遊。多羨龍門齊變化，屢看鷄樹第名流。升堂何處最榮美，朱紫環尊幾獻酬。’姚鵠詩曰：‘三年竭力向春闈，塞斷浮華衆路歧。盛選棟梁稱昔日，平均雨露及明時。登龍舊美無斜徑，折桂新榮盡直枝。莫道只陪金馬貴，相期更在鳳凰池。’高退之詩曰：‘昔年桃李已滋榮，今日蘭蓀又發生。葑菲采時將有道，權衡分處且無情。叨陪鴛鷺朝天客，共作門闌出谷鶯。何事感恩偏覺重，忽聞金榜叩柴荆。'孟球詩曰：'當年門下化龍成，今日餘波進後生。仙籍共知推麗則，禁垣同得薦嘉名。桃谿早茂誇新蕚，菊圃初開耀晚英。誰料羽毛方出谷，許教齊和九皋鳴。'劉耕詩曰：'孔門頻建鑄顏功，紫綬青衿感激同。一簣勤勞成太華，三年恩德重維嵩。楊隨前輩穿皆中，桂許平人折欲空。慚和周郎應見顧，感知大造意無窮。'裴翻詩曰：'常將公道選群生，猶被春闈屈重名。文柄久持殊歲紀，恩門三啟動寰瀛。雲霄幸接鵷鷺盛，變化欣同草木榮。乍得陽和如細柳，參差長近亞夫營。'樊驤詩曰：'滿朝簪紱半門生，又見新書甲乙名。孤進自今開道路，至公依舊振寰瀛。雲飛太華清詞著，花發長安白屋榮。忝受恩光同上客，惟將報德是經營。'崔軒詩曰：'滿朝朱紫半門生，新榜勞人又得名。國器舊知收片玉，朝宗轉覺集登瀛。同升翰苑三年美，繼入花源九族榮。共仰蓮峰聽雪唱，欲賡仙曲意怔營。'蒯希逸詩曰：'一振聲華入紫微，三開秦鏡照春闈。龍門舊列金章貴，鶯谷新遷碧落飛。恩感風雷皆變化，詩裁錦綉借光輝。誰知散質多榮忝，鵷鷺清塵接布衣。'林滋詩曰：'龍門一變荷生成，況復三傳不朽名。美譽早聞喧北闕，頹波今見走東瀛。鵷行既接參差影，雞樹仍同次第榮。從此青衿與朱紫，升堂侍宴更何營。'李宣古詩曰：'恩光忽逐曉春生，金榜前頭忝姓名。三感至公神造化，重揚文德振寰瀛。仁爲霖雨增相賀，半在雲霄覺更榮。何處新詩添照灼，碧蓮峰下柳間營。'張道符詩曰：'三開文鏡繼芳聲，暗指雲霄接去程。曾壓洪波先得路，早升清禁共垂名。蓮峰對處朱輪貴，金榜傳時玉韻成。更許下才聽白雪，一枝今過却誇榮。'邱上卿詩曰：'常將公道選諸生，不是鵷鴻不得名。天上宴迴聯步武，禁中麻出滿寰瀛。簪裾盡過前賢貴，門館仍叨後學榮。看著鳳池相繼入，都堂那肯滯閒營。'石貫詩曰：'重德由來爲國生，五朝清顯冠公卿。風波久仄濟川檝，羽翼三遷出谷鶯。絳帳青衿同日貴，春蘭秋菊異時榮。孔門弟子皆賢哲，誰料窮儒忝一名。'李潛詩曰：'文學宗師心稱平，無私三用佐貞明。恩波舊是仙丹客，德宇新添月桂名。蘭署崇資金印重，蓮峰高唱玉音清。羽毛方荷生成力，難繼鶯皇上漢聲。'孟寧詩曰：'科文又主守初時，光顯門生際會期。美擅東堂登甲乙，榮同內署待恩私。群鶯共喜新遷木，雙鳳皆當即入池。別有倍深知感士，曾經兩度得芳枝。'唐思言詩曰：'儒雅皆傳德教行，幾敦浮俗贊文明。龍門昔上波濤遠，禁署同登渥澤榮。虛散謬當陪杞梓，後先寧異感生成。時方側席徵賢急，況説詞謡近帝京。'尤牟詩曰：'聖朝文德最推賢，自古儒生少比肩。再啟龍門將二紀，兩司鶯谷已三年。蓬山皆羨齊榮貴，金榜誰知忝後先。正是感恩流涕日，但思旌斾碧峰前。'王甚夷詩曰：'春闈帝念主生成，長慶公聞兩歲名。有詔赤心司雨露，無私和氣浹寰瀛。龍門乍出難勝幸，鴛侶先行是最榮。遥仰高峰看白雪，多慚屬和意屏營。'金厚載詩曰：'長慶曾收間世英，早居臺閣冠公卿。天書再受恩波遠，金榜三開日月明。已見差肩趨翰苑，更期聯步掌台衡。小儒謬跡雲霄路，心仰蓮峰望太清。'"

盧肇《風不鳴條詩》曰："習習和風至，過條不自鳴。暗通青律起，遠望白蘋生。拂樹花仍落，經林鳥自驚。幾牽蘿蔓動，潛惹柳絲輕。入谷迷松響，開窗失竹聲。薰絃方在御，萬國仰皇情。"《文苑英華》

黃頗《風不鳴條詩》曰："五緯起祥飆，無聲瑞聖朝。稍開含露蘂，纔轉惹烟條。密葉應潛變，低枝幾暗搖。林間鸎欲囀，花下蝶微飄。初滿緣隄草，因生逐水苗。太平無一事，天外奏虞《韶》。"《文苑英華》

姚鵠《風不鳴條詩》曰："吾君理化清，上瑞報升平。曉吹何曾息，柔條自不鳴。花香知暗度，柳色覺潛生。只見低垂勢，那聞擊觸聲。大王初溥暢，少女正輕盈。幸遇無私力，幽芳願發榮。"《文苑英華》

尤牟《風不鳴條詩》曰："旭日懸清景，微風在綠條。入松聲不發，過柳影空搖。長養應潛變，扶疏每暗飄。有林時嫋嫋，無樹漸蕭蕭。誤逐青烟散，輕和樹色饒。豐年知有待，歌詠美唐堯。"《文苑英華》

王甚夷《風不鳴條詩》曰："聖日祥風起，韶暉助發生。蒙蒙遥野色，裊裊細條輕。荏苒看漸動，怡和吹不鳴。枝含餘露濕，林霽曉烟平。縹緲春光媚，悠揚景氣晴。康哉帝堯代，寰宇共澄清。"《文苑英華》

金厚載《風不鳴條詩》曰："寂寂曙風生，遲遲散野輕。露華搖有滴，林葉裊無聲。暗蒭蓀芳發，空傳谷鳥鳴。悠揚韶景静，淡蕩霽烟横。遠水波瀾息，荒郊草樹榮。吾君垂至化，萬類共澄清。"《文苑英華》

四年甲子（844）

二月，中書門下奏："伏以朝廷興復古制，置五經博士，以獎顒門之學，爲訓胄之資，必在得人，不限官次。今定爲五品俸入，四方有經術相當而秩卑身賤者，不可以超授。有官重而通《詩》達《禮》者，不可以退資。從今已後，並請敕本色人中選擇，據資除授，令兼博士。其見任博士且仍舊。"敕旨"宜依"。《唐會要》

八月，平潞州德音："其諸色人内，如有文學節行，比來藏避劉從諫隱跡山林者，並令搜訪，具以名聞。"《册府元龜》

十月，中書門下奏："朝廷設文學之科，以求髦俊，臺閣清選，莫不繇兹。近緣核實不在於鄉閭，趨名頗雜於非類，致有跛扈之地，情計交通，將澄化源，在舉明憲。臣等商量，今日以後，舉人於禮部納家狀後，望依前三人自相保。其衣冠，則以姻親故舊，久同遊處。其有江湖之士，則以封壤接近，素所諳知者爲保。如有缺孝弟之行，資朋黨之勢，跡繇邪徑，言涉多端者，並不在就試之限。如容情故，自相隱蔽，有人糾舉，其同保人並三年不得赴舉。仍委禮部明爲戒勵，編入舉格。"從之。《册府元龜》

進士二十五人：是年，魏鐬、孫璵等第罷舉，見《摭言》。

鄭言，狀元。

項斯，《唐才子傳》："項斯字子遷，江東人。會昌四年王起下第二人進士。"《唐詩紀事》:"斯字子遷,江東人。始未爲聞人,因以卷謁楊敬之,楊苦愛之,贈詩云:'幾度見詩詩盡好,及觀標格過於詩。平生不解藏人善,到處逢人説項斯。'未幾,詩達長安,明年擢上第。"項斯有《春夜樊川竹亭陪諸同年宴詩》。○孟按:《南部新書》卷一:"項斯始未爲聞人,因以卷謁江西楊敬之,楊甚愛之,贈詩云:'幾度見君詩盡好,及觀標格過於詩。平生不解藏人善,到處逢人説項斯。'未幾,詩達長安,斯明年上第。"此當爲《紀事》所本。

趙嘏,《唐才子傳》:"嘏字承祐,山陽人。會昌四年鄭言榜進士。"《摭言》:"趙嘏嘗家於浙西,有美姬,嘏甚溺惑。泊計偕,以其母所阻,遂不攜去。會中元爲鶴林之遊,浙帥窺見,悦之,遂爲其人奄有。明年,嘏及第,因以一絶箴之曰:'寂寞堂前日又曛,陽臺去作不歸雲。當時聞説沙吒利,今日青娥屬使君。'浙帥不自安,遣一介歸之於嘏。嘏時方出關,途次横水驛,見兜昇人馬甚盛,偶訊其左右,對曰:'浙西尚書差送新及第趙先輩娘子入京。'姬在昇中亦認嘏,嘏下馬揭簾視之,姬抱嘏慟哭而卒。遂葬於横水之陽。"趙嘏有《成名年獻座主僕射兼呈同年詩》曰:"拂烟披月羽毛新,千里初辭九陌塵。曾失元珠求象罔,不將雙耳負伶倫。賈嵩詞賦相如手,楊乘歌篇李白身。除却今年仙侣外,堂堂又見兩三春。"　按嘏有《贈解頭賈嵩詩》曰:"顧我先鳴還自笑,空沾一第是何人。"蓋嵩與嘏同舉而未第,楊乘時亦未第,詩謂堂堂兩三春,殆期二人於兩三年中及第也。○孟按:今本《唐才子傳》作"會昌二年"。《郡齋讀書志》卷四中亦謂趙嘏"會昌二年進士",然《文獻通考》卷二〇〇引晁氏曰:"唐趙嘏,承祐也,會昌四年進士。"又《唐詩鼓吹》卷四郝天挺注、明代廣陵錢元卿刻本《箋注唐賢三體詩法》卷一、日本刻本《增注唐賢絶句三體詩法》卷首俱言趙嘏於會昌二年登進士第。然會昌二年進士科狀元爲鄭顥,又據趙嘏《成名年獻座主僕射兼呈同年》詩題,知"座主僕射"指會昌四年以左僕射知貢舉之王起。故作四年不誤。

孫玉汝,《永樂大典》載《信安志》引《登科記》,孫玉汝登會昌四年進士第。《容齋續筆》云:"《唐登科記》,會昌四年及第進士有孫玉汝。李景讓爲御史大夫,劾罷侍御史孫玉汝。《會稽大慶寺碑》,咸通十一年所立,云衢州刺史孫玉汝記。榮王宗緽《書目》有《南北史選練》十八卷,云孫玉汝撰,蓋其人也。"

陳納,《永樂大典》引《閩中紀》:"陳納字廣裕,詡之子。會昌四年及第,占籍閩縣。"《淳熙三山志》:"納終大同軍副使。" 按《廣裕三山志》作"廣譽"。

顧陶,《書録解題》:"顧陶,會昌四年進士。"

馬戴(馬載),《唐才子傳》:"戴字虞臣,華州人。會昌四年左僕射王起下進士,與項斯、趙嘏同榜,俱有盛名。" 按《新書‧藝文志》作"馬載"。○孟按:《新唐書‧藝文志》僅謂載"會昌進士第",而不及年。《直齋書録解題》卷十九謂:馬戴、趙嘏"二人皆會昌五年進士"。未詳孰是。

張褐,《舊書》本傳:"褐字公表,河間人。父君卿。褐會昌四年進士擢第,釋褐壽州防禦判官。"《北夢瑣言》:"張褐尚書,恃才直道外,仍有至性。及第後歸東都,一日彷彿見其亡親,謂曰:'去得也。'遂裝辦入京,果登朝籍。"

鄭祥,趙嘏《送同年鄭祥先輩歸漢南詩》曰:"年來驚喜兩心知,高處同攀次第枝。人倚綉屏間賞夜,馬嘶花徑醉歸時。聲名本是文章得,藩閫曾勞筆硯隨。家去恩門四千里,只應從此夢旌旗。"注云:"時恩門相公鎮山南。"按王起以會昌四年秋出爲興元尹、兼同平章事,充山南西道節度使。

﹡崔隋。岑補云:"拓本《晉絳慈隰等州觀察支使□秘書省校書郎清河崔隋妻趙氏墓誌》云:'開成元年廿五適予……婦於崔九載,予始獲春官第。'依此計之,隋乃會昌四年進士,今《記考》二二未著録,可據補。"

續放一人:

楊嚴。《摭言》:"會昌四年二月,權知貢舉、左僕射、太常卿王起下及第二十五人。續奏五人,堪放及第:刑部尚書楊汝士之子知至,故相牛僧孺之甥源重,河東節度使崔元式女婿鄭樸,監察御史楊發之弟嚴,故相竇易直之子緘。恩旨令送所試雜文,付翰林重考覆。續奉進止,楊嚴一人宜與及第,源重四人落下。時楊知至因以長句呈同年曰:'由來梁燕與冥鴻,不合翩翩向碧空。寒谷謾勞鄒氏律,長天獨遇宋都風。此時泣玉情雖異,他日銜環事亦同。三月春光正搖蕩,無因得醉杏園中。'"《舊書》本紀:"時左僕射王起頻年知貢舉，每貢院考試訖，上榜後更呈宰相取可否。復人數不多，宰相延英論言，主司試藝，不合取宰相與奪。比來貢舉艱難，放人絕少，恐非弘訪之道。〔趙校："弘訪"原作"引誘"，據《舊唐書·武宗紀》改。〕帝曰：'貢院不會我意，不放子弟即太過。無論子弟、寒門，但取實藝耳。'李德裕對曰：'鄭肅、封敖有好子弟，不敢應舉。'帝曰：'我比聞楊虞卿兄弟朋比貴勢，妨平人道路。昨楊知至、鄭樸之徒並令落下，抑其太甚耳。'德裕曰：'臣無名第，不合言進士之非。然臣祖天寶末以仕進無他伎，〔趙校："他伎"，原作"地政"，據《舊紀》改。〕勉強隨計，一舉登第。自後不於私家置《文選》，蓋惡其祖尚浮華，不根藝實。然朝廷顯官，須是公卿子弟。何者？自小便習舉業，目熟朝間事，臺閣儀範，班行準則，不教而自成。寒士縱有出人之才，登第之後始得一班一級，固不能習熟也。則子弟成名不可輕矣。'"又《楊收傳》："嚴字凜之，會昌四年進士擢第。是歲，僕射王起典貢部，選士三十人，嚴與楊知至、竇緘、源重、鄭樸五人試文合格。物議以子弟非之，起覆奏武宗，敕曰：'楊嚴一人可及第，餘四人落下。'"○孟按：《全唐詩》卷六五二方干《上越州楊嚴中丞》詩云："連枝棣蕚世無雙，未秉鴻鈞擁大邦。折桂早聞推獨步，分憂暫輟過重江。"

　　＊覆落四人：

＊楊知至，孟按：楊知至後復以進士登科，詳《附考·進士科》。

＊竇緘，

＊源重，

＊鄭樸。見上。

　　諸科七人。

　　知貢舉：左僕射王起。《摭言》："會昌三年十一月十九日，敕諫議大夫陳商守本官，權知貢舉。後以延英對見，詞不稱旨，十二月十七日宰臣遂奏，依前命左僕射兼太常卿王起主文。"又云："王起於會昌中放第二榜，内道場詩僧廣宣以詩寄賀曰：'從辭鳳閣掌絲綸，便向青雲領貢賓。再闢文場無枉路，兩開金榜絕冤人。眼看龍化門前水，手放鶯飛谷口春。明日定歸台席去，鵷鴻原上共陶鈞。'起答曰：'延英面奉入春闈，亦選功夫亦選奇。在冶只求金不耗，用心空學秤無私。龍門變化人皆望,鶯谷飛鳴自有時。獨喜向公誰是證,彌天上士與新詩。'劉禹錫《和王侍郎酬宣上人詩》云:'禮闈新榜動長安,九陌人人走馬看。一日聲名遍天下,滿城桃李屬春官。自吟白雪銓辭賦,指示青雲借羽翰。借問至公誰印可,支郎天眼定中觀。'元稹《和王侍郎酬宣上人詩》云:'渥洼徒自有權奇,伯樂書名世始知。競走墻前希得雋,高懸日下表無私。都中紙貴流傳後,海外金填姓字時。珍重劉盧因首薦,爲君送和碧雲詩。'○孟按:《全唐詩補編‧續拾》卷二十九錄王起《答廣宣上人》詩("延英面奉入春闈"),注:"見《唐摭言》卷三、《唐詩紀事》卷七二。"陳尚君按云:"二書皆云此詩爲起會昌放第二榜後答廣宣賀詩作,《唐詩紀事》又錄劉夢得、元微之二人和詩,二人皆前卒。會昌當爲長慶之誤,此詩作於長慶三年春,詳卞孝萱《劉禹錫年譜》。"

五年乙丑(845)

正月,受尊號。辛亥,有事於郊廟。禮畢,大赦。制曰:"武功既暢,經術是修,宜闡儒風,以弘教化。應公卿百寮子弟及京畿內士人、寄客外州府舉士人等修明經、進士業者,並隸名太學,每一季一度據名籍分番於國子監試帖。三度帖經全通者,即是經藝已熟,向後更不用帖試。如三度全不通,及三度托事故不就試者,便落下名籍,至貢舉時不在送省之限。其外寄居及土著人修進士、明經業者,並隸名所在官學,仍委長吏於見任官及本土著學行人中選一人充試官,亦委每季一試。餘並準前處分。如無經藝,雖有文章,不在送省之限。宗子每因恩澤,皆賜出身,自幼授官,多不求學,未詳典法,頗有愆違,委宗正寺收補。明經每年許參三十人,出身同兩館例與補。各搜圖籍,精驗源流,明爲保舉,不得容有踰濫,仍一季一度試帖經。餘並同進士、明經條例處分。所送人數,其國子監明經,舊格每年送三百五十人,今請送二百人。進士,依舊格送三十人。其隸名明經,亦請送二百人。其宗正寺進士,送二十人。其東監、同、華、河中所送進士,不得過三十人；明經，不得過五十人。其鳳翔、山南西道、東道、荊南、鄂岳、湖南、鄭滑、浙西、浙東、鄜坊、宣商、涇邠、江南、江西、淮南、西川、東川、陝虢等道所送進士，不得過一十五人；明經，不得過二十人。其河東、陳許、汴、徐泗、易定、齊德、魏博、澤潞、幽孟、按“孟”字疑誤。靈夏、淄青、鄆曹、兗海、鎮冀、麟勝等道所送進士，不得過一十人；明經，不得過十五人。金、汝、鹽豐、福建、黔府、桂府、嶺南、安南、邕容等道所送進士，不得過七人；明經，不得過十人。其諸支郡所送人數，請申觀察使爲解都送，不得諸州各自申解。諸州府所試進士雜文，據元格並合封送省。準開成三年五月三日敕落下者，今緣自不送，所試以來舉人公然拔解。今諸州府所試，各須封送省司檢勘，如病敗不近詞埋，州府妄給解者，試官停見任用闕。”《舊書》本紀、《册府元龜》、《摭言》。

按“宣商”之“宣”，疑衍文，“商”當在金汝之下。《通鑑》是年注云：“鎮州凡五十六州，四十一道。”此詔所列，當有脱佚。

二月，諫議大夫、權知禮部貢舉陳商選士三十七人中第。物論以爲請托，令翰林學士白敏中覆試，《册府元龜》以覆試爲三月事，“翰林學士”上有“户部侍郎”四字。落張瀆、《摭言》：“張瀆，會昌五年陳商下狀元及第。翰林覆落瀆等八人。趙嘏先有《喜張瀆及第詩》曰：‘九轉丹成最上仙，青天暖日踏雲軒。春風賀喜無言語，排比花枝滿杏園。’又貽瀆詩曰：‘莫向春風訴酒杯，謫仙真個是仙才。猶堪與世爲祥瑞，曾到蓬山頂上來。’”按“瀆”即“瀆”之訛。李玕、薛忱、張觀、崔凜、王諶、劉伯芻等七人。《舊書》本紀。　《册府元龜》：“敏中覆試落下，議者以爲公。”

三月，中書門下奏：“貢舉人並不許於兩府取解，仰於兩都國子監就試。”《册府元龜》

　　進士二十七人，覆試落下八人。按本紀作“三十七”人，當以《登科記》“二十七”爲正。落下八人，“八”當從本紀作“七”。

　　易重，《永樂大典》引《瑞州府圖志》：“易重字鼎臣，上高人，延慶之祖。”又載《宜春志》引《登科記》云：“會昌五年，張瀆作狀元，易重第二。其

年,翰林重考,張瀆黜落,以重爲狀元。"《唐詩紀事》:"易重居榜首,有詩寄
宜陽兄弟云:'六年雁序恨分離,詔下今朝遇已知。上國皇風初喜日,御階
恩渥屬身時。内庭再考稱文異,聖主宣名獎藝奇。故里仙才若相問,一春
攀得兩重枝。'"○孟按:《輿地紀勝》卷二十八《江南西路·袁州·風俗形
勝》:"會昌五年,易重爲狀元。"《方輿勝覽》卷十九《江西路·袁州·人
物》:"易重,會昌五年狀元,時内庭再考,復中魁選。《寄宜春弟》詩云:'一
春攀折兩重枝。'"宋劉應李輯《新編事文類聚翰墨全書》後丙集卷五《氏族
門》:"易重字鼎臣,唐會昌中張瀆榜進士第二人,翰林再考,張被黜落,升
重爲第一,官至大理評事。"按"瀆"亦"瀆"之譌。

孟遲,《唐才子傳》:"孟遲字遲之,平昌人。會昌五年易重榜進士,與
顧非熊甚相得,且同年。"　按《讀書志》作"孟達字叔之"。○孟按:《新唐
書·藝文志》著録孟遲集,云:"字遲之,會昌進士第。"《唐詩紀事》卷五十
四:"遲,字遲之,登會昌五年進士第。"《郡齋讀書志》卷十八亦云:"會昌五
年陳商下及第。"又杜牧有《池州送孟遲先輩》詩。

盧嗣立,《永樂大典》引《池州府志》:"孟遲字須仲,青陽人。盧嗣立
字敏紹,秋浦人。杜牧守池州,同舉於朝,同登進士第。"又引《秋浦新志》
云:"會昌五年,高元裕以詩簡知舉陳商云:'中丞爲國拔英才,寒畯欣逢藻
鑑開。九朵蓮花秋浦隔,兩枝丹桂一時開。'爲江東佳話。"

魯受,《永樂大典》引《宜春志》:"魯受,會昌五年登進士第。"

顧非熊。《北夢瑣言》:"唐著作郎顧況字逋翁,好輕侮朝士。貶在江
外,多與僧道交游。時居茅山,暮年有一子,即非熊前身也。一旦暴亡,況
追悼哀切,所不忍言。乃吟曰:'老人喪愛子,日暮泣成血。老人年七十,
不得多時別。'非熊在冥間,聞之甚悲憶。遂以情告冥官,皆憫之,遂商量
却令生於況家。三歲能言冥間聞父苦吟,却求再生之事歷歷然。長成應
舉,擢進士第。"《摭言》:"顧非熊,況之子,滑稽好辯,凌轢氣焰子弟,爲衆
所怒。〔趙校:"所怒"原作"多怒",據《摭言》卷八改。〕非熊既爲所排,在舉
場垂三十年,屈聲聒人耳。會昌中,陳商放榜,上怪無非熊名,詔有司追榜
放及第。時天下寒進皆知勸矣。詩人劉得仁賀詩曰:'愚爲童稚時,已解
念君詩。及得高科晚,須逢聖主知。花前翻有泪,鬢上却無絲。從此東歸
去,休爲墜葉期。'"又云:"顧況全家隱居茅山,竟莫知所止。其子非熊及

第歸,慶既,莫知況寧否,亦隱於舊山。或聞有所遇,長生之祕術也。"《唐才子傳》:"非熊及第,授盱眙主簿。"項斯《送顧非熊及第歸茅山詩》曰:"吟詩三十載,成此一名難。自有恩門人,全無帝里歡。湖光愁裏碧,巖景夢中寒。到後松杉月,何人共曉看。"厲元《送顧非熊及第歸茅山詩》曰:"故山登第去,不似舊歸難。帆卷江初夜,梅生洞少寒。採薇留客飲,折竹掃仙壇。名在儀曹籍,何人肯挂冠。"顧非熊《酬陳標評事喜及第與段何共貽詩》曰:"至公平得意,自喜不因媒。榜入金門去,名從玉案來。歡情聽鳥語,笑眼對花開。若擬華筵賀,當期醉百杯。"又非熊《關試後嘉會里聞蟬感懷呈主司詩》曰:"昔聞驚節換,常抱異鄉愁。今聽當名遂,方歡上國游。吟纔依樹午,風已報庭秋。並覺聲聲好,懷恩忽淚流。"

　　＊覆落進士七人:

＊張瀆(瀆、濱),見前。　　按《詩話總龜》引《古今詩話》亦作"瀆"。

＊李玕,

＊薛忱,

＊張覿,

＊崔凜,

＊王諶,

＊劉伯芻。以上並見前引《舊書》本紀。

　　諸科五人。

　　知貢舉:左諫議大夫陳商。《册府元龜》。　《唐大詔令集》會昌五年正月十五日權知禮部侍郎陳商等有《皇帝爲義安皇太后制服重輕事狀》。○孟按:韓愈《答陳商書》,五百家注於題下引集注:"商,元和九年進士,會昌五年爲侍郎典貢舉。"

六年丙寅(846)

三月二十三日,《新書》作"甲子"。宣遺詔以皇太叔光王即位。是日上崩。《舊書》本紀

丁卯,宣宗即位。《通鑑》

　　進士十六人:按"十六人"疑當作"二十六人"。

狄慎思，狀元。　《玉芝堂談薈》作“思慎”。恐此作“慎思”，因咸通十一年林慎思致訛。〔趙校：按本卷大中十年李詹下引《玉泉子》亦作“慎思”，徐説恐不確。〕○孟按：趙校是。《太平廣記》卷一三三“李詹”條引《玉泉子》、《南部新書·己集》載李詹事並作“狄慎思”。

薛能，《唐才子傳》：“薛能字大拙，汾州人。會昌六年狄慎思榜登第，大中末書判入等中選，補盩厔尉。”

張黯，《永樂大典》引《蘇州府志》：“張黯，會昌六年登第。”

顏□，按顏蕘作《顏上人集序》云：“蕘同年丈人故許州節度使、尚書薛公字大拙。”是蕘之父爲此年進士。

＊李晝。原列卷二十七《附考·進士科》，徐氏考云：“《舊書·李程傳》：‘廓子晝，登進士第。’”〔趙校：“岑仲勉《訂補》云，應移附會昌六年。”〕按岑補云：“同卷會昌六年‘知貢舉禮部侍郎陳商’，注云：‘《永樂大典》引《蘇州府志》於會昌五年稱諫議陳商權知貢舉，會昌六年稱禮部侍郎陳商知舉，當是真拜也，今從之。陳商《華岳題名》云：“會昌元年七月二十五日商祗召赴闕；商題後六年，自禮部侍郎出鎮分陝。”（按下文尚有“又與鄧支使同來十月□□”等字。）’余按《匋齋臧石記》三四《李晝志》：‘洎即試於春官，名聲大振，巉然鋒見，年廿九登上第。其明年冬，以博學弘詞科爲敕頭。又明年春，授秘書省校書郎。今中山鄭公涯爲山南西道節度，時以君座主孫熟聞其理行，願置於賓筵。……大中八年……九年冬……竟殞芳年……享年卅八。’《唐方鎮年表》一云‘誌又明年即大中二年’，是也。依是推之，則晝登進士第應在會昌六年，誌云座主孫，似是歲非陳商知舉。但考《東觀奏記》下：‘吏部侍郎兼判尚書銓事裴諗左授國子祭酒。……初裴諗兼上銓，主試弘、拔兩科。’又《芒洛》四編六《孫讜誌》言讜父簡，‘歷刑、吏侍郎，尚書左丞，兩拜吏部尚書，四惣銓務’。此座主孫應是孫簡，殆大中元年宏詞科之座主，非會昌六年進士座主也。《記考》二七已據《舊傳》著李晝，今得此誌，則晝名可移附會昌六年下。又晝中大中元博學弘辭敕頭，他書未見，今亦可依誌補大中元年下。”　孟按：亦見羅補。又，岑補云李晝誌“座主孫”爲孫簡，實誤。“座主”，指鄭涯之座主李程，晝乃程之孫也。岑補所引《李晝誌》原題作《唐故萬年縣尉直弘文館李君（晝）墓誌銘》（參見《彙編》[大中115]），“再從叔朝議郎行殿中侍御史分司東都庚

撰並書",誌載:"庾季父程……畫即其孫也。"

　　　諸科五人。

　　　拔萃科:○孟按:此亦吏部試。

　　鄭畋,《舊書》本傳言畋大中首歲書判登科。以年二十二計之,當在此年。蓋宣宗於三月即位,四月吏部試,故即謂大中也。

　　＊李蔚。《舊唐書》本傳:"蔚,開成末進士擢第,釋褐襄陽從事。會昌末調選,又以書判拔萃,拜監察御史,轉殿中監。"《新唐書》本傳:"李蔚字茂休,系本隴西。舉進士、書判拔萃,皆中,拜監察御史,擢累尚書右丞。"李蔚登進士科已見前。

　　　知貢舉:禮部侍郎陳商。《永樂大典》引《蘇州府志》於會昌五年稱諫議陳商權知貢舉,會昌六年稱禮部侍郎陳商知舉,當是真拜也,今從之。　　陳商《華岳題名》云:"會昌元年七月二十五日,商祗召赴闕。商題後六年,自禮部侍郎出鎮分陝。"

唐宣宗元聖至明成武獻文睿智
章仁神聰懿道大孝皇帝

大中元年丁卯(847)

正月甲寅,赦天下,改元。《通鑑》

是月,《舊書》本紀作三月丁酉朔。　　按下言二十五日奉敕,是三月二十五日始放榜,似爲過遲。今從《册府元龜》、《唐會要》。禮部侍郎魏扶奏:"臣今年所放進士二十三人。《舊書》本紀作"三十三人"。　　按《登科記》與《唐會要》同,作"二十三人",當從之。續奏堪放及第三人封彥卿、崔琢、鄭延休等,實有詞藝,爲時所稱。皆以父兄見居重位,不敢令中選。取其所試詩賦封進,奏進止。"詔翰林學士承旨、户部侍郎、知制誥韋琮等重考覆,盡合程度。其月二十五一作"三"。日,敕曰:"彥卿等所試文字,並合度程,可放及第。有司考試，只在至公，如涉請私，自有朝典。從今已後，但依常例取捨，不得別有奏聞。"《舊書》本紀、《册府元龜》、《唐會要》。　《舊書》本紀："帝雅好儒士，留心貢舉。有時微行人間，採聽輿論，以觀選士之得失。"《唐語林》："宣宗愛羨進士，每對朝臣，問登第否。有以科名對者必有喜，便問所賦詩賦題，並主司姓名。或有人物優而不中第者，必嘆息久之。嘗於禁中題'鄉貢進士李道龍'。"

敕："自今放進士榜後，杏園任依舊宴集，所司不得禁制。"先是武宗好遊巡曲江亭，禁人宴聚故也。《册府元龜》、《唐會要》。《舊書》本紀載在三月，今不取。

六月，中書門下奏："貢舉人取解，宜準舊例，於京兆府、河南府集試。"從之。《册府元龜》、《唐會要》。

進士二十三人：

＊盧深，原列下年進士科狀元，徐氏注云："見《玉芝堂談薈》。"徐氏原於本年進士科狀元著録"顧標"注云："《玉芝堂談薈》作會昌七年狀元。會昌七年即大中元年也。"陳補云："《淳熙三山志》卷二六：'大中元年丁卯盧深榜，侯官縣陳鏞。'是盧深爲本年狀頭。《玉芝堂談薈》卷二亦録大中元年盧深爲狀元，但另有增出會昌七年顧標狀元。會昌無七年，徐氏因以顧標列本年，盧深移至次年，未免主觀。今按：顧標當爲顏標之誤，應刪去。顏標舉大中八年狀頭。"今移盧深於本年，顧標刪去。

陳鏞，《永樂大典》引《閩中記》："陳鏞字希聲，侯官人。大中元年及第。"〇孟按：又見上引《淳熙三山志》。

楊乘，《舊書・楊收傳》："發子乘，登進士第，有俊才。"《永樂大典》引《蘇州府志》："楊乘，大中元年及第。"《唐詩紀事》："乘，大中初登第，官終殿中侍御史。"

劉瞻，《舊書》本傳："瞻字幾之，彭城人。祖升，父景。瞻大中初進士擢第。"

李義叟，《唐詩紀事》："義叟，義山弟也。"《義山集》有《喜舍弟義叟及第上禮部魏公詩》曰："國以斯文重，公仍内署才。風標森大華，星象逼中台，朝滿遷鶯侶，門多吐鳳來。寧同魯司寇，只鑄一顏回。"又有《爲弟作謝座主魏相公啟》:"羲叟啟。伏奉前月二十八日敕旨,授秘書省校書郎,知宗正表疏。續奉今月五日敕,改授河南府參軍,依前充職者。小宗伯之取士,早辱搜揚,大宗正之薦賢,又蒙抽擢。未淹旬日,再授班資,任重本枝,職齊載筆。方殊王逸,惟注《楚辭》;有異郝隆,但攻蠻語。此皆相公事均卵翼,勢作風雲,特於汨没之中,俯借扶揺之便。孔龜效印,未議於酬恩;楊雀銜環,徒聞於報惠。感怍之至,罔知所裁。謹啟。"

崔滔,《舊書·崔琯傳》:"璪子滔,大中初登進士第。"

 ＊韋□,《千唐》[1191]韋厚撰咸通十五年(874)二月七日《唐故隴西李氏墓誌文并序》(參見《彙編》[咸通111])云:"夫人稟柔成性,伉節馳聲,頃自笄年,適故河南府洛陽縣丞韋府君……韋府君姿性勁峻,神用恬义,自三世文行德業,冠絶一時。大中初,進士及第,再擢高科,而亟翔宦路風波,前後三十餘載。"按羅補繫於附考。亦見楊希義《輯釋》。

 ＊王凝。原列本年諸科,徐氏考云:"司空圖《王公行狀》:'公諱凝,字成庶,太原人。年十五,舉孝廉上第。其爲文根六經,必先勸誠,著《都邑六岡銘》,益振時譽。魏相國扶主貢籍,選中甲科。'" 孟按:《舊唐書·王正雅傳》載凝"十五兩經擢第,再登進士甲科"。《新唐書·王翃傳》亦載凝"舉明經、進士,皆中"。按凝年十五兩經擢第,已見卷二十一大和九年(835),其年知貢舉者爲崔鄲。則司空圖《行狀》所言"魏相國扶主貢籍,選中甲科"者,當指凝登進士第之事,是年凝爲二十七歲。尉遲偓《中朝故事》載:"咸通中,輔相崔彦昭、兵部侍郎王凝,乃外表兄弟也。凝大中元年及第。"意司空圖原文有誤,乃混兩事爲一也。亦見施補。

續放三人:

封彦卿,敖之子,見《舊書》本傳。

 ＊崔璪,原作"崔琢",徐氏考云:"琢字子文,鄯之子,見《宰相世系表》。" 陳補云:"崔璪,見影印明刻本《册府元龜》卷六四四、《玉海》卷一一五及《舊唐書·宣宗紀》,徐《考》誤作崔琢。按郎官柱左中、吏外皆有璪題名。徐氏似因《新唐書·宰相世系表》而致誤。"

鄭延休。按《宰相世系表》,延休官山南西道節度使,當是涯之子,合敬之弟。

諸科二十人。《雲麓漫鈔》載大中元年有童子明經、童子學究,仍應入童子科。又載明算科。

　　＊博學弘詞科:

＊李畫。是年以博學弘詞科爲敕頭。見上年進士科李畫考。

　　知貢舉:禮部侍郎魏扶。《唐詩紀事》:"大中初,扶知禮闈,入貢院題詩云:'梧桐葉落滿庭陰,鎖閉朱門試院深。曾是當年辛苦地,不將今日負前心。'榜出,無名子削爲五言詩以譏之。"《李義山集》有《獻侍郎鉅鹿公啟》云:"今月某日,舍弟新及第進士羲叟處,伏見侍郎所制《春闈放榜後寄呈在朝同年兼簡新及第諸先輩》五言四韻詩一首。"○孟按:《南部新書》卷五:"大中元年,魏扶知禮闈,入貢院題詩曰:'梧桐落葉滿庭陰,鎖閉朱門試院深。曾是昔年辛苦地,不將今日負前心。'及榜出,爲無名子削爲五言以譏之。"此當爲《紀事》所本。

　　＊武舉:

＊舒賀。同治《德興縣志》卷七《選舉志·武科》載唐武進士:"舒賀,二十七都始祖,號東山,大中元年武進士,歷官節度使。"同上卷八《人物志·名臣·唐》引"舊志·武功":"舒賀,大中間行軍團練使拜踏白將軍,領節度副使。討黃巢,賀灼艾飛燕燒其草藁,人馬死者幾半,及巢陷長安,賀與鄭畋合兵進討,遂復長安,擢山南東道節度使。朱溫篡祚,遣使起賀,以疾辭,明年卒,誥贈上柱國、晉國公加九錫,諡武忠。"按舒賀,兩唐書無載。明張吉《古城集·補遺》載《封屯田員外郎德興舒公墓誌銘》:"按狀:新營之舒,實出四明,其先有諱賀者,值唐季黃巢倡亂,踔躒東南諸郡,幾無完封。賀帥義旅追擊,至德興之蒿埠,立壁困之,賊敗去。賀以壁地川谷衍秀,顧而樂之。巢誅,論功郎屯營,拜征虜踏白將軍、武濟大夫。乃易其地今名,居之,遂世爲德興人。"知《德興縣志》當有所本。

二年戊辰(848)

正月,中書門下奏:"從貞元元年、大和九年秋冬前,皆是及第便從諸侯府奏試官,充從事,兼史館、集賢、弘文諸司諸使奏官充職。以此取人,常多得士,由是長不乏材用。大和、會昌末,中選後四選,諸道方得奏充州縣官職;如未合選,並不在申奏限。

臣等昨已奏論，面奉進止，自今已後，及第後第三年即任奏請。"
敕旨"依奏"。《唐會要》

進士二十三人：

崔蕘，《舊書·崔寧傳》："崔蕘字野夫，大中二年擢進士第。"　按蕘
爲蠡之子。

李彦昇，陳黯《華心篇》云："大中初年，大梁連帥范陽公得大食國人
李彦昇，薦於闕下。天子詔春司考其才，二年以進士第名顯。然常所賓貢
者不得擬。"

鄧敞，《玉泉子》："鄧敞，封敖之門生。初隨計，以孤寒不中第。牛蔚
兄弟，僧孺之子，有勢力，且富於財，謂敞曰：'吾有女弟未出門，子能婚乎？
當爲君展力，寧靳一第乎？'時敞已婚李氏矣。其父嘗爲福建從事，官至評
事。有女二人，皆善書，敞之所行卷，多二女筆迹。敞顧己寒賤，必不能致
騰踔，私利其言，許之。既登第，就牛氏親，不日挈牛氏而歸。將及家，紿
牛氏曰：'吾久不到家，請先往俟卿，可乎？'牛氏許之。洎到家，不敢泄其
事。明日，牛氏之奴驅其輜橐直入，即出居常牛氏所玩用供帳帷幕雜物，
列於庭廡之間。李氏驚曰：'此何爲？'奴曰：'夫人將到，令具陳之。'李氏
曰：'吾即妻也，又何夫人爲！'即撫膺大哭。頃之，牛氏至，知其賣己也，請
見李氏，曰：'吾父爲宰相，兄弟皆在郎省，縱嫌不能富貴，豈無一嫁處耶？
其不幸豈惟夫人乎！今願一切與夫人同之，夫人縱憾於鄧郎，寧忍不爲二
女計耶？'時李氏將列於官，二女力牽挽其袖而止。後敞以秘書少監分司，
慳吝尤甚。"　按《觚賸》言此事即《琵琶記》傳奇所由本也。牛丞相即
僧孺。

韓藩，

崔瑄，《金華子》："韓藩端公，大中二年封僕射敖門生也，與崔瑄大夫
同年而相善。瑄廉問宛陵，請藩爲副使。"

裴□，李商隱《爲興元裴從事賀封尚書加官啟》注云："裴即封之門
生。"蓋於是年及第也。

＊皇甫煒，《補遺》册四，第232頁，劉玄章撰咸通六年（865）《唐故
朝議郎使持節撫州諸軍事守撫州刺史柱國皇甫公（煒）墓誌銘并序》云：

"公姓皇甫氏,安定朝那人也。……諱煒,字重光。……大中二年,故僕射封公敖之主春闈也,負至公之鑒,擢居上第。"又同上册七,第134頁皇甫煒撰大中十二年(858)七月廿五日《皇甫氏(煒)夫人(白氏)墓銘并序》自稱"煒早忝科第"。

*　朱革,胡補:"胡光釗《祁門縣志》(民國十三年刊印本),《氏族考》云:'朱溪朱氏:……唐有諱革者,於宣宗大中二年舉進士第,居姑蘇之長橋。'"

*　李璋(字重禮)。原列卷二十七《附考·進士科》,徐氏考云:"字重禮,絳之子,登進士第。見《舊書·李絳傳》。"　孟按:《新唐書·李絳傳》載李絳之子"璋,字重禮。大中初擢進士第,辟盧鈞太原幕府"。又《舊唐書·李絳傳》亦載李絳之子"璋,登進士第。盧鈞鎮太原,辟爲從事。"又《補遺》册六,第162頁,李暨撰大中三年(849)二月十一日《唐故太中大夫使持節衢州刺史上柱國贊皇縣開國子食邑五百户李公(頊)墓誌銘》云:"公諱頊,字温,其先趙郡人也。……父諱絳,在憲宗時爲宰相。……其年冬,其弟前鄉貢進士璋自京師銜哀奔赴於衢,護公之喪。"又誌文末署:"親弟前鄉貢進士璋書並篆蓋。"按其兄李頊卒於大中二年(848)六月,則其登第時間當在本年或之前。又《千唐》[1156]李璋撰咸通三年(862)正月十六日《唐范陽盧夫人墓誌銘》(參見《彙編》[咸通014])云:"夫人年十九,歸今起居郎李璋。璋,趙郡贊皇人,元和中相國、累檢校司空、興元節度、贈太傅諱絳貞公之季子。璋時應進士,未第,文鈍時塞,八上十年,方登一第。"按李璋夫人盧氏卒於咸通二年(861)年,享年四十一,其十九歲時在開成四年(839)。由此後推十年,當在大中二年。此與《新唐書》所言"大中初"亦相符。按張補據李璋撰《唐范陽盧夫人墓誌銘》録李璋入附考類。

諸科十七人。

知貢舉:禮部侍郎封敖。《舊書》本傳:"宣宗即位,遷禮部侍郎。大中二年,典貢部,多擢文士。"《唐語林》:"封侍郎知舉,首訪能賦人。盧駢詣羅邵興問之,羅曰:'主司安邑住,邵興居宣平,彼處愛賦無由得知。'"○孟按:見上皇甫煒考。

三年己巳(849)

進士三十人:試《堯仁如天賦》,見《唐語林》。

　　于珪，大中三年狀元及第，見《廣卓異記》引《登科記》。　按珪爲休烈第二子，見《舊書・于休烈傳》。○孟按：言"珪爲休烈第二子"，誤。《舊唐書・于休烈傳》：休烈子肅，肅子敖，敖子珪。又，《彙編》[咸通040]孫備咸通六年(865)五月十六日撰其妻于氏墓誌銘云："夫人于氏，河南人也，其始宗於漢，高門之所昌，厥後世有勳哲，至唐滋用文顯科爵。高祖諱肅，入內庭爲給事中；祖諱敖，宣歙道觀察使；父諱珪，不欺暗室，輜踐明節，其聲自騰逸於士大夫，上期必相，時君康天下而壽不俟施，首擢第春官，赴東蜀周丞相辟。"

　　高璩，《舊書・高元裕傳》："子璩，登進士第。"《新書》："璩字瑩之。"張祐《孟才人嘆》序云："武宗皇帝疾篤，遷便殿，孟才人以歌笙獲寵者，密侍其右。上目之曰：'吾當不諱，爾何爲哉？'指笙囊泣曰：'請以此就縊。'上憫然，復曰：'妾嘗藝歌，願口上歌一曲，以泄其憤。'上許之，乃歌一聲《何滿子》，氣亟立隕。上令醫候之，曰：'脉尚溫，而腸已絕矣。'及上崩，將徙其柩，舉之愈重。議者曰：'非俟才人乎？'爰命其櫬，櫬至乃舉。嗟夫！才人以誠死，上以誠明，雖古之義激無以過也。進士高璩登第年，宴傳於禁伶，明年秋，貢士文多以爲之目。大中三年，遇高於由拳，話於余，聊爲興嘆。"　按此，璩似於元年登第。考孫樵《故倉部郎中康公墓誌銘序》："會昌五年調，再授秘書省校書郎。大中二年復調，授京兆府參軍。其年冬，爲進士試官，故中書侍郎高公璩、尚書倉部郎中崔亞、前左拾遺陳畫洎樵十輩，皆出其等列。"璩蓋於大中二年入等，三年登第也。　蕭鄴《高元裕碑》："子曰璩，進士擢第。"○孟按：《全唐文》卷八十三懿宗《授高璩劍南東川節度使制》："頃者名場頡頏，早振詞科。"

　　崔安潛，《舊書・崔慎由傳》："慎由弟安潛，字進之，大中三年登進士第。"《唐詩紀事》："何澤，韶陽曲江人也。父鼎，容管經略，有文稱。澤乾寧中隨計至三峰行在，永樂崔公安潛即澤之同年丈人也，聞澤來，乃以一絕報之曰：'四十九年前及第，同年惟有老夫存。今日殷勤訪吾子，穩將鬐鬣上龍門。'"　按此，安潛蓋與澤之父鼎同年。自大中三年至乾寧四年爲四十九年，澤於梁太祖時及第也。○孟按：上引《唐詩紀事》當本《唐摭言》卷九"表薦及第"條。又，《補遺》册六，第203頁，崔就撰乾寧五年(898)八月六日《唐故□□□□□□太子太師上柱國清河郡開國公食邑二千戶贈開府儀同三司太尉清河崔公（安潛）墓誌銘并序》云："□諱安潛，字延之，其先東武城人也。……及壯，秀麗該博，聲華特甚。甲科擢進士第，釋褐試秘校。"

何鼎，見上。

趙隱，《舊書》本傳："隱字大隱，京兆奉天人。大中三年應進士登第。"按《新書》作會昌中擢第，誤。

崔彥昭，《舊書》本傳："彥昭字思文，清河人。大中三年進士擢第，釋褐諸侯府。"《宰相世系表》，彥昭父玭。《中朝故事》："咸通中，輔相崔彥昭、兵部侍郎王凝乃外表兄弟也。凝大中元年進士及第，來年彥昭猶下第，因訪凝，凝祁衣見之，崔甚恚。凝又戲之曰：'君却好應明經舉也。'彥昭忿怒而出，三年乃登第。懿皇朝多自夏官侍郎判鹽鐵，即秉鈞軸。一旦凝拜是官，決意入相。彥昭陷之，後數月之間，鹽鐵中有隳壞，凝褫職。朝廷以彥昭爲之，半載而入相。彥昭母乃命多製鞋履，謂侍婢曰：'王氏妹必與王侍郎同竄逐，吾要伴小妹同行也。'彥昭聞之，泣拜其母，謝曰：'必無此事。'王凝竟免其責也。" 按《彥昭傳》言趙隱、高璩與彥昭同年進士。

王傳，《唐詩紀事》："傳登大中三年進士第。初貧窶，於中條山萬固寺入院讀書。"

＊孫瑝。《補遺》册五，第46頁，李都撰咸通十二年（871）十二月五日《唐故御史中丞汀州刺史孫公（瑝）墓誌銘并序》云："亡友孫子澤以咸通十二年六月三日歿於臨汀刺史之位。……公諱瑝，樂安人。……公莊重粹和，秀融眉睫。自冠歲篤於孝悌，聲鼓搢紳，鬱爲名人之所器，仰若蘭牙挂穎，香洩人間，故搴芳者争取。繇是一貢第進士於李公褒，議者不以爲速。"考李褒於本年以禮部侍郎知貢舉，則孫瑝當於是年登進士第。按瑝卒於咸通十二年（871），享年五十四，其登第時爲二十二歲。亦見羅補。

諸科十人。

知貢舉：禮部侍郎李褒。《唐語林》："大中三年，李褒侍郎知舉，試《堯仁如天賦》。宿州李使君弟瀆不識題，〔趙校："李使君"，原誤"弟使君"，據《唐語林》卷七改。〕訊同鋪，或曰：'止於堯之如天耳。'瀆不悟，乃爲句曰：'雲攢八彩之眉，電閃重瞳之目。'賦成將寫，以字數不足,憂甚,同輩紿之曰:‘但一聯下添一“者也”當足矣。’裒覽之大笑。”

四年庚午(850)

進士三十人:

張溫琪,狀元。

曹鄴,《唐才子傳》:“曹鄴字業之,桂林人。累舉不第,爲《四怨三愁五情詩》。時爲舍人韋愨所知,力薦於禮部侍郎裴休,大中四年張溫琪榜中第。” 按“業之”,《新書·藝文志》作“鄴之”。 《唐詩紀事》:“曹鄴《杏園即席上同年》云:‘歧路不在天,十年行不至。一旦公道開,青雲在平地。枕上數聲鼓,衡門已如市。白日探得珠,不待驪龍睡。惢惢出九衢,僮僕顏色異。故衣未及換,尚有去年泪。晴陽照花影,落絮浮野翠。對酒時忽驚,猶疑夢中事。自憐孤飛鳥,得按鸞鳳翅。永懷共濟心,莫起胡越意。’”《桂林風土記》:“遷鶯坊本名阜財,因曹鄴中丞進士及第,前政令狐大夫改爲遷鶯坊。”曹鄴有《成名後獻恩門詩》曰:“爲物稍有香,心遭蠹蟲嚙。平人登太行,萬萬車輪折。一辭桂嶺猨,九泣東門月。年年孟春時,看花不如雪。僻居城南隅,顏子須泣血。沈埋若九泉,誰肯開口説。辛勤學機杼,坐對秋燈滅。織錦花不常,見之盡云拙。自憐孤生竹,出土便有節。每聽浮競言,喉中似無舌。忽然風雷至,驚起池中物。拔上青雲巔,輕如一毫髮。瓏瓏金銷甲,稍稍城烏絶,名字如鳥飛,數日便到越。幽蘭生雖晚,幽香亦難歇。何以保此身,終身事無缺。”

盧鄴,《唐詩紀事》:“鄴大中四年登第,爲浙東觀察使。”

劉蜕,《北夢瑣言》:“荆州衣冠藪澤,每歲解送舉人多不成名,號曰天荒解。劉蜕舍人,以荆解及第,號爲‘破天荒’。”《摭言》:“大中四年,劉蜕舍人以荆府解及第。時崔魏公作鎮,以破天荒錢七十萬資蜕。蜕謝書略曰:‘五十年來,自是人廢;一千里外,豈曰天荒。’”蜕《上禮部裴侍郎書》曰:“臨其事不能苟有待而先自請者,閣下以爲難乎?贊功論美近乎諂,飾詞言己近乎私,低陋摧伏近乎鼠竊,廣博張引近乎不敬。鈎深簡尚,則畏不能動乎人;偕儷相比,又畏取笑乎後。情志激切謂之躁,詞語連綿謂之贖。夫臨其事而自言者,其難如此也。然不有聽者之明,言者無病,則因當背惶踖踧,俟乎知者而自知也,用者而自用也,安得持一言於已難之時者哉。然或不得已而言之者,亦將自言而已矣,又豈敢因其時而遽言大體哉。蛻少時,不知小人通生有自可之事,樹之爲栀茜,種之爲穀粟,賈於市,釣於江,亦以老也。無何羅絡舊簡,附會時律,懷筆啟於搢紳家十二三年矣。謂吖而習之,齗而成基,壯而歷級乘時,無難梗寒苦之疲。今者欲三十歲矣,所望不過抱關輸力,求粟養親而已。何者?家在九曲之南,去長安近四千里。膝下無怡怡之助,四海無強大之親。日行六十里,用半歲爲往來程,歲須三月侍親左右,又留二月爲乞假衣食於道路,是一歲之中,獨留一月在長安。王侯聽尊,媒妁聲深,況有疾病寒暑風雨之不可期者,雜處一歲之中哉。是風雨生白髮,田園變荒蕪,求抱關養親,亦不可期也。及今年冬,見乙酉詔書,用閣下以古道正時文,以平律校群士。懷才負藝者,踴躍至公。蛻也不度,已入春明門,請與八百之列,負階待試。嗚呼!蛻也材不良,命甚奇,時來而功不成,事修而名不副,將三十年矣。今而後閣下進之,蛻亦得以至公進;閣下退之,蛻亦得以至公退。進退者由閣下也,未可知也。干瀆尊嚴,敢忘僇辱,情或須露,豈曰圖私,不然則蛻也豈敢。蛻再拜。"釋齊己《送劉蛻秀才赴舉詩》曰:"百發百中〔趙校:原注:缺五字。〕年。丹枝如計分,一箭的無偏。文物兵銷國,關河雪霽天。都人看春榜,韓字在誰前。"○孟按:《彙編》[大中130]據《關中金石文字存逸考》卷四錄劉蛻撰大中十一年(857)五月庚申《先妣姚夫人權葬石表》云:"太夫人歸劉氏,生一子⋯⋯蛻不天,進士及第⋯⋯其後選補校書郎。"

　　崔涓,《舊書·崔珙傳》:"子涓,大中四年進士擢第。"

　　＊李備。民國徐乃昌纂《南陵縣志》卷十九《選舉制·進士·唐》:"大中庚午裴林榜:李備。"注:"楊志作'修',誤。"　孟按:言"裴林榜",誤,當作"裴休下",是年裴休知貢舉。四庫本《江南通志》卷一○九《選舉制·進士·唐》於大中年間著錄:"李備,南陵人。"又四庫本《山西通志》卷一六七《祠廟四·夏縣》載縣境禹王城有禹廟,爲"咸通九年,縣令李備修,傅覃撰記。後漢乾祐元年重修,州司馬楊榮祚撰記"。時代與南陵李備合。又《南陵縣志》記"楊志作'修'"者,疑因"縣令李備修"而衍。按胡補據《光緒安徽通志》、徐乃昌《南陵縣志》補李備於本年。

諸科十三人：

＊林傑。胡補云：“吳廷燮《唐方鎮年表》卷六引《閩書》：‘林傑，大中四年舉童子科，觀察使崔于禮異之。’又引《太平廣記》：‘林傑字智周，幼而聰明秀異。’則《登科記考》大中四年應補童子科林傑。”今從之。

博學宏詞科：

劉瞻。《舊書》本傳：“瞻大中四年登博學宏詞科。”

知貢舉：禮部侍郎裴休。見上。　按《唐闕史》云：“丞相河東公得古盇，後以小宗伯掌文學柄。得士之後，生徒有以盇寶爲請者，裴公設食會門生，器出乎庭。獨劉舍人蛻以爲非。”是裴休以禮部侍郎知舉矣。　曹鄴《登岳陽樓有懷寄座主相公》，即謂休也。又有《翠孤至渚宮寄座主相公詩》。○孟按：《全唐文》卷八十三懿宗《授裴休荊南節度使制》：“委兹文柄，任之春闈，大呈公鑒之明，備傳德（原注：疑作得）人之美。”

五年辛未（851）

進士二十七人，又三人：

李郜，狀元。

鄭嵎，《唐才子傳》：“鄭嵎字賓光，大中五年李郜榜進士。”○孟按：《千唐》[1130]李述撰大中九年（855）□月十七日《唐故潁州潁上縣令李府君夫人滎陽鄭氏（琯）合祔玄堂誌》（參見《彙編》[大中091]）云：“太夫人諱琯……有弟曰嵎，少耽經史，長而能文，舉進士高第，歷名使幕揚州大都督府參軍。”

柳珪，《舊書·柳公綽傳》：“仲郢子珪，字鎮方，大中五年登進士第。”《南部新書》：“柳珪是韋愨門生。嘗云：三十人，惟柳先輩便進燈燭下本。”按珪及第後，應白敏中之辟。　《樊南集·爲河東公謝相國京兆公啟》云：“某第二子、前鄉貢進士珪，充攝劍南西川安撫巡官。”又有《爲柳珪謝京兆公啟》。

＊薛諤，胡補云：“清孫星衍《寰宇訪碑錄》卷四：‘華岳廟薛諤等《送□□尚書赴滑臺題名》，正書，大中五年十月，陝西華陰。’吳廷燮《唐方鎮

年表》卷二引《華岳志・題名》：'薛諤、宋壽送坐主尚書赴滑臺，大中五年十月二十七日。'是薛諤、宋壽曾進士及第。按大中中知貢舉後出鎮鄭滑者惟韋愨一人。據《舊唐書》卷一七七《韋保衡傳》：'父愨……大中四年，拜禮部侍郎，五年選人，頗得名人。'是《登科記考》大中五年進士科應補薛諤、宋壽。"

　　＊宋壽。見上。　　孟按：《全唐詩》卷五七八溫庭筠《春暮宴罷寄宋壽先輩》詩云："蘇小風姿迷下蔡，馬卿才調似臨邛。誰憐芳草生三徑，參佐橋西陸士龍。"當爲一人。參見施補、陳補。

　　＊明經科：

　　＊劉銓。《補遺》册四，第 268 頁，鄭隼撰文德元年（888）五月《唐故嫵州刺史充清夷軍營田等使朝散大夫檢校尚書司封郎中攝御史中丞上柱國賜紫金魚袋彭城劉公（銓）墓誌銘并序》云："公諱銓，字秘之，漢中山靖王之後也。……十五察孝廉。"按劉氏卒於文德元年（888），享年五十二，其十五歲時在本年。

　　諸科二十二人：

　　林勗。《永樂大典》引《閩中記》："林勗字公懋，閩縣人，大中五年《開元禮》登科。"　　按《淳熙三山志》，林勗終吉州刺史。

　　制科：

　　莫宣卿。白鴻儒《莫孝肅公詩集序》："唐宣宗大中五年，龍集辛未，設科求賢，合天下士，對策於大庭，臚傳以莫公宣卿爲第一。公字仲節，廣南封州人也。"柳珪有《送莫仲節狀元歸省詩》曰："青驄聚送謫仙人，南國榮親不及君。椰子味從今日近，鷓鴣聲向舊山聞。孤猿夜叫三湘月，匹馬時侵五嶺雲。想到故鄉應臘過，藥欄猶有異花薰。"　　按是年設科無考。制科第一，據此亦得稱狀元。○孟按：宋劉應李輯《新編事文類聚翰墨全書》後丙集卷五《氏族門》："莫宣卿，唐大中間狀元及第。封州金井村有莫狀元讀書堂，有龍吟水，山水清響也。"又同上載《聖朝混一方輿勝覽》卷下《連州路・封州・人物》："莫宣卿，開建人，唐大中間狀元及第。"

　　知貢舉：禮部侍郎韋愨。《舊書・韋保衡傳》："父愨，大中四年拜禮部侍郎。五年選士，頗得名人。"沈詢《授韋愨鄂岳節度使制》

云："職司誥命，參貳春官，業彌振於訓詞，道愈光於得士。"

六年壬申（852）

進士二十八人：

劉駕，《唐才子傳》："劉駕字司南，大中六年禮部侍郎崔瑤下進士。初與曹鄴爲友，深相結。鄴既擢第，不忍先歸，待長安中。駕成名，乃同歸范蠡故山。"曹鄴有《漣川寄進士劉駕詩》。

許道敏，《唐闕史》："貢士許道敏隨鄉薦之初，獲知於時相。是冬。主文者將莅事於貢院，謁於相門，丞相大稱其文學精臻，宜在公選，主文加簡揖額而去。許潛知其旨，則磨礪以須。屈指試期，大挂人口，俄有張希復員外結婚於丞相奇章公之門，親迎之夕，辟道敏爲儐贊。道敏乘其喜氣，縱酒飛章，搖珮高譚，極歡而罷。居無何，時相敷奏不稱旨，移秩他郡。人情恐駭，主文不敢第於甲乙。爾後晦昧坎壈，不復聞達。繼丁家故，垂二十載，至大中六年崔瑤知舉年，方擢於上科。時有同年張侍郎讀，一舉成事，年才十九。乃道敏敗於垂成之冬，儐導外郎鵲橋之夕，牛夫人所出也。"　按許道敏，堯佐之子，登進士第，見《舊書·儒學傳》。

苗台符，《摭言》："苗台符六歲能屬文，聰悟無比。十餘歲博覽群籍，著《皇心》三十卷。年十六及第。張讀亦幼擅詞賦，年十八及第，同年進士，同佐鄭薰少師宣州幕。二人常列題於西明寺之東廡，或竊注之曰：'一雙前進士，兩個阿孩兒。'台符十七不禄，張讀位至禮部侍郎。"《韓文考異》引《登科記》："苗台符，蕃之曾孫，愔之子，大中八年進士第。"疑"八"爲"六"字之訛。○孟按：岑補云："大中六年進士苗台符，按此亦有疑問，詳拙著《唐史餘瀋》。"　按《唐史餘瀋》卷三《宣宗·苗台符》云："《登科記考》二二……以台符與讀爲大中六年進士，並疑韓文注'八'爲'六'字之訛，是亦一説。余更求之，《東觀奏記》下叙大中九年吏部侍郎裴諗因主試左降事，略云：'初裴諗兼上銓，主試弘、拔兩科，其年爭名者衆，應弘詞選前進士苗台符……已下一十五人就試。'則九年初台符未死，是故《摭言》所記年齡苟不誤，台符應非六年進士，台符而爲六年進士，《摭言》所記年歲必有訛。《新書》五八：'苗台符《古今通要》四卷，宣、懿時人。'按大中凡十三年，台符果十七不禄，應在懿宗即位前也。"是當存疑俟考。

張讀，《舊書·張薦傳》：“張讀登進士第，有俊才。” 按讀爲薦之孫，希復之子。

趙騭。《舊書·趙隱傳》：“弟騭，亦以進士登第。”《廣卓異記》：“大中六年，崔瑑知舉，放趙騭及第。”

諸科九人。

知貢舉：禮部侍郎崔瑑。《舊書·崔珙傳》：“崔瑑大中五年以中書舍人遷禮部侍郎。六年選士，時謂得才。七年權知户部侍郎。”杜牧《崔瑑除兵部侍郎制》：“前權知尚書户部侍郎崔瑑，上知自得，不器難名，既擅高文，兼通古學。掌言綸閣，典貢春闈，詞同三代之風，士掇一時之秀。”

七年癸酉 (853)

進士三十人：

＊于瓌，原作“于璵”，徐氏考云：“《廣卓異記》引《登科記》：‘于珪，大中三年狀元及第。弟璵，大中七年狀元及第。’”〔趙校：“當作‘于瓌’，詳《施補》。”〕孟按：施補云：“考《唐詩紀事》卷五十三于瓌條云：‘瓌字正德，敖之子也，大中七年進士第一人。’《舊唐書》卷一四九《于休烈傳》云：‘敖四子：球、珪、瓌、琮，皆登進士第。’又《新唐書》卷七十二下《宰相世系表》于敖子有球、珪、瓌、珦、琮，並無璵名。而于瓌之名並見《東觀奏記》卷上，亦謂其爲前進士。則大中七年之狀元于璵，實即于瓌之誤，宜據《唐詩紀事》更正。卷二十七頁十六附考據《舊唐書·于休烈傳》録于瓌。今知于瓌爲大中七年狀元，附考所録應删。”今更正並删併。

＊崔殷夢，原作“崔瓌”，徐氏考云：“《玉泉子》：‘崔殷夢瓌，宗人瑤門生也，夷門節度使龜從之子。同年首冠于瓌，瓌白瑤曰：“夫一名男子，飭身世以爲美也，不可以等埒也。近歲關試內，多以假爲名，求適他處，甚無謂也。今乞侍郎，不可循其舊轍。”瑤大以爲然。一日瓌等率集同年，詣瑤起居。既坐，瑤笑謂瓌等曰：“昨得大梁相公書，且欲先輩一到，駿馬健僕往復，當不至稽滯。幸諸先輩留意。”瓌以座主之命，無如之何。’《摭言》作‘殷夢名澹’。” 孟按：《玉泉子》所言“崔殷夢瓌”，蓋“瓌”字殆因下文

"于瓖"而衍。崔瑶、崔瓌皆郾之子,見《舊唐書》卷一五五《崔郾傳》,未得稱"宗人"。崔殷夢字濟川,龜從之子,見《新唐書·宰相世系二下》表,出清河大房,殆與崔瑶爲"宗人"。又《唐語林》卷七:"李衛公頗升寒素,舊府解有等第,衛公既貶,崔少保龜從在省,子殷夢爲府解元。廣文諸生爲詩曰:'省司府局正綢繆,殷夢元知作解頭。三百孤寒齊下泪,一時南望李崖州。'盧渥司從以府元爲第五人。自此廢等第。"考《舊唐書》卷十八下《宣宗本紀》載:大中元年(847)"秋七月……以太子少保分司東都、衛國公李德裕爲人所訟,貶潮州司馬員外置同正員";三年(849)十二月"崖州司户參軍李德裕卒於貶所"。同上又載:大中二年(848)"九月,以户部侍郎、判度支崔龜從本官同平章事"。又《四部叢刊》本《唐孫樵集》卷八《唐故倉部郎中康公墓誌銘并序》云:"唐尚書倉部郎中姓康氏,以咸通十三年月日薨於鄭州官舍。其年月日,前左拾遺陳書寓書孫樵曰:'與子俱受恩康公門,今先還有期,其孤徵誌於子,子其無讓。'樵哭之慟已,而揮涕叙平生。公諱某字某,會稽人。……大中二年,復調授京兆府參軍,其年冬爲進士試官,峭獨不顧,雖權勢不能撓,其與選者,不逾年繼踵升第。故中書侍郎高公璩……今春官貳卿崔公殷夢、尚書屯田郎中崔亞、前左拾遺陳書及樵十輩,皆出其等列也。"《全唐文》卷七九五同;《四庫全書》本《孫可之集》卷八無崔殷夢)綜合上考,知崔殷夢於大中二年(848)由京兆府等第,而至本年擢第。因知"崔瓌"爲崔殷夢之誤,今改正。此條參見陳補。又按胡補以爲崔殷夢於大中三年及第,誤。

　　李詹,《玉泉子》:"唐李詹,大中七年崔瑶下擢進士第。平生廣求滋味,每食鼈,輒緘其足,暴於烈日。鼈既渴,即飲以酒而烹之,鼈方醉已熟矣。復取驢繫於庭中,圍之以火,驢渴,即飲以灰水,蕩其腸胃。然後取酒,調以諸辛味,復飲之。驢未絕而爲火所逼爍,外已熟矣。詹一日方巾首,失力仆地而卒。頃之,詹膳夫亦卒。一夕膳夫復蘇,曰:'某見詹爲地下責其過害物命,詹對以某所爲。某即以詹命不可違答之。詹又曰:"某素不知,皆狄慎思所傳。"故得以迴。'無何,慎思復卒。慎思亦登進士第,時爲小諫。" 按慎思,會昌六年狀元。

　　韋蟾。《唐詩紀事》:"蟾字隱桂,下杜人。大中七年進士登第。初爲徐商掌書記,終尚書左丞。" 按蟾,表微之子,見《舊書·儒學傳》。○孟按:《舊唐書·儒學·韋表微傳》載"子蟾,進士登第"。

諸科十一人。

知貢舉:中書舍人崔瑶。《舊書·崔郎傳》:"郎子瑶,出佐藩方,入升朝列,累至中書舍人。大中六年知舉,旋拜禮部侍郎。"《唐語林》:"崔瑶知貢舉,以貴要自恃,不畏外議。榜出,率皆權豪子弟。"○孟按:《南部新書》卷二:"父子知舉三家:高鍇,子湘、湜;于邵,子允躬;崔郎,子瑶。惟崔氏相去只二十年。"

八年甲戌(854)

九月七日,御札墨制,除賈島遂州長江主簿。敕曰:"比者禮部,奏卿風狂,遂且令關外將息。今既却攜卷軸,潛至京城,遇朕微行,聞卿高詠。睹其至業,可謂屈人。是用顯我特恩,賜爾墨制,宜從短簿,別俟殊科。可守劍南道遂州長江縣主簿,仍便齎敕,乘驛赴官。所管藩侯,放上聞奏。"《鑒戒錄》:"賈島初赴名場日,常輕於先輩,以八百舉子所業,悉不如己。又吟病蟬之句,以刺公卿。公卿惡之,與禮闈議之,奏島與平曾等風狂,撓擾貢院。是時逐出關外,號爲十惡。議者以浪仙自認病蟬,是無搏風之分。詩曰:"病蟬飛不得,向我掌中行。折翼猶能薄,酸吟尚極清。露華疑在腹,塵點任侵睛。黃雀並烏鳥,俱懷害爾情。'島後爲僧,改名無本。入京投蜀僧悟達國師知玄院中,或去法乾寺返初了,潛於鐘鼓安下,日與師覺輝、無可上人、姚殿中合衷私唱和。慮卿相所聞,專俟宣宗微行,欲見帝,希特恩,非時及第。及宣宗微行,值玄不在,上聆鐘樓上有秀才吟詠之聲,遂登樓,於島案上取吟次詩欲看。島不識帝,攘臂睨帝,遽於帝手奪之,曰:'郎君何會耶?'帝慚赧下樓,玄公尋亦歸院,島撫膺追悔,欲投鐘樓。帝惜其才,急詔釋罪,謂島曰:'方知卿薄命矣。'遂下墨制,島因授此官,永離貢籍。"《摭言》:"賈島不善程試,每試自送一幅,巡鋪告人曰:'原夫之輩,乞一聯,乞一聯。'"○孟按施補云:"(《登科記考》)卷二十二頁26(854年)下錄《鑒誡錄》所載賈島除長江主簿之墨制及賈島在僧寺與宣宗相遇事(按見《鑒誡錄》〔《知不足齋叢書》本〕卷八賈忤旨條)。按蘇絳《賈公墓誌銘》云:'公諱島,字浪仙,范陽人也……會昌癸亥歲七月二十八日終於郡官舍,春秋六十有四。'(《全唐文》卷七六三)《新唐書》卷一六七《賈島傳》云:'會昌初以普州司倉參軍遷司户,未受命卒,年五十六。'所記賈島年歲雖異,但謂其卒於會昌初則同(會昌癸亥爲會昌三年〔842年〕)。故《鑒誡録》所載賈島除官墨制及在僧寺與宣宗相遇之事,其誤甚顯,無俟深辨。"

是年,韋澳爲京兆尹,榜曰:"朝廷將裨教化,廣設科場。當開元、天寶之間,始專重明經、進士。及貞元、元和之際,又益以薦送相高。當時惟務切磋,不分黨甲,絶僥倖請托之路,有推賢讓能之風。等列標名,僅同科第,既爲盛事,固可公行。近日已來,前規頓改,互争强弱,多務奔馳。定高卑於下第之初,决可否於差官之日。曾非考核,盡繫經營。奥學雄文,例舍於貞方寒素;增年矯貌,盡取於朋比群强。雖中選者曾不足云,而争名者益熾其事。澳叨司畿甸,合貢英髦,非無藻鑑之心,懼有愛憎之謗。且李膺以不察孝廉去任,胡廣以輕舉茂才免官,況在窺管,實難裁處。況禮部格文,本無等第,府庭解送,不合區分。今年所合送省進士、明經等,並以納策試前後爲定,不在更分等第之限。"《東觀奏記》:"先是,京兆府進士、明經解送,設殊、次、平等三級,以甄別行實。近年公道益衰,止於奔競,至解送之日,威勢撓敗,如市道焉。至是澳榜云云。"《摭言》載於七年。考《舊本紀》,八年五月以中書舍人翰林學士韋澳爲京兆尹,今從之。

上書拜官一人:

李群玉。《唐才子傳》:"李群玉字文山,澧州人。清才曠逸,不樂仕進,赴舉一上即止。裴相公休觀察湖南,厚禮延致之郡中。大中八年,以草澤臣來京詣闕上表,自進詩三百篇。休適入相,復論薦。上悦之,敕授弘文館校書郎。"李群玉有《始忝四座奏狀,聞薦蒙恩授官,旋進歌詩,延英宣賜,言懷紀事,呈同館諸公二十四韻》。

進士三十人:李頻有《省試振振鷺詩》,當是此年試題。

顔標,狀元。　《摭言》:"鄭侍郎薰主文,謂顔標乃魯公之後。時徐寇作亂,薰志在激勸忠烈,即以標爲狀元。謝恩日,從容問及廟院,標曰:

'標寒進也，未嘗有廟院。'薰始大悟，塞嘿而已。尋爲無名子所嘲，曰：'主司頭腦太冬烘，錯認顏標作魯公。'"

李頻，《唐才子傳》："頻字德新，睦州壽昌人。給事中姚合愛其標格，以女妻之。大中八年顏標榜擢進士，調校書郎，爲南陵主簿。試判入等，遷武功令。"《摭言》："李頻師方干，頻及第，詩僧清越贈干詩云：'弟子已得桂，先生猶灌園。'"鄭谷有《故少師從翁隱巖別業詩》云："理論知清越，生徒得李頻。"鄭薰號所居爲"隱巖"。李頻《梨岳集》有《及第後歸詩》曰："家臨浙水傍，岸對買臣鄉。從棹隨歸鳥，乘潮向夕陽。苦吟身得雪，甘意鬢成霜。況此年猶少，酬知足自強。"又有《及第後還家過峴嶺詩》。○孟按：《新唐書·文藝下》本傳："大中八年，擢進士第，調秘書郎，爲南陵主簿。"

劉滄，《唐才子傳》："滄字蘊靈，魯國人。大中八年禮部侍郎鄭薰下進士。榜後晉謁謝，薰曰：'初謂劉君銳志，一第不足取。故人別來三十載，不相知聞，誰謂今日白頭紛紛矣。'與李頻同年。"劉滄《看榜日詩》曰："禁漏初停蘭省開，列仙名目上清來。飛鳴曉日鶯聲遠，變化春風鶴影回。廣陌萬人生喜色，曲江千樹發寒梅。青雲已是酬恩處，莫惜芳時謝酒杯。"又《及第後宴曲江詩》曰："及第新春選勝游，杏園初宴曲江頭，紫毫粉筆題仙籍，柳色簫聲拂御樓。霽景露光明遠岸，晚空山翠墜芳洲。歸時不省花間醉，綺陌香車似水流。"○孟按：《新唐書·藝文志四》："《劉滄詩》一卷：字蘊靈。《崔珏詩》一卷：字夢之，並大中進士第。"

畢紹顔，《舊書·畢誠傳》："子紹顔，登進士第。"《永樂大典》引《蘇州府志》："大中八年，侍郎鄭薰知舉，畢紹顔登第。"

李循，《舊書·文苑傳》："李巨川父循，大中八年登進士第。"

＊崔櫓（崔魯），原作"崔□"，徐氏考云："李頻《漢上逢同年崔八詩》云：'去歲曾遊帝里春，杏花開過各離秦。'是同進士及第，其名俟考。"胡考云："按《唐詩紀事》卷五八《崔櫓》條：'櫓，大中時進士也。'《唐才子傳》卷九《崔魯（或作櫓）傳》：'魯，廣明間舉進士。'《全唐詩》卷五六七：'崔櫓，大中時舉進士（一作廣明中進士）。'則據《紀事》，櫓大中時進士，而《才子傳》云廣明中則未詳何本。又《紀事》早於《才子傳》，以《紀事》證之，《登科記考》大中八年（854）進士之'崔□'疑即崔櫓。又諸書作'崔魯'，誤。《新唐書》卷六〇《藝文志》四、《唐摭言》卷十《海叙不遇》條、《直齋書錄解題》卷

十九均作‘崔櫓’，可知應作‘崔櫓’。”　孟按：岑仲勉《唐人行第録》“崔八”
條頗疑李頻《漢上逢同年崔八詩》之崔八爲“崔珏”，然尚嫌證據不足，故存
疑俟考。按陳補亦引岑説。

　　許□，李頻有《春日南遊寄浙東許同年詩》，名俟考。

　　＊李瓚，原作“李□”，徐氏考云：“按李頻有《賀同年翰林從叔舍人知
制誥》詩，未知其名，俟考。”　孟按：陶敏《全唐詩人名考證》[6811D]：“《賀
同年翰林從叔舍人知制誥》。從叔舍人，李瓚。《學士壁記》：‘李瓚，咸通
四年四月七日自荊南節度判官、檢校禮部員外郎賜緋充；其月十日，遷右
補闕內供奉充；九月十八日，加駕部員外郎充；十二月二十八日加知制誥
充；五年六月一日，改權知中書舍人，出院。’《舊書·李宗敏傳》：‘子琨、
瓚，大中朝皆擢進士第。’瓚當是大中八年進士，與李頻同年。”據此可補其
名。陳補亦云：“《全唐詩》卷五八七李頻《賀同年翰林從叔舍人知制誥》，
徐氏録而闕名。按當即李瓚。《舊唐書》卷一七六《李宗閔傳》：‘子琨、瓚，
大中朝皆擢進士第。令狐綯作相，特加獎拔。瓚自員外郎知制誥，歷中書
舍人、翰林學士。’記其官守未盡准確。《翰林學士壁記》云：‘李瓚，咸通四
年四月七日自荊南節度判官、檢校禮部員外郎賜緋充。……十二月二十
八日加知制誥。’與李詩所叙可印證。《唐語林》卷六：‘李瓚，故相宗閔之
子。……鄭舍人毅之父，瓚座主也。’毅爲薰之子，見《新唐書》卷一八五
（名作穀）。薰主本年貢舉，前考可得確證。”又《記考》卷二十七《附考·進
士科》原録有李瓚，徐氏考云：“《舊書·李宗敏傳》：‘子琨、瓚，大中朝皆進
士擢第。’”是知爲一人，今删併至本年。

　　＊薛調。原列卷二十七《附考·進士科》，徐氏考云：“《唐語林》：‘薛
調、李瓚同年進士。調美姿貌，人號爲生菩薩；瓚俊爽，人號爲劍。’按‘李
瓚’或作‘季瓚’，似誤。”　孟按：所引見《唐語林》卷四：“薛調、李瓚同年
進士。”

　　諸科十五人。

　　知貢舉：禮部侍郎鄭薰。鄭處誨（草）《授鄭薰禮部侍郎制》
曰：“敕：儀曹劇任，中臺慎擇。總百郡之俊造，考五禮之異同，必求上
才，以允僉屬。中散大夫、尚書工部侍郎鄭薰，高陽茂族，通德盛門，
秉莊氏之遺風，蘊名卿之品業。文諧《騷》《雅》，鼓吹前言，譽洽搢紳，

領袖時輩。操守必修其謙柄，進退常踐于德藩，迭中詞科，亟升清貫。持橐列金華之侍，揮豪擅紫闥之工，貳職冬官，克揚休問。是用俾司貢籍，以振儒風。朕以化天下者，莫尚於人文；序多士者，以備乎時選。育材之本，惟善是從。搴拔既尚于幽貞，聳勸勿遺於曹緒。無求冠玉，無採雕蟲，當思取實之方，必有酌中之道。爾其盡慮，以率至公。可守禮部侍郎。"《舊書》本傳："薰端勁，再知禮部，舉引寒俊，士類多之。"按薰惟此年知舉，《舊書》謂再知禮部，誤。　《太平廣記》引《盧氏雜說》："鄭薰知舉，放榜日，唯舍人畢諴到宅謝恩。"蓋諴以子紹顏登第而謝也。劉滄有《罷華原尉上座主尚書詩》，蓋即薰也。李頻亦有《奉和鄭薰相公詩》。

李頻《振振鷺詩》曰："有鳥生江浦，霜華作羽翰。君臣相比潔，朝野用爲歡。月影林梢下，冰光水際殘。飛翻時共樂，飲啄道皆安。迴翥宜高詠，群棲人靜看。由來駕鷺侶，濟濟列千官。"《文苑英華》。　按"振振鷺"，《梨岳集》作"振鷺"。

九年乙亥（855）

正月十九日，制曰："朝議郎、守尚書刑部郎中、柱國、賜緋魚袋唐扶，將仕郎、守尚書職方員外郎裴紳，早以科名，薦由臺閣，聲猷素履，亦有可嘉。昨者吏部以爾秉心精專，請委考核，而臨事或乖於公當，物議遂至於沸騰。豈可尚列彌綸，是宜並分符竹，善綏凋瘵，以補悔尤。扶可虔州刺史，散官、勳、封如故。裴可申州刺史，散官如故。"時試宏詞舉人，漏泄題目，爲御史臺所劾，扶爲考試官也。吏部侍郎、兼判尚書銓事裴諗左授國子祭酒，吏部郎中周敬復罰一月俸，監察御史馮顓左授秘書省著作佐郎。《舊書》本紀作"馮顓罰一月俸料"。考院所送博學宏辭科趙租等十人，並宜覆落，不在施行之限。初，裴諗兼上銓，主試宏、拔兩科，其年爭名者衆。應宏詞選前進士苗台符、楊嚴、薛訢、李詢古、敬翊已下一十五人就試，謚寬豫仁厚，有賦題不密之説。前進士柳翰，京兆尹柳憙之子也。故事，宏詞科只三人，翰在選中。不中者言翰於謚處先得賦題，〔趙校：原脱“題”字，據《東觀奏記》卷下補。〕托詞人温庭筠爲之。翰既中選，其聲聒不止，事徹宸聽。杜德公按杜審權謚曰“德”。時爲中書舍人，言於執政曰：“某兩爲考官，未試宏詞，先鏁考官，然後考文書，〔趙校：按粤雅本《奏記》，“先鏁考官”下有脱文，無“然後考”三字。〕若自先得賦題者必佳。糊名考文書得佳者，考官乃公。當罪止。按下疑有闕文。謚爲考官不合坐。”〔趙校：上兩句粤雅本作“當罪上銓爲宜考官不合坐”。〕宏詞趙柜，丞相令狐綯故人子也，同列將以此事嫁患於令狐丞相。丞相逐之，盡覆去。《東觀奏記》。　《唐會要》載此事於二月，《舊書》本記載於三月。
　　按裴紳即庭裕之父，記其家事較爲有據，故從《東觀奏記》。

　　御史臺據正月八日禮部貢院捉到明經黄續之、趙弘成、全質等三人，僞造堂印、堂帖，兼黄續之僞著緋衫，將僞帖入貢院，令與舉人虞蒸、胡簡、黨贊等三人及第，許得錢一千六百貫文。據勘黄續之等罪欵，具招造僞，所許錢未曾入手便事敗。奉敕並準法處死。主司以自獲奸人，並放。《舊書》本紀。　按本紀，載於三月試宏詞之後。今有“正月八日”之文，當與試宏詞同爲正月事。

　　進士三十人：

　　孫樵，《讀書志》：“孫樵字隱之，大中九年進士。”《新書·藝文志》作“樵字可之”。《孫可之文集》自序云：“幼而工文，得之真訣。提筆入貢士列，於時以文學見稱，大中九年叨登上第。”　按樵《祭梓潼帝君文》：“大中十八年，鄉貢進士孫樵再拜獻詞。”考大中無十八年，蓋“十”字衍文。樵於九年登第，故八年猶稱鄉貢。

　　盧攜，《舊書》本傳：“攜字子升，范陽人。祖損，父求。攜大中九年進士擢第，授集賢校理。”《北夢瑣言》：“唐大中初，盧攜舉進士。風貌不揚，語亦不正，呼攜爲慧，蓋短舌也。韋氏昆弟皆輕悔之，獨韋岫尚書加敬，謂其昆弟曰：‘盧雖人物甚陋，觀其文章有首尾，斯人也以是卜之，他日必爲大用乎？'爾後盧果策名，竟登廊廟，獎拔京兆，至福建觀察使。向時輕薄諸弟，卒不展分。所謂以貌失人者，其韋諸季乎！"

柳璧，《舊書·柳公綽傳》："仲郢子璧，大中九年登進士第。"《新書》："璧字賓玉。"〔趙校：《新書》卷七三上作"寶玉"。〕

楊授，《舊書·楊嗣復傳》："嗣復子授，字得符，大中九年進士擢第。"

陸肱，《唐詩紀事》："肱大中九年登進士第。咸通六年，自前振武從事試平判入等，牧南康郡，辟許棠爲郡從事。鄭谷寄詩云：'江山多勝境，賓主是貧交。'肱以《春賦》得名。"

李彬，《玉泉子》："大中九年，沈詢侍郎以中書舍人知舉。其登第門生李彬，父叢爲萬年令。同年有起居之會，倉部李郎中蟾時在坐，因戲諸進士曰：'今日極盛，蟾與賢座主同年。'時右司李郎中從晦又在座，戲蟾曰：'殊未耳。小生與賢座主同年，如何？'謂郴州柳侍郎也。眾皆以爲異。是日數公皆詣賓客馮尚書審，則又柳公座主楊相國之同年。舉座異之。"〔趙校：案：以上不見今《玉泉子》，載《因話錄》卷六。〕按楊相國，謂嗣復。

沈儋，《雲溪友議》："潞州沈尚書，宣宗九載主春闈。將欲放榜，其母郡君夫人曰：'吾見近日崔、李侍郎皆與宗盟及第，似無一家之謗。汝叨此事，家門之幸也，於諸棐中擬放誰耶？'詢曰：'莫先沈光也。'太夫人曰：'沈光早有聲價，沈擢次之。二子科名不必在汝，自有他人與之。吾以沈儋孤單，鮮有知者，汝其不滑，孰能見哀！'詢不敢違慈母之命，遂放儋第焉。光後果升上第，擢奏芸閣，從事三湘。太夫人之朗悟，儋亦感激焉。"

羅洙，《南部新書》："韓洙與沈詢尚書中表，詢憐洙，許與成事。如是歷四五年，太夫人又念之，復累付於詢。詢知舉，大中九年也，自第二人邐迆改爲第七人方定。及放榜，誤爲羅洙。後詢見韓，詢未嘗不深嗟其命。"

＊崔□。孟按：《全唐詩》卷五八九李頻有《送崔侍御書記赴山北座主尚書招辟》詩，陶敏《全唐詩人名考證》[6833C]："《送崔侍御書記赴山北座主尚書（招）辟》。座主，沈詢，乃崔之座主。北山，唐人指澤潞。《云溪友議》卷八：'潞州沈尚書詢，宣宗九載主春闈。'《唐摭言》卷十三：'北山沈侍郎主文年，特召溫飛卿於簾前試之。'《舊書·沈詢傳》：'咸通中，檢校户部尚書、昭義節度使。'《通鑑》：咸通四年十二月：'乙酉，（昭義節度使沈詢

奴）歸秦結牙將作亂，攻府第，殺詢。'"因知"崔侍御"嘗於本年沈詢知貢舉時登進士第。其名未詳，俟考。

諸科六人。

博學宏詞科：趙柜等皆落下。見上。

知貢舉：中書舍人沈詢。《南部新書》："大中九年，日官李景亮奏云：'文昌暗，科場當有事。'沈詢爲禮部，甚懼焉。至是三科盡覆試，宏詞趙柜等皆落下。"按三科，謂進士、明經、宏詞。

十年丙子（856）

三月，中書門下奏："據禮部貢院見置科目內，《開元禮》、三禮、三傳、三史、學究、道舉、明算、明法、童子等九科，近年取人頗濫。曾無實藝可採，徒添入仕之門，須議條流，俾精事業。臣等已於延英面論，伏奉聖旨，將文字來者。其前件九科，臣等商量，望起大中十年，權停三年。滿後至時赴試者，令有司據所舉人先進名，令中書舍人重覆問過。如有本業精通，堪備朝廷顧問，即作等第進名，候敕處分。如事業荒蕪，不合送名數者，考官當議朝責。其童子，近日諸道所薦送者，多年齒已過，僞稱童子。考其所業，又是常流。起今已後，望令天下州府薦送童子，並須實年十一、十二以下，仍須精熟一經，問皆全通，兼自能書寫者。如違制條，本道長吏亦議懲罰。"從之。《舊書》本紀。　《册府元龜》、《唐會要》皆作五月，今從本紀。

四月，禮部侍郎鄭顥進《諸家科目記》十三卷，表曰："自武德以後，便有進士諸科。出鶯谷而飛鳴，聲華雖茂；經鳳池而閱視，史策不書。所傳前代姓名，皆是私家記録。虔承聖旨，敢不討論。臣尋委當行祠部員外郎趙璘採訪，《諸家科目記》撰成十三卷，自武德元年至於聖朝，謹專上進，方俟無疆。"敕："宜付翰林。自今放榜後，仰寫及第人姓名及所試詩賦題目進入內，仍仰所司，逐年編次。"《册府元龜》、《唐會要》、《唐語林》。　《東觀奏記》："上雅尚文學,聽政之暇常賦詩,尤重科名。大中十年,鄭顥知貢後,宣索《科名記》,顥表上。"

　　進士三十人:

　　崔鉶,狀元。　《舊書·崔元略傳》:"元受子鈞、鉶、銖,相繼登進士第。"

　　伍愿(伍正已),《永樂大典》引《臨汀志》:"伍愿,大中十年進士及第。愿又改名正已,字公謹,寧化人。調臨川尉。"○孟按:《輿地紀勝》卷一三二《福建路·汀州·人物》:"唐伍正己,寧化人,唐大中擢第,爲御史中丞。"天一閣[嘉靖]《汀州府志》卷十三《進士·寧化縣》:"唐,大中十年丙子崔鉶榜:伍愿,改名正己。"同上卷十四《人物·名臣》:"唐伍正己,字公謹,寧化人,舊名愿,擢甲科,調臨川尉,改名正己,累遷御史中丞。"

　　徐渙,《永樂大典》引《宜春志》:"徐渙,大中十年登進士第。"

　　李郢,《唐才子傳》:"李郢字楚望,大中十年崔鉶榜進士及第。"《唐語林》:"李郢有詩名,鄭尚書顥門生也。初赴舉,聞鄰女有容,求娶之。遇有爭娶者,女家無以爲詞,乃曰:'備錢百萬,先至者許之。'兩家具錢,同日皆至。女家無以爲詞,復曰:'請各賦一詩,以爲優劣。'郢乃得之。登第回江南,駐蘇州,遇故人守湖州,邀同行。郢辭以決意春歸,爲妻作生日。故人不放,與之胡琴焦桐方物等,令且寄歸代意。郢爲《寄內詩》曰:'謝家生日好風烟,柳暖花春二月天。金鳳對翹雙翡翠,蜀琴新上七絲絃。鴛鴦交頸期千歲,琴瑟偕和欲百年。應恨客程歸未得,綠窗紅淚冷涓涓。'"○孟按:《金華子雜編》卷下:"李郢詩調美麗,亦有子弟標格,鄭尚書顥門生也。"《新唐書·藝文志四》著錄:"《李郢詩》一卷。"注:"字楚望,大中進士第,侍御史。"又原卷二十七《附考·進士科》列有"李郢",徐氏考云:"《全唐詩話》:'郢字楚望,大中進士,終於御史。'"趙校已據《施補》指出與本年重出,今刪併。

　　崔瑾,《舊書·崔郾傳》:"郾子瑾,大中十年登進士第。"

　　*劉銓。《補遺》册四,第268頁,鄭隼撰文德元年(888)五月《唐故嫣州刺史充清夷軍營田等使朝散大夫檢校尚書司封郎中攝御史中丞上柱國賜紫金魚袋彭城劉公(銓)墓誌銘并序》云:"公諱銓,字秘之,漢中山靖

王之後也。……二十舉茂才。”按劉氏卒於文德元年（888），享年五十二，則其二十歲時在本年。

　　　諸科五人。

　　　＊知貢舉：禮部侍郎鄭顥。原作“黃門侍郎鄭顥”，徐氏考云：“《摭言》：‘大中中，都尉鄭尚書放榜，上以紅箋筆札一名紙云“鄉貢進士李〔趙校：原注：御名。〕”，以賜顥。’又曰：‘鄭顥都尉第一榜，托崔雍員外爲榜。雍甚然諾，顥從之。雍第推延，至榜除日，顥待榜不至，隕穫且至。會雍遣小僮壽兒者傳云：“來早陳賀。”顥問有何文字，壽兒曰：“無。”然日勢既暮，壽兒且寄院中止宿，顥亦懷疑，因命搜壽兒懷袖，一無所得。顥不得已，遂躬自操觚。夜艾，壽兒以一蠟彈丸進顥，即榜也。顥得之大喜，狼忙札之，一無更易。’又曰‘大中十年，鄭顥都尉放榜，請假往東洛覲省，生徒餞於長樂驛。俄有記於屋壁曰：“三十驊騮一烘塵，來時不鎖杏園春。楊花滿地如飛雪，應有偷游曲水人。”’　孟按：《舊唐書·宣宗紀》載，大中九年十一月“以中書舍人鄭顥爲禮部侍郎”，是以禮部侍郎知貢舉，放本年春榜也。又上文徐松引《册府元龜》、《唐會要》、《唐語林》有“四月，禮部侍郎鄭顥進《諸家科目記》十三卷”云云，是亦爲禮部侍郎。又《補遺》册六，第174頁，盧輅撰大中十二年（858）五月十二日《唐故范陽盧氏（輅）滎陽鄭夫人墓誌銘》云：“夫人之兄五人……長兄曰顥……自諫議大夫、知制誥轉中書舍人，固辭出翰莞，守右庶子，拜戶部侍郎，由戶部拜兵部侍郎。上以公文學之領袖，乃命屈主文柄。其趨名者皆争出其下。既貢事畢，頗歸人望。及除春官，復拜戶部侍郎判戶部事。”

十一年丁丑(857)

　　　進士三十人：

歸仁翰，《永樂大典》引《蘇州府志》：“杜審權知舉，歸仁翰登第。”

　　王徽，《舊書》本傳：“徽字昭文，京兆杜陵人。曾祖擇，從祖察，父自立。徽大中十一年進士擢第，釋褐秘書省校書郎。”又曰：“徽登第時，年踰四十。”

　　盧處權，《南部新書》：“杜審權大中十一年知舉，放盧處權。有戲之曰：‘座主審權，門生處權，可謂權不失權。’”○陳補云：“盧處權，疑即盧弘止之子盧虔灌，見《舊唐書》卷一六三，徐《考》收入附考。”○孟按：若作“虔灌”，則與《南部新書》所載“權不失權”之戲語無涉，故陳補可存疑俟考。

　　＊**王緘**，《宋高僧傳》卷二十二《周僞蜀净衆寺僧緘傳》：“釋僧緘者，俗名緘也，姓王氏，京兆人。少而察慧，辭氣絕群。大中十一年，杜審權下對策成事，秘書監馮涓即同年也。”《新編分門古今類事》卷四引《名賢小説》：“王處厚字元美，華陽人也。舉進士於孟氏廣政丁卯歲，下第無聊，乃出西郊净衆佛刹，見一僧老而癯，揖與語，曰：‘吾本大中時人，姓王名緘，字固言，及進士第。至今合得五百九十四甲子，一千一百八十八浹辰，時壯室有二，今計齒一百三十年矣。遭亂爲僧，遊蕩至此。’會語久之，別去。又曰：‘秀才成在明年。’處厚歸，復訪之，已絕迹矣。是歲冬，忽聞叩門，乃其僧也。……處厚悸悚，因問來春之事。僧爲一札以授之曰：‘春試畢，開之。’有十六字，曰：‘周士同成，二王殊名，主居一焉，百日爲程。’及放榜，處厚果第一，王慎言爲榜眼。”按言“廣政丁卯歲”誤，孟氏廣政無“丁卯”歲。以王緘大中十一年（857）三十二歲（“時壯室有二”）後推，其一百三十歲時在廣政十八年乙卯（955，即顯德二年），知“丁卯”實爲“乙卯”之訛。

　　＊**馮涓**，原列卷二十二大中四年（850）進士科，徐氏考云：“《唐語林》：‘大中四年，進士馮涓登第，榜中文譽最高。是歲，新羅國起樓，厚齎金帛，奏請撰記。時人榮之。’《太平廣記》引《王氏聞見録》：‘馮涓，舊唐名士，雄才奧學，登進士第。’《十國春秋》：‘馮涓字信之，先世婺州東陽人，唐吏部尚書宿之孫。’”　孟按：徐氏所引《唐語林》，實本《北夢瑣言》卷三“杜審權斥馮涓”條。然上二書接後又云：“初除京兆府參軍，恩地即杜相審權也。”按“恩地”者，晚唐人常用於對座主的稱呼（如：姚鵠有《將歸蜀留獻恩地僕射二首》詩，“恩地僕射”即指王起，姚鵠座主；王起於會昌四年（844）拜僕射。姚鵠於會昌三年（843）進士及第，王起知貢舉；見《記考》卷二十二。又：司空圖有《頃年陪恩地赴甘棠之召感動留題》詩，“恩地”謂王凝；《舊唐書·司空圖傳》：“圖咸通十年登進士第，主司王凝於進士中尤奇之。”又曹鄴《翠孤至渚宮寄座主相公》詩云：“奉答恩地恩，何慚以誠告。”故徐松於《記考》卷二十八《別録上》録《國史補》、《摭言》叙進士科舉條“有

司，謂之座主”下注：“按座主亦曰恩地，曰恩門。”）知馮涓登進士第時杜審權爲座主。考《記考》卷二十二大中四年（850）裴休知貢舉，大中十一年（857）杜審權知貢舉。則馮涓登第時間當在大中十一年。吳考亦據《北夢瑣言》證馮涓爲大中十一年登第。　孟又按：《宋高僧傳》卷二十二《周僞蜀净衆寺僧緘傳》：“釋僧緘者，俗名緘也，姓王氏，京兆人。少而察慧，辭氣絶群。大中十一年，杜審權下對策成事，秘書監馮涓即同年也。”亦證其是年登第無疑。故移正。

　　＊盛均，《閩書》卷九十一《英舊志·泉州府·永春縣·唐進士》：“大中十一年：盛均。”四庫本《福建通志》卷三十三《選舉一·唐科目》：“大中十一年丁丑：永春縣盛均。”同上卷五十一《文苑·永春州》：“盛均，字之才，永春人。大中進士。舍人皇甫焕博辨自雄，與賓客及門人廣引發難，多不終席，均應答如響，時謂勍敵。嘗病《白氏六帖》疏略，廣爲《盛氏十二帖》，囊括經史，貫穿百家，破資時好。仕終昭州刺史。”又見［乾隆］《永春州志》卷九、卷十。按《新唐書·藝文志三》著録“盛均《十三家帖》”，注云：“均，字之材，泉州南安人，終昭州刺史。以《白氏六帖》未備而廣之，卷亡。”按胡補據乾隆《福建通志》卷三十三録入。

　　＊孫絿。《補遺》册四，第 211 頁，令狐綯撰大中十一年（857）十一月廿六日《唐故銀青光禄大夫檢校司空□□□□□司□□上柱國樂安縣開國侯食邑一千户賜□□孫公（簡）墓誌銘并序》云：“公諱簡，字樞中……有子九人……次曰絿，前進士。”按《千唐》［1205］孫紓撰大中九年（855）七月廿五日《唐前試大理評事兼監察御史孫公亡妻隴西李氏墓誌銘并序》（參見《彙編》［大中 095］）末題：“再從姪孫鄉貢進士絿書並篆。”知孫絿登第之年當在大中十年（856）至十一年間。今附本年。

　　　諸科三人。

　　　＊博學宏詞科：

　　＊馮涓。《唐詩紀事》卷六十六《馮涓傳》：“馮涓，字信之，信都人。大中初舉進士，登宏詞科。”《輿地紀勝》卷一五五《潼川府路·遂寧府·人物》：“馮涓，其先信都人。連中進士、宏詞，昭宗時爲眉州刺史。”《十國春秋》本傳：“馮涓，字信之，先世爲婺州東陽人，唐吏部尚書宿之孫也。登唐大中四年宏辭科進士。”按言“四年”誤，考見前。知馮涓於大中十一年連

登進士及博學宏詞科。

　　知貢舉：中書舍人杜審權。《舊書》本紀：“大中十年九月，以中書舍人杜審權權知禮部貢舉。”本傳：“審權正拜中書舍人，大中十年，權知禮部貢舉。十一年，選士三十人，後多至達官。正拜禮部侍郎。”

十二年戊寅（858）

　　三月，中書舍人李藩知舉，博學宏詞放陳琬《雲溪友議》作“玩”，《太平廣記》引作“琬”。等三人。及進詩、賦、論等，召謂藩曰：“所賦詩中重用字，何如？”藩曰：“錢起《湘靈鼓瑟詩》有重用字，乃是庶幾。”上曰“此詩似不及起。”乃落下。《冊府元龜》、《唐會要》。

　　《雲溪友議》：“宣宗十二年，前進士陳玩等五人應博學宏詞選，所司考定名第。及詩、賦、論進訖，上於延英殿詔中書舍人李藩等對，上曰：‘凡考試之中，重用字如何？’藩對曰：‘賦忌偏枯叢雜，論失褒貶是非。詩則緣題落韻，只如《白雲起封中詩》云“封中白雲起”是也。其間重用文字，乃是庶幾，亦非有常例也。’又曰：‘孰詩重用字？’對曰：‘錢起《湘靈鼓瑟詩》有二不字。’上曰：‘錢起雖重用字，他詩似不及起。其宏詞詩重用字者，登科更明年考校。起詩便付吏選。’”〔趙校：“吏”原作“史”，據《雲溪友議》卷中改。〕

　　敕：“鄉貢進士溫庭筠，早隨計吏，夙著雄名，徒負不羈之才，罕有適時之用。放騷人於湘浦，移賈誼於長沙，尚有前席之期，未爽抽毫之思。可隨州隨縣尉。”《東觀奏記》。　《摭言》：“開成中，溫庭筠才名籍其。然罕拘細行，以文爲貨，識者鄙之。無何，執政間復有惡奏庭筠攪擾場屋，黜隨州隨縣尉。時中書舍人裴坦當制，忸怩含毫久之。時有老吏在側，因訊之升黜，對曰：‘舍人合爲責辭。何者？入策進士，與望州長、馬一齊資。’坦釋然，故有澤畔長沙之比。庭筠之任，文士詩人爭爲辭送，惟紀唐夫得其尤，詩曰：‘何事明時泣玉頻，長安不見杏園春。鳳皇詔下雖霑命，鸚鵡才高却累身。且飲綠醽銷積恨，莫辭黃綬拂行塵。方城若比長沙遠，猶隔千山與萬津。’”《玉泉子》：“溫庭筠有詞賦盛名，初

從鄉里舉，客遊江淮間。揚子留後姚勖厚遺之。庭筠少年，其所得錢帛，
多爲狎邪所費。勖大怒，笞且逐之，以故庭筠不中第。其姊，趙顓之妻也，
每以庭筠下第，輒切齒於勖。一日廳有客，溫氏偶問誰氏，左右以勖對之。
溫氏遽出廳事，執勖袖大哭。勖殊驚異，且持袖牢固不可脱，不知所爲。
移時，溫氏方曰：‘我弟年少，宴遊人之常情，奈何笞之？迄今遂無有成，安
得不由汝致之。’遂大哭。久之，方得解脱。勖歸憤訝，竟因此得疾而卒。”
《唐才子傳》：“溫庭筠字飛卿，舊名歧，并州人，宰相彥博之孫也。少敏悟
天才，能走筆成萬言，尤工律賦。每押官韻，燭下未曾起草，但籠袖憑几，
每一韻一吟而已。場中曰溫八吟，又八叉手成八韻，名溫八叉，又多爲鄰
鋪假手。然薄行無檢幅，與貴冑裴誠、令狐滈等飲博。後夜嘗醉詬俠邪
間，爲邏卒折齒，訴不得理。舉進士，數上又不第。大中末，山北沈侍郎主
文，特詔庭筠試於簾下，恐其潛救。是日不樂，逼暮先請出，仍獻啟千餘
言，詢之已占授八人矣。執政鄙其爲。留長安中待除，宣宗微行，遇於傳
舍。庭筠不識，傲然詰之曰：‘公非司馬、長史流乎？’又曰：‘得非文、參、
簿、尉之類？’帝曰：‘非也。’後謫方城尉。”　按此敕中書舍人裴坦之詞，
《舊書》本紀十一年四月以職方郎中裴坦爲中書舍人，明年冬裴坦知舉，故
附此年。

進士三十人：

李億，狀元，見《玉芝堂談薈》。

宋言，《雲溪友議》：“宋言近十舉而名未播。大中十一年，將取府解。
言本名岳，因晝寢，似有人報云：‘宋二郎秀才若頭上戴山，無因成名。但
去其山，自當通泰。’覺來便思，去之不可名獄，遂去二犬，乃改爲言。及就
府試，馮涯侍郎作掾而爲試官，以解首送也。時京兆尹張毅夫以馮參軍解
送舉人有私，奏譴澧州司户。再試，退解頭宋言爲第六十五人。知聞來
唁，宋曰：‘來春之事，甘已參差。’及李藩舍人放榜，言第四人及第。”《新
書·藝文志》：“宋言字表文。”　按《太平廣記》引《感定録》，載進士李岳更
名李言，疑即此事之訛。

崔沆，《舊書·崔元略傳》：“鉉子沆，登進士第。”《摭言》：“崔沆，及第
年爲主罰録事。同年盧彖，俯近關宴，堅請假往洛下拜慶，既而淹緩久之。
及同年宴於曲江亭子，彖以雕幰載妓，微服躡鞡，縱觀於側，遽爲團司所

發。沆判之,略曰:‘深攏席帽,密暎氊車。紫陌尋春,便隔同年之面;青雲得路,可知異日之心。’”

盧象,見上。

徐彥若,《舊書》本傳:“彥若,天后朝大理卿有功之裔。曾祖宰,祖陶,父商。”《廣卓異記》:“大中十二年,徐商爲襄州節度使。長子彥若與于琮同年及第。至咸通六年,商自御史大夫拜相;七年,琮自兵部侍郎拜相。” 按《舊書》本傳作咸通十二年進士擢第”,“咸通”即“大中”之訛。

侯岳,《永樂大典》引《閩中記》:“侯岳,固之姪。大中十二年登進士第。”《淳熙三山志》:“侯岳字公祝,未仕終。”是“岳”當作“岳”。

于琮。《舊書·于休烈傳》:“于敖四子:球、珪、瓌、琮,皆登進士第。琮落托有大志,駙馬都尉鄭顥奇之。會李藩知貢舉,顥托之,登第。”《舊書》本紀:“大中十二年三月,以前鄉貢進士于琮爲秘書省校書郎。尋尚皇女廣德公主。”蓋於放榜後尚主。

明經科:

過訥。杜去疾《故過少府墓誌銘》:“公諱訥,字含章,澤州高平人。曾祖庭,大父遷,考冥。公以大中十二年明經擢第。當守選時,潛修拔萃。虛窗弄筆,研幾自愧於雕蟲;予奪在心,可否詎由於甲乙。於咸通四年授棣州蒲臺縣尉。”

諸科四人。

博學宏詞科。見上。

* 知貢舉:中書舍人李潘。原作“中書舍人李藩”,徐氏考云:“《舊書》本紀:‘大中十一年十月,以中書舍人李藩權知禮部貢院。十二年二月,以朝議郎、守中書舍人、權知禮部貢舉李藩爲尚書户部侍郎。’蓋於放榜後遷户部侍郎也。《唐語林》:‘李侍郎藩知舉,落人極多。’” 孟按:嚴耕望《唐僕尚丞郎表》卷十六《輯考五下·禮侍》“李潘”條云:“其名,《舊》傳、《册府》作潘,《舊紀》、《會要》、《語林》七及《雲溪友議》皆作藩,《語林》八又作瑤。按《新》七〇《世表》亦作潘。據《舊》傳及《世表》,其人有三兄:漢、漣、洸,皆從水旁,則當以作‘潘’爲正。元和時宰相李藩有盛名,作藩者蓋因此致訛耳。”又陳補云:

"本年知貢舉,徐氏定爲'中書舍人李藩',係沿襲《舊唐書·宣宗紀》之誤。藩,兩《唐書》皆有傳,元和六年卒。本年知貢舉者應爲李潘,見《册府元龜》卷六四一、卷六四四。《舊唐書》卷一七一載李漢弟'潘,大中初爲禮部侍郎',云'大中初'有誤。《唐語林》卷八作'李璠',亦誤。郎官柱勳外、勳中、金外皆有潘題名。"按嚴、陳所辨是。考《千唐》[1143]沈佐黃撰大中十二年(858)四月十五日《唐故承奉郎守大理司直沈府君(中黃)墓誌銘》(參見《彙編》[大中140])云:"諱中黃,字中美,本吳興人。……文藻之價,搖動内外。今禮部侍郎李公潘深知之,嘗謂人曰:'沈生詞筆,乃河圖洛書耳。'"此稱"禮部侍郎"與《舊唐書·李漢傳》載潘"爲禮部侍郎"同,疑其放榜後正拜也。

十三年己卯(859)

五月,上不豫。八月,崩於大明宫。《舊書》本紀

丙申,懿宗即位。《通鑑》

　　進士三十人:

孔緯,狀元。　《舊書》本傳:"緯字化文,魯曲阜人,宣尼之裔。曾祖岑父,祖戣,父遵孺。緯大中十三年進士擢第,釋褐秘書省校書郎。"《廣卓異記》引《登科記》作"孔緯,大中二年狀元",當從本傳。

李礦,《舊書·李廊傳》:"廊子柱。柱子礦,字景望。博學多通,文章秀絶,大中十三年,一舉登進士第。"○孟按:《新唐書·李廊傳》作:廊子拭,"拭子礦,字景望。大中末,擢進士。"

豆盧琢,《舊書》本傳:"琢,河東人。祖愿,父籍。琢大中十三年登進士科。"《新書》:"琢字希真。"

崔澹,《舊書·崔琪傳》:"琪弟璵。璵子澹,大中十三年登進士第。"《唐語林》:"崔澹容貌清瘦,擢第升朝。"○孟按:《金華子雜編》卷上:"崔涓弟澹,容止清秀,擢登第,累登朝列,崔魏公辟爲從事。"

儲嗣宗,《唐才子傳》:"儲嗣宗,大中十三年孔緯榜及第。"○孟按:《直齋書録解題》卷十九已載嗣宗"大中十三年進士"。

　＊[劉汾,汾《大赦庵記》云:"汾自大中己卯登科以來,官至兵部員

外郎。咸通三年,遷本部侍郎。"　陳補云:"徐氏據《大赦庵記》定劉汾爲本年進士。按《大赦庵記》爲僞文,勞格《讀〈全唐文〉札記》(收入《讀書雜識》)已指出,今人方積六有專文辨僞(刊《中華文史論叢》1981 年第 3 輯),可參看。"]

　　*吴畦,原列上年進士科,徐氏考云:"《唐語林》:'令狐滈、弟澄皆好文,有稱科場中。以父爲丞相,未得進。滈出訪鄭侍郎,道遇大尹,投國學避之。遇廣文生吴畦,從容久之。畦袖卷呈滈,由是出入滈家。薦畦於鄭公,遂先滈一年及第。'按滈於大中十三年及第,則畦及第在此年。惟此知舉爲李藩,言鄭侍郎,誤。"陳補云:"《唐語林》卷三:'(吴)畦袖卷呈(令狐)滈,由是出入滈家,滈薦畦鄭公,遂先滈一年及第,後至郡守。'徐氏繫於大中十二年云:'按滈於大中十三年及第,則畦及第在此年。惟此知舉爲李藩,言鄭侍郎,誤。'今按:徐《考》實以滈爲十四年進士,而此云'十三年及第',疑此書初屬稿時收滈在十三年,後復改易,而吴畦則未作相應改動。十三年爲兵部侍郎鄭顥知舉,《語林》所云不誤。又弘治《温州府志》(上海圖書館藏膠卷)卷十三《人物·科第》云:'吴畦,安固人,大中十三年登科,終諫議大夫、潤州刺史。'乾隆《温州府志》卷十九《選舉》作'大中己卯'科,'家安固庫村'。"今移正至本年。

　　*李質。原列上年進士科,徐氏考云:"《唐詩紀事》引《科名分定録》:'李質登第後,廉察豫章,時大中十二年也。'又曰:'質字公幹,襄陽人。'"　孟按:施補云:"《唐詩紀事》卷六十六李質條云:'質字公幹,襄陽人,應舉無成,有親在衡陽,往謁焉。泝流至溢城,豫章逐帥,捨舟由武寧而反。會草寇殺其宰,倉皇前去得日觀,宿東房,有酒數缸甚美,遂攜一壺上樓酌之,因吟曰:"曾入桃溪路,仙原信少雙。洞霞飄素練,蘚壁畫陰窗。古木抽撐月,危峰欲墮江。自吟空向寂,誰共倒秋缸。"吟畢如有人言曰:"土主尚書寓宿在此。"質登第後二十年廉察豫章,時大中十二年也。出《科名分定録》。'按……《通鑑》卷二四九大中十二年六月條云:'丙申,江西軍亂,都將毛鶴逐觀察使鄭憲。'與《唐詩紀事》所言相合。是《唐詩紀事》所謂大中十二年,乃指李質登第之年,而非指其廉察豫章之年。但唐代進士考試,例在春季。(《唐會要》卷十六亦載:'[大中]十二年三月,中書舍人李藩知舉。')江西軍亂逐帥,在大中十二年六月,而李質是時猶應

舉無成,則其登第自不能在大中十二年,疑乃在大中十三年,《唐詩紀事》所云有誤。"今從施補移至本年。

　　諸科三人。

　　＊知貢舉:兵部侍郎鄭顥。原作"黃門侍郎鄭顥",徐氏考云:"孫榮《北里志》序:'自大中皇帝好儒術,特重科第,故其愛婿鄭詹事再掌春闈。上往往微服長安中,逢舉子則狎而與之語。時以所聞質於內庭學士及都尉,皆聳然莫知所自。故舉士自此尤盛,曠古無儔。然率多膏粱子弟,平進歲不及三數人。由是僕馬豪華,宴遊崇侈。以同年俊少者為兩街探花使,鼓扇輕浮,仍歲滋盛。自歲初等第於甲乙,春闈開送天官氏,設春闈宴,然後離居矣。近來延至仲夏。京中飲妓,籍屬教坊,凡朝士宴聚,須假諸曹署行牒,然後能致於他處。惟新進士設筵,顧史故便可行牒追,其所贈之資則倍於賞數。〔趙校:《說海》本作'常數'。〕諸妓皆居平康里,舉子、新及第進士、三司幕府但未通朝籍、未直館殿者,咸可就詣。如不恡所費,則下車水陸備矣。'"　　孟按:嚴耕望《唐僕尚丞郎表》卷十六《輯考五下·禮侍》"鄭顥"條云:"鄭顥,以兵侍權知大中十三年春禮部貢舉,放榜。其始事蓋在上年冬。"又同上書卷十《輯考三下·吏侍》"鄭顥"條云:"大中十一二年,由刑侍遷吏侍。十二年十月稍後,轉兵侍。"今據改。

十四年庚辰(860)

十二月丁未,大赦,改元咸通。《舊書》本紀。　《新書》在十一月。

　　進士三十人:

劉蒙,狀元,見《玉芝堂談薈》。

翁彥樞,《永樂大典》引《蘇州府志》:"侍郎裴坦知舉,翁彥樞登第。"《玉泉子》:"翁彥樞,蘇州人,應進士舉。有僧與彥樞同鄉里,出入故相國裴公坦門下,以其年耄,優惜之,雖中門內亦不禁其出入。手持貫珠,閉目以誦佛經,非寢食未嘗輟也。坦主文柄,入貢院,子勛、質日議榜於私室,僧多處其間,二子不之虞也。其擬議名氏,迨與奪進退,僧悉熟之矣。歸寺而彥樞訪焉，僧問彥樞將來得失之耗，彥樞具對以無有成遂狀。僧曰：
‘公成名須第幾人？’彥樞謂僧戲己，答曰：‘第八人足矣。’即復往裴氏之
家，二子所議如初。僧忽張目謂之曰：‘侍郎知舉耶，郎君知舉耶？夫科第
國家重事，朝廷委之侍郎，意者欲侍郎鏟革前弊，孤平得路。今之與奪，率
由郎君，侍郎寧偶人耶？且郎君所與者，不過權豪子弟，未嘗以一平人。
藝士議之，郎君可乎？’即屈其指，自首至末，不差一人。其豪族私讎曲折，
畢中二子所諱。勛等大懼，即問僧所欲，且以金帛啗之。僧曰：‘貧僧老
矣，何用金帛爲！有鄉人翁彥樞者，徒要及第耳。’勛等曰：‘即列在丙科。’
僧曰：‘非第八人不可也。’勛不得已，許之。僧曰：‘與貧僧一文書來。’彥
樞其年及第，竟如其言。”

　　劉虛白，《摭言》：“劉虛白與裴坦早同硯席。坦主文，虛白猶是舉子。
試雜文日。簾前獻一絕句云：‘二十年前此夜中，一般燈燭一般風。不知
歲月能多少，猶著麻衣待至公。’”《北夢瑣言》：“竟陵人劉虛白擢進士第，
嗜酒，有詩云：‘知道醉鄉無戶稅，任他荒却下丹田。’”

　　令狐滈，《舊書·令狐楚傳》：“楚子綯。綯子滈，少舉進士，以父在內
職而止，綯罷權軸，既至河中，上言曰：‘臣男滈爰自孩提，便從師訓。至於
詞藝，頗及流輩。會昌二年，臣任戶部員外郎時，已令應舉，至大中二年，
猶未成名。臣自湖州刺史蒙先帝擢授考功郎中、知制誥，尋充學士。繼叨
渥澤，遂忝樞衡。事體有妨，因令罷舉，自當廢絕，一十九年。每遣退藏，
更令勤勵。臣以祿位逾分，齒髮已衰，男滈年過長成，未霑一第，犬馬私
愛，實切憫傷。臣二三年來，頻乞罷免，每年取得文解，意待纔離中書，便
令赴舉。昨蒙恩制，寵以近藩，伏緣已逼禮部試期，便令就試。至於與奪，
出自主司，臣固不敢撓其衡柄。臣初離機務，合具上聞。昨延英奉辭，本
擬面奏，伏以戀恩方切，陳誠至難。伏冀宸慈，察臣丹懇。’詔令就試。是
歲，中書舍人裴坦權知貢舉，登第者三十人。有鄭羲者，故戶部尚書澣之
孫，裴弘餘，故相休之子，魏籌，故相扶之子，及滈，皆名臣子弟，言無實才。
諫議大夫崔瑄上疏曰：‘伏見新及第進士令狐滈，是河中節度使、檢校司
空、同中書門下平章事令狐綯男，舊名壽，改名滈。竊聞頃年，暫曾罷舉。
自父當重位，而權在一門，求請者詭黨風趨，妄動者邪朋雲集。每歲春闈
登第，在朝清列除官，事望雖出於綯，取捨悉由於滈。喧然如市，傍若無

人,威振寰中,勢傾天下。及綯去年罷相出鎮,其日令狐滈於禮部納卷。伏以舉人文卷,皆須十月已前送納,豈可父身尚居樞務,男私拔其解名!干撓主司,侮弄文法。若宰相子弟總合應舉,即不合繼絶數年;如宰相子弟不合應舉,即何預有文解?公然輕易,隱蔽聖聰,將陛下朝廷爲綯、滈家事。伏恐奸欺得路,孤直杜門,非惟取笑士流,抑亦大傷風教。伏請下御史臺,子細推勘納卷及取解月日聞奏。臣職當諫署,分合上聞。'疏留中不出。"《北夢瑣言》:"時張雲、劉蛻、崔瑄迭上疏,宣宗優容。"《册府元龜》:"大中十三年十二月,河中節度使令狐綯以其子滈求應進士舉,敕曰:'令狐滈多時舉人,極有文學,流輩所許,合得科名。比以父綯,職在樞衡,避嫌不赴。今因出鎮,却就舉場,況諧通規,合試至藝。宜令主司準大中六年敕考試,只在至公,如涉徇情,自有刑典。從今已後,但依常例放榜。本司舉士,貴在得人,去留之間,惟理所在。'"　按此爲十四年貢舉,故類入此年。《北夢瑣言》:"綯上表訴子之冤,其略云:'一從先帝,久次中書,得臣恩者謂臣好,不得臣恩者謂臣弱。臣非美酒美肉,安能唻衆人之口。'時以執己之短,取誚於人。"按先帝謂宣宗,表蓋上懿宗也。《十國春秋》:"令狐滈登進士,羅隱賀以短章。滈父綯曰:'吾不喜兒得第,喜得羅公一篇耳。'"(孟按:此文已見《唐詩紀事》卷六十九《羅隱》條,文字略同)○孟按:《全唐文》卷八○六張雲《復論令狐滈疏》云:"朝廷設進士之科,本求才彦,鎮其浮濫,屬自宰臣。陛下御極之初,大臣儀刑百辟,豈爲綯言出鎮,滈便策名?放榜宣麻,相去二十三日,綯既公然進狀,請試春官。滈則元在京都,不經舉進,明言拔解,傍若無人。滈爲宰臣之子,不患無位,且合簡身慎行,以成父業,有何急切?如此攫挐,使天下孤寒人人怨嘆。謂之無解及第,實則有耳,未聞不懼人言一至於此。"

鄭羲,

裴弘餘(裴弘),《唐語林》:"裴坦爲職方郎中、知制誥,裴相休以坦非才不稱,力拒之不能得。命既行,坦至政事堂謁謝丞相。故事,謝畢便於本院上事,宰臣送之,施一榻壓角而坐。坦巡謁執政,至休聽,多輸感激。休曰:'此乃首台謬選,非休力也。'立命肩輿便出,不與之坐。兩閣老吏云,自有中書未有此事,人爲坦恥之。至坦知貢舉,擢休子弘餘上第,時人稱欲蓋彌彰。"　按弘餘,《宰相世系表》作"弘字裕志"。〔趙校:按《郎官考》一二亦作"裴弘"，與《新書·宰相世系表》同。〇孟按：《册府元龜》卷六五一《貢舉部·謬濫》亦作"裴弘"。

魏籥，皆見《令狐綯傳》。

崔濆，《舊書·崔琯傳》："球子濆，大中末進士登第。"

* **陳汀**，原作"陳河"。徐氏考云："《册府元龜》：'時舉子尤盛，進士過千人。然中第者皆衣冠之子，惟陳河一人孤貧負藝，第於榜末。'按《新書·藝文志》：'陳汀字用濟，大中進士第。'疑'汀'即'河'之誤。"　孟按：《千唐》[1154]咸通二年（861）十一月二日《唐故東都留守防禦都押衙兼都虞候正議大夫檢校太子賓客南陽張府君夫人河南鞏氏（内範）墓誌銘并序》（參見《彙編》[咸通 010]）題下署："前進士陳汀撰。"因知作"陳河"誤，今改正。亦見張補。

* **劉鄴**，原列卷二十三咸通十年（869）進士科下，徐氏考云："《摭言》：'永寧劉相鄴字漢藩，咸通中自長春宮判官召入内廷，特敕旨及第。中外賀緘極衆，惟鄆州李尚書種一章最著，乃福建韋尚書岫之辭也。於是韋佐鄆幕。略曰：'用敕代榜，由官入名。仰溫樹之烟，何人折桂；沂甘泉之水，獨我登龍。禁門而便是龍門，聖主而永爲座主。"又曰："三十浮名，每年皆有；九重知己，曠代所無。"相國深所慊鬱，蓋指斥太中之也。'按新、舊《書》本傳：'咸通初，劉瞻、高璩居要職，以故人子薦爲左拾遺，召充翰林學士，賜進士第。'《宰相表》，十年六月劉瞻同平章事，故附於此。〔趙校："岑仲勉《訂補》云，鄴應移大中十四年下。"〕按岑補云："鄴入翰林在大中十四年十月十二日，越五年而後瞻自太博入翰林，謂由瞻薦，當誤。惟璩則先鄴年餘入翰林（均見《翰林學士壁記》），或由璩與他人薦耳。若瞻入相時，鄴居翰苑已十年，爲時更後。鄴名應移前大中十四年下。"今移正。

* **陶史**。陳補："光緒《金華縣志》卷六：'咸通元年，陶史，喬孫。'"孟按：四庫本《浙江通志》卷二四〇《陵墓·泰順縣》："唐進士陶喬墓。《泰順縣志》：在西隅陶家埠。喬字遷於，婺州人，長慶辛丑進士。孫史，登咸通庚辰第。"又："唐祭酒陶史墓。萬曆《溫州府志》：在四都洪村雙橋洋底。《泰順縣志》：字用文，仕至國學祭酒。"當爲有據。

* **明經科**：

* **徐□**。徐珏父，詳下。

諸科三人：

＊徐珏。陳補："嘉慶《浙江通志》卷一八一引舊志：'江山人。大中十三年父舉明經，攜珏詣闕，召試思政殿，賜衣絹。明年童子科及第，父亦策名。'"　孟按：《明一統志》卷四十三《衢州府・人物・唐》："徐珏，江山人。五歲能誦《易》、《禮》二經，召對稱旨，賜衣絹，中童子科。"又見《萬姓統譜》卷七。

博學宏詞科。《册府元龜》："大中十四年，考試官庫部員外郎崔嶭言放宏詞登科一人。"

知貢舉：中書舍人裴坦。《舊書》本紀："大中十三年十月，以中書舍人裴坦權知禮部貢舉。"

登科記考補正卷二十三

唐懿宗昭聖恭惠孝皇帝

咸通二年辛巳(861)

進士三十人：〇孟按：《盛德日修賦》（以“脩乃無已，堯舜何遠”爲韻）爲本年試題。《太平廣記》卷一三八“劉允章”條引《盧氏雜說》云：“劉允章題目《天下爲家賦》，給事中杜裔休進疏論，事雖不行，時以爲當。崔澹《至仁伐不仁賦》亦頗招時議。薛眈《盛德日新賦》，韻脚爲‘循乃無已’。劉子震通狀，請改爲‘修’字，當時改正。”按唐王榮有《盛德日新賦》（以“脩乃無已，堯舜何遠”爲韻），見《麟角集》。王榮登咸通三年(862)進士第，此賦爲其於咸通二年所試，然試而未第。賦題當從《盧氏雜說》，用韻當從《麟角集》。

裴延魯，狀元。

于濆，《唐才子傳》：“于濆字子漪，咸通二年裴延魯榜進士。”《唐詩紀事》：“濆終泗州判官。”〇孟按：《直齋書錄解題》卷十九已載濆“咸通二年進士”。又，《八瓊室金石補正》卷七十四、《唐文拾遺》卷三十皆收錄于濆會昌五年(845)正月撰《唐故河中府永樂縣丞韋府君妻隴西李夫人墓誌銘》，誌中濆自稱“鄉貢進士京兆于濆”。至是年始得一第，則其於科場蹉跎幾近二十年。

牛徽，《唐詩紀事》：“徽登咸通二年進士第，蔡之子也。”

李藹，《太平廣記》引《盧氏雜說》：“李藹應舉功勤，敏妙絶倫，人謂之

‘束翅鷁子’，咸通二年及第。”

　　孔絢，

　　孔綸，《闕里文獻考》咸通二年進士有孔絢、孔綸，未知所據，附此俟考。

　　＊王季文，原列卷二十七《附考·進士科》，徐氏考云：“咸通進士第，見《唐詩紀事》。”　孟按：《輿地紀勝》卷二十二《江南東路·池州·人物》：“王季文，及第，歸隱。”［萬曆］《池州府志》卷五《選舉》：“咸通二年，王季文，青陽人。”［乾隆］《池州府志》卷三十三所錄同上。又［道光］《安徽通志》卷二一〇《人物志·仙釋》：“王季文，字宗素，青陽人，居九華，遇異人授九仙飛花之術，曰：‘子當先決科於詞籍，後策名於列真。’果登咸通二年進士，授秘書，即謝病歸。……（《池州府志》）”［光緒］《青陽縣志》卷三《選舉志·進士》：“王季文，字宗素，登咸通二年進十第，授秘書郎。”今移正。按胡補據《光緒安徽通志》、《光緒青陽縣志》錄季文於本年。

　　＊葉京（華京），天一閣藏［嘉靖］《建寧府志》卷十五《選舉上·進士》：“唐咸通二年辛巳：葉京，見《文學志》，建安人。”同上卷十八《人物·文學》：“唐：葉京，字垂孫，建安人。工詞賦，咸通中登進士第，爲太常博士。州人登第自京始。”《萬姓統譜》卷一二四《唐》：“葉京，字垂孫，建安人。工詞賦，咸通中舉進士，爲太常博士。州人登第自京始。”《閩書》卷九十二《英舊志·建寧府·建安縣·唐進士》：“咸通二年辛巳：葉京。”同上《傳》云：“葉京，字垂孫，詞賦有名。州人登第自京始。終太學博士。是時士大夫深疾宦官事，有小相涉，則衆共棄之。京嘗預宣武軍宴，識監軍之面貌，既而及第，在長安中與同年出遊，遇之於途，馬上相揖，因之謗議喧然。遂沈廢終身。”然四庫本《福建通志》卷三十三《選舉一·唐科目》云：“咸通二年壬午薛邁榜：建安縣葉京，傳見《文苑》。”同上卷五十一《文苑·建寧府》：“葉京，字垂孫，建安人。咸通二年進士。州人登進士自京始。京詞賦典贍，爲廉訪使所知，號其居曰‘茂才里’。官至太常博士。”胡補據此錄入咸通三年。陳補亦以爲“二年”誤，當作“三年”。愚以爲作“二年”不誤，作“壬午薛邁榜”誤。按《記考》卷二十七《附考·進士科》錄有“華京”，考云：“《摭言》：‘華京，建州人也，極有賦名。向遊大梁，常遇公宴，因與監軍使面熟。及至京師，已遂登科。與同年連鑣而行，逢其人於通衢，

馬上相揖，因之謗議喧然，後頗至沈棄。終於太學博士。'按《通鑑》作'葉'京。"余按《太平廣記》卷一八三引《摭言》亦作"葉京"。今移正。

　　＊周慎辭。原列卷二十七《附考・進士科》，徐氏考云："《新唐・藝文志》：'字若訥，咸通進士第。'"　孟按：《補遺》册六，第 178 頁，鄭薰撰咸通二年(861)十一月廿日《唐故銀青光禄大夫檢校户部尚書使持節鄆州諸軍事守鄆州刺史充天平軍節度鄆曹濮等州觀察處置等使御史大夫上柱國弘農郡開國公食邑二千户弘農楊公（漢公）墓誌銘并序》云：楊漢公繼夫人韋氏生一女，"適前進士周慎辭"。按《新唐書・藝文志》載慎辭"咸通進士第"，此墓誌撰於咸通二年十一月，已稱"前進士"，而咸通元年爲大中十四年十二月改，則慎辭擢第必在本年，今移正。

　　＊明經科：

　　＊張佶。原列卷二十四乾寧元年(894)明經科，徐氏考云："《九國志》：'張佶，京兆長安人。乾寧初以明經中第。'"　孟按：胡補云："《粵雅堂叢書》本《九國志》卷十一云：'(張)佶，京兆長安人，少通經史，咸通初以明經中第，累遷宜州從事，復爲秦宗權行軍司馬。後與劉建峰據湖南，推建峰爲帥。'《舊五代史》卷十七《張佶傳》：'唐乾寧初，劉建峰據湖南，獨邵州不賓，命都將馬殷討之。'《舊唐書》卷二十《昭宗紀》：'乾寧元年五月，孫儒部將劉建峰攻陷潭州，自稱湖南節度使。'又據《舊紀》，秦宗權死於龍紀元年二月，是張佶中明經科應在龍紀元年前，而作乾寧元年者斷誤。'咸通初'應可從。是張佶應從乾寧元年移至咸通元年。"　孟按：大中十四年(860)十二月改元咸通，則"咸通初"當爲二年榜也。今移至本年。

　　諸科十二人。

　　博學宏詞科。《舊書》本紀："八月，以兵部員外郎楊知遠、司勳員外郎穆仁裕試吏部宏詞選人。"

　　＊知貢舉：中書舍人薛耽（蛻、眈）。原作"中書舍人薛蛻"，徐氏考云："《舊書》本紀：'咸通元年十一月，以中書舍人薛蛻權知貢舉。'"　孟按：《舊唐書・懿宗紀》本作"薛耽"，又參見開成五年(840)進士科下"薛耽"考。

三年壬午（862）

進士三十人：試《倒載干戈賦》，以"聖功克彰，兵器斯戢"爲韻；《天驥呈材詩》（孟按："材"，原作"才"，據《英華》卷一八五改。下同。），見《王郎中傳》。

薛邁，狀元，見《玉芝堂談薈》。○孟按：原卷二十七《附考·進士科》又著録"薛邁"，徐氏考云："《古刻叢鈔》載咸通四年九月三日有攝觀察巡官、前鄉貢進士薛邁。"趙校："薛邁已見卷二十三咸通三年，詳《施補》。"按施補云："年代如此相近，當即一人。附考所録應删。"今删併。

蕭廩，《舊書·蕭俛傳》："俛子廩，咸通三年進士擢第。"《新書》："廩字富侯。"

王棨，黄璞《王郎中傳》："王棨字輔之，〔趙校：按下文引《送王棨序》又作"輔文"，未知孰是。〕福唐人也。咸通三年鄭侍郎從讜下進士及第，試《倒載干戈賦》、《天驥呈材詩》。成名歸覲，廉使杜公宣猷請署團練巡官，景慕意深，將有瑤席之選。公辭以舊與同年陳郎中鬯有要約，就陳氏婚好，時益以誠信奇之。初就府薦，馮涯爲試官，《三箭定天山賦》當意，爲涯所知。欲顯滯遺，明設科第，以宋言爲解頭，公爲第二。時毅夫中丞尹京兆，怒涯不取旨撝，命收榜，扱破名第申省。〔趙校："申"，原誤"甲"，據《全唐文》卷八一七改。〕其年等第雖破，公道益彰，凡曾受品題，數年之間及第殆盡。前今輿論，莫不美馮公之善得其材，棨公之獲任其選。從事本府，乞假入關，尋又首捷《玉不去身賦》、《春水綠波詩》、《古公去邠論》。李公騭時擅盛名，自内翰林出爲江西觀察使，辟爲團練判官。自使下監察赴調，復平判入等，授大理司直。未幾，除太常博士，入省爲水部郎中。公初上第，鄉人李顔累舉進士，鬱有聲芳，贈公歌詩云：'蓬瀛上客顔如玉，手探月窟如夜燭。笑顧姮娥玉兔言，謂折一枝情未足。'時謂顔狀得其美，若有前知。公十九年內三捷，其於盛美，蓋七閩未之有也。"又云："福清啟福院界北止王郎中墓後山有薛承裕者，生長此地，王郎中棨同年進士及第。先德□官入閩，承裕生長此地，遂寓桑梓焉。時以詞賦著稱，成名後又平判入等。尋授雲陽尉，後除國子四門博士。病終。"大略相同。蓋七閩之地，自歐陽詹、王棨爲之倡首，相繼登上第，遂盛於時云。　　陳黯《送王棨序》：

"黜去歲自褒中還輦下,輔文出新試相示。其間有《江南春賦》,篇末云'今日併爲天下春,無江南兮江北',某即賀其登選於時矣。何者? 以輔文家於江南,其詞意有是,非前聯耶? 今春果擢上第。夏六月告歸省於閩,命序送行。某辭以未第,言不爲時重。輔文曰:'吾所知者,惟道與義,豈以已第未第爲重輕哉!'愚緜是不得讓。鱗群之衆也,必聖其龍;羽族之多也,必瑞其鳳。鳳非四翼,龍非二首,所以異於鱗羽者,惟其稀出耳。嚮使日百時千,盈川溢陸,則虵虺鳩雀無非龍鳳矣,其誰曰聖且瑞哉。進士科由漢迄唐,爲擢賢之首也。寰瀛之大,億兆之衆,歲貢其籍者,數纔於千,有司升其名者,復止於三十,其不爲貴而且稀乎? 輔文早歲業儒,而深於詞賦,其體物諷調,與相如、揚雄之流異代而同工也。故角於文陣,而聲光振起。今之中選,是榮其歸,想寧慶之晨,爲鄉里改觀,孰不謂人之龍鳳乎! 懿哉輔文,是行也足以自重。"

薛承裕,見上。　《永樂大典》引《閩中記》:"薛永裕字饒中,閩縣人,與王棨同年。"《淳熙三山志》:"薛承裕終國子四門博士。"

徐仁嗣,見《文苑英華》。

盧征,見《文苑英華》。

鄭蕡,見《文苑英華》。〔趙校:卷十四貞元十二年亦有鄭蕡,同據《英華》,當有一誤。〕○孟按:原卷十四貞元十二年(796)進士科亦録有"鄭蕡",徐氏注云:"見《文苑英華》。"趙校云:"卷廿三咸通三年進士亦有鄭蕡,同據《英華》,時代相去頗遠,當有一誤。"按陳補云:"《新唐書·宰相世系表》,蕡爲魯子,其弟'蕘,字蕘臣'。郎官柱主外題名有鄭蕘。據勞格《郎官石柱題名考》卷二六,蕘前第二人蕭説,爲中和間隨侍入蜀時任,其前第七人曹鄴、第八人高錫望,皆咸通中任。據此推測,蕡爲咸通間及第殆無可疑。《文苑英華》卷一八四收其《春臺晴望》詩,疑爲湛賁詩,因姓名音形相近而訛。"今從陳補删去前者。

陳翬。見上。

諸科十一人。

博學宏詞科。《舊書》本紀:"十一月,以吏部侍郎鄭處誨、蕭倣,吏部員外郎楊儼,户部員外郎崔彥昭等試宏詞選人。"

知貢舉：中書舍人鄭從讜。《舊書·鄭餘慶傳》：“鄭從讜歷拾遺、補闕、尚書郎、知制誥。故相令狐綯、魏扶皆父貢舉門生，爲之延譽，尋遷中書舍人。咸通三年，知貢舉，拜禮部侍郎。”

王棨《倒載干戈賦》曰：“欲廓文德，先韜武功。倒干戈而是載，鑄劍戟以欣同。千里還師，迴刃於戎車之上；一朝偃伯，垂仁於王道之中。皇上以心宅八紘，威加四極，有罪必伐，無征不克。旌旗西嚮，競納欵於中原；鼙鼓東臨，咸獻俘於上國。然後軫宸慮，惻皇情。萬姓苟宜於子視，三邊可俟其塵清。由是罷師旅，休甲兵。干櫓勢傾，壓雙輪而委積；戈鋋色寢，滿十乘以縱横。蓋以戰乃危事，兵惟凶器，欲令永脱於禍機，必使先離於死地。所以前鐏俄睹，迴轅繼至。虞舜舞而曾用，比此寧同；魯陽揮以員來，於斯則異。既不收其豹略，乃長苞於虎皮。諒櫜弓而若此，詎反旆以如斯。徵彼《禮經》，折軸曾聞於山立；考諸《易》象，盈車徒見其離爲。豈慮自焚，誠同載戢，五兵從此以皆弭，七德於焉而復立。遂使頑凶之子，無日可尋；更憐忠烈之臣，徒云能執。故得殺氣潛息，嘉猷孔彰。以此懷柔而何人不至，以此亭育而何俗不康？罷刃銷金，道無慚於齊帝；放牛歸馬，德寧愧於周王？大矣哉！因爾仁天，用藏兵柄，得東征西怨之體，見師出凱旋之盛。小臣伏睹乎櫜鞬，敢不歌揚於明聖。”《麟角集》

王棨《天驥呈材詩》曰：“馬知因聖出，才本自天生。駔駿何煩隱，權奇願盡呈。電從雙眼落，雲向四蹄輕。過去王良喜，嘶來伯樂驚。絶塵慚逸步，曳練議能名。惟待金鞭下，春風紫陌情。”《麟角集》

徐仁嗣《天驥呈材詩》曰：“至德符天道，龍媒應聖明。追風奇質異，噴玉彩毫輕。躞蹀形難狀，連蜷勢乍呈。效才矜逸態，絶影表殊名。歧路寧辭遠，關山豈憚行。鹽車雖不駕，今日亦長

鳴。"《文苑英華》

盧征《天驥呈材詩》曰："異産應堯年，龍媒順制牽。權奇初得地，躞蹀欲行天。詎假調金埒，寧須動玉鞭。嘶風深有戀，逐日定無前。周滿誇常馭，燕昭恨不傳。應知流赭汗，來自海西偏。"《文苑英華》

鄭賨《天驥呈材詩》曰："毛骨合天經，權奇步驟輕。曾邀于閶駕，新出貳師營。噴勒金鈴響，追風汗血生。酒亭留去跡，吳坂認嘶聲。力可通衢試，材堪聖代呈。王良如顧盼，垂耳欲長鳴。"《文苑英華》

四年癸未(863)

二月，進士皮日休上疏曰："臣聞聖人之道，不過乎經；經之降者，不過乎史；史之降者，不過乎子。子不遺乎道者，《孟子》也。捨是而子者，必戾乎經史，爲聖人之賊也。夫《孟子》之文，粲若經傳，天惜其道，不燼於秦。自漢氏得其書，常置博士，以專其學。故其文繼乎六藝，光乎百氏，真聖人之微旨也。若然者，何其道奕奕於前，而其書沒沒於後？得非道拘乎正文，極乎奧有，好邪者憚正而不舉，嗜淺者鄙奧而無稱耶？蓋仲尼愛文王，嗜昌歇以取味。後之人將愛仲尼者，其嗜在《孟子》矣。夫古之士，以湯武爲取逆者，其不讀《孟子》乎？以楊墨爲達智者，其不讀《孟子》乎？由是觀之，《孟子》之功利於人，亦不輕矣。今有司除茂才、明經外，其次有業《莊周》、《列子》書者，亦登於科。其誘善也雖深，而懸科也未正。夫《莊》、《列》之文，荒唐之文也，讀之可以爲方外之士，習之可以爲鴻荒之民。安有能汲汲以救時補教爲志哉！伏請命有司去《莊》、《列》書，以《孟子》爲主。有能精通其義者，其科選視明經。苟若是也，不謝漢之博士矣。"疏奏不答。《册府元龜》、《唐會要》、《皮子文藪》。

進士三十五人：五百家韓注引任注："咸通四年，右常侍蕭倣知舉，試《謙光賦》、《澄心如水詩》，中第者二十五人。” 按“二十五”、“三十五”未知孰是。

柳告，是年，柳告第三人及第，韓縉第八人及第。告字用益，子厚之子。縉即退之之孫。見五百家韓注。

韓縉，《韓文考異》：“縉登咸通四年進士第，昶之長子。”

武瓘，《唐詩紀事》：“瓘登咸通進士第，有《感事詩》云：‘花開蝶滿枝，花謝蝶還稀。惟有舊巢燕，主人貧亦歸。’瓘初投卷於知舉蕭倣，見是詩，賞其有存故之志，遂放及第。”

李昌符，《唐才子傳》：“李昌符字若夢，咸通四年禮部侍郎蕭倣下進士。”《北夢瑣言》：“唐咸通中，前進士李昌符有詩名，久不登第。常歲卷軸急於裝修，因出一奇，乃作婢僕詩五十首，於公卿間行之。有詩云：‘春娘愛上酒家樓，不怕歸遲總不留。推道那家娘子臥，且留教住待梳頭。’又云：‘不論秋菊與春花，個個能嗑空肚茶。無事莫教頻入庫，一名閑物要些些。’諸篇皆中婢僕之諱，浹旬京城盛傳。其詩篇爲嬋嫗輩怪罵騰沸，盡要摑其面。是年登第。與夫桃杖虎靴事雖不同，用奇即無異也。”○孟按：《唐才子傳校箋》卷八李昌符傳箋云：“《唐詩紀事》云：‘登咸通四年進士第。’《直齋書錄解題》亦云‘咸通四年進士’，辛傳殆據此而來。然以昌符咸通四年進士似有可疑。《唐摭言》卷一〇云：‘咸通末，京兆府解，李建州時爲京兆參軍主試，同時有許棠與（張）喬及俞坦之、（孟按：此處闕劇燕名）任濤、吳罕、張蠙、周繇、鄭谷、李栖遠、溫憲、李昌符，謂之十哲。其年府試月中桂詩，喬擅場……其年頻以許棠在場席多年，以爲首薦。’李頻爲京兆府參軍主試在咸通十一年（參見本書卷七《李頻傳》箋證），其時昌符尚在府試，則咸通四年必未登第。又此年京兆府解許棠首薦，棠於咸通十二年登進士第，棠登第時昌符尚未第。棠有《題李昌符豐樂幽居》詩（《全唐詩》卷六〇四），詩云：‘詩家依闕下，野景似山中。蘭菊俱含露，杉梧爲起風。破門韋曲對，淺岸御溝通。莫嘆連年屈，君須遇至公。’《北夢瑣言》卷一〇亦有云：‘唐咸通中，前進士李昌符有詩名，久不登第。’云云。由此種種觀之，昌符咸通四年登第似有誤。按：今可考者，‘十哲’中登第最早者爲首薦之許棠，咸通十二年，其後爲周繇，咸通十三年；如上箋，昌符登第似應在許棠之後，疑咸通四年爲咸通十四年之誤。”按《唐才子傳》“蕭倣下進士"之語爲《唐詩紀事》及《直齋書録解題》所無,知其當別有所本,或爲當時流傳之唐人《登科記》。且上述諸書皆未可輕疑,姑録《校箋》之文以備一説。

伊播,《永樂大典》引《宜春志》:"咸通四年,伊播登進士第。"《唐詩紀事》作"伊瑤"。伊瑤有《及第後寄梁燭處士詩》曰:"綉轂尋芳許史家,獨將羈事達江沙。十年辛苦一枝桂,二月艷陽千樹花。鵬化四溟歸碧落,鶴棲三島接青霞。同袍不得同遊玩,今對春風日又斜。"

薛扶,見下注。

孔振,見下注。

蘇蔿。見下注。

諸科十一人。

知貢舉:左散騎常侍蕭倣。《舊書》本紀:"咸通三年十二月,以吏部侍郎蕭倣權知禮部貢舉。"《唐語林》、《摭言》皆作常侍蕭倣。考《蕭俛傳》云:"倣咸通初遷左散騎常侍。四年,本官權知貢舉。"則本紀誤也。《摭言》:"咸通四年,蕭倣雜文榜中數人有故,放榜後發覺。二月十三日,貶蘄州刺史。中書舍人、知制誥宇文瓚制:'敕:朕體至公以御極,推至理以臨人,舉必任才,黜皆由過。二者之命,吾何敢私?中散大夫、守左散騎常侍、權知禮部貢舉、上柱國、賜紫金魚袋蕭倣,早以藝文,薦升華顯,清貞不磷,介潔無徒,居多正直之容,動有休嘉之稱。近者擢司貢籍,期盡精研,既紊官常,頗興物論。經詢大義,去留或致其紛拏;榜挂先場,進退備聞其差互。且昧泉魚之察,徒懷冰蘗之憂。豈可尚列貂蟬,復延騎省。俾分郡牧,用示朝章,勿謂非恩,深宜自勵。可守蘄州刺史,散官、勳、賜如故。仍馳驛赴任。'倣至蘄州,謝上兼知貢舉敗闕表:'臣某言:臣謬掌貢闈,果兹敗失,上負聖奬,下乖人情。實省己以兢慚,每自咎而煌灼。猶籍陛下,猥矜拙直,特貸刑書,不奪金章,仍付符竹。荷恩宥而感戀,奉嚴譴以奔馳,不駐嬴驂,繼持舟楫。臣二月十三日當日於宣政門外謝訖,便辭進發,今月一日到任上訖。臣誠惶誠懼,頓首頓首。臣性秉樸愚,材昧機變,皆爲叨據,果竊顯榮,一心惟知效忠,萬慮未嘗念失。是以頃升諫列,已因論事去官;後忝瑣闈,亦緣舉職統旂。身流嶺外,望絕中朝，甘於此生，不到上國。伏遇陛下，臨御大寶，恭行孝思，詢以舊臣，遍霑厚渥。臣遠從海嶠，首還闕廷，才拜丹墀，俄捧紫詔。任掄才於九品，位超冠於六曹，家與國而同歸，官與職而俱盛。常思惕厲，粗免悔尤，已塵銓衡，復忝貢務。昨雖有過，今合俱陳。臣伏以朝廷所大者，莫過於文柄；士林所重者，無先於辭科。推公過即怨讟並生，行應奉即語言皆息。爲日雖久，近歲轉難，如臣孤微，豈合操專！徒以副陛下振用，明時至公，是以不聽囑論，堅收沈滯。請托既絕，求瑕者多。臣昨選擇，實不屈人，雜文之中，偶失詳究。扇衆口以騰毀，致朝典以指名。緘深懇而未得敷陳，奉詔命而須乘郵傳。罷遠藩赴闕，還鄉國而只及一年；自近侍謫官，歷江山而又三千里。泣別骨肉，愁涉險艱。今則已達孤城，惟勤郡政，綏輯郭邑，訓整里閭，必使獄絕冤人，巷無橫事。峻法鈐轄於狡吏，寬宏撫育於疲農，粗立微勞，用贖前過。伏乞陛下，特開睿鑒，俯察愚衷。臣前後黜責，多因奉公，秉持直誠，常逢黨與，分使如此，時亦自嗟。寫肝膽而上告明君，希衰殘而得還帝里。豈望復升榮級，更被寵光，願受代於蘄春，遂閑散於輦下。臣官爲牧守，不同藩鎮，謝上之後，他表無因。達天聽而知在何時，備繁辭而併陳今日。馳魂執筆，流血拜章，形神雖處於遐陬，夢寐尚馳於班列。臣無任感恩，惶恐涕泣，望闕屏營之至。謹差軍事押衙某，奉表陳謝以聞。'倣又與浙東鄭裔綽大夫雪門生薛扶狀：'某昨者出官之由，伏計盡得於邸吏。久不奉榮問，惶懼實深。某自守孤直，蒙大夫眷獎最深，輒欲披陳其事，略言首尾。冀當克副虛襟，鑒雪幽抱。伏以近年貢務，皆自閣下權知。某叨列清榮，不掌綸誥。去冬遽因銓衡，叨主文柄，珥貂載筆，忝幸實多。遂將匪石之心，冀伸藻鏡之用，壅遏末俗，蕩滌訛風。刈楚於庭，得人之舉，而騰口易唱，長舌莫箝。吹毛豈惜其一言，指頗何啻於十手。既速官謗，皆由拙直。皆以長年主司親屬盡得就試，〔趙校："皆以"，《唐摭言》卷十四作"竊以"。〕某敕下後，榜示南院，外内親族具有約勒，並請不下文書。斂怨之語，日已盈庭。復禮部舊吏云，常年例得明經一人，某面責其事，即嚴釐革。然皆陰蓄狡恨，求肆蠱言，致雜文之差互，悉群吏之搆成。失於考議，敢不引過。又常年榜帖，並他人主張，凡是舊知，先當垂翅。靈蛇在握,棄而不收,璞鼠韜懷,疑而或取。致使主司脅制於一時,遺恨遂流於他日。今春此輩,亦有數人,皆朝夕相門,月旦自任,共相犄角,直索文書。某堅守不聽,惟運獨見。見在子弟無三舉,門生舊知纔數人。推公擢引,且既在門館,日夕即與子弟門生〔趙校:原注:闕。〕爲輕小之徒望風傳説曰,筆削重事,闈門得專。某但不欺知白之誠,豈畏如簧之巧。頃年赴廣州日,外生薛廷望薦一李仲將外生薛扶秀才,云負文業,窮寄嶺嶠。到鎮日相見之後,果有辭藻,久與宴處,端厚日新。成名後人傳是蕃夷外親,嶺南巨富,發身財賂,委質科名。扶即薛謂近從,兄弟班行,内外親族絶多。嶺表之時,寒苦可憫,曾與月給,虚説蕃商。據此謗言,豈粗相近? 況孔振是宣父胄緒,韓縮即文公令孫。蘇藹故奉常之後,雁序雙高,而風埃久處;柳告是柳州之子,鳳毛殊有,而名字陸沈。其餘四面搜羅,皆有久居藝行之士,繁於簡牘,不敢具載。某裁斷自己,實無愧懷。敦朝廷厚風,去士林時態,此志惶撓,豈憚悔尤。今則公忠道銷,奸邪計勝,衆情猶有愧嘆,深分却無憫嗟。何直道而遽不相容,豈正德而亦同浮議! 久猜疑悶,莫喻尊崇。幸無大故之嫌,勿信小人之論。粗陳本末,希存舊知。臨紙寫誠,含毫增嘆,特垂鑒宥,無輕棄遺。幸甚!'"《摭言》又云:"房珝,河南人,太尉之孫。咸通四年垂成而敗。先是名第定矣,無何寫録之際,仰泥土落,擊翻硯瓦污試紙。珝以中表重地,只薦珝一人,主司不獲已,須應之。珝既臨曙,更請印副試,主司不諾,遂罷。" 按此亦蕭做不聽囑諭之一端也,附此備考。

五年甲申(864)

進士二十五人:

韋保衡,《舊書》本傳:"字藴用,京兆人。祖元貞,父愨。保衡咸通五年登進士第。保衡恃恩權,素所不悅者必加排斥。王鐸貢舉之師,蕭遘同門生,以素薄其爲人,皆擯斥之。"

蕭遘,《舊書》本傳:"遘,蘭陵人,開元宰相嵩之五代孫。祖湛,父寘。遘咸通五年登進士第,釋褐秘書省校書郎。遘與韋保衡同年登進士第,保衡以幸進無藝,同年門生日薄之。遘形神秀偉,志操不群,自比李德裕,同年皆戲呼‘太尉’，保衡心銜之。及保衡作相，掎遷之失，貶爲播州司馬。”
又云：“咸通中，王鐸掌貢籍，遷與保衡俱以進士中選。而保衡暴貴，與鐸
同在中書。及僖宗在蜀，遷又與鐸並居相位。帝嘗召宰臣，鐸年高，升階
足跌，踣句陳中，遷旁曳起。帝目之喜曰：‘輔弼之臣和，予之幸也。’謂遷
曰：‘適見卿扶王鐸，予喜卿善事長矣。’遷對曰：‘臣扶王鐸，不獨司長。臣
應舉歲，鐸爲主司，以臣中選，門生也。’上笑曰：‘王鐸選進士，朕選宰相，
於卿無負矣。’遷謝之而退。”○孟按：《全唐文》卷八十六僖宗《蕭遷罷判度
支制》：“射策詞高，曳居望重。”

　　盧隱，

　　李峭，《唐語林》：“盧隱、李峭皆王鐸門生。”

　　裴偓，《通鑑》：“蘄州刺史裴偓，王鐸知舉時所擢進士也。”

　　＊王愔。陳補：“盧光濟撰《唐故清海軍節度掌書記太原王府君墓誌
銘》：‘府君諱渙，字文吉。……烈考諱愔，皇尚書祠部員外郎、贈禮部郎
中。……先君子禮部府君實故汝洛中令晉國公升堂之生也，洎棄代之日，
君尚未冠。’岑仲勉先生‘王公’即指本年知貢舉的王鐸，知愔爲鐸所放進
士。詳岑撰《從王渙墓誌解決了晚唐史一兩個問題》（收入《金石論叢》）。”

　　諸科九人。

　　知貢舉：中書舍人王鐸。《舊書》本紀：“咸通四年十一月，以
中書舍人王鐸權知禮部貢舉。五年四月，以中書舍人王鐸爲禮部侍
郎。”又《王播傳》：“王鐸咸通初拜中書舍人。五年，轉禮部侍郎，典貢
士兩歲，時稱得人。”按鐸惟此年知舉，云“典貢士兩歲”，誤。○孟按：
《全唐文》卷八十六僖宗《授王鐸義成軍節度使兼中書令制》：“洎中第
從軍，升朝擅價，掌綸業茂，選士功高，進必流芳，勞惟可則。”

六年乙酉(865)

　　進士二十五人：

　　劉崇龜，《舊書·劉崇望傳》：“劉崇龜，咸通六年進士擢第。”《新書》：
“崇龜字子長。”

　　袁皓，《永樂大典》引《宜春志》：“袁皓字退山，宜春人。咸通六年擢

進士第。”《唐詩紀事》：“皓咸通進士，龍紀集賢殿圖書使，自稱碧池處士。初登第，過岳陽，悦妓藥珠。以詩寄嚴使君曰：‘得意東歸過岳陽，桂枝香惹藥珠香。也知暮雨生巫峽，爭柰朝雲屬楚王。萬恨只憑期克手，寸心惟繫別離腸。南亭宴罷笙歌散，回首烟波路渺茫。’嚴君以妓贈之。皓《及第後作》云：‘金榜高懸姓字真，分明折得一枝春。蓬瀛乍接神仙侣，江海迴思耕釣人。九萬摶扶排羽翼，十年辛苦涉風塵。升平時節逢公道，不覺龍門是嶮津。’”

　　常修，《南楚新聞》：“關圖有一妹甚聰惠，文學書札罔不動人。圖常語同僚曰：‘某家有一進士，所恨不櫛耳。’後寓居江陵，有鹺賈常某者，囊蓄千金，三峽人也，亦家於江陵，深結托圖，圖亦以長者待之。數載，常公殂，有一子，狀貌頗有儒雅之風紀，而略曉文墨。圖竟以其妹妻之，則常修也。關氏乃與修讀書，習二十餘年，才學優博，越絶流輩。咸通六年登科，座主司空李公蔚也。初，江東羅隱下第東歸，有詩别修云：‘六載辛勤九陌中，却尋歧路五湖東。名慚桂苑一枝綠，鱠憶松江滿棹紅。浮事到頭須適性，男兒何必盡成功。惟應鮑叔深知我，他日蒲帆百尺風。’又《廣陵秋夜讀修所賦三篇，復吟寄修》云：‘入蜀還吴三首詩，藏於篋笥重於師。劍關夜讀相如聽，瓜步秋吟煬帝悲。物景也知輸健筆，時情誰不許高枝。明年二月東風裏，江島閑人慰所思。’修名望若此，關氏亦有助焉。後修卒，關氏自爲文祭之，時人競相傳寫。”○孟按：《南部新書》卷四：“關圖有一妹有文學，善書札，圖嘗語同僚曰：‘某家有一進士，所恨不巾櫛耳。’後適常氏，修之母也。修，咸通六年登科。”

　　翁綬，《唐才子傳》：“翁綬，咸通六年中書舍人李蔚下進士。”○孟按：《唐詩紀事》卷六十六：“綬，登咸通進士第。”

　　＊崔凝，原列卷二十七《附考・進士科》，徐氏考云：“劉崇望《授崔凝沈文偉守本官充翰林學士制》：‘皆以墨妙詞芬，策名試第。’”　孟按：《補遺》册六，第183頁，崔凝咸通八年（867）七月十二日爲其亡妻李氏撰墓誌銘云：“有唐前鄉貢進士崔凝亡室隴西李氏，鄭王亮之七代孫。”又同上第201頁，狄歸昌撰乾寧三年（896）八月十八日《唐故刑部尚書崔公府君（凝）墓誌并序》云：“公諱凝，字得之，博陵人也。……咸通六年，一上升第於故相國李公蔚下。”今移正。亦見王補。

＊**盧文秀**。胡補：“《光緒江西通志》卷二一《選舉表》一《唐進士》：
‘咸通六年：……盧文秀，宜春人，肇子，弘文館學士。’”又陳補：“乾隆《江
西通志》卷四九：‘咸通六年進士：袁皓……盧文秀，宜春人，肇子，官弘文
館學士。’”　孟按：天一閣藏［正德］《袁州府志》卷七《科第·唐》：“盧文秀，
肇子，咸通間進士。”然天一閣藏［嘉靖］《袁州府志》卷七《選舉表·科第·宜
春·唐》載：“咸通六年：袁皓，進士，有傳。……盧文秀，進士，肇子。”此處
“……”原表空格，當爲記“某某年”處，其意應爲咸通進士然未詳何年，故同
書卷八《人物志》載：“（盧）文秀，咸通中進士，爲長安令，有聲，官至弘文館學
士。”疑乾隆《江西通志》本之而隨袁皓同繫於咸通六年，恐未妥，姑附本年以
俟考。又按：《陝西通志》卷五十五《名宦四·令長》：“按令長爲親民之官，其
惠愛及人尤切，雖舊志所遺，未可棄也。如唐長安令盧文秀，宜春人。……”
斯即其人。

　　諸科十八人。

　　博學宏詞科。《舊書》本紀：“二月，以吏部尚書崔慎繇，吏部
侍郎鄭從讜，吏部侍郎王鐸，兵部員外郎崔瑾、張彥遠等考宏詞
選人。”

　　拔萃科。《舊書》本紀：“二月，金部員外郎張乂思、大理少卿董
賡試拔萃選人。”

　　知貢舉：中書舍人李蔚。《舊書》本紀：“咸通五年十月丙辰，
以中書舍人李蔚權知禮部貢舉。”又《李蔚傳》：“正拜中書舍人。咸通
五年，權知禮部貢舉。六年，拜禮部侍郎。”

七年丙戌（866）

　　進士二十五人：是年試《被袞以象天賦》，見《摭言》。　岳珂
《寶真齋法書贊》有林迪借《唐登科記》，檢咸通中試《被袞象天賦》帖。
〔趙校：岳書卷九無“天”字。〕○陳補云：“本年試《被袞以象天賦》、《新
蒲含紫茸詩》，見《韓子年譜》引《諱行錄》。”

　　韓袞（韓緄），狀元。　《韓文考異》：“袞登咸通七年進士第，昶之次
子。”《摭言》：“韓袞，咸通七年趙驤下狀元及第。性好嗜酒，謝恩之際，趙

公與之首宴。公屢賞歐陽琳文學，袞睨之曰：'明公何勞再三稱一複姓漢。'公愕然，爲之徹席，自是從容不過三爵。及杏園開宴，時河中蔣相以故相守兵部尚書，其年子泳及第，相國欣然來突，衆皆榮之。袞屬聲曰：'賢郎在座，兩頭著子女，相公來此得否？'相公錯愕而去。及泳歸，公庭責之曰：'席內有顛酒同年，不報我，豈人子耶！'自是同年莫敢與之歡醉矣。"《困學紀聞》："韓文公子昶雖有金根車之譏，而昶子綰、袞皆擢第，袞爲狀元，君子之澤遠矣。"○陳補云："乾隆《河南通志》卷四五《選舉》：'韓緄，綰弟，咸通七年狀元。'《金石萃編》卷一一四韓昶《自爲墓誌銘》：'有男五人，曰緯，前復州參軍，次曰綰，曰緄，曰綺，曰納，舉進士。'徐《考》所引三證，皆作韓袞，未詳袞爲緄之誤，抑爲初名緄後易名袞，姑錄出以備考。"

　　蔣泳，《摭言》："咸通中進士及第，過堂後便以騶從，車服侈靡之極。稍不中式，則重加罰金。蔣泳以故相之子，少年擢第，時家君任太常卿，語泳曰：'爾門緒孤微，不宜從世祿所爲。可先納罰錢，慎勿以騶從也。'"按泳字越之，伸之子，見《宰相世系表》。

　　歐陽琳，《永樂大典》引《閩中記》："歐陽琳字瑞卿，袞之子，咸通七年及第，又中宏詞科。弟批，亦登進士。"《唐語林》："歐陽琳與弟批同在場屋，苦其貧匱。每詣先達，刺轍同幅，時人稱之。"《淳熙三山志》："歐陽琳再中宏詞，授秘書省正字。累遷侍御史。"○孟按：《千唐》[1172]謝承昭撰咸通九年（868）七月十二日《唐秘書省歐陽正字（琳）故夫人陳郡謝氏（迢）墓誌銘并序》（參見《彙編》[咸通 065]）云："夫人姓謝氏，諱迢，字昇之。……以咸通七年三月十日，偶嬰暴疾，歿於河南府洛陽縣毓財里之私第，即所天上第之年，享年廿有八。所天名琳，以前年進士高第，去歲宏詞再科，今來釋褐莅官。……所天以咸通九年七月十二日護喪窆於河南府河南縣平樂鄉杜翟村邙山之南原，從權也。"可證歐陽琳本年登進士科，明年登博學宏詞科。亦見羅補。

　　杜裔休，《唐語林》："杜邠公在岐下，歐陽琳以子裔休同年謁之。"是裔休亦此年進士矣。《雲溪友議》："故荆州杜司空悰，自忠武軍節度使出澧陽，宏詞李宣古者，數陪遊宴。每戲謔於其座，或以鉛粉傅其面，或以輕綃爲其衣。侮慢既深，杜公不能容忍，使臥宣古於泥中，欲辱之櫃楚也。長林公主聞之，不待穿履，奔出而救之曰：'尚書不念諸子學文，擬陪李秀

才硯席,豈在飲筵而舉人細過!待士如此,異時那得平陽之譽乎?'遂遣人
扶起李秀才,於東院以香水沐浴,更以新衣。後二子裔休、儒休,皆以進士
登科,人謂之曰:'非其賢母,不成其子。'"

　　沈光,《唐才子傳》:"沈光,吳興人。咸通七年,禮部侍郎趙騭下進
士。"《摭言》:"沈光始貢於有司,嘗夢一海船。自夢後,咸敗於垂成,際登
第年亦如是。皆謂失之之夢,而特第不測。〔趙校:"第",《唐摭言》卷八作
"地",疑是。〕無何,謝恩之際,升階,忽爾迴颸吹一海圖,拂光之面,正當一
巨舶,夢中所睹之物。"《北夢瑣言》:"前進士沈光有《洞庭樂賦》,韋八座岫
謂朝賢曰:'此賦乃一片宮商也。'後辟爲閩從事。"羅隱《送沈光及第後東
歸兼赴嘉禮詩》曰:"青青月桂觸人香,白苧杉輕稱沈郎。好繼馬卿歸故
里,況聞山簡在襄陽。杯傾別岸應須醉,花傍征車漸欲芳。擬把金錢贈嘉
禮,不堪栖屑困名場。"

　　汪遵,《唐才子傳》:"汪遵,宣州涇縣人。幼爲小吏,晝夜讀書良苦,
人皆不覺。咸通七年,韓袞榜進士。初遵與鄉人許棠友善,棠應二十餘年
舉,遵猶在胥徒,工爲絶句詩,而深自晦密。以家貧難得書,必借於人,徹
夜強記,棠實不知。一旦辭役就貢,棠時先在京師,偶送客至灞滻間,忽遇
遵於途,行李索然。棠訊之曰:'汪都何事來?'遵曰:'此來就貢。'棠怒曰:
'小吏不忖,而欲與棠同筆硯乎?'甚侮慢之。後遵成名,五年棠始及
第。"○孟按:《唐詩紀事》卷五十九:"遵,宣城人,登咸通七年進士第。"

　　崔璐,《唐詩紀事》:"璐登咸通七年進士第。"《永樂大典》引《蘇州府
志》作"崔珞"。崔璐有《覽皮先輩盛製,因作十韻以寄,用伸歆仰詩》,陸龜
蒙有《和皮襲美酬前進士崔璐盛製見寄詩》。

　　孔戣,《闕里文獻考》咸通七年進士有孔戣,未知所據,附此俟考。

　　*　**駱兟**,胡補:"《乾隆杭州府志》卷一○七《唐進士》引《登科記》:'咸
通七年丙戌韓袞榜:駱兟,臨安人。'又見《浙江通志》卷一三三《選舉志》。"

　　*　**孫備**。《千唐》[1077]孫瑝撰咸通十二年(871)《唐故河南府洛陽
縣尉孫府君(備)墓銘并序》(參見《彙編》[會昌004]。按《千唐》及《彙編》
皆稱此誌爲會昌元年,誤。考見郁賢皓《唐刺史考全編》卷三《京畿道·華
州》)云:"祖,白馬縣令贈尚書工部侍郎諱起,烈考故天平軍節度使、檢校禮
部尚書、贈兵部尚書康公諱景商,君其嫡長子也。……始舉,袖出巨軸拜公

卿，郁然有文人譽。重然諾，顧交誼，預君遊者皆當時名人，常潔白分別跡未嘗輙雜。累升歌於春官氏，連戰連北，每黜歸，必愉愉而喜，以解太夫人之愠。今趙華州主宗伯，挹君而喜曰：我得俊矣。果書君於籍中。"按原誌缺墓主諱名，據《彙編》[大中 120]（蔣伸撰大中十年十月廿七日《唐故天平軍節度鄆曹濮等州觀察處置等使朝請大夫檢校禮部尚書使持節鄆州諸軍事兼鄆州刺史御史大夫上柱國賜紫金魚袋贈兵部尚書孫府君（景商）墓誌銘并序》署："長子備書。"）補。據"今趙華州主宗伯"云云，知孫備於咸通七年趙騭下擢進士第。按孫備卒於咸通十二年五月，享年三十九，則其擢第時爲三十四歲。

諸科十七人：

幸軒。《永樂大典》引《瑞陽志》："幸南容之孫名軒，咸通七年中三史科，知舉趙騭。"

拔萃科。《舊書》本紀："十一月，以禮部郎中李景溫、吏部員外郎高湘試拔萃選人。"

知貢舉：禮部侍郎趙騭。《舊書》本紀："咸通六年九月，以中書舍人趙騭權知禮部貢舉。"又《趙隱傳》："隱弟騭，以進士登第。咸通初，正拜中書舍人。六年，權知貢舉。七年，選士多得名流，拜禮部侍郎。"《摭言》"趙騭試《被袞以象天賦》，更放韓袞爲狀元。或爲中貴語之曰：'侍郎既試《王者被袞以象天賦》，更放韓袞狀元，得無意乎？'騭由是求出華州。"《廣卓異記》："大中六年，崔瑦知舉，放趙騭及第。至咸通七年，騭自翰林學士出拜禮部侍郎知舉，瑦爲禮部尚書。騭放榜後，攜門生詣相國里溫瑦，集於崇化坊龍興觀前。進士韓袞已下題云'集此從座主侍郎起居大座主尚書'。"　按丁居晦《承旨學士壁記》云："趙騭，咸通三年二月二十日，自右拾遺遷起居舍人。四年八月七日，改兵部員外郎。五年七月八日，加駕部郎中。九月十七日，加朝散大夫、户部侍郎。其月三十日，改禮部侍郎。"是騭以禮部侍郎知舉，紀、傳以爲中書舍人，誤也。

八年丁亥(867)

進士三十人：○陳補云："本年缺進士試題。按同治《廣東通志》卷一六八引《廣州人物傳・鄭愚傳》：‘咸通八年知貢舉。舊制試賦多出古句爲題，士習蹈成篇。時詔放雲南弟子還國，愚以次試之，士多閣筆。及放榜，鄭洪葉第一人及第，輿論咸頌其公云。’”　孟按：《全唐詩》卷六〇〇收鄭洪業《詔放雲南子弟還國》詩，當爲本年所試。

鄭洪業，狀元。　《唐詩紀事》：“洪業，咸通八年鄭愚下第一人擢第。”

牛徽，《舊書・牛僧孺傳》：“僧孺子蔚。蔚子徽，咸通八年登進士第。”

韋昭度，《舊書》本傳：“昭度字正紀，京兆人。祖絢，父逢。昭度咸通八年進士擢第。”〇孟按：《全唐文》卷八十六僖宗《授韋昭度平章事制》：“洎升名俊造，歷官清華。”

韋承貽，《唐詩紀事》：“承貽字貽之，咸通八年登第。”《摭言》：“韋承貽，咸通中策試夜，潛紀長句於都堂西南隅曰：‘褒衣博帶滿塵埃，獨上都堂納試迴。蓬巷幾時聞吉語，棘籬何日免重來。三條燭盡鐘初動，九轉丸成鼎未開。殘月漸低人擾擾，不知誰是謫仙才。’又：‘白蓮千朵照席明，一片升平《雅》《頌》聲。纔唱第三條燭盡，南宮風景畫難成。’”皮日休有《寄同年韋校書詩》。

崔昭符，見下。

皮日休，《讀書志》：“皮日休字襲美，一字逸少，襄陽人。咸通八年登進士第。”《唐語林》：“皮日休榜末及第，禮部侍郎鄭愚以其貌不揚，戲之曰：‘子之才學甚富，如一日何？’皮對曰：‘侍郎不可以一日廢二日。’謂不以人廢言也。”（孟按：此事本《北夢瑣言》卷二，然“一日”、“二日”作“一目”、“二目”）《皮子文藪》序云：“咸通丙戌中，日休射策不上第，退歸州來別墅。丙戌爲七年。　《玉泉子》：“皮日休，南海鄭愚門生。春關內，嘗宴於曲江，醉寢於別榻，衣囊、書笥羅列旁側，率皆新飾。同年崔昭符，鐐之子，固蔑視之，亦醉更衣。見日休，謂其素所熟狎者，即固問，且欲戲之。日休童僕劇前呼之，昭符知日休也，曰：‘勿呼之，渠方宗會矣。’以其囊笥皆皮。時人傳之，以爲口實。”〇孟按：《直齋書錄解題》卷十六亦載日休“咸通八年進士”。皮日休《文藪序》云：“咸通丙戌中，日休射策不上第，退歸州東別墅，編次其文，復將貢於有司。”按“丙戌”爲咸通七年，日休下第，歸而編次《文藪》以納省卷，次年上第，殆《文藪》行卷之結果。又《全唐詩》卷六三一張賁《奉和襲美醉中即席見贈次韻》：“桂枝新下月中仙，學海詞鋒譽藹然。文陣已推忠信甲，窮波猶認孝廉船。清標稱住羊車上，俗韻慚居鶴氅前。共許逢蒙快弓箭，再穿楊葉在明年。”

　　宋□，皮日休有《江南書情二十韻，寄秘閣韋校書貽之、商洛宋先輩垂文二同年詩》，又有《登第後寒食杏園有宴，因寄録事宋垂文同年詩》。“垂文”，一作“垂丈”。

　　＊范元超。〔乾隆〕《延平府志》卷三十一《寓賢·唐》：“范元超，字仲達，唐朔方靈鹽節度使希朝之子，咸通八年登進士第。”又四庫本《福建通志》卷五十三《流寓·延平府·唐》：“范元超，字仲達，節度使范希朝之子，咸通八年進士，官至御史中丞。天復中避朱全忠亂寓劍州，子子高天祐間典尤溪縣，遂即豐城小田定居焉。”所記與史合，惟范希朝卒於元和九年（814），見《舊唐書》本傳，時至咸通八年已五十餘年，疑言希朝子有誤。

　　諸科二十人。

　　博學宏詞科：《舊書》本紀：“十月，以禮部侍郎盧匡、吏部侍郎李蔚、兵部員外郎薛崇、司勳員外郎崔殷夢考吏部宏詞選人。”

孫緯，《唐詩紀事》：“緯，咸通八年宏詞登科。”

　　＊歐陽琳。見上年進士科歐陽琳考。

　　知貢舉：禮部侍郎鄭愚。見上。○孟按：《全唐詩》卷六○七歐陽澥《詠燕上主司鄭愚》詩云：“翩翩雙燕畫堂前，送古迎今幾萬回。長向春秋社前後，爲誰歸去爲誰來。”是澥於本年試而未第也。

　　＊鄭洪業《詔放雲南子弟還國詩》曰：“德被陪臣子，仁垂聖主恩。雕題辭鳳闕，丹服出金門。有澤霑殊俗，無征及獷猨。銅梁分漢土，玉壘駕鸞軒。瘴嶺蠶叢盛，巴江越巂垠。萬方同感化，豈獨自南蕃。”《全唐詩》卷六○○。　孟按：此詩據前考補。

九年戊子(868)

　　進士三十人：是年試《天下爲家賦》，見《摭言》。○孟按：亦見

《太平廣記》卷一三八“劉允章”條引《盧氏雜説》。

趙峻，狀元，見《淳熙三山志》。

羊昭業，《永樂大典》引《蘇州府志》：“侍郎劉允章知舉，羊昭業登第。昭業字振文。”○孟按：《全唐詩》卷六〇〇司馬都《送羊振文先輩往桂陽歸覲》詩云：“此去歡榮冠士林，離宴休恨酒杯深。雲梯萬仞初高步，月桂餘香尚滿襟。”又同上卷六一四皮日休《送羊振文先輩往桂陽歸覲》詩云：“桂陽新命下彤墀，綵服行當欲雪時。登第已聞傳襫賦，問安猶聽講韓詩。”同上又有《偶留羊振文先輩及一二文友小飲日休以眼病初平不敢飲酒遣侍密歡因成四韻》詩；同上卷六二六陸龜蒙有《送羊振文先輩往桂陽歸覲》詩。

連總，《永樂大典》引《閩中記》：“連總字會川，閩縣人。咸通九年及第。”《淳熙三山志》：“連總終崞陽尉。”

孔紓，鄭仁表《左拾遺孔府君墓誌銘》：“仁表與拾遺同歲爲東府鄉薦，策第不中等，再罷去。明年，偕實於東堂。宴之日，博陵崔公蕘出紫微直，觀風甘棠下，表爲支使，校芸閣書。拾遺始及第，乞假拜慶。新進士得意歸去，多不伏拘束假限，往往關試不悉集，貢曹久未畢公事，故地遠迨二千里，例不給告。時僕射太常公節制天平軍，以是勤不得請。拾遺曰：‘人之多言，必以我爲宴安。’訖春不宴。年少乘喜氣，赤春頭竟不對狎客持一杯酒，人以爲難。關試日，都堂中捐別同年，徑出青門。公諱紓，字持卿，魯司寇四十代孫。”

鄭仁表，《唐語林》：“鄭仁表，劉允章門生。仁表與李都善，初允章知舉，即訪都而謂之曰：‘儀之某爲朝廷委任，何以見神，少塞責乎？’都欲薦其所知者，允章迎謂之曰：‘請不言牛、孔，安得歲歲須人？’先是牛、孔數家憑勢力，每歲主司爲其所制，故允章亦云，適中都所欲言。都曰：‘蘊中錯也。欲其〔趙校：原注：闕。〕以與都雅熟。’允章納焉，即孔紓也。復示允章以文一軸，發之且大半，曰：‘此可以與否？’允章佳賞。比及卷首，乃仁表也。允章鄙其輕薄而辭之。都曰：‘公是遭罷者，奈何復聽讒言乎？’于是皆許之。” 按仁表，蕭之孫，洎之子。《舊書》本傳：“仁表擢第後，從杜審權、趙騭爲華州、河中掌書記，入爲起居郎。仁表文章，尤稱俊拔，然恃才傲物，人士薄之。自謂門地、人物、文章具美，嘗曰：‘天瑞有五色雲，人瑞有鄭仁表。'"

顏□。顏萱《送羊振文歸覲桂陽詩》注:"先輩拾遺是叔父同年。"

＊胡學。[嘉靖]《徽州府志》卷十七《宦業列傳》:"胡學,字真,瞳之子,由祁門遷居婺源清華。登咸通九年進士,累官撫州司户。上書言事,忤田令孜,貶竄福州,尋授舒城令。"[道光]《安徽通志》卷一四四《人物志·宦績五·徽州府·唐》據《新安名族志》錄:"胡學,婺源人,父瞳,以禦黄巢功授宣歙節度討擊使。學,咸通進士,任撫州司户。上書忤田令孜,竄福州,尋授舒城令。"又見四庫本《江南通志》卷一一九、一四七。按所載年代與史事合,當有所本。

諸科十一人。

博學宏詞科。《舊書》本紀:"正月,以兵部員外郎焦潰、司勳員外郎李岳考宏詞選人。"

知貢舉:禮部侍郎劉允章。《舊書》本紀:"咸通八年十月,以中書舍人劉允章權知禮部貢舉。"又《劉迺傳》:"允章登進士第,累官至翰林學士承旨、禮部侍郎。咸通九年,知貢舉。"《摭言》:"劉允章侍郎主文年,榜南院曰:'進士納卷不得過三軸。'劉子振聞之,故納四十軸。"又曰:"劉允章試《天下爲家賦》,爲拾遺杜裔休駁奏。允章辭窮,乃謂與裔休對。時允章出江夏,裔休尋亦改官。"《南部新書》:"咸通九年,劉允章放榜後,奏新進士春關前擇日謁謝先師,皆服青襟介幘,有洙泗之風焉。"《唐語林》:"劉允章祖伯芻,父寬夫,皆有重名。允章少孤自立,以臧否爲己任。及掌貢舉,尤惡朋黨。初進士有十哲之號,皆通連中官,郭薰、羅虬皆其徒也。每歲有司無不爲其干撓,根蒂牢固,堅不可破。都尉于琮方以恩澤主鹽鐵,爲薰極力,允章不應,薰竟不就試。比考帖,虬居其間,允章誦其詩有'簾外桃花曬熟紅',不知熟紅何用,虬已具在去留中,對曰:'詩云"關關雎鳩,在河之洲。窈窕淑女,君子好逑",侍郎得不思之?'頃之唱落,衆莫不失色。及出榜,惑於浮説,予奪不能塞時望。允章自鄂渚分司東都,其制中書舍人孔晦之詞。晦弟紓爲諫官,乃允章門生,率同年送於坡下。紓猶欲前行,允章正色曰:'請違公不去。'故事,門生無答拜者,允章於是答拜,同行皆愕然。"　按《摭言》載十哲有沈雲翔、林繕、鄭玘、劉業、唐

珣、吳商叟、秦韜玉、郭薰八人，《語林》又有羅虯一人。　按丁居晦
《承旨學士壁記》：“劉允章，咸通五年十一月二十七日，自倉部員外郎
再入翰林。六年正月九日，加戶部郎中、知制誥。八年十一月四日，
遷工部侍郎。其年十一月十六日，改禮部侍郎，出院。”是允章以禮部
侍郎知舉，並未爲中書舍人也。本紀誤。

十年己丑(869)

進士三十人：

歸仁紹，狀元。《永樂大典》引《蘇州府志》：“咸通十年，侍郎王凝知
舉，歸仁紹登第。”按《舊書·歸傳》作“仁召”。〇孟按：元洪景修編《新
編古今姓氏遥華韻》甲集卷九：“歸融……子仁超，通三禮，咸通進士第
一。”按“召”、“超”皆爲“紹”之訛。《太平廣記》卷二五七引《皮日休文集》
云：“唐皮日休嘗謁歸仁紹，數往而不得見。”

司空圖，《舊書·文苑傳》：“司空圖，咸通十年登進士第。主司王凝，
於進士中尤奇之。”《唐才子傳》：“司空圖字表聖，河中人也。父輿，大中時
爲商州刺史。圖，咸通十年歸仁紹榜進士。主司王凝，初典絳州，圖時方
應舉，自別墅到郡謁見，後更不訪。親知閣吏遽申‘司空秀才出郭矣’。
〔趙校：“後更不訪”與下文文義重複，“閣吏”上有“親知”二字，義不可通，
疑皆衍文。《佚存叢書》本《才子傳》“自別墅”以下與此異，作“自別墅到郡
上謁去，閣吏遽申秀才出郭門”。〕或入郭訪親知，即不造郡齋。瑯琊知之，
謂其專敬，愈重之。及知舉日，司空一捷，列第四人登科。同年訝其名姓
甚暗，成事太速，有浮薄者號之爲‘司徒空’。瑯琊知有此説，因召一榜門
生開筵，宣言於衆曰：‘某叨忝文柄，今年榜帖全爲司空先輩一人而已。’由
是聲采益振。”《唐詩紀事》：“圖，河中虞鄉人。少有文采，未爲鄉里所稱。
會王凝自尚書郎出爲絳州刺史，圖以文謁之，大爲凝知。入知制誥，遷中
書舍人，知貢舉，擢圖上第。頃之，凝出爲宣州觀察使，辟圖爲從事。既渡
江，御史府奏圖監察，下詔追之，圖感凝知己之恩，不忍輕離幕府。滿百日
不赴闕，爲臺司所劾，遂以本官分司。久之，召拜禮部員外郎，俄知制誥，
故集中有文曰：‘戀恩稽命，黜繫洛師，於今十年，方忝綸閣。’”司空圖有
《記恩門王凝故事》云：“愚嘗襲跡門下，受知特異。”〇孟按：司空圖《省試》

詩云:"粉闈深秋唱同人,正是終南雪霽春。閑繫長安千匹馬,今朝似減六街塵。"《榜下》詩云:"三十功名志未伸,初將文字競通津。春風漫折一枝桂,烟閣英雄笑殺人。"又《太平廣記》卷二七五"段章"條引司空圖《段章傳》:"段章者,咸通十年,事前進士司空圖。"

歐陽玭,《淳熙三山志》:"玭,衮之子,字□中,終書記。" 按玭爲琳之弟。

林慎思,林永撰《唐水部郎中伸蒙子家傳》云:"伸蒙子姓林氏,諱慎思,字虔中,福州長樂人。少倜儻有大志,力學好修,與昆弟五人築室讀書稠巖山中。咸通五年,首薦禮部,不第,退居槐里。咸通十年,王凝侍郎歸仁紹榜中進士第。" 按《淳熙三山志》,林慎思終水部郎中、萬年令。

虞鼎,楊鉅《唐御史裹行虞鼎墓誌銘》:"公虞姓,諱鼎,字少微,會稽人。登咸通十年進士。"

*余鎬。四庫本《福建通志》卷三十三《選舉一·唐科目》:"咸通十年己丑歸仁紹榜:建陽縣余鎬。"同上卷四十四《人物二·興化府》:"余鎬,字周京,其先家建陽。咸通十年與閩縣歐陽玭、長樂林慎思同第進士,除校書郎。"[民國]《建陽縣志》卷七、卷十文字同上。此條亦見胡補。

諸科十人。

博學宏詞科。《舊書》本紀:"十二月,〔趙校:原作"十一月",據《舊書·懿宗紀》改。〕以吏部侍郎楊知温,吏部侍郎于德孫、李玄考官;司封員外郎盧蕘,刑部侍郎楊戴考試宏詞選人。"

拔萃科。《舊書》本紀:"十一月,以虞部郎中宋震、前昭應主簿胡德融考科目舉人。" 按科目舉人疑即拔萃科。

知貢舉:禮部侍郎王凝。《舊書·王正雅傳》:"王凝暮年,移疾華州。踰年,以禮部侍郎徵。凝性堅正,貢闈取士,拔其寒俊,而權豪請托不行,爲其所怒,出爲商州刺史。"司空圖《王凝行狀》:"中外之議,謂公不司文柄,爲朝廷闕政,竟拜禮部侍郎。韋澄邁在内廷,懸入相之勢,其弟保殷干進,自謂殊等不疑。黨附者又方據權,亦多請托。攘臂傲視,人爲寒心,公顯言拒絶。及榜出沸騰,以爲近朝難事。"

十一年庚寅(870)

正月甲寅朔,群臣上尊號,赦天下。《通鑑》。　按《舊書》在十二年正月,《新書》在十一年十一月,皆非。《唐語林》:"咸通十年,停貢舉。前一年,日者言己丑年無文柄,值至仁必當重振。明年,上加尊號,內有'至仁'兩字。韓袞爲補闕,上疏請復之。夏侯孜謂楊玄翼云:'李九丈行不得事,我行之。'九丈即衛公也。"

四月戊子,敕:"去年屬以用軍之際,權停貢舉一年。今既偃戈,却宜仍舊。來年宜別許三十人及第,進士十人,明經二十人。已後不得援例。"《舊書》本紀、《册府元龜》、《唐會要》。

停舉。《太平廣記》引《年號記》:"咸通十一年,以龐勛盜據徐州,久屯戎卒,連年飛輓,物力方虚,因詔權停貢舉一年。是歲進士盧尚卿自遠至闕,聞詔而迴,乃賦《東歸詩》曰:'九重丹詔下塵埃,深璪文闈罷選才。桂樹放教遲月長,杏園終待隔年開。自從玉帳論兵後,不許金門諫獵來。今日灞陵橋上過,關人應笑臈前回。'"羅隱《讒書重序》云:"隱次《讒書》之明年,以所試不如人,有司用公道落去。其夏,調膳於江東,不隨歲貢。又一年,朝廷以彭門就辟,刀機猶濕,詔吾輩不宜求試。"　按《讒書》作於丁亥,其明年爲咸通九年,又一年爲十年己丑,"詔吾輩不宜求試",謂停舉之詔下於十年也。隱又作《陳黯集後序》云:"黯字希孺,曩者與予聲跡相接於京師,各獲譽於進取。咸通庚寅歲,膠其道於蒲津秋試之場。"亦謂是年停舉也。

博學宏詞科。《舊書》本紀:"正月,以吏部尚書蕭鄴、吏部侍郎于德孫〔趙校:原作"吏部尚書于德孫",據《舊紀》改。〕、吏部侍郎楊知溫考官;司勛員外郎李耀、禮部員外郎崔澹等考試應宏詞選人。"

十二年辛卯(871)

進士四十人:

李筠,狀元。

裴樞,《舊書·裴遵慶傳》:"遵慶子向,向子寅。寅子樞,字紀聖,咸通十二年登進士第。”　按與大曆元年登第者同名。

許棠，《唐才子傳》：“許棠字文化，宣州涇人也。咸通十二年李筠榜進士及第。時及知命，嘗曰：‘自得一第，稍覺筋骨輕健，愈於少年，則知一名乃孤進之還丹也。’調涇縣尉。”《唐語林》：“許棠初試進士，與薛能、陸肱齊名。薛擢第，尉盩厔，肱下第，遊太原，棠並以詩送之。棠登第，薛已自京尹出鎮徐州；陸亦出守南康，招棠爲倅。初，高侍郎湜知舉，棠納卷，覽其詩云：‘退鷁已經三十載，登龍僅見一千人。’乃曰：‘世復有屈於許棠者乎！’永寧劉相以其子希同年，留爲淮南館驛官。”《摭言》：“許棠久困名場，咸通末，馬戴佐大同軍幕，棠往謁之。一見如舊相識，留連數月，但詩酒而已，未嘗問所欲。一旦大會賓客，命使者以棠家書授之，棠驚愕莫知其來，啟緘即知戴潛遣一介卹其家矣。”《永樂大典》引《池州府志》：“張喬字伯遷。時李頻以參軍主試，喬及許棠、張蠙、周繇皆華人，時號‘九華四俊’。試以《月中桂》爲題，喬詩擅場，人皆推爲首選，喬曰：‘許君場屋舊遊，喬何敢居上！’遂推棠爲首。”張喬《送許棠及第歸宣州詩》曰：“雅調一生吟，誰爲晚達心。傍人賀及第，獨自却霑襟。宴別喧天樂，家歸礙日岑。青門許攀送，故里接雲林。”又李頻《送許棠及第歸宣州詩》曰：“高科終自致，志業信如神。待得逢公道，由來合貴身。秋歸方覺好，舊夢始知真。更想青山宅，誰爲後主人。”又貫休《聞許棠及第因寄桂雍詩》曰：“時清道合出塵埃，清苦爲詩不仗媒。今日桂枝平折得，幾年春色併將來。勢扶九萬風初極，名到三山花正開。更有平人居蜑屋，還應爲作一聲雷。”○孟按：《金華子雜編》卷下：“許棠常言於人曰：‘往者未成事，年漸衰暮，行倦達官門下，身疲且重，上馬極難。自喜一第以來，筋骨輕健，攬轡升降，猶愈於少年時。’”《唐詩紀事》卷七十許棠傳云：“棠，字文化，宣州涇縣人。登咸通十二年進士第。”又《新唐書·藝文志四》：“《許棠詩》一卷：字文化。

劉希，希字至顔，鄴之子，見《宰相世系表》。

李拯，《舊書·文苑傳》：“李拯字昌時，隴西人。咸通十二年登進士第。”

公乘億，《唐才子傳》：“公乘億字壽山，咸通十二年進士。”按“壽山”，新、舊《書·高鍇傳》作“壽仙”。　《摭言》：“公乘億，魏人也，以詞賦著名。咸通十二年，垂三十舉矣。嘗大病，鄉人誤傳已死。其妻自河北來迎喪，會億送客至坡下，遇其妻。始夫妻闊別積十餘歲，億時在馬上見一婦粗縗跨驢，依稀與妻類，因睨之不已，妻亦如是。乃令人詰之，果億内子，與之相持而泣，路人嘆異之。後旬日，億登第矣。"○孟按：《新唐書·藝文志四》："《公乘億詩》一卷：字壽山，並咸通進士第。"

聶夷中，《唐才子傳》："聶夷中字坦之，河南人也。咸通十二年禮部侍郎高湜下進士。"《北夢瑣言》："咸通十二年，禮部侍郎高湜知舉，榜内孤平者公乘億，有賦三百首，人多書於壁。許棠有《洞庭詩》尤工，時人謂之'許洞庭'。最奇者有聶夷中，河南中都人，少貧苦，精於古體，有《公子家詩》云：'種花滿西園，花發青樓道。花下一禾生，去之爲惡草。'又《詠田家詩》云：'父耕原上田，子劚山下荒。六月禾未秀，官家已修倉。'又云：'鋤田當日午，汗滴禾下土。誰念盤中餐，粒粒皆辛苦。'又云：'三月賣新絲，五月糶新穀。醫得眼前瘡，剜却心頭肉。我願君王心，化爲光明燭。不照綺羅筵，只照逃亡屋。'所謂言近意遠，合三百篇之旨也。咸得三人，見湜之公道也。"○孟按：《唐才子傳校箋》卷九箋云："首載夷中及進士第者乃《北夢瑣言》。……嗣後，《新唐書·高鍇傳》附子《高湜傳》亦云：'子湜……咸通末爲禮部侍郎……乃取公乘億、許棠、聶夷中等。'按上二書謂高湜知舉，一記於咸通中，一記爲咸通末，均未記其確年。《太平廣記》卷一八三高湜條則徑云：'咸通十二年，禮部侍郎高湜知舉。'下又記此年高湜取公乘億、許棠、聶夷中及第事。此後《紀事》亦記此事於咸通十二年，《直齋書録解題》卷一九所記其及第年亦同。《才子傳》此節所記當綜合諸說而成。"

曾緄，《永樂大典》引《宜春志》："咸通十二年，曾緄登進士第。"

韋保乂。《舊書·韋保衡傳》："弟保乂，進士登第。"《摭言》："韋保乂，咸通中以兄在相位，應舉不得，特敕賜及第，擢入内庭。"　按韋保衡於咸通十一年四月同平章事，十三年十一月拜司空，應附此年。

諸科九人。

博學宏詞科：《舊書》本紀："三月，以吏部尚書蕭鄴，吏部侍郎歸仁晦、李當考官；司封郎中鄭紹業，兵部員外郎陸勳等試宏詞選人。"

＊林慎思。原列本卷咸通十年（869）博學宏詞科，徐氏考云："《永樂大典》引《長樂縣志》：'林慎思，咸通十年以宏詞登第。'按林永作家傳云：'咸

通十一年,高實侍郎下再試中宏詞,拔萃魁敍。'考'高實'疑'高湜'之訛,高湜於十二年知舉,無試宏詞事,當從《長樂縣志》。"　孟按:徐氏已於是年著錄"博學宏詞科",且亦由吏部主試,故仍當移至本年。亦見陳補。

知貢舉:中書舍人高湜。《舊書》本紀:"咸通十一年十月,以中書舍人高湜權知禮部貢舉。"　按《高鍇傳》:"子湜,咸通十二年爲禮部侍郎。"或知舉後正拜也。　《新書》:"時士多由權要干請,湜不能裁。既而抵帽於地曰:'吾決以至公取之,得譴固吾分。'乃取公乘億、許棠、聶夷中等。"《玉泉子》:"高湜雅與路巖相善,湜既知舉,問巖所欲言。時巖以去年停舉,已潛奏恐有遺滯,請加十人矣。即托湜以五人。湜喜其數寡,形於顏色。不累日,十人制下,湜未之知也。巖執詔笑謂湜曰:'前者五人,侍郎所惠也。今之十人,某自致也。'湜竟依其數放焉。"

十三年壬辰（872）

進士三十人:

鄭昌圖,狀元。《玉芝堂談薈》作"鄭昌符"。　《玉堂閒話》:"廣明年中,鳳翔副使鄭侍郎昌圖未及第前,嘗自任以廣度宏襟,不拘小節,出入遊處,悉姿情焉。洎至輿論喧然,且欲罷舉。其時同里有親表家僕自宋亳莊上至,告其主人云:'昨過洛京,於穀水店邊逢見二黃衣使人西來,某遂與同行。至華岳廟前,二黃衣使與某告別,相揖於店後,面謂某曰:"君家郎君應進士舉無?"僕曰:"我郎主官是高,諸郎君見修學。"〔趙校:"諸"原作"詣",據《太平廣記》卷一八三引改。〕次又問曰:"莫親戚家兒郎應無?"曰:"有。"使人曰:"吾二人乃是今年送榜之使也。自泰山來到金天處,印署其榜,子幸相遇。"僕遂請竊窺其榜,使者曰:"不可。汝但記之。"遂畫其地曰:"此年狀頭姓偏傍有阝,名兩字,下一字在□中。榜尾之人姓偏傍亦有此阝,名兩字,下一字亦在□中。記之,記之。"遂去。'鄭公親表頗異其事,遂訪岐副具話之,且勉以就試。昌圖其年狀頭及第,榜尾鄒希回也,姓名畫點皆同。"《摭言》:"咸通末,執政病舉子車服僭差,不許乘馬。時場中不減千人,雖勢可熱手,亦皆騎驢。或嘲之曰:'今年敕下盡騎驢,短轡長鞭滿九衢。清瘦兒郎尤自可,就中愁殺鄭昌圖。'昌圖魁偉甚,故有此句。"

按執政,《盧氏雜説》作楊玄翼。　　又曰:"鄭光業中表間有同入試者,於時
舉子率皆以白紙糊案子面。昌圖潛紀之曰:'新糊案子,其白如銀。入試
出試,千春萬春。'光業弟兄共有一巨皮箱,凡同人投獻辭有可嗤者,即投
其中,號曰苦海。昆季或從客用資諧戲,即命二僕舁苦海於前,人閲一編,
靡不極歡而罷。光業常言,及第之歲,策試夜有一同人突入試鋪,爲吳語
謂光業曰:'必先,必先,可以相容否?'光業爲輟半鋪之地。其人復曰:'必
先,必先,咨仗取一杓水。'光業爲取。其人再曰:'便干托煎一椀茶,得
否?'光業欣然與之烹煎。居二日,光業狀元及第,其人首頁一啟,頗叙一
窗之素。略曰:'既取水,更煎茶。當時之不識貴人,凡夫肉眼;今日之俄
爲後進,窮相骨頭。'"

周繇,《唐才子傳》:"周繇,江南人。咸通十三年鄭昌圖榜進士,調福
昌縣尉。"《永樂大典》引《池州府志》:"周繇字允元。"《唐詩紀事》:"繇字爲
憲,池州人。及咸通進士第,以《明皇夢鍾馗賦》知名,調池之建德令。李
昭象以詩送曰:'投文得士而今少,佩印還家古所榮。'後以御史中丞與段
成式、韋蟾、溫庭皓同遊襄陽徐商幕府。"○孟按:《唐才子傳校箋》册五《周
繇傳》陶敏補箋云:《唐詩紀事》所紀字爲憲之周繇,當作"元繇",且於大中
末官至御史中丞,與字允元之周繇並非一人。又,《唐摭言》卷十云:"周
繁,池州青陽人也。兄繇,以詩篇中第。"《直齋書録解題》卷十九已載繇
"咸通十三年進士"。又,《全唐詩》卷六〇六林寬有《和周繇校書先輩省中
寓直》詩。

* 張演,《唐才子傳》卷八《周繇傳》:"同登第者有張演者,工詩,間見
一二篇,亦佳作也。"《校箋》云:"張演,兩《唐書》無傳,《新志》亦未有著録。
《新唐書》卷七二下《宰相世系表二下》始興張氏世系表有'張演,初名球'
者,係度支郎中張復魯之子,殆即其人。則張演爲韶州曲江人。其登科之
年,《登科記考》亦失考,似應據此補入咸通十三年。"　孟按:元釋圓至《箋
注唐賢三體詩法》(明廣陵錢元卿刻本)卷一:"張演,咸通十三年鄭昌符榜
及第。"又見北京大學圖書館藏日本刻本《增注唐賢絶句三體詩法》卷一。
按陳補亦據元釋園至《箋注唐賢絶句三體詩法》卷一録入,又注云:"又見
《全唐詩》卷六〇〇。"

韋庠,見《廣卓異記》。

裴贄，《舊書・裴坦傳》：“族子贄，字敬臣，及進士第。”

鄭延昌，《新書》：“鄭延昌字光遠，咸通末得進士第。”

趙崇，《廣卓異記》：“咸通十三年，禮部侍郎崔殷夢下三十人及第。其後鄭昌圖、趙崇、裴贄、鄭延昌等四人相次拜相。”

鄒希回。《摭言》：“咸通十三年三月，新進士集於月燈閣，爲麞鞠之會。擊拂既罷，痛飲於佛閣之上。四面看棚櫛比，悉皆塞去帷箔而縱觀焉。先是飲席未合，同年相與循檻肆覽。鄒希回年七十餘，榜末及第。時同年將欲即席，希回堅請更一巡歷，衆皆笑，或謔之曰：‘彼亦何敢望回。’”

諸科十一人。

博學宏詞科。《冊府元龜》：“三月，以禮部尚書蕭鄴、吏部侍郎獨孤雲考官；職方郎中趙蒙、駕部員外郎李超考試宏詞選人。試日蕭慟替，差右丞孔溫裕權判。”　按《文苑英華》載公乘億《春風扇微和詩》，注云“咸通宏詞”，疑在是年。

＊知貢舉：禮部侍郎崔殷夢。原作“中書舍人崔瑾”，徐氏考云：“《舊書・崔鄲傳》：‘子瑾，歷尚書郎、知制誥。咸通十三年知貢舉，選拔頗爲得人，尋拜禮部侍郎。’《廣卓異記》引《登科記》：‘元和二年，崔邠連放二榜。大和二年，邠之弟鄲連放二榜。大和九年，鄲之弟鄿放一榜。大中七年，鄲之子瑤又放一榜。崔氏六榜，皆刻石於長樂街泰寧寺，時人謂之曰榜院。瑤後爲陝州長史，其詞曰：“惟爾諸父，自元和代〔趙校：原注：缺字。〕一於爾躬，五十年間，四主文柄，上下六載，輝燿一時。充於庭臣，皆汝門生，天下以爲盛。”咸通十三年，鄲之子瑾又放一榜，乃命門生韋庠刻石，將飾七榜。’”徐氏於次年即咸通十四年（873）知貢舉（闕名）下考云：“按《唐語林》：‘咸通十三年，盧莊爲閣長，都尉韋保衡欲以知禮部。’莊七月卒，是年知舉未知何人。考《唐才子傳》載高蟾事，有‘於馬侍郎下下第，明年李昭知貢’，雖其言不無舛誤，而李昭知舉自必實有是事。《北夢瑣言》載樂朋龜舉進士，亦云李昭侍郎，似爲可據。唐中葉數十年中，知舉姓名按年可考，惟此年不詳，疑其爲李昭也。‘馬侍郎’疑爲‘高侍郎’之誤，謂前年高湜知舉。”按胡考云：“按《唐才子傳》卷九《高蟾》條：‘高蟾河朔

間人。乾符三年(876)孔緘榜及第。初，累舉不第……馬因力薦，明年，李昭知貢，遂擢桂。'按高蟾及第年知貢舉爲禮部侍郎崔沆，云'李昭'者誤。"又："《廣卓異記》(《筆記小説大觀》本)云：'咸通十三年(872)禮部侍郎崔殷夢下二十人及第。其後鄭昌圖(趙崇、裴贄、鄭延昌)等四人相次拜相。'《唐才子傳》卷八《周繇》條：'周繇，江南人。咸通十三年鄭昌圖榜進士，調福昌縣尉。'則十三年知貢舉又有崔殷夢。宋洪邁《容齋續筆》(上海古籍出版社1978年版)卷十一《唐人避諱》條：'《語林》載崔殷夢知舉，吏部尚書歸仁晦托弟仁澤，殷夢惟惟而已。無何，仁晦復詣托之，至於三四。殷夢斂色端笏，曰："某見進表讓此官矣。"仁晦始悟己姓，殷夢諱也。按《宰相世系表》，其父名龜從，此又與高相類。'則崔殷夢知貢舉毋庸置疑。"又"《舊唐書》卷一五五《崔邠傳》：'(崔)瑾，歷尚書郎、知制誥，咸通十三年知貢舉，選拔頗爲得人，尋拜禮部侍郎。'按唐知貢舉例於前一年秋冬抵任，而《舊唐書》書諸官知貢舉時間又例爲抵任時，此例甚多，不待詳舉。《舊傳》云十三年知舉，則應十四年春放榜。而《廣卓異記》引《登科記》云：'咸通十三年，鄌之子瑾又放一榜。'蓋誤抵任年爲放榜年。又前考咸通十三年崔殷夢下有進士鄭昌圖、趙崇、裴贄、鄭延昌等，而此四人，《登科記考》亦繫於十三年。由此可知，咸通十三年(872)知貢舉爲禮部侍郎崔殷夢，十四年(873)知貢舉爲中書舍人崔瑾。"又："《北夢瑣言》(上海古籍出版社1981年版)卷五《張濬、樂朋龜與田軍容外事》條：'樂公舉進士，初陳啟事謁李昭侍郎自媒云：別於九經、書、史及《老》、《莊》洎八都賦外，著八百卷書。請垂比試。'此僅言侍郎，未云知貢舉，徐松引此爲證，欠妥。"又陳補亦云："本年知貢舉者，徐氏定爲'中書舍人崔瑾'，但'趙崇'條下引《廣卓異記》云：'咸通十三年，禮部侍郎崔殷夢下三十人及第，其後鄭昌圖、趙崇、裴贄、鄭延昌等四人相次拜相。'瑾爲鄌子，殷夢爲龜從子，並非一人，徐氏並存二説而未加辨析，未的。《孫可之文集》卷八録咸通十三年九月撰《康僚墓誌銘》云康僚大中二年主持京兆解，獲解而登第之人有'今春官貳卿崔公殷夢'，是本年殷夢確任禮部侍郎。《容齋續筆》卷十一引《語林》謂殷夢知舉，歸仁晦以弟詣托，因犯其家諱而不允。仁晦弟延澤於十五年及第。綜上諸證，知本年應爲殷夢知舉。崔瑾知本年舉，記載雖較明確，但尚缺少更直接的佐證。次年即十四年知舉缺人，頗疑即爲崔瑾。嚴耕望《唐僕尚丞郎表》據《唐摭言》卷三云鄭薰知舉時‘徐寇作亂’，故放顏標（誤以爲顏真卿後人）以‘激勸忠烈’，龐勛事在咸通八九年間，因推測薰咸通十四年再知禮部貢舉。今按，《摭言》所云，未必可從，顏標爲大中八年及第，徐氏已錄；本年龐勛事已敗多年；據《新唐書》本傳，薰咸通中以太子少師致仕；《唐文粹》卷六四王諷咸通十三年末撰《漳州三平大師碑銘》稱及‘刺史故太子少師薰’，是薰在十四年前已卒。嚴説非是。”

十四年癸巳(873)

七月十八日，懿宗崩。《舊書》本紀
僖宗即位。《通鑑》

　　進士三十人：《唐語林》：“大中、咸通之後，每歲試禮部者千餘人。其間有名聲如何植、李玫、皇甫松、李孺犀、梁望、毛滂、具麻、來鵠、賈隨以文章稱。温庭筠、鄭澥、何涓、周鈃、宋耘、沈駕、周繁以詞翰顯。賈島、平曾、李洵〔趙校：原衍“淘”字，據《唐語林》卷二删。〕、劉得仁、喻坦之、張喬、劇燕、許琳、陳覺以律詩傳。張維、皇甫川、郭鄴、劉廷輝以古風著。雖然，皆不中科。”

　　孔纁，《廣卓異記》引《登科記》：“孔緯，大中二年狀元及第。弟纁，咸通十四年狀元及第。緘，乾符三年狀元及第。”

　　唐彦謙，《唐才子傳》：“彦謙字茂業，并州人。咸通（孟按：此處脱“末”字）舉進士及第。”《唐詩紀事》：“彦謙，唐儉裔孫，歷慈、絳、澧三州刺史，自號鹿門先生，陶穀之祖也。穀避晋祖諱，改姓陶，後遂不易，識者非之。”又曰：“彦謙學義山爲詩。”○孟按：《唐才子傳校箋》卷九箋云：“《郡齋讀書志》云：彦謙‘咸通末舉進士第。’當爲《才子傳》所本。按《郡齋》所記彦謙事雖多本《舊唐書》本傳，然《舊傳》所記彦謙及第事則不同。《舊傳》云彦謙‘咸通末應進士……十餘年不第’。考《新唐書》、《紀事》、《直齋書録解題》諸書，均未記彦謙及第事。《郡齋》所言彦謙咸通末及第事似未必可信。《才子傳》、《唐詩品彙》均承《郡齋》所記。清徐松《登科記考》卷三二又襲《才子傳》之說，列彦謙爲咸通十四年（873）進士，此皆可疑。考《鹿門詩集叙》謂彦謙‘咸通二年進士，以文章入仕，操官履潔，如其爲文’。按此言彦謙咸通二年（861）進士，亦有可疑。考彦謙有詩云《咸通中始聞褚河南歸葬陽翟，是歲上平徐方，大肆慶賞，又詔八品錫其裔孫》（《全唐詩》卷六七二）。據《舊唐書》卷一九上《懿宗紀》，此詩題所云上平徐方及下詔事，乃指咸通十年（869）九月平徐州龐勛及此後下詔事。可見此詩當作於咸通十年九月後。按此詩末云：‘異時窮巷客，懷古漫成謠。’此自言窮巷客，可見彦謙是時尚未及第入仕。故《舊書》本傳乃徑謂其不第。《全唐詩》彦謙小傳亦未採《才子傳》之說，而記彦謙‘舉進士十餘年不第’。今覆按彦謙集，亦未見有進士及第之跡，而十餘年不第則累見諸詩中。其《試夜題省廊柱》詩（《全唐詩》卷六七二）云：‘麻衣穿穴兩京塵，十見東堂綠桂春。今日競飛楊葉箭，魏舒休作畫籌人。’要之，《才子傳》謂彦謙咸通末及第，雖有所本，實未可信。”然《唐詩鼓吹》卷八郝天挺注亦云：“唐彦謙，字茂業，并州人也。咸通末舉進士，爲河中從事，歷晉、絳二州刺史，後爲閬州刺史，卒號鹿門先生。”

杜讓能，《舊書·杜審權傳》：“子讓能，咸通十四年登進士第，釋褐咸陽尉。”《新書》：“讓能字群懿。”《唐語林》：“杜讓能，丞相審權之子。韋相保衡，審權之甥，保衡少不爲讓能所禮。保衡爲相，讓能久不中第。及登第，審權慎其沈厄，以一子出身，奏監察御史。”

李渥，《舊書·李蔚傳》：“子渥，咸通末進士及第，釋褐太原從事。”○孟按：原卷二十七《附考·進士科》又著錄“李渥”，徐氏注云：“進士登第，見《唐詩紀事》。”按《唐詩紀事》卷五十三錄李渥《秋日登臨越王樓》詩，又云：“渥，時爲鄉貢進士，後登第。”殆爲一人，今刪併。

曹希幹，《唐詩紀事》：“希幹，汾之子，咸通十四年登第。汾以尚書鎮許下，其子希幹及第，用錢二十萬。榜至鎮，張宴，置榜於側。時進士胡鍀有啟賀，略曰：‘桂枝折處，著萊子之綵衣；楊葉穿時，用魯連之舊箭。’又曰：‘一千里外，觀上國之風光；十萬軍前，展長安之春色。’”○孟按：此所引《唐詩紀事》，文本自《唐摭言》卷三。

韋昭範。《摭言》：“宣慈寺門子不記姓名，酌其人義俠之徒也。咸通十四年，韋昭範先輩登第，昭範乃度支侍郎楊嚴懿親，宴席間帟幕器皿之類，皆假於計司。楊公復遣以使庫供借。其年三月中，宴於曲江亭，供帳之盛，罕有倫擬。時飲興方酣，俄睹一少年跨驢而至，驕悖之狀旁若無人。於是俯逼筵席，長耳引頸及肩，復以巨筆振築佐酒，謔浪之詞所不忍聆。諸君子駭愕之際，忽有於衆中批其頰者，隨手而墜。於是連加毆擊，復奪所執筆筆之百餘。衆皆致怒，瓦礫亂下，殆將斃矣。當此之際，紫雲閣門軋開，有紫衣從人數輩馳之，曰：‘莫打，莫打。’傳呼之聲相續。又一中貴驅殿甚盛，馳馬來救。門子乃操筆迎擊，中者無不面仆於地，救使亦爲所筆。既而奔馬而返，左右從而俱入，門亦隨閉而已。座內甚欣愧，然不測其來，仍慮事連宮禁，禍不旋踵。乃以緡錢束素，召行毆者訊之曰：‘爾使人與諸郎君誰素，而能相爲如此？’對曰：‘某是宣慈寺門子，亦與諸郎君無素，第不平其下人無禮耳。’衆皆嘉歎，悉以錢帛遺之。復相謂曰：‘此人必須亡去，不則當爲擒矣。’後旬朔，座中賓客多有假途宣慈寺門者，門子皆能識之，靡不加敬。竟不聞有追問之者。”

　　諸科十人。

　　＊知貢舉：中書舍人崔瑾。孟按：本年原闕知貢舉者，徐氏考云：“按《唐語林》：‘咸通十三年，盧莊爲閣長，都尉韋保衡欲以知禮部。’莊七月卒，是年知舉未知何人。考《唐才子傳》載高蟾事，有‘於馬侍郎下下第，明年李昭知貢’，雖其言不無舛誤，而李昭知舉自必實有是事。《北夢瑣言》載樂朋龜舉進士，亦云李昭侍郎，似爲可據。唐中葉數十年中，知舉姓名按年可考，惟此年不詳，疑其爲李昭也。‘馬侍郎’疑爲‘高侍郎’之誤，謂前年高湜知舉。”　按此推測未妥，考見上年知貢舉崔殷夢下考。

唐僖宗惠聖恭定孝皇帝

咸通十五年甲午(874)

　　十一月庚寅，大赦，改元爲乾符。《舊書》本紀進士三十人：○孟按：《全唐文》卷八二三黄滔《答陳磻隱論詩書》：“滔始者匠故交之爲詩（原注：“希劉”），咸通季，初貢於小宗伯，試《禹拜昌言賦》，翼日罷，特持斯賦於先達之門。”則《禹拜昌言賦》當爲本年試題。按《文苑英華》卷四三載《禹拜昌言賦》，以“聖人之心，聞善必拜”爲韻，作者佚名。

歸仁澤，《永樂大典》引《蘇州府志》：“侍郎裴瓚知舉，歸仁澤狀元。”○孟按：元洪景修編《新編古今姓氏遥華韻》甲集卷九：“歸仁澤，習二禮，咸通進士第一。”

劉崇望，《舊書》本傳：“崇望字希徒，符之子。崇望咸通十五年登進士科。”《金華子》：“光德劉相崇望舉進士，因朔望起居鄭太師從讜，閽者已呈刺。適遇裴侍郎瓚後至，先入從容，公乃命劉秀才以入。相國以主司在前，不敢升進座隅，拜於副階上。鄭公降而揖焉，亟乃趨出。鄭公佇立於階所，目送之，候其掩映門屏方回步。謂瓚曰：‘大好及第舉人。’瓚惟惟。明年，列於門生矣。”

夏侯澤，《舊書·夏侯孜傳》：“子澤，登進士第。”《北里志》：“故硤州夏侯表中澤，相國少子，及第中甲科，皆流品知聞者，宴集尤盛。而表中性疏猛，不拘言語，爲牙娘批煩，傷其面頗甚。翌日期集於師門，同年多竊視之。表中因屬聲曰：‘昨日子女牙娘抓破澤額。’同年皆駭然，裴公俛首而晒。”注云：“裴公瓚，其年主司。”

崔致遠，《東國通鑑》：“崔致遠，少梁部人，十八登第。”致遠《桂苑筆耕》序云：“右臣自年十二，離家西泛。當乘桴之際，亡父誠之曰：‘十年不第進士，則勿謂吾兒，吾亦不謂有兒。往矣，勤哉，無墮乃力。’臣佩服嚴訓，不敢弭忘，懸刺無遑，冀諧養志，實得人百之，己千之。觀光六年，金名榜尾，後調授宣州溧水縣尉。”致遠又狀奏云：“前湖南觀察巡官裴璙，是某座主侍郎再從弟。某去乾符三年冬到湖南起居座主侍郎之時，見於諸院弟兄中，偏所記念。”○孟按：崔致遠有《奉和座主尚書避難過維陽寵示絶句三首》（見《全唐詩外編·補逸》卷十九，附錄卷。“陽”疑當作“揚”）詩，即與奉和裴瓚之作。“尚書”之稱，殆謂禮部尚書也，詳下。

顧雲，《永樂大典》引《池州府志》：“顧雲字垂象，一字士龍，貴池人。咸通十五年進士第。”《唐詩紀事》：“雲初下第，鄭谷有詩勉之云：‘《鳳策聯

華》是國華,春來偶未上仙槎。鄉連南渡思菰米,泪滴東風送杏花。吟聽
暮鶯歸廟院,睡銷遲日寄僧家。一般情緒應相信,門静莎深樹影斜。'"《唐
語林》:"顧雲受知于相國令狐公。雖齟齬商子,而風韻詳整。顧賦爲時所
稱。切于成名,嘗有啟事陳于所知,只望丙科盡處,竟列名於尾科之
前也。"

蔣曙,《新書·蔣乂傳》:"乂子係。係子曙,字耀之,咸通末由進士第
署鄂岳團練判官。"

＊楊環。陳補:"《廣州人物傳》卷三:'楊環,南海人,力學工詩,隱居
羅浮。咸通末登進士第。'注'用《南海集》、《續前定録》參修'。明歐大任
《百越先賢志》卷四同。"　孟按:天一閣[嘉靖]《惠州府志》卷十二《流寓
傳》:"楊環,南海人,力學工詩,隱居羅浮。咸通末登進士第。"日本藏[萬
曆]《粤大記》卷二十四:"楊環,南海人。力學工詩,隱居羅浮。咸通末登
進士第。"又日本藏[康熙]《南海縣志》卷五、卷十三所記同上。

諸科十一人。

知貢舉:禮部侍郎裴瓚。《舊書》本紀:"七月,以禮部侍郎裴
瓚爲潭州刺史。"○孟按:《唐文拾遺》卷三十六崔致遠《吏部裴瓚尚
書》:"昔年掌貢,搜海岳以皆空;今日掄材,酌淄澠而不混。清通所
莅,淆亂必除。"又《第二》:"伏以禮稱選士,實資秀孝之科,書貴知人,
允屬銓衡之職。君命既將,歷試物情,固得僉諧。而況侍郎雲鶴性
情,天驥行止,璨窗近日,高批帝語於筆端;絳帳生風,妙選群才於
門下。"

二年乙未(875)

正月辛卯,有事於南郊,大赦。制曰:"詞科出身,士林所重,
本貴踐歷,漸至顯榮。近者惟扇澆風,皆務躁進,麻衣纔脱,結綬
王畿。是能十年宦途,今來半歲遷授,頗爲訛弊,須舉重明。自
今以後,進士及第並許滿二周年後,諸道藩鎮及户部度支、鹽鐵,
及在京諸司方得奏請。如未及奏官限内,有攝職處,一任隨牒
攝。其弘文館、集賢院奏請直館校理,並依此月限。如出身後,

諸道奏已請初銜，未得兩考者，輒便奏畿内尉充。在職兩考，方得依資除官改轉。其授使下官，先自有月限資序，一一須守舊規，不得超越比擬。"《新書》本紀、《文苑英華》。

是月，敕："進士策名，向來所重，由此從官，第一出身。誠宜行止端莊，宴游儉約，事務率醵，動合競修，保他日之令名，成在此之慎静。豈宜縱逸，惟切追歡！近年以來，澆風大扇。一春所費，萬餘貫錢。況在麻衣，從何而出？力足者樂于書罰，家貧者苦於成名。將革弊訛，實在中道。宜令禮部，切加戒約，每年有名宴會、一春罰錢及鋪地等，相許每人不得過一百千，其勾當分手不得過五十人。其開試開宴，並須在四月内。稍有違赴，必舉朝章。仍委御史臺，當加糾察。"《唐大詔令集》

進士三十人：○孟按：《賓退録》作"三十二人"，詳下鄭合敬考。又，乾符三年（876）進士科目下徐氏考云："試《王者之道如龍首賦》，以'龍之視聽，有符君德'爲韻；《一一吹竽詩》；又試《漲曲江池詩》，以春字爲韻，見《黄御史集》。按《黄御史集》作乾符二年。《文苑英華》於《漲曲江池詩》下注云'乾符丙申歲春'，是《黄御史集》之'二年'爲'三年'之誤也。今改正。"　孟按：《王者之道如龍首賦》、《一一吹竽詩》當爲本年詩題。《英華》所注"乾符丙申歲"，僅可糾正《黄御史集》所載《漲曲江池詩》下注"乾符二年"之誤。《黄御史集》卷一載《省試王者之道如龍首賦》，原注："以'龍之視聽，有符君德'爲韻。乾符二年下第。"又陳補亦云："按黄滔《黄御史公集》卷四《省試一一吹竽》，注：'乾符二年。'因知本年試《一一吹竽》。滔試而未第。"

鄭合敬，狀元，見《玉芝堂談薈》。　《唐詩紀事》："合敬，乾符三年登上第，終諫議大夫。"　按"三年"爲"二年"之訛。按《宰相世系表》，合敬當爲延休之兄。《摭言》："鄭合敬先輩《及第後宿平康里詩》曰：'春來無處不閑行，楚潤相看別有情。好是五更殘酒醒，時時聞唤狀頭聲。'楚娘字潤娘，妓之尤者。"○孟按：宋趙與時《賓退録》卷二云："唐僖宗乾符二年，禮部侍郎崔沆下進士三十二人，鄭合敬第一。"

張文蔚，《舊書·張禕傳》："子文蔚，乾符二年進士擢第。"《舊五代史·張文蔚傳》：“乾符初登進士第。時丞相裴坦兼判鹽鐵，解褐署巡官。”按《新書·宰相表》，裴坦以乾符元年二月同平章事，其年五月卒。文蔚登第在二年，不得爲裴坦巡官，《五代史》誤也。

崔胤（崔徹、崔敬本），《舊書·崔慎由傳》：“子胤，字昌遐，乾寧二年登進士第。”　按“乾寧”爲“乾符”之誤。　《舊書·張禕傳》：“崔胤擅朝政，與文蔚同年進士，尤相善。”○孟按：《全唐文》卷九十一，昭宗《貶崔允工部尚書詔》：“崔允，奕葉公台，蟬聯珪組。冠歲名升於甲乙，壯年位列於公卿。”作“允”者蓋後人避諱改，作“胤”是。按《新唐書》本傳載胤於天復四年（904）正月爲朱全忠所誅，年五十一。其冠歲在乾符前後，故徐氏按“乾寧”爲“乾符”之誤者是。又徐氏於《記考》卷二十七《附考·進士科》列有“崔敬本”，考云：《北里志》：“崔垂休名敬本，字似之，及第時年二十，即崔四十相也。”〔趙校：“岑仲勉云，《北里志》之崔垂休即崔胤，慎由子，兩《唐書》有傳。又云，慎由字敬止，垂休不得名‘敬’。見《唐人行第錄》頁109。今按《古今說海》本《北里志》王團兒條‘小天崔垂休’注云‘名徹，本字似之’，作‘徹’，不作‘敬’，又‘本’字似應屬下爲句。以作‘崔徹’爲是。”〕今刪併，仍出“徹”、“敬本”名，以備查閱。

崔澄，《唐語林》：“崔沆知貢舉，得崔澄。時榜中同姓，澄最爲沆知，談者稱‘座主、門生，沆、澄一氣’。”○孟按：《南部新書》卷五：“乾符二年崔沆放崔澄，談者稱：‘座主門生，沆澄一氣。’”

楊涉，《永樂大典》引《蘇州府志》：“侍郎崔沆知舉，楊涉登第。”《舊書·楊收傳》：“涉，楊嚴長子，乾符二年登進士第。”

林嵩，《唐才子傳》：“林嵩字降臣，長樂人也。乾符二年禮部侍郎崔沆下進士。”《淳熙三山志》：“林嵩，長溪人，終金州刺史。”○孟按：上引《三山志》原文曰：“乾符二年乙未鄭合敬榜：林嵩。”又《新唐書·藝文志四》謂嵩“乾符進士第”。

孟榮，《摭言》：“孟榮年長於小魏公，放榜日，榮出行曲謝，沆泣曰：‘先輩，吾師也。’沆泣，榮亦泣。榮出入場籍三十餘年。”

鄭隱，《摭言》：“鄭隱者，其先閩人，徙居循陽，因而耕焉。少爲律賦，辭格固尋常。咸通末，小魏公沆自闕下黜循州佐，於時循人稀可與言者，隱贊謁之，沆一見甚慰意，自是日與之遊。隱年少，懶於事，因傲循官寮，由是犯衆怒，故責其逋租，繫之非所。沆聞大怒，以錢代隱輸官，復延之上席。未幾，沆以普恩還京，命隱偕行。隱稟性趫趫，沆之門吏、家僕靡不惡之，往往呼爲乞索兒。沆待之如一。行次江陵，隱狎遊多不館宿，左右爭告沆。沆召隱微辨，隱以實對。沆又資以財帛，左右尤不測也。行至商顏，詔沆知貢舉。時在京骨肉聞沆攜隱，皆以書止之，沆不能捨，遂令就策試。然與諸親約，止於此耳。暨榜除之夕，沆巡廊自呼隱者三四，曌然頓氣而言曰：‘鄭隱，崔沆不與了却，更有何人肯與之！’一舉及第。然隱遠人，素無關外名，足不跡先達之門，既及第而益孤。上過關宴，策蹇出京，槃桓淮浙間。中和末，鄭續鎮南海，辟爲從事。諸同舍皆以無素知聞，隱自謂有科第，志無復答。既赴辟，同舍皆不睦。續不得已，致隱於外邑。居歲餘，又不爲宰君所禮。會續欲貢士，以幕內無名人，迎隱尸之。其宰君謂隱恨且久，仇之必矣，遂於餞送筵置鴆。隱大醉，吐血而卒。”《淳熙三山志》：“鄭隱字伯超，福清人。”○孟按：《全唐文》卷八二四黃滔《代陳巒謝崔侍郎啟》有“户部鄭郎中伏話鄭隱先輩專傳侍郎尊旨”語，即指此鄭隱。題中之“崔侍郎”，指崔沆。

陳讜，《淳熙三山志》：“鄭合敬榜進士陳讜，字昌吉，侯官人。終韶州刺史。”○孟按：《唐文拾遺》卷二十九黃璞撰《朝散大夫使持節韶州諸軍事守韶州刺史上柱國陳府君（讜）墓誌銘并序》：“府君諱黨，字昌言，其先潁川人。……裴公帥閩日，嘗大器之，命與子弟處，子弟即故相國公坦也。年中乃與計偕，以發泄奇蓄，遇公道大開，聲光崛振，僅及□舉，遂擢高科，時尤重其名，榜下授秘書省正字。”

＊林徽。《閩書》卷七十七《英舊志·福州府·長樂縣·唐選舉》：“乾符二年乙未：林徽，慎思子。”按慎思登咸通十年（869）進士第，見前。

諸科九人。

博學宏詞科：

韋昭範。《摭言》引咸通十四年韋昭範登第事，《太平廣記》引作“乾符二年，韋昭範登宏詞科”，當由一事兩載也。

知貢舉：中書舍人崔沆。按《舊書》本紀：“乾符元年十月，以中書舍人崔沆爲中書侍郎。”二年五月又云：“中書舍人崔沆爲禮部侍郎。”蓋沆於放榜後正拜侍郎，元年之中書侍郎，係權知貢舉之誤也。

《唐語林》:"自興元元年癸亥德宗幸梁洋,二年甲子鮑防侍郎知舉,〔趙校:興元元年應爲甲子,二年爲乙丑。〕至乾符二年乙未崔沆侍郎知舉,計九十二年,而二年停舉。九十年中,登進士第者一百一十六人,諸科在外。惟范陽盧氏不出座主。"

三年丙申(876)

進士三十人:試《王者之道如龍首賦》,以"龍之視聽,有符君德"爲韻;《一一吹竽詩》;又試《漲曲江池詩》,以春字爲韻,見《黄御史集》。按《黄御史集》作乾符二年。《文苑英華》於《漲曲江池詩》下注云"乾符丙申歲春",是《黄御史集》之"二年"爲"三年"之誤也。今改正。　是年韋硎、沈駕、羅隱、周繁等第罷舉,見《摭言》。〇孟按:《王者之道如龍首賦》、《一一吹竽詩》詩當爲上年禮部試題,已見上年考。

孔緘,狀元。

高蟾,《唐才子傳》:"高蟾,河朔間人。乾符三年孔緘榜及第。初,累舉不上,題省墻間曰:'冰柱數條搘白日,天門幾扇鎖明時。陽春發處無根蒂,憑仗東風次第吹。'怨而切,是年人論不公。又《下第上馬侍郎》云:'天上碧桃和露種,日邊紅杏倚雲栽。芙蓉生在秋江上,莫向春風怨未開。'意指亦直,馬憐之。又有'顔色如花命如花'之句,自況時運蹇窒。馬因力薦。明年,李昭知貢,遂擢第。"按"馬侍郎"、"李昭"皆誤。〇孟按:《唐才子傳校箋》卷九箋云:"按《四庫全書》本《唐才子傳》乾符三年作乾符二年。《唐詩品彙》亦云:'按唐登科記,進士有兩高蟾,則僖宗乾符二年登第者是也。'然言蟾乾符二年(875)第恐有誤。《才子傳》所記乾符三年當本陳振孫《直齋書録解題》(卷一九):蟾'乾符三年進士'。則二年或爲三年之訛。《全唐詩》蟾小傳、徐松《登科記考》卷二三於蟾登第年,均祖《才子傳》乾符三年之説。又按,謂蟾乾符三年第亦實有未安。考計有功《唐詩紀事》卷六一高蟾條於蟾賦《初落第》詩後云:'時謂蟾無躁競心,後登第。'此雖謂其登第,然未記其登第年。則其時蟾之登第年恐已疑不能明。如是則《直齋》乾符三年之説何所從來?又蟾《下第後上永崇高侍郎》詩(《全唐詩》卷六六八)云:'天上碧桃和露種,日邊紅杏倚雲栽。芙蓉生在秋江上,莫向春風怨未開。'此詩《才子傳》作上馬侍郎,且云上此詩後,馬侍郎憐之,因

力薦,蟾遂於明年李昭下及第(見下)。按《才子傳》所記雖有所本(見下),
然所言實誤。蟾此詩斷非上馬侍郎。檢韋莊《又玄集》卷下(《唐人選唐
詩》本,上海古籍出版社,下引《才調集》同)已選錄此詩,題作《下第後獻高
侍郎》。唐末韋穀《才調集》卷八亦錄此詩,題作《下第後上永崇高侍郎》,
宋洪邁《萬首唐人絕句》卷三四又題作《下第後上高侍郎》。可見蟾此詩上
高侍郎可無疑。又據宋蔡居厚《詩史》,蟾乃李昭知貢舉時擢第。倘蟾乾
符三年第,則是年知貢舉者非李昭,乃禮部侍郎崔沆。徐松駁《才子傳》
云:'據《才子傳》,是年當李昭知舉。按《舊書·崔沆傳》:"乾符初,拜
人,尋遷禮部侍郎,典貢舉。選名士十數人,多至卿相。"是爲禮部侍郎時
仍知舉矣。本紀三年九月(按指乾符三年),禮部侍郎崔沆爲尚書右丞,則
此年沆知舉也。'(見《登科記考》卷二三《乾符三年》條)又徐松於咸通十四
年(873)知貢舉下云:'按《唐語林》:"咸通十三年,盧莊爲閣長,都附韋保
衡欲以知禮部。"莊七月卒,是年知舉未知何人。考《唐才子傳》載高蟾事,
有"於馬侍郎下下第,明年李昭知貢",雖其言不無舛誤,而李昭知舉自必
實有是事。《北夢瑣言》載樂朋龜舉進士,亦云李昭侍郎,似爲可據。唐中
葉數十年中,知舉姓名按年可考,惟此年不詳,疑其爲李昭也。"馬侍郎"
疑爲"高侍郎"之誤,謂前年高湜知舉。'(同上)按徐松疑李昭咸通十四年
知舉,頗可注意。據《北夢瑣言》卷五載:'僖皇播遷,行至洋源,百官未集,
闕人掌誥。樂朋龜侍郎亦及行在,因謁中尉,仍請中外,由是薦之充翰林
學士。……樂公舉進士,初陳啓事謁李昭侍郎自媒云:"別於九經、書史,
及《老》、《莊》,泊八都賦外,著八百卷書,請垂比試。"'《太平廣記》卷二三
九《樂朋龜》條所引同。又據《通鑑》卷二五四中和元年(881)正月:'時百
官未集,乏人草制,右拾遺樂朋龜謁田令孜而拜之,由是擢爲翰林學士。'
右拾遺爲從八品上階(據《舊唐書》卷四三《職官志》二),樂朋龜中和元年
前即任是職,推其及第年,岑仲勉《補唐代翰林兩記》以爲似於咸通末李昭
下登第。據此可證李昭咸通十四年知舉當無大誤。如此,則蟾或即是年
李昭下及第歟?又孔緘……徐松《登科記考》記緘乾符三年狀元,是。又
宋樂史《廣卓異記》卷一九《兄弟三人俱狀元及第》條云:'右按《登科記》,
孔緯,大中二年狀元及第,弟纁,咸通十四年狀元及第,緘,乾符三年狀元
及第。'據上所考,倘蟾咸通十四年李昭下及第不誤,則是年狀元當是孔

繥。緘、繥乃兄弟行,且緘、繥形近易誤。謂蟾乾符三年第,或即因緘繥之
訛,遂輾轉致蟾及第年之誤歟?"此論聊備一説,然未足徵信,詳本卷咸通
十三年、十四年考。

　　* 苗廷乂。原作"苗延",徐氏考云:"延,乾符三年登進士第,見《韓
文考異》引《登科記》。按《世系表》,惲生廷乂。'延'蓋'廷乂'之訛。"按陳
補云:"今檢《千唐誌齋藏誌》咸通十二年苗義符撰《唐故上黨苗君墓中哀
詞》云:'吾與仲弟廷乂同經營',可確定當作'廷乂'。另參拙文《上黨苗氏
世系訂補》。"

　　諸科十一人。

　　博學宏詞科。《舊書》本紀:"三月,以吏部尚書歸仁晦、吏部
侍郎孔晦、吏部侍郎崔蕘試宏詞選人,考功郎中崔庾、考功員外郎周
仁舉爲考官。"

　　知貢舉:禮部侍郎崔沆。據《才子傳》,是年當李昭知舉。
按《舊書·崔沆傳》:"乾符初,拜舍人,尋遷禮部侍郎,典貢舉。選名
士十數人,多至卿相。"是爲禮部侍郎時仍知舉矣。本紀三年九月,禮
部侍郎崔沆爲尚書右丞,則此年沆知舉也。　《黃御史集》有《代陳蠲
謝崔侍郎啟》云:"某詞學疏蕪,進取乖拙,一叩貢士,累黜名場。足間
之刖處縱橫,額上之點痕重迭。今春伏遇侍郎精求俊彥,歷選滯遺,
某又名礙龍頭,跡乖豹變。都由薄命,翻負至公。以此怔忪莫寧,惶
惑無已。在良時而自失,於異日以何歸? 謂一生而便可甘心,嘆二紀
而徒勞苦節。豈料侍郎,堅垂記錄,確賜憫傷。令後人而副取前心,
指陋質而説爲遺恨。將使蔡經之骨,終繫仙家;士燮之魂,却還人世。
蓋施陰德,豈止陽功。喜極翻驚,感深惟泣。明年春色,致身雖出於
他門;今日恩光,碎首須歸於舊地。"○孟按:岑補云:"乾符三年知貢
舉禮部侍郎崔沆下,引《黃御史集·代陳蠲謝崔侍郎啟》之後段'某詞
學疏蕪……碎首須歸於舊地',而遺其前段,一若所謝即知舉之崔侍
郎者。考前段云:'户部鄭郎中伏話鄭隱先輩,專傳侍郎尊旨,伏蒙於
新除永樂侍郎處特賜薦論,跪對吉辭,拜聆嘉耗,感激兢悚,罔知所
容。'所謂新除永樂侍郎,始是知舉之人(沆)蠲所謝爲別一崔侍郎,即
薦蠲於知舉之侍郎者。"又按陳補云:"《唐僕尚丞郎表》謂本年爲李昭

知貢舉,證據爲:《唐才子傳》卷九記高蟾爲乾符三年‘李昭知貢,遂擢桂’;《北夢瑣言》卷五謂樂朋龜舉進士,曾‘謁李昭侍郎自媒’;《舊唐書》宣宗以後,本紀錯誤甚多,不可盡信。其説亦可通。”

四年丁酉(877)

進士三十人:《摭言》:“乾符四年,新進士曲江春宴甲於常年。有温定者,久困場籍,坦率自恣,尤憤時之浮薄,因設奇以侮之。至其日,蒙衣肩輿,金翠之飾,复出於衆,侍婢皆稱是,徘徊於柳陰之下。俄頃諸公自露棚移樂登鷁首,既而謂是豪貴,其中姝麗必矣。因遣促舟而進,莫不注視於此,或肆調謔不已。群興方酣,定乃於簾前垂足。定膝脛極偉而長毳,衆忽睹之,皆掩袂,亟命迴舟避之。或曰:‘此必温定也。’”

劉覃,《摭言》:“唐時新進士,尤重櫻桃宴。乾符四年,劉鄴第三子覃及第。時鄴以故相鎮淮南,敕邸吏日以銀一鋌資覃醵罰,而覃所費往往數倍。邸吏以聞,鄴命取足而已。會時及薦新,狀元已下方議醵率,覃潛遣人厚以金帛預購數十石矣。於是獨置是宴,大會公卿。時京國櫻桃初出,雖貴達未及適口,而覃山積鋪席,復和以糖酪者,人享蠻榼一小益,亦不啻數升。以至參御輩,靡不霑足。”又云:“乾符四年,諸先輩月燈閣打毬之會,時同年悉集。無何,爲兩軍打毬軍將數輩私較於是。新人排比既盛,勉强遲留,用抑其鋭。劉覃謂同年曰:‘僕能爲群公小挫彼驕,必令解去,如何?’狀元已下,應聲請之。覃因跨馬執杖,躍而揖之曰:‘新進士劉覃擬陪奉,可乎?’諸輩皆喜。覃馳驟擊拂,風驅電逝,彼皆愕眙。俄策得毬子,向空礫之,莫知所在。數輩慚沮,俛俛而去。時閣下數千人,因之大呼笑,久而方止。”《北里志》:“劉覃登第年十六七,永寧相國鄴之愛子。自廣陵入舉,輜重數十車,名馬數十驛。時同年鄭賓先輩扇之。”

鄭賓,《北里志》:“鄭賓本吳人,或薦裴瓚爲東床,因與名士相接。素無操守,粗有詞學。乾符四年,裴公致其捷,與鄭覃同年,〔趙校:按《古今説海》本《北里志》,此段爲前引劉覃事之夾注,不著姓,上句作“與覃同年”,覃指劉覃。唐有鄭覃,然非此年進士,時代不合。〕因詣事覃,以求維揚幕。不慎廉隅,猥褻財利,又薄其中饋,竟爲時輩所棄斥。”《新書·藝文志》："賓字貢華,乾符進士第。"

　　邵安石,《摭言》："邵安石,連州人也。高湘侍郎南遷歸闕,途次連江,安石以所業投獻遇知,遂挈至輦下。湘主文,安石擢第。詩人章碣賦《東都望幸詩》刺之曰:'懶修珠翠上高臺,眉目連娟恨不開。縱使東巡也無益,君王自領美人來。'"曹松《送邵安石及第歸連州覲省詩》曰:"及第兼歸覲,宜忘涉驛勞。青雲重慶少,白日一飛高。轉楚聞嗁狖,臨湘見迸濤。海陽沈飲罷,何地佐旌旄。"

　　＊章碣,原列卷二十七《附考・進士科》,徐氏考云:"乾符進士第,見《唐詩紀事》。按《唐才子傳》云:'章碣,錢塘人,孝標之子,累上不第。'未知即此人否,俟考。"按胡補:"《乾隆杭州府志》卷一〇七《選舉志》一《唐進士》:'乾符四年丁酉孫偓(?)榜:章碣,孝標子。'又見明高棅《唐詩品彙・詩人爵里詳節》、《全唐詩》卷六六九《章碣小傳》。"　孟按:此言"孫偓榜"誤,孫偓爲乾符五年(878)進士科狀元。又陳補:"嘉慶《浙江通志》卷一八二引萬曆《嚴州府志》:'孝標子,乾符三年進士,有集一卷行於世。'"疑"三"爲"四"之訛。今移正至本年。

　　諸科十人。

　　博學宏詞科。《舊書》本紀:"正月,以吏部尚書鄭從讜、吏部侍郎孔晦、吏部侍郎崔蕘考宏詞選人。"

　　知貢舉:中書舍人高湘。《舊書》本紀:"三年九月,中書舍人高湘權知禮部侍郎。"又《高鍇傳》:"鍇子湘,乾符初爲中書舍人。三年,遷禮部侍郎,選士得人。"

五年戊戌(878)

　　進士三十人:試《以至仁伐至不仁賦》,見《摭言》。〇孟按:《太平廣記》卷一三八"劉允章"條引《盧氏雜說》題作《至仁伐不仁賦》。

　　孫偓,狀元。　《新書》:"偓字龍光,父景商。偓第進士。"《摭言》:"孫龍光偓,崔殷夢下狀元及第。前一年,嘗夢積木數百,龍光潛履往復。既而請李處士圓之,處士曰:'賀郎君,來年必是狀元。何者?已居衆材之上也。’”《北里志》：“鄭舉舉者，善令章。孫偓爲狀元，頗惑之，與同年侯潛、杜彥殊、崔昭愿、趙光逢、盧擇、李茂勳數人多在其會，他人不得預。盧嗣業與同年，非舊知聞，多稱力窮，不遵醵罰，致詩狀元曰：‘未識都知面，頗輸復分錢。苦心親筆硯，得志助花鈿。徒步求秋賦，持杯給暮饘。力微多謝病，非不奉同年。’”　按《淳熙三山志》作“孫偓”。○孟按：徐氏原於本卷咸通四年（863）進士科列有“孫龍光”，考云：“孫龍光，狀元，見《玉芝堂談薈》。”〔趙校：“岑仲勉《訂補》云：‘龍光’即孫偓字，偓已見本卷乾符五年，此應删。”〕按岑補云：“龍光即孫偓字，已見同卷下文乾符五年，此應删却，説詳拙著《唐史餘瀋》。”按《唐史餘瀋》卷三《懿宗·崔澹崔殷夢》云：“《摭言》卷八：‘孫龍光偓，崔澹下狀元及第。’澹，登科記考二三引作殷夢，既據之以孫偓入乾符五年下矣，詎同卷咸通四年下又云，‘孫龍光狀元，見玉芝堂談薈’，按偓字龍光，見新書一八三，談薈不舉其名而舉其字，復誤乾符五年爲咸通四年，徐氏弗察，遂致舛複。”又，《全唐文》卷八四一裴廷裕草《授孫偓判户部制》：“孫偓壁立孤峰，渭清一派。早以閨門之行，聞於鄉里之間。張融高文，聚爲玉海；孫綽麗賦，擲作金聲。頗喧驚座之詞華，遂整沖天之羽翰。鵬張上國，顏淵首冠於諸科。”

牛嶠，《唐才子傳》：“牛嶠字延峰，隴西人，宰相僧孺之後。乾符五年孫偓榜第四人進士。”《唐詩紀事》：“嶠字松卿，一字延峰，乾符五年進士。歷遺、補、尚書郎。王建鎮蜀，辟判官。及僭位，爲給事中。”○孟按：《郡齋讀書志》卷十八亦載嶠“乾符五年進士”。

侯潛，字彰臣，見《北里志》。

＊杜彥林（杜彥殊），原作“杜彥殊”，徐氏考云：“字寧臣，見《北里志》。按杜審權之子彥林於乾符中登第，‘殊’疑‘林’之訛。”陳補云：“按徐説是。《舊唐書》卷一七七云：‘彥林、弘徽，乾符中相次登進士第。’《新唐書·宰相世系表》云：‘彥林，字寧臣，中書舍人。’皆與《北里志》所載合，可定作彥林。”

崔昭愿，字勗美，見《北里志》。

盧擇，字文舉，見《北里志》。

李茂勳，按茂勳爲茂藹之弟。

＊李深之，原列本卷廣明元年（880）進士科，徐氏考云：“《北里志》：

'劉郊文崇魯及第年,惑於鄭舉舉。同年宴而舉舉有疾不來,遂令同年李深之爲酒糾。'"按陳補云:"詳《北里志》原文及《唐語林》卷七節引,深之非劉崇魯同年,而應爲孫偓同年,當移乾符五年。深之爲字,名待考。"又疑李深之即李茂勳,然尚無明證。今並存俟考。

　　盧嗣業,按嗣業,簡辭之子。〇孟按:《記考》卷二十七《附考·進士科》又著録"盧嗣業",徐考據《舊唐書·盧簡辭傳》。趙校:"盧嗣業已見卷二十三乾符五年,詳《施補》。"按施補云:"盧嗣業雖非盧簡辭之子,(盧嗣業乃盧簡求之子,《舊唐書》卷一六三《盧簡辭傳》云:'簡辭無子,以簡求子貽殷、玄禧入繼……簡求十子,而嗣業、汝弼最知名。嗣業進士登第,累辟使府;廣明初,以長安尉直昭文館。'徐氏謂盧嗣業爲盧簡求之子,乃據《北里志》鄭舉舉條,所云有誤。)但徐氏據《北里志》與據《舊唐書》所録之盧嗣業,實即一人,附考所録應删。"今删併。

　　康軿(康駢),《新書·藝文志》:"軿字駕言。"《永樂大典》引《池州府志》:"康軿,乾符五年登進士第。"〇孟按:康駢《劇談録序》云:"駢咸通中始隨鄉賦,以薄技獻於春官。爰及竊名,殆將一紀。"又《郡齋讀書志》卷十三著録《劇談録》三卷",注:"唐康駢字駕言撰。乾符中登進士第。"

　　陳蜀,《永樂大典》引《閩中記》:"陳蜀字文都,閩縣人。乾符五年及第。初,神人謂曰:'當在山下水邊及第。'至是主司乃崔澹也。"

　　趙光逢,《舊書·趙隱傳》:"子光逢,乾符五年登進士第。釋褐鳳翔推官。"《舊五代史》本傳:"光逢幼嗜墳典,動守規檢,議者目之爲玉界尺。僖宗朝登進士第。踰月,辟度支巡官。"光逢字延吉,見《北里志》。蘇軾《趙抃碑》:"唐德宗世,植爲嶺南節度使。植生隱,隱生光逢、光裔。"

　　＊王玫,胡補:"《福建通志》卷三三《選舉志》一《唐科目》:'乾符五年戊戌孫偓榜:晋江縣王玫及第,温州平陽令。'"

　　＊蔣子友,談鑰《嘉泰吳興志》卷十三《寺院·歸安縣》:"宣妙院,在縣東九十里琅琊鄉古博村。唐乾符五年進士蔣子友捨宅建,號興福院。"

　　＊鄧承勳。《萬姓統譜》卷一〇九"唐":"鄧承勳,南海人,積學,應薦上京師,登乾符進士。仕爲虔州司馬、節度副使。柳陛(孟按:"陛",當作"玭",詳下)録其家範以教子孫。累官至江州刺史。"日本藏[萬曆]《粤

大記》卷四《科第·唐進士科》："乾符五年：鄧承勳，南海人，江州刺史。"日本藏[康熙]《南海縣志》卷五《選舉志·唐進士》："乾符：鄧承勳，江州刺史。"同上卷十三《人物列傳下·義行》："鄧承勳，積學，應薦詣京師，從宰相劉瞻制誥，登乾符五年進士。"按陳補據同治《廣東通志》卷二六八錄入。

孟又按：四庫本《廣東通志》卷四十四《人物志一廣州府》："鄧承勳，南海人，積學，膺薦上京，從宰相劉瞻習制誥，久之，登乾符五年進士，爲處州司馬。待選家居時，節度副使柳玭甚禮重之，錄其家範以教子孫。會黃巢破廣州，執節度使李迢，索玭甚急，承勳潛以小舟濟玭免難。及巢賊平，承勳拜江州刺史，謝病歸。"考《舊唐書·柳公綽傳》附《柳玭傳》載：玭"出廣州節度副使，明年，黃巢陷廣州，郡人鄧承勳以小舟載玭脫禍"。知上引諸書所記當有所本。

　　＊明經科：

　　＊林翶，四庫本《福建通志》卷三十三《選舉一·唐科目》："乾符五年戊戌孫偓榜：明經林翶，莆田人，藻子。"亦見陳補。又[光緒]《莆田縣志》卷十二《選舉志·唐·明經》："乾符五年戊戌：林翶，藻子。"

　　諸科八人。

　　博學宏詞科。《舊書》本紀："三月，以吏部尚書鄭從讜、吏部侍郎崔沆考宏詞選人。"

　　知貢舉：中書舍人崔澹。《舊書》本紀："四年八月，以中書舍人崔澹權知貢舉。"《摭言》："崔澹試《以至仁伐至不仁賦》，時黃巢方熾，因爲無名子嘲曰：'主司何事厭吾皇，解把黃巢比武王。'"《容齋續筆》引《語林》云："崔殷夢知舉，吏部尚書歸仁晦托弟仁澤，殷夢惟惟而已。無何，仁晦復詣托之，至於三四。殷夢斂色端笏曰：'某見進表讓此官矣。'仁晦始悟己姓殷夢諱也。"　按《宰相世系表》，殷夢父名龜從。又按歸仁澤已於乾符元年及第，"澤"字恐誤。〔趙校：岑仲勉云，崔澹與崔殷夢非同人，詳《唐史餘瀋》卷三。〕○孟按：岑補云："乾符五年知舉中書舍人崔澹下，引《容齋續筆》崔殷夢一段，以澹與殷夢爲同人，大誤，説詳拙著《唐史餘瀋》。"按《唐史餘瀋》卷三《懿宗·崔澹崔殷夢》云："崔澹於乾符四年詔知貢舉（見《舊紀》一九下），《登科記考》二三亦既據以入錄，然又據《容齋續筆》一一引《語林》，且系以説云……是徐氏以崔澹、崔殷夢爲同人也；然殷夢出清河大房，龜從之子（亦見《廣記》一八二引《玉泉子》）；澹出博陵二房，璵之子，世系迥異，俱詳《新表》。考《舊紀》一九上，咸通八年十月，以司勳員外郎崔殷夢等考吏部弘詞選人，《語林》謂是知舉，殆混言之，維時仁澤尚未登第，可無疑於‘澤’字之誤矣。況據《舊紀》，乾符五年三月，以吏部尚書鄭從讜考弘詞選人，又《新表》同年九月，從讜以吏尚入相，則崔澹知舉之時，官吏部尚書者亦似非仁晦也。”

六年己亥（879）

進士三十人：

杜弘徽，《舊書・杜審權傳》：“三子，讓能、彥林、弘徽。彥林、弘徽，乾符中相次登進士第。”　按上年之杜彥殊，當即彥林，則弘徽登第在此年。

　＊李襲吉，《新五代史》本傳：“李襲吉，父圖，洛陽人，或曰唐相李林甫之後也。乾符中，襲吉舉進士，爲河中節度使李都推鹽判官。”《舊五代史》本傳：“襲吉乾符末應進士舉。遇亂，避地河中，依節度使李都，擢爲鹽鐵判官。”

　＊駱用錫。原列卷二十七《附考・進士科》，徐氏考云：“駱用錫，見鄭谷詩。”胡補：“光緒《安徽通志》卷一五四《選舉表》四《進士》：‘乾符己亥張讀榜：駱用錫，南陵人。’按本年知貢舉爲中書舍人張讀，此誤爲狀頭。”

　孟按：鄭谷有《賀進士駱用錫登第》詩，見本書《別錄下》。考徐乃昌纂《南陵縣志》卷十九《選舉志・進士・唐》載：“乾符己亥張讀榜：駱用錫。”所誤與《安徽通志》同。

諸科九人。

博學宏詞科：《舊書》本紀：“三月，以吏部侍郎崔沆、崔澹試宏詞選人，駕部郎中盧蘊、刑部郎中鄭頊爲考官。”

康軿。《永樂大典》引《池州府志》：“康軿中乾符六年博學宏詞科。”

　知貢舉：中書舍人張讀。《舊書》本紀：“五年十二月，以中書舍人張讀權知禮部貢舉。”《舊書・張薦傳》：“張讀累官至中書舍人、禮部侍郎，典貢舉，時稱得士。"

廣明元年庚子（880）

正月己卯朔，改元。《通鑑》

十一月丁卯，《舊書》作"己巳"。黄巢陷東都。《通鑑》

十二月甲申，上與諸王妃后數百騎，自子城由含光殿金光門出幸山南。〔趙校："含光殿"原作"含光門"，據《舊紀》改。〕是日晡晚，賊入京城。《舊書》本紀

　　　　進士三十人：

鄭藹，狀元。

劉崇魯，《舊書·劉崇望傳》："崇魯，廣明元年登進士第。"《新書》："崇魯字郊文。"　按崇魯爲劉符第四子。

何迎，《永樂大典》引《宜春志》："何迎，廣明元年登進士第。"

錢珝，《唐才子傳》："錢珝，吳興人，起之孫也。乾寧六年鄭藹榜及第。"　按"乾寧"爲"乾符"之訛。

楊鉅。《永樂大典》引《蘇州府志》："廣明元年，錢珝、楊鉅登第。《新書·藝文志》："鉅字文碩。"　按鉅，楊收次子，見《舊書》收傳。

　　　　諸科四人。

　　　　知貢舉：禮部侍郎崔厚。《舊書》本紀："乾符六年十月，以禮部侍郎張讀權知左丞事。"《永樂大典》引《蘇州府志》："廣明元年，侍郎崔厚知舉。"蓋厚代張讀也。

二年辛丑（881）

正月庚戌朔，車駕在興元。丁卯，次成都。《舊書》、《新書》本紀。

七月丁巳，改廣明二年爲中和元年。《舊書》本紀

　　　　進士十二人：《唐語林》："廣明元年，盧渥中丞知舉。帖經後，黄巢犯闕，天子幸蜀。韋昭度侍郎於蜀代放十二人。"

于梲，《摭言》：“于梲舊名韜玉，長興相國兄子。貴主視之如己子，莫不委之家政，往往與於關節，由是衆議喧然。廣明初，崔厚侍郎榜，貴主力取鼎甲。榜除之夕，爲設庭燎，仍爲宴具，以候同年展敬。選内人美少者十餘輩，執燭跨乘，列於長興西門。既而將入辨色，有朱衣吏馳報曰：‘胡子郎君未及第。’〔趙校：原注：胡子，梲小字。〕諸炬應聲擲之於地。巢寇難後，於川中及第，依棲田令孜矣。或曰梲及第非令孜力，後依其門耳。”

黄郁，《摭言》：“黄郁，三衢人，早遊田令孜門。擢進士第，歷正郎、金紫。李端，曲江人，亦受知於令孜。擢進士第，又爲令孜賓佐。”

李端。見上。

續賜第二人：

王彦昌，《摭言》：“王彦昌，太原人，家世簪冕，推於鼎甲。廣明歲，駕幸西蜀，恩賜及第。後爲嗣薛王知柔判官。昭宗幸石門，時宰臣、學士不及隨駕，知柔以京尹判釐，權中書事，屬近輔表章繼至，切於批答，知柔以彦昌名聞，遂命權知學士。居半載，出拜京尹。又左常侍、大理寺卿。爲寺胥所累，南遷。”

杜昇。《摭言》：“杜昇父宣猷，終宛陵。昇有詞藻，廣明歲，蘇導給事刺劍州，昇爲軍倅。駕幸西蜀，例得召見，特敕賜緋。導尋入内庭，韋中令自翰長拜主文，昇時已拜小諫，抗表乞就試，從之。登第數日，有敕復前官並服色，議者榮之。”《唐語林》：“杜昇自拾遺賜緋後，應舉及第，又拜拾遺，時號‘著緋進士’。”〔趙校：《新書》卷七二上作“杜南昇”。〕○孟按：上引《唐語林》當本《盧氏雜説》，見《太平廣記》卷一八三“杜昇”條引。

知貢舉：户部侍郎韋昭度。《舊書》本傳：“從僖宗幸蜀，拜户部待郎。中和元年，權知禮部貢舉。”司空圖《故太子太師盧渥神道碑》：“初公報政當陝，且懸文柄之命，權倖所沮，事未克行。及此傳聞，中外推敬，故宰執得伸其所志。冬十月，拜禮部侍郎。群輩之躁聚勢門，欲以浮論籠駕主司者，迎自咎其牙角。洎入貢署，纔引明經，則美稱已譁於外議。遇大駕南巡，乃中輟，人至今惜之。”《北夢瑣言》：“盧氏衣冠第一，歷代未嘗知舉。乾符中，盧攜在中書，歎宗人無掌文柄，乃擢群從陝虢觀察使盧渥知禮闈。是歲十二月，黄巢犯闕，僖皇播遷，舉子星散。迨收復京都，裴贄連知三舉，渥有羨色。趙崇大夫戲之曰：'閣下所謂出腹不生養主司也。'"

中和二年壬寅 (882)

進士二十八人：按《唐才子傳》引作"二十四人"。

楊注，《永樂大典》引《蘇州府志》："侍郎歸仁紹知舉，楊注登第。"《舊書·楊收傳》："注中和二年進士登第。"　按注爲楊嚴第二子。

盧尚卿，《唐詩紀事》："尚卿，僖宗中和二年登第於蜀。"

程賀，《唐詩紀事》："賀有《君山詩》，時號'程君山'。詩云：'曾遊方外見麻姑，説道君山自古無。云是崑崙山頂石，海風飄落洞庭湖。'崔亞典眉州，賀爲廳僕，崔見其風味不常，問曰：'爾讀書乎？'曰：'薄涉藝文。'崔指一物令詠之，雅有意旨，因令歸選，獎稱於諸侯間。凡二十五舉及第，時中和二年也。入京則館博陵之第。亞卒，賀服縗三年。"○孟按：此當本於《北夢瑣言》卷十一《程賀》條，文字略同，亦見《太平廣記》卷一八三"程賀爲崔亞持服"條引。

秦韜玉，《唐才子傳》："秦韜玉諂事田令孜，巧宦，未期年官至丞郎，判鹽鐵，保大軍節度判官。僖宗幸蜀，從駕。中和二年，禮部侍郎歸仁紹放榜，特敕賜進士及第，令於二十四人内安插，編入春榜。"《唐詩紀事》："韜玉字仲明，京兆人。父爲左軍軍將。韜出入田令孜之門，又與劉曄、李巖士、姜垍、蔡鋌之徒交遊中貴，各將兩軍書尺，僥求魏科，時謂'對軍解頭'。僖宗幸蜀，韜玉以工部侍郎爲令孜神策判官。小歸公主文，韜玉準敕及第，仍編入榜中。韜玉以書謝，新人呼同年曰：'三條燭下，雖阻門闌；數仞墻邊，幸同恩地。'"《唐語林》："秦韜玉應進士舉，出於單素，屢爲有司所斥。京兆尹楊損奏復等列，時在選中。明日將出榜，其夕忽叩試院門，大聲曰：'大尹有帖。'試官沈光發之，曰：'聞解榜内有人曾與路巖作文書者，仰落下。'光以韜玉爲問，損判曰：'正是此。'"

＊于鄴（于武陵），《唐才子傳》卷八《于武陵傳》云："武陵，名鄴，以字行，杜曲人也。大中時嘗舉進士，不稱意，攜書與琴，往來商洛、巴蜀間，或隱於卜中，存獨醒之意。"《唐才子傳校箋》云："《直齋書録解題》謂'于武

陵大中進士'，不確，辛傳所述大中嘗舉進士，亦未爲確論。……《唐詩紀事》卷六三云：'鄴唐末進士'，殆係事實而史籍失載，《登科記考》亦復失考。鄴曾自郿縣入斜谷，經褒谷，至褒中，過百牢關入蜀。鄴《過百牢關貽舟中者》云：'蜀國少平地，方思京洛間。遠爲千里客，來度百牢關。帆影清江水，鈴聲碧草山。不因名與利，爾我各應閑。'詞謂入蜀所求者名利，殆係入蜀應進士舉。因黃巢攻占長安，僖宗入蜀，中和元年、二年、三年均在蜀試舉。鄴與同舟人入蜀既曰因名與利，則似係爲應舉而來。中和二年進士登第二十八人，三年登第三十人，今《登科記考》此兩年間僅考得七人，蓋因戰亂，《登科記》闕如故也。鄴殆係中和二、三年登第，《唐詩紀事》謂唐末進士，似近之。"今從之，姑繫本年。

　　諸科二人。

　　＊知貢舉：禮部侍郎歸仁紹。原作"禮部侍郎歸仁澤"，徐氏考云："黃休復《益州名畫録》，僖宗幸蜀回鑾之日，令常重允於中和院寫御容及隨駕文武臣寮真，內有尚書禮部侍郎、知貢舉歸仁澤。則是年爲仁澤知舉，諸書言仁紹者誤。"　孟按：嚴耕望《唐僕尚丞郎表》卷十六《輯考五下·禮侍》"歸仁紹"條云："歸仁澤，以禮侍知中和二年春貢舉，放榜。其始事蓋上年冬。"又考云："《唐才子傳》九，秦韜玉，'中和二年，禮部侍郎歸仁紹放榜，特敕賜進士及第。'徐《考》二三：'《永樂大典》引《蘇州府志》，侍郎歸仁紹知舉，楊注登第。《舊書·楊收傳》，注，中和二年進士登第。'則年份可信，姓名亦與《才子傳》合。而徐《考》又云：'《益州名畫録》：僖宗幸蜀回鑾日，令常重允於中和院寫御容及隨駕文武臣寮真，內有尚書禮部侍郎、知貢舉歸仁澤。則是年爲仁澤知舉，諸書言仁紹，誤。'考《廣卓異記》十九引《登科記》：'歸仁紹，咸通十年狀元及第。……歸仁澤，乾符元年狀元及第。'則仁紹、仁澤本是兄弟兩人。且中和院寫真在中和四年九十月間，詳《右僕》卷'裴璩'條，則名異，年份亦異，其爲兩事甚明。徐《考》強爲一人，且斷'紹'必'澤'之誤；謬矣。"又參見本卷中和五年（885）進士科裴廷裕考。

三年癸卯（883）

四月甲辰，《新書》作"丙午"。李克用收復京城。《舊書》本紀進士三十人：

崔昭緯，狀元。　《摭言》：“張曙、崔昭緯中和初西川同舉，昭緯其年首冠。後七年，自内庭大拜。”　按《宰相表》，崔昭緯以大順二年正月同平章事，自此年至大順二年爲七年。《玉芝堂談薈》以爲乾符三年，誤。（孟按：《玉芝堂談薈》卷二作“乾符二年”。）《舊書》本傳：“昭緯，清河人。祖庇，父璙。昭緯進士及第。”《新書》：“昭緯字蘊曜。”○孟按：《全唐詩》卷六九〇張曙《下第戲贈狀元崔昭緯》詩云：“千里江山陪驥尾，五更風水失龍鱗，昨夜浣花溪上雨，緑楊芳草爲何人。”《全唐文》卷八三七載有薛廷珪草《授前京兆府參軍錢翊藍田縣尉充集賢校理鄉貢進士崔昭緯秘書省秘書郎充集賢校理制》。又《廣卓異記》卷十九：“昭緯中和三年亦狀元及第。”

劉崇謨（劉崇薆）。《舊書・劉崇望傳》：“劉崇謨，中和三年進士及第。”○孟按：“謨”，《新唐書・宰相世系表一上》、《舊五代史・劉岳傳》并作“薆”。

諸科二人。

知貢舉：禮部侍郎夏侯潭。《舊書・夏侯孜傳》：“子潭，累官至禮部侍郎。中和三年選（孟按：“選”，原誤作“進”，據《舊書》改）士，多至卿相。”○孟按：《唐文拾遺》卷三十六崔致遠《禮部夏侯潭侍郎》：“伏承榮膺寵命，伏惟感慰。侍郎泰初朗鑒，日月難踰。孝若美資，風塵莫染，儒室别開其户牖，相門必繼其弓裘。是以始於憲府宣威，便見儀曹主貳，履歷而皆遵仙路，操持而永振貞風。柏列朝霜，昨日揖登臺御史；桂開夜月，今朝選入室生徒。採珠而蓬島待空，搜玉而藍峰寡色。副天下正人之顒望，息場中藝士之屈聲。某早沐眷私，不任欣抃云云。”

四年甲辰（884）

停舉。《摭言》：“唐（孟按：《摭言》作“國”）朝自廣明庚子之亂，甲辰天下大荒，車駕再幸岐梁，道殣相望，郡國率不以貢士爲意。江西節帥鍾傳令公起於義聚，奄有疆土，充庭述職，爲諸侯表式，而乃孜孜以薦賢爲急務。雖州里白丁，片文隻字來貢於有司者，莫不盡禮接之。至於考試之辰，設會供帳，甲於治平。行鄉飲之禮，常率賓佐臨視，拳拳然有喜色。復大會以餞之，筐篚之外，率皆資以桂玉，解元三十萬，解副二十萬，海送皆不減十萬。垂三十載，此志未嘗稍怠。時舉子有以公卿關節不遠千里而求首薦者，歲嘗（孟按：《摭言》作"常"）不下數輩。"○孟按：嚴耕望《唐僕尚丞郎表》卷十六《輯考五下·禮侍》"薛□"條云："薛□，蓋中和三年冬，以中書舍人權知禮部貢舉，蓋放四年春榜。"又考云："《全唐文》八二四黃滔《翰林薛舍人啟》：'伏以十一日纔除主文，旋瀝情懇，罪責則可言於躁切，憫傷則宜恕於單危。'又云：'伏惟學士舍人標表士林……今以文柄有歸至公。'又云：'滔折角有年……羽毛雪落……近者面獲起居，親承念錄，哀滔昔年五隨計吏……今復三歷貢闈……許垂敏手，拯上重霄。謹以誓向鬼神，刻於肌骨。中興教化，一身免没於風塵；下國兒孫，百世敢忘於廝隸。'徐《考》謂知光啟元年春貢舉。今據《益州名畫錄》，定歸仁澤知光啟元年春貢舉，而移薛□於前一年，觀此啟'中興教化'云云，亦無不合。"岑仲勉《補唐代翰林兩記》卷上《補僖昭哀三朝翰林學士記·昭宗朝》："薛貽矩約乾寧初自起居舍人充。"考云："貽矩，《舊五代史》一八，《新五代史》三五有傳。《舊五代史》云：'乾符中，登進士第，歷度支巡官、集賢校理、拾遺、殿中、起居舍人、召拜翰林學士，加禮部員外郎知制誥，轉司勳郎中，其職如故。'《黃御史集》七有《上翰林薛舍人書》及《薛舍人書》各一篇，《登科記考》二三於光啟元年知貢舉下引黃氏文，並繫以說云：'按黃滔以咸通十三年鄉薦，言五隨計吏、三歷貢闈，是在鄉薦之後數年。此年疑爲薛舍人知舉，其名俟考。'余按黃氏前書云：'滔伏以十一日纔除主文，旋瀝情懇……且夫禮司取士，寒進升名，若無哲匠以斷成，未有良時而自致。'此特言知貢舉者已奉詔派出，請薛舍人推薦，非舍人知舉也。不然者，知舉之人，非真除禮侍亦權知禮侍，故書云：'禮司取士'，使舍人果知舉者，何書內只稱彼爲學士舍人歟。況後書有云：'今月二十八日，張道古參軍仰傳仁恩，伏承舍人學士不以滔幽沈，榮賜論薦……竊惟薦士，豈易其人。'明是謝舍人推薦，徐氏乃以爲舍人知舉，誤矣。據《新唐書·藝文志》，張道古景福進士，今稱道古曰參軍，意滔之書即乾寧初作，後來得舍人推薦而獲雋者(滔乾寧二年進士)，徐氏擬爲光啟初文章，亦不合。"知徐氏誤，嚴氏亦隨其誤。又參見下年知貢舉考引。

　　＊諸科：

　　＊劉日新。原列本卷光啟二年(886)諸科，徐氏考云："陳致雍《唐故金華大師正和先生劉日新碑銘》：'日新字繼平，閩侯官人。七歲舉童子，釋褐授京兆府文學。'以保大十一年年七十六推之，是年七歲。"按陳補云："據《全唐文》卷八七五陳致雍《唐故金華大師正和先生劉君碑銘》云日新'七歲舉童子擢第'，保大十一年卒，年七十六。推其及第，當在本年。徐氏定在光啟二年，誤推後二年。"

五年乙巳(885)

三月丁卯，車駕至京師。己巳，御宣政殿大赦，改元光啟。《舊書》本紀

五月，《册府元龜》作"正月"。詔曰："朕每念艱難之本，思拯濟之圖，理少亂多，古猶今也。蓋搜揚之未至，非爵賞之不行。況自鄉里沽名，物情賈怨，朝市有爭先之黨，山林多獨往之人。彼豈自窮，驅而莫返。其有文苞經緯，道冠儒元，貞遁自肥，浮名不染，豈無加等之爵，以待非常之流。今委使臣，遠近徵訪，必行備禮，以聳群芳。且幾貴研深，用惟體要。運當無事，固垂拱而可持；時屬多虞，非拔奇而不振。或有才優將略，業洞兵鈐，辨勝負於風雲，計長短於主客，妙得神傳之決，耻成兒戲之名，不俟臨機，方期制變，或銷聲於屠釣，或屈志於風塵，勿愧自媒，當期致用。至乃旁規國病，動適事宜，深探貨殖之源，備得富強之術，排於浮議，鬱彼良圖。又有志擅縱橫，久潛緇褐，材推超異，見辱儕流，苟全一藝之工，不必萬夫之敵。亦有推研曆象，校步星辰，言必效於機先，術豈疑於億中。是資奇器，孰曰異端，亦在勸來，仁加殊賞。噫！功名可慕，少壯幾何，在君親則忠孝相資，念國家則安危同切。勿甘流俗，猶徇宴安。並委使臣榜示訪求，長吏津

置發遣。同心體國，無使淹延，懸賞俟能，必期升擢。朕雖鍾艱否，亦謂憂勤。高祖、太宗之在天，固當垂祐；社稷生靈之有主，夫豈乏賢。達我敷求，咨爾將命，勿孤翹矚，苟自因循。其間儒學優游，軍謀弘遠，密陳時務，願應制科者，已從別敕處分。跡弛遺才，沈淪末位，不礙文武，並須升聞。布告天下，咸使知悉。”《唐大詔令集》

十二月乙亥，沙陀逼京師。丙子，田令孜奉僖宗出幸鳳翔。《舊書》、《新書》本紀。

　　進士三十五人：

　　許祐孫，狀元，見《玉芝堂談薈》。

　　倪曙，《永樂大典》引《閩中記》：“倪曙字孟曦，侯官人。中和五年及第。”　按倪曙於乾符四年試《火中寒暑退賦》、《殘月如新月詩》，入等第，見《摭言》。《淳熙三山志》：“倪曙仕劉隱爲工部侍郎、平章事。”

　　＊裴廷裕。原列本卷中和二年（882）進士科，徐氏考云：“《新書·藝文志》：‘裴廷裕字膺餘。’《摭言》：‘小歸尚書榜，裴起部與邠之李摶先輩舊友，摶以詩賀廷裕曰：“銅梁千里曙雲開，仙籍新從紫府來。天上已張新羽翼，世間無復舊塵埃。嘉禎果中君平卜，賀喜須斟卓氏杯。應笑戎蕃刀筆吏，至今泥滓曝魚鰓。”既而復以二十八字謔之曰：“曾隨風水化凡鱗，安上門前一字新。聞道蜀江風景好，不知何似杏園春。”裴有六韻答曰：“何勞問我成都事，亦報君知便納降。蜀柳籠隄烟蠹蠹，海棠當户燕雙雙。富春不並窮師子，濯錦全勝旱曲江。高卷絳紗楊氏宅，半垂紅袖薛濤窗。浣花泛鷁詩千首，静衆尋梅酒百缸。若説絃歌與風景，主人兼是碧油幢。”’”

　按陳補云：“裴廷裕，《唐摭言》卷三作‘小歸尚書榜’及第，徐氏繫於中和二年。《唐僕尚丞郎表》據《益州名畫録》載中和四年九、十月間中和院寫真，歸仁澤時爲‘尚書禮部侍郎知貢舉’，因定仁澤知五年貢舉。其説可從。‘小歸尚書’即指仁澤。乾隆《山西通志》卷六五：‘光啓二年進士：裴廷裕，聞喜人，蜀中登第，左散騎常侍。’二年當爲元年之誤。”今移正。

　　諸科二人。

　　＊知貢舉：尚書禮部侍郎歸仁澤。按本年知貢舉原缺，徐

氏考云：“黄滔《上翰林薛舍人啟》云：‘某伏以十一日纔除主文，旋瀝情懇，罪責則可言於躁切，憫傷別宜恕於單危。非不三省九思，沈吟箋管，而以途窮日暮，恐懼風波。亦猶抱沈疴者，悉將虔告於神醫；懷至痛者，無不上呼於穹碧。伏以學士舍人，軒銅照膽，蜀秤懸心，仰惟燭臨，當極幽奥。且夫禮司取士，寒進升名，若無喆匠以斲成，未有良時而自致。不然者則安得權懸至鑒，代有遺人！伏惟學士舍人，標表士林，梯航陵海，凡言進取，須自門墙。今以文柄有歸，至公弘播，則精力固同於造化，嘉言乃作於蓍龜。而某折角有年，交鋒無托，羽毛零落，鬐鬣摧殘。若不自學士舍人，推恩極山岳之隆，攘臂到溝隍之底，則還慚抱甕，難出戴盆。兼近者面獲起居，親承念録，哀某昔年五隨計吏，刖雙足以全空，今復三歷貢闈，救陵沈而未暇。許垂援手，極上重霄。謹以誓向鬼神，刻於肌骨。中興教化，一身免没於風塵；下國兒孫，百世敢忘於廝隸。下情無任攀投懇悃之至。’按黄滔以咸通十三年鄉薦，言‘五隨計吏’、‘三歷貢闈’，是在鄉薦之後數年。此年疑爲薛舍人知舉，其名俟考。”按專利岑補云：“同卷中和五（即光啟元）年知貢舉下缺名，注引黄滔《上翰林薛舍人啟》一篇，並云：‘按黄滔以咸通十三年鄉薦，言五隨計吏，三歷貢闈，是在鄉薦之後數年。此年疑爲薛舍人知舉，其名俟考。’按此薛舍人經予考定爲薛貽矩，但滔書並非本年作，貽矩亦無知舉明文，辨見拙著《補唐末翰林學士記》貽矩條下。” 孟按：參見中和二年（882）知貢舉考及本年進士裴廷裕考，知本年知貢舉爲歸仁澤。

光啟二年丙午（886）

正月，車駕在鳳翔。《舊書》本紀

田令孜迫乘輿，請幸興元。三月丙申，車駕至興元。《舊書》本紀

進士九人：

陸扆，狀元。《舊書》本傳：“扆字祥文，本名允迪。吳郡人，徙家於陝。曾祖灃，祖師德，父鄱。扆光啟二年登進士第。其年，從僖宗幸興元。”《北夢瑣言》：“陸扆舉進士，屬僖宗再幸梁洋，隨駕至行在，與中書舍

人鄭損同至逆旅。扆爲宰相韋昭度所知，欲身事之速了，屢告昭度。昭度曰：‘柰已深夏，復使何人爲主司？’扆以鄭損對，昭度從之。因令扆致意，榜帖皆扆自定。其年六月，狀頭及第。後在翰林署，時苦熱，同列戲之曰：‘今日好造榜天矣。’然扆名冠一時，兄弟三人，時謂‘三陸’，希聲及威也。”《唐詩紀事》：“扆詩有‘今秋已約天台月’之句。或云，扆昭宗末舉進士及第，六月榜出，盛暑，同舍戲之曰：‘造榜天也。’觀扆此詩，豈幸倉猝苟科第者。”

顧在鎔，《永樂大典》引《蘇州府志》：“光啟二年，陸扆狀元，顧在鎔登第。”

＊蘇鶚。原列卷二十七《附考·進士科》，徐氏考云：“《新書·藝文志》：‘字德祥，光啟中進士第。’”陳補云：“《藝海珠塵》本《蘇氏演義》卷首注：‘鶚字德祥，京兆武功人，唐光啟二年進士，歷官未詳。’” 孟按：陳補據《全唐文》卷八一三蘇鶚小傳亦云：“鶚字德祥，京兆武功人。光啟二年進士。”光啟凡四年，言二年與《新志》“光啟中”亦合。今移正。

諸科二人。

＊知貢舉：中書舍人鄭損。原作“中書舍人鄭延昌”，徐氏考云：“《永樂大典》載《蘇州府志》：‘是年，中書舍人鄭損權知貢舉。’按《宰相世系表》，鄭損爲蔣尉，未爲中書舍人。考《陳嶠墓誌》及《唐詩紀事》溫憲條下載鄭延昌知舉，蓋《蘇州府志》‘鄭損’爲‘鄭延昌’之訛也。《新書·鄭延昌傳》言爲翰林學士，進兵部侍郎，不言以中書舍人知舉，蓋傳失之。《唐語林》：‘鄭延昌相公爲京兆尹，兼知貢舉。’”

孟按：嚴耕望《唐僕尚丞郎表》卷十六《輯考五下·禮侍》“鄭損”條云：“鄭損，光啟二年夏，以中書舍人權知禮部貢舉。六月放榜。”又考云：“《摭言》八‘自放狀頭’條：‘鄭損舍人，光啟中隨駕在興元，丞相陸公扆爲狀元。先是，扆與損同止逆旅，扆於時出丞相文忠公之門，切於了却身事。時已六月，懇叩公希奏置舉場。公曰柰時深夏，須使何人爲主司？扆曰鄭舍人其人也。公然之。……其榜貼皆扆自定。’《北夢瑣言》同。據《舊書·陸扆傳》，光啟二年登第。《永樂大典》引《蘇州府志》亦云：光啟二年，中書舍人鄭損權知貢舉。（徐《考》引）是也。《新》七五上《世表》，鄭絪相德宗，孫‘損字康遠，吏部尚書。’蓋侍郎之訛。徐《考》謂《世表》鄭損官止蓚尉，不爲中舍，誤。又不信前引材料，而移鄭延昌於二年，更誤。"又陳補云："徐氏定本年爲'中書舍人鄭延昌'知貢舉，陸宬下所引《北夢瑣言》及《永樂大典》引《蘇州府志》皆作'中書舍人鄭損'知貢舉。徐氏云：'按《宰相世系表》，鄭損爲蓚尉，未爲中書舍人。考《陳嶠墓誌》及《唐詩紀事》溫憲條下載鄭延昌知舉，蓋《蘇州府志》"鄭損"爲"鄭延昌"之訛也。'今檢《新唐書·宰相世系表》有二鄭損，一爲昂子，官蓚尉，其高祖穆先爲'隋夷陵令'，推知約爲玄宗時人；另一爲鄭綱弟鄭蘊孫，'字慶遠，禮部尚書'，時代正當唐末。徐氏僅知其一，不知其二，故致誤。《唐摭言》卷八、《太平廣記》卷一八三引《北夢瑣言》，皆作鄭損知舉，徐氏所引《永樂大典》今存，見卷二三六八，確作鄭損。《黃御史公集》卷六《司直陳公墓誌銘》云陳嶠'光啟二年收開，三年，榮登故相滎陽鄭公禮部上第'。是鄭延昌知光啟三年貢舉，非二年。（孟按：陳補實繫鄭延昌於光啟四年知貢舉，三年爲柳玭知舉，詳下考，此誤）另詳下。《唐僕尚丞郎表》對此考證較詳，可參看。"

三年丁未（887）

三月壬辰，車駕至鳳翔。《通鑑》

　　進士二十五人：

　　＊趙昌翰，狀元。　　孟按：徐考原列昌翰於本年進士科黃匪躬之下，今知其爲本年狀元，故前移。按黃考云："《登科記考》卷二十三光啟三年條依《廣卓異記》引《趙氏科名錄》列趙昌翰是年及第，這是對的。但趙昌翰本年狀元，原書闕如。考宋葛立方《韻語陽秋》卷十八云：'今之新進士，不問甲科高下，唱名出皇城，則例唱狀元，莫知其端。唐鄭谷登第……谷，趙昌翰榜第八名也。'"（上海古籍出版社1984年10月影印宋刻本，又見中華書局1981年4月版《歷代詩話》頁633）是知趙昌翰爲光啟三年狀元。　　孟又按：徐松原於趙昌翰下著錄"趙光庭"，考云："《廣卓異記》引《趙氏科名錄》云：'趙氏十三榜，十四人科第。內光啟三年故柳大夫榜，再從弟兩人同年及第，即昌翰、光庭也。'"按陳補："趙光庭當即趙光裔之誤。……今檢《新唐書·宰相世系表》，新安趙氏無光庭，衹有光裔，爲存

約孫、隱子，而昌翰爲存約弟從約孫，二人正所謂再從弟關係，可證。"陳説是，今删却。

　　＊鄭谷，原列乾符三年（876）進士科，徐氏考云："《唐才子傳》：'鄭谷字守愚，袁州宜春人。光啟三年進士。'《永樂大典》引《宜春志》亦云：'鄭谷，史之子，光啟三年登進士第。'　按《文苑英華》載鄭谷《漲曲江池詩》注云'乾符丙申歲春'，則鄭谷當於乾符三年及第，'光啟'爲'乾符'之訛，今改正。〔趙校：岑仲勉云，不應改乾符，詳後《訂補》。〕　薛廷珪《授鄭谷右拾遺制》：'谷《二雅》馳聲，甲科得雋。'谷《擢第後入蜀題海棠詩》云：'手中已有新春桂，多謝烟香更入衣。'"　孟按：岑補云："乾符三年鄭谷云：'按《文苑英華》載鄭谷《漲曲江池詩》注云"乾符丙申歲春"，則鄭谷當於乾符三年及第，光啟爲乾符之訛，今改正。'余按《英華》一八三原作'奉詔（集作試）漲曲江池'下署'鄭谷（乾符丙申歲春）'，此題實應依《全詩》十函六册作'乾符丙申歲奉試春漲曲江池（用春字）'，編《英華》者不識文義，乃割裂爲兩截，殊不知詩題如祇作'漲曲江池'，則文義不完，未必有此顢頇之試官，且何解於韻用春字乎？徐氏不知《英華》之誤，更就春字爲之曲説，尤屬疎忽。且奉試（詔字訛）者不必其即售，猶諸劉賁下第，對策仍存耳。故未獲他證，谷名不應移至乾符。此條曾辨見拙著《讀全詩札記》，今得《英華》本對勘，故再申之。"又《唐才子傳校箋》卷九鄭谷傳"光啟三年，右丞柳玭下第進士"，箋云："此本祖無擇《都官鄭谷墓誌銘》：'光啟三年（887）進士及第。'又'右丞柳玭'云云當本已佚之唐人《登科記》。徐松《登科記考》卷二三'光啟三年……知貢舉：尚書右丞柳玭'可參證。然徐松《登科記考》卷二三'乾符三年'又駁辛氏云：'《唐才子傳》云云。……光啟爲乾符之訛，今改正。'其光啟三年下不列鄭谷。今按徐説非是。谷有《京兆府試月中桂》詩（《全唐詩》卷六七五）。《唐摭言》卷二記《月中桂》爲乾符四年京兆府試題，則谷斷不能於三年即登進士第。舊説光啟三年及第不誤。"陳補亦云："鄭谷，徐氏定於乾符三年，岑補辨其誤，以爲當從諸書作光啟三年。岑説是。除徐氏已列二證外，衢本《郡齋讀書志》卷十八、《直齋書録解題》卷十九、《文獻通考》卷二四三皆作光啟三年及第。《雲臺編》卷二有《寄同年禮部趙郎中》、《春夕伴同年禮部趙員外省直》，趙員外、趙郎中皆指本年狀元趙光裔，見《郎官石柱題名考》卷十九、卷二十。"　孟按：《輿

地紀勝》卷二十八謂谷“光啟中中進士第”。《唐音戊籤》七十六載谷於光啟三年擢進士第。又，天一閣［嘉靖］《袁州府志》卷七《選舉表·科第》亦載鄭谷光啟三年進士，按《袁州府志》所記唐代州人登科事，皆與《永樂大典》引《宜春志》同，其所本亦當較爲可靠。今移正。

＊李嶼（李興），原列乾符三年（876）進士科，徐氏考云：“鄭谷有《荊渚八月十五夜值雨，寄同年李嶼詩》。”　孟按：詳上鄭谷考。又李嶼或作“李興”，《唐詩紀事》卷五十八《李郢傳》：“郢子興（按上海古籍出版社點校本據《全唐詩》改作‘嶼’；王仲鏞校箋本據張本改作‘璵’），字魯珍，生於南海，尤能詩，每一篇成，必膾炙人口。後登甲科。”按《唐音統籤》卷六二九《戊籤》三十一李郢小傳引《紀事》同上。按施補據《唐詩紀事》錄作“李興”。

趙光裔，《舊書·趙隱傳》：“子光裔，光啟三年擢第。”《舊五代史·趙光逢傳》：“光逢與弟光裔皆以文學德行知名。”○孟按：徐氏原於乾符三年（876）進士科列有“趙□”，考云：“鄭谷有《寄同年禮部趙郎中詩》，又有《春夕伴同年禮部趙員外省直詩》。”按此“趙□”即趙光裔，考見陶敏《全唐詩人名考證》[7746C]、[7749E]。亦見胡補。又見上鄭谷考。今刪併。

＊鄭徽，孟按：《鄭谷詩集》卷一有《駐蹕華下同年司封員外從翁許共遊西溪久違前契戲成寄贈》。“從翁”，即從父。按同上有《送司封從叔員外徽赴華州裴尚書均辟》，知“司封員外從翁”即鄭徽，與谷爲同年。今補入。

黃匪躬，《十國春秋》：“黃匪躬，連州人。登唐光啟三年進士。”○孟按：四庫本《廣東通志》卷三十一《選舉志·進士》：“光啟三年丁未：黃匪躬，連州人。”［同治］《連州志》卷四《選舉志》：“光啟丁未科：黃匪躬，梁幕府奏記。”

＊翁洮。陳補：“萬曆《嚴州府志》卷十一：‘光啟三年柳玭榜：翁洮，壽昌人。仕至員外郎。’”　孟按：《萬姓統譜》卷一：“翁洮，字子平，壽昌人。舉進士，授主客員外郎。退居不仕，僖宗遣使徵之不起。”又胡補據《全唐詩》卷六六七小傳：“翁洮，字子平，睦州人。光啟三年進士第，官主客員外郎。”又見［光緒］《浙江通志》卷一二三《選舉一·唐·進士》。

＊書判拔萃科：

＊侯翽。《十國春秋》卷四十四本傳：“侯翽，成都人也。風儀端秀，

善文辭，尤工奏記表章。唐光啟中，以拔萃出身爲邠寧從事。僖宗幸蜀，拜中書舍人、翰林學士。”按光啟凡四年，其元年以三月改。此言“光啟中”，故附於本年。亦見胡補。

諸科一人。

知貢舉：尚書右丞柳玭。見《唐才子傳》。○孟按：嚴耕望《唐僕尚丞郎表》卷十六《輯考五下·禮侍》“鄭延昌”條云：“鄭延昌，以中書舍人或遷禮侍，知光啟三年春貢舉，放榜。”又考云：“岑仲勉前輩《補三朝翰林學士記》：‘鄭延昌約光啟初人，加兼中書舍人。’所據資料有《新》傳及劉崇望《授翰林學士鄭延昌守本官兼中書舍人制》，是也。考《全唐文》八二六黃滔《陳嶠墓誌》：‘光啟二年收開，三年榮登故相榮陽鄭公禮部上第。’又《唐詩紀事》七〇，溫憲，‘僖昭之間就試於有司，值鄭相延昌掌邦貢。’則嶠《誌》光啟三年知貢舉放榜之鄭公即延昌也。合《補學士記》觀之，蓋由學士舍人出院，以舍人或遷禮侍知貢舉也。嶠《誌》明在三年，徐《考》强移至二年以代損，誤矣。”按本年進士科考證所引《廣卓異記》（引《趙氏科名録》）、《唐才子傳》及萬曆《嚴州府志》等，皆載本年爲柳玭知貢舉，未容輕疑。《陳嶠墓誌》所言“三年”，未必指光啟三年，參見下年進士科陳嶠考及知貢舉鄭延昌考。

四年戊申（888）

二月壬午，車駕自鳳翔至京師。《舊書》本紀

戊子，大赦，改元文德。《舊書》本紀

三月癸卯，上崩於靈符殿，昭宗即位。《通鑑》

進士二十八人：

鄭貽矩，狀元。

崔塗，《唐才子傳》：“崔塗字禮山，光啟四年鄭貽矩榜進士及第。”崔塗《入蜀赴舉秋夜與先生話別詩》曰：“欲愴峨嵋別，中宵寢不能。聽殘池上雨，吟盡枕邊燈。失計方期隱，脩心未到僧。雲門一萬里，應笑又擔簦。” 按“禮山”，荆公《百家詩選》作“禮仙”。○孟按：《新唐書·藝文志

四》：“《崔塗詩》一卷：字禮山。光啟進士第。”

　　＊謝翛，《萬姓統譜》卷一〇五：唐“謝翛，龍溪人，隱於青樵文圃山。自廣明西幸，人多忍恥以事虜，獨翛遁跡，必俟光啟回鑾乃出，尋擢上第。”《閩書》卷九十《英舊志・泉州府・同安縣・唐進士》：“文德五（按當作元）年戊申：謝翛。”同上《傳》云：“謝翛字升之，詞藻超邁，時輩推許。自廣明西幸，人多忍恥事虜，獨翛遁遁跡，必俟光啟回鑾乃出，遂登文德初進士。”〔乾隆〕《泉州府志》卷三十三《選舉一・唐進士》：“文德元年戊申薛貽矩榜：謝翛，同安人。《八閩通志》作晉江人。”按“薛”爲“鄭”之訛。按胡補據乾隆《福建通志》卷三十三錄入。

　　＊陳嶠。原列本卷光啟二年（886）年進士科，徐氏考云：“《黃御史集・司直陳公墓誌銘》：‘公諱嶠，字延封。齠齔好學，弱冠能文。與高陽許龜圖、江夏黃彥修居莆之北巖精舍，五年而二子西去，復居北平山。兩地穴管寧之榻，十年索隨氏之珠，然後應詔諸侯，求試宗伯。而以咸通、乾符之際，龍門有萬仞之險，鶯谷無孤飛之羽，才名則溫岐、韓株、羅隱皆退黜不已。故公自丁丑之丙申，高價馳而逸步躓。既而大盜移國，德公文行之深者，安州鄭郎中誡、孫拾遺泰，嘆而勉之。久乃持蘖下之屈名，適蜀中之貢府，致鄉士倒屣，場席開路。清風既爾，竊爲權官沽諸，將求識而薦之。公時已出經試，比言之者□策紙而已。〔趙校：‘而已’，《黃集》作‘而亡’。〕是舉，光啟二年收開，三年榮登故相榮陽鄭公禮部上第。’又有《喜陳先輩嶠及第詩》云：‘不是駕前偏落羽，錦城爭得杏園花。’又《祭陳嶠文》注云：‘林端公貞元七年首閩越之科第，以《珠還合浦賦》擅名。後十年，莆邑許員外榮登。自此文學之士繼踵，而悉不偶時，曠八十七年，始鍾於延封。其文以《申秦續篇》擅名。後六七年，徐正字及第，兼某塵忝。林端公同延封榜，皆第十二人。’《摭言》：‘陳嶠謁安陸鄭郎中誡，三年方一見。誡從容謂嶠曰：“識閔廷言否？”嶠曰：“偶未知聞。”誡曰：“不妨與之往還，其人文似西漢。”’”　按陳補云：“宋李獻民《莆陽比事》卷一：‘文德元年有陳嶠。’注云：‘《莆志》云光啟四年，蓋是年改元文德。’《淳熙三山志》卷二六同。黃滔《陳公墓誌》云：‘光啟二年收開，三年榮登故相榮陽鄭公禮部上第’。疑‘三年’不作光啟三年解，而係指嶠二年始試，歷三舉方及第。《黃御史公集》卷三《喜陳先輩及第（原注：嶠）》云：‘今年春已到京華，天與吾曹雪

怨嗟。……不是駕前偏落羽，錦城爭得杏園花。'考僖宗於光啟元年末駕幸鳳翔，至本年二月始返京師。如黄詩所述，嶠顯然爲鳳翔落第，本年春京兆登科。同書卷六《祭陳侍御嶠文》云嶠在許稷後八十七年登第，後六七年徐寅及第。以許、徐二人及第年推之，亦以本年最爲近是。徐氏誤繫於光啟二年。"

　　諸科一人。

　　＊知貢舉：鄭延昌。原作"尚書右丞柳玭"，徐氏考云："按《唐會要》：'僖宗諡議，右丞、權知禮部侍郎柳玭撰。'僖宗葬於文德元年十二月，其時柳玭猶權知禮部侍郎，是此年知舉。"按陳補云："徐氏定光啟三年、四年皆柳玭知舉。《唐僕尚丞郎表》疑有誤，認爲三年爲鄭延昌知，四年爲柳玭知。其說亦頗有問題。柳玭知三年舉，見諸《廣卓異記》及《唐才子傳》者，皆不容輕疑。嚴氏謂'玭於光啟三年冬受詔以右丞知貢舉，放文德元年春榜也'。此說將除授禮侍與實際知舉相混淆，亦非是。今按，徐氏引《唐會要》卷二以證柳玭知四年舉，僅屬推測，此外並無確據。《會要》云玭撰僖宗諡議，所列官職恰與三年官守同，疑非列當時之官。知四年舉者應爲鄭延昌，詳前陳嶠條考。《唐詩紀事》卷七十云温憲於'僖、昭之間，就試於有司，值鄭相延昌掌邦貢也，以其父文多刺時，復傲毀朝士，抑而不録'。本年三月僖宗去世，昭宗即位，正所謂'僖、昭之間'；憲於龍紀元年及第，亦可證延昌在其前知舉。綜合諸證分析之，本年當以延昌知舉爲近是。"

登科記考補正卷二十四

唐昭宗聖穆景文孝皇帝

龍紀元年己酉(889)

正月癸巳朔,大赦,改元。《舊書》本紀

　　進士二十五人:

李瀚,狀元。

　　温憲,《唐才子傳》:"温憲,庭筠之子也。龍紀元年李瀚榜進士及第。"《唐詩紀事》:"温憲員外,庭筠子也。僖、昭之間,就試於有司。值鄭相延昌掌邦貢也,以其父文多刺時,復傲毀朝士,抑而不録。既不第,遂題一絶於崇慶寺壁。後滎陽公登大用,因國忌行香見之,憫然動容。暮歸宅,已除趙崇知舉,即召之,謂曰:'某頃主文衡,以温憲庭筠之子,深怒嫉之。今日見一絶,令人惻然,幸勿遺也。'於是成名。詩曰:'十口溝隍待一身,半年千里絶音塵。鬢毛如雪心如死,猶作長安下第人。'" 按憲於咸通四年作《程修己墓誌銘》,已題曰"鄉貢進士",是亦久困文場之證。《摭言》:"温憲,光啟中及第,尋爲山南從事。辭人李巨川草薦表,盛述憲先人之屈,略曰:'蛾眉先妒,明妃爲去國之人;猿臂自傷,李廣乃不侯之將。'"

　　吳融,《新書》本傳:"吳融,祖翹。融龍紀初及進士第。韋昭度討蜀,表掌書記。"《唐才子傳》:"融字子華,山陰人。龍紀元年李瀚榜及進士第。"《唐詩紀事》:"韓偓與吳子華侍郎同年。《玉堂伴直,懷昔叙懇,因成長句，兼呈同年》云：'往年鶯谷接清塵，今日鼇山作侍臣。二紀許諧勞筆硯，一朝宣入掌絲綸。聲名炟赫文章士，金紫雍容富貴身。絳帳恩深無路報，語餘相聚却酸辛。'又注云：'予與子華，俱久困名場。'"《北夢瑣言》："吳融侍郎，乃趙崇大夫門生。"

韓偓，《唐才子傳》："韓偓字致堯，京兆人。龍紀元年禮部侍郎趙崇下擢第。"《唐詩紀事》："偓父瞻，李義山同年。偓小字冬郎，義山云嘗即席爲詩相送，一座盡驚，句有老成之風。因有詩云：'十歲裁詩走馬成，冷灰殘燭動離情。桐花萬里丹山路，雛鳳清於老鳳聲。'偓字致堯，今曰致光，誤矣。自號玉山樵人。"又云："偓天復初入翰林。其年冬，駕幸鳳翔，偓有扈從之功。返正初，上面許偓爲相。奏云：'陛下運契中興，當復用重德鎮風俗，臣座主右僕射趙崇可充是選。乞迴臣之命授崇，天下幸甚。'上嘉嘆。翌日，制用崇暨兵部侍郎王贊爲相。時梁太祖在京，素聞崇之輕佻，贊復有釁，馳入請見，於上前具言二公長短。〔趙校："具"原作"且"，據《紀事》卷六五改。〕上曰：'趙崇是偓薦。'時偓在側，梁王叱之。偓奏曰：'臣不敢與大臣爭。'上曰：'韓偓出。'尋謫官入閩。"韓偓及第，過堂日作詩曰："早隨真侶集蓬瀛，閶闔門開尚見星。龍尾樓臺迎曉日，鼇頭宮殿入青冥。暗驚凡骨升仙籍，忽訝麻衣謁相庭。百辟斂容開路看，片時輝赫勝圖形。"○孟按：《郡齋讀書志》卷六著録韓偓《金鑾密記》一卷，注云："偓，崔胤門生。"查崔胤無知舉之證，疑誤。《名賢氏族言行類稿》卷十五："韓偓字致光，京兆人，擢進士第。……帝疾宦人驕横，欲盡去之，偓曰云云。帝前膝曰：'此事始終屬卿。'偓薦御史大夫趙崇，勁正雅重，可以準繩中外。帝知偓崇門生也，嘆其能讓。"又，《全唐詩》卷六八二韓偓《別錦兒》（注："及第後出京，別錦兒與蜀妓。"）："一尺紅綃一首詩，贈君相別兩相思。畫眉今日空留語，解佩他年更相期。臨去莫論交頸意，清歌休著斷腸詞。出門何事休惆悵，曾夢良人折桂枝。"

唐備，《唐才子傳》："唐備，龍紀元年進士。"

崔遠，《舊書·崔琪傳》："琪弟璵，璵子澹。澹子遠，龍紀元年進士登第。"

＊李冉，原作"李□"，徐氏考云："韓偓有《訪同年虞部李郎中詩》，又《春陰獨酌寄同年虞部李郎中詩》，又《同年前虞部李郎中自長沙赴行在，

以紫石硯贈之詩》。按李郎中未知其名，偓《和孫舍人荊南重圍中寄諸朝士詩》有李郎中冉，疑即其人也。"按陳補云："徐氏錄韓偓與同年虞部李郎中三詩，疑爲李冉，未能決定，故仍以'李□'著錄。按前二詩皆收入《全唐詩》卷六八〇，均爲天復四年在湖南作。同時所作尚有《奉和陝州孫舍人肇荊南重圍中寄諸朝士二篇時李常侍洵嚴諫議颺李起居殷衡李郎中冉皆有繼和余久有是債今至湖南方暇牽課》。同書卷六八二《同年前虞部李郎中自長沙赴行在余以紫石硯贈之賦詩代書》，即徐氏已錄之第三詩。以諸詩參之，可確定虞部李郎中即李冉。《新唐書‧宰相世系表》李氏姑藏大房有'冉，右司郎中'，即此人。"

＊程忠。陳補："《浯田程氏宗譜》卷二錄七十一世：'忠字匪躬，以字行，昭宗龍紀二舍人趙崇下擢進士第，授藍田尉。世難還家。'龍紀無二年，'二'字有誤。本年爲趙崇知舉。"

諸科七人。

知貢舉。禮部侍郎趙崇。《北夢瑣言》："唐趙大夫崇清介，門無雜賓，慕王濛、劉真長之風也。標質堂堂，不爲文章，號曰無字碑。每遇轉官，舊例各舉一人自代。亞台未嘗舉人，云朝中無代己也。世亦以此少之。"又曰："梁相張策嘗爲僧，返俗應舉。亞台鄙之曰：'劉、蔡輩雖作僧，未爲人知，翻然貢藝，有何不可？張策衣冠子弟，無故出家，不能參禪訪道，抗跡塵外，乃於御簾前進詩，希望恩澤。如此行止，豈掩人口！某十度知舉，十度斥之。'清河公乃東依梁主，而求際會。蓋爲天水拒棄，竟爲梁相也。"《摭言》："張策，同文子也。自小從學浮圖法，號藏機，粲名內道場爲大德。廣明庚子之亂，趙少師崇主文，策爲時事更變，求就貢籍，崇庭譴之。策不得已，復舉博學宏詞。崇職受天官，復黜之，仍顯揚其過。策後爲梁大祖從事，天祐中在翰林，太祖頗奇之，爲謀府，策極力媒蘗，崇竟罹冤酷。"吳融有《和寄座主尚書詩》、《和座主尚書登布善寺樓詩》、《漣水席上獻座主侍郎詩》、《和座主尚書春日郊居詩》，蓋皆謂崇也。

大順元年庚戌（890）

正月戊子朔，大赦，改元大順。《舊書》本紀二月丁巳，宰臣兼國子祭酒孔緯以孔子廟經兵火，有司釋奠無所，請內外文臣自觀察使下及令佐，於本官料錢上緡抽十文，助脩國學。從之。《舊書》本紀

　　進士二十一人：

　　楊贊禹，狀元。《黃御史集》有《寄楊贊圖學士詩》，注云：“學士與元昆俱以龍腦登選。”元昆即贊禹。　薛廷珪《授楊贊禹左拾遺制》云：“贊禹連中殊科，首冠群彥。”○孟按：《全唐文》卷八二三黃滔《與楊狀頭書》：“謹獻書狀元先輩：聖人之道没，必假後賢以援之。故天將假後賢以援之，必先否其人之數，而後克亨其道。苟知厥理，繇是得而言之。且咸通、乾符之貢士，其有德行文學人地如先輩而在舉場，則其舉罕再，而先輩在舉場逮二十年，何哉？是知天否先輩當年之數，以亨今日之道，假於春官、天官之網，首冠群彥，基我中興，使天下之人翕然嚮風，奔走慕義，以偃干戈，豈不然乎？今俾天下之人奔走瞻之，爲龍門管鑰，宗伯之處士也，莫不俟我之啟。某頃者頻試於小宗伯，姓名罔爲人之所聞，然多受知於前輩。故安州鄭郎中、江陵蔣校書謂所業賦偶公道，必爲宗師之薦宗伯之求。某佩斯言十有五年矣。幸蜀之後，東蟄閩越。洎前年榜，伏睹先輩榮登。逮王先輩希龍之還，敬話先輩之道某熟得而知，勉某提攜所業直扣門仞。昨某之來也，朝及京師，暮期刺謁，今幸於此遽獲贊投。果蒙先輩逾涯越等加之賞録，便許薦拔，充宗伯之所求。則二賢之言斯驗矣。若某則已登選於今日也，某草澤單寒，無門報德，且世之感恩謝知，罔不率以殺身爲辭。夫殺身之期，是待知己於患難，某今感先輩之恩知，謹惟銘刻肌骨。故獻書於座右以陳露之，伏惟始終憐察焉。不宣。某再拜。”又，《廣卓異記》卷十九《兄弟二人狀元及第》條云：“右按《登科記》：楊贊禹大順元年狀元及第，弟贊圖乾符四年狀元及第。”

　　王駕，《唐才子傳》：“王駕字大用，蒲中人，自號守素先生。大順元年楊贊禹榜登第，授校書郎。”《唐詩紀事》：“僖宗幸蜀，駕下第還蒲中，鄭谷以詩送云：‘孤單取仕休言命，早晚逢人苦愛詩。’後有《次韻王駕校書結綬見寄之什》云：‘直應歸諫苑，方肯別山村。勤苦常同業，孤單共感恩。’駕仕至禮部員外郎，與司空圖、鄭谷爲詩友。”○孟按：《新唐書·藝文志四》：“《王駕詩》六卷：字大用。《吳仁璧詩》一卷：字廷實，並大順進士第。”王安

石《唐百家詩選》卷十九：“王駕，字大用，河中人，大順初進士及第。”《直齋書録解題》卷十九：“王駕，大順元年進士，自號守素先生。”

戴思顏（戴司顏），《唐才子傳》：“戴思顏，大順元年楊贊禹榜進士及第。”《唐詩紀事》作“司顏”。○孟按：《唐摭言》、《全唐詩》並作“司顏”。

王虬，《新書·藝文志》：“字希龍，泉州南安人。大順初舉進士第。”○孟按：參見上文引黃滔《與楊狀頭書》“王先輩希龍”云云。

張瑩，《淳熙三山志》：“瑩字昭文，連江人。楊贊禹榜進士，終禮部尚書，知延州。”

林裒，《淳熙三山志》：“裒字謙言，閩縣人。終秘書校書郎。”○孟按：岑補云：“《記考》二四，大順元年下進士，著録林裒，云：‘《淳熙三山志》，裒字謙言，閩縣人，終秘書校書郎。’按此與《元和姓纂》之廣陵監察御史林裒姓名相同，但時代、官歷異。”

＊張喬。孟按：《新唐書》卷六〇《藝文志》四：“《唐彦謙詩集》三卷；《張喬詩集》二卷；《王駕詩集》六卷字大用；《吳仁璧詩》一卷字廷實，並大順進士第。”考王駕登大順元年進士第，吳仁璧登大順二年進士第，皆見《記考》。唐彦謙，《記考》據《唐才子傳》録入咸通十四年（873）進士科，《唐才子傳校箋》（册四，第44頁）已辯其“雖有所本，實未可信”。參《舊唐書·唐次傳》言彦謙“咸通末應進士……十餘年不第”，則《新唐書》所録近之。明代廣陵錢元卿刻本《箋注唐賢三體詩法》卷一、日本刻本《增注唐賢絶句三體詩法》卷首皆言張喬登大順進士第。《唐詩品彙》卷首：“張喬，池州人，咸通中京兆府解試首薦。《唐書》：昭宗大順進士。”天一閣藏［嘉靖］《池州府志》卷七《人物篇·甲科·貴池·唐》：“張喬，大順元年第。”又同上卷《人物篇·賢哲》：“張喬……昭宗大順元年登進士第。”［萬曆］《池州府志》卷五、卷六同上。

諸科一人。

知貢舉：御史中丞裴贊。按裴贊凡三榜，二榜見後，是年當爲第一榜。《摭言》：“裴公第一榜，拾遺盧參預之。”謂通榜也。○孟按：嚴耕望《唐僕尚丞郎表》卷十六《輯考五下·禮侍》“裴贊”條云：“裴贊，大順元年春，以某官知貢舉，放榜。”又考云：“徐《考》引黃滔

《與裴侍郎啟》‘伏惟侍郎中丞頃持文柄。’因謂贄第一第二兩榜均以中丞知貢舉。實則此啟上於第二榜後兩三年，不能據此謂贄知貢舉時已官中丞也。”故其時官職當存疑俟考。

二年辛亥 (891)

進士二十七人：

崔昭矩，《摭言》：“崔昭矩，大順中裴贄下狀元及第。翌日，兄昭緯登庸。”按《宰相表》，崔昭緯以大順二年正月庚申同平章事，是昭矩爲此年狀元。　《北夢瑣言》：“唐進士崔昭矩爲狀元，有進士團所由動靜舉罰，一日所由疏失，狀元笞之。逡巡所由謝杖於階前，對諸進士曰：‘崔十五郎不合於同年前面瞋決所由，請罰若干。’博陵無言以對。”

陳鼎，《淳熙三山志》：“鼎，福清人。崔昭矩榜進士。”　按《十國春秋》，黃晟辟前進士陳鼎、羊紹素爲賓客。當即其人。○孟按：《全唐文》卷八二六黃滔《祭陳先輩》（原注：“鼎”。）：“維光化四年歲次辛酉正月二十七日祭於東君之靈。……始者，隨即歸越，上書入秦，擅價而侯門傾動，呈功而鳳藻精新。咸通之年，九霄也鶚路；乾符之際，萬仞也龍津。既而甌嶺經兵，蜀川迎帝，匪無隨駕之懇，實切問安之計。肩負燋飯，志銷丹桂。雖深藏豹之誠，難遇化鯤之勢。都堂昔日，困一千輩之交鋒；大國中興，作第二人之登第。”又，《吳越備史》卷二：“（黃）晟頗尚禮士，辟前進士陳鼎、羊紹素以爲門賓。”

黃璞，《新書·藝文志》：“璞字紹山，大順中進士第。”　按徐寅《贈黃校書先輩璞閑居詩》曰：“取得驪龍第四珠，退依僧舍卜貧居。”是璞以第四人及第。　《淳熙三山志》：“黃璞字德溫，侯官人，後遷莆田。官至崇文館校書郎，自號霖居子，有集二十卷。”　按璞於是年及第，故景福二年撰《陳巖墓誌》，結銜稱“前鄉貢進士”也。

杜荀鶴，《唐才子傳》：“杜荀鶴字彥之，嘗謁梁王朱全忠，與之坐，忽無雲而雨。王以爲天泣，不祥，命作詩。乃賦曰：‘同是乾坤事不同，雨絲飛灑日輪中。若教陰□都相似，爭表梁王造化功？’王悅之。荀鶴寒進，連敗文場甚苦，至是送春官。大順二年，裴贄侍郎放第八人登科。正月十日放榜，正荀鶴生朝也。王希羽獻詩曰：‘金榜曉懸生世日，玉書潛記上升時。九華山色高千尺，未必高於第八枝。’荀鶴居九華，號九華山人。”《北夢瑣言》：“唐右補闕張曙，吏部侍郎裴之子，禕之姪。文章秀麗，精神敏俊，甚有時稱。所生母常戴玉天尊，黃巢亂離，莫知存没。或有於枯骸中頭上見有玉天尊，以曙未訪遺骸，不合進取，以此阻之。後於裴贄侍郎下擢進士第，官至右補闕。曾戲同年杜荀鶴曰：‘杜十四仁賢大榮幸，得與張五十郎同年。’荀鶴答曰：‘張五十郎大榮幸，得與杜荀鶴同年。天下只聞杜荀鶴名字，豈知張五十郎耶？’彼此大哈。”　按“杜十四”，《摭言》作‘杜十五’。《唐新纂·荀鶴擧進士及第，東歸過夷門，獻梁太祖詩》句云：“四海九州空第一，不同諸鎮府封王。”《唐詩紀事》：“荀鶴，或曰牧之微子也。牧之會昌末自齊安移守秋浦，時年四十四，所謂‘使君四十四，兩佩左銅’者也。時妾有姙，出嫁長林鄉正杜筠，而生荀鶴。擢第年四十六矣。李昭象《喜杜荀鶴及第詩》云：‘深巖貧復病，榜到見君名。貧病渾如失，山川頓覺清。一春新酒興，四海舊詩聲。日使能吟者，西來步步輕。’又殷文圭《寄賀杜荀鶴及第》云：‘一戰平疇五字勞，書歸鄉去錦爲袍。大鵬出海翎猶濕，駿馬辭天氣正豪。九子舊山增秀絕，《二南》新格變風騷。由來稽古符公道，平地丹梯甲乙高。’顧雲《唐風集序》：‘大順初，皇帝命小宗伯河東裴公掌邦貢。次二年，遙者來，隱者出，異人俊士始大集都下。於群進士中，得九華山杜荀鶴，拔居上第。’”《十國春秋》：“杜荀鶴庭前椿樹生二芝，次年及第，因名之爲科名草。”　按杜荀鶴及第試卷，至宋時猶存，王禹玉作《龐潁公神道碑》，其家送潤筆金帛外，參以古書名畫三十種，内一種即荀鶴試卷，事見《石林燕語》。○孟按：《唐才子傳校箋》卷九箋云：“《洞微志》云：‘杜荀鶴……遇知於朱梁高祖，送至春官，於裴贄侍郎下第八人登科，乃大順三年正月十日荀鶴生日也。’九華王希羽以詩獻曰：‘金榜曉懸生世日，玉書潛記上升時。九華山色高千尺，未必高於第八枝。’(《詩話總龜》卷五《投獻》門引)又《南部新書》辛卷云：‘杜荀鶴……大順二年正月十日，裴贄下第八人。其年放榜日，即荀鶴生日。故王希羽贈詩云……’按此即《才子傳》之所本。荀鶴及第年，《洞微志》謂大順三年，當是大順二年之訛，蓋傳抄時誤二爲三也。唐末顧雲《杜荀鶴文集序》云：‘大順初，皇帝命小宗伯河東裴公掌邦貢。次二年，遙者來，隱者出，異人俊士始大集都下。於群進士中,得九華山杜荀鶴,拔居上第……'(見宋蜀刻本《杜荀鶴文集》)《序》記大順初次二年荀鶴及第。又《序》復云荀鶴登第之明年,即寧親江表,托顧雲作序。而此《序》乃作於景福元年(892)夏。據此,則荀鶴乃大順二年第。《郡齋》、《全唐詩》卷六九一杜荀鶴小傳、徐松《登科記考》卷二四均記其大順二年第。然高棅《唐詩品彙·詩人爵里詳節》又記其大中間第,繆甚。又《全唐詩》及李調元《全五代詩》卷二均云荀鶴第一人擢第。今據前引王希羽詩句,則荀鶴乃第八人及第,《全唐詩》等所記恐誤。"

王渙,《唐才子傳》:"王渙,大順二年禮部侍郎裴贄下進士及第。"《唐詩紀事》:"渙字群吉。"《摭言》:"大順中,王渙自左史拜考功員外,同年李德鄰自右史拜小戎,趙光胤自補袞拜小儀,王拯自小版拜少勳。渙《首唱長句感恩上裴公》曰:'青衿七十榜三年,逮禮含香次第遷。珠彩乍連星錯落,桂花曾對月嬋娟。玉經磨琢多成器,劍拔沈埋便倚天。應念銜恩最深者,春來爲壽拜尊前。'裴公答曰:'謬持文柄得時賢,粉署清華次第遷。昔歲策名皆健筆,今朝稱職並同年。各懷器業寧推讓,俱上青雲豈後先。何事老來猶賦詠,欲將酬和永流傳。'"○孟按:《補遺》册一,第430頁,盧光濟撰天祐三年(906)三月二十六日《唐故清海軍節度掌書記太原王府君(渙)墓誌銘》云:"府君諱渙,字文吉。……既隨計吏,自若聞人,贄執之初,聲稱籍甚。故凡所仰止者,皆世之名士,朝之鉅賢。俾成羽翰,迭用唱和。今司空致政聞喜裴公贊主貢籍之日,登俊造之科。明年膺美,制授秘書省校書郎。"按王渙卒於天復元年(901)十月三日,享年四十三。則其登第時爲三十三歲。

李德鄰,見上。

王拯,見上。

趙光胤,《舊書·趙隱傳》:"子光胤,大順二年進士登第。"《舊五代史》:"光胤,光逢之弟也,俱以詞藝知名,亦登進士第。"

張曙,《摭言》:"張曙、崔昭緯,中和初西川同舉,相與詣日者問命。曙自恃才名籍甚,人皆目爲將來狀元,崔亦分居其下。無何,日者殊不顧曙,第目崔曰:'將來萬全高第。'曙有慍色,日者曰:'郎君亦及第,然須待崔家郎君拜相,君當於此時過堂。'既而曙果以慘恤不終場,昭緯其年首冠。曙以篇什刺之曰:'千里江山陪驥尾,五更風水失龍鱗。昨夜浣花溪上雨，綠楊芳草屬何人？'崔甚不平。會夜飲，崔以巨觥飲張，張推辭再三。崔曰：'但喫却，待我作宰相與郎君取狀頭。'張拂衣而去，因之大不叶。後七年，崔自內廷大拜，張後於三榜裝贄下及第，果於崔下過堂。"《唐詩紀事》："張曙，杜荀鶴同年生也。荀鶴酬曙詩云：'天上書名天下傳，引來齊到玉皇前。大仙録後頭無雪，至藥成來竈絶烟。笑躡紫雲金作闕，夢抛塵世鐵爲船。九華山叟驚凡骨，同到蓬萊豈偶然。'"

吳仁璧，《永樂大典》引《蘇州府志》："侍郎裴贄知貢舉，仁璧登第。"又曰："吳仁璧字廷寶，長洲人。"《新書・藝文志》作"字廷實"。○孟按：《五代詩話》卷九引《雅言雜載》："吳仁璧，關右人，舉進士。"《唐音戊籤》九十："吳仁璧，字廷玉，吳人，大順二年進士第。"

蔣肱，《摭言》："大順二年，孔魯公在相位，特置吳仁璧於蔣肱之上。"
按吳仁璧爲廣文生，蔣肱爲鄉貢。咸通、乾符以來，率以廣文生爲末第，魯公特矯其弊如此。　《永樂大典》引《宜春志》："蔣肱登大順三年進士第。""三"蓋"二"之訛。○孟按：天一閣藏［正德］《袁州府志》卷七《科第・唐》亦載："蔣肱，大順二年進士。"

羅袞（羅衮），《永樂大典》引《臨邛續志》："羅袞，臨邛人，應進士舉。文學優贍，操尚甚高。唐大順中策名，不歸故鄉。時屬喪亂，朝廷多故，契闊兵難，備歷饑寒。蜀先主致書於翰林令狐學士、吳侍郎，選書記一員。欲以桂陽應聘。外郎謂知己曰：'誓擁馬通衢，服弊布衣，以俟外朝，無復西歸，爲魯國東家某也。'竟通朝籍，終於梁禮部員外郎也。"○孟按：《唐音戊籤・餘》七："羅衮，字子制，臨邛人。文學優贍，大順中策名，歷右拾遺、起居郎。"《全唐詩》卷七三四亦作"羅衮"。

吳蛻，《十國春秋・吳程傳》："程，山陰人。父蛻，大順中登進士，解褐鎮東軍節度掌書記。"○孟按：《吳越備史》卷四："（吳）程字正臣，山陰人。……父蛻，大順中登進士，解褐鎮東軍節度掌書記，右拾遺，累官禮部尚書。"

王翃。《新書・藝文志》："翃字雄飛，大順進士第。"○孟按：《記考》卷二十七《附考・進士科》又著録"王翃"，徐氏考云："《新書・藝文志》：'字雄飛，大順進士第。'按《舊書》列傳之王翃，別是一人。"趙校："王翃已見卷二十四大順二年，詳《施補》。"　按施補以爲《新唐書・藝文志》"未嘗確言其爲大順二年進士,大順二年下所録之王翙應删去"。孟按大順凡二年,可附本年,今删卷二十七附考之所録。

　　*汪極。張補云:"《弘治徽州府志》卷六:'汪極,歙人,大順三年進士。'按《全唐詩》卷六九〇有汪極《奉試麥壟多秀色》詩一首,其小傳云:'字極甫,歙人,大順三年進士。'大順三年亦即景福元年,是年正月丙午朔改元。" 按胡補於本年著録"江極",考云:"《光緒安徽通志》卷一五四《選舉表》四《進士》:'大順辛亥裴贄榜:江極,歙人。'又許承堯《歙縣志》卷四《選舉志·科目》:'大順二年辛亥:汪(江)極,。'又見《江南通志》卷一一九。按裴贄本年知貢舉,此誤爲狀頭。" 孟按:"江"爲"汪"之訛。今從胡補繫於本年。

　　諸科六人:

　　*楊彥伯。《明一統志》卷五十五《臨江府·人物·唐》:"楊彥伯,新淦人。幼穎悟,大順間擢童子科,昭宗親試之,彥伯應對詳雅,上曰:'劉晏之徒也。'御製詩賜之。後宰安福縣。"天一閣[嘉靖]《臨江府志》卷五《選舉表六·科第·唐·新淦》:"楊彥伯(按原誤作'伯彥'),童子科,有傳。"同書卷六《人物志·唐》:"楊彥伯,字鼎臣,新淦人。大順間擢童子科,昭宗親試之,彥伯應對詳雅,上曰:'劉晏之徒也。'以詩賜之。後爲安福令,州以異聞,賜緋魚,歷官門下侍郎。"天一閣[隆慶]《臨江府志》卷十二《人物列傳·唐》、《江西通志》卷四十九、卷七十三皆同。又《十國春秋》卷九本傳:"新淦人也。唐時童子科及第。已而從昭宗至鳳翔,走還鄉里。……天祐中江西平,彥伯仕於高祖,累官户部侍郎。睿帝時,臨軒策命齊王制誥,詔彥伯攝門下侍郎行事。"按《記考》卷二十七《附考·諸科》録有楊彥伯,考云:"《稽神録》:'楊彥伯,廬陵新淦人。童子科及第,天福辛酉歲赴選。'"此言"天福辛酉歲赴選"顯誤,而《明一統志》、《臨江府志》與《十國春秋》所記吻合,故可移正至本年。按《稽神録》所言"赴選"者,蓋赴吏部選官也。"天福辛酉歲",《太平廣記》卷八十五引《稽神録》作"天復辛酉歲",按天復辛酉歲即天復元年(901),天福無辛酉歲。同上引文亦載彥伯"登朝至户部侍郎,會臨軒策命齊王,彥伯攝門下侍郎行事"。

　　*知貢舉:禮部侍郎裴贄。原作"御史中丞裴贄",徐氏考云:"黃滔《上裴侍郎啟》云:'某伏念薦孟明則子桑所能,免叔向匪祁

奚莫議。推言及是，瀝懇爲宜，上瀆清聽，敢希容聽。伏惟侍郎中丞，頃持文柄，大闡至公。垂爲聖代之準繩，懸作貢闈之日月。某爲後無私之兩榜，遂乖必字於十年。伏蒙侍郎中丞，曲賜矜傷，直加賞錄。連歲薦論瑣質，頃極重言。而以弱植難培，么絃易斷，且驚負累，空費生成。既而不罪龍鍾，愈隆恩遇。昨者面容跪履，親俾窺天，仍如琢玉之品題，更啟如金之然諾。便於此日，上壽重霄。今則已除主文，只祈陰德，延頸於溝隍之底，瞻恩於邱岳之隆。雖龜龍不瑞於匹夫，而犬馬合田于本主。沾巾墮睫，瀝膽披肝，不在他門，誓於死節。下情無任攀托依投懇悃之至。’　按啟言‘無私之兩榜’，是裴公第二榜。《舊書》本紀乾寧四年有前御史中丞裴贄，此啟亦言侍郎中丞，是以御史中丞知舉矣。　　杜荀鶴有《辭座主侍郎詩》。《唐詩紀事》：‘裴贄第二榜策夜，李洞簾前獻詩曰：“公道此詩知不得，昭陵慟哭一時休。”尋卒蜀中。裴公無子，人謂屈洞所致。’　　孟按：前引資料如《洞微志》、《永樂大典》引《蘇州府志》、《唐才子傳》皆稱本年知貢舉裴贄爲“侍郎”，杜荀鶴詩題亦作《辭座主侍郎》，則黃滔《上裴侍郎啟》中稱“侍郎中丞”者，蓋“中丞”爲後除官職，其知本年貢舉時當爲禮部侍郎也。嚴耕望《唐僕尚丞郎表》卷十六《輯考五下·禮侍》“裴贄”條亦云：“裴贄，大順元年春，以某官知貢舉，放榜。是年冬，又以禮侍知貢舉。二年正月十日辛酉，或八日己未，放榜。”又謂黃滔《與裴侍郎啟》“上於第二榜後兩三年，不能據此謂贄知貢舉時已官中丞也”。今更正。

景福元年壬子（892）

正月丙寅，大赦，改元景福。《舊書》本紀

　　進士三十人：

歸黯，《廣卓異記》引《登科記》：“歸仁澤，乾符元年狀元及第。子黯，大順三年狀元及第。”《摭言》：“歸黯親迎拜席日，狀元及第。榜下板巡，脫白期月，無疾而卒。”

　　＊崔羲。岑補云：“《匋齋藏石記》三六《唐故右拾遺崔君與鄭氏夫人合附誌》云：‘府君諱羲，字濟之，清河人也……年廿八，擢進士甲科第……以乾寧四年八月廿日終於華州之官舍，享年三十三。’跋云：“當廿八擢第

時，實爲昭宗景福元年。"是也，今《記考》二四未著録，可據誌補入。"羅補
"犧"作"犧"。

　　諸科六人。

　　　知貢舉：蔣泳。見《唐才子傳》，未知何官。○陳補云："知貢
舉蔣泳當存疑。"

二年癸丑（893）

　　　進士二十八人：

崔膠，狀元。

易標，《永樂大典》引《宜春志》："景福二年，易標登進士第。"

張鼎，《唐才子傳》："張鼎字台業，景福二年崔膠榜進士。"

歸藹，《永樂大典》引《蘇州府志》："景福二年，侍郎楊涉知舉，歸藹登
第。"《舊五代史》："歸藹字文彦，吳郡人也。登進士第。"　按藹生於大中
十一年，是年三十七歲。

盧玄暉，《摭言》："盧大郎補闕玄暉，升平鄭公之甥也。暉少孤，長於
外氏，愚常誨之舉進士。咸通十一年初舉，廣明庚子歲，遇大寇犯闕，竄身
南服。時外兄鄭續鎮南海，暉向與續同庠序。續仕州縣官，暉自號白衣卿
相，然二表俱爲愚鍾愛。爾來未十稔，續爲節行將，暉乃窮儒，復脱身虎
口，挈一囊而至，續待之甚厚。時大駕幸蜀，天下沸騰，續勉之出處。且
曰：'人生幾何，苟富貴可圖，何須一第耳！'暉不答，復請賓佐誘激者數四，
復虚右席以待暉。暉因曰：'大朝設文學之科以待英俊，如暉者能否焉敢
期於饔飧？然聞昔舅氏所勖，常以一第見勉。今舊館寂寥，奈何違夙昔之
約。苟白衣没世，亦其命也。若見利改圖，有死不可。'續聞之加敬。自是
龍鍾場屋復十許歲，大順中方爲弘農公所擢。卒於右衮。"按言大順中，
誤。○孟按：陳補云："本年據《唐摭言》卷四録盧玄暉。原文云：'盧大郎
補闕（注：盧名上字與僕家諱同，下字曰暉），升平鄭公之甥也。'岑仲勉先
生《跋〈唐摭言〉》考證上一字非玄字，但爲孰字尚難確定，《唐人行第録》僅
以'盧大义暉'著録。《新唐書·宰相世系表》盧氏有'玄暉，字子餘'，按時
代推之約在中唐。"按此説可存疑俟考。

　　張道古，《唐詩紀事》：“昭宗時，拾遺張道古貢《五危二亂表》，黜於蜀。後聞駕走西岐，又遷東洛，皆契五危之事，悉歸二亂之源。因吟一章《上蜀王詩》曰：‘封章才達冕旒前，黜詔俄離玉座端。二亂豈由明主用，五危終被佞臣彈。西巡鳳府非爲固，東播鑾輿卒未安。諫疏至今如可在，誰能更與讀來看？’道古，臨淄人，景福中進士，釋褐爲著作郎，遷右拾遺。”《新書·藝文志》：“道古字子美，景福進士第。”○孟按：上引事已見《蜀檮杌》卷上。

　　杜晏，杜甫子宗文，生東山翁，東山翁生禮，禮生詳。詳生晏，景福中第進士，官至侍御史。見宋查籥撰《杜莘老行狀》。

　　曹愚，《淳熙三山志》：“愚字古直，長溪人。景福二年及第。”○孟按：天一閣［嘉靖］《福寧州志》卷八《科貢·進士》於景福二年癸丑著錄：“曹愚，字古直，在坊城西人，歙州刺史。”

　　*孔閏，張補云：“《永樂大典》卷六六六引《南雄府圖經志》：‘唐孔閏，少聰明，嗜學，年十九，唐景福初及第，官至朝散大夫、袁州司牧。’按，景福爲唐昭宗年號，僅二年，景福初當指元年也。”　孟按：《明一統志》卷八十《南雄府·保昌志·人物》亦載：“孔閏，保昌人。少聰明嗜學，景福初進士，官至朝散大夫，遷袁州刺史。”天一閣［嘉靖］《南雄府志·選舉表》：“唐昭宗景福癸丑進士科：孔閏，保昌人，聰敏嗜學，年十九及第。”按陳補云：“同治《廣東通志》卷三〇四引《南雄志》：‘孔閏，保昌人。少聰明嗜學，景福初進士。’注：‘南雄、保昌二志選舉作癸丑科，時年十九。’”故繫於二年。

　　*盧汝弼，原列卷二十七《附考·進士科》，徐氏考云：“簡求子，登進士第。見《舊書·盧簡辭傳》。《南部新書》：‘范陽盧氏，自興元元年甲子至乾符二年乙未，凡九十二年，登進士者一百十六人，而字皆連於子。’”按朱補云：“《舊五代史·盧汝弼傳》云：‘盧汝弼，唐昭宗景福中進士擢第，歷臺省。’又見《册府元龜》卷九四九‘總錄部·逃難二’。景福爲昭宗年號，僅兩年，《記考》以‘景福中第進士’者皆收錄於景福二年進士科下（參見卷二四張道古、杜晏條），則盧汝弼擢進士第亦可移於景福二年進士科下。”然陳補於大順二年（891）下著錄盧汝弼，考云：“《册府元龜》卷七二九：‘盧汝弼，唐大順中登進士第。’《舊五代史》卷六十本傳云：‘唐昭宗景

福中，進士擢第。’未詳孰是，姑附本年。”今暫從《舊五代史》本傳移至本年，以俟確考。

＊崔承祐。《全唐文》卷九二二純白《新羅國石南山故國師碑銘後記》：“仁滾者，辰韓茂竣人也，人所謂一代三鶴、金榜題迴：曰崔致遠、曰崔仁滾、曰崔承祐，□中中人也。學圍海岳，加二車於五車；才包風雲，除三步於七步。實君子國之君子，亦大人鄉之大人。是或折桂中花，扇香風於上國；得葱羅域，推學究於東鄉。”考《三國史記》卷四十六《薛聰傳》附崔承祐傳云：“崔承祐，以唐昭宗龍紀二年入唐，至景福二年侍郎楊涉下及第。”又《海東龍榜‧中朝制科‧新羅》亦載：“崔承祐，唐昭宗景福二年入唐登第。”

明經科：

賈潭。徐鉉《賈宣公墓誌銘》：“公諱潭，字孟澤，洛陽人。六代祖黃門侍郎、晉國公至，五代祖蓀，高祖種，〔趙校：原誤作“五代祖孫種”，據《全文》卷八八五《潭誌》改。〕曾祖昶，祖琛，考翃。潭景福二年以學究一經射策高第。”

諸科十二人。

知貢舉：禮部侍郎楊涉。見上。　黃滔有《上楊侍郎啟》云：“伏以羲爻不兆之文，何人復演；魯史不褒之事，曠古誰稱？厥理非遥，斯言可喻。伏以侍郎，榮司文柄，弘闡至公，歷選滯遺，精求文行。泉下則大臣有感，揭起銷沈；場中則寒族無差，酌平先後。所以如某者，曾干衡鏡，經定否臧。若不蒙指向後人，説爲遺恨，則宰輔之爲薦舉，帝王之作知音，而主且不言，人誰肯信？緐是須出侍郎金口，須自侍郎瑤函。今則論啟無私，恩加瑣質，錫生成於此日，迴分付於將來。早從握内以擠排，便是眼前之科第。然後念以漸臨風水，莫如蓬島之音塵；俾拜雲水，親吐蘭言而誨諭。留心即是，自古所希，莫不拳踞循洼，蘭干抹泣，質向神鬼，誓於子孫。鷪谷乘春，雖托他門而振羽；靡軀異日，須歸舊地以論恩。瀝肝膽以無窮，寓箋毫而莫載。下情無任感恩懇悃之至。”○孟按：《全唐文》卷九十三哀帝《授楊涉平章事制》：“往典貢闈，則文行兼採。”

乾寧元年甲寅(894)

正月乙丑，大赦，改元乾寧。《舊書》本紀

　　進士二十八人：○孟按：徐氏原於景福元年(892)"進士三十人"下考云："《十國春秋》：'徐寅試《止戈爲武賦》。'《徐正字集》有《省試東風解凍詩》當即此年試題。"誤。是當爲本年試題。詳下徐寅考。《止戈爲武賦》以"和衆安人，是爲武德"爲韻(見《釣磯文集》卷四)。又按韋莊《放榜日》詩有"三十仙才上翠微"句，則是年進士當爲三十人。

蘇檢，狀元。　　按《太平廣記》引《聞奇録》："蘇檢登第，歸吳省家。"蓋吳人也。

韋莊，《唐才子傳》："韋莊字端己，京兆杜陵人也。乾寧元年蘇檢榜進士，釋褐校書郎。"《唐詩紀事》："韋莊，見素之後。"《北夢瑣言》："蜀相韋莊，應舉時遇黃寇犯闕，著《秦婦吟》一篇，內一聯云：'內庫燒爲錦綉灰，天街踏盡公卿骨。'爾後公卿亦多垂訝，莊乃諱之。時人號'秦婦吟秀才'。他日撰家戒，內不許垂《秦婦吟》障子。以此止謗，亦無及也。"韋莊《放榜日作》云："一聲天鼓闢金扉，三十仙才上翠微。葛水霧中龍乍變，緱山烟外鶴初飛。鄒陽暖艷催花發，太皞春光簇馬歸。回首便辭塵土世，彩雲新換六銖衣。"○孟按：《蜀檮杌》卷下、《宣和書譜》卷十一皆云莊"乾寧中舉進士"。《直齋書録解題》卷十九謂莊："唐乾寧元年進士。"

　　＊徐寅(徐夤)，孟按原作"徐寅"，詳下考。原列景福元年(892)進士科，徐氏考云："《唐才子傳》：'徐寅，大順三年蔣泳下進士及第。'按《永樂大典》引《莆陽志》作乾符元年，〔趙校：本卷下文陳乘下引《莆陽志》作"乾寧元年"〕誤。《十國春秋》：'徐寅字昭夢，莆田人。登唐乾寧進士第。試《止戈爲武賦》，一燭裁盡，已有"破山加點，擬成無人"之句，禮部侍郎李擇覽而奇之。'按此年蔣泳知舉，李擇未詳所出。徐寅《放榜日詩》曰：'喧喧車馬欲朝天，人探東堂榜已懸。萬里便隨金鸑鷟，三台仍借玉連錢。花浮酒影彤霞爛，日照衫光瑞色鮮。十二街前樓閣上，卷簾誰不看神仙。'又《曲江宴日呈諸同年詩》曰：'鶺鴒鸑與鳳凰同，忽向中興遇至公。金榜連

名升碧落，紫花封敕出瓊宮。天知惜日遲遲暮，春爲催花旋旋紅。好是慈恩題了望，白雲飛盡塔連空。’《五代史補》：‘徐寅登第，歸閩中，途經大梁，因獻太祖賦。時梁祖與太原武皇爲讎敵，武皇眇一目，又出自沙陀部落，寅欲曲媚梁祖，故詞及之，云“一眼胡奴，望英威而膽落”。未幾有人得其本示太原者，武皇見而大怒。及莊宗之滅梁也，四方諸侯以爲唐室復興，奉琛爲慶者相繼。王審知在閩中，亦遣使至，遽召其使，問曰：“徐寅在否？”使不敢隱，以無恙對。莊宗因慘然曰：“汝歸語王審知，父母之讎不可同天。徐寅指斥先帝，今聞在彼中，何以容之！”使回，具以告審知，曰：“如此則主上欲殺徐寅爾。今殺則未敢奉詔，但不可用矣。”即日戒閽者，不得引接。徐寅坐是終身止於秘書正字。’”　孟按：《唐才子傳校箋》卷十徐寅傳“寅，莆田人也”，箋云：“徐寅，《唐摭言》卷一〇、宋徐師仁《唐秘書省正字徐公釣磯文集序》（《釣磯文磯》卷首附，序中自稱爲七世孫）、宋劉克莊《跋徐先輩集》（《後村大全集》卷九六）、元徐玩《釣磯文集序》（《釣磯文集》卷首附，序中自成爲裔孫）等均作徐夤。按寅、夤義通，古書多借寅爲夤，當以夤爲是。”又於“大順三年蔣詠下進士及第”下箋云：“按昭宗大順僅二年（890—891），三年正月丙寅改元景福（892）。徐松《登科記考》卷二四即據《才子傳》繫夤爲景福元年進士，知貢舉蔣詠。但《才子傳》所載實誤。黃滔《司直陳公墓誌銘》云：‘（公）諱嶠，字延封。……閩越江山，莆陽爲靈秀之最。貞元中林端公藻冠東南之科，第十而許員外稷繼翔。……公追二賢之後，七年而徐正字寅捷，八年而愚□（按原闕一字，當爲“捷”字。）’（《黃御史集》卷六）此稱夤登第在陳嶠後七年，而嶠於僖宗光啟二年（886）登第（據《登科記考》卷二二），下推七年爲昭宗乾寧元年（894）；又黃滔自稱及第在夤後一年，而滔於乾寧二年（895）及第（《黃御史集》附錄《唐昭宗實錄》、《莆陽志》），上推一年亦爲乾寧元年。又《莆陽比事》卷一云：‘乾寧元年，有徐寅、陳乘。’《永樂大典》引宋《莆陽志》云：‘乾寧元年，徐寅、陳乘登進士第。’（《登科記考》卷二四乾寧元年陳乘名下引，但同卷景福元年徐寅名下亦引《莆陽志》，作乾符元年，符當爲寧之訛）劉克莊《跋徐先輩集》亦云：‘公元年乾寧登第。’徐師仁《序》引《九國志·徐夤傳》云：‘乾寧初舉進士，禮部試《止戈爲武賦》，一燭才盡已就，有“破山加點，擬戍無人”之句，侍郎李擇攬而奇之，是歲釋褐秘書省正字。’綜上各條，夤登第應在乾寧元年，而非景福元年，《才子傳》誤，《登科記考》襲其誤。贇有《東風解凍省試》詩（《釣磯文集》卷六）、《止戈爲武賦》（卷四），即本年省試詩賦。又有《放榜日》、《曲江宴日呈諸同年》（並卷八），皆本年登第後作。”按《校箋》是。又《全唐文》卷八二六黄滔《祭陳嶠文》注云：“林端公貞元七年首闥越之科第，以《珠還合浦賦》擅名。後十年，莆邑許員外榮登。自此文學之士繼踵，而悉不偶時，曠八十七年，始鍾於延封。其文以《申秦續篇》擅名。後六年，徐正字及第，兼某壓忝。”按陳補亦舉宋李獻民《莆陽比事》卷一、《淳熙三山志》卷二六、乾隆《福建通志》卷三十三所載證贇爲本年擢第。今移正。又黄滔《酬徐正字寅》詩：“已免蹉跎負歲華，敢辭霜鬢雪呈花。名從兩榜考升第，官自三台追起家。”（《唐黄御史公集》卷三）

　　＊盧仁炯，孟按：原列景福元年（894）進士科，徐氏考云：“徐寅有《寄盧端公同年仁炯詩》。”今據上徐贇考移正。

　　＊王偁，孟按：徐氏原於景福元年（892）進士科列有“□□”，考云：“徐寅有《贈垂光同年詩》曰：‘丹桂攀來十七春，如今始見茜袍新。須知紅杏園中客，終作金鑾殿裏臣。逸少家風惟筆札，元成事業是陶鈞。他時黄閣調元處，莫忘同年射策人。’”按此“□□”即王偁。張補云：“《新唐書·宰相世系表二中》有王偁，出自琅邪臨沂王氏，‘字垂光，鄠尉，直弘文館’，其父博，字昭逸，相昭宗，則王偁亦爲昭宗時人，與徐寅同時。徐寅詩稱同年垂光者，當是王偁無疑。”　孟又按：《金石萃編》卷一一八《王審知德政碑》署：“將仕郎、前守京兆府鄠縣尉、直弘文館王偁書。”按碑天祐三年（906）十二月建。今補其姓名，又據上徐贇考移正。

　　陳乘，《永樂大典》引《莆陽志》：“乾寧元年，徐寅、陳乘登進士第。”按乘爲陳崇之族子，見徐鍇《陳氏書堂記》。　《十國春秋》：“陳乘，仙游人。”

　　＊唐禀（唐廩），原作“唐廩”，徐氏考云：“《永樂大典》引《宜春志》：‘乾寧元年，唐廩登進士第。’”趙校：“《新書·藝文志》作‘唐禀’。”　孟按：趙校是。《新唐書·藝文志四》著録：“唐禀《貞觀新書》三十卷。”注：“禀，袁州萍鄉人。集貞觀以前文章。”按天一閣［嘉靖］《袁州府志》卷七《選舉表·科第·南唐》：“乾祐元年：萍鄉唐廩，秘書正字，進士。”此言“南唐”、“乾祐”皆誤，然知其爲同一人，當以《新唐書》爲正。

孔昌庶，昌庶，迥之子，見《宋史・孔承恭傳》。《闕里文獻考》昌庶爲乾寧元年進士，未知所據，附此俟考。

＊李德休，《舊五代史》卷六〇本傳："李德休，字表逸，趙郡贊皇人也。祖絳，山南西道節度使，唐史有傳。父璋，宣州觀察使。德休登進士第，歷鹽鐵官、渭南尉、右補闕、侍御史。天祐初，兩京喪亂，乃寓跡河朔。"考《補遺》册五，第67頁，楊凝式撰長興三年(932)正月三日《唐故禮部尚書致仕贈太子少保趙郡李公(德休)墓誌銘并序》云："公諱德休，字表逸，趙郡贊皇人也。……乾寧初，春官侍郎李公擇下登進士第，升甲科。"又《記考》是年於"知貢舉：禮部侍郎李擇"下注云："《十國春秋》以徐寅爲是年進士，知舉者李擇。今從《才子傳》，移徐寅於大順三年，而存擇名於此以俟考。"觀此墓誌，則録李擇於是年知貢舉爲是。又《唐才子傳校箋》卷十已證徐寅於是年登第。按張補據《舊五代史》本傳録李德休於附考類；王補據《輯繩》録於本年。

＊韋郊。胡補："《全唐詩》卷七〇〇(孟按：原誤作"七七〇")韋莊有《和同年韋學士華下途中見寄》詩。韋莊乾寧元年及第，見《唐才子傳》卷十。考《舊唐書》卷一五八《韋貫之傳》：'序、雍、郊皆登進士第。……郊文學尤高，累歷清顯，自禮部員外郎知制誥，正拜中書舍人。昭宗末，召充翰林學士，累官户部侍郎、學士承旨卒。'參其時代，韋學士即郊。" 孟按：《記考》卷二十七《附考・進士科》著録有"韋郊"，徐氏考云："《舊書・韋貫之傳》：'澣子庾，登進士第，序、雍、郊皆登進士第。'"今從胡補移正至本年。

諸科三人。

知貢舉：禮部侍郎李擇。《十國春秋》以徐寅爲是年進士，知舉者李擇。今從《才子傳》，移徐寅於大順三年，而存擇名於此以俟考。〇按陳補云："徐《考》據《十國春秋》定本年李擇知舉，擇無其他事蹟可徵，頗可疑。《唐僕尚丞郎表》考本年二月鄭綮改禮侍，七月罷。姑録出以備參。" 孟按：《才子傳》誤，不當移於大順三年，見上徐夤、李德休考。李擇知本年貢舉，亦無可疑。

＊徐夤《東風解凍詩》曰："暖氣飄蘋末，凍痕銷水中。扇冰

初覺泮，吹海旋成空。入津三春照，朝宗萬里通。岸分天影闊，色照日光融。波起輕搖緑，鱗遊乍躍紅。殷勤排弱羽，飛翥趁如（孟按：“如”，《四部叢刊》三編本《釣磯文集》卷六作“和”）風。”《徐正字集》。　　孟按：徐考原列景福元年（892），今從上徐夤考移正。

　　＊徐夤《止戈爲武賦》曰：“書契天設，文明日新，將究止戈之意，式彰爲武之仁。足還太素，以壽生靈，志肅三軍，欲致理而生乎至理，論歸八法，見古人兮教以今人。昔者楚莊王薄諸晉國，小臣請築於京觀。厥王乃陳乎道德，謂臨戎制勝，誠不在乎干戈；示子傳孫，事宜規於翰墨。且武也者，戰而不陣，師克在和。考其字以因明所字，止其戈而焉用其戈？願劍戟而棄於農耕。賢哉若彼，問軍旅而對以俎豆。聖也如何？矧乎伏羲畫卦以窮微，倉頡造書而允中，於會意以無怠，實臨文而可諷。下破山而加點，理絶乘危；上擬戍以無人，誠難動衆。以五兵爲武者非武之資，合兩字爲武者是武之奇。當用究言而不用，有爲詎及於無爲？鳥跡斯驗，人情可窺，亦由月並日而明焉；其儀不昧，秋懸心而愁矣。厥義咸知，是宜遵史籀之文，贊升平之主。兩階屢舞以稱聖，七德交修而曰武，亦何異威而不猛，宥刑而夏楚寧施？捨之而藏，得象而筌蹄奚睹？今我后洞窮經之旨，知爲君之難，功不宰而八蠻自服，書同文而萬國咸安。列聖摧凶，我則懷遠而柔邇；前王伐罪，我則去殺而勝殘。故得文物重新，妖氛自弭。盧人之百鍊寧問？吕望之六韜可委。士有偶明試而賦止戈，獲贊皇風而之以下闋”《四部叢刊》三編本《釣磯文集》卷四。孟按：此賦據上考新補。

二年乙卯（895）

　　二月乙未，敕：“高宗夢傅説，周文遇子牙，列位則三公，弼諧則四輔。朕纂承鴻緒，克紹寶圖，思致理平，未臻至化。今大朝方興文物，須擇賢良，冀於僉選之間，以觀廊廟之器。今年新及第進士張貽憲等二十五人，並指揮取今月九日於武德殿祗候。委中書門下準此處分，仍付所司。"按黃滔《放榜日詩》注云："其年當日奏試。"蓋即於乙未日放榜也。

丙申，試新及第進士張貽憲等於武德殿東廊。內一人盧廙稱疾不至，宣令舁入。又云華陰省親，其父偓進狀乞落下。分二十五鋪分，不許往來。內出四題，《曲直不相入賦》，取"曲直"二字爲韻。《良弓獻問賦》，以"太宗問工人：木心不正，脉理皆邪，若何道理"，取五聲字輪次，各雙用爲韻。按《容齋四筆》引作"皆取五聲依輪次，以雙周隔句爲韻，限三百二十字成"。《詢于芻蕘詩》，回紋，正以"芻"字、倒以"蕘"字爲韻。《品物咸熙》，七言八韻成。令至九日午後一刻進納。

丁酉，宣翰林學士承旨、户部侍郎、知制誥陸扆，秘書監馮渥，於雲韶殿考所試詩賦。各賜衣一襲、氊被等。

己亥，敕："朕自君臨寰海，八載於兹。夢寐英賢，物色巖野，思名實相符之士，藝文具美之人，用立於朝，庶裨於理。且令每歲鄉里貢士，考核求才，必在學貫典墳，詞窮牧化，然後升於賢良之籍，登諸俊造之科。如聞近年已來，兹道寖壞，鶩多披於隼翼，羊或服於虎皮。未聞一卷之師，已在遷喬之列。永言其弊，得不以懲！昨者崔凝所考定進士張貽憲等二十五人，觀其所進文書，雖合程度，必慮或容請托，莫致精研。朕是以召至前軒，觀其實藝，爰於經史，自擇篇題。今則比南郭之竽音，果分一一；慕西漢之辭彩，無愧彬彬。既鑒妍媸，須有升黜。其趙觀文、程晏、崔賞、崔仁寶等四人，才藻優贍，義理昭宣，深窮體物之能，曲盡緣情之妙。所試詩賦，辭藝精通，皆合本意。其盧贍、韋説、封渭、韋希震、張蠙、黃滔、盧鼎、王貞白、沈崧、陳曉、李龜禎等十一人，所試詩賦，義理精通，用振儒風，且躐異級。其趙觀文等四人，並盧贍等十一人，並與及第。其張貽憲、孫溥、李光序、李樞、李途等五人，所試詩賦，不副題目，兼句稍次，且令落下，許後再舉。其崔礪、蘇楷、杜承昭、鄭稼等四人，詩賦最下，不及格式，蕪類頗甚。曾無學業，敢竊科名？浼我至公，難從濫進。宜令所司落下，不令再舉。其崔凝爵秩已崇，委寄殊重，司吾取士之柄，且乖慎選之圖，辜朕明恩，自貽伊咎。委中書門下行敕處分奏來。其進士張貽憲等二十四人名，準此處分。賜陸扆、馮渥銀器分物，其落下舉人並賜絹三匹。"

中書門下覆奏："伏以文學設科，風化是繫，得其人則儒雅道長，非其才則趨競者多。實在研精，仍資澄汰。昨者宣昭貢士，明試殿庭，題自盡取於典墳，賦詠用觀其工拙。果周睿鑒，盡叶至公。升黜而懲勸並行，取捨而憲章斯在。其趙觀文等二十四人，望準宣處分。崔凝商量，別狀奏聞。"

丁未，敕："國家文學之科，以革隋弊。歲登俊造，委之春官。蓋欲華實相符，爲第一用。近寖訛謬，虛聲相高。朕所以思得貞正之儒，以掌其事。而聞刑部尚書、知貢舉崔凝，百行有常，中年無黨，學窺典奧，文贍菁英。洎遍踐清華，多歷年數，累更顯重，積爲休聲。遂輟其憲綱，任之文柄，宜求精當，稍異平常。朕昨者以聽政之餘，偶思觀閱，臨軒比試，冀盡其才。及覽成文，頗多蕪類。豈宜假我公器，成彼私榮？既觀一一之吹，盡乏彬彬之美。且乖朕志，宜示朝章。尚遵含垢之恩，俾就專城之任，勉加自省，勿謂無恩。可貶合州刺史。"以上並見《黃御史集》引《昭宗實錄》。《摭言》："昭宗皇帝頗爲寒進開路。崔凝覆試，但是子弟，無問文章高下，率多退落，其間屈人頗多。孤寒中惟程晏、黃滔擅場之外，其餘以程試考之，濫得亦不少矣。然如王貞白、張蠙律詩，趙觀文古風之作，皆臻前輩之閫閾者也。"《容齋四筆》："唐昭宗乾寧二年進士二十五人，覆試但放十五人。自狀頭張貽憲以下重落，其六人許再入舉場，四人所試最下，不許再入。蘇楷其一也。故挾此恨，至於駁昭宗聖文之謚。是時國祚如贅疣，悍鎮强藩請隧問鼎之不暇，顧惓惓若此。貽憲等六人，訖唐末不復綴榜，蓋是時不糊名，一黜之後，主司不敢再收拾也。有黃滔者，是年及第，閩人也。九世孫沃爲吉州永豐宰，刊其遺文，初試、覆試凡三賦皆在。考《曲直不相入賦》以題中‘曲直’二字爲韻，釋云‘邪正殊途，各有好惡’，終篇只押兩韻。《良弓獻問賦》，取五聲字次第用，各隨聲爲賦格。於是第一韻尾句云‘資國祚之崇崇’，上平聲也。第二韻‘乘寶祚之綿綿’，下平聲也。第三韻‘曾非惟惟’，上聲也。第四韻‘露其言而粲粲’，去聲也。而闕入聲一韻。賦韻如是，前所未有。國將亡，必多制，亦云可笑矣。信州永豐人王貞白，時再試中選，郡守爲改所居坊名曰‘進賢’，且減户稅，亦後來所無。”

七月辛酉，上趣南山，宿莎城鎮。甲子，上徙幸石門鎮。《通鑑》

八月辛亥，車駕還宮。《舊書》本紀

　　進士二十五人，試《人文化天下賦》，以“觀彼人文，以化天下”爲韻。《內出白鹿宣示百官詩》，見《黃御史集》。是年韋璩府元落，見《摭言》。　按韋璩，疑即四年及第之韋彖。重放一十五人：王貞白《御試後進詩》云：“三時賜食天厨近，再宿偷吟禁漏清。二十五家齊拔宅，人間已寫上升名。”注云：“是年初放二十五人，後覆汰，止放十五人也。”

趙觀文，《唐詩紀事》：“趙觀文，乾寧二年崔凝下第八人登第。是年，命陸扆重試，而觀文爲榜首。”《桂林風土記》：“進賢坊，因趙觀文狀頭及第，前陳太保改坊名。”《黃御史集·和同年趙先輩觀文詩》云：“玉兔輪中方是樹，金鼇頂上別無山。雖然迴首見烟火，事主酬恩難便閑。”褚載《賀趙觀文重試及第詩》云：“一枝仙桂兩迴春，始覺文章可致身。已把色絲要上第，又將彩筆冠群倫。龍泉再淬方知利，火浣重燒轉更新。今日街頭看御榜，大能榮耀苦心人。”孔平仲《珩璜新論》：“趙觀文，桂州人，狀元及第。”

程晏，《讀書志》：“程晏字晏然，乾寧二年進士。”○孟按：《新唐書·藝文志四》著録：“《程晏集》七卷。”注：“字晏然，乾寧進士第。”

崔賞，

崔仁寶，《黃御史集·同年崔學士仁寶詩》云：“半因同醉杏花園，塵忝鴻爐與鑄顔。已脫素衣酬素髮，敢持青桂愛青山。雖知珠樹懸天上，終賴銀河接世間。畢使海涯能拔宅,三秦二十四畿寰。"

　　盧瞻,按《宰相世系表》有盧瞻,無盧瞻,未知孰是。《黃御史集》有《寄同年盧員外詩》云:"聽盡鸝聲出雍州,秦吳烟月十經秋。龍門在地從人上,郎省連天須鶴游。休戀一臺惟妙絕,已經三字入精求。當年甲乙皆華顯,應念槐宮今雪頭。"疑即其人。

　　韋說,

　　封渭,《黃御史集‧二月二日宴中貽同年封先輩渭詩》云:"帝堯城裏日銜杯,每倚嵇康到玉頹。桂苑五更聽榜後,蓬山二月看花開。垂名入甲成龍去,列姓如丁作鶴來。同戴大恩何處報,永言交道契陳雷。"又有《寄同年封舍人渭詩》云:"唐城接軫赴秦川,憂合歡離驟十年。龍頷摘珠同泳海,鳳杯輝翰別升天。人行真跡雖收拾,四戶高扃奈隔懸。能使邱門終始雪,莫教華髮獨潸然。"

　　韋希震,

　　張蠙,《唐才子傳》:"張蠙字象文,清河人也。乾寧二年趙觀文榜進士及第,釋褐爲校書郎。"《黃御史集》有《貽張蠙同年詩》云:"夢思非一日,攜手卻凄凉。詩見江南霅,游經塞北霜。馳車先五漏,把菊後重陽。惆悵天邊桂,誰教歲歲香。"《唐詩紀事》:"蠙登第,尉櫟陽。避亂入蜀,王蜀時爲金堂令。"○孟按:《直齋書錄解題》卷十九:張蠙"乾寧二年進士"。

　　黃滔,《黃御史集》引《莆陽志》:"黃滔字文江,乾寧二年乙卯趙觀文榜進士。光化中,除四門博士。尋遷監察御史裏行,充威武軍節度推官。"又集後《年考》云:"滔以咸通壬辰登薦,年三十三,又越二十三年,乃登第。"《黃御史集》有《放榜日詩》云:"吾唐取士最堪誇,仙榜標名出曙霞。白馬嘶風三十轡,朱門秉燭一千家。卻詵聯臂升天路,宣政飛章奏日華。歲歲人來不得,曲江烟水杏園花。"有《成名後呈同年詩》云:"業詩攻賦薦鄉書,二紀如鴻歷九衢。待得至公搜草澤,如從平陸到蓬壺。雖慚錦鯉成穿鶴,忝獲驪龍不寐珠。蒙楚數疑休下泣,師劉大喝已爲盧。人間灰管供紅杏,天上烟花應白榆。一字連鑣巡甲族,千般唱罰賞皇都。名推顏柳題金塔,飲自燕秦索玉姝。退愧單寒終預此,敢將恩岳怠斯須。"有《御試詩》云:"已表隋珠各自攜,更從瓊殿立丹梯。九華燈作三條燭,萬乘君懸四首題。靈鳳敢期翻雪羽,洞簫應或諷金閨。明朝莫惜場場醉,青桂新香有紫泥。"'"六曹三省列簪裾，丹詔宣來試士初。不是玉皇疑羽客，要教金榜帶天書。詞臣假寐題黃絹，宮女敲銅奏《子虛》。御目四篇酬九百，敢從燈下略躊躇。"有《出京別同年詩》云："一枝仙桂已攀援，歸去烟濤浦口村。雖恨別離還有意，槐花黃日出青門。"○孟按：《全唐文》卷八二六黃滔撰《華嚴寺碑銘》："愚冠扣師關，壯以隨計，乾寧二年忝登甲科。"

盧鼎，《宰相世系表》："鼎字調臣，起居舍人。"與起居郎蘇楷、羅袞請改昭宗諡曰襄。《黃御史集》有《寄少常盧同年詩》云："官拜少常休，青緺換鹿裘。狂歌離樂府，醉夢到瀛洲。古器巖耕得，神方客謎留。清溪莫沈釣，王者或畋游。"疑即其人。

王貞白，《唐才子傳》："王貞白字有道，信州永豐人也。乾寧二年登第。時榜下，物議紛紛，詔翰林學士陸扆於內殿覆試。中選，授校書郎。"《唐詩紀事》："天祐年中內試，貞白札翰狼藉，帝覽拂下玉案。有黃門奏：'此舉人有詩名。'御批曰：'粗通，放。'"案此即是年覆試之事，"天祐"字誤。　僧貫休《送貞白重試及第東歸詩》云："辛苦酬心了，東歸謝所知。可憐經試者，如折兩三枝。雨毒逢花少，山多愛馬遲。此行三可羨，正值倒戈時。"○孟按：《新唐書·藝文志》謂貞白"乾寧進士第"。《郡齋讀書志》卷五下、《直齋書錄解題》卷十九皆謂貞白"乾寧二年進士"。又，《全唐詩》卷七二〇裴說《見王貞白》詩云："共賀登科後，明宣入紫宸。又看重試榜，還見苦吟人。此得名渾別，歸來話亦新。分明一枝桂，堪動楚江濱。"是於貞白重試及第後作也。

沈崧，《吳越備史》："沈崧字吉甫，閩人也。祖輅，大理評事，賜緋。父超，福州長溪縣令。崧初生時，有大蛇墜床前，引首視之，久而方去。既七日將浴，忽大風雨，震壞浴盆。乾寧二年，崔凝主禮闈，二十五人登進士第，淪濫尤衆。昭宗命覆試，凡落十人。是日，崧再以章奏捷。"　按《閩書》及《玉芝堂談薈》以崧爲乾寧三年狀元，誤。

陳曉，

李龜禎。《黃御史集》有《寄同年李侍郎龜禎詩》云："石門南面泪浪浪，自此東西失帝鄉。崑璞要疑方卓絕，大鵬須息始開張。已歸天上趨雙闕，忽喜人間捧八行。莫道秋霜不滋物，菊花還借後時黃。"

落下十人：

張貽憲，禑之子，見《舊書·張禑傳》。

孫溥，

李光序，

李榲，《舊五代史·李專美傳》："專美父榲，唐昭宗時嘗應進士舉，爲覆試所落，不許再舉。"

李途，

崔礪，

蘇楷，《舊書·哀帝紀》："蘇楷，尚書循之子，凡劣無藝。乾寧二年應進士登第。後物論以爲濫，昭宗命翰林學士陸扆、秘書監馮渥覆試黜落，永不許入舉場。楷目不知書，手僅能執筆。"《舊五代史》："蘇循子楷，乾寧二年登進士第。中使有奏御者云：'今年進士二十餘人，僥倖者半，物論以爲不可。'昭宗重試於雲韶殿，詔云：'蘇楷、盧賡等四人，詩句最卑，蕪累頗甚。付所司落下，不得再赴舉場。'"《唐會要》："天祐二年，蘇楷議改昭宗謚號。楷負愧銜怨，與起居郎羅袞、起居舍人盧鼎連署議。"○孟按：《北夢瑣言》卷十七："昭宗先謚聖穆景文孝皇帝，廟號昭宗；起居郎蘇楷等駁議，請改爲恭靈莊閔皇帝，廟號襄宗。蘇楷者，禮部侍郎蘇循之子，乾寧二年應進士。楷人才寢陋，兼無德行，昭宗惡其濫進，率先黜落，由是怨望，專幸邦國之災。其父循，奸邪附會，無譽於時，故希旨苟進。梁祖識其險詖，滋不悅，時爲敬翔、李振所鄙。梁祖建號，詔曰：'蘇楷、高貽休、蕭聞禮，皆人才寢陋，不可塵污班行，並停見任，放歸田里。蘇循可令致仕。'河朔人士目楷爲衣冠土梟。"

杜承昭，

鄭稼。按此惟九人，以盧賡先已落下也。

　　諸科三人。

　　拔萃科：

黃詵。《淳熙三山志》："詵字仁澤，乾寧二年登拔萃科。璞之子，終左宣義郎、節度巡察判官，始遷長溪白林。有二子：長慕華，次慕風。"○孟按：天一閣［嘉靖］《福寧州志》卷八《科貢·進士》："乾寧二年趙觀文榜：黃詵，字歸仁，自莆田遷長溪。"日本藏［萬曆］《福寧州志》卷九《選舉志上·

先朝進士》：“乾寧二年乙卯趙觀文榜：長溪縣黃諗。”本年進士科十五人全榜已見上，則方志所記黃諗，乃誤以拔萃爲進士也。

　　　　知貢舉：刑部尚書崔凝。《摭言》：“乾寧二年，崔凝榜放，貶合州刺史。先是，李滾附於中貴，既憤退黜，百計摧之。上亦深器滾文學，因之蘊怒。密旨令内人於門搜索懷挾，至於巾履，靡有不至。”

　　黃滔《人文化天下賦》曰：“明彼今古，聞諸聖賢，《易》垂言而著在八卦，人有文而形於普天。用以成章，既驗斯風之肅穆；瞩之於物，乃知厥德之昭宣。吾君乘此格言，〔趙校：“乘”，《黃御史集》作“秉”。〕恢乎至理，以爲文在天而苟可鑒，文在人而誠足視。在天則時變從之，在人則化成有以。故體此以御宇，取兹而教人。且文也，筆自河龜見，洛書陳，道德故，仁義新。出無爲而入有象，齊父子而一君臣。既而上古遐，中古邇，苟流播之如此，乃弛張而若彼。始則六十四位演自周王，旋則三百五篇删於孔氏，故得有國之君，準繩斯文。《詩》《書》禮樂以表裏，干戚俎豆以區分。莫不經天緯地，髣髴氤氲。布彼寰瀛，風行而草偃；被於億兆，玉潔而蘭薰。然後鏗作《咸》《韶》，散爲《風》《雅》，調暢動植，周通夷夏。車書得以合矣，貴賤與而同也。遂使九州四海，皆瞻黼黻於朝端；墨客詞人，交露鋒芒於筆下。大哉人文之義也，焕矣赫矣，可名可觀。惟聖朝之所擅，豈悖德之能干？推其時而時或異，論其道而道斯完。故將垂百王而作範，豈惟充萬國以咸懽者也。夫如是則肩比三王，威銷五霸。弘彰馭馬之成政，克俾雕龍之擅價。彬彬乎哉，郁郁乎哉，有以見我唐之至化。”《黃御史集》

　　黃滔《曲直不相入賦》曰：“曲也者厥理惟何？直也者其詞可屬。一則見回邪之所自，一則非平正而不欲。故聖人立此格言，爲乎懿躅。俾有家而有國，不與混同；令自高而自卑，靡相參觸。

至如木也，或表從繩之直，或迷來巢之曲。雖則含烟帶雨，共呈蒼翠於巖間；而聳本盤根，各稟規模於山足。勿言同地而錯雜，固乃殊途而瞻矚。所以方能中規，俟良匠之所知；勁不爲輪，信奇才而可録。莫不分彼邪正，鎮於時俗。且木之理兮，猶不差忒；人之道兮，切在忠直。直也不可以曲從，曲也不可以直飾。行於己而己有異，施於人而人是測。縣是屈原在楚，餔其糟而不爲；比干相殷，剖其心而可得。顧惟忠讜之受性，豈與邪諛而同域。其不相入也，理苟如是，俗奚以惑。小人曲媚，或乘造次以得時；君子直誠，可仗英明而輔國。今我后恢睿哲以御乾，澄聖心而立極。惡似鈎而在物，樂如弦而比德。惟曲是斥，彰萬乘之準繩；惟直是求，示百王之楷式。微臣之獲詠歌，敢不佩之於取則。"《黄御史集》

　　黄滔《良弓獻問賦》曰："文皇帝以精求要義，下訪良弓。以木心之邪正既别，將理道之比方乃同。木若有邪，奚副準繩之一一？理如無苟，必資國祚之崇崇。斯蓋體元立制，啟聖乘乾。與禹、湯而接軫，將堯、舜以差肩。睹於物也，必有誠焉。言念爲弓，尚窮玄於脉理；豈於有國，不注意於英賢？否則何以弘丕圖於赫赫，垂寶祚於綿綿者哉！則知黄帝造舟車之旨，其難爲比；周武倒干戈之文，殊不稱美。觀草木而尚此燭幽，統寰區而足彰致理。遂使度木掄材之子，每自依依；獻可替否之臣，曾非惟惟。今吾皇播聲教以鏘洋，濬恩波而浩汗，乾坤與之而合德，夷夏有之而一貫。斯弓不制，洞其理以明明；斯問克興，露其言而粲粲。儒有生在江嶺，來趨輦轂。波濤久慕於化鯤兮下闕。"《黄御史集》

　　黄滔《内出白鹿宣示百官詩》曰："上瑞何曾乏，毛群表色難。推於五靈少，宣示百寮觀。形奪場駒潔，光交月兔寒。已馴瑶草別，孤立雪花團。戴豸慚端士，抽毫躍史官。貴臣歌詠日，皆作

白麟看。"《黃御史集》

王貞白《宮池産瑞蓮詩》曰："雨露及萬物，嘉祥有瑞蓮。香飄雞樹近，榮占鳳池先。聖日臨雙麗，恩波照並妍。願同指佞草，生向帝堯前。"《文苑英華》。　　按原注云："帖經日試。"

三年丙辰(896)

七月，李茂貞進逼京師。壬辰，上出自渭北。丙申，至華州。《通鑑》

進士十二人：

崔諤，狀元。《永樂大典》引《莆陽志》："昭宗御内殿，試崔諤以下十二人"。是崔諤狀元也。《玉芝堂談薈》云是年狀元崔諤，又云沈崧。○孟按：《補遺》册三，第296頁，王權撰《唐故中書舍人清河崔公（詹）墓誌銘并序》云："公諱詹，字順之，其先清河東武城人也。……公昆季四人：……次曰諤，狀頭及第，結綬而卒。"可證崔諤爲狀元。"又云沈崧"，徐松於上年進士科沈崧考已云："按《閩書》及《玉芝堂談薈》以崧爲乾寧三年狀元，誤。"又《淳熙三山志》卷二十六謂"乾寧三年沈崧榜：翁承贊"，亦誤。

楊鏻，收之子，登進士第，見《舊書·楊收傳》。　　《永樂大典》引《蘇州府志》："侍郎獨孤損知舉，楊鏻登第。"

翁承贊，《唐才子傳》："翁承贊字文堯，乾寧三年禮部侍郎獨孤損下第四人進士。又中宏詞敕頭。"《唐詩紀事》："承贊，閩人，唐末爲諫議大夫。唐語曰'槐花黃，舉子忙'，承贊有詩曰：'雨中妝點望中黃，勾引蟬聲送夕陽。憶得當年隨計吏，馬蹄終日爲君忙。'"翁承贊《擢進士詩》曰："霓旌引上大羅天，別領新銜意自憐。蝴蝶流鶯莫先去，滿城春色屬群仙。"又《擢探花使三首詩》曰："洪崖差遣探花來，檢點芳叢飲數杯。深紫濃香三百朵，明朝爲我一時開。""九重烟暖折槐芽，自是升平好物華。今日始知春氣味，長安虛過四年花。""探花時節日偏長，恬淡春風稱意忙。每到黃昏醉歸去，絟衣惹得牡丹香。"黃滔《寄翁文堯拾遺詩》云："龍頭鳳尾前年夢，今日須憐應若神。"注云："滔卯年冬在宛陵，夢文堯作狀頭及第。又申年四月十二夜在清源，夢到殿前東道，自西屬聲唱'翁某拜右省拾遺'。"

按詩言"應若神"，則承贊爲狀頭矣。　　《才子傳》作第四人，未詳。　　《書錄解題》作乾符二年進士，誤。　　宋王邁《臞軒集·謝陳侍郎立縣學續登科記並書啓》云："翁承贊爲第四人，時目以探花之使。"　　按宋鄧名世《古今姓氏書辨證》："翁承贊字文饒。"《淳熙三山志》："翁承贊，福清人，居蒜嶺。"○孟按：《新唐書·藝文志四》："《翁承贊詩》一卷：字文饒。《褚載詩》三卷：字厚之，並乾寧進士第。"宋代王邁《臞軒集》卷六《謝陳侍郎立縣學續登科記并書啓》云："竊以周制既遠，於賓賢唐科莫榮於進士。舊莆陽實維一縣，始隸於刺桐之州，翁承贊爲第四人，時目以探花之使。"

　　＊王權。《補遺》册三，第 296 頁，王權撰《唐故中書舍人清河崔公(詹)墓誌銘并序》云："公諱詹，字順之，其先清河東武城人也。……公昆季四人：長兄荷，官終禮博；次曰藝，見任司業；次曰謂，狀頭及第，結綬而卒……公之仲兄扶元，權之同年也。""扶元"據《芒洛冢墓遺文四編》卷六錄作"狀元"。亦見羅補。又，《舊五代史》卷九十二本傳載權"舉進士"。《名賢氏族言行類稿》卷二十四："王權，字秀山，太原人也。唐左僕射起曾孫，父羲，官至右司。權舉進士，爲右補闕。"又見元洪景修編《新編古今姓氏遥華韻》戊集卷四。按本書卷二十五，清泰二年(935)錄王權以禮部尚書知貢舉。據此知王權曾登進士第。

　　諸科四人。

　　知貢舉：禮部侍郎獨孤損。見上。

四年丁巳(897)

　　進士二十人：試《未明求衣賦》，見《唐詩紀事》。○孟按：《駕在華州》詩、《問善如扣鐘》詩亦當爲本年試題，見下卓雲考。按昭宗於乾寧三年(896)七月丙申至華州，至五年(898)八月壬戌自華州還京師。見兩《唐書》昭宗紀並《通鑑》。

　　楊贊圖，狀元。　　《廣卓異記》引《登科記》："楊贊禹，大順元年狀元及第。弟贊圖，乾寧四年狀元及第。"《唐詩紀事》："薛昭緯以侍郎掌貢舉，楊贊圖爲榜首。"殷文圭有《趙侍郎看紅白牡丹，因寄楊狀頭贊圖詩》。○孟按：《全唐文》卷八二三黃滔《與楊狀頭贊圖啓》："先輩主中興之文學，作來者之蓍龜。"

韋彖,《永樂大典》引《池州府志》載《唐登科記》:"乾寧四年,禮部侍郎薛昭緯下進士二十人,韋彖舉選。彖字象先,貴池人。"《摭言》:"羊紹素夏課有《畫狗馬難爲功賦》,其實取畫狗馬難於畫鬼神之意也。投表兄吳子華,子華覽之,謂紹素曰:'吾子此賦未嘉。賦題無鬼神,而賦中言鬼神,子盍爲《畫狗馬難於畫鬼神賦》,即善矣。'紹素未及改易,子華一夕成於腹笥。有進士韋彖,池州九華人,始以賦卷謁子華。子華聞之甚喜。彖居數日,貢一篇於子華,其破題云'有丹青二人,一則矜能於狗馬,一則誇妙於鬼神',子華大奇之,遂焚所著,而紹素竟不能以己下之。其年子華爲彖取府解。"○孟按:《全唐詩》卷六九一杜荀鶴有《江上送韋彖先輩》詩。

卓雲,《淳熙三山志》:"卓雲,楊贊圖榜進士。"○孟按:《萬姓統譜》卷一一四:"卓雲,河南人,乾寧中及第,作《未明求衣賦》、《駕在華州詩》、《問善如扣鐘詩》。"又天一閣[嘉靖]《福寧州志》卷八《科貢·進士》:"乾寧四年丁巳楊贊圖榜:長溪縣卓文,字叔高,又名曇。"日本藏[萬曆]《福寧州志》卷九《選舉志上·先朝進士》同。按名作"文"、"曇"者,皆"雲"之訛。

孫郃,《讀書志》:"孫郃字希韓,四明人。乾寧四年進士。"《唐詩紀事》:"郃與方干友善,好荀、楊、孟子之書,學退之爲文,爲校書郎。"○孟按:《新唐書·藝文志四》著録:"《孫氏小集》三卷。"注:"孫郃,字希韓,乾寧進士第。"

劉纂。《摭言》:"劉纂爲等第後,二十一年方及第。" 按纂爲等第在乾符四年,至此凡二十一年。

諸科三人:

王棲霞。徐鉉《貞素先生王君碑》:"君諱棲霞,字元隱,七歲神童及第。"以保大壬子卒、年六十二推之,七歲在此年。

博學宏詞科:

翁承贊。《淳熙三山志》:"乾寧四年,翁承贊中博學宏詞科。"○孟按:宋劉應李輯《新編事文類聚翰墨全書》後丙集卷一《氏族門》:"翁承贊字文饒,莆田人,唐乾寧中登進士第,擢宏詞。"又《名賢氏族言行類稿》卷二載:"唐翁承贊,字文饒,莆田人。父巨隅,嘗爲滎陽府參軍。承贊乾寧間登進士第，繼擢宏詞。”

　　　　知貢舉：禮部侍郎薛昭緯。《舊書》本紀：“乾寧三年十月戊
申朔，以中書舍人、權知禮部貢舉薛昭緯爲禮部侍郎。”《舊書·薛存
誠傳》：“保遜子昭緯，乾寧中爲禮部侍郎，貢舉得人，文章秀麗。”《唐
詩紀事》：“薛保遜，大中朝尤肆輕佻，侵侮諸叔。自起居舍人貶洗馬
而卒。昭緯其子也，頗有父風。嘗任祠部外郎，時李系任小儀，王蕘
任小賓。正旦立仗，班退，昭緯吟曰：‘左金烏而右玉兔，天子旌旂。’
蕘遽請下句，昭緯應聲曰：‘上李系而下王蕘，小人行綴。’天復中，自
臺丞累貶礠州司馬。中書舍人顔蕘當制，略曰：‘陵轢諸父，代嗣其
凶。’薛存誠之子廷老，廷老之子保遜。保遜之子昭緯，爲乾寧禮部侍
郎。性輕率，坐事貶礠州刺史。”《摭言》：“華州榜薛侍郎《示諸門生
詩》曰：‘時君過聽委平衡，粉署華燈到曉明。開卷固難窺浩汗，執心
空欲慕公平。機雲筆舌臨文健，沈宋篇章發韻清。自笑觀光渾昨日，
披心爭不愧群生。’”《北夢瑣言》：“唐薛澄州昭緯，即保遜之子也。恃
才傲物，亦有父風。每入朝省，弄笏而行，旁若無人，好唱《浣溪紗》
詞。知舉後，有一門生辭歸鄉里，臨歧獻規曰：‘侍郎重德，某乃受恩。
爾後請不弄笏與唱《浣溪紗》，即某幸也。’時人謂之至言。有小吏常
學其行步揖遜，公知之，乃召謂曰：‘試於庭前學得似，則恕爾罪。’於
是下簾，擁姬妾而觀之。小吏安詳傲然，舉動酷似，笑而舍之。”

五年戊午（898）

八月壬戌，車駕自華還京師。甲子，大赦，改元光化。《舊書》
本紀

　　　　進士二十人：試《春草碧色詩》，見《文苑英華》。鄭谷有《光化
戊午年舉公見示省試〈春草碧色詩〉偶賦是題》一首。

　　羊紹素，狀元。○孟按：《吳越備史》卷二：“（黃）晟頗尚禮士，辟前進
士陳鼎、羊紹素以爲門賓。”

　　殷文圭，《唐才子傳》：“殷文圭字表儒，池州青陽人。乾寧五年禮部
侍郎裴贄下進士。”《唐詩紀事》作：“湯文圭，池州人，居九華，小字桂郎。

苦學，所用墨池底爲之穴。舉進士，中途遇一叟曰：'眉緑，拳文入口，神仙
狀也。如學道當沖虛，爲儒當大有名於天下。'唐末詞場請托公行，文圭與
游恭獨步場屋。乾寧中，帝幸三峰，文圭攜梁王表薦及第，仍列榜中。尋
爲裴樞宣諭判官。至大梁，朱全忠表薦之。既而由汴宋馳歸，全忠大怒，
遣吏捕之不及矣。自是屢言措大率皆負心，每以文圭爲證。白馬之禍，蓋
自此也。文圭事楊行密，終左千牛衛將軍。子崇義，自江南歸朝，改姓湯，
名悅。"《摭言》："文圭家池州之青陽，辭親，間道至行在。無何，隨榜爲吏
部侍郎裴樞宣諭判官。至大梁，以身事叩梁王，王乃上表薦之。文圭復投
啟事於公卿間，略曰：'於菟獵食，非求尺璧之珍；鷄鶩避風，不望洪鐘之
樂。'既擢第，由宋汴馳過。俄爲多言者所發，梁王大怒，急遣追捕，已不及
矣。"○孟按：《宋太宗實録》卷二十九："(湯)悅字德川，其先陳人，後家於江
東之青陽。父文圭，乾寧五年進士登第。"《白孔六帖》卷三十一引《九國志》：
"吳殷文圭舉進士，途中遇一叟，目文圭久之，謂人曰：'向者一人，眉緑，拳必
入口，神仙狀也。如學道，有沖虛，不爾，有大名於天下。'而文圭拳實入口，
乾寧中擢第。"又《直齋書録解題》卷十九：殷文圭"乾寧五年進士"。

　　劉鹹，殷文圭《賀同年第三人劉先輩鹹辟命詩》曰："甲門才子鼎科
人，拂地藍衫榜下新。脱俗文章笑鸚鵡，凌雲頭角壓麒麟。金壺藉草溪亭
晚，玉勒穿花野寺春。多愧受恩同闕里，不嫌師辟與顔貧。"

　　王轂，《唐才子傳》："王轂字虛中，宜春人，自號臨沂子。乾寧五年羊
紹素榜進士。"釋貫休《送王轂及第後歸江西詩》曰："太宗羅俊彦，桂玉比
光輝。難得終須得，言歸始是歸。風帆天際吼，金鸚月中飛。五府如交
辟，魚書莫便稀。"○孟按：《新唐書·藝文志》及《唐詩紀事》卷七十皆云轂
"乾寧進士第"。《直齋書録解題》卷十九："《褚載集》一卷，唐褚載厚之撰。
《王轂集》一卷，唐王轂虛中撰。二人皆乾寧五年進士。"又，《永樂大典》卷
六八五引《清源志》云："王轂字虛中，以歌詩著稱。少遊豫章，崔安潛爲江
西觀察使，甚重之。崔子字昌遐，時在庠序，與轂善。將赴舉，昌遐置酒餞
之。有日者在座，謂轂曰：'君當待此郎爲相，及登第。'後二十年，昌遐入
相，轂始擢第。"又見《唐詩紀事》卷十七。

　　褚載，《唐才子傳》："褚載字厚之，家貧，客梁宋間，困甚，以詩投襄陽
節度使邢君牙云：'西風昨夜墜紅蘭，一宿郵亭事萬般。無地可耕歸不得，

有恩未報死應難。流年怕老看將老，百計求安未得安。一卷新詩滿懷泪，頻來門館訴饑寒。'君牙憐之，贈絹十匹，薦於鄭滑節度使，不行。乾寧五年，禮部侍郎裴贄知貢舉，君牙又薦之，遂擢第。"《唐詩紀事》："陸威爲郎官，載以文投獻，數字犯其家諱，威因矍然。載尋以箋致謝曰：'曹興之圖畫雖精，終慚誤筆；殷浩之矜持太過，翻達空函。"〇孟按：上引《唐才子傳》記褚載事，已見《史詩》(《詩話總龜》前集卷五《自薦門》引)。又，《新唐書・藝文志四》："《褚載詩》三卷：字厚之，並乾寧進士第。"然《全唐詩》卷六九四褚載小傳謂"乾寧二年登進士第"，誤。

孔邈，《册府元龜》："邈以乾寧五年登進士第。"《舊五代史》："孔邈，文宣王四十一代孫。登進士第。"

陳炯，

何幼孫，《永樂大典》引《宜春志》："陳炯、何幼孫登乾寧五年進士第。"

賈泳，《摭言》："賈泳父脩，有義聲。泳落拓不拘細碎，嘗佐武臣倅晋州。時昭宗幸蜀，三榜裴相贄時爲前主客員外，客遊至郡，泳接之傲睨。裴嘗簪笏造泳，泳戎裝一揖曰：'主公，尚書邀放鷂子，勿怪。'如此倥偬而退，裴贄頗銜之。後裴三主文柄，泳兩舉爲裴所黜。既而謂門人曰：'賈泳潦倒可哀，吾當報之以德。'遂放及第。"

盧肅，《摭言》："盧肅，鈞之孫，貞簡有祖風。光化初，華州行在及第。自大寇犯闕，二十年搢紳靡不褊乏。肅始登第，俄有李鴻者造之，願備力，鴻以錐刀暇日，往往反資於肅，此外未嘗以所需爲意。肅有舊業在南陽，常令鴻徵租，皆如期而至。往來千里，而未嘗侵費一金。既及第，鴻奔走如初。及一春事畢，鴻即辭去。"

路德延，《北夢瑣言》："河中判官路德延，相國巖之姪，岳之子。擢進士第。"《太平廣記》："德延，光化初擢第，大有詩價。"〇孟按：《太平廣記》卷一七五"路德延"條又引德延《感舊》詩曰："初騎竹馬詠芭蕉，嘗忝名卿誦滿朝。五字便容過絳帳，一枝尋許折丹霄。豈知流落萍蓬遠，不覺推遷歲月遥。國境永寧身未立，至今顏巷守簞瓢。"《唐詩類苑》卷一四六錄此時題作《就舉擢第感舊》。

*　**伍唐珪**。原列卷二十七《附考・進士科》，徐松注云見《永樂大典》

引《宜春志》。按胡補云："《光緒安徽通志》卷一五四《選舉表》四《進士》：'光化戊午榜：伍唐珪，秋浦人。……'《登科記考》録入時代無考卷，應移正。"孟按：乾寧五年八月甲子改元光化，此稱"光化戊午榜"者，實即乾寧戊午榜也。今移正。

　　諸科一人。

　　知貢舉：禮部尚書裴贄。《舊書》本紀："乾寧四年十月，以大中大夫、前御史中丞裴贄爲禮部尚書，知貢舉。"　按此年爲裴贄第三榜，《摭言》云："第二、第三榜，通榜者爲諫議柳遜、起居舍人于兢、紫微錢珝。"殷文圭有《省試夜投獻座主詩》。○孟按：殷文圭有《行朝早春侍郎門宴西溪席上作》詩云："三榜生徒逾七十，豈期龍坂納非才。"（《全唐詩》卷七〇七）"行朝"，當指華州，"師門"即指裴贄，詩當作於乾寧五年春及第後。據《唐摭言》，文圭擢第後不久即歸池州。又王渙《上裴公》詩亦云："青矜七十榜三年，建禮含香次第遷。"（《唐摭言》卷三引）

　　殷文圭《春草碧色詩》曰："細草含愁碧，芊緜南浦濱。萋萋如恨別，苒苒共傷春。疏雨烟華潤，斜陽細彩匀。花黏繁闘錦，人藉頓勝茵。淺映宮池水，輕遮輦路塵。杜回如可結，誓作報恩身。"《文苑英華》

　　王轂《春草碧色詩》曰："習習東風扇，萋萋草色新。淺深千里碧，高下一時春。嫩葉舒烟際，微香動水濱。金塘明夕照，輦路惹芳塵。造坐功何廣，陽和力自均。今當發生日，瀝懇祝良辰。"《文苑英華》

光化二年己未（899）

　　進士二十七人：

　　盧文焕，《摭言》："盧文焕，光化二年狀元及第，頗以宴醼爲急務。常俯闤宴，同年皆患貧，無以致之。一旦給以遊齊國公亭子，既至，皆解帶從容。文焕命團司牽驢，時柳璨告文焕以驢從非己有，文焕曰：'藥不瞑眩，厥疾弗瘳。'璨甚銜之。居四年，璨登庸，文煥憂戚日加。璨每遇之曰：'藥不瞑眩，厥疾弗瘳。'"

柳璨。《摭言》："光化二年，趙光逢放柳璨及第。光逢後三年不遷，時璨自内庭大拜，光逢始以左丞徵入。未幾，璨坐罪誅死。光逢膺大用，居重地十餘歲。上表乞骸，守司空致仕。居二年，復徵拜上相。"《舊書》本傳："柳璨，河東人。曾祖子華，祖公器，父遵。璨少孤貧，好學，僻居林泉。晝則採樵，夜則然木葉以照書。性謇直，無緣飾。宗人璧，抵貴仕於朝，鄙璨樸鈍，不以諸宗齒之。"宋柳開《上主司李學士書》曰："開之大王父，唐光化中趙公司貢士也，實來應舉。趙將以榜末處之，據有移書於趙公毀我先君者，趙公始得一書，乃遷名而進一等。以至於前後得謗書二十六通，趙公每得一書而必一進名。是歲也，趙下二十七人，故我先君名止於第二。苟是時書未止於二十六人之毀也，即必冠乎首矣。"　按此則璨以第二人及第。

諸科一人。

知貢舉：禮部侍郎趙光逢。《舊書·趙隱傳》："乾寧三年，光逢從駕幸華州，拜御史中丞。改禮部侍郎。"《舊五代史·趙光逢傳》："改禮部侍郎，知貢舉。"又云："門人柳璨登庸，除禮部侍郎、太常卿。"

三年庚申(900)

十一月庚寅，《新書》作"己丑"。左右軍中尉劉季述、王仲先廢昭宗，幽於東内問安宮。《舊書》本紀

十二月，左補闕韋莊奏："詞人才子，時有遺賢，不霑一命於聖明，没作千年之恨骨。據臣所知，則有李賀、皇甫松、李群玉、陸龜蒙、趙光遠、温庭皓、劉得仁、陸邊、傅錫、平曾、賈島、劉稚珪、羅鄴、方干，俱無顯過，皆有奇才。麗句清詞，遍在詞人之口；銜冤抱恨，竟爲冥路之塵。但恐憤氣未銷，上沖穹昊，伏乞宣賜中書門下，追贈進士及第，各贈補闕、拾遺。見存明代，惟羅隱一人，亦乞特賜科名，録升三署。便以特敕，顯示優恩，俾使已升冤人，皆霑聖澤，後來學者，更勵文風。"敕："中書門下詳酌處分。"

《摭言》、《容齋三筆》。　《摭言》所引尚有孟郊、李甘、顧邵孫、沈珮、顧蒙。

按孟郊、李甘皆已及第，韋莊云未及第，誤。　《鑒誡錄》云："唐末宰臣張文蔚、中書舍人封舜卿等奏：'前有名儒屈者十有五人，請賜孤魂及第。'"

　　　　進士三十六人：按《避暑錄》："光化中，放進士榜，得裴格等二十八人，以爲得人。會燕曲江，乃令大官特作二十八餅餤賜之。"此作"三十六人"，未知孰是。

裴格，狀元。

盧延讓（盧延遜），《唐才子傳》："盧延讓字子善，范陽人也。有卓絶之才，光化三年裴格榜進士。朗陵雷滿薦辟之，滿職歸僞蜀，〔趙校：《佚存叢書》本《唐才子傳》卷十作"滿敗歸僞蜀"。〕授水部員外郎。累遷給事中，卒官刑部侍郎。延讓師許下薛尚書，爲詩詞意入僻，不競纖巧，且多健語，下士大笑之。初，吳融爲侍御史，出官峽中。時延讓布衣，薄遊荆渚，貧無卷軸，未遑贄謁。會融弟得延讓詩百餘篇，融覽其警聯如《宿東林》云'兩三條電欲爲雨，七八個星猶在天'，《旅舍言懷》云'名紙毛生五門下，家僮骨立六街中'，《贈元上人》云'高僧解語牙無水，老鶴能飛骨有風'，《蜀道》云'雲間閣鐸騾馱去，雪裏殘骸虎拽來'，又云'樹上諏諮批頰鳥，窗間逼駁扣頭蟲'等，大驚曰：'此去人遠絶，自無蹈襲，非尋常耳。此子後必垂名。余昔在翰林召對，上曾舉其"臂鷹健卒橫氊帽，騎馬佳人卷畫衫"一聯，雖淺近，自成一體名家，今則信然矣。'遂厚禮遇，贈給甚多。融雪中寄詩云：'永日應無食，終宵必有詩。'後奮科第，多融之力也。"《摭言》："盧延讓，光化三年登第。吳融表弟滕籍者，偶得延讓百篇，融覽大奇之。由是大獲舉糧，延讓深所感激。然猶因循，竟未相面。後值融赴急徵，入内廷，孜孜於公卿間稱譽不已。光化戊午歲，來自襄南，融一見如舊相識。延讓嗚咽流涕，於是攘臂成之矣。"《北夢瑣言》："唐盧延讓業詩，二十五舉方登一第。卷中有句云：'狐衝官道過，狗觸店門開。'租庸張濬親見此事，每稱賞之。又有'餓猫臨鼠穴，饞犬舐魚砧'之句，爲成中令汭見賞。又有'栗爆燒氊破，猫跳觸鼎翻'句，爲王先主建所賞。嘗謂人曰：'平生投謁公卿，不意得力於猫兒、狗子也。'人聞而笑之。盧嘗有詩云：'因知文賦易，爲下者之乎。'後入翰林，閣筆而已。同列戲之曰：'因知文賦易，爲下者之乎。'

竟以不稱職，數日而罷也。"　按《摭言》云："延讓業癖澀詩，'文賦'二句，投吳子華卷中《説詩》一篇斷句也。"　《唐詩紀事》作"盧延遜"。○孟按：宋劉應李輯《新編事文類聚翰墨全書》後丙集卷一《氏族門》："盧延遜，唐人，及第賜宴曲江後有詩云：'莫欺老缺殘牙齒，曾吃紅綾餅餤來。'"《漁洋詩話》："延遜當即延讓，宋避'讓'字故也。"

裴皞，《舊五代史》本傳："皞，光化三年擢進士第。"以天福五年卒、年八十五推之，是年四十五歲。《新五代史》本傳："皞字司東，河東人也。"

王定保，《書錄解題》："王定保，光化三年進士。"　按定保作《摭言》云："予次匡廬，其夕遙祝九天使者。俄夢朱衣道人長丈餘，特以青灰落衣襟霏霏然。常自謂魚透龍門凡三經復透矣，私心常慮舉事中輟。既三舉，欲罷不能，於是四舉有司，遂倖忝矣。"　《十國春秋》："王定保，南昌人。"

按定保爲琅邪王氏。《宰相世系表》載太原王氏有定保字翊聖，別是一人。○孟按：《五代詩話》卷三《沈彬》條引《郡閣雅談》云："王定保，唐光化三年及第，吳子華侍郎齎爲婿。子華即世，定保南游湖湘，無北歸意。吳假緇服，自長安來訪其良人，白於馬武穆王，令引見定保。吳隔簾誚之曰：'先侍郎重先輩以名行，俾妾侍箕帚。侍郎歿，慮先輩以妾改適，是以不遠千里來明侍郎之志。'定保不勝慚報，致書武穆，乞爲婿。吳確乎不拔，定保爲盟亦畢世不婚矣。吳歸吳中外家。沈彬有詩贈王云：'仙桂曾攀第一枝，薄游湘水阻佳期。皋橋已失齊眉願，蕭寺行逢落髮師。廢苑露寒蘭寂寞，丹山雲斷鳳參差。聞公已有平生約，謝娣女羅依兔絲。'定保後爲馬不禮，奔五羊依劉氏，官至卿。"又［民國］《南昌縣志》卷二十一《選舉志二·科第上》著錄光化進士王定保，又注："《郡閣雅談》：光化三年李偓侍郎下及第。"

崔籍若，《摭言》序云："同年盧十三延讓、楊五十一贊圖、崔二十七籍若。"　按楊贊圖非此年及第，或是別科同年。

鄭珏，《舊五代史》本傳："珏，光化中登進士第。初，珏應進士，十九年方登第，名姓爲第十九，自登第凡十九年爲宰相，又昆弟之次第十九。時亦異之。"《通鑑考異》云："珏，光化三年及第。"《新五代史》云："珏舉進士，數不中第。張全義以珏屬有司，乃得及第。"按《升仙廟興功記碑》末云"前進士鄭珏書"，又注云"光化三年添前字"。蓋碑作於乾寧四年正月，是年及第後添前字也。

吳翮，《全唐詩》：“吳翮字廷俊，連州人。光化三年進士。七歲時《詠野燒詩》曰：‘烟隨紅焰斷，化作白雲飛。’識者知其爲青雲器。”〇孟按：四庫本《廣東通志》卷三十一《選舉志·進士》：“光化二年庚申：吳翮，連州人。”按“庚申”爲光化三年。又，[同治]《連州志》卷四《選舉志》：“光化庚申科：吳翮。”然《五代詩話》卷二《吳翮》條引《小草齋詩話》云：“唐吳翮字廷俊，連山人。母浣帛於江，觸沈鯉而孕，既生，膊上有肉鱗隱起。七歲能詩，嘗詠野燒云：‘烟隨紅焰斷，化作白雲飛。’識者器之。登光化二年進士，後歸朱全忠。”疑“二年”爲“三年”之訛。

孔昌明，《闕里文獻考》，昌明爲光化三年進士。未知所據，附此俟考。

＊翁承裕，日本藏[萬曆]《福州府志》卷十六《人文志一·選舉》：“光化三年庚申裴格榜：福清翁承裕。”《閩書》卷七十二《英舊志·福州府·福清縣·唐科第》：“光化三年：翁承裕，承贊弟。”　[乾隆]《福州府志》卷三十六《選舉一·唐進士》：“光化三年庚申裴格榜：翁承裕，承贊弟，福清。《三山志》無，今從《環宇志》增。”按胡補據乾隆《福建通志》卷三十三錄入。又按《十國春秋·翁承贊傳》：“弟承祐，舉光化中進士。”疑“祐”爲“裕”之訛。《全唐詩》卷七〇三錄有翁承贊《寄舍弟承裕員外》。

＊林用謙。施補云：“黃滔有《祭林先輩用謙文》（見《黃御史集》〔《四部叢刊》本〕卷六），《登科記考》未錄，可補入附考。按文中云：‘滔京闕進退，硯席參差，幸忝先鳴，彌欣繼捷。’是林用謙在黃滔登第後登第。”

孟按：黃滔文中又言：“維光化三年歲次庚申十一月日，敬祭於林君執友之靈。……君負相如之詞賦，慕郤氏之科名。一紀秦城，千門禰刺。雖衆口大馨其鳳藻，人罕如焉；而三春累困於罵喬，數何奇也？然則女貞而二十年必字，藥靈而九轉須成，果契至公，克升上第。既已東堂得意，南國言旋，龍珠則動彩於握中，雁字則增輝於天際。將冀盛清風於吾道，豈期嘆逝水於人生。……滔京闕進退，硯席參差，幸忝先鳴，彌欣繼捷。未賀桂枝之入手，忽從薤露以傷心。”知用謙登光化三年第後，旋即去世。

明經科：

楊知萬，《册府元龜》，後唐長興元年七月，前興唐府冠氏縣尉楊知萬經中書陳狀,稱光化三年明經及第。

　　＊林翊。四庫本《福建通志》卷三十三《選舉一・唐科目》:"光化三年裴格榜:明經林翊,莆田人,翹兄,校書郎。"亦見陳補。又〔光緒〕《莆田縣志》卷十二作"光化二年"誤。

　　諸科二人。

　　知貢舉:禮部侍郎李渥。《舊書・李蔚傳》:"子渥,拜中書舍人,禮部侍郎。光化三年選貢士。" 按王定保《摭言》序有"恩門右省李常侍渥"。

四年辛酉(901)

正月甲申朔,《新書》作"乙酉"。昭宗反正。《舊書》本紀

四月甲戌,《新書》作"丙子"。御長樂門大赦天下,改元天復。制曰:"漢徵極諫,晁董陳理亂之端;晋策能言,詵元貢闕遺之政。乃登道廣,請舉公平,誠在得人,以匡不逮。應天下諸色人中,有賢良方正、能直言極諫,博通墳典、達於教化,軍謀弘遠、政術詳明者,文武常參官及諸道節度、觀察等使,具姓名聞薦。至十一月到京,朕當親論策試,擇其可否施行。"《舊書》本紀、《唐大詔令集》。

敕:"中書門下:選擇新及第進士中有久在名場、才德科級年齒已高者,不拘常例,各授一官。"禮部侍郎杜德祥奏:"揀到新及第進士陳光問年六十九,曹松年五十四,王希羽年七十三,劉象年七十,柯崇年六十四,鄭希顏年五十九。"制曰:"念爾登科之際,當予反正之年,宜降異恩,各膺寵命。光問、松、希羽可秘書省正字,象、崇、希顏可太子校書。"時謂此舉爲"五老榜"。《摭言》、《容齋三筆》。 《摭言》又云:"時上新平內難,聞放新進士喜甚,詔選中有孤貧屈人,宜令以名聞,特敕授官。故德祥以松等塞詔。"

十一月壬子,中尉韓全誨與鳳翔護駕都將李繼誨奉車駕出幸鳳翔。《舊書》本紀

進士二十六人：試《天得一以清賦》、《武德殿退朝望九衢春色詩》，見《永樂大典》引《瑞陽志》載《登科記》。○孟按："退朝"，《文苑英華》卷一八九作"朝退"。

歸佾，狀元。　《玉芝堂談薈》"佾"作"脩"，蘇州人。

陳光問，《容齋三筆》引《登科記》，光問第四人。

曹松，《永樂大典》引《安慶府圖經》："曹松字夢徵，舒州人。光化四年登第。"《容齋三筆》引《登科記》，曹松第八人。《讀書志》："曹松，特敕授校書郎而卒。"《摭言》："松學賈司倉爲詩，此外無他能。時號松啟事爲送羊脚狀。"《唐詩紀事》："松《及第敕下宴中獻座主杜侍郎詩》云：'得召邱墻泪却頻，若無公道也無因。門前送敕朱衣吏，席上銜杯碧落人。半夜笙歌教泥月，平明柳杏放燒春。南山雖有歸溪路，爭那酬恩未殺身。'"○孟按：《文苑英華》卷一八九《省試十》載曹松《武德殿朝退望九衢春色》詩，是爲本年應試所作。《新唐書·藝文志四》："《曹松詩》三卷：字夢徵。天復進士第，校書郎。"《直齋書録解題》卷十九：曹松"天復元年進士"。又，《全唐詩》卷八三九齊己《贈曹松先輩》詩云："今歲赴春闈，達如夫子稀。山中把卷去，榜下注官歸。"

王希羽，《摭言》："希羽，歙州人，詞藝優博。"《容齋三筆》引《登科記》，希羽第十二人。

歐陽持，《永樂大典》引《瑞陽志》載《登科記》云："歐陽持字化基，高安人。天復元年歸佾榜進士。"

劉象，《摭言》："象，京兆人。"《唐詩紀事》："沈彬字子文，高安人也。天才狂逸，好神仙之事。少孤，西遊，以三舉爲約。常夢著錦衣貼月而飛，識者言：雖有虛名，不入月矣。洪州解，至長安初舉，納省卷《夢仙謠》云：'玉殿大開從客入，金桃爛熟没人偷。鳳驚寶扇頻翻翅，龍誤金鞭忽轉頭。'第二舉《憶仙謠》云：'白榆風颭九天秋，王母朝迴宴玉樓。日月漸長雙鳳睡，桑田欲變六鼇愁。雲翻簫管相隨去，星觸旌幢各自流。詩酒近來狂不得，騎龍却憶上清遊。'第三舉納省卷《贈劉象》爲首云：'曾應大中天子舉，四朝風月鬢蕭疏。不隨世祖重攜劍，却爲文皇再讀書。十載戰塵銷舊業，滿城風雨壞貧居。一枝何事於君惜，仙桂年年幸有餘。'劉象孤寒，三十舉無成。主司覽彬詩，其年特放象及第。”

柯崇，

鄭希顔，《摭言》：“崇、希顔皆閩人。”《容齋三筆》引《登科記》：“象、崇、希顔居末級。”

沈顔，《十國春秋》：“沈顔，湖州德清人。天復初舉進士第，授校書郎。”《讀書志》：“沈顔字可鑄，傳師之後。”○孟按：《郡齋讀書志》卷十八已載沈顔“天復初進士，爲校書郎”。

裴□，

顔□，

李□。曹松有《鍾陵寒食日與同年裴、顔、李先輩，鄭校書，郊外閑遊詩》，校書疑即希顔。○孟按：陶敏以爲此“鄭校書”即鄭希言，考見《全唐詩人名考證》[8240D]。

諸科三人。

博學宏詞科：

李琪。《舊五代史》本傳：“琪舉進士第。天復初應博學宏詞，居第四等，授武功縣尉。”

知貢舉：禮部侍郎杜德祥。《唐語林》：“杜牧之二子，曰晦辭，終淮南節度判官。其弟德祥，昭宗時爲禮侍郎，知貢舉，亦有名聲。”○孟按：《金華子雜編》卷上：載杜牧之子“德祥，昭宗朝爲禮部侍郎，知貢舉，甚有聲望”。

＊曹松《武德殿朝退望九衢春色詩》曰：“玉殿朝初退，天街一看《類詩》作“一望”春。南山初過雨，北闕净無塵。夾道夭桃蒲，連溝御柳新。蘇舒同舜澤，煦嫗並堯仁。佳氣浮軒蓋，和風襲搢紳。自兹憐萬《類詩》作“知萬”物，同入發生辰。”《文苑英華》卷一八九。　孟按：詩原闕，據上考補。

天復二年壬戌〔趙校：原誤“辛酉”，今改正。〕（902）

停舉。

三年癸亥(903)

正月甲子，車駕出鳳翔，幸朱全忠軍。己巳，入京師。《舊書》本紀

　　　停擧。

四年甲子(904)

正月丁巳，《新書》作"戊午"。車駕發京師。癸亥，次陝州。《舊書》本紀

四月，朱全忠奏洛陽宮室已成，請車駕早發。《通鑑》

閏月丁酉，車駕發陝州。甲辰，車駕由徽安門入。《舊書》本紀

乙巳，御光正門大赦天下，改天復四年爲天祐元年。制曰："思拯艱難，實資材幹，尚慮非常之士，猶懷自進之嫌。苟或失人，焉能致理！倘有懷才抱德、隱遁山林，武藝絶倫、湮沈卑賤者，仰所在處長吏察訪奏薦。如得才實，當待以不次之位。"《舊書》本紀、《册府元龜》。

八月壬寅夜，朱全忠令左龍武軍朱友恭、右龍武統軍氏叔琮、樞密使蔣玄暉弑昭宗於椒殿。丙午，昭宣帝即位。《舊書》本紀、《通鑑》。

　　　進士二十六人：

李旭，《永樂大典》引《宜春志》："李旭登天復四年進士第。"《唐詩紀事》："旭《及第後呈朝中知己》云：'凌晨曉鼓奏嘉音，雷擁龍吟出陸沈。金榜高懸當玉闕，錦衣即書到家林。真珠每被塵泥陷，病鶴多遭螻蟻侵。今日始知天有意，還教雪得一生心。'"

＊董全禎，四庫本《江西通志》卷四十九《選擧·唐》："天復五年進士：李旭，袁州人。董全禎，德興人，殿中御史"按言"天復五年"，誤。李旭見上，則董全禎亦當爲本年進士。《明一統志》卷五十《饒州府·人物·

唐》："董全禎,德興人,天祐中爲御史兼八砦將首。"《萬姓統譜》卷六十八同。《江西通志》卷一〇九《祠廟‧饒州府‧祠》："董端公祠,在德興縣八都。唐季黃巢之亂,御史董全禎與賊戰死,鄉人祀之,蘇軾題額。忠賢祠,在德興之長豐里,祀董全禎、董鼎。"同書卷一一〇《邱墓‧饒州府‧唐》:"御史董全禎墓在德興縣八都。"

　　許晝,《摭言》："許晝者,睢陽人也。薄攻五字詩。天復四年,大駕東幸,駐蹕甘棠,晝於此際及第。梁太祖長子號大卿郎君者,常與晝屬和。晝以卿爲奧主,隨駕至洛下,攜同年數人醉於梁祖私第。因折牡丹十許朵,主吏前白云:'凡此花開落,皆籍其數申令公,秀才奈何恣意攀折?'晝謾罵久之。主吏銜之,潛遣一介馳報梁祖,梁祖聞之頗睚眦,獨命械晝而獻。於時大卿竊知,間道先遣使至,晝遂亡命河北,莫知其止。"

　　盧程,《舊五代史》："盧程,天復末登進士第。"《北夢瑣言》:"盧程擢進士第,爲莊皇帝河東判官。"

　　劉岳,《新五代史》本傳："岳字昭輔,洛陽人。唐民部尚書政會之八代孫,崇龜、崇望,其諸父也。敏於文詞,舉進士。"　按岳爲劉符之孫,珪之子。〇孟按:《舊五代史》本傳:"岳少孤,亦進士擢第。"《邵氏聞見錄》卷十六:"(劉)崇珪子岳,天福四年登進士第,事後唐明宗爲吏部侍郎,贈司徒。"

　　王澥,宋《尹洙集》："陝郡開元寺建初院有進士登科、題名二記在焉。其一題云:天復四年,左丞楊涉下進士二十六人。實唐昭宗遷洛改元天祐歲,駐蹕於陝,楊涉丞相所放進士榜第十四人王公諱澥之嗣子工部追書也。其一題云:咸平元年,翰林學士楊礪下進士五十一人。第九人劉公,劉公大父太常卿岳,前天復榜中第十一人。"

　　陳用拙,《十國春秋》："陳用拙本名拙,連州人,用拙其字也。少習禮樂,工詩歌,長遂以字顯。唐天祐元年擢進士,授著作郎。"〇孟按:明黃佐《嘉靖廣東通志》:"陳拙,字用拙,以字顯,連州人。唐天祐元年擢進士第。"又見《粵詩搜逸》卷一。

　　陳詠,《北夢瑣言》："唐前朝進士陳詠,眉州青神人。有詩名,善弈棋。昭宗劫遷,駐蹕陝郊,是歲策名歸蜀,韋書記莊以詩賀之。"

　　姚顗,《新五代史》本傳："顗字百真,京兆長安人。司空圖以女妻之。

舉進士。"《舊五代史》本傳:"顗唐末隨計入洛,出遊嵩山,有白衣丈夫拜於路側,請爲童僕,顗辭不納。乃曰:'鬼神享於德,君子孚於信。余則鬼也,將以托賢者之德,通化工之信,幸無辭焉。昔余掌事陰府,承命攝人之魂氣,名氏同而其人非,且富有壽算,復而歸之,則筋骸已敗,由是獲譴,使不得爲陽生。公中夏之相輔也,今爲謁中天之祠,若以某姓名求之,神必許諾。'顗爲虔禱而還。白衣迎於山下曰:'余免其苦矣。'拜謝而退。次年,擢進士第。"　按《舊書》本紀:"天祐元年六月,前進士姚顗爲校書郎,前進士趙顗、劉明濟、竇專並秘書省校書郎、正字。"

趙顗,

劉明濟,

竇專,按諸人皆當是此年進士。

＊李慎微(李謹微)。天一閣[嘉靖]《德慶州志》卷十五《人物傳・唐》:"李謹微,晉康人,天祐年間進士,授番禺尹。之任夜,泊三洲,遇漁父示以高尚雲林之語,遂隱不仕。"日本藏[萬曆]《粵大記》卷二十五:"李謹微,德慶人。天祐年進士,授番禺令。"按胡補、陳補皆據乾隆《廣東通志》卷三一著錄"李謹微",陳補又注云:"疑即《新唐書・宰相世系表》所載璋子慎微。"　孟按:《全唐詩補編・續拾》卷三十五據《會稽掇英總集》錄"李慎微"詩一首,小傳據《新唐書》卷七二《宰相世系表》、同治《廣東通志》卷二九六言慎微"天祐元年進士"。"慎微"、"謹微"實即一人,蓋宋人避孝宗諱而改"慎"爲"謹",如洪邁《萬首唐人絕句》即改"李慎言"爲"李謹言"。

＊明經科:

＊唐休復。四部叢刊本《歐陽文忠公文集》卷二十五《右班殿直贈右羽林軍將軍唐君(拱)墓表》:"府君諱拱,字某(原注:"一無某字。"),其先晉原人,後徙爲錢塘人。曾祖諱休復,唐天復中舉明經,爲建威(原注:"一作武"。)軍節度推官。"按天復凡四年,元年爲光化五年四月改,二年、三年停舉,故繫於本年。

諸科一人。

知貢舉:尚書左丞楊涉。《摭言》:"天祐元年,楊涉行在陝州放榜,後大拜。"

唐昭宣光烈孝皇帝

天祐二年乙丑(905)

六月癸巳，敕：“衛尉少卿敬治是裴贊之甥。常累於舅，或以明經撓文柄，或以私事竊化權。贊已左遷，爾又何逭？可貶徐州蕭縣尉。”《舊書》本紀

八月乙未，敕：“僞稱官階人泉州晋江縣應鄉貢明經陳文巨招狀罪欸，付河南府決殺。”《舊書》本紀

壬寅，敕：“前大中大夫、兵部侍郎、賜紫金魚袋司空圖，俊造登科，朱紫升籍。既養高以傲代，類移山而釣名，志樂漱流，心輕食禄。匪夷匪惠，難舉公正之朝；載省載思，當徇幽棲之志。宜放還中條山。”《舊書》本紀

　　進士二十三人：

歸係，狀元。《玉芝堂談薈》云：“蘇州人，佾之弟。”

楊凝式，《永樂大典》引《蘇州府志》：“侍郎張文蔚知舉，歸係第一人及第，楊凝式第三人及第。”《舊五代史·楊凝式傳》：“唐昭宗朝進士第。”

按言昭宗，誤。《游宦紀聞》載《楊凝式年譜》，生於咸通十四年癸巳，是年三十三。

劉贊，《舊五代史》本傳：“贊，魏州人。年三十餘進士第，與學士竇夢徵同年登第，鄰居友善。夢徵卒，贊與同年楊凝式總麻，爲位而哭。” 按贊卒於清泰二年，年六十餘，是生於咸通末、乾符初，至天祐二年正三十餘歲。《北夢瑣言》：“唐劉瞻相公有清德大名，與弟阿初皆得道，已入仙傳。先婚李氏，生一子，即劉贊也。相國薨後，贊且孤幼，甚懵鈍，教其讀書，終不記憶。其舅即李殷衡侍郎也，以劉氏之門不可無後，常加楚箠，終不長進。李夫人慈念，不忍苦之，嘆其宿分也。一旦不告他適，無以訪尋，聖善憶念，泪如綆縻，莫審其存亡。數年方歸，子母團聚，且曰：‘因入嵩山，遇

一白衣叟,謂曰:"與汝開心,將來必保聰明。"'自是日誦一卷,兼有文藻,擢進士第。梁時登朝,充崇政院學士,預時俊之流。"〇孟按:兩《五代史》本傳皆載劉贊父名批,《北夢瑣言》載"劉瞻相公"云云,恐不足信。

竇夢徵,《舊五代史》本傳:"夢徵,同州人。少苦心爲文,登進士第。"

崔庸,《唐詩紀事》:"庸登天祐二年進士第。"又云:"庸,吳郡進士。"

＊盧導,《舊五代史》本傳:"盧導字熙化,其先范陽人也。……少而儒雅,美詞翰,善談論。唐天祐初登進士第,釋褐除校書郎。"《新五代史》本傳亦載:"唐末舉進士,爲監察御史。"按盧導卒於天福六年(941),享年七十六,則本年爲四十歲。

＊楊在堯,胡補:"《福建通志》卷三三《選舉志》一《唐科目》:'天祐二年乙丑歸係榜:仙游縣楊在堯。'同書卷五一《文苑傳》:'唐楊在堯,其先華陰人。入閩居仙游之梁山,登天祐二年進士,終右補闕。'"又陳補:"宋趙與泌等《仙溪志》卷二《進士題名》:'天祐二年歸係榜:楊在堯。'卷四有其傳。"　孟按:同上卷四《唐及五代人物》:"楊在堯,其先自華陰入閩,居仙游。登唐天祐二年進士第,終右補闕,有文集。"又見《閩書》卷一一三;四庫本《福建通志》卷三十三、卷五十一;[乾隆]《晉江縣志》卷八;[乾隆]《泉州府志》卷三十三。

＊張鴻。[康熙]《連州志》卷二《選舉》:"天祐乙丑:張鴻。"《粵詩搜逸》卷一、[乾隆]《廣東通志》卷三十一、[同治]《廣東通志》卷六十六所記同上。然日本藏[萬曆]《粵大記》卷二十五、明代黃佐《廣州人物傳》卷三均作"唐天祐末年進士"。按胡補據乾隆《廣東通志》錄張鴻於本年。

諸科二人。

知貢舉:禮部侍郎張文蔚。《摭言》:"天祐二年,張文蔚東洛放榜後大拜。"《舊書》本紀:"天祐二年三月,以吏部侍郎張文蔚爲中書侍郎、同中書門下平章事。"《新書》作"禮部侍郎",今從之。

三年丙寅(906)

正月辛巳,國子監奏:"得監生郭應圖等六十人狀稱'伏睹今年六月五日敕文,應國學每年與諸道等,明經一例解送兩人者。

應圖等早辭耕稼，夙慕《詩》、《書》，自拋鄉邑之中，便忝國庠之
內。棲遲守學，轍軻於時，未諧升進之期，却抱減退之患。苟或
諸道解送，監府同條，實謂首尾難分，本支無異。伏請聞奏，俾遂
渥恩’者。”又河南府奏：“當府取解明經舉人周定言等二十七人，
各據取解，差司錄參軍崔蘊考試，並已及格。伏緣明經舉人，先
準敕諸州府解送不得過二人者。今當府除去留外，見在二十七
人考試並已及格，若只送二人，必恐互有爭論，難以指揮者。”敕
曰：“取士之科，明經極重，每年人數，已有舊規。去夏雖舉條流，
蓋慮所司踰濫，今者國子監既有聞奏，河南府亦具陳論，不念遠
人，何以誘進？只在乎升降之際，切務公平；又何必解送之時，便
爲沙汰？將免遺才之嘆，須聞汲善之門，特改舊條，俾循往例。
國子監、河南府所試明經，並依準常年例解送。禮部所放人數，
亦許酌量施行。但不得苟徇囑求，遂致僥倖。兼下諸道準此。”
《舊書》本紀

　　二月癸卯，禮部奏：“伏以朝廷，累年多事，道途艱辛，在遠舉
人，併阻隨計。逐年所司放榜，人數不常，量其少多，臨事增減。
今者干戈稍弭，水陸漸通，舉人等皆負笈擔簦，裂裳裹足，來求試
藝，競切觀光。雖人數不廣於近年，而貢籍頗甚其屈譽，至於俊
造，亦有其人。臣今欲於去年數外，更放三數人，仵開勸誘之門，
以贊文明之運，已選今月二十一日放榜，伏候進止者。”敕曰：“朝
廷取士之科，每歲擇才之重，必資藝實，以副勤求。或來自遠途，
或久稽鄉薦。今年就試，多有屈人，所司奏論，是宜俞允。苟叶
無私之道，俾開振滯之門。切在精詳，竚觀公當。其禮部所放進
士，於舊年人數外，宜令更添兩人。”《舊書》本紀、《册府元龜》、《唐
會要》。

　　壬戌，按“壬戌”上下字當有一訛。朱全忠奏：“河中判官劉崇子
匡圖，今年進士登第，邏列高科，恐涉群議，請禮部落下。”《舊書》
本紀

進士二十五人：

裴説，《唐才子傳》：“裴説，天祐三年禮部侍郎薛廷珪下狀元及第。”《唐詩紀事》：“唐舉子先投所業於公卿之門，謂之行卷。説只行五言十九首，至來年秋賦，復行舊卷。人有譏之者，説曰：‘只此十九首苦吟，尚未有人見知，何假別行卷哉！’識者以爲知言。説天復六年登甲科，其年以苦吟難得爲工，且拘格律，嘗有詩曰：‘苦吟僧入定，得句將成功。’又《贈僧貫休》云：‘總無方是法，難得始爲詩。’又云：‘是事精皆易，惟詩會却難。’遭亂故，宦不達，多遊江湖間。有《石首縣詩》云：‘因攜一家住，贏得半年吟。’‘深閨乍冷鑑開籢，玉箸微微濕紅頰。一陣霜風殺柳條，濃烟半夜成黃葉。垂垂白練明如雪，獨下閑階轉凄切。只知抱杵搗秋砧，不覺高樓已無月。〔趙校：“樓”字原空缺，據《全唐詩》卷七二〇補。〕時聞寒雁聲相喚。紗窗只有燈相伴。幾度□□□□裁，〔趙校：《全唐詩》卷七二〇作“幾展齊紈又懶裁”〕離腸恐逐金刀斷。細想儀形執牙尺，回刀剪破澄江色。愁捻銀針信手縫，惆悵無人試寬窄。時時舉袖勻紅泪，紅箋謾有千行字。書中不盡心中事，一半慇懃寄邊使。’〔趙校：《全唐詩》“一半”作“一片”。〕此説《聞砧詩》也。説終禮部員外郎。説與詣〔趙校：《佚存叢書》本《唐才子傳》卷十“詣”作“諧”，云“弟諧亦以詩名世”。〕俱有詩名，詣唐天祐三年登第，終於桂嶺，假官宰字而已。”○孟按：《郡齋讀書志》卷中：裴説“天祐三年進士”。《直齋書錄解題》卷十九：裴説“天祐三年進士狀頭”。

*裴諧（裴詣），原作“裴詣”，徐氏注云“見上”。　孟按：《詩話總龜》卷十三引《郡閣雅談》：“裴説、裴諧俱有詩名。説官至補闕，諧終於桂嶺假官宰。”又《佚存叢書》本《唐才子傳》卷十“詣”作“諧”。又《十國春秋》卷七十五《翁宏傳》亦云：“裴諧者，唐人裴説之弟，武穆王時隱於桂嶺，亦工於歌詠。”又《全唐詩》卷七〇五、《全五代詩》卷六十四俱作“諧”。故當以“裴諧”爲是。

陳光義（陳光乂），

翁襲明，《永樂大典》引《莆陽志》：“天祐三年，陳光義、翁襲明登進士第。”○按陳補云：“《仙溪志》卷二載陳光乂本年及第，徐考作陳光義，待考。”

李愚，《新五代史》本傳：“愚字子晦，渤海無棣人也。劉繼述幽昭宗

於東内，愚以書説韓建，建不能用，乃去之。洛陽舉進士。"《舊五代史》本
傳："愚初以艱貧，求爲假官，滄州盧彦威署安陵簿。丁憂服闋，隨計之長
安。屬關輔亂離，頻年罷舉，客於蒲華之間。天復初，歸洛陽，衛公德裕孫
道古在平泉舊墅，愚往依焉。子弟親採梠負薪以給朝夕，未嘗干人。故少
師薛廷珪掌貢籍之歲，登進士第，又登宏詞科。"

　　＊何瓚，原列卷二十七《附考·進士科》，徐氏考云："《新五代史》：
'瓚，閩人也。唐末舉進士及第。'"　按朱補云："《册府》卷七二九'幕府
部·辟署四'：'何瓚，閩人也。天祐三年登進士第。'又見卷七六六'總録
部·攀附二'。據此，何瓚可移正於天祐三年進士科下。"今移正。

　　＊崔彦撝，原列卷二十三中和五年(885)進士科，徐氏考云："《東國
通鑑》：'後晉出帝開運元年，高句麗惠宗義恭王元年冬十二月，翰林院令、
平章事崔彦撝卒。彦撝，新羅人，禀性寬厚，自少能文。年十八，入唐登
科。四十二，還國，拜執事侍郎、瑞書院學士。及新羅歸附，太祖命爲太子
師，委以文翰之任。宮院額號，皆所撰定，一時貴遊皆師事之。及卒，年七
十七，謚文英。'以年推之，及第在是年。"　孟按：《三國史記·薛聰傳》附
《崔彦撝傳》："崔彦撝年十八入唐遊學，禮部侍郎薛廷珪下及第，四十二還
國。"又詳"烏光贊"條考。徐考以其歸國年(四十二歲)爲及第年，誤。

　　＊烏光贊。《高麗史·崔彦撝傳》："崔彦撝初名慎之，慶州人。性
寬厚，自少能文。新羅末，年十八遊學入唐，禮部侍郎薛廷珪下及第。時
渤海宰相烏炤度子光贊同年及第，炤度朝唐，見其子名在彦撝下，表請曰：
'臣昔年入朝登第，名在李同之上，今臣子光贊宜升彦撝之上。'以彦撝才
學優贍，不許。年四十二始還新羅。"《渤海國志長編》卷三《世紀第一·□
王瑋瑎》："十三年，遣國相烏炤度朝貢於唐，其子光贊同來應賓貢試，進士
及第。是年王薨，史失其謚。"又同上卷十《諸臣列傳第二·烏炤度傳》：
"烏炤度於王玄錫之世入唐應賓貢試，與新羅賓貢李同同榜進士及第，名
在其上，仕至國相。迨王瑋瑎十三年，其子光贊亦入唐應賓貢試，禮部侍
郎薛廷珪知貢舉，光贊與新羅賓貢崔彦撝同榜進士及第，而名在其下。值
炤度奉使朝唐，表請曰：'臣昔年入朝登第，名在李同之上，今臣子光贊宜
升彦撝之上。'昭宣帝不許。"按《渤海國志年表》：王瑋瑎十三年丙寅，即唐
昭宣帝天祐三年(906)。按以上二人，薛亞軍《〈登科記考〉正補》據《渤海

國志長編》卷十《烏炤度傳》亦繫於本年。

　　　諸科四人。

　　　＊明於吏事科：詳下。

　　＊馮群玉，《輿地紀勝》卷一五五《潼川府路·遂寧府·人物》："馮涓，其先信都人。連中進士、宏詞科。昭宗時爲眉州刺史。子群玉，天祐中應明於吏事科，爲山陽令。江淮亂，棄官西歸，遂爲遂寧人。"　按"明於吏事科"當爲制科，據"天祐中"，約在本年。

　　　知貢舉：吏部侍郎薛廷珪。《舊書·文苑傳》："薛廷珪，光化中復爲中書舍人，遷刑部、吏部二侍郎，權知禮部貢舉。"

四年丁卯(907)

三月甲辰，唐昭宣帝降御札，禪位於梁。《通鑑》

　　　進士二十人：

崔詹，狀元，見《玉芝堂談薈》。○孟按：《補遺》册三，第 296 頁，王權撰《唐故中書舍人清河崔公(詹)墓誌銘并序》云："公諱詹，字順之，其先清河東武城人也。……天祐四年，故相國于公主文，精求名實。公登其選，首冠群英。"

陳淑，《永樂大典》引《莆陽志》："天祐四年，陳淑登進士第。"

楊元同，《玉堂閒話》："唐天祐年，河中進士楊元同老於名場，是歲頗亦彷徨，未涯兆朕，宜祈吉夢，以卜前途。是夕夢龍飛天，乃六足。及見榜，乃名第六。"按及第不知天祐幾年，附此俟考。

　　＊梁震。原列卷二十七《附考·進士科》，徐氏考云："進士，唐末登第，見《通鑑》。《鑒誡錄》：'梁震，蜀川人，比名囂。僖宗在蜀，方修舉業。時劉象隨駕在蜀，震以所業贄於劉，劉曰："據郎君少年，才思清秀，儻隨鄉試，成器非遥。若不改名，無由顯達。何以？緣囂字雨下從謁，雨下謁人，因甚得見！此後請改爲震，震字雨下從辰，辰者龍也。龍遇水雨，變化燒尾之事不亦宜乎？"震後果得上第。'"陳補云："宋葉置《愛日齋叢抄》引《大定錄》云：'(梁)震，開平元年侍郎于兢下及第。'《大定錄》即《天下大定錄》，宋初王舉(一作吳感)著。'于競'即于兢。"　孟按：陶岳《五代史補》卷

四《漢》"梁震裨贊"條云："梁震，蜀郡人，有才略，登第後寓江陵。"《三楚新
録》卷三："時諸侯爭霸，急於用人，進士梁震登第後薄遊江陵，季興請爲掌書
記。"又《明一統志》卷六十二《荆州府·人物·流寓》："梁震，蜀依政人，唐末
進士，寓江陵。高季興欲署判官，震耻之，終身不受辟。署止稱'前進士'，自
號'荆台處士'。"

　　諸科二人。

　　＊知貢舉：禮部侍郎于兢。孟按：本年知貢舉徐考原闕。岑
補云："天祐四年知貢舉漏列。按是歲系禮部侍郎于兢知舉，説見拙
著《貞石證史》(《集刊》八本四分 592 及 594 頁)，可補入。"據本年狀
元崔詹考，知"故相國于公"爲本年知貢舉者。考《舊五代史》卷四《太
祖紀第四》："(開平二年)四月，以吏部侍郎于兢爲中書侍郎、平章
事。"又《五代會要》卷二十四："乾化二年五月，以門下侍郎平章事于
兢，判建昌宫事。"宋郭若虚《圖畫見聞志》卷二亦稱："梁相國于兢，善
畫牡丹。"誌文所言"故相國于公"當即此人。亦見羅補。又嚴耕望
《唐僕尚丞郎表》卷十六《輯考五下·禮侍》"于兢"條云："岑氏以説甚
是，而證據不足。考《萃編》一一八《王審知德政碑》：'天祐三年丙寅
歲閏十二月一日，准敕建。''銀青光禄大夫、行尚書禮部侍郎、上柱國
臣于兢奉敕撰。'則詹《誌》知四年貢舉之于公即兢必矣。"